CLASSIQUES JAUNES

Essais

Les Romans de Bernanos

Karine Robinot-Serveau

Les Romans de Bernanos

Métamorphoses de la transcendance

PARIS
CLASSIQUES GARNIER
2022

Spécialiste de littérature française du XXe siècle, Karine Robinot-Serveau consacre plus particulièrement ses travaux à l'œuvre romanesque de Georges Bernanos. *Les Romans de Bernanos. Métamorphoses de la transcendance*, distingué par l'Académie française, fait autorité sur le sujet. Elle est également l'éditrice du *Journal d'un curé de campagne*.

Couverture : Illustration de la jaquette du tome II de la *Correspondance* de Bernanos (1934-1948), Plon, 1971.

ISBN 978-2-406-12463-4
ISSN 2417-6400

ABRÉVIATIONS ET SIGLES

Corr. I   Georges Bernanos, *Combat pour la vérité, correspondance* : *1904-1934*, recueillie par Albert Béguin, choisie et présentée par Sœur Jean Murray, o. p., Paris, Plon, 1971.

Corr. II   Georges Bernanos, *Combat pour la liberté, correspondance* : *1934-1948*, recueillie par Albert Béguin, choisie et présentée par Sœur Jean Murray, o. p., Paris, Plon, 1971.

Corr. III   Georges Bernanos, *Lettres retrouvées, 1904-1948*, correspondance inédite recueillie, choisie, annotée et présentée par Jean-Loup Bernanos, Paris, Plon, 1983.

EEC I et II   Georges Bernanos, *Essais et écrits de Combat, vol. I et II*, Gallimard, « Bibliothèque de la Pléiade », 1971 et 1995.

Œ   Georges Bernanos, *Œuvres romanesques*, suivies de *Dialogues des Carmélites* [nouv. éd.], préface par Gaëtan Picon, texte et variantes établies par Albert Béguin, notes par Michel Estève, Paris, Gallimard, « Bibliothèque de la Pléiade », 1991.

S   *Sous le soleil de Satan*

I   *L'Imposture*

J   *La Joie*

C   *Un crime*

MR   *Un mauvais rêve*

JC   *Journal d'un curé de campagne*

NHM   *Nouvelle histoire de Mouchette*

MO   *Monsieur Ouine*

INTRODUCTION

Le choix de confronter écriture romanesque et transcendance à travers les métamorphoses d'une œuvre élaborée durant plus de vingt années trouve sa première justification dans le constat selon lequel Bernanos a toujours relié son activité de romancier à une vocation spirituelle[1]. Loin de toute création autarcique réduite à un horizon purement ludique[2] ou esthétique, il n'a cessé de dépasser les limites fixées par l'écriture fictionnelle, mouvement étroitement lié à une tension intérieure vers le Dieu trinitaire chrétien. Élan vers l'altérité mais aussi vers un Être personnel extra-littéraire, cette écriture se déploie donc hors du vase clos de la littérature expérimentale, au-delà d'elle-même[3], revendiquant le droit d'aspirer au Royaume de Dieu à défaut d'y accéder. L'esthétique évolue ainsi en se soumettant au cheminement spirituel du romancier, simple instrument au service de l'expression de la foi. Les romans seraient ainsi conçus comme des cathédrales, monuments de l'art érigés pour Dieu[4]. Le romancier Bernanos conçoit la littérature comme un socle capable de mener au dépassement des limites, mais il ne renie pas la spécificité littéraire en refusant toute confusion fatale avec la théologie,

---

1   Cette vocation s'ancre, dès l'adolescence, dans la reconnaissance « que la vie, même avec la gloire, qui est la plus belle chose humaine, est une chose vide et sans saveur quand on n'y mêle pas, toujours, absolument, Dieu » (Œ, 1727 ; « Lettre à l'abbé Lagrange »).

2   C'est d'une plume célinienne que Bernanos confie à son ami Robert Vallery-Radot, dans une lettre de 1935 et à propos d'*Un crime* la gravité d'une vocation au sens étymologique où l'écrivain *vocatus* est appelé et sommé de répondre : « Je vois bien, hélas ! que vous trouvez mon précédent bouquin dégueulasse. Il y a pourtant des choses pas mal, mais le bon Dieu ne m'a pas mis une plume entre les mains pour rigoler avec » (Corr. II, p. 47).

3   « Il y a littérature et littérature. Il y a la littérature des littérateurs qui se fait et se défait en vase clos, bien que transparent, comme certaines expériences de cabinet de chimie ; mais il y a aussi la littérature qui comme les parfums dont parle le poète des *Fleurs du Mal*, traversent le verre des ampoules et des alambics et se répandent à travers la foule pour y produire des réactions parfaitement inattendues de leurs auteurs. Ce phénomène n'est déjà plus un phénomène littéraire. » (Georges Bernanos, *Le Chemin de la Croix-des-Âmes*, Gallimard, 1948, p. 386).

4   Dès 1926, Bernanos affine cette esthétique de bâtisseur de cathédrale : « On ne peut le nier, l'art a un autre but que lui-même. Sa perpétuelle recherche de l'expression n'est que l'image affaiblie, ou comme le symbole, de sa perpétuelle recherche de l'Être. » (EEC I, 1050)

la métaphysique ou la mystique, domaines d'études originels et traditionnels de la notion de transcendance.

Cette confrontation entre écriture romanesque et transcendance ne semble pas être le fruit d'une préméditation, d'un choix intellectuel ou religieux mais émanerait plutôt d'une nécessité intérieure s'imposant à la puissance créatrice et exigeant sa mise en œuvre. Le terme de « transcendance » n'appartient d'ailleurs pas au vocabulaire de l'écrivain – romancier ou polémiste – qui, fier de son catholicisme, exhibe volontiers et souvent le mot-étendard de sa confession[1] pour se référer au dépassement de l'immanence. Et pourtant, malgré ses dénégations[2], le romancier s'affirme en quête d'une écriture de la transcendance débordant le cadre dogmatique traditionnel. Il ne se contente pas en effet d'évoquer le Dieu trinitaire chrétien mais décrit aussi la variété des mouvements humains permettant une sortie de soi vers un horizon parfois plus mystérieux que lumineux. Abordant la notion de transcendance dans ses acceptions objective et subjective, l'écrivain annonce donc une double quête : celle d'un terme divin comme aboutissement fécond d'une ferveur spirituelle et celle d'un mouvement de dépassement des limites humaines qui se réalise par d'incessantes métamorphoses. Écrire la transcendance revient donc à écrire une réalité extérieure, au-delà de l'immanence, ainsi que l'élan d'un dynamisme spirituel toujours en deçà d'un objet qui lui échappe mais auquel il peut néanmoins s'unir ponctuellement.

Le terme de « transcendance » s'inscrit dans le prolongement de précédentes études respectivement consacrées au réel[3], au surnaturel[4], ou encore à l'absolu[5], trois notions qui lui sont liées mais ne le recouvrent

---

1   Il s'agit du mot « Dieu ». Dans son étude sémantique et stylistique consacrée à l'écriture du surnaturel dans l'œuvre romanesque, Monique Gosselin estime que « le nombre écrasant de l'emploi de l'appellatif Dieu (plutôt que Seigneur ou Notre-Seigneur) nous a paru mettre nettement l'accent sur la transcendance de Dieu plutôt que sur son incarnation. » (Monique Gosselin, *L'Écriture du surnaturel dans l'œuvre romanesque de Georges Bernanos*, thèse de doctorat d'État, soutenue devant l'université de Paris III, 1977. Première publication, Champion, 1979 ; Paris, Aux Amateurs du Livre, 1989, tome 2, « L'Exégèse », p. 886.).

2   « L'expérience vécue de l'amour divin n'est pas du domaine du roman » (« Interview de 1926 par Frédéric Lefèvre », EEC I, p. 1048).

3   Philippe Le Touzé, *L'Univers du sensible et le réel dans l'œuvre romanesque de Georges Bernanos*, thèse de doctorat d'État, soutenue devant l'Université de Nancy II, 1978. Service de reproduction des thèses, Université de Lille III, 1989. *Le Mystère du réel dans les romans de Georges Bernanos*, Paris, Éditions Nizet, 1987 (version remaniée).

4   Monique Gosselin, *L'Écriture du surnaturel dans l'œuvre romanesque de Georges Bernanos*, thèse citée.

5   Danielle Perrot, *Deux écrivains devant l'absolu : Georges Bernanos et Miguel de Unamuno*, thèse de doctorat (Nouveau Régime), sous la direction de Daniel-Henri Pageaux, soutenue à

pas. Escalade, puissance pure, la transcendance est au-delà de l'homme et de la nature, une ouverture, un horizon, un mouvement pour l'éternité qui met en place une dialectique de circulation entre celui qui la cherche et l'objet qu'elle désigne. Qu'elle se présente comme un mouvement humain de sortie de soi vers une altérité naturelle ou divine, comme un lieu non déterminable recelant une source étrangère à l'immanence, ou encore comme un Être par essence apophatique, la transcendance oscille entre les espaces de la théologie ou de la philosophie et celui expérimental de la mystique religieuse ou sauvage. Sa richesse polysémique, sa liberté d'acception, ses horizons mystiques, délivrent le terme de ses faux synonymes tels que Dieu ou l'absolu, sémantiquement plus réducteurs[1]. La transcendance est ainsi une notion philosophique qui déborde le champ du christianisme pour se rapporter à une circulation exaltante entre l'immanence et le mystère qui lui échappe. « Librement[2] » chrétienne donc, la transcendance l'est aussi et d'abord par essence, puisqu'elle désigne l'horizon d'un échange.

Elle constitue aussi par sa richesse sémantique une source d'inspiration féconde pour le jaillissement scriptural littéraire. Cette polysémie se déploie d'abord à travers la notion de dépassement, ensuite par le double référent appelé par la définition du vocable « transcendance[3] »,

---

l'Université de Paris III – Sorbonne Nouvelle, 2000. *Écrire devant l'absolu. Georges Bernanos et Miguel de Unamuno*, Paris, Honoré Champion éditeur, 2005 (version remaniée).

1   Nous souscrivons ainsi à la formule de Michel Piclin qui, au terme de son analyse sur l'histoire linguistique du mot « transcendance » et de ses associés grammaticaux, constate avec un certain lyrisme que le mot, « lourd de l'appel du large, a un passé d'aventurier » (Michel Piclin, *La Notion de transcendance. Son sens, son évolution*, Paris, Librairie Armand Colin, 1969, p. 15).

2   L'adverbe est employé ici en écho à une remarque formulée par Bernanos, concernant le christianisme de la poésie de son ami Jorge de Lima : « Que cette poésie soit chrétienne, nul ne saurait s'en féliciter plus fraternellement que moi. Elle l'est comme elle doit l'être, librement. » (EEC I, 1316).

3   Le mot transcendance et ses apparentés ont tous leur origine dans le latin *transcendere* qui renvoie à une double signification, de traversée ambiguë (« à travers » mais aussi « au-delà de ») et de montée. Sans insister d'emblée sur l'ambiguïté du radical (valeur verticale ou horizontale ?), on remarque donc que le verbe latin peut comporter deux sens, celui d'une position surplombante statique et celui d'un décrochement dynamique, voire d'un enjambement d'intervalle par élévation, changement de niveau. Emmanuel Lévinas, qui a beaucoup réfléchi sur la notion de transcendance dans son unilatéralité irréversible, où seul le moi transcendé peut servir d'« entrée » (Emmanuel Lévinas, *Totalité et infini*, La Haye, Martinus Nijhoff, 1961 ; 2ème édition 1965, p. 6), évoque ainsi cette discontinuité élévatrice dans la rupture. Selon lui, la transcendance va du Même à l'Autre, c'est-à-dire du moi figé dans sa « séparation athée » (*Ibid.*, p. 31) vers une altérité dont « l'ouverture » par l'infini vient du « pensé et non du penseur » (p. 33). Cette ouverture à un totalement Autre, brèche sur le changeant et le discontinu, devient aventure.

aussi bien terme transcendé que terme transcendant. Mais la création romanesque enrichit ses univers fictionnels au contact d'un terme à la signification double, objectif et subjectif, statique et dynamique, absolu et relatif. Libre de transcender les classifications laborieuses de la spéculation théologique métaphysique ou phénoménologique, cette écriture imaginative surmonte sans complexe l'aporie logique d'une coexistence des deux significations, en offrant une représentation romanesque de la transcendance dans toutes ses figurations sémantiques et historiques habituelles. Qu'il s'agisse d'un paysage traversé par une lumière surnaturelle, d'un personnage transpercé par un mystère qui le dépasse ou tout entier mû par un élan qui le porte au-delà de son identité, toutes ces figures coexistent et se déploient librement. Dépassant tous les clivages philosophiques, les situations fictionnelles évoluent d'une conception métaphysique classique, où la transcendance de Dieu est absolue, à des variations mystiques où le personnage est terrassé par une puissance mystérieuse ou bien capable d'entamer un mouvement de dépassement concret à la faveur duquel il se transcende jusqu'à l'horizon divin. Si la mort coïncide ainsi avec un transport total, irréversible où le mouvement humain transcendant se conçoit en un sens intransitif et absolu, l'extase mystique se déploie sur un mode dédoublé, relatif où le fervent se transcende ponctuellement et partiellement vers son Dieu, une part de lui-même demeurant irréductiblement en arrière. Transcendance métaphysique et mystique donc, mais aussi phénoménologique quand le Dieu trinitaire chrétien semble s'effacer de toute opération pour céder la place à une auto-transcendance purement humaine où le moi, dans l'ignorance ou le rejet de tout terme transcendant, coïncide avec un dépassement, une déchirure, « à la fois ce qu'il est et plus qu'il n'est – ce qui définit Dieu comme n'existant pas, et le moi comme (à la fois) surabondance et crucifixion[1] ». Le romancier, métamorphosant la matière textuelle, s'empare avec audace des variations sémantiques du mot « transcendance », écarts le plus souvent liés à l'évolution de la notion sur l'axe diachronique. Héritier par son catholicisme de la tradition biblique et théologique d'une transcendance-cause, source créatrice de la totalité immanente, le romancier ne se cantonne cependant pas à cette représentation religieuse traditionnelle. Il intègre ainsi dans ses univers fictionnels des situations moins conventionnelles, où une transcendance-mouvement se substitue à une transcendance-état,

---

1   Michel Piclin, *op. cit.*, p. 16.

dynamique démultipliée en différents élans : celui mystérieux d'une grâce divine transperçant l'être qu'elle transcende et répondant à cette incursion par un élan qui lui est propre, celui exaltant mais désespérant d'une modernité émancipée se dépassant dans la solitude la plus parfaite[1]. Mais la générosité de la représentation romanesque ne s'arrête pas à cette dialectique état-mouvement : elle étend son champ d'investigation littéraire aux situations de rejet total de toute transcendance – quelle que soit la signification qui puisse lui être conférée –, aux causes, modalités d'apparition et conséquences de rejet. Le romancier Bernanos ose ainsi s'approprier la notion en cherchant à la soumettre aux exigences imaginatives de l'écriture fictionnelle.

Tout n'est pourtant pas si limpide. La liberté de la littérature romanesque peut bien mettre en œuvre ce que la théologie ni la philosophie ne s'autorisent, à savoir la mise en scène concomitante des multiples acceptions de la notion de transcendance, le roman se heurte néanmoins au même défi que les disciplines spéculatives. Il s'agit en effet d'affronter langagièrement un redoutable paradoxe dont voici les éléments[2]. Si la transcendance se doit d'être au-delà ou franchissement d'une limite par essence infranchissable, une double impossibilité se profile : car si la limite est véritable, elle ne peut être franchie et si au contraire elle est franchissable, ce n'est pas une vraie limite. Dans les deux cas de figure, la transcendance perd une partie de son essence, soit trop affaiblie pour surmonter l'obstacle de la limite, soit privée de l'obstacle lui-même par défaut de limite véritable. Le paradoxe ainsi formulé se ramifie dans plusieurs directions. Le postulat de la limite séparatrice et pourtant à percer impose un en-deçà immanent faisant face à l'au-delà transcendant, si bien que cette dialectique duelle de la notion suppose une position double et contradictoire des deux côtés de la limite entre le fait d'être transcendé et l'acte de transcender. Cette épineuse duplicité pose

---

1 On reconnaît dans ce mouvement humain de dépassement interne la réflexion philosophique initiée par Heidegger et prolongée par Sartre concernant une auto-transcendance dynamique et paradoxalement cyclique où la conscience ne se dépasse elle-même que pour aboutir engloutie par le néant originaire qui la compose. Les pages les plus importantes chez Heidegger, sur la notion de transcendance, se trouvent dans le long fragment *Vom Wesen des Grundes* paru en français dans le recueil intitulé *Qu'est-ce que la métaphysique ?* (1929), traduit de l'allemand par Henry Corbin, Paris, Nouvelle Revue Française, 1951.

2 Michel Piclin a développé dans une perspective philosophique les tenants et les aboutissants de ce paradoxe en le considérant d'emblée comme « l'application de la première antinomie kantienne » selon l'interprétation qu'en donne Hegel dans sa Logique : « 1. Il y a une limite. 2. Cette limite doit être dépassée. » (Voir Michel Piclin, *op. cit.*, p. 18 et note 29 p. 18 pour la référence de la citation de Hegel).

nécessairement le problème de la relation entre immanence et transcendance. Car si cette dernière est d'abord et avant tout passage, elle doit être sans cesse considérée à l'instant du franchissement, c'est-à-dire de la conversion, sous peine de sombrer dans l'éternel paradoxe où le chercheur de transcendance doit se placer à la fois du côté du transcendant et du côté de l'immanent. Et même si toute métamorphose ne coïncide pas systématiquement avec un déploiement de la transcendance, toute transcendance en revanche est nécessairement en métamorphose, que ce soit dans son insaisissable perfection de terme à dépasser éternellement ou dans son aspect de mouvement vers la rupture et le décrochement. Quelle arme peut opposer le romancier pour relever ce redoutable défi d'écrire ces étranges métamorphoses et pour affronter ce paradoxe du franchissement de la limite infranchissable ? Il semble bien que le point de départ de cette aventure réside dans le constat lucide de la valeur objective de l'instrument romanesque, à la fois impuissant dans l'ordre de la représentation du divin et cependant capable de faire naître l'appel transcendant au sein de l'immanence humaine :

> L'expérience vécue de l'amour divin n'est pas du domaine du roman. Mais si je force le lecteur à descendre au fond de sa propre conscience, si je lui démontre, avec la dernière évidence, que l'humaine faiblesse n'explique pas tout, qu'elle est entretenue, exploitée par une sorte de génie féroce et sombre, quel autre parti lui reste-t-il à prendre, que se jeter à genoux, sinon par amour, au moins par terreur, et d'appeler Dieu[1] ?

Si l'expérience vécue de l'amour divin n'est pas du domaine du roman, ce dernier peut cependant prospérer sur ses propres terres, celles des passions du cœur humain passées au crible de l'investigation anthropologique. Là réside sans doute la puissance de ces romans qui naturellement – presque par atavisme – fondent leur propre existence sur la représentation fictionnalisée de l'immanence extra-littéraire, monde de la nature et des hommes, sans cependant s'y réduire puisque cette immanence se révèle comme une masse compacte dans laquelle, en un éclair, le mystère fait brèche[2]. L'expression « écriture de la transcendance » par la double valeur de la préposition, génitif potentiellement objectif ou subjectif, se révèle équivoque et susceptible de recouvrir plusieurs acceptions. Dans sa valeur objective, elle désigne une écriture dont la

---

1   EEC I, p. 1047.
2   Les images de « brèche » et d'« éclair » sont reprises à Georges Poulet, *Études sur le temps humain*, Paris, éditions Plon, 4 tomes, 1952-1964.

transcendance est l'objet, mise en forme posant le problème de la textualité romanesque de la transcendance, c'est-à-dire de son inscription
textuelle ou plutôt des conditions qui la rendent possible ou improbable, visible ou invisible. Dans sa valeur subjective, la transcendance
est source de l'écriture. Que le romancier écrive la transcendance ou
que cette dernière écrive à travers lui, les deux postulats aboutissent à
des conclusions différentes. En effet, si la première proposition suppose
un engagement et un labeur purement humain où l'écrivain solitaire
relève un défi littéraire mais aussi philosophique, théologique voire
mystique, la seconde suppose une instrumentalisation de l'instance
écrivante, métamorphosée en simple truchement, médiateur habité
par une mystérieuse et transcendante écriture. Mais la transcendance
investit-elle le domaine de l'écriture ? Alors que dans une perspective
matérialiste, nécessairement moniste, où seule l'immanence a droit de
cité, la question ne se pose pas, elle reçoit une réponse positive dans
une perspective théologique où les Écritures Saintes sont Parole de
Dieu rendue accessible par le langage humain[1]. La Bible représente
d'ailleurs pour la communauté croyante chrétienne le lieu scriptural
sursaturé où la transcendance écrit la transcendance, à la fois sujet et
objet de l'écriture, troisième valeur de l'expression considérée. Dans le
cas de l'écriture romanesque de Bernanos, il s'agit de poser la question
de l'existence d'une inspiration extérieure à l'écrivain qui lui dicterait
des fictions transcendantes. Si le Dieu trinitaire chrétien écrit sa transcendance au travers de la chair humaine par l'événement historique de
l'incarnation où l'homme, lettre de l'alphabet divin, signe de l'écriture
divine, est le texte charnel racontant l'œuvre du Père, est-ce bien la
même entité qui guide la plume du romancier dans son élaboration
créatrice ?

Repousser la problématique de la transcendance de l'écriture hors
de mon champ d'investigation coïncide avec la nécessité de délimiter
l'intitulé. En effet, l'étude d'une éventuelle transcendance de l'écriture
romanesque par rapport à d'autres modalités d'écriture s'affirme comme
une problématique linguistique étrangère à l'œuvre romanesque de
Bernanos, davantage concernée par l'intransitivité sémantique et
mystique du complément du nom à valeur absolue (« écriture de la
transcendance ») que par la transitivité banalisée du sujet à valeur

---

1   C'est ainsi que le philosophe Michel Henry voit dans les Écritures comme Parole de
     Dieu l'objet privilégié de la réflexion théologique (voir Michel Henry, *Incarnation. Pour
     une philosophie de la chair*, Paris, Éditions du Seuil, p. 361).

générique (« transcendance de l'écriture[1] »). Toujours dans une perspective de délimitation du sujet, il faut justifier la restriction du corpus étudié à l'œuvre romanesque. Plusieurs critiques pensent qu'il ne faudrait jamais séparer les deux veines romanesque et polémique de l'œuvre[2], tant il semble vrai qu'elles s'irriguent mutuellement par des genèses rédactionnelles souvent conjointes[3], des thèmes de prédilection, des obsessions et des voix qui se répondent au-delà des frontières génériques. Il semble cependant justifié de se concentrer sur le genre narratif fictionnel. Si le catholicisme de Bernanos constitue au sens strict « un hasard transformé en destin par un choix continu[4] »,

---

1   Au sujet de cette dernière expression, Gérard Genette évoque la « transcendance textuelle du texte » ou « transtextualité », c'est-à-dire tout ce qui transcende la singularité d'un texte en le renvoyant à d'autres textes. (Voir Gérard Genette, *Palimpsestes. La littérature au second degré*, Paris, Éditions du Seuil, 1982, réédition 1992). C'est d'ailleurs avec ironie qu'il ponctue sa distance par rapport aux connotations théologiquement chargées du vocable incriminé : « Quant au mot transcendance qui m'a été imputé à conversion mystique, il est ici purement technique : c'est le contraire de l'immanence, je crois. » (*Ibid.*, note 1 p. 11 dans l'édition de 1992). Cette transcendance « purement technique » dont Genette revendique l'analyse, fonctionne dans un mouvement unique et unilatéral qui a pour support la singularité et pour horizon l'altérité textuelles. Il semble bien que dans le cas de l'œuvre romanesque de Bernanos, tout au contraire, la transcendance textuelle puisse inversement se déployer dans un mouvement ayant pour support l'altérité textuelle et pour horizon une singularité irréductible à toute altérité textuelle.

2   Gaëtan Picon fut l'un des premiers à considérer comme une évidence leur étude conjointe et à demander dès l'ouverture de son essai consacré à l'écrivain que le diptyque ne soit pas brisé : « L'œuvre de Georges Bernanos est presque également partagée entre la fiction et l'écrit polémique. Et, bien entendu, le romancier et l'essayiste ne peuvent être séparés. La même éloquence passionnée, le même génie visionnaire toujours s'affrontent aux mêmes obsessions, qu'ils confrontent aux mêmes valeurs. Aux divers genres littéraires, Bernanos emprunte bien moins les Lois prétendues qui les définissent et les isolent que la possibilité qu'ils offrent d'une expression totale et comme indifférenciée. » (Gaëtan Picon, *Bernanos. L'impatiente joie*, Paris, Robert Marin, 1948 ; nouvelle édition Hachette Littérature, 1997, p. 25). Dans son sillage et plus récemment, André Not dénonce l'illégitimité d'une telle séparation, au nom de l'unicité de la démarche dans une perspective dialoguée (André Not, *Les Dialogues dans l'œuvre de Bernanos*, Toulouse, Éditions universitaires du Sud, 1990, p. 28).

3   Seules les huit dernières années de la vie de l'écrivain (1940-1948) seront réservées exclusivement à l'écriture de combat, exception faite de la création dramaturgique *Dialogues des Carmélites*, composée en Tunisie au cours de l'hiver 1947-1948 et achevée à la mi-mars.

4   L'expression est reprise à Paul Ricœur qui résume ainsi au terme de sa vie, son propre parcours religieux : « Un hasard transformé en destin par un choix continu : mon christianisme. » (Paul Ricœur, *Vivant jusqu'à la mort*, suivi de *Fragments*, Paris, Éditions du Seuil, 2007, p. 99). Étrangement et toutes proportions gardées, cette formule fait écho à celle de Sartre dépassant son athéisme dans le refus du fatalisme structuraliste et dans la foi en la *praxis* : « L'important, c'est ce que l'homme fait de ce qu'on a fait de lui. » (« Jean-Paul Sartre répond » (Entretien avec Bernard Pingaud), in *L'Arc*, n° 30, Paris, 1946, p. 95).

la continuité de ce choix, très prégnante dans les essais et écrits de combat par son aspect lucide et militant, se manifeste dans l'œuvre romanesque plutôt à travers un élan mystique dont la racine est Mystère. L'écriture romanesque de la transcendance, étroitement liée à l'acceptation du mystère trinitaire chrétien, déploie avec envergure cette quête mystique, grâce à ses accointances avec l'univers métaphorique de l'imaginaire tel que la création fictionnelle l'exige[1]. La confrontation entre roman et transcendance a pour principal motif la mise à l'épreuve d'une écriture singulière dans sa capacité de représenter le mystère qui échappe à l'immanence. Ainsi soumise à la nécessité de traquer soit un élan humain, soit un espace indéterminé, soit un Être apophatique, l'écriture romanesque doit sans cesse se dépasser pour rester en symbiose avec l'objet de la représentation. Le genre romanesque permettant une liberté totale de création peut servir de support à tout ce qui le dépasse. En tant que mode imaginatif, il échappe aux contraintes du mode dialectique fondé sur la logique du raisonnement et à celles du mode idéologique lié aux pressions de la société et de l'autorité. Ainsi libéré, il permet le déploiement du précieux mode kérygmatique, à la fois métalittéraire et prophétique[2]. Alors que la parole pamphlétaire[3] se débat par essence dans la double impasse de la parole urgente mais non entendue et de la temporalité mythique du trop tard, la fiction romanesque échappe à ces apories en créant un monde où tout est encore possible. Mouvante par essence, une telle écriture libère son auteur de la crispation idéologique fatale qui enserre le terrorisme du pamphlet. De même, sa puissance ainsi que sa générosité créatrices effacent l'impuissance et la sélectivité manichéenne du système pamphlétaire, manichéisme faisant obstacle à toute transcendance puisque les termes en présence sont placés sur un pied d'égalité, aucun des deux n'étant souverain à l'autre. Alors que le pamphlet s'exhibe en rupture avec l'immanence qu'il fustige,

---

1 Pour Philippe Le Touzé, « les personnages des romans et ceux des essais n'ont pas subi au même degré la métamorphose visionnaire » et « chez les personnages des romans la courbe du destin est plus pure, cependant que le substrat sensible est plus riche ». (Thèse citée, p. 532 et 534).

2 Northrop Frye a longuement développé ces différents modes langagiers dans le deuxième volume de son opus consacré à l'influence de la Bible sur l'imagination créatrice occidentale (Voir *La Parole souveraine. La Bible et la littérature II*, 1990, traduit de l'anglais par Catherine Malamoud, Éditions du Seuil, 1994, p. 137).

3 L'expression reprend le titre de l'ouvrage de Marc Angenot, *La Parole pamphlétaire. Typologie des discours modernes*, (Paris, Éditions Payot, 1982) qui emprunte de nombreux exemples aux écrits polémiques de l'écrivain.

le roman pose ses fondements sur ce même réel qui paradoxalement conditionne son existence en tant qu'œuvre fictionnelle, et permet à cette dernière de le transcender par la mise en intrigue subjective et surplombante. Car dans l'univers fictionnel, la réalité sensible problématique cède le pas aux lois mystérieuses d'un monde intérieur où la conception personnelle de l'auteur prend force de loi. À une époque où le concept de réalité est en crise, le roman exprime une vision du monde devenue intransmissible par les genres non fictionnels tels l'essai ou le pamphlet. Intégrant la poésie dans sa fonction mystique, le discours philosophique dans sa fonction métaphysique et l'Église dans sa fonction théologique, la fiction telle que la conçoit Bernanos adapte son style aux interrogations du christianisme de son temps, véritable dialectique de la vérité et du mensonge, de l'être et du paraître, du réel et du fictionnel. Au siècle de la mort de Dieu, dans une modernité qui a opté pour un monisme matérialiste et un immanentisme radical réduisant la transcendance à une illusion et une aliénation que la conquête progressive de soi-même démasque, persister dans le déploiement d'une écriture de la transcendance s'impose comme un redoutable défi. Et pourtant, son inscription fictionnelle n'imposant au lecteur que le problème littéraire de son existence romanesque s'affirme paradoxalement plus lisible par cette même modernité émancipée qu'une inscription pamphlétaire où le problème métaphysique de son existence devient proclamation véhémente de la réalité de sa suprématie, assenée comme vérité inexpugnable. Alors que l'écriture polémique affirme la transcendance, l'écriture romanesque la montre à l'œuvre. Entrée en littérature et plus précisément mise en intrigue, engagée dans le genre fictionnel, la transcendance semble perdre sa dimension de concept à la fois métaphysique et théologique pour conquérir cette existence romanesque qui seule retiendra l'attention du lecteur.

Mais le romancier a-t-il les moyens de faire exister littérairement une telle notion? Les réponses à la question de la possibilité et des conditions d'existence romanesque de la transcendance divergent selon les perspectives d'étude. La fiction est-elle néanmoins capable d'imposer par ses voies propres une transcendance taxée d'illusion par le monisme athée de la modernité? Car la mise en roman de la transcendance ne la préserve pas du soupçon de constituer elle-même un roman. L'intégrer dans le cadre fictionnel sans la livrer à la contamination du fictionnel – fictionnaliser la transcendance sans la rendre fictive – se révèle ainsi comme un défi littéraire d'envergure.

Il peut néanmoins être relevé à condition d'ignorer la fondamentale ambiguïté du genre fictionnel, qui, entre mensonge et vérité, raconte ce qui n'existe pas pour désigner ce qui existe et de considérer la fiction comme l'instrument privilégié d'accès à la réalité et à la vérité. Dans la perspective du lecteur croyant, l'écriture romanesque de la transcendance constitue l'ultime et humain avatar – avec la théologie, la mystique, la métaphysique et la poésie – de la Création, inscription divine et originelle du Transcendant, déclinée par l'écriture divino-humaine de la Bible. Mais dans la perspective du lecteur moderne athée, l'écriture de la transcendance dans sa valeur subjective est un leurre. L'immanence étant le seul monde concevable – pur fruit du hasard – il n'y a pas de création divine. La Bible est ainsi réduite à une œuvre fictionnelle humaine, non plus œuvre divine par la médiation humaine d'auteurs inspirés mais mythologie, c'est-à-dire littérature[1]. Et dans ce même sillage, l'œuvre romanesque de Bernanos, loin d'être le fruit d'un auteur inspiré par Dieu, est celui d'un auteur chrétien catholique qui met en mouvement une écriture orientée vers un absolu extra-littéraire, ayant choisi de se déployer dans un cadre fictionnel. L'évaluation herméneutique athée oscille alors entre plusieurs hypothèses – folie, névrose et mysticisme illuminé – mais reste constante dans son diagnostic de dysfonctionnement. Car ce romancier explore les limites de l'humain, exhibant une écriture qui, par le biais de la fiction littéraire, désire atteindre une réalité extérieure à l'immanence.

C'est donc le texte romanesque de Bernanos et lui seul qu'il faut interroger, non pour s'y enfermer en le réduisant à un signifiant dont les structures et le fonctionnement devraient seuls être pris en compte, mais

---

1   Dans l'introduction du deuxième volume de son opus consacré à l'influence de la Bible sur l'imagination créatrice occidentale, Northrop Frye éclaire la signification d'une telle identité : « Adopter le principe de l'identité entre mythologie et littérature, cela signifie consacrer beaucoup d'attention aux connexions entre littérature et religion, la littérature étant un aspect de la culture qui remonte à une époque où le terme "religion" couvrait une beaucoup plus grande partie de l'aire de la culture qu'aujourd'hui. » Northrop Frye, *La Parole souveraine. La Bible et la littérature II*, 1990, traduit de l'anglais par Catherine Malamoud, Éditions du Seuil, 1994, p. 9). Si donc « la littérature incarne la mythologie dans un contexte historique » (*Ibid.*, p. 9), la Bible devient la source double et prestigieuse des grandes religions et de la littérature occidentales. Le critique prend ainsi bien soin de distinguer lecteurs bibliques croyants et non-croyants, opérant une distinction au sein des premiers entre lecteurs fondamentalistes ou littéralistes d'une part, ne considérant pas la Bible comme une œuvre littéraire mais bien historique et doctrinale, fondement de la religion, et lecteurs institutionnels d'autre part qui eux, reconnaissent la littérarité de la Bible et fondent la religion sur l'herméneutique sacrée comme commentaires doctrinaires des traditions de l'Église (*Ibid.*, p. 10-11).

pour révéler la spécificité d'un signifié informulable en dehors des voies que les romans tracent pour l'atteindre. Signifié tellement spécifique d'ailleurs que l'œuvre toute entière exhibe son impossibilité à le formuler, impuissance impensable dans l'écriture polémique. Il semble important de ne pas privilégier un roman ou un groupe de romans par rapport à d'autres et d'assumer cette étude intégrale du parcours fictionnel.

L'œuvre romanesque échappe à toute perspective critique univoque. La lecture catholique achoppe fatalement sur l'anticléricalisme de *L'Imposture*, sur l'anticonformisme religieux de celui qui refusa « les saints aux joues roses[1] », sur son dégoût face aux chrétiens progressistes. Si on pense alors que seul un retour aux sources du christianisme, au Christ lui-même, permettra d'éclairer ces premières contradictions, voici l'Ancien Testament, les hurlements de Job, les rires du Prince des Ténèbres et Jésus foulé aux pieds qui viennent briser nos espérances. La perspective critique théologique se heurte sans cesse au mystère des absences de Dieu, au règne de l'inversion des valeurs, du refus du miracle pur, de l'apologétique et de l'hagiographie. La perspective structuraliste aboutit elle aussi à une impasse : car que faire du discours polémique, des paroles idéologiques, des convictions, de l'engagement ? Le choix de la perspective esthétique ne peut quant à lui passer sous silence le refus bernanosien de la littérarité, son mépris de l'art d'écrire et sa critique du romancier. L'œuvre se dérobe ainsi à toute tentative de classification monolithique et pour tenter de l'évoquer dans la complexité de ses contradictions, il apparaît nécessaire de garder constamment à l'esprit ces cinq perspectives. Le choix d'un titre alliant formalisme et herméneutique s'est alors imposé. L'étude de « l'écriture de la transcendance » permet une confrontation perpétuelle des principales perspectives critiques divergentes : le structuralisme et l'herméneutique, la littérarité et la théologie, la pluralité textuelle et l'unité métaphysique. Le romancier Bernanos a osé s'approprier la notion en la chauffant au feu de l'écriture fictionnelle, écrivant la transcendance avec ses propres mots, profanes. Cette transgression bouleverse le genre romanesque, car que devient le roman propulsé aux portes du royaume de Dieu ? Ou pour le dire autrement, comment la fiction affronte-t-elle la notion polymorphe de transcendance ? Le défi relevé par Bernanos consiste à insérer les perspectives de ce concept dans une œuvre romanesque en constante évolution de 1926 à 1940.

---

1   J, 592.

Cette alliance entre perspectives formelle et herméneutique doit être étudiée sur l'ensemble de l'œuvre romanesque dans ses évolutions, d'où la nécessité de couronner le titre de cette étude par la notion diachronique de métamorphoses. Si l'écriture de la transcendance doit être étudiée à travers les métamorphoses qu'elle engendre ou qu'elle supporte, c'est aussi parce que le sujet-objet de l'écriture l'exige. En effet, que la transcendance soit source ou horizon du processus scriptural, l'écrire c'est écrire un dépassement – mouvement ou personne – et donc engendrer un incessant processus de transformation, structurel, stylistique et fictionnel. La notion de métamorphose se révèle donc d'une part fondatrice et d'autre part essentielle au déploiement de la problématique de l'écriture de la transcendance. Ces métamorphoses scripturales se réalisent à tous les stades de l'élaboration romanesque, des variantes textuelles sur la page manuscrite quasi-illisible à force de ratures et de surcharges aux errements d'un itinéraire romanesque s'étendant sur plus de vingt années, sans oublier les remaniements structurels, abandons et reprises au sein d'un même roman, d'un chapitre à l'autre, d'une partie à l'autre, de l'incipit à la chute. Privilégier l'axe temporel permet une mise en valeur du mouvement interne de chaque œuvre au sein de son élaboration et de la chaîne dialectique que les œuvres forment entre elles, chacune liée à un processus d'énonciation spécifique. Pour défendre la pertinence de la notion de « métamorphoses » appliquée à l'écriture de la transcendance dans l'œuvre romanesque, l'étude des textes doit respecter la diachronie en privilégiant l'ordre de création par rapport à l'ordre de l'édition. Car le mouvement créateur, contrairement au parcours éditorial, permet de retracer – parfois avec une grande minutie – les variations qui, de l'oscillation au bouleversement, métamorphosent l'écriture de l'élan, du lieu ou de la Personne transcendants. Ce choix méthodologique implique, chaque fois que la possibilité en est offerte, de travailler sur les manuscrits des romans[1] pour remonter à la source du basculement métamorphique, en amont de la variation, là où l'écriture amorce son trajet, dans le jaillissement exalté ou la lenteur laborieuse. La confrontation entre manuscrit et édition courante permet de visualiser page après page l'écriture romanesque de la transcendance en métamorphose, de sa genèse multiforme à sa stabilisation par la nécessité du choix qui sélectionne et fige l'ultime version. D'une page, d'un chapitre, d'une partie, d'un

---

1 Pour un état des lieux des manuscrits recensés à ce jour, on pourra se reporter à la bibliographie de la thèse de doctorat dont cet ouvrage est la refonte.

roman à l'autre, ces métamorphoses s'échelonnent de manière strati-
fiée, entre la météorite[1] que fut *Sous le soleil de Satan*, œuvre matrice et
le sulfureux boulet de *Monsieur Ouine*, roman dont l'ultime chapitre,
rédigé en 1940, clôture l'itinéraire romanesque. Sur les traces de Pierre
Gille[2] qui a su rétablir « dans tous ses droits la diachronie dont les
études structurales et thématiques font trop facilement bon marché[3] »,
il faudra privilégier l'ordre de création sur celui de l'édition et donc
étudier en priorité les métamorphoses diachroniques de l'écriture
romanesque de la transcendance. Cette diachronie intérieure à l'œuvre
révèle la trajectoire d'une spiritualité fondue dans la lave du genre
fictionnel, et qui s'exprime par le biais de l'esthétique romanesque. La
chronologie de production sera donc d'autant mieux comprise qu'elle
aura été reliée à une évolution intérieure, spirituelle voire mystique.
Il reste néanmoins impossible d'échapper à la tension entre ordre de
création et ordre de publication. La fidélité au trajet chronologique de
la création romanesque permet de reconstituer les affres du processus
gestationnel mais les romans perdent leur unité et leur autonomie respectives, sont morcelés en chapitres voire en bribes de chapitres suivant
leur date de rédaction. L'homogénéité romanesque éditoriale implose
à travers la reconstitution archéologique des chevauchements entre
deux, voire trois romans, des abandons subits et mystérieux au cœur
d'une intrigue déjà bien avancée, des reprises inattendues, des fusions
hasardeuses entre lambeaux de romans différents. L'analyse génétique
transforme en itinéraire romanesque ordonné et figé par l'édition une
trajectoire originellement erratique et heurtée, jalonnée de sacrifices,
de renoncements mais aussi de bouleversements libérateurs comme
d'impulsions salvifiques.

   Les trois temps de cette étude tendent à épouser le mouvement
de la création romanesque. Si la mise en roman de la transcendance
suppose d'emblée un défi à travers l'inscription dans une immanence
textuelle d'une notion qui lui échappe, celui-ci ne peut être que double,
concernant à la fois le genre du roman et la notion de transcendance.
Ce défi scriptural semble bien ne pouvoir être abordé frontalement, tant
son objet s'annonce impressionnant et tant les moyens de sa mise en

---

1   La métaphore aérolithique fut trouvée par Léon Daudet qui, lors de son compte-rendu
    critique de *Sous le soleil de Satan* évoqua à propos du roman un « énorme quartier noir et
    brûlant d'étoile ».

2   « (...), il est essentiel de lire l'œuvre dans le déroulement de sa production » (Pierre Gille,
    Bernanos et l'angoisse, Presses universitaires de Nancy, 1984, p. 20).

3   *Ibid.*, « Préface » de Max Milner, p. 8.

forme paraissent soumis à des contraintes génériques entravant toute épiphanie naturelle de la notion. Le romancier ne pourra donc tenter de le relever que par l'écriture de l'immanence à travers une focalisation restrictive, sur le monde et le mal vus comme les deux domaines privilégiés d'évolution d'une humanité dévastée par ses propres passions et son engluement dans une corporalité ambiguë, support paradoxal de souillure et de rédemption. Si les huit fictions mettent donc en scène les ravages liés à toute immersion humaine dans un monde contaminé par une mystérieuse et fatale lèpre symbolique, les choix narratifs conditionnant cette sombre restitution forment une brèche dans cette forteresse d'immanence. Car l'identification et la mise en évidence de la position des trois protagonistes de la médiation narrative – auteur, narrateur, lecteur – conduit au constat selon lequel toute narration est soumise à une nécessaire transcendance. La prégnance de ces narrations médiatrices de la transcendance autorise donc, au-delà des représentations romanesques obsessionnelles de l'univers immanent, le déploiement fictionnalisé des trois plus puissantes branches sémantiques de la transcendance conçue comme une dynamique, un lieu ou encore une Personne. La richesse et la générosité de la représentation fictionnelle permettent donc cette prolifération sémantique au sein d'un genre littéraire dont la souplesse et la liberté formelle constituent les alliés les plus sûrs.

Mais relever le défi de l'écriture romanesque de la transcendance ne se réduit pas à des prouesses techniques révélant une parfaite maîtrise des arcanes de la narratologie ainsi qu'à une capacité à intégrer dans le flux fictionnel les subtilités définitionnelles d'une notion théologico-métaphysique. Car l'investissement du romancier dans sa création dépasse de loin une quelconque habileté artisanale à aménager dans les limites du cadre générique romanesque un espace où la délicate et complexe notion de transcendance sera susceptible de prendre place sans faire imploser la forme littéraire qui la reçoit. C'est ici que l'exemple du romancier Bernanos, et plus particulièrement de la manière dont il relève le défi, prend tout son sens. Que l'approche critique narratologique cède le pas à l'approche génétique ouvre ainsi de nouvelles perspectives à l'appréhension de l'écriture romanesque de la transcendance : l'étude diachronique de la topographie et de la chronographie de ses métamorphoses à partir d'un retour aux manuscrits et d'une confrontation serrée avec les variantes de l'édition, permet ainsi de reconstituer la genèse et le mûrissement d'une quête scripturo-mystique. S'exerçant sur trois strates textuelles, ces métamorphoses se réalisent dans des cadres spatio-temporels dont l'extension ne cesse de croître. Entre la singularité de la page manuscrite amplement raturée et corrigée, cadre initial dont la concentration spatiale limitée à quelques lignes coïncide avec un travail d'écriture réalisé au jour le jour, et la totalité achevée de l'œuvre romanesque, reflet d'un parcours créateur se déployant sur plus de vingt années, l'espace du roman s'intercale comme bloc homogène et autonome, à la fois collection de centaines de pages manuscrites et membre isolé d'un ensemble littéraire qui le dépasse. L'examen successif des métamorphoses topographiques et chronographiques de la page, du roman et de l'œuvre, révèle au-delà des spécificités scripturales et structurelles liées à chaque strate textuelle, des constantes relatives aux contraintes extérieures et intérieures supportées par le romancier, régulièrement empêché dans son travail d'écriture par des entraves liées à sa vie d'homme. Mais il dévoile aussi le gravissement d'un chemin de croix spirituel, lucidement situé à travers les confidences épistolaires de l'écrivain, dans le sillage du calvaire de l'homme-Dieu, son modèle absolu en christianisme.

Puisque c'est au fruit que l'arbre se reconnaît, seule l'approche herméneutique semble être en mesure, pour faire aboutir cette recherche, d'évaluer la résonance de cette épreuve où quêtes scripturale et spirituelle sont mystiquement reliées par le mystère d'une vocation à la fois subie et revendiquée. Cette herméneutique critique se réalisera en contrepoint de l'herméneutique romanesque sauvage pratiquée par la subjectivité du romancier à l'écoute des sources vives de sa sensibilité créatrice mais aussi des exigences de ses aspirations mystiques. Si la Bible en tant que textualité officielle de la transcendance représente le premier support privilégié de cette herméneutique iconoclaste, la sélectivité de l'herméneute dans sa pratique de réinvestissement est telle qu'elle coïncide ponctuellement avec une incantation mystique. Le *Cantique des cantiques* mais aussi les récits de miracle, les psaumes et les livres prophétiques constituent l'armature de cette récriture fictionnalisée de la transcendance biblique. Mais l'univers romanesque ne se limite pas à la reprise d'un hypotexte vénéré, le romancier inscrivant son œuvre dans le sillage des plus grands mystiques chrétiens qui, d'Augustin à Thérèse Martin, ont relevé le défi de prolonger les Écritures, textes fondateurs de la transcendance trinitaire chrétienne, sans renoncer à y greffer l'empreinte d'une aventure intérieure irréductible dans la singularité de son apparition et de son épanouissement.

Antoine Compagnon, Monique Gosselin, Pierre Gille et Didier Alexandre ont permis que ce livre voie le jour, qu'ils en soient chaleureusement remerciés.

PREMIÈRE PARTIE

LE DÉFI

FICTIONS DE L'IMMANENCE

L'expérience vécue de l'amour divin
n'est pas du domaine du roman[1].

Le premier défi posé à l'écriture romanesque repose sur le pari d'intégrer la notion de transcendance dans une forme et un contenu fictionnels remplis par le monde et l'homme. Car si le genre littéraire de fiction s'est imposé à l'écrivain comme moyen d'expression privilégié déjà avant la guerre[2], c'est pour sa puissance d'évocation du réel et de l'univers sensible, domaines de prédilection choisis par celui qui désire rendre compte subjectivement de la réalité qui l'environne. Typologiquement inclassables, ses romans n'outrepassent cependant pas les lois tacites du genre, créateur d'un monde qui renvoie, par miroitement plus ou moins mimétique, à l'immanence extra-littéraire. Comment alors pourrait surgir et se déployer une représentation de tout ce qui échappe à cette immanence, mouvement subjectif, lieu ou Personne objectifs ?

Si *Sous le soleil de Satan* s'impose comme une « histoire de curés » selon l'expression de Léon Daudet, où le réalisme balzacien ne résiste guère à l'outrance des caractères, des postures et des rebondissements mythico-mystiques, les romans suivants déploient progressivement, au fil de leur création, une attention de plus en plus fine et soutenue envers la représentation fictionnelle de l'immanence. Ils désignent les points névralgiques de sa résistance ponctuelle au mouvement transcendant ou de son incompatibilité essentielle avec tout horizon de dépassement absolu. La sécularisation de la société française est liée à l'avènement

---

1   « Interview de 1926 par Frédéric Lefèvre », EEC I, p. 1048.
2   Les sept premières nouvelles de Bernanos furent publiées dans la revue royaliste *Le Panache*, entre février et décembre 1907. Quatre autres essais romanesques ont ensuite paru entre 1913 et 1914 dans deux autres revues. On peut aujourd'hui les lire dans l'édition de La Pléiade.

de la modernité. Elle fonde l'individualisme moderne qui lui donne
le présent en royaume pour y établir une société d'autosuffisance ; elle
marque le décisif affranchissement d'une société négatrice ou ignorante de l'éternel, ayant décidé de liquider la notion de transcendance,
considérée comme obsolète ou délétère, et de dépasser vingt siècles de
mystère chrétien[1]. Le paradigme d'une sexualité agressive mais aussi
en exergue le poids du corps comme entrave charnelle au déploiement
d'un horizon transcendant.

Liée à la représentation romanesque d'un monde déchu et souillé,
l'exhibition fictionnelle du mystère humain que sont l'apparition et la
prolifération du mal, pousse à son paroxysme le défi de la transcendance
impossible, sinon comme plongée profonde et paradoxale dans les abysses
de l'imperfection, de la souffrance et du péché.

L'EMPRISE CROISSANTE DU SIÈCLE

Si le nombre de personnages reste dans l'ensemble relativement stable
du premier à l'ultime roman, leur typologie en revanche, s'enrichit
notablement, ouvrant l'horizon romanesque à de nouvelles figures fictionnelles. La sobriété typologique des personnages de *Sous le soleil de
Satan* n'y est sans doute pas étrangère : l'obsession du prêtre[2] est à peine
distraite par la mise en scène d'une société provinciale de la troisième
république. Plus jamais Bernanos n'alignera autant de pièces à soutanes
sur son échiquier romanesque. Exception faite du *Journal d'un curé de*

---

1   « La sécularisation comporte sa fin en soi, qui est la plénitude de l'exister présent. À
     la fois l'idée de résurrection et cette prétention insensée que la mort redevient vie sont
     blasphématoires pour la société moderne, triplement biologique, naturelle et ration-
     nelle, autant d'épithètes ou de caractères de sa temporalité souveraine. La conséquence
     est l'occultation, l'ensevelissement ou la négation du mystère pascal, cette victoire
     sur la mort qui est non seulement fondement de la foi chrétienne mais à l'humanité
     toute entière la grâce ou la puissance de l'espérance. Qu'un homme mort sur la croix
     et enseveli dans la pierre ressuscite, comme il avait été annoncé, au troisième jour,
     Christ glorieux surgissant de la tombe, c'est l'image, le mythe ou la vertu de la libéra-
     tion suprême. » (Alphonse Dupront, *Puissances et latences de la religion catholique*, Paris,
     Éditions Gallimard, 1993, p. 44).
2   Pas moins de huit figures cléricales encadrent ce premier roman, même si certaines se
     réduisent à une simple nomination : l'abbé Chapdelaine, le père de Charras, l'abbé Demange,
     Monseigneur Leredu, le curé de Luzarnes, l'abbé Menou-Segrais, l'abbé Donissan et le
     curé de Lumbres.

campagne qui arbore quatre figures ecclésiales[1,] le nombre de prêtres et assimilés ne cesse de décroître, roman après roman jusqu'à la totale disparition dans *Nouvelle histoire de Mouchette*. Cette liquidation progressive s'accompagne d'une sécularisation de plus en plus insistante du personnage romanesque, processus de laïcisation fictionnelle amorçant la thématique du prêtre écarté, brocardé, ridiculisé. L'exemple le plus prégnant pour illustrer cet affaiblissement de l'institution religieuse reste sans doute la métamorphose de Dufréty, prêtre tuberculeux et défroqué reconverti en représentant de commerce vivant maritalement avec une jeune femme qu'il a contaminée et qui fait des ménages pour lui payer ses médicaments. Mais dès *L'Imposture* la figure du prêtre, absente[2] de toute la deuxième partie du roman, connaît une éclipse qui ne passe pas inaperçue. Cette partie est entièrement et paradoxalement consacrée à la liquidation – à travers celle de Pernichon par les membres du salon Guérou – des catholiques progressistes ralliés à la république, par un narrateur aussi cruel et persifleur que les marionnettes auxquelles l'écrivain a donné le jour, agitées frénétiquement sous les yeux du lecteur avant d'être exécutées tout aussitôt. Cette exécution expéditive doit être comprise à la lumière du rôle joué par Bernanos dans les événements qui déchirent le microcosme politique et religieux de la France de 1926. La mise au pilori des catholiques libéraux du salon Guérou par un narrateur impitoyable marquerait ainsi une dernière preuve de fidélité envers les monarchistes de l'Action Française. Cette pensée obsolète mais dont le narrateur se refuserait encore à reconnaître l'obsolescence ne rappelle-t-elle pas l'idéologie d'un Charles Maurras, pourfendeuse du catholicisme libéral de l'époque qui, à l'image du Vatican condamnant l'Action Française pour plaire à la puissance démocratique, se rallie à la République française[3] ? Le ralliement de l'Église universelle à l'état

---

1   Le curé d'Ambricourt, le doyen de Blangermont, le chanoine de la Motte-Beuvron et le curé de Torcy.

2   L'abbé Cénabre, « héros » de la première partie, disparaît de la deuxième partie pour céder la place au salon politico-mondain de l'écrivain Guérou. Nuançons cependant la portée de cette disparition en reconnaissant qu'un « évêque à la mode » (I, 383) prend le relais des deux prêtres ; mais Monseigneur Espelette – Sa Grandeur pour les intimes du salon – répétant à l'envi être dans son temps « n'a jamais pris garde qu'il reniait ainsi chaque fois le signe éternel dont il est marqué ». (I, 388)

3   Le narrateur rapproche dans l'invective les catholiques libéraux français et le Vatican de la même époque : « Dans la forte société spirituelle de Rome, ce demi-monde de la pensée ressemble à l'autre, même vanité, même envie, même accueil aux haines complices, même rage à dénigrer les hauts exemples qui le condamnent, même naïveté dans le mensonge et la feinte, même candeur de croire faire illusion à quiconque le regarde en face. Certes, la prostitution de l'hôtel particulier méprise celle de la rue, mais dans les cas urgents,

démocratique ne coïncide-t-il pas irrémédiablement pour ce catholicisme intransigeant avec la défaite de cette Église comme médiatrice traditionnelle de la transcendance chrétienne, à présent rabaissée au niveau de l'immanence la plus sordide, celle du suffrage universel et du parlementarisme ? L'exécution sommaire de ces portraits au vitriol, sitôt conçus, sitôt disparus, ces Pernichon, Guérou, Catani, Juillac etc., serait ainsi liée au dégoût insurmontable – dans l'instant – que Bernanos peut concevoir pour ces figures laïques sorties de nulle part, sinon de sa propre haine de polémiste, qui ne lui ressemblait déjà plus[1]. Écœuré par la « tête énorme et molle » (I, 383) de Guérou, mis à bout par les hurlements du Vicomte Lavoine de Duras, « imbécile déchaîné » (385), saoulé par les supplications gémissantes de Pernichon et le « bavardage fébrile, haletant » (414) de Catani, l'auteur a pu décider de faire disparaître dans la clausule de cette deuxième partie cet univers laïc, trop médiocre pour mériter une quelconque rémission ou pour permettre l'ouverture d'une brèche dans le discours polémique et donc dans le cœur du polémiste. Si Bernanos a fait disparaître Guérou et les autres, en un éclair, aussi rapidement qu'il les avait fait surgir, peut-être est-ce d'abord parce que ces figures restaient totalement hermétiques à tout horizon de transcendance, trop exécrables pour être dignes de pitié mais aussi trop liées à une haine intime, celle du monarchiste enragé, du camelot du Roi, haine dont le romancier devait à tout prix se délester pour que son roman reprenne de la hauteur. L'apparition soudaine des premiers citadins de l'œuvre romanesque coïncide avec la volonté de montrer ce que devient le roman sans prêtre, livré aux mains des laïcs de l'Église démocratique et républicaine. Leur aussi brutale disparition ne signifie-t-elle pas le double haut-le-cœur d'un écrivain d'abord dégoûté par ces caricatures obscènes mais aussi écœuré de constater qu'il en est la source fielleuse, le démiurge hargneux dont l'esthétique se rapprocherait dangereusement de celle d'un Cénabre : écrire de la médiocrité laïque comme si la charité n'existait pas[2] ? Ayant écrit de Pernichon, de Guérou, de Catani et des autres comme si la charité n'existait pas,

---

l'acte professionnel s'accomplit de lui-même et, sous un certain regard, c'est toujours le même geste de dénouer la ceinture » (I, 325).

1   Michaël Kohlhauer, « Mais où sont donc passés Guérou et les autres ? Les deux romans de *L'Imposture* », in *L'Imposture, La Joie de Bernanos*, Études réunies par Monique Gosselin, Roman 20-50, n° 6, décembre 1988, p. 27-37.

2   Le narrateur définit ainsi l'esthétique du prêtre-écrivain Cénabre : « L'art, ou plutôt la formule de l'auteur, exploitée à fond, peut se définir ainsi : écrire de la sainteté comme si la charité n'était pas. » (I, 329).

c'est-à-dire en authentique combattant maurrassien, brillant, violent, « catholique sans Christ[1] », Bernanos n'a-t-il pas reconnu – trop tard et avec la plus grande horreur – ses propres traits dans ceux des exécuteurs du salon Guérou ? L'hystérie collective saisissant tous ses membres à la perspective du lynchage verbal de Pernichon n'est-elle pas de celles que Bernanos a pu partager dans d'autres salons, ceux de l'Action Française par exemple, certainement aussi survoltés que celui de Guérou ? Car la réalité ne dépasse-t-elle pas souvent la fiction ? Exécutions en chaîne et en abyme, d'un personnage laïc par d'autres personnages laïcs, à leur tour eux-mêmes liquidés par un narrateur porte-parole d'un écrivain laïc à l'intelligence aiguë mais stérile, une machine polémique, un homme armé de sa plume et découronné de la charité : de même que le prêtre Cénabre écrit la vie des saints sans amour, par curiosité pure, le romancier Bernanos écrit des tranches de vie de ses contemporains par haine pure. Bernanos, Maurras, Cénabre et les autres... Tout se passe – dans cette deuxième partie de *L'Imposture* – comme si Bernanos, ayant abandonné provisoirement ses personnages de prêtre, se retrouvait, laïc parmi les laïcs, dépouillé de toute direction spirituelle et surtout de toute aspiration à la transcendance par désir d'imitation, livré aux démons d'une société entièrement sécularisée, oublieuse de Dieu et des commandements christiques, obsédée par la volonté de pouvoir et de domination. Partisans de l'Action Française et catholiques libé-raux ne sont-ils pas ainsi – implicitement et grâce à cette partie sans prêtre – renvoyés dos à dos, aussi « chrétiens de pain d'épice[2] » les uns que les autres dans leurs frénétiques agitations dénuées d'amour ? Si cette disparition de la figure ecclésiale de Cénabre a pour principal effet d'assécher l'écriture romanesque en présentant au lecteur médusé un univers laïc soumis aux lois de la destruction et de l'autodestruction sociales, dépouillé de toute vie intérieure et de toute aspiration à la transcendance, cette expérience sera néanmoins reconduite dès les années trente à travers le livre double (*Un mauvais rêve–Un crime*) qui élargit l'univers laïc bien au-delà du huis-clos mondain des imposteurs parisiens. C'est d'abord le roman policier qui met en scène, officielle-ment par nécessité diégétique, les univers jumelés de la police et de la justice : un procureur de la République, un juge d'instruction, un

---

1   Cette expression est de Bernanos lui-même et vise Maurras (EEC I, 584).
2   Cette expression employée par Bernanos dans une lettre à Cosmao Dumanoir datée du 25 janvier 1923 (Corr. III, p. 108), éminemment polémique, ne désigne pas contextuellement les chrétiens d'Action Française.

inspecteur et des gendarmes se démènent tour à tour ou de manière concomitante autour de la dépouille d'un jeune homme à l'agonie et donc incapable de leur révéler son identité ecclésiastique. L'image de la police liée à la figure du prêtre apparaissait déjà en filigrane dans *L'Imposture* où, dans les dernières pages de la troisième partie, l'abbé Cénabre entrait dans un commissariat parisien pour se délester d'un bien curieux fardeau :

> En déposant, au milieu des rires du corps de garde, entre les mains d'un sergent de ville, le tas léger de haillons d'où sortait un gémissement enfantin, il avait senti une joie terrible, et telle qu'il n'en avait jamais rêvé. Le secrétaire du commissaire, retenu là par une affaire urgente, les yeux gonflés de sommeil et d'ennui, ayant reconnu le prêtre célèbre avant qu'il ne se fût nommé, cachait mal sa stupeur dans un flot de paroles banales, déplorant qu'un tel vagabond, gibier familier de toute la police parisienne, eût détourné de son chemin un homme éminent, qui avait mieux à faire. « Une épave, Monsieur, une véritable épave... Nous la ramassons deux jours sur trois. Le dépôt n'en veut plus. Notez qu'il nous donne un mal de chien : il a perdu ses papiers, il n'a plus d'état civil, comprenez ça ? Votre profession... oui... enfin, je veux dire votre ministère... a ses devoirs pénibles, la nôtre est plus dure encore. Et on semble prendre à tâche de la compliquer. C'est à ne pas croire ». (I, 479-80).

À des années lumière du charitable évêque de Digne qui accueillait sous son toit tous les Jean Valjean du pays pour les laisser repartir riches de l'argenterie du diocèse, l'impitoyable Cénabre qui a refusé d'accorder l'aumône au clochard de son quartier, préfère l'envoyer *manu militari* au poste pour se débarrasser de toute la misère du monde. La charité ecclésiale n'a plus cours dans une société sécularisée où l'Église s'est ralliée aux maîtres mots de la République, qui font rimer éradication de la misère avec justice sociale. La pauvreté, rebaptisée clochardise, n'est plus du ressort de l'Église mais des services sanitaires et du sergent de ville reconverti en petit frère des pauvres. Nouveau Saint-Vincent de Paul, le policier moderne, athée bien élevé, prend en charge les malheureux que le prêtre moderne, absorbé tout entier par la profondeur de ses névroses et en même temps soucieux de laisser l'État républicain faire son travail, ne peut ou ne veut plus consoler. Le pauvre n'appartient plus à l'Église qui n'a fait aucune difficulté pour le livrer à la modernité et à l'efficacité étatiques. Ironie du sort, le malheureux pris en charge par les gendarmes alpins d'*Un crime* est prêtre mais paraît vagabond. En effet, le cadavre identifié dans la montagne est assimilé à un va-nu-pieds. Toujours est-il que dans les deux romans, sergent de ville et gendarmes – voire inspecteur – arborent surtout leur impuissance à prendre en charge la misère humaine. Cet échec de l'institution laïque à relayer l'institution cléricale dans le soulagement des souffrances peut se lire dans le choix que fait Bernanos après *Un crime* de ne plus présenter d'interventions policières. En effet, lors de la refonte des manuscrits inutilisés d'*Un crime* pour réaménager et finir *Un mauvais rêve*, pendant l'été 1935, l'écrivain choisit à deux reprises d'exhiber l'absence ou la mise en échec de la police. Quand Philippe réalise sa première tentative de suicide dans la chambre d'hôtel louée par un communiste espagnol sans papiers, tous les membres de la cellule sont unanimes pour ne pas prévenir la police. Cette mise en scène de six jeunes gens révolutionnaires contribue elle aussi à élargir l'horizon de la typologie des personnages laïcs à l'opposé du salon mondain et bourgeois de l'écrivain Guérou. Cette intrusion « exotique » de personnages athées et révolutionnaires signe une ouverture sans restriction de la palette humaine, au-delà de toute autocensure liée à des préjugés politiques et religieux. Le monde ouvrier[1] sera à nouveau évoqué de manière tout aussi fugace et cependant étrangement prégnante à la fin du *Journal d'un curé de campagne* dans l'estaminet lillois de Madame Duplouy où le jeune curé malade s'est réfugié à l'issue de sa consultation :

> Il venait d'entrer du monde, des ouvriers qui cassaient la croûte. L'un d'eux m'a vu par-dessus la cloison, et ses camarades ont éclaté de rire. Le bruit qu'ils font ne me trouble pas, au contraire. Le silence intérieur –celui que Dieu bénit – ne m'a jamais isolé des êtres. Il me semble qu'ils y entrent, je les reçois ainsi qu'au seuil de ma demeure. Et ils y viennent sans doute, ils y viennent à leur insu. Hélas ! Je ne puis leur offrir qu'un refuge précaire ! Mais j'imagine le silence de certaines âmes comme d'immenses lieux d'asile. Les pauvres pécheurs, à bout de forces, y entrent à tâtons, s'y endorment, et repartent consolés sans garder aucun souvenir du grand temple invisible où ils ont déposé un moment leur fardeau. (JC, 1229-30)

Ces hommes de l'immanence apparaissent unis dans la camaraderie, la faim et le rire. Il n'importe plus à personne – et surtout pas au narrateur – que la figure du prêtre soit brocardée par des moqueries peut-être anticléricales. Il importe à présent, bien loin de l'exigeant Donissan-Lumbres, que ces personnages soient profondément vivants par leur appétit, leurs bruyants éclats de rire et surtout qu'ils soient accueillis, dans leur rustre simplicité et leur cruauté inconsciente par celui qui ne peut plus rien avaler, attentif seulement, dans sa solitude

---

1   Parmi les communistes d'*Un mauvais rêve*, certains comme « l'homme au chandail » ou « Gallardo » l'espagnol travaillent à l'usine (MR, 947).

et son silence, à donner l'invisible. La réapparition de l'homme de la
transcendance au cœur de la laïcité la plus lourde illumine quelques
secondes le cadre romanesque en présentant le prêtre comme le réceptacle universel des péchés humains, annonciateur de la demeure
divine sans cloison ni arrière-salle. Devons-nous alors déduire de cet
exemple que seule la figure du prêtre serait capable – non par ses
propres forces mais par la grâce liée à sa fonction – d'élever le monde
laïc à des hauteurs que ce dernier, soulevé et porté à son insu, n'a
pas la possibilité de soupçonner ? Le désir de transcendance serait-il
inaccessible à celui qui n'a pas sacrifié toutes réalités immanentes
à la quête de Dieu ?   La tentation de répondre par un double oui se
heurte à Chantal de Clergerie et Olivier Tréville-Sommerange, deux
figures laïques qui, au-delà des rayons troubles du *Soleil de Satan* se
posent comme les relais sécularisés de la puissance cléricale. Les points
communs entre les deux personnages méritent d'être relevés : ils sont
tous deux issus d'un milieu aisé (grande bourgeoisie et aristocratie)
et leur jeunesse coïncide avec une même aspiration pour le célibat
non consacré ; Chantal, au grand désespoir de son père, ne sera ni
religieuse ni épouse et mère de famille pas plus qu'Olivier n'a choisi la
prêtrise, la vie monastique ou la voie du mariage et de la parentalité.
La jeune fille et le légionnaire, deux espèces en voie de disparition[1],
portent l'étendard de la marginalité sociale. Tous deux amoureux de
la vitesse[2] reflètent une modernité marquée du sceau de la positivité
vitale. Ennemis du piétinement et de l'immobilité, ils sont, par leur
nature, êtres de l'élan transcendant qui dépasse les contraintes de la
pesanteur. Mais leur désir de vitesse – réelle et symbolique – n'est
jamais stérile puisqu'il s'inscrit en permanence dans une éthique du
don de soi et de l'esprit sacrificiel. Si Olivier, membre de l'armée des
soldats-bâtisseurs, est de ceux qui « font Camerone », fidèle à la devise
de la Légion, Chantal possède « la témérité des cœurs purs » (J, 591),
« le signe d'une volonté si pure, impossible à rompre, une espèce de

---

1   De même que Chantal évoque l'espèce des jeunes filles, qui « comme les espèces mal-
    heureuses, [...] est en train de disparaître » (587), Olivier proclame qu'« il n'y a plus de
    soldats » (1218), espèce obsolète disparue à l'avènement du militaire qui signe la disparition
    de toute vocation sacrificielle.

2   La « machine éblouissante » (JC, 1211) d'Olivier qu'il poussera à fond pour impressionner
    le curé d'Ambricourt ne doit pas nous faire oublier les « courses à la mort » menées par
    Chantal dans l'automobile paternelle et rappelées par Monsieur de Clergerie : « Est-ce
    que beaucoup de jeunes filles de ton âge auraient été capables de pousser notre vieille
    Voisin, sur la route de Tantonville, un soir, à plus de cent vingt m'a-t-on dit, compteur
    calé ? Le chauffeur lui-même n'en revenait pas. » (J, 584).

fermeté militaire » (J, 593). Jeanne d'Arc du vingtième siècle, elle
évoque elle-même son goût pour l'aventure soldatesque :

> Je n'ai pas de goût pour la guerre de forteresse, il ne me déplairait pas de me
> battre au grand air, de marauder un peu, de dormir au bivouac, roulée dans
> mon manteau, à la grâce de Dieu… (J, 600).

Mais la voie de Chantal est contemplative et elle entre dans la grâce de
Dieu en catalepsie extatique, les bras en croix sur son petit lit amidonné.
C'est en ce lieu que le chemin de la jeune fille extatique quitte celui du
jeune homme de guerre. La figure du légionnaire, suffisamment insolite
dans l'univers romanesque pour que le narrateur du *Journal* en souligne
l'absence de visibilité[1], introduit la possibilité d'existence d'un chrétien
soldat, susceptible de violer le suprême commandement biblique au
nom de la patrie qu'il est censé défendre. La parole d'Olivier met en
scène ses compagnons « hors la loi en ce monde, [qui] se mettent hors
la loi dans l'autre » (JC, 1216) et discerne dans les traits du petit curé
d'Ambricourt les traces des visages burinés de ces farouches guerriers :

> C'est la crainte incessante de la peur, la peur de la peur, qui modèle le visage
> de l'homme brave. Le vôtre – permettez-moi – semble usé par la prière, cela
> fait penser à un très vieux missel, ou encore à ces figures effacées, tracées
> au burin sur les dalles des gisants. N'importe ! Je crois qu'il ne faudrait
> pas grand-chose pour que ce visage fût celui d'un hors-la-loi, dans notre
> genre. D'ailleurs, mon oncle dit que vous manquez du sens de la vie sociale.
> Avouez-le : notre ordre n'est pas le leur. (JC, 1216).

Serait-il donc possible, envisageable, que l'ordre de la guerre fusionnât
avec celui de la médiation transcendante ? Quelle mystérieuse vocation
rapprocherait légionnaires et prêtres dans une destinée commune ?
Olivier précise l'audacieux rapprochement quelques lignes plus loin en
rappelant que la pauvreté des hommes de la Légion « peut soutenir la
comparaison avec celle de certains moines à la mode spécialisés dans la
prospection des âmes rares !… » (JC, 1217). L'ironie anticléricale perce
subitement et devient assassine quand il s'agit d'évoquer la mort de
Jeanne d'Arc :

> Le dernier vrai soldat est mort le 30 mai 1431, et c'est vous qui l'avez tué,
> vous autres ! Pis que tué : condamné, retranché puis brûlé. (JC, 1218)

---

1   « Dieu sait que je n'avais jamais beaucoup songé à ces hommes durs, à leur vocation
     terrible, mystérieuse. » (JC, 1215).

Olivier pleure l'ultime représentante de la « gendarmerie du Seigneur Jésus » (JC, 1218), la seule qui fût jamais entièrement dévouée à une justice au service des misérables. L'espoir du royaume temporel du Christ est mort avec ce bûcher, signant la mort du soldat et par là même, fatalement la mort de la chrétienté. Ce que le petit curé d'Ambricourt nomme « l'anarchie féodale » (JC, 1219) coïncide pour le jeune légionnaire avec la laborieuse construction de cet empire chrétien que l'Église, dupe des légistes de Philippe le Bel, a abandonné en acceptant la laïcisation du soldat. Héritier des chevaliers[1], le légionnaire assiste impuissant à l'avènement du militaire dispensé d'honneur et de fidélité, dispensé de Dieu par l'État tout-puissant, simple exécutant dépouillé de toute conscience chrétienne, de tout horizon transcendant.

UN CAS D'ÉCOLE : LA FICTION DE L'INVERSION

Dans *Sous le soleil de Satan*, la sexualité des personnages s'exhibe à travers deux modalités déviantes par rapport aux commandements bibliques : adultère et fornication. Dès « le Saint de Lumbres », le personnage de Saint-Marin est mis en relief à travers son passé de débauché et son présent de vieillard aigri par la déchéance du corps et l'impuissance sexuelle. Et c'est « aux pieds de ce prêtre stupide » (S, 292), l'abbé Sabiroux, que l'académicien évoque à voix haute la dégénérescence de sa carrière sexuelle :

> […] On sort du collège avec des illusions de poète. On ne voit rien de plus désirable au monde qu'un beau flanc de marbre vivant. On se jette aux femmes à corps perdu. À quarante ans, on couche avec des duchesses, à soixante il faut déjà se contenter d'aller riboter avec des filles. Et plus tard… Plus tard… Hé ! Hé ! Plus tard… on porte envie à des hommes comme votre saint de Lumbres qui eux au moins savent vieillir !… La voulez-vous ma pensée ? La pensée de l'illustre maître, ma pensée toute crue ? Quand on ne peut plus… (S, 292).

---

1   Dans un article intitulé « Bernanos et le Moyen-Âge », Monique Gosselin-Noat a mis en valeur l'importance de la chevalerie médiévale dans le panthéon historique de l'écrivain, fer de lance de la chrétienté et âge d'or de l'héroïsme spirituel (in *Mélanges de Langue et de Littérature Médiévales offerts à François Suard*, Travaux & Recherches, Tome I, Éditions du Conseil Scientifique de l'Université Charles-de-Gaulle–Lille 3, p. 333-34).

Celui qui a trop consommé et dont le vieux corps épuisé trahit le désir toujours vorace, a métamorphosé son vice en enfer[1]. Se jetant aux hommes à corps perdu, Mouchette aussi, à travers son histoire, se dissout dans la fornication à l'origine de l'adultère du très respectable médecin-député Gallet. Tous ces désordres sexuels s'inscrivent sur la liste des péchés charnels pour lesquels l'Église, selon les termes employés par le curé de Luzarnes, « enragé de conciliation » (S, 290) devant l'académicien, possède « des trésors d'indulgence… de charité… ». Car, toujours suivant le prêtre progressiste, « le scrupule touchant le dogme… peut… doit en quelque mesure… s'accorder avec une paternelle sollicitude… une bienveillance particulière même… pour certaines âmes exceptionnelles… » (S, 292). Péchés de chair « classiques », la fornication et l'adultère, enfants terribles de l'instinct naturel, pourraient donc bénéficier du pardon universel de l'Église. Mais à partir de *L'Imposture* et dans tous les romans suivants sans exception, sera mis en scène à travers de nombreux personnages et avec une constance irréductible, un type de désordre sexuel pour lequel ni l'Ancien ni le Nouveau Testament n'ont trouvé de condamnation suffisamment dure[2]. L'homosexualité, comme pulsion, tendance ou conduite, est totalement absente du premier roman. Les sept textes suivants font émerger de manière étonnante et significative cette thématique à travers une galerie de portraits variés. Les critiques, emboîtant le pas à l'opinion tranchée de Hans Urs von Balthasar, se sont le plus souvent contentés d'évoquer très rapidement

---

1   Voir aussi le portrait cinglant qu'en dresse le narrateur : « À mesure qu'il avance en âge, le misérable se voit traqué, forcé dans son mensonge, de jour en jour moins capable de tromper en hors-d'œuvre et bagatelles sa voracité grandissante. Impuissant à se surmonter, conscient du dégoût qu'il inspire, ne trouvant qu'à force de ruse et d'industrie de rares occasions de se satisfaire, il se jette en glouton sur ce qui passe à portée de ses gencives et, l'écuelle vide, pleure de honte. L'idée d'un obstacle à vaincre, et du retardement qu'impose la comédie de la séduction, même écourtée, la crainte du fléchissement physique, toujours possible, le caprice de ses fringales, le découragent par avance des rendez-vous hasardeux. Aux gouvernantes qu'il entretenait jadis avec un certain décor succèdent aujourd'hui des gotons et des servantes, qui sont ses tyrans domestiques. Il excuse de son mieux leur langue familière, affecte une bonhomie navrante, détourne l'attention d'un rire qui sonne faux, tandis qu'il suit du regard, à la dérobée, le cotillon court sur lequel, tout à l'heure, il ira rouler sa tête blanche. Mais, hélas ! Cette morne débauche l'épuise sans le rassasier ; il n'imagine rien de plus bas, il touche le fond de son grotesque enfer. Au désir, jamais plus âcre et plus pressant, succède un trop court plaisir, furtif, instable. L'heure est venue où le besoin survit à l'appétit, dernière énigme du sphinx charnel… (S, 282).
2   Je renvoie pour l'Ancien Testament aux récits de Sodome (Gn 19) et de Guivéa (Jg 19) ainsi qu'au Lévitique (18, 22 et 20, 13) ; pour le Nouveau Testament il s'agit du début de la lettre aux Romains où Paul fustige les comportements et désirs homosexuels du monde païen comme châtiment suprême du paganisme (Rm 1,18-32).

et sur le mode anecdotique les figures homosexuelles de l'univers romanesque. À contre-courant de ce mouvement d'ensemble, il faut mettre
en avant cette nouvelle typologie de personnages, totalement absente
du premier roman, apparue dans *L'Imposture* et inlassablement reprise
dans la totalité des romans ultérieurs, pour relier son émergence et son
développement aux nouvelles orientations prises par l'écriture de la
transcendance après *Sous le soleil de Satan*. Ce qui frappe d'emblée, c'est la
variété des formes d'homosexualité mises en scène par l'instance narrative
des différents romans. Fidèle à la caractérisation qu'en fait Gide dans les
premières pages de son *Corydon*[1], Bernanos décline l'homosexualité de
ses personnages sur une palette extrêmement variée. Du platonisme à la
salacité, en passant par les intermédiaires, pour reprendre le vocabulaire
de Corydon, les différentes gammes de l'homosexualité sont présentes
au fil de l'œuvre. Deux constantes se dégagent dans cette représentation romanesque qui oscille sans cesse entre exhibition provocatrice de
couples homosexuels et évocation plus voilée de figures solitaires aux
prises avec des pulsions, des tendances ou des conduites homosexuelles.
Couples masculins et féminins sont équitablement répartis dans les
différents romans[2] et ont pour principale particularité de vivre sous le
même toit. Les figures solitaires pouvant être reliées à la thématique
homosexuelle sont assez nombreuses et sont attirées dans une même
fixation pulsionnelle vers un autre personnage du même sexe revêtant
le statut de cible. Dans *L'Imposture*, Cénabre ne libère-t-il pas d'obscures
pulsions en s'acharnant successivement sur le journaliste Pernichon, l'abbé
Chevance puis le clochard Framboise ? Quant à Pernichon, il semblerait
qu'une homosexualité latente se décèle à travers ses fixations successives
sur Cénabre, Espelette puis le couple Jules-Guérou. Le clergeon d'*Un
crime* est en adoration perpétuelle devant la sainte face du faux prêtre.
Philippe, le neveu trop sensible de l'écrivain Ganse dans *Un mauvais
rêve* semble fasciné par le physique et la personnalité d'Olivier. Et enfin,

---

1   « L'homosexualité, tout comme l'hétérosexualité, comporte tous les degrés, toutes les
     nuances : du platonisme à la salacité, de l'abnégation au sadisme, de la santé joyeuse à
     la morosité, de la simple expansion à tous les raffinements du vice. L'inversion n'en est
     qu'une annexe. De plus tous les intermédiaires existent entre l'exclusive homosexualité
     et l'hétérosexualité exclusive. Mais, d'ordinaire, il s'agit bonnement d'opposer à l'amour
     normal un amour réputé contre-nature. » André Gide, *Corydon*, Paris, Éditions Gallimard,
     1926, réédition de 1977, préface p. 8.
2   Citons l'écrivain Guérou et son masseur Jules dans *L'Imposture*, le psychiatre La Pérouse
     et Fiodor dans *La Joie*, les deux Évangéline dans *Un crime* et le couple formé par Michelle
     et Miss dans *Monsieur Ouine*.

Ouine le solitaire, n'aurait-il pas abusé de Steeny après l'avoir enivré de porto une nuit d'été ?

Quel sens donner à cette soudaine mise en perspective de telles figures romanesques ? Comment interpréter ce constat, à savoir qu'après *Sous le soleil de Satan*, s'adjoindront à des personnages illustrant classiquement la différenciation sexuelle, de nouveaux visages fictionnels ? Leur émergence brutale dès *L'Imposture* s'érige en constante souvent discrète, certes, mais irréductible, au fil de l'œuvre romanesque, à tel point que cette récurrence typologique – aussi dénuée soit-elle de descriptions détaillées ou de digressions complaisantes – subit une mise en perspective intéressante à élucider. Dans quels nouveaux lieux l'exploration romanesque de figures homosexuelles mène-t-elle l'écrivain de la transcendance ? Ces nouvelles figures en quête du semblable s'adjoignent dès 1927 aux figures obsessionnelles cléricales en quête de l'altérité absolue. Hans Urs von Balthasar a proposé une interprétation justifiant cette présence homosexuelle :

> En vérité, l'inversion n'intéresse pas Bernanos, elle l'intéresse si peu qu'il ne précise pas en général si ses personnages s'y adonnent et jusqu'à quel point. Mais le phénomène d'une perversion fixant le sujet sur son propre sexe, c'est-à-dire sur sa propre essence d'être qui aime, lui paraît d'un intérêt exceptionnel comme symbole d'un amour se retournant sur lui-même et se prenant pour sa propre fin[1].

L'inverti, pour reprendre le vocabulaire du théologien, s'enferme dans une quête du semblable qui l'exclut de toute ouverture vers l'altérité en le condamnant à rester prisonnier de lui-même. Balthasar ne s'inspire-t-il pas de la théorie développée par Freud qui emploie pour la première fois le terme « narcissisme » à propos du modèle de relation à l'autre entretenue par de nombreux homosexuels ? Érotisant le narcissisme, Freud révèle ainsi que l'attitude homosexuelle résulte d'une trop grande fixation à cette étape évolutive qu'est l'auto-érotisme puis l'amour d'un objet semblable à soi. Pernichon et le psychiatre La Pérouse apparaissent ainsi comme la transposition romanesque de véritables cas d'école. Si le journaliste de *L'Imposture*, dont le nom constitue un cruel et volontairement vulgaire rappel de la poitrine féminine, exhibe à son confesseur des fautes dont l'inanité vise à révéler une piété rarement prise en défaut, c'est d'abord pour mieux s'aveugler au sujet d'une misère sexuelle sournoisement masquée par

---

1   Hans Urs Von Balthasar, *Le Chrétien Bernanos, op. cit.*, p. 349.

l'interdit religieux. Cénabre démasque l'imposteur, fantoche sans
sexualité non par victoire sur des sens impétueux mais par absence
de désir ou par impuissance :

> Il n'y a pas là, continua-t-il, qu'une erreur de jugement : une duplicité fort
> perverse. À vous prendre simplement (si vous voulez bien), j'estime, je tiens
> pour avéré que, loin d'opposer une résistance aux tentations extérieures, vous
> entretenez, avec beaucoup de peine et d'application, une concupiscence dont
> chaque jour affadit le venin. De la source désormais tarie, vous remuez la
> boue, pour en respirer au moins l'odeur. Par économie de vos forces, il vous
> plaît de vivre dans ce mensonge d'un nom prodigué à des séductions imagi-
> naires, lorsque votre sensualité suffit à peine à exercer utilement votre malice.
> Que me parlez-vous de lutte intérieure ? Je vois trop clairement les pensées
> suspectes, les désirs refroidis, l'acte avorté. Qui réaliserait ces fantômes vous
> ferait un tort bien cruel ! C'est justement cette ombre que votre appétit veut
> consommer, non pas une chose vivante. [...] (I, 319-320).

Bien avant le prêtre cruel, le narrateur avait déjà liquidé le « petit
homme » (I, 319) en évoquant le drame de cet être enfermé dans un
passé qu'il n'a jamais réussi à dépasser :

> Sa vie intérieure est mêmement trouble, équivoque, jamais aérée, malsaine.
> (...). Soucieux d'éviter tout éclat en ce monde ou dans l'autre, il administre sa
> conscience avec dégoût, tel un boutiquier renié par sa clientèle à son comptoir
> désert. Il sent lui-même l'effrayante immobilité, la flétrissure d'une adolescence
> se survivant à elle-même dans l'âge mûr. (I, 316).

Cette adolescence flétrie et qui refuse néanmoins de s'éteindre ne
peut-elle ainsi se lire en filigrane comme le symptôme masqué d'une
inversion latente et refoulée par l'interdit catholique[1] ? Admirateur
passionné de l'abbé Cénabre qu'il vient harceler dans son appartement
parisien pour obtenir un pardon hebdomadaire, le journaliste tombé
en disgrâce après l'hallali du salon Guérou, cherchera successivement
réconfort auprès de Monseigneur Espelette[2] puis de Guérou lui-même

---

1   Le théologien de la morale Xavier Thévenot, dans son ouvrage *Homosexualités masculines
    et morale chrétienne* (collection « Recherches morales », Les Éditions du Cerf, Paris 1985)
    évoque au cours du chapitre IV consacré au « rapport des homosexuels chrétiens à l'Église
    et à Dieu » la complexité de l'interaction liant psychisme et interdits institutionnels
    religieux : « attribuer à l'interdit ce qui est dû à la "misère" sexuelle, c'est là un mode de
    rationalisation fréquent dans nos existences et dans celles de beaucoup d'homosexuels
    chrétiens » (p. 111). Ne reconnaît-on pas ici-même l'attitude de Pernichon ?
2   Pernichon le suit dans la rue et le harponne désespérément pour ne pas rester seul : « Ne
    me quittez pas ce soir ! s'écria-t-il tout à coup. – Quel enfantillage, dit Mgr Espelette,
    après un long silence. Vous êtes un enfant, un grand enfant. » (I, 418).

dont il découvre la vie privée avec un voyeurisme effaré. Quant à La Pérouse, le psychiatre de *La Joie* qui à l'image de ses patients, possède « la morale de ses glandes » (J, 640), son homosexualité s'affiche sans équivoque à travers sa haine de la fécondation et de la procréation[1] ainsi qu'une certaine nostalgie pour les blanches mains de son ancien amant Fiodor[2]. Comme dans le cas de Pernichon, cette attirance pour l'autre de même sexe semble étroitement liée à une anormale prolongation, au cœur de la maturité, des obsessions de l'adolescence[3]. Prisonniers de leur propre image à travers la quête illusoire de l'altérité, ces personnages ont renforcé eux-mêmes les barreaux de leur cellule intérieure pour éviter toute rencontre avec l'inconnu et se protéger de toute incursion de l'Altérité. Ce repli sur soi mortifère constitue le principal obstacle à tout élan transcendant.

Si les tendances ou conduites homosexuelles déclinées au masculin mènent ceux qui les vivent à une série d'impasses et de souffrances, l'homosexualité féminine ne lui cède en rien sur ce terrain plus que miné. En effet, si Michelle et Miss donnent l'apparence d'un couple aux relations idylliques, le lecteur comprend vite que ce bonheur repose sur l'exclusion épidermique et systématique de tout élément ne relevant pas des valeurs dites féminines. Le jeune Steeny est sans nul doute la cible et la première victime de ce double refus de toute masculinité. Dupé par les deux femmes au sujet du destin de son père, « le disparu, l'englouti » (MO, 1355), en quête d'affirmation virile, il étouffe dans une maison où les heures ne sont rythmées que par les étreintes de sa mère et de sa gouvernante. Renforcées dans leur amour mutuel par la même haine, le même dégoût et la même peur de l'homme hyper-sexualisé[4], ces deux personnages féminins

---

1   « On a beau rêver le froid, le blanc… Tenez! Mieux encore : la nuit sidérale, impolluée, le noir absolu, lisse, vide, stérile… Hélas! Les espaces interstellaires sont eux-mêmes fécondés, la lumière froide transporte le germe d'un ciel à l'autre, le berce au rythme absurde de cinq cents milliards de vibrations par seconde sans le tuer. Ni le froid, ni le chaud, n'auront raison de l'abjecte sécrétion de la vie, un dieu ne réussirait pas à cautériser d'un coup, à la fois, tous les points de suppuration… » (J, 642).

2   Se reporter au dialogue supprimé dans la version éditée et restituée dans la note 1 page 1822 des *Œuvres romanesques*.

3   Le narrateur évoque ainsi les « dix volumes d'observations cliniques irréprochables », œuvre de toute une vie et « sortie sans doute des ruminations d'un adolescent timide et chimérique, incapable de surmonter les terreurs, les envies ou les dégoûts de la puberté » (J, 636).

4   Rappelons que Michelle n'a jamais réussi à supporter les étreintes de son mari, « ce grand garçon au profil dur [qui] appartient à la race ennemie, dévoratrice, celle qui ne mesure pas son élan, se jette sur la femme aimée comme une proie. » (MO, 1354). Quant à Daisy,

livrent surtout une image de l'incommunicabilité liée à l'épreuve de la différenciation sexuelle qui empêche toute ouverture libératrice vers un horizon d'altérité. L'autre couple féminin de l'œuvre romanesque, celui formé par les deux Évangéline d'*Un crime*, est tout autrement bâti. Alors que Michelle et Miss ont été confrontées aux violences physiques de la sexualité masculine, corps de femme pénétrés contre leur gré par la fureur de désirs hyper-virils qui leur étaient étrangers, la formation du couple « évangélinien » ne constitue en rien un refuge à l'abri des assauts masculins. Le passé des jeunes femmes s'inscrit – en symétrie au passé trop sexualisé des héroïnes de *Monsieur Ouine* – dans une atmosphère de parfaite asexualité. Alors que la demoiselle de Châteauroux, orpheline de mère, a passé sa jeunesse auprès de son vieux père dévot qui avait décidé de vivre comme un prêtre, l'autre Évangéline a suivi sa mère, religieuse défroquée, de « foyers chrétiens » en « foyers chrétiens » (C, 868) jusqu'à l'âge de dix-sept ans où elle apprit le secret de ses origines. Si l'homosexualité de Mademoiselle Souricet est davantage liée aux circonstances et à sa faiblesse de caractère qui lui fit se soumettre craintivement à Évangéline[1], celle de la criminelle apparaît beaucoup plus structurelle que conjoncturelle car étroitement liée aux mystères défendus de sa naissance. Fière « d'avoir échappé tant d'années à la sinistre curiosité des hommes, à toutes les sollicitudes carnassières auxquelles les faibles abandonnent leur pauvre vie » (C, 863), Évangéline a toujours pris soin de ne pas tomber dans le piège où a sombré sa mère, religieuse séduite qui a dû quitter l'habit sacré, gage de la médiation transcendante, souillé par la faute et son fruit, l'enfant. Le texte garde un total mystère quant à l'identité de ce séducteur, laissant au lecteur toute latitude pour imaginer celui qui a dépouillé la religieuse de son charisme spirituel… L'hypothèse selon laquelle le père biologique d'Évangéline pourrait être prêtre a le mérite d'éclaircir l'apparente absurdité des actes de la jeune fille. En effet, le destin de ce personnage est tout entier happé par la figure sacerdotale. Pôle de la médiation transcendante mais aussi de l'asexualité – par refoulement ou sublimation –, le prêtre hante le parcours de la jeune femme qui, après avoir assassiné l'un d'eux, occupe sa fonction au sein de la paroisse pendant plusieurs jours en revêtant la soutane du mort.

---

le narrateur prend bien soin de rappeler son passé sordide d'orpheline violée par un oncle puis livrée à la prostitution (MO, 1446).

1   Le lecteur apprend d'ailleurs, dans la lettre finale envoyée par la criminelle à son amie, que cette dernière a profité de l'absence d'Évangéline pour prendre un amant (C, 866).

Si la jeune lesbienne tue un prêtre et endosse aussitôt son habit sacré, n'est-ce pas, dans un souci de revanche, pour venger sa mère qui avait dû quitter le sien pour mettre au monde la petite fille sans père ? La réparation de l'outrage commis contre l'instance maternelle se double ici d'une volonté de s'emparer de l'identité asexuée de celui qui représente sur terre la transcendance. L'homosexualité, par un simple geste de travestissement, devient sacerdotale et associe ainsi par un coup de force lesbianisme et sacré. La femme virile, en usurpant l'identité du prêtre, homosexualise la fonction sacerdotale et paradoxalement se désexualise ou plus justement sublime son homosexualité en la revêtant de l'habit sacré, le pendant masculin de celui que sa mère dévoyée n'a pas réussi à conserver. La lesbienne devenue prêtre devient ainsi homme sans sexe, c'est-à-dire et littéralement ce qu'elle est. Mais tout a changé à travers le regard que la société porte sur elle / lui. Juge, inspecteur, policiers, bonne, clergeon, tous tombent sous son nouveau charme, irrésistible, celui de la femme travestie en homme délesté du poids de la sexualité, plus encore qu'un « androgyne[1] » un prêtre au regard et aux mains de femme, un homme de Dieu à l'émouvante silhouette, une réconciliation provisoire de « l'opposition bipolaire de la Femme et du Prêtre[2] ». Pourtant, à y regarder de plus près, Évangéline ne représente pas le pôle de la féminité en tant qu'autre de la masculinité. Elle inaugure un « troisième sexe » non au sens où l'entendait Proust se rangeant derrière la théorie du Docteur Hirschfeld[3], mais au sens qu'elle est l'autre de la féminité, appartenant à ce versant féminin qui refuse l'avènement de l'homme en sa chair et qui serait donc par là même habilitée à porter la soutane, vêtement de l'homme ayant décidé d'ignorer sa puissance virile pour consacrer la totalité de son énergie vitale à la médiation transcendante. Derrière un athéisme de façade et une prédilection pour les amours interdites[4], deux fruits d'une révolte puisant sa source dans les humiliations d'une enfance trahie,

---

1   C'est Marcelle Stubbs-Faccendini qui dans sa thèse consacrée aux *Figures mythiques fémi-nines dans l'œuvre romanesque de Bernanos* évoque Évangéline comme l'androgyne magique qui soumet tous les cœurs par ses pouvoirs surnaturels liés à sa bisexualité. (Deuxième partie, chapitre I : « Évangéline et l'androgynat rituel ». p. 126-147.)

2   Pierre Gille emploie cette expression dans son chapitre I consacré à *Un crime* et intitulé « Le travesti ». (Voir *Bernanos et l'angoisse, op. cit.*, p. 194).

3   C'est Gide qui dans la préface de la première édition de son *Corydon* évoque cette théorie allemande de l'homme-femme. Voir note 1 page 8, NRF Gallimard, édition de 1977.

4   « Pour la lesbienne, l'amour est un risque et une conquête, non une pulsion. C'est un acte gratuit, conscient de ne déboucher sur rien socialement. C'est un acte fondateur d'une individualité, le vecteur d'une liberté qui se conquiert en échappant aux schémas

Évangéline est elle aussi en quête de transcendance ; mais cette quête est d'emblée pervertie par sa réduction factice au port de la soutane, travestissement sacerdotal dépouillé de toute puissance de dépassement. Il faut se souvenir des conditions dans lesquelles se déroule le revêtement par la lesbienne de l'habit sacré. Le seul témoin de la cérémonie gît dans la boue et le froid, dépouillé de son vêtement et de sa fonction, violé spirituellement par celle qui lui a volé son identité sacerdotale, agonisant dans sa nudité d'homme abandonné. Évangéline a cru conquérir l'espace de la transcendance à ce prix sanglant sans comprendre que son crime cauchemardesque lui ferme une à une toutes les portes d'accès :

> Elle n'eût jamais voulu convenir que, croyant tout devoir à son énergie et à sa ruse, elle avait vraiment vécu tout éveillée un sinistre cauchemar où de plus lucides eussent reconnu une à une les images aberrantes du remords maternel, cette obsession du prêtre, de ses manières, de son langage, qui avaient empoisonné tant d'années la conscience bourrelée de l'ancienne religieuse. (C, 870-71)

Comme le soulignait déjà Pierre Gille dans son chapitre consacré au travesti à propos des données de l'énigme, « l'univers religieux, on le voit, n'est pas loin, et aussi tout cet univers semi-pathologique qui se développe si volontiers dans ses franges[1]. » Obsédée par l'homme de Dieu, Évangéline, contrairement aux autres personnages homosexuels de l'œuvre romanesque, a désiré ouvrir son identité à l'altérité de l'autre sexe, mais seulement parce que cette altérité s'offre dépouillée de tout référent sexualisé. L'homme de Dieu, qui fascine tant la jeune lesbienne, est par vocation celui qui a renoncé à son sexe ainsi qu'à tous les autres. En fusionnant avec le prêtre, Évangéline devient le père qu'elle n'a jamais eu ; mais en tuant l'authentique homme de Dieu, elle condamne sa quête à une désolante impasse spirituelle. Son échec se consomme dans l'abandon de la soutane et la marche finale « d'un pas égal, d'un pas d'homme » (C, 868) vers le suicide d'un corps qui n'a pas réussi à assumer sa féminité.

---

collectifs. » (Marie-Jo Bonnet, *Les relations amoureuses entre les femmes du XVIe au XXe siècle. Essai historique*, Paris, Éditions Odile Jacob, collection « Opus » 1995, introduction p. 14).

1   Pierre Gille, *Bernanos et l'Angoisse, op. cit.*, p. 189.

LA DÉPOUILLE D'UN « MAQUIGNON
PICARD NOMMÉ SATAN[1] »

La figure du diable-maquignon – qui fait imploser les pages centrales de « La Tentation du désespoir » – ne constitue pas un point
de départ dans la tentative de représentation littéraire satanique par
Bernanos, mais un premier aboutissement romanesque, ultime avatar
de Satan sous ce premier soleil. En effet, avant la création flamboyante
du négociateur en bétail, deux premiers Satan ont été esquissés, d'abord
dans « le Saint de Lumbres » puis dans « Histoire de Mouchette ». Sous
les soleils de trois Satan, c'est ainsi que l'écrivain a conçu trois figures
évolutives. La première tentative pour mettre en mots Satan reflète
une volonté affichée de rester fidèle à ses représentations bibliques.
Habitant le « vieux cœur » humain, « l'incompréhensible ennemi des
âmes, l'ennemi puissant et vil, magnifique et vil », « l'étoile reniée du
matin : Lucifer ou la fausse aurore » (S, 235) reprend le Satan d'Isaïe[2],
« plein de ruse » (237) pesant « de tout son poids » (238) sur la race
humaine, mais aussi celui de Job, « ce faux témoin », « rival dérisoire »
de Celui qu'il ne cesse de singer, « rebelle entêté dans sa gloire perdue »
(307). Nouveau serpent après celui de la chute, « suborneur subtil, avec
sa langue dorée » (307), il est aussi le tenace bourreau de l'évangile de
Marc[3] et le « prince du monde » (261) dénoncé par Jean[4]. « Maître de la
mort », « voleur d'hommes » (267), cette bouture romanesque constitue
un greffon exemplaire du Satan testamentaire. « Histoire de Mouchette »
exhibe, à l'image de son héroïne, un Satan séducteur et sexualisé qui
n'hésite pas à s'accoupler avec les filles des hommes. C'est justement
face à son pâle amant[5] humain que Mouchette raconte cette prise de
possession monstrueuse :

> Avec ce corps de rien du tout, ce pauvre petit ventre plat, ces seins qui
> tiennent dans le creux des mains, j'approche de la fenêtre ouverte, comme si
> on m'appelait du dehors ; j'attends... je suis prête... Pas une voix seulement
> m'appelle, tu sais ! Mais des cents ! Des mille ! Sont-ce là des hommes ? Après

---

1   Cette expression est la reprise textuelle du titre de l'article de Jacques Darras publié in
    Bernanos et l'interprétation, Paris, éditions Klincksieck, 1996, p. 185-93.
2   Isaïe XIV, 9-15.
3   Marc V, 9.
4   Jean XII, 3.
5   « Tu ne crains pas l'enfer et tu crains ta femme ! Es-tu bête ! » (108)

tout, vous n'êtes que des gosses – pleins de vices, par exemple ! – mais des
gosses ! Je te jure ! Il me semble que ce qui m'appelle – ici ou là, n'importe !...
dans la rumeur qui roule... un autre... un autre se plaît et s'admire en moi...
Homme ou bête... Hein, je suis folle ?... Que je suis folle !... Homme ou
bête qui me tient... Bien tenue... Mon abominable amant ! (98)

Suivie d'un « rire à pleine gorge » (98), la parole de Mouchette, effroy-
ablement performative, aboutit devant Gallet à l'acte qu'elle appelle :
le regard se vide de toute lumière, elle plie les genoux, son buste s'est
incliné en avant, ses épaules ont roulé sur le divan[1]... Sous les yeux du
médecin athée qui diagnostiquera des symptômes d'hyperesthésie, le
narrateur réussit à décrire une scène de possession diabolique qui pétrifie
la jeune fille prise en « pâle statue de pierre » (98). L'appel à Satan[2] se
renouvelle dans « La Tentation du désespoir » mais l'érotique démon a
cédé la place au bourreau, à l'assassin dont « l'affreuse caresse glacée la
saisit durement à la gorge » (210). Le suicide de cette « petite servante
de Satan, sainte Brigitte du néant » est bien l'œuvre de « son maître »
dont elle a follement souhaité la présence.

Météore hétéroclite surgi de la nuit la plus noire, le maquignon jovial
qui trottine aux côtés de l'abbé Donissan, a peu à voir avec les figures
sataniques mises en évidence face au vieux curé de Lumbres et à la jeune
Mouchette. En effet, alors que les Satan de Lumbres et de Campagne, l'un
biblique, l'autre érotique et sadien, brillent par leur silence implacable,
gage de leur transcendance satanique, celui des plateaux limitrophes du
Boulonnais, « courtier en bidets normands et bretons » (175) se localise
d'abord par sa parole. L'importance des indications acoustiques concernant
la tessiture de sa voix[3] met en valeur cette propriété satanique encore
inédite sous la plume de l'écrivain. Pour la première fois dans le roman,
Satan parle, comme et avec l'homme, plus précisément le prêtre. Plus

---

1   Bernanos adresse-t-il, à travers cette scène, un clin d'œil ironique au docteur Freud,
    qui, dès 1923, interprétait l'obsession d'accouplements avec incubes et succubes comme
    l'exutoire névrotique d'une sexualité refoulée par une religion trop répressive, le diable
    symbolisant les plaisirs sexuels interdits par la culture et la société ? Remarquons ici que
    Mouchette possédée n'a aucune éducation religieuse et ne souffre d'aucun refoulement
    d'ordre sexuel...
2   « C'est alors qu'elle appela – du plus profond, du plus intime – d'un appel qui était comme
    un don d'elle-même, Satan. Il vint, aussitôt, tout à coup, sans nul débat, effroyablement
    paisible et sûr. Si loin qu'il pousse la ressemblance de Dieu, aucune joie ne saurait procéder
    de lui, mais, bien supérieure aux voluptés qui n'émeuvent que les entrailles, son chef-
    d'œuvre est une paix muette, solitaire, glacée, comparable à la délectation du néant. »
    (S, 213)
3   Voir par exemple l'« accent de gaieté secrète » ou « sa joyeuse voix un peu sourde » (168).

jamais, après cet entretien, Satan n'apparaîtra ainsi déguisé, parodiant l'incarnation en prenant le corps et le visage d'un français du peuple, négociateur en bétail, artésien pure souche né de la terre du Nord.

Sa disparition brutale et définitive mérite le même approfondissement que son apparition flamboyante, toujours dans la perspective des métamorphoses de l'écriture de « la fausse transcendance[1] », et semble liée au fait que ce Satan dialecticien n'avait rien de Satan mais tout d'un humain trop humain. Or l'écrivain traque Satan : c'est sa vocation, son sacerdoce et dans la lignée des prophètes et des apôtres, fidèle à la tâche biblique, il doit l'exhiber au gibet de son écriture. La disparition définitive de Satan travesti en être charnel, interlocuteur privilégié, mon semblable, mon frère[2], est donc bien loin de signer la disparition définitive de Satan. La brutale volatilisation[3] romanesque du diable maquignon révèle une prescience des risques et dangers spirituels liés à une représentation humanisée de Satan. Jacques Maritain fut sans doute le premier, comme lecteur du manuscrit, à pointer le doigt sur le caractère peu orthodoxe de ce Satan si jovial. À plusieurs reprises, il demandera à Bernanos de s'autocensurer dans le traitement de ce personnage, si étranger au Satan thomiste qu'il a étudié et longuement médité. L'écrivain accédera ironiquement à la demande du philosophe en lui donnant carte blanche pour qu'il censure lui-même le texte déjà écrit[4]. Quand l'ouvrage paraît, en 1926, de nombreux critiques expriment leur réticence devant ce diable picard. Bernanos s'affrontera notamment à la critique de Paul Souday[5] dans une conférence programmatique

---

1 L'expression est de René Girard, dans son dernier essai *Je vois Satan tomber comme l'éclair*, Paris, Éditions Grasset & Fasquelle, 1999.

2 Voir la réplique du maquignon voulant prouver devant Donissan son respect pour l'homme de Dieu : «(...) j'ai un frère de ma mère prêtre, moi qui vous parle ».

3 « Mais, tout à coup, d'une poussée, le vicaire de Campagne se rua sur lui. Et il ne rencontra que le vide et l'ombre. » (184)

4 «Je ne demande pas mieux que vous abrégiez vous-même le dialogue avec le diable ; » Lettre 118, p. 218 In *Combat pour la vérité. Correspondance inédite 1904–1934*, recueillie par Albert Béguin, choisie et présentée par Sœur Jean Murray, O. P., Plon, 1971.

5 L'édition de la Pléiade consacrée aux *Essais et écrits de combat I* publie des extraits de cet article paru dans *Le Temps* du 22 avril 1926. Nous retiendrons surtout l'allusion ironique au diable-maquignon : « Bien entendu, je n'élèverai aucune objection contre la scène elle-même, et ne douterai point qu'elle ne soit empruntée à l'observation directe, ni qu'on ne rencontre couramment et tous les jours le diable sur les grandes routes. Évidemment c'est la vie. J'insinuerai seulement que s'il est aussi gaffeur raseur et antipathique que nous le montre M. Georges Bernanos, sans doute d'après son expérience personnelle, Satan ne peut être bien dangereux, et l'on s'étonne de la terreur qu'il inspire à l'abbé Donissan. On ne sait même pas pourquoi l'abbé l'appelle "prince de ce monde" (...)», note 2 p. 1660.

prononcée à Rouen[1]. Alors que le critique républicain brocarde ce Satan trop humain pour effrayer encore qui que ce soit, l'écrivain justifie la création du personnage comme la réplique à « un idéalisme équivoque dans la Politique, la Morale et l'Art » qui aurait « d'abord obscurci la notion même du Mal[2] ». Le surgissement nocturne du noir petit maquignon exhiberait alors dans une clarté renouvelée un Satan mis aux oubliettes par une philosophie aux conceptions trop éthérées. Paradoxalement, la contradiction émane du conférencier lui-même, affirmant quelques lignes plus loin qu'il n'est pas tout à fait maître du sujet choisi et que c'est plutôt ce dernier qui le mène :

> Libre donc à mon éminent contradicteur de penser que j'ai délibérément choisi, pour la terreur des dévotes, ce maquignon sacrilège, autour duquel j'aurais fait ainsi tourner mon livre. Ma foi, je ne suis pas si malin. Non, Souday, je ne l'ai pas cherché, il est venu tout seul. – Croyez-le si vous voulez : au demeurant, je m'en moque[3].

Derrière la pirouette insolente et le renvoi de Souday à ses chères critiques se dessine un aveu d'impuissance formulé par le créateur au sujet de sa création. Bernanos ne s'est pas fabriqué un Satan sur mesure, délibérément en chair et en os pour la conversion des âmes éprises du dernier idéalisme ; c'est Satan – *in personae* – qui a pris par la main et guidé le romancier sur les chemins d'Artois. La volte-face – naïve ou habile ? – constitue une ingénieuse attitude à ajouter sur la liste des preuves de la puissance satanique. Satan le maquignon ne serait donc pas une fabrication littéraire et propagandiste mais la source exclusive de la pulsion créatrice, la glaçante origine du roman. Cette révélation laissera de marbre tous ceux qui ne croient pas au diable, voyant en Bernanos un illuminé ou même un menteur, mais elle ne peut être négligée pour tenter d'éclaircir les raisons de sa fulgurante et irréductible disparition du paysage romanesque. Devons-nous alors comprendre, dans la perspective de Bernanos – et alors même qu'il ne s'est jamais exprimé sur ce point précis – que cette disparition constituerait le signe d'un dépassement réussi hors de l'emprise satanique qui enserrait sa première création romanesque ? Un écrivain chrétien peut-il poursuivre, sans se détruire, une œuvre inspirée par la puissance maligne à

---

1   Cette conférence est reprise en intégralité dans l'édition citée ci-dessus, pages 1094 à 1101 : « Satan et nous ».

2   *Ibid.*, p. 1096.

3   *Ibid.*, p. 1099.

laquelle il croit[1] ? Que Satan soit venu le chercher, c'est-à-dire le tenter, est un premier fait raconté par Bernanos lui-même. Que ce dernier ait transposé et intégré ce surgissement satanique dans l'entretien entre le prêtre et le maquignon est un second fait, constaté par le lecteur. Mais ensuite, une fois l'expérience – l'épreuve – accomplie, il devient urgent de rompre, dans la panique ou avec sang-froid ; c'est une question de survie spirituelle[2]. Si le premier Satan de Bernanos a tant agacé de nombreux lecteurs catholiques de toutes sensibilités[3], dès 1926 et jusqu'à une époque plus récente[4], s'il a fait rire ou sourire tous ceux qui ne croient pas ou plus au diable[5], les incroyants comme les chrétiens[6], c'est peut-être parce qu'il était trop personnel et donc personnifié. Surgi uniquement pour Bernanos, « venu tout seul » à la seule rencontre de l'écrivain, en catimini, dépouillé de tout charisme nécessaire à une universalisation de la notion Satan-personne, lié à l'imaginaire spirituel et à la pulsion créatrice d'une singularité écrivante, il n'a jamais atteint la dimension universelle du Satan tes-

---

1   Voir à ce sujet l'article éclairant de Monique Gosselin-Noat, « Bernanos croit-il à Satan ? », revue Graphé, p. 169-190.

2   Voir C. E. Magny p. 563 « chez ceux qui ont trop voulu regarder le Mal en face, (…) il reste comme une brûlure indélébile, comme une plaie inguérissable. », et Bernanos lui-même lors d'un entretien avec André Lang publié sous le titre, « L'Homme qui a vu le Diable » dans les *Annales politiques et littéraires* du 1 janvier 1930 et retranscrit par Jean-Loup Bernanos dans sa biographie, pages 209 à 212 : « Le mal a toujours existé pour moi. Le mal est une réalité. J'y pense. Je le vois. J'ai vu le diable, comme je vous vois, depuis mon enfance. » (p. 211).

3   Ceux d'obédience traditionnelle ont été irrités par le caractère peu orthodoxe de ce Satan folklorique, jovial et attentionné ; les progressistes se sont irrités de son extériorité flamboyante qui dérangeait leur volonté d'évacuer Satan comme principe mauvais séparé de l'homme.

4   C'est surtout le père Hans Urs von Balthasar qui, dans son monumental *Le Chrétien Bernanos*, s'est insurgé contre cette représentation de Satan : « (…), la scène présente un caractère mythique qui n'est guère tolérable, même dans un roman. » p. 331, Éditions du Seuil, Paris, 1956. Plus proche de nous et parmi d'autres, Philippe le Touzé regrette les excès du *Soleil de Satan* où, selon lui, Bernanos confond « le satanique avec l'outrance ».

5   Les personnages mis en scène par Bernanos les premiers et notamment ce si savoureux « M. Loyolet, inspecteur d'Académie (au titre d'agrégé ès lettres, [qui] a voulu voir le saint de Lumbres, dont tout le monde parle. Il lui a fait une visite, en secret, avec sa fille et sa dame. Il était un peu ému. "Je m'étais figuré un homme imposant, dit-il, ayant de la tenue et des manières. Mais ce petit curé n'a pas de dignité : il mange en pleine rue, comme un mendiant…" "Quel dommage, disait-il aussi, qu'un tel homme puisse croire au diable !" » S, p. 234.

6   Satan ne fait pas partie du dogme chrétien ; il est absent de l'index thématique du très orthodoxe *Catéchisme de l'église catholique*, rédigé à la suite du deuxième concile œcuménique du Vatican, qui lui a substitué le terme « mal » sans la majuscule, à coup sûr moins traumatisant pour les catéchumènes et leurs élèves.

tamentaire, car trop intimement lié à une intériorité qui n'a pas réussi à métamorphoser la rencontre réelle en carrefour où chacun aurait pu le reconnaître. Or, si Bernanos a décidé après l'armistice d'investir littérairement le domaine de l'écriture fictionnelle, c'est d'abord pour rendre témoignage de la présence réelle de Satan dans les tranchées et pour le montrer aux « gens de Derrière[1] » dans toute son explosive dangerosité. L'écrivain se doit d'exhiber le Mal tel qu'il l'a éprouvé, puissance extérieure à l'homme et à la nature qui disculpe et sublime la transcendance divine :

> Qui oserait nier que le mal ne soit organisé, un univers plus réel que celui que nous livrent nos sens avec ses paysages sinistres, son ciel pâle, son froid soleil, ses cruels astres ? Un royaume tout à la fois spirituel et charnel, d'une densité prodigieuse, d'un poids presque infini, auprès duquel les royaumes de la terre ressemblent à des figures ou à des symboles… (EECI, 487)

Qui oserait le nier en viendrait, d'une manière ou d'une autre, à discréditer Dieu en jetant le soupçon ou sur sa toute-puissance ou sur sa toute-bonté[2]. Bernanos a besoin de Satan pour épargner la transcendance absolue de Dieu, il l'exhibera donc, absolument, mais – et c'est ce qui rend cette exhibition remarquable – sans jamais l'imposer.

En effet, la totalité des représentations sataniques à l'œuvre de 1926 à 1940, du *Soleil de Satan* à l'ultime chapitre de *Monsieur Ouine*, est susceptible d'être rejetée par le recours à une explication matérialiste et rationnelle. La figure du maquignon peut tout à fait être lue comme le cauchemar ou la projection fantasmatique d'un prêtre épuisé par les jeûnes répétés, le manque de sommeil et les excès physiques ; Cénabre, plutôt que possédé, peut être médicalement assimilé à un névrosé qui sombrera d'ailleurs dans la folie. Le meurtre de Chantal serait l'œuvre d'un maniaque et non d'un suppôt de Satan. Dans *Journal d'un curé de campagne*, les nombreuses évocations de Satan émanent de conversations ecclésiales : quoi de plus banal pour des prêtres que de croire au diable et d'en parler entre eux ? *Monsieur Ouine*, pareillement, ne peut-il être froidement lu comme l'agonie d'un professeur de langues – hypothétique meurtrier – dans un village de rustres aux prises avec un fait divers

---

1 C'est ainsi qu'il désigne tous ceux qui n'ont pas combattu physiquement pendant la première guerre mondiale. Voir notamment *Les Enfants humiliés*, in EEC I, p. 778.

2 En effet, si Satan n'est qu'un mythe obsolète, la source du Mal ne peut plus être qu'humaine ou divine. Dans les deux cas, Dieu est le grand responsable de ses ravages – sauf si lui aussi se révèle mythique –. Dans cette ultime hypothèse, nietzschéenne, l'homme est à la fois à lui-même et pour lui-même son propre Satan et son propre Dieu.

non élucidé ? Rien, jamais, n'empêche le lecteur de supposer que le mal donné ou reçu ne tire son origine uniquement de l'homme, être d'instinct, de pulsions, de cruauté et de maladie. Possession diabolique ou condition humaine, les deux hypothèses sont systématiquement proposées. Et même si le narrateur a choisi son camp, si clairement d'ailleurs, avec une telle force, que la reconnaissance systématique de Satan le mène parfois à prendre son parti – cette part du diable – contre les médecins athées, les psychanalystes et les députés républicains, il n'oublie jamais cependant, malgré ses critiques virulentes, de mettre en avant l'hypothèse scientifique. Les personnages de Bernanos – Bernanos lui-même ? – ont-ils besoin d'un exorciste ou d'un psychiatre ? La question est toujours suspendue à l'appréciation des lecteurs. Pourquoi, de la part d'un homme aussi entier dans ses convictions et sa foi religieuses, cette volonté d'écriture qui préserve la part du doute ? N'étant pas homme à embarrasser son écriture de formalité ou de politesse aussi ironique soit-elle, Bernanos souhaite entretenir avec son lecteur une relation profonde et dérangeante. Il ne s'agit pas de renvoyer poliment et dans les formes celui qui sourit devant le mot de Satan mais plutôt de le confronter à son propre doute, à son incertitude intime, faille dans laquelle se glissera plus aisément l'idée de Satan[1]. Expression littéraire torturante de Satan, l'incertitude quant à sa présence possède son équivalent graphique, présenté par Claude-Edmonde Magny : « s'il me fallait le dessiner, je donnerais volontiers au diable la forme d'un point d'interrogation[2] ». Le choix scripturaire de l'indétermination permettrait donc l'immixtion de la figure satanique par l'alternative qu'elle propose et donc l'équivoque qu'elle engendre et entretient. Bernanos voulait être lu – d'abord et surtout – par ceux qui ne croyaient ni à Dieu, ni encore moins à Satan. Davantage encore, il voulait – sinon les convertir – au moins maintenir vivante, au cœur de l'écriture, et donc au cœur de leur lecture, l'hypothèse de Dieu et du diable, comme un horizon, tremblant mais envisageable, d'autant plus séduisant qu'il ne sera, dans l'esprit de ces affranchis,

---

1   Le témoignage d'Hubert Juin consolide cette hypothèse, en assimilant le romancier au Tentateur : « Enfin ! pour moi, Georges Bernanos a été plus qu'une présence (et qui ne peut s'accommoder de la présence ? Ce serait trop simple) : une tentation. L'extraordinaire est que, pour un athée comme je suis, Bernanos a été le diable... » (Hubert Juin, « Un témoignage indirect » in *Cahiers de l'Herne*, 1962, réimprimé en 1998, Éditions Fayard, p. 16).

2   C. E. Magny, « la part du diable dans la littérature contemporaine », in *Entretiens sur l'homme et le diable, op. cit.*, p. 572.

qu'une potentialité. Il est donc vrai qu'en écrivant littérairement
Satan, l'écrivain prend le risque de l'affaiblir en l'apprivoisant, en lui
conférant une présence de personnage, c'est-à-dire en lui faisant perdre
son originalité biblique. Ce piège est cependant évité d'emblée par le
recours à l'équivoque, procédé que Bernanos n'abandonnera jamais
et qui est à l'origine de la formidable consistance de tous ses Satan
romanesques, le diable-maquignon y compris. En effet, que certains
lecteurs, critiques ou théologiens, ne cachent pas leur gêne devant ce
Satan trop flamboyant – mythique, fantastique, folklorique – pour
être orthodoxe ou crédible, c'est leur droit. Mais n'est-ce pas d'abord
le droit de Bernanos romancier de faire surgir de son intériorité créatrice une figure conforme à son expérience spirituelle intime ? Et
n'est-ce pas une superbe réussite que d'avoir su relever le défi, après
Dostoïevski, de représenter littérairement le principe du Mal sans
jamais l'imposer dogmatiquement à ceux qui n'osent, ne veulent ou ne
peuvent l'affronter en face ? Il y aurait, cela dit, une certaine mauvaise
foi à prétendre que cette première représentation satanique est aussi
élaborée que celle de *Monsieur Ouine*. Il est néanmoins important de
souligner combien la figure du diable-maquignon est un premier jet
maladroit théologiquement parlant mais un brûlot littéraire. Et ce,
à un point tel que, au terme du *Soleil de Satan*, l'abolition du diable
comme personne constituera la seule concession de la vision créatrice
à son public, à son époque.

DÉPLOIEMENT DU MAL

Que cette figure humanisée révélât une représentation obsolète du
Mal pour les lecteurs français de 1926, gavés de littératures sataniques
romantique et fantastique, Bernanos en eut certainement conscience.
Ayant compris que ces littératures avaient précipité la déchristianisation
de la société par l'intégration du diable, protagoniste biblique, dans
leurs univers fictionnels respectifs, l'écrivain put décider d'extirper la
figure de Satan hors de la gangue où elle gisait, affaiblie et ridiculisée,
en l'habillant de nouveaux vêtements littéraires encore jamais portés
jusque là. Quelles métamorphoses l'écrivain fera-t-il donc subir à son
Satan romanesque ? Il serait tentant de suivre pas à pas l'évolution de

la figure satanique tout en emboîtant confortablement le pas aux critiques qui ont multiplié les tentatives de repérage et d'identification[1]. Outre le fait que ces nombreuses listes, plus ou moins exhaustives et toujours exposées à l'arbitraire de ceux qui les ont établies[2], possèdent la fâcheuse caractéristique d'identifier la présence de Satan à toutes les manifestations symptomatiques des maux humains, elles ont pour principal inconvénient de figer en images pétrifiées par leur mise en langage une figure dont l'instabilité existentielle entrave toute tentative de conceptualisation. Le refus de m'engager sur les voies de la topographie satanique puise ainsi son origine dans le constat que toute entreprise de localisation de cette écriture et de ses métamorphoses se heurte à un processus scriptural de volatilisation. Car dès le premier roman Satan s'est expulsé lui-même de la terre et de la nuit picarde. Maquignon enraciné dans les labours encore fumants et ensanglantés des cadavres de la Grande Guerre, il s'est mystérieusement volatilisé en échappant à la ruade du prêtre pantelant d'horreur et de rage ; il n'attendra plus désormais les hommes de Dieu égarés au détour d'un fossé ou d'un talus boueux, déguisé en jovial samaritain. Rendu inlocalisable, déraciné par le narrateur, celui là même qui lui avait donné une consistance barrésienne, Satan renoue avec son modèle biblique de rôdeur, de grand Errant devant l'Éternel[3] en redevenant le nomade maintes fois imaginé par Gide[4]. La dialectique du lieu et du non-lieu mise en place par Bernanos se rattache à ce nomadisme. D'abord présent là où celui qui croyait en lui pouvait l'affronter loyalement, tel le poilu de Delteil, il s'est mis à déserter, célinien avant l'heure, loin de toutes les scènes de combat. S'adaptant à l'Histoire[5], Satan doit rester à la mode et sa nouvelle imprévisibilité sera le gage de son succès. Couvrant toutes les surfaces, visibles et invisibles, son

---

1   Hans Urs von Balthasar examine dans son chapitre consacré à Satan (*op. cit.* p. 342 à 358) les traductions littéraires de la présence satanique et passe en revue « les images » susceptibles de « signifier sensiblement » le principe du mal : le mensonge, l'injustice, la sexualité, l'homosexualité, la drogue, la femme, le suicide. Jeannine Quillet repère et identifie sa présence réelle « en explorant les abîmes de l'homme intérieur » art. cit., p. 280). Max Milner énumère « les images du rêve », celles rattachées à la sexualité, à la décomposition et à la pourriture ainsi qu'au vide (*art. cit.*, p. 262-63).

2   Vide pour le critique littéraire, féminine pour le père théologien, la figure satanique semble aussi revêtir la forme des obsessions ou des peurs de ceux qui la localisent.

3   Voir en particulier dans le livre de Job.

4   Claude-Edmonde Magny évoque le Journal des faux monnayeurs dans lequel l'écrivain confie vouloir faire circuler « incognito » le diable à travers son roman (*art. cit.*, note 2, p. 561).

5   Voir à ce sujet l'article de Pierre Gille où Monsieur Ouine se présente « au rendez-vous de M. Hitler (119) » (« Monsieur Ouine et l'Histoire », EB 23, p. 119-143).

déploiement centrifuge lui assure un contrôle parfait de tous les champs humains, se présentant à son heure là où il ne devrait pas stationner, voire là où personne ne l'attend plus, là où nul ne croit plus en lui, le ridiculise ou l'ignore. Le titre du second roman de Bernanos illustre parfaitement cette nouvelle stratégie satanique consistant à ne pas être là où l'on doit et réciproquement à se trouver là où l'on ne devrait pas. *L'Imposture* n'est-il pas ainsi le récit d'une usurpation, moins celle de l'abbé Cénabre, hypothétique imposteur, que celle de Satan lui-même, unique usurpateur de la création divine, forceur d'hommes, ayant délaissé tout déguisement pour mieux investir celui qu'il dépouillera de son identité après avoir pris sa place ? Le seul imposteur aurait ainsi atteint l'âme du prêtre, investi la place forte vouée au sacré et la narration en rend témoignage :

> La tentation peut bien prendre tous les masques, et c'est l'illusion de beaucoup de naïfs qu'un Satan seulement logicien. Tel vieillard sournois l'imagine assez sous les traits d'un contradicteur académique, mais c'est que l'observateur s'arrête aux jeux et bagatelles. Parfois, bien que rarement, la noire cupidité de nuire l'emporte sur d'autres délices moins promptes et moins âpres. Alors le mal se dénonce lui-même, s'avoue tel quel, non pas un mode de vivre, mais un attentat contre la vie. Ainsi cette fureur de haine qu'avait exercée jusqu'alors l'abbé Cénabre avec une si grande sagacité jaillissait enfin tout à fait hors du sanctuaire de la conscience. L'abandon du corps supplicié exprimait avec une effrayante vérité l'âme violentée, profanée. Car l'horreur fut à son comble lorsque ce corps robuste parut cesser d'opposer aucune résistance, subit la souffrance, la dévora comme on dévore la honte… Oui, un instant, l'humiliation fut parfaite. (I, 374-375)

Déployé, le Satan de *L'Imposture* force l'âme de qui lui plaît, circule d'une âme à l'autre, libéré de l'accoutrement charnel lié à son épiphanie picarde, animant ainsi tour à tour le mauvais prêtre et le fantoche des trottoirs dans leur rencontre parisienne.

Satan n'accomplit-il pas aussi ses plus belles œuvres là où plus personne ne croit en lui ? Olivier Mainville, l'un des héros titubants du *mauvais rêve*, partage avec ses accolytes (Philippe, Ganse, Simone) un athéisme de bon aloi et un refus de concevoir le surgissement possible, au cœur de son existence, d'un principe mauvais séparé. Le chapitre VIII met en scène une confrontation entre le jeune homme et sa maîtresse, Simone Alfieri. Intoxiqué à l'héroïne[1], ayant conservé sur les joues et le

---

1   « Vous avez tort de vous droguer tellement, mon pauvre gentil. L'héroïne ne vous vaut rien. » (MR, 956)

cou des traces de poudre contenue dans la balle que Philippe s'est tirée
en plein visage et devant lui un moment auparavant, fortement imbibé
de whisky[1], Olivier renvoie à Simone le portrait d'une loque pantelante.
Surpris par un accès de crise nerveuse, « il bondit hors de son fauteuil,
resta debout, une main farouchement crispée au dossier, sa jolie tête
oscillant de droite à gauche, ne quittant pas des yeux la muraille, avec
une expression indéfinissable de surprise et de terreur, comme s'il eut
cru la voir se rapprocher de lui, pour l'écraser. Si habituée qu'elle fût
à ces crises d'angoisse nerveuse, elle faillit perdre son sang-froid, saisit
convulsivement le bras de son faible amant » (MR, 957). Qu'a donc
vu Mainville de si terrible pour que Simone, habituellement maîtresse
d'elle-même, subisse l'espace d'un instant la contagion de cette terreur ?
Satan délocalisé et surtout prodigieusement ignoré par les protagonistes
athées du *mauvais rêve*, nouveau passe-muraille dans l'imaginaire de
l'écrivain, aurait-il investi ce mur fantomatique pour terroriser celui
dont l'extrême vulnérabilité est liée à une absence de prise en compte
de la potentialité satanique ? L'amant surmontera sa crise de terreur par
un accès de colère avinée contre ses aînés – la génération de 1914-1918 –
qui « se travaillent pour désobéir aux commandements [...] d'un Dieu
auquel ils ne croient plus » (MR, 968-969) :

> Allez ! Allez ! Le christianisme est bien dans vos moelles, et votre fameuse
> démoralisation d'après guerre, savez-vous ce qu'elle a fait ? Elle a restauré la
> notion du péché. La notion de péché sans la grâce, imbéciles ! Vous mépri-
> sez votre corps parce qu'il est l'instrument du péché. Vous le redoutez et le
> désirez à la fois comme une chose étrangère, dont vous enviez sournoisement
> la possession. Car vous ne possédez pas votre corps, ou vous ne croyez le
> posséder qu'à de rares minutes, lorsque, ayant épuisé toutes les ressources de
> votre horrible lucidité, vous semblez gésir côte à côte, ainsi que deux bêtes
> farouches. Si le diable existait, je me demande ce qu'il aurait pu inventer de
> mieux – quelle plus infernale ironie ! (MR, 969).

Mais le diable n'existe pas, Olivier Mainville en est convaincu, sans
l'ombre d'un doute, et sa diatribe aux accents nietzschéens ou gidiens
révèle une accusation de l'humain comme unique source de sa déchéance
et de son désespoir. Mais l'« infernale ironie » dénoncée par le personnage
ne se cache-t-elle pas dans la narration elle-même, mettant en scène une
figure émancipée religieusement et cependant soumise à des tortures
morales comparables à celles endurées par des personnages d'autres

---

1   « Il avala trois verres de whisky et elle dut lutter une seconde pour arracher de ses doigts
     la bouteille. » (MR, 956)

romans, qui, eux, croient au diable ? Mainville serait-il donc, comme
la première Mouchette, possédé à son insu et d'autant mieux possédé
que l'idée de cette possession n'a jamais la possibilité d'affleurer à son
esprit ? Déployé et donc inlocalisable, Satan investirait ainsi avec la
même facilité ceux qui l'ignorent et ceux qui le craignent. Dans tous les
cas, pour l'homme, l'alternative est diabolique : en ignorant ou refusant
de considérer le mal comme fruit d'un principe extérieur mauvais, on
favorise son éventuelle action en lui laissant les mains libres ; en croyant
à l'existence d'un tel principe, on lui confère une réalité qui décuple sa
puissance de dévastation[1].

Le personnage de Chantal dans *La Joie* propose peut-être, à travers
sa simplicité évangélique, un moyen d'échapper à cette omniprésence
déployée. Surprise par Fiodor les bras en croix, sur son lit, dans un état
cataleptique, la jeune fille est déchirée par l'angoisse et l'humiliation
d'ignorer la source de ces crises mystiques :

> Trop simple aussi, trop indifférente à soi-même, trop protégée contre un premier
> mouvement de l'amour-propre déçu pour imaginer de mettre l'Ange noir en
> tiers dans sa lamentable aventure. D'ailleurs, elle ne s'était jamais beaucoup
> soucié du diable ni de ses prestiges, assurée de lui échapper par l'excès de sa
> petitesse, car celui dont la patience pénètre tant de choses, l'immense regard
> béant dont l'avidité est sans mesure, qui a couvé de sa haine la gloire même
> de Dieu, scrute en vain, depuis des siècles, de toute son attention colossale,
> retourne en vain dans ses brasiers, ainsi qu'une petite pierre inaltérable, la
> très pure et très chaste humilité. (J, 571-572)

Entre ignorance hautaine et recherche fébrile de son visage, la reconnaissance de son action accompagnée du refus de s'y attarder, serait
donc une arme efficace pour rendre vaine l'avidité que Satan nourrit
envers la créature humaine. Il serait pourtant naïf de considérer que le
personnage de Chantal échappe complètement à l'emprise satanique.
Compagnon privilégié de ceux qui empruntent les chemins de la
transcendance, toujours formidablement déployé, il est présent pour
barrer la voie royale, toujours là où la volonté veut trop bien faire[2].

---

1   C. E. Magny a retranscrit cette alternative désespérante : « le Diable est également redou-
    table que l'on y pense ou non, aussi dangereux si l'on croit en lui ou si l'on est sceptique »
    (*art. cit.*, p. 560).
2   Pascal l'avait déjà bien formulé en évoquant à travers sa formule célèbre celui dont la
    volonté angélique se heurte fatalement à la bête de l'Apocalypse. Paul Ricœur, dans *Le
    Conflit des interprétations. Essais d'herméneutique* (Paris, le Seuil, 1969), reprend cette idée
    selon laquelle le mal est forcément présent dans le domaine de la foi qui est celui de
    l'espérance et de la quête transcendante : « C'est parce que l'homme est visée de totalité,

Au cœur de l'oraison mystique, en quête « du Dieu Solitaire, réfugié
dans la nuit comme un père humilié entre les bras de sa dernière fille,
consommant lentement son angoisse humaine dans l'effusion du sang
et des larmes, sous les noirs oliviers (J, 683) », Chantal trouvera ainsi
sur sa route « la créature étrange, incompréhensible, qui a renoncé à
l'espoir, vendu l'espoir de l'homme pour trente deniers comptant, puis
s'est pendue (J, 685) ». Si Chantal, en route vers le Christ aux oliviers,
rencontre Judas sur son chemin, c'est parce que « Satan entre dans
Judas[1] » et qu'à travers « ce fruit noir d'un arbre noir, à l'entrée du
honteux royaume de l'ombre, sentinelle exacte, incorruptible, que la
miséricorde assiège en vain, qui ne laissera passer aucun pardon, pour
que l'enfer consomme en sûreté sa paix horrible (J, 685) », Satan lui
barre la route de la transcendance.

Le déploiement satanique subi par la dépouille du maquignon picard
introduit nécessairement un processus de désubstantialisation. C'est ainsi
que le « petit homme fort vif (S, 167) », le « jovial garçon (S, 168) », après
avoir réconforté, enlacé, réchauffé, baisé la bouche du prêtre hagard qui
s'était blotti dans ses bras, perdra dès *L'Imposture* toute consistance charnelle, volatilisé, pulvérisé, très exactement réduit en poussière. Fiodor
est le premier à le constater, observant avec acuité Clergerie et ses amis
dans la grande maison grise :

> Oui, Madame Fernande, personne ici n'a le courage du bien ni du mal.
> Satan lui-même s'y dessinerait comme une traînée de poussière sur un
> mur. (J, 624)

Redevenu poussière, le Satan de Bernanos coïncide à présent avec
le portrait désubstantialisé qu'en tracent les esprits avancés sur la
voie de la spiritualité[2]. Son déploiement lui a ouvert la porte du
nomadisme que la Bible revendiquait pour lui, sa désubstantialisation lui fait abandonner toute prétention ontologique et l'oriente
sur les chemins de la praxis, dans son sens le plus étymologique : sa
capacité d'action n'est ainsi plus liée à son existence. Par ce procédé
relevant du paradoxe, Bernanos rejoint ici la grande tradition chré-

---

volonté d'accomplissement total, qu'il se jette dans des totalitarismes qui constituent proprement la pathologie de l'espérance ; les démons, dit le proverbe antique, ne fréquentent
que les parvis des dieux. » p. 429.
1   Luc 22, 3.
2   Saint Jean de la Croix et Sainte Thérèse d'Avila, par exemple, ont récusé toute conception
sensible du diable.

tienne des pères de l'Église, qui assimile le péché à « un mouvement défectueux » issu du non-être, Satan[1]. En effet, le défi relevé par Augustin notamment, consistait à sauvegarder la transcendance du Dieu chrétien en même temps que sa toute-bonté. Car si l'on n'établit pas une séparation ontologique claire entre la créature humaine et Satan en proclamant que seul l'homme est, cela revient à établir une consubstantialité entre les deux entités et donc à assurer que le mal est de même nature que l'homme. Or Satan doit rester un principe mauvais séparé pour conforter le dogme de l'homme créé à l'image de Dieu, porteur d'une plénitude ontologique ne tolérant pas la présence du mal en son sein. Si Satan est extérieur à l'homme il n'est pas ou du moins pas complètement, privation ou à la limite défaillance d'être. Bernanos n'aurait peut-être pas apprécié ce développement laborieux[2] mais n'est-il pas nécessaire de montrer que sa nouvelle représentation littéraire de Satan est conforme aux représentations théologiques les plus orthodoxes, lourdeur de la démonstration et dogmatisme en moins ? N'est-il pas encore une fois nécessaire de montrer que l'écriture imaginative se révèle, dans ses modes d'expression et de figuration, la plus apte à cerner une notion qui excède l'emprise du concept en exhibant sa défection. Car si Satan est défaillance d'être, il devient impensable en révélant l'impuissance de la pensée à lui donner une consistance ontologique. Seule la littérature, foudroyante par ses images et ses intuitions, loin devant la théologie et la philo-sophie, est capable de représenter Satan sans lui accorder l'existence, de l'expérimenter sans devenir injustifiable.

Privé d'être, tourné tout entier vers l'agir, Satan passe à l'acte par le biais de la liberté humaine. René Girard, consacre le chapitre III de son dernier ouvrage à « Satan », en reprenant la thèse de sa non-substantialité qui le transforme en parasite de l'homme :

> Le « fonds propre » du diable, celui d'où il tire ses mensonges, c'est le mimétisme violent qui n'est rien de substantiel. Le diable n'a pas de fondement stable,

---

1   Saint Augustin, *Le Libre Arbitre*, II, 54, in *Œuvres, I*, Pléiade, Paris, Gallimard, 1998, p. 489.

2   Mais qu'en savons-nous après tout ? S'il est vrai que l'écrivain a toujours clamé son ignorance en matière théologique, n'était-ce pas peut-être aussi une manière indirecte de justifier un prosélytisme seulement involontaire, par manque de temps pour s'y consacrer pleinement ? Obsédé par la problématique du mal et marqué par son éducation et sa foi catholique, comment aurait-il pu ne pas être intéressé par les méditations des grands théologiens de son Église ?

pas d'être du tout. Pour se donner une apparence d'être il lui faut parasiter les créatures de Dieu. Il est tout entier mimétique, autant dire inexistant[1].

Le Satan des romans de Bernanos annonce étrangement le mimétique décrit par Girard, fondant son passage à l'acte dans le parasitage de la créature mise en scène. Le double meurtre de l'Évangéline Souricet d' *Un crime* pourrait être interprété dans cette perspective, action parasite effectuée par une jeune fille déguisée en prêtre, ayant abandonné sa véritable identité et laissé un vide ontologique dans lequel a pu s'engouffrer avec délectation Celui qui n'est rien mais qui acquiert une consistance au creux d'une vacance aménagée par un être en souffrance. L'anthropologue, après avoir rappelé à travers l'Évangile de Jean que « Dès l'origine, le diable fut un homicide[2] », affirme que « les fils du diable sont les êtres qui se laissent prendre dans le cercle du désir rivalitaire et qui, à leur insu, deviennent les jouets de la violence mimétique ». Comme toutes les victimes de ce processus, « ils ne savent pas ce qu'ils font » (Luc, 23-24)[3]. Le maquignon picard a disparu sans laisser de trace mais a fait surgir de sa dépouille de nombreux héritiers, non par le sang mais par l'esprit. C'est son « vrai mystère », déjà défini par Girard dès le début de son chapitre, « son pouvoir le plus étonnant qui est celui de s'expulser lui-même », auto-expulsion rendue nécessaire quand la violence a atteint son paroxysme « afin d'empêcher la destruction de son royaume[4] », la terre. Illustration littéraire saisissante de cette vision, les romans de Bernanos mettent en scène ce processus d'auto-éjection à rebondissements multiples : si Satan s'est expulsé lui-même de la nuit picarde, c'est pour mieux revenir dans les rires glaçants de l'abbé Cénabre, au cœur de l'oraison de Chantal de Clergerie, dans les exterminatrices de prêtre et de vieille dame, dans le cancer du frêle curé de Campagne, dans l'agonie de *Monsieur Ouine*. Fils du diable, tel apparaît le bel Arsène de *Nouvelle histoire de Mouchette*, dont la crise d'épilepsie rappelle les convulsions des possédés du Nouveau Testament et récrit sur le mode réaliste la fantastique crise tétanique offerte en spectacle à Donissan par la créature suppliciée[5] :

---

1   René Girard, *Je vois Satan tomber comme l'éclair*, Paris, éditions Grasset, 1999. Réédité en livre de poche, collection « biblio essais », 2003, p. 65.
2   Évangile de Jean cité par Girard, *op. cit.*, p. 64.
3   *Ibid.*, p. 64.
4   *Ibid.*, p. 56-57.
5   « L'affreuse créature fit un bond, tourna plusieurs fois sur elle-même avec une incroyable agilité, puis fut violemment lancée, comme par une détente irrésistible, à quelques pas, les

Il est tombé d'une pièce, terriblement, comme un arbre. Elle a entendu sonner son menton sur la terre... Comment peut-on s'abattre ainsi sans se tuer ? Puis elle a vu se creuser ses reins, il s'est retourné face au plafond, les yeux blancs, le nez pincé, plus blême que le reste de la figure. Et puis, voilà qu'il s'est raidi de nouveau, appuyé au sol de la nuque et des talons, avec un soupir étrange comme d'un soufflet crevé. La large poitrine, immobilisée dans le spasme, se dilate lentement, si fort que les côtes ont l'air de crever la peau. Il reste ainsi un moment, jusqu'à ce que de sa bouche tordue sorte un flot d'alcool, mêlé d'écume. Aussitôt ses traits s'apaisent et, dans le calme retrouvé, gardent une telle expression de souffrance et d'étonnement qu'il ressemble à un enfant mort. (NHM, 1290)

Le viol de Mouchette, dans la même perspective, récrit la prise de possession satanique de la bouche et de l'haleine – souffle sacré – de Donissan[1] :

Les dents de la fille sont si serrées qu'elle en entend le grincement. Il jette sur elle, au hasard, ses mains violentes auxquelles le paroxysme du désir prête une force effrayante, une diabolique sûreté. Elles ne peuvent pourtant maîtriser les reins ployés en arc, elles les briseraient plutôt. Il la repousse brutalement contre le mur. Le choc la plie en deux, lui arrache un bref gémissement. Ce fut d'ailleurs le seul qui s'échappa de ses lèvres. Les dernières braises croulaient dans la cendre. Il n'y eut plus rien de vivant au fond de l'ombre que le souffle précipité du bel Arsène. (NHM, 1296)

SATAN POLYPHONIQUE

Satan déployé, désubstantialisé mais toujours à l'œuvre dans le passage à l'acte de ses fils, héritiers par l'esprit de sa quête homicide, danse
sur une dépouille encore fumante qui ne fera plus jamais entendre le
son de sa voix. En s'auto-expulsant de toute apparence charnelle, il perd
l'usage de la parole, propre et mesure de l'humain. En lui retirant cet
usage qui, dans la tradition biblique faisait de lui à la fois l'accusateur
public et le grand questionneur, l'écrivain l'exclut définitivement de la
communauté humaine. Satan n'interpellera plus le passant au hasard
des mauvais chemins pour le soumettre à la question tentatrice et
ce dernier ne lui répondra plus. Parions que Bernanos eut à souffrir
de ce renoncement à la parole de Satan, d'autant plus que la Bible,
son modèle secret, lui donnait amplement la parole, du serpent de la
Genèse jusqu'aux trois tentations du Christ au désert. J'imagine sans

---

deux bras étendus, ainsi qu'un homme qui chercherait en vain à rattraper son équilibre. »

1   « Toutefois, lorsque, par une dérision sacrilège, la bouche immonde pressa la sienne et
lui vola son souffle, la perfection de sa terreur fut telle que le mouvement même de la vie
s'en trouva suspendu, et il crut sentir son cœur se vider dans ses entrailles. » (S, 174).

peine sa nostalgie du flamboyant dialogue qui déplut tant à Jacques Maritain et à Paul Souday. Serait-il d'ailleurs déplacé de lire entre les lignes de certains dialogues ultérieurs un substitut habile de l'entretien entre l'homme et le diable ? Puisque Satan déployé, désubstantialisé, assassin de l'ombre ne doit plus, ne peut plus prendre la parole ni fanfaronner aux yeux de son interlocuteur ébahi, il fera parler ses héritiers, ventriloques humains qui s'exprimeront en son nom, porteront son étendard et joueront à merveille ses meilleurs rôles, tentateur, accusateur, séparateur, séducteur, bourreau. Magnifique translation qui, au lieu de supprimer définitivement la parole satanique du champ romanesque – diminuant par là-même grandement son charisme fictionnel – la déploie en différents faisceaux, la démultiplie grâce à plusieurs vecteurs privilégiés, en un mot lui confère une dimension polyphonique. Si le diable-maquignon a perdu sa voix à l'issue de son entretien avec Donissan, dépouille aphasique, les représentations sataniques ultérieures entameront en chœur le chant des mille voix de la contradiction. Dans ces nouveaux entretiens entre l'homme et l'homme, Satan circule librement entre les interlocuteurs, donnant sa parole à l'un ou l'autre suivant les circonstances et les renversements de situation, jamais à cours de réplique, toujours en verve. C'est le salon mondain de M. Guérou qui, dans la deuxième partie de *L'Imposture* bruisse de ses bavardages retors : la très catholique et très adultère Madame Jérôme offre à Monseigneur Espelette ses dernières poésies, « éditées grâce à la générosité d'un amant », intitulées « À mon Vainqueur » et « dédiées à son mari[1] », le moribond Catani rappelle le montant de la somme due par Pernichon[2], prêtée de force pour mieux le briser. Ce sont les dernières paroles prononcées par le curé de Torcy pour clore son discours sur l'avenir du peuple chrétien, qui s'adressent aux savants athées et reprennent les paroles de Satan :

> Alors, ils l'entendront, la parole – non pas celle qu'ils ont refusée, qui disait tranquillement : « je suis la Voie, la Vérité, la Vie » – mais celle qui monte de l'abîme : « je suis la porte à jamais close, la route sans issue, le mensonge et la perdition ». (JCC, 1046).

---

1   I, 386. Et encore : « Puis-je offrir à votre Grandeur, dit-elle, ces menus essais où son indulgence ne voudra sans doute retenir que l'intention. Je n'ai rien à donner au public, sinon les humbles joies de ma vie domestique, et leur seule sincérité fait le prix de ces simples poèmes. »

2   « Seize…mille… francs… Seize…mille… », fit soudain M. Catani, avec un petit rire glacé. (I, 412)

Ce sont aussi « les mauvaises paroles du curé » (MO, 1483) de Fenouille, qui en mettant « le feu au ventre » (1484) de ses paroissiens et précipitant la fin tragique de Jambe-de-laine, révèlent par leur étrange désespoir que Satan aurait bien visité son peuple[1], jusqu'au sermon du jeune prêtre au cœur pur :

> Eh bien ! C'est vrai qu'en me retournant pour vous souhaiter l'aide et la force du Seigneur, Dominus vobiscum, l'idée m'est venue – non, ce n'est pas assez dire ! – l'idée est entrée en moi comme l'éclair, que notre paroisse n'existait plus, qu'il n'y avait plus de paroisse. (JC, 1486-87)

Le dialecticien légèrement vulgaire du *Soleil* s'est ainsi métamorphosé en paroles pures, réparties d'un roman à l'autre entre divers truchements, de l'écrivain mondain au jeune prêtre maladroit, paroles contagieuses, imprévisibles qui saturent le tissu narratif et assurent l'omniprésence satanique dans les recoins les plus reculés de ses nombreuses cachettes. Le batelage exhibitionniste attribué au Satan-maquignon d'un seul et même lieu s'est mué en une omniprésence camouflée. L'écrivain a opéré un tour de force en exacerbant le rayonnement satanique par son déploiement centrifuge dans les réseaux fictionnels.

TRANSCENDANCE DU MAL

Paradoxalement, cet avènement tyrannique coïncide avec le choix esthétique de représenter Satan comme une absence toujours mise en scène pour être assimilée à la potentialité d'une présence. Satan, le grand absent toujours disponible pour investir un vide, un ennui, une faille ontologique, creuse son sillon dans la pensée de l'équivoque. La merveilleuse et si gidienne disponibilité de *Monsieur Ouine* lui ouvre la porte des âmes dans lesquelles il s'installe et qu'il remplit, de la même façon que le cancer du petit curé d'Ambricourt investit un corps vulnérable. De l'exhibition d'un être qui pavoise à l'exhibition d'un vide qui se cache et aspire toutes parcelles d'être, Bernanos n'a jamais renoncé à montrer Satan, flamboyant sous le *Soleil* puis de plus en plus discret jusqu'à l'inanité nasale de Monsieur Ouine, seule à rester vivante « d'une vie désormais sans cause et sans but, ainsi qu'une petite bête malfaisante » (MO, 1562). Selon René Girard, « c'est le propre de

---

1 Cette expression est employée par le curé lui-même une page plus loin, mais à la forme conditionnelle, mode de l'équivoque tant chéri par Satan : « Satan aurait visité son peuple » (MO, 1488).

l'écriture judéo-chrétienne que de révéler la violence satanique et d'en souffrir les conséquences[1] ». Bernanos reproduit la spécificité biblique et son œuvre sue des larmes de sang. Dans cet univers textuel contaminé par l'obsession du Mal et des modalités de sa représentation, l'auteur et ses personnages souffrent toutes les conséquences de cette exhibition frénétique[2], car « c'est le messager, en somme, comme fait la Cléopâtre de Shakespeare, qu'on tient pour responsable des vérités déplaisantes qu'il apporte[3] ». Responsable du Mal qu'il a fait surgir et montre du doigt, Bernanos observe Satan dans ses multiples auto-expulsions et le voit danser sur sa propre dépouille, toujours nouvelle. Dans la conclusion de son essai, Girard assure que tout acte de reconnaissance satanique puisant sa source dans une volonté claire de démasquer celui qui œuvre dans les ténèbres, « achève de discréditer le prince de ce monde », « para-chève la démystification évangélique », « contribue à cette "chute de Satan" que Jésus annonce aux hommes avant sa crucifixion. » Bernanos l'aurait-il cru ? Si l'écriture de Satan telle que la présente Bernanos dans ses multiples métamorphoses puise effectivement sa source au cœur de cette volonté farouche, elle reste cependant, jusqu'aux ultimes lignes fictionnelles rappelées un peu plus haut, l'exhibition impuissante d'un « excès de mal[4] » qui déborde toute tentative d'élimination ou même, à défaut, de canalisation. Satan démythifié, démystifié, exhibé systé-matiquement partout là où il se terre, n'apparaît nullement affaibli ou même, comme le prophétise René Girard, à la suite des paroles christiques, sur le point de chuter. Les uns après les autres et au fil des intrigues romanesques, les personnages s'affrontent et se séparent, parfois tuent et se tuent ensuite (Mouchette, Fiodor, Évangéline…), souvent se suicident (la seconde Mouchette, Pernichon, Philippe…), toujours disparaissent ; le mal, lui, reste. C'est parce qu'il a abandonné toute substance qu'il excède le monde et l'homme, comme le Dieu qu'il singe. Philippe Némo, dans son exégèse biblique du Livre de Job, voit dans la figure du patriarche celui qui « va dire l'horreur du mal.

---

1   René Girard, *op. cit.*, p. 194.
2   Au sujet de la mystérieuse souffrance liée à toute entreprise de représentation artistique du Mal, reprenons le constat inquiet dressé par C. E. Magny : « Chez ceux qui ont trop voulu regarder le Mal en face, chez un Dostoïevski, chez un Graham Greene (voire chez un Proust ou un Flaubert) il reste comme une brûlure indélébile (…) comme une plaie inguérissable. », *art. cit.*, p. 563.
3   *Ibid.*, p. 194.
4   L'expression est empruntée au titre de l'ouvrage écrit par Philippe Némo *Job et l'excès du mal*, paru originellement chez Grasset en 1978 et réédité en 2001 aux éditions Albin Michel dans la collection « Bibliothèque Albin Michel Idées ».

Cette horreur il va l'assigner à un Tout-Autre, à une folie ruinant tout ordre[1] ». Job du vingtième siècle, frappé et ravagé – comme des millions de ses semblables – par l'expérience de l'excès du mal et de la boue des tranchées, Bernanos dit-il autre chose depuis l'Armistice de 1918 ? Sans la première guerre mondiale, Bernanos aurait-il écrit *Sous le soleil de Satan* ? Son saint de Lumbres, qui, à peine esquissé, désire la mort, n'est-il pas la transcription littéraire – encore à chaud – du désespoir absolu où tombe le soldat Bernanos et dans lequel a sombré bien avant lui l'innocent Job ? Le saint de Lumbres, comme le Bernanos des tranchées, comme Job, voudraient mourir mais « le mal force Job à coller à sa peau, lui interdit de s'oublier, de se laisser tomber dans la mort, de lâcher prise[2] ». Car, bien avant le soldat français des tranchées et sa figure de saint brandie au sortir de la guerre comme un étendard lacéré, Job a déjà « fait la rencontre d'un mal non neutre, qui ne se contente pas de le tuer, qui ne veut même pas le tuer et lui interdit, nous l'avons vu, de mourir : un mal qui le torture, éternise sa douleur et en fait un enfer. Ce mal ne l'atteint pas de façon neutre ; sa folie même n'est pas celle du chaos. Il le cherche[3] ». Que le mal cherche les personnages et, en amont, leur créateur, je l'ai amplement montré dès le début de ce développement, depuis le diable-maquignon venu prendre par la main l'écrivain jusqu'au cancer du curé d'Ambricourt, intrus jamais convié et devenu indélogeable[4]. Mais Bernanos aboutit-il à la conclusion de Job qui, toujours selon Némo, « va voir dans le dérangement essentiel du monde la main de "Dieu"[5] ? » Dieu manipule-t-il Satan, dans les romans de Bernanos, comme il a pu le faire dans le prologue du Livre de Job[6] ? Si tel est le cas, cette manipulation éclairerait la fondamentale transcendance du mal romanesque, en le disculpant de tout manichéisme. Car ce mal ne paraîtrait plus alors comme une transcendance affrontant – à armes égales – la transcendance divine mais un au-delà mystérieusement présent dans la créature humaine œuvre de Dieu. Il est vrai que le diable-maquignon n'agit pas pour son propre compte :

---

1   Philippe Némo, *Job et l'excès du mal*, Bibliothèque Albin Michel Idées, Paris, Albin Michel, 2001, p. 50.

2   *Ibid.*, p. 92.

3   *Ibid.*, p. 102.

4   « Il y a cela, en moi, cette chose… » (JC, 1243).

5   Philippe Némo, *op. cit.*, p. 49.

6   « Le prologue du Livre de Job ne présentait-il pas Dieu et Satan comme étant de connivence ? Le stratagème monté pour mettre Job à l'épreuve, ils l'ont ourdi ensemble. Il semble même qu'il soit arbitraire de les distinguer. Dieu paraît être le Diable, Satan être Dieu, Job être Job par le seul jeu de Dieu-Satan » (*Ibid.*, p. 126).

> Il nous est permis de t'éprouver, dès ce jour et jusqu'à l'heure de ta mort.
> D'ailleurs, qu'ai-je fait moi-même, sinon obéir à un plus puissant ? Ne t'en
> prends pas à moi, O juste, ne me menace plus de ta pitié[1].

L'identification de ce « plus puissant » qui permet l'épreuve est problématique. Serait-ce Satan lui-même dont le maquignon ne constituerait qu'un des nombreux sbires, démons à la solde de l'ange rebelle ? Le pronom personnel complément « nous » consoliderait cette hypothèse, bien distinct du pronom sujet « je » de la phrase suivante et montrant que le maquignon, démon parmi d'autres démons, a obéi en éprouvant Donissan comme d'autres parmi ses semblables éprouvent d'autres justes sur la terre. Mais ne pourrait-on pas aussi identifier ce créateur d'épreuves à la figure du Très-Haut cette fois en s'aidant du contexte et plus particulièrement de la réplique de Donissan qui donne une origine sacrée à sa propre épreuve[2] ? Dans cette dernière hypothèse, accréditée par le personnage du prêtre, l'épreuve envoyée par Dieu serait celle de la rencontre avec Satan, de l'expérience du mal absolu. Dieu éprouverait donc le juste dans son horreur du mal. Comme l'écrit Némo à propos de l'expérience de Job : « C'est le mal qui nous met sur le chemin de quelque chose comme "Dieu", en nous ouvrant à l'idée que ce qui se passe sur la scène du monde pourrait bien venir d'une Autre scène. Le mal "prouve" Dieu[3]. » Il le prouve si bien dans cette scène de rencontre nocturne que le maquignon apparaît comme la preuve concrète de l'épreuve divine. C'est ainsi que « Dieu se révèle dans et par l'excès du mal[4] ». Donissan persiste dans cette perspective jobienne du mal lié à la volonté divine :

> « Réponds donc ! (...) Dieu t'a-t-il donné ma vie ? Dois-je mourir ici même ?
> – Non, dit la voix du même accent déchirant. Nous ne disposons pas de
> toi. » (S, 181).

De même que Satan ne dispose pas de l'homme, il reste paradoxalement à la disposition de Dieu, soumis à ses commandements :

> « Je vous crains moins, toi et tes prières, que celui [qui me commande[5]]...
> (Commencée dans un ricanement, sa phrase s'achevait sur le ton de la terreur).

---

1   S, 179.
2   « L'épreuve vient de Dieu » S, 180.
3   Philippe Nemo, *ibid.*, p. 126
4   *Ibid.*, p. 127.
5   Ces trois mots entre crochets ont été rayés sur le manuscrit Bodmer et n'ont pas été repris dans la version éditée (voir GUISE et GILLE, *op. cit.*, p. 32).

il n'est pas loin… Je le flaire depuis un instant…Ho! Ho! Que ce maître
est dur!» (S, 182).

La dureté du maître ne consiste-t-elle pas ici à orienter l'excès du mal,
Satan, vers un homme qui, par son horreur du mal, tient tête à cet
excès en le refusant et en le combattant. Satan fait servir les desseins[1]
du Très-Haut qui « se révèle dans et par l'excès de mal[2] ». Donissan
comme Job avant lui, appartient à ceux que Némo appelle les « élus[3] »,
ceux à qui le mal est révélé dans tout son excès pour qu'ils se réveillent
de la torpeur de la Terre[4] et l'affrontent pour enfin coïncider avec l'âme
de Dieu. Marqués du signe de la souffrance en excès[5], ces êtres soumis à
l'élection divine se doivent d'ouvrir en leur âme « un champ à l'horreur
du mal[6] » pour que Dieu puisse y effectuer une percée, y ouvrir sa brèche.
Pour Chevance, Chantal, le curé d'Ambricourt et peut-être quelques
autres, la route de la transcendance passe par l'expérience injustifiée,
injustifiable du mal en excès, expérience à dépasser impérativement par
le combat contre lui, sous peine de s'y noyer.

Sur la dépouille d'un maquignon picard nommé Satan s'élève donc,
roman après roman, un mal toujours en excès, démythifié, déployé, désubstantialisé, en-deçà de l'être par son inconsistance ontologique mais aussi, et
par le plus mystérieux des paradoxes[7], au-delà de l'être par son omniprésence et son omnipotence, son débordement essentiel. Bernanos lui-même
a pressenti ce mystère du mal transcendant quand dans une lettre adressée
à Maître Jardin Birnie, il évoque le mystère absolu du crime horrible :

> Je n'ai aucune prévention romantique en faveur des assassins. Mais il me semble
> que, passé un certain degré dans l'horreur, le crime se rapproche de l'extrême
> misère aussi incompréhensible, aussi mystérieux qu'elle. L'une et l'autre mettent
> une créature humaine hors et comme au-delà de la vie. (Corr. II, p. 86)

---

1   « Il est vrai qu'Il nous a fait servir ses desseins, car sa parole est irrésistible. » S, 183.
2   Philippe Némo, *op. cit.*, p. 127.
3   *Ibid.*, p. 129.
4   *Ibid.*, p. 104 : « Une intention entretient le mal en excès pour empêcher l'âme de se fondre
     dans le néant du monde. Le mal est envoyé à l'homme pour le réveiller du sommeil de
     la Terre. »
5   Voir les paroles de Satan à Donissan : « De tous ceux que j'ai vus marqués du même signe
     que toi, tu es le plus lourd, le plus obtus, le plus compact!… » (S, 183)
6   Ph. NÉMO, *op. cit.*, p. 140.
7   Emmanuel Levinas a mis en évidence ce paradoxe dans son commentaire de l'ouvrage
     de Némo en évoquant la non-intégrabilité et l'hétérogénéité du mal qui ne trouve place
     nulle part, monstruosité dérangeante et étrangère qui transcende la nature et l'homme
     (p. 153-54). Cet article, intitulé "Transcendance et mal" peut être lu à la suite du texte
     de Némo dans la réédition faite par les Éditions Albin Michel, p. 145 à 163.

NARRATIONS MÉDIATRICES

Alors que les fictions déployées par l'imagination créatrice ne cessent de décliner la diversité paradigmatique de l'immanence telle que le monde et le mal la représentent, les narrations de ces intrigues de sang et de sueur ouvrent une brèche scripturale dans cette représentation implacable des passions humaines. En effet, le récit peut être mené par un narrateur omniscient dont la position surplombante permet de transcender les autres protagonistes de la médiation narrative, ou par un narrateur empathique capable de transcender les barrières de la conscience de ses personnages ; il peut aussi être consacré à l'exploration dynamique, spatiale ou personnelle de la transcendance. Les trois perspectives inaugurent la possibilité d'un récit de la transcendance sujet ou objet de l'écriture : transcendance de la narration et narration de la transcendance se conjuguent alors pour permettre à l'écriture romanesque de désigner un dépassement de l'immanence.

Il s'agit maintenant d'étudier les narrations dans leur relation à la notion de transcendance. Traditionnellement, la narration romanesque propose plusieurs perspectives : le récit d'événements, qui construit progressivement la trame diégétique ; la description de personnages ou de paysages qui ancre la toile de fond de l'illusion référentielle ; d'éventuels commentaires pouvant parfois être assimilés à des intrusions d'auteur ; et enfin des retranscriptions de paroles prononcées ou pensées. Ces quatre horizons sont-ils en mesure de coïncider avec une écriture romanesque de la transcendance toujours appréhendée à travers le motif réaliste de l'expérience intérieure vécue par un personnage privilégié ? Intrigues, descriptions, commentaires narratifs et paroles retranscrites révèlent les errances de l'intériorité tournée vers ce qui la dépasse : succession d'états de conscience, plongée dans l'inconscience de l'oraison, noyades dans la prière, mouvements d'élévation ou de chute en Dieu, mais aussi espace ainsi approché, lieu d'un moment échappant à toute mesure physique, monde temporel de la spiritualité pure coïncidant avec une suspension des fonctions vitales. Les narrateurs de la transcendance racontent des parcours christiques de figures héritières de son Calvaire et de sa Passion, événements sous forme d'avènements, scènes d'adoration, de vision, de contemplation où les personnages mettent à l'épreuve leur vie intérieure et subissent l'épreuve de la perte de leur identité immanente. Alors que la narration de la transcendance se présente donc comme celle de péripéties spirituelles indépendantes de toute action extérieure, déplacement spatial ou succession d'événements ancrés dans la temporalité physique, sa description est celle de visages humains ou paysages naturels privilégiés. Le Moi et le monde constituent ainsi deux pôles privilégiés, deux portes d'accès à l'univers de la transcendance. Le sème de la lumière ou de la luminosité, présent dans les deux types de descriptions, renvoie au dépassement absolu. Quant aux commentaires dont la nature échappe à toute référence humaine, incursions spirituelles, mystiques ou théologiques hors du monde rassurant des sens et de la raison, ils se singularisent par leur fulgurance et leur hauteur inspirée.

Le système narratif inhérent à la fiction romanesque permet une mise en relation de protagonistes impliqués dans la concrétisation, le déroulement et la réception du récit. Le défi qui se pose à l'élaboration de ce système, dans la perspective d'une quête expressive de la notion de transcendance, consiste à faire en sorte que ces protagonistes constituent les médiateurs d'un mouvement de dépassement subjectif vers un terme objectif paradoxalement à la fois indépassable et inaccessible. Auteur, narrateur et lecteur se révèlent ainsi étroitement liés dans le processus d'écriture romanesque de la transcendance. Si, en amont, l'auteur introduit la médiation narrative par un double acte de conception et d'édification d'une instance fictionnelle, le lecteur, en aval, est introduit dans cette même médiation par l'acte de lecture, tour à tour intégré au cœur de la narration en tant que narrataire ou délibérément exclu par un narrateur qui l'ignore. En situation médiane, ce dernier, pure convention inventée par la critique littéraire, figure interne à l'œuvre mais toujours externe à son univers fictif[1], établit un pont fictionnel entre les deux rives réelles de l'intention et de la réception où se rencontrent deux êtres de chair à travers la fiction narrative. Quels rôles ces trois instances jouent-elles respectivement dans le déploiement de l'écriture de la transcendance ? Quelles métamorphoses personnelles ou interpersonnelles, internes ou interactives opèrent-elles, subissent-elles dans leurs relations à cette écriture ?

---

1   À une exception près, mais conséquente, celle de *Journal d'un curé de campagne* où le narrateur appartient à la fois à la diégèse et à la narration.

Si l'identification de l'intention auctoriale, de l'évaluation narratoriale et de la réception dans leurs relations au mystère de la transcendance peut permettre d'éclairer le processus de mise en place de la narration médiatrice, elle doit se poursuivre à travers l'étude des positions adoptées par la voix narrative – unique voie d'accès au roman – au sujet de certains personnages présentés comme des médiateurs privilégiés entre immanence et transcendance. L'importance accordée à la retranscription des paroles fictionnelles dans la diversité de leurs modalités révèle l'exigence des aspirations nourries par le romancier au sujet du genre narratif. Si la technique de l'omniscience s'affirme au fil des années de plus en plus problématique, l'importance croissante de la focalisation interne, même si elle favorise le partage à travers l'effacement narratif ne résout pas le soupçon d'invraisemblance, de mystification voire d'imposture. Dans ce contexte, la rédaction de *Journal d'un curé de campagne* peut être considérée à la fois comme l'avènement d'une révélation scripturale mais aussi l'aboutissement d'une quête fébrile pour écrire en serviteur du Christ.

IDENTIFICATIONS

INTENTIONS DÉDOUBLÉES

La figure auctoriale, en premier lieu, doit être reliée à la problématique de l'intention. Évoquer l'auteur Bernanos, traditionnellement assimilé au *topos* du romancier catholique, c'est plutôt poser la question de son statut dans l'écriture, de sa position par rapport à ses textes et des conditions de possibilité de ces derniers. L'auteur avait-il l'intention préméditée[1], explicite ou non, d'inscrire dans un cadre romanesque le mystère de la transcendance ? Ou pour le formuler dans les termes de la critique thématique, y avait-il un projet originel, une pensée, déterminée ou non, un thème transcendant à la source de l'intention créatrice ? Si tel est le cas, est-il possible de retracer le trajet de cette intention et ses éventuelles métamorphoses ? Le mot de transcendance

---

1   Dans son chapitre consacré à l'auteur, Antoine Compagnon estime « que l'intention est bien le seul critère concevable de la validité de l'interprétation, mais [qu'elle] ne s'identifie pas à la préméditation "claire et lucide" ». (*Le Démon de la théorie. Littérature et sens commun.* Éditions du Seuil, mars 1998. Réédition Points Essais, avril 2001, p. 91).

n'appartient pas au vocabulaire de Bernanos, absent de sa correspondance comme de ses entretiens, conférences et articles ; il n'apparaît pas davantage dans les œuvres romanesques. Rien d'étonnant à cette absence si l'on prend la peine de s'attarder sur les consonances et résonances intellectualistes du terme, si éloignées d'une écriture au tempérament délibérément anti-philosophique. Cette non-représentation linguistique coïncide paradoxalement avec une sur-représentation sémantique révélatrice de puissantes obsessions liées à l'imaginaire de la transcendance. Les romans exhibent ainsi l'actualisation d'un projet – peut-être pas toujours conscient – de l'auteur. Bernanos n'a toutefois jamais cessé, durant toute sa vie de chrétien engagé, d'évoquer Dieu, dans ses paroles comme dans ses écrits, et ces discours ont évolué au fil des années. Les métamorphoses de l'écriture romanesque seraient donc en partie liées à l'évolution de l'homme et influeraient sur les métamorphoses de l'œuvre romanesque. Cet effet de mimétisme pourrait ainsi conditionner les métamorphoses des relations entre l'homme et l'œuvre par la médiation de l'auteur.

Pour approfondir la question de manière plus concrète, choisissons de confronter les deux entretiens successivement accordés à Frédéric Lefèvre par l'écrivain, en 1926 puis en 1931[1]. Cinq années séparent les deux paroles de l'auteur, car c'est bien comme romancier, et plus particulièrement comme chrétien, que l'homme Bernanos se présente à Lefèvre, ce dernier ne se faisant pas prier pour lui renvoyer cette même image convenue. Ce qui frappe d'emblée, à travers la superposition de ces deux entrevues, c'est l'évolution du regard posé par Bernanos sur sa religion. Alors que les réponses de 1926 dressent un vibrant éloge du « réalisme catholique » (1039) appuyé de déclarations d'intention concernant l'hérédité et la formation catholique de l'auteur (1040), celles de 1931, après avoir dressé le froid constat de la déliquescence du christianisme[2], se livrent à un non moins vibrant éloge du paganisme :

> Le paganisme, que le catholicisme oratoire du XIXᵉ siècle s'est efforcé de déshonorer, comme si la société antique n'avait été qu'un gigantesque lupanar, – on se demande, entre parenthèses, combien de femmes, même bien pensantes, accepteraient aujourd'hui les dures disciplines du gynécée, – a sans doute été le plus grand effort que notre espèce ait jamais fait, non pour se passer de

---

1   Ces deux entretiens sont retranscrits dans l'édition de la Pléiade, II.
2   « Il n'y a pas un homme sur cent – même dans ces milieux qu'on nomme toujours par habitude les milieux catholiques – pour croire sérieusement à la restauration de la chrétienté. Le monde s'organise pour se passer de Dieu » (II, 1219).

Dieu, mais pour retrouver au contraire, livrée à ses propres forces, le secret perdu de la Rédemption. Il a eu, à un degré éminent, le sentiment tragique, presque désespéré du mystère de la nature, il a marqué d'un de ses étranges, de ses innombrables symboles chaque point d'intersection du visible et de l'invisible. (EEC II, 1219-20)

Et si l'auteur heureux de *Sous le soleil de Satan* clamait haut et fort en 1926 que « le romancier a tout à perdre en écartant de son œuvre le diable et Dieu : ce sont des personnages indispensables » (EEC I, 1046), le biographe amer de Drumont préfère voir dans l'organisation athée de la société de 1931 « une expérience absolument nouvelle, une tentative extraordinaire » (EEC I, 1219-20). La revendication du rôle apologétique du romancier catholique alliée à la déploration concernant l'absence de Dieu dans le roman moderne se métamorphose ainsi en une succession de critiques dirigées contre l'Église ainsi qu'en un messianisme chrétien dépouillé de toutes les scories cléricales de son siècle[1].

Comment relier cette évolution des propos de l'homme aux métamorphoses opérées ou subies par l'auteur dans ses relations à l'écriture de la transcendance ? La confrontation abstraite du moi biographique et du moi créateur peut se matérialiser à travers la mise en perspective des œuvres romanesques dont la période d'élaboration coïncide – plus ou moins parfaitement – avec les deux entretiens évoqués ci-dessus. Celui de 1926, publié en avril et contemporain de la parution de *Sous le soleil de Satan*, n'est pas une déclaration d'intention mais un commentaire de l'écrivain justifiant le roman déjà écrit. Et si ce dernier exauce par anticipation le vœu formulé dans le premier entretien, concernant la présence concomitante de Dieu et du diable en héros de roman, il ne coïncide cependant pas avec l'éloge sans réserve du catholicisme formulé en avril 1926. Alors que Bernanos y affirme le rôle apologétique du romancier apportant « au théologien une force personnelle de pénétration, d'intuition, d'un énorme intérêt[2] », l'auteur de ce premier roman dresse un tableau plutôt iconoclaste de l'activité cléricale dans les paroisses de Lumbres et de Campagne. Qu'il s'agisse de l'omniprésence du diable dans la vie sacerdotale, de la nature équivoque des signes transcendants, de la tentative de résurrection sauvage du petit maître de Plouy ou du « rapt[3] » de Mouchette « portée tout ensanglantée et moribonde à l'église[4] », le

---

1 Voir en particulier le dernier échange entre les deux hommes (II, 1223).
2 II, 1046.
3 Le mot est employé par Monseigneur dans la lettre au chanoine Gerbier clôturant « La Tentation du désespoir. » (S, 231).
4 *Ibid.*, 232.

curé de Lumbres et l'abbé Donissan renvoient une image aussi excen-
trique que marginale du clergé. Le père Balthasar ne s'y est d'ailleurs
pas trompé, fustigeant à plusieurs reprises les excès romanesques d'une
œuvre mettant en péril les dogmes de l'Église catholique romaine. Il est
d'autant plus savoureux de lire sous la plume de Bernanos[1] – toujours
dans l'entretien de 1926 – que « la théologie morale nous fournit des
données indispensables, des repères sûrs[2] ». La sûreté de ces données et
repères, dont l'écrivain se targue, n'a en tout cas pas formé consensus dès
la parution du roman, et ce à un point tel que le manuscrit de mise au
net déposé à la *Bibliotheca Bodmeriana* de Coligny porte encore trace des
divergences théologiques opposant le romancier et son (ses) premier(s)
lecteur(s). C'est donc bien le concept de sûreté théologique qui pose
problème. Plusieurs hypothèses peuvent être avancées à ce sujet. Ou bien
« les repères sûrs » dont Bernanos se réclame[3] ont été mal compris ou
incomplètement assimilés ou encore déformés par lui-même, intelligence
plus imaginative que spéculative, qui en retranscrivant fidèlement par
la transposition romanesque une intention qu'elle estime entièrement
orthodoxe fait grincer – à son insu – les dents de ses lecteurs théologiens,
de Maritain à Balthasar. Ou bien ces mêmes données et repères ont été
cette fois correctement assimilés, à nouveau fidèlement retranscrits dans
le tissu romanesque, mais leur réception par des lecteurs trop frileux
ou tatillons – incapables de discerner comment la générosité de l'Esprit
insuffle une tonalité décapante et inédite à la lettre – a recouvert du soufre
de la suspicion un texte brûlant simplement du feu divin. On retrouverait
donc le vieux débat entre théologie et mystique. Une variante peut être
greffée sur cette seconde hypothèse : l'orthodoxie serait toujours dans le
camp de Bernanos qui évalue avec sûreté les repères objectifs de la théologie morale catholique, mais leur retranscription romanesque, soumise
à la mystérieuse et souterraine dynamique de l'écriture, ne reflète plus
avec fidélité l'intention originelle dans toute sa transparence, le produit
textuel constituant le fruit d'un écart non maîtrisé, involontaire, entre
projet d'auteur et résultat romancé[4]. Si l'on tient compte des obscurités

---

1   On sait que cet entretien fut entièrement rédigé par Bernanos lui-même (II, 1649 ; note 1).
2   II, 1046.
3   Voir par exemple le cri du curé de Lumbres à l'abbé Sabiroux : « Nous sommes vaincus,
     vous dis-je ! [Et Dieu avec nous !] vaincus ! vaincus ! » (S, 262). La phrase entre crochets
     ne figure que sur le manuscrit Bodmer, ni corrigée, ni rayée.
4   Ne peut-on ainsi imaginer que les excès de l'abbé Donissan, présentés selon une chro-
     nologie et une logique exponentiellement croissantes (humiliations volontaires, jeûnes,
     macérations, flagellation, vision de Satan, anéantissement verbal d'une paroissienne déses-
     pérée…), seraient liés à un phénomène de vampirisation du romancier par son personnage,

d'expression voulues ou non par l'auteur, qui agrandissent encore l'écart entre intention et texte, on comprendra que le roman peut véritablement différer du projet auctorial qui lui est associé[1]. Une ultime hypothèse, diabolique celle-là, peut être formulée : il s'agirait de supposer que Bernanos se trompe entièrement en pensant assurer les fondements de son roman sur les solides repères fournis par la théologie morale ; car ces derniers, en tant qu'œuvre de langage – aussi théologiques soient-ils – seraient frappés d'imperfection et d'ambiguïté rendant impossible l'établissement consensuel d'un dogme[2] ; ils seraient donc soumis par essence à des conflits d'interprétation, de l'auteur jusqu'au lecteur, par la médiation de l'objet textuel.

Ces hypothèses révèlent donc que l'intention auctoriale, aux prises avec ses propres métamorphoses aussi bien qu'avec la mise en forme romanesque d'une idéologie[3], est soumise à plusieurs perspectives dont il apparaît délicat de privilégier arbitrairement l'une ou l'autre. Toutefois, si les propos tenus en 1926 sont empreints d'un réel dogmatisme dans leur description du catholicisme comme voie royale pour l'homme en quête de transcendance, le roman publié la même année et commencé dès l'armistice n'a rien d'un roman à thèse ni d'une apologie du clergé catholique. Cette dichotomie entre l'idéologie de l'auteur et la création du romancier révèle que la remise en cause des certitudes et des repères, voire la mise en danger des convictions personnelles, s'exprime plus aisément et plus précocement à travers l'imaginaire littéraire que par le cheminement biographique. Cette mise en question de la transcendance exclusive du catholicisme ne sera en effet assumée ouvertement par l'auteur qu'en 1931, lors du second entretien avec Frédéric Lefèvre. Une confrontation entre ces nouveaux propos et les écrits romanesques qui

---

l'auteur se laissant peu à peu investir par l'être fictif qu'il a créé et ne maîtrisant plus cette trajectoire de surenchère masochiste, assombrissant de manière trouble l'esprit de sacrifice christique ?

1 C'est par exemple l'emploi de l'adjectif substantivé « l'autre » utilisé seul et indifféremment pour désigner Satan ou le Christ.

2 Considérons ainsi le dogme catholique de la toute-puissance divine : l'intrigue de *Sous le soleil de Satan* semble à plusieurs reprises le démentir quand les prêtres, pourtant médiateurs officiels de la transcendance, ministres de Dieu sur terre, sont écrasés par les forces centrifuges du péché et du désespoir. Ne peut-on cependant considérer que l'omnipotence divine s'affirme aussi dans ces camouflets infligés à des personnages souvent rebelles – à leur insu – à l'action de la grâce transcendante ?

3 Dans son essai *Texte et idéologie* (PUF écriture, 1984), Philippe Hamon a minutieusement recensé les différentes définitions pouvant être référées au terme. Nous choisirons ici le sens de « discours sérieux, assertif et monologique » correspondant bien à la tonalité des deux entretiens de 1926 et 1931.

lui sont contemporains, révèle d'emblée que le cas de figure rencontré
en 1926 se reproduit à l'identique. Quand Bernanos accorde ce nouvel
entretien à Lefèvre, il a déjà commencé deux nouveaux romans[1] : la
mise en perspective de ces deux ébauches rédigées successivement en
1931 avec la parole publique de leur auteur révèle cette fois-ci quelques
indications intéressantes concernant les relations entre l'évolution de
l'idéologie religieuse de Bernanos de 1926 à 1931, et les métamorphoses
de sa relation de romancier à l'écriture de la transcendance. Aucun des
deux intervenants n'évoque l'un ou l'autre des incipits, contrairement à
l'entretien de 1926 où Lefèvre encourageait souvent l'écrivain à évoquer
Sous le soleil de Satan. Ce silence est peut-être lié à l'ignorance du journaliste
concernant ces deux tentatives ainsi qu'au désir de Bernanos de les garder
secrètes alors même qu'il éprouve des difficultés à les poursuivre. L'œuvre
de référence servant de faire-valoir aux prises de position de Bernanos
est *La Grande Peur des bien-pensants*, publiée en avril 1931. Son constat
clinique concernant l'agonie de la chrétienté peut ainsi être lu comme
l'exégèse non revendiquée du choix romanesque de laïciser son univers
fictionnel par l'exhibition de nouveaux personnages dénués de toute
relation avec l'Église catholique. De même, sa rectification concernant
la conception catholique du paganisme peut être souterrainement relié
aux naissances de Jambe-de-Laine et de Monsieur Ouine, deux héros
athées, livrés à leurs propres forces, dont l'épaisseur mystérieuse constitue
une ouverture vers un au-delà de leur immanence. La dichotomie entre
idéologie et littérarité, repérée dans la confrontation entre *Sous le soleil
de Satan* et l'entretien de 1926, n'est plus d'actualité en 1931. Tout se
passe en effet comme si le moi biographique s'était mis au diapason du
moi créateur et osait assumer et affirmer à voix haute ce que ses trois
premiers romans exhibaient de plus en plus ostensiblement à travers
l'écriture romanesque, c'est-à-dire l'impuissance ou la démission d'un
certain clergé catholique devant un monde qui « s'organise pour se passer
de Dieu ». Il ne s'agit pas de ne plus croire en Dieu : l'homme attend
toujours son règne mais croit de moins en moins en certains membres
de l'institution ecclésiale pour assurer son avènement, percevant plutôt un frémissement d'espérance au cœur de l'héroïsme, un héroïsme
laïc. La dichotomie de 1926 cède donc la place à une contamination
mimétique de l'œuvre à l'homme, de la fiction à l'idéologie. À travers
cette métamorphose s'affirme une fois de plus le caractère visionnaire et

---

1   Il s'agit des deux esquisses d'*Un mauvais rêve* et de *Monsieur Ouine*.

prophétique du flux créateur qui devance par sa puissance imaginative et fictionnelle le déploiement de la pensée consciente sur l'axe de la réalité. Si l'œuvre devance l'homme, ce dernier la nourrit par sa biographie et son idéologie. Cette contamination mimétique réversible de l'œuvre à l'homme et de l'homme à l'œuvre se reproduira d'ailleurs de manière saisissante à travers la rédaction de *Journal d'un curé de campagne*. En l'absence de tout autre document extérieur à l'œuvre où le romancier aurait pu évoquer le contenu de l'intention auctoriale, la consultation de la correspondance contemporaine de la genèse et de la publication du *Journal* apporte plusieurs informations précieuses. En effet, dans une lettre du 25 avril 1935 adressée de Palma de Majorque à Pierre Belperron, sur l'instance duquel Bernanos a dû suspendre son roman à la première personne pour reprendre entièrement la seconde partie d'*Un crime*, le romancier termine sa missive par une information insolite, sans aucun rapport avec le roman policier en cours :

> Autre chose peut-être encore, car je me suis mis à écrire mon journal (pas celui du curé, le mien) et j'y travaille chaque soir une heure. Écoutez mon vieux, je crois que ce sera assez beau, émouvant du moins[1].

Alors même qu'il a interrompu son roman en forme de journal intime, Bernanos a décidé d'imiter son curé imaginaire, transformant l'univers romanesque en parangon de son vécu d'homme. Aucune trace écrite n'a subsisté de ce journal intime non fictif – du moins à notre connaissance – mais il aurait été intéressant de confronter écritures autobiographique et romanesque pour mettre en perspective l'idéologie de l'homme et l'imaginaire du romancier dans la représentation de la transcendance. Là encore, et dans le prolongement des cas de figure de 1926 et 1931, l'œuvre devance l'homme, voire le guide dans ses choix de vie tout en se nourrissant de l'expérience biographique de ce dernier. Mais la contamination mimétique se réalise aussi en sens inverse, quand Bernanos, presque une année après la révélation du journal intime faite à Belperron, annonce au même, à l'occasion d'un envoi d'une quarantaine de pages du *Journal* :

> Ce n'est pas qu'il vaut mieux que les autres, mais de tous mes bouquins, celui-ci est certainement le plus testamentaire. Bien que l'obscur sacrifice de mon héros soit parfait, je veux qu'il ait aimé, et compris, à une minute de sa vie, ce que j'ai tant aimé moi-même[2].

---

1   Combat pour la liberté, *op. cit.*, p. 68.
2   *Ibid.*, lettre à Pierre Belperron, p. 120.

L'intention auctoriale impose à travers ces lignes sa volonté de déplacer l'expérience biographique vers l'expérience fictive du personnage romanesque afin de donner à l'être de papier la consistance de l'homme de chair et de sang. L'épistolier revendique un retour aux sources de l'inspiration romanesque en choisissant de replacer sur le devant de la scène le personnage du prêtre :

> Il ne s'agit pourtant que du *Journal d'un curé de campagne*, très jeune et pas trop malin. Mais j'ai assez dit de mal des curés, ça et là[1] …

Même si le terme « curés » n'augure pas une conversion de l'anticlérical chrétien, l'homme n'hésite pas à reconnaître la portée destructrice – autodestructrice ? – de sa violente critique du clergé catholique et « espère que [s]on gentil curé sera [s]on interprète et [s]on conciliateur vis à vis de beaucoup de catholiques qui ne [l]e connaissent guère, se laissent prendre à certaines apparences[2]. » Cette revendication d'un double retour, dans le giron de l'Église et au public catholique, marque clairement la volonté de rompre, au moins provisoirement, avec la veine laïque explorée après 1931. L'emploi récurrent de l'adjectif « vieux[3] » pour caractériser de manière positive à la fois son livre et son public renforce cette volonté d'ancrer le nouveau roman dans le terreau de *Sous le soleil de Satan*. Si Bernanos se persuade qu'il réussit à écrire un vieux roman pour son vieux public, il manifeste paradoxalement une conscience aiguë du caractère innovant de la technique romanesque convoquée. En effet, dans une lettre à Pierre Belperron du 25 janvier 1935 où il passe en revue les différents sujets possibles pour une conférence à venir, celui du roman à peine ébauché lui apparaît comme un thème parfaitement envisageable :

> Mais j'avais pensé aussi à parler de mon prochain roman, le journal du pauvre Curé. Ça m'aurait permis de parler du roman en général, comment il naît et s'accroît dans la pensée, des difficultés qu'on y rencontre et de certaines idées qui me sont de plus en plus chères, hors desquelles il n'y aura bientôt plus de salut pour le romancier[4].

---

1   *Ibid.*, « Lettre à Madame Paul Hattu », p. 51.
2   *Ibid.* « Lettre à Maurice Bourdel », p. 101.
3   À propos du roman : « C'est une grande vieille belle chose » (*Ibid.*, p. 53 ; « j'ai commencé un beau vieux livre, que vous aimerez je crois. » (*Ibid.*, p. 46). À propos de ses lecteurs : « Je me suis promis de réveiller mon vieux public catholique. Je veux le mettre à genoux. » (*Ibid.*, p. 110).
4   *Ibid.*, p. 55-56.

Aucun développement ne vient malheureusement étayer cette déclaration pour détailler ces idées censées sauvegarder la pérennité du genre romanesque. Bernanos pense-t-il à la révolution du « je » qui, même si elle rend dans le cas du *Journal* toute confusion impossible entre l'auteur et le narrateur-personnage, réunit les deux protagonistes dans une convergence fondamentale, celle de l'acte d'écrire ? Les lettres de Bernanos envoyées à ses amis et éditeurs depuis les Baléares témoignent de cette fraternité laborieuse entre l'écrivain et son diariste imaginaire, marquée du sceau de la mise en mots quasi-journalière et fébrile de la vie quotidienne et de l'expérience intérieure[1].

MÉTAMORPHOSES DE L'ÉVALUATION

La figure du narrateur, en second lieu, doit être reliée à la problématique de la facture du récit romanesque. Actualisation de l'intention de l'auteur qui utilise cet artifice pour basculer dans la fiction romanesque, le narrateur est l'aboutissement de la métamorphose auctoriale dans le processus d'écriture. La narration se révèle ainsi comme la concrétisation littéraire de l'intention d'auteur. Que devient cette intention une fois intégrée dans la médiation narrative ? Imprègne-t-elle explicitement les discours, récits et descriptions du narrateur ou se dilue-t-elle dans une parole inédite ? Les narrateurs successifs se caractérisent-ils comme des médiateurs de la transcendance ? Et distingue-t-on une évolution dans leur manière de l'évoquer ? Métamorphosent-ils, au fil des romans leur évaluation de l'élan, de l'espace ou de la personne transcendants ? Est-il possible de repérer une narration singulière de la transcendance et de l'identifier, dans ses constantes et ses métamorphoses, roman après roman ? Au-delà des récurrences narratives classiques marquant chaque nouveau roman[2], peut-on singulariser chaque narrateur d'une œuvre à l'autre ? Subissent-ils des métamorphoses identitaires dans leur relation à la transcendance ?

Les narrateurs des trois premiers romans partagent de nombreuses similitudes dans leur évaluation de la transcendance. Ils se caractérisent d'abord par une foi chrétienne revendiquée qui sait reconnaître

---

1   Des expressions telles que « j'écris toute la journée » ou « je relis ce que j'écris » peuvent être lues à la fois dans les lettres de Bernanos à propos de son travail d'écrivain et dans le roman à la première personne où le curé d'Ambricourt évoque sa relation scripturaire au journal intime qu'il élabore.

2   À l'exception de celui de *Journal d'un curé de campagne*, tous les narrateurs sont anonymes, extérieurs à la narration et à la diégèse, assumant toute la variété des fonctions liées aux différents aspects du récit.

dans l'événement surnaturel le signe de l'exercice d'une transcendance divine. Narrateurs croyants, ils s'inclinent et commentent pour souligner l'avènement du dépassement absolu. Le narrateur de *Sous le soleil de Satan* adhère ainsi sans réserve à la possibilité pour l'abbé Donissan de pénétrer dans la conscience d'autrui. Lors de sa rencontre avec le carrier, la vision est si soudaine et si transparente que le prêtre doute de sa réalité. Le narrateur intervient alors pour confirmer au narrataire la véritable nature du don reçu :

> C'était la première fois que le futur saint de Lumbres assistait au silencieux prodige qui devait lui devenir plus tard si familier, et il semblait que ses sens ne l'acceptaient pas sans lutte. Ainsi l'aveugle-né à qui la lumière se découvre tend vers la chose inconnue ses doigts tremblants, et s'étonne de n'en saisir la forme ni l'épaisseur. Comment le jeune prêtre eût-il été introduit sans lutte à ce nouveau mode de connaissance, inaccessible aux autres hommes ? (S, 188)

Tout en justifiant l'incrédulité étonnée du personnage, le commentateur prend bien soin d'authentifier l'aventure transcendante. Il renouvellera cet acte de foi quelques pages plus loin quand Donissan regarde battre le cœur de Mouchette :

> Connaissait-il en cet instant le prix du don qui lui était fait, de ce don même ? (S, 193)

La répétition du substantif « don » rattache sans ambiguïté aucune le mystère de la vision intérieure d'autrui à la thématique de la grâce divine prodiguée aux humains touchés par elle. Le narrateur de *L'Imposture* confère d'emblée une signification transcendante à la conversation tendue entre Cénabre et Chevance, avançant un commentaire de rupture et de décrochement vertical :

> Mais ils s'étreignaient dans le ciel. (I, 348)

Le complément de lieu trahit l'idéologie religieuse du narrateur, individualité appartenant à la communauté de ceux qui croient au ciel. Le narrateur de *La Joie*, quant à lui, n'hésite pas à corriger ce qu'il évalue comme une erreur appréciative de son héroïne en réorientant l'interprétation rationnelle de ses mystérieuses catalepsies dans le sens d'une extase mystique :

> […] elle croyait glisser lentement, puis tomber tout à coup dans le sommeil… Seulement elle tombait en Dieu.

Alors que Chantal n'osait jamais prononcer le nom divin pour le rattacher à ses « crises », le narrateur, avec assurance, résout d'une clausule sans appel le mystère des états modifiés de conscience de Mademoiselle de Clergerie. Ces narrateurs croyants ne masquent pas leur appartenance religieuse, et leur christianisme transparaît à travers l'emploi de termes puissamment connotés : charité, péché, âme, grâce[1]. L'épanouissement de ce christianisme peut se lire dans une page de *La Joie* où le narrateur récrit avec ses propres mots la passion christique, en brossant un portrait intime des derniers instants de la vie du Christ sur terre, de son amour humain de « l'humble hoirie de l'homme » (J, 684) jusqu'à l'ultime offrande du Corps crucifié[2]. Ce christianisme revendiqué s'oriente à plusieurs reprises vers l'univers, les références et les valeurs catholiques. Le narrateur croyant révèle alors au narrataire sa foi catholique. Si le narrateur de *Sous le soleil de Satan* compare l'interprétation, par « quelque dévot villageois », de « l'extase et l'union en Dieu de Sainte Thérèse ou de Saint Jean de la Croix » (S, 198) à la déception des curieux incapables de comprendre les explications fournies par Donissan quant à son don de lire dans les âmes, celui de *L'Imposture* se livre à un éloge de « l'examen de conscience », « exercice favorable » qui « définit nos remords, les nomme et ainsi les retient dans l'âme, comme en vase clos, sous la lumière de l'esprit. » (I, 328) Ce même narrateur n'hésite pas devant les « larmes inexplicables » (I, 380) de Cénabre à évoquer l'action bienfaitrice des anges gardiens, si précieux à la tradition catholique :

> Que d'hommes qui crurent ainsi en avoir fini pour toujours des entreprises de l'âme, s'éveillent entre les bras de leur ange, ayant reçu au seuil de l'enfer ce don sacré des larmes, ainsi qu'une nouvelle enfance ! (I, 380).

Ce catholicisme de la voix narrative s'extériorise aussi à travers plusieurs commentaires exclusivement consacrés au mystère glorieux de la sainteté[3] et à la « gaieté des saints » (J, 599). Mais il trouve son couronnement[4] dans les longues et nombreuses réflexions dédiées au mystère satanique.

---

1 « La charité, comme la raison, est l'un des éléments de notre connaissance. » (S, 197) ; « Que le péché qui nous dévore laisse à la vie peu de substance ! » (S, 200) ; « Parfois, lorsque l'âme fléchit dans son enveloppe de chair, le plus vil souhaite le miracle et, s'il ne sait prier, d'instinct au moins, comme une bouche à l'air respirable, s'ouvre à Dieu. » (S, 211). « Ce travers ridicule masquait aux yeux de tous une hardiesse dans les voies spirituelles, un sens extraordinaire de la grâce de Dieu. » (I, 337)
2 Ce passage coïncide avec la page 684 dans sa totalité (édit. de la Pléiade).
3 Lire en particulier le paragraphe de la page 362, longue digression définitionnelle autour de la sainteté.
4 Voir entre autres les passages suivants : I, 368 et 374 ; J, 572.

En rupture totale avec ces voix catholiques, le narrateur d'*Un crime* se singularise par un silence absolu concernant les questions religieuses ou spirituelles. Contrairement aux narrateurs des années vingt, il n'exhibe aucune conviction liée à la possibilité d'une alternative transcendante et reste fidèle à l'immanence textuelle en ne prenant pas de distance par rapport à l'intrigue et aux personnages. Directement issue de la seconde partie originelle d'*Un crime* – exception faite de quelques chapitres de la première partie – l'instance narrative d'*Un mauvais rêve* reproduit la même technique de mutisme obstiné sur la question de la transcendance. On relève cependant une résurgence isolée – aussi inattendue qu'éphémère – du narrateur catholique à la fin du chapitre x de la seconde partie. Après avoir évoqué la relation trouble qu'entretient Simone avec l'Église, partagée depuis son enfance entre « curiosité » (MR, 1009) et « souverain mépris » (MR, 1010), il analyse « la nostalgie de la confession » éprouvée par son héroïne à l'âge adulte comme le regret inconscient d'une purification possible :

> Ce mensonge fondamental dont elle n'avait eu jamais sans doute une claire conscience, chaque année le scellait en elle si profondément qu'elle n'eût réussi seule à l'atteindre. Car la confidence, hélas ! n'ajoute le plus souvent qu'un mensonge à d'autres mensonges, et qu'attendre d'une sincérité désespérée, empoisonnée par la honte ? Une certaine sorte d'humilité sacramentelle peut seule empêcher de pourrir la plaie creusée au cœur de l'arrachement de l'aveu. (MR, 1010-11)

Cet éloge discret mais sans appel de la confession religieuse, incomparablement supérieure par son pouvoir de cautérisation psychique et spirituelle aux confessions humaines, est pleinement assumé par une voix narrative soumise au sacrement catholique de la pénitence.

Le narrateur de *Nouvelle histoire de Mouchette* partage le silence de ses prédécesseurs d'*Un crime* et *Un mauvais rêve* ainsi que leur répugnance à évaluer la possibilité de l'existence de référents transcendants. Le dernier chapitre cependant rompt en partie avec cet effacement par le biais de plusieurs intrusions narratives dévoilant au narrataire des ouvertures vers une perspective de décrochement vertical et de dépassement absolu. Lorsque dans les ultimes pages de la nouvelle, la petite Mouchette meurtrie se met à songer « à sa propre mort, le cœur serré non par l'angoisse mais par l'émoi d'une découverte prodigieuse, l'imminente révélation d'un secret, ce même secret que lui avait refusé l'amour » (NHM, 1339), le narrateur éprouve le besoin soudain de rapprocher ce songe de la fulgurance de la révélation amoureuse, dépassement absolu de l'instinct de conservation individuelle :

> Ainsi un visage familier nous apparaît dans la lumière du désir, et nous savons depuis longtemps qu'il nous était plus cher que la vie. (NHM, 1339)

L'affirmation de la possibilité transcendante est ici clairement rattachée à l'expérience immanente de l'amour charnel humain, sans aucune allusion à la charité divine. Quelques pages plus loin, le narrateur sort une dernière fois de sa réserve pour évoquer « un miracle de grâce », horizon inatteignable pour la misérable Mouchette, âme simple condamnée au désespoir du suicide. Quant au narrateur de *Monsieur Ouine*, il évalue à plusieurs reprises une transcendance paradoxalement présente au cœur des éléments naturels :

> C'est maintenant l'heure de la nuit qu'aucun homme ne connaît parfaitement, n'a possédée tout entière, qui tient en échec tous les sens lorsque l'ombre de plus en plus dense remplit l'étendue des cieux et que la terre saturée semble suer une encre plus noire encore. Le vent s'est enfui quelque part, on ne sait où, erre au fond des immenses déserts, des solitudes altissimes où sont venus l'un après l'autre mourir les échos de ses galops sauvages. Une brise, un souffle, un murmure, un essaim de choses invisibles glisse à trente pieds du sol comme flottant sur l'épaisseur de la nuit. (MO, 1434)

LECTURES DE LA TRANSCENDANCE

La figure du lecteur, en dernier lieu, doit être reliée à la problématique de la réception. En position d'aval absolu dans sa confrontation à l'intention actualisée, médiatisée, métamorphosée dans le flux du processus narratif, comment reçoit-il l'écriture de la transcendance ? Quelle liberté cette écriture lui accorde-t-elle dans sa lecture du dépassement absolu ? Observe-t-on un processus équilibré de métamorphoses réciproques entre écriture et lecture de la transcendance ou l'un des deux pôles impose-t-il sa loi à l'autre ? Les métamorphoses subies ou opérées par le lecteur de la transcendance s'enracinent dans un constat objectif, déjà signalé précédemment : la dichotomie entre romans saturés de références chrétiennes – plus particulièrement catholiques – et romans dénués de tous ces repères. Si l'appréhension diffère suivant le cadre, les valeurs et les personnages mis en place – religieux ou laïcs –, elle différera d'autant plus suivant la position du lecteur confronté au fait religieux. Une nouvelle dichotomie s'impose alors, découlant naturellement de celle effectuée entre romans catholiques et romans profanes : la dichotomie entre lecteurs croyants et incroyants, sans oublier en greffon les lecteurs agnostiques. Elle trouve sa justification dans le constat que la notion de transcendance chrétienne appartient à l'horizon d'attente du lecteur croyant mais est absolument exclue de celui du lecteur athée. Cette différence essentielle doit poser les fondements d'une distinction soigneuse entre les présupposés liés à chacune des deux approches, qui permettra d'analyser méthodiquement les diverses hypothèses présidant aux réactions de lecture.

Si l'on considère dans un premier temps que le lecteur réagit de manière immédiate au contenu textuel, se confondant alors avec le narrataire construit par l'interpellation ou l'invocation implicite de la voix narrative[1], il ne peut que subir une écriture dont l'impact modifie les paramètres de son intériorité. C'est ainsi que le narrataire athée est pris à partie dans *L'Imposture*, « professeur d'amoralisme » montré du doigt dans son refus libertaire de l'examen de conscience, l'entraînant à retenir dans les ténèbres de l'inconscient le poison des remords :

> À les refouler sans cesse, craignez de leur donner une consistance et un poids charnel. On préfère telle souffrance obscure à la nécessité de rougir de soi, mais vous avez introduit le péché dans l'épaisseur de votre chair, et le monstre n'y meurt pas, car sa nature est double. Il s'engraissera merveilleusement de votre sang, profitera comme un cancer, tenace, assidu, vous laissant vivre à votre guise, aller et venir, aussi sain en apparence, inquiet seulement. Vous irez ainsi de plus en plus secrètement séparé des autres et de vous-même, l'âme et le corps désunis par un divorce essentiel, dans cette demi-torpeur que dissipera soudain le coup de tonnerre de l'angoisse, l'angoisse, forme hideuse et corporelle du remords. Vous vous réveillerez dans le désespoir qu'aucun repentir ne rédime, car à cet instant même expire votre âme. (I, 329)

Prophète sacerdotal, le narrateur anticipe méthodiquement, étape après étape, l'agonie d'une âme terrassée par le péché et incapable d'extirper par elle-même les racines de son mal. Exécuté spirituellement, le narrataire athée se voit ainsi sévèrement malmené par une voix magistrale et impitoyable. Peut-être Hubert Juin songe-t-il à l'un de ces deux passages quand il témoigne des bouleversements engendrés par la lecture de Bernanos sur sa conscience de lecteur athée :

---

1   L'étude du couple narrateur-narrataire qui relève des structures textuelles et s'inscrit dans la perspective formelle de la poétique révèle un partenariat entre les deux instances, voulu en amont, contraint en aval. (Voir Tzvetan Todorov, *Qu'est ce que le structuralisme ?* tome 2, Paris, Éditions du Seuil, 1968, p. 67).

Pour moi, Georges Bernanos a été plus qu'une présence (et qui ne peut s'accommoder de la présence ? Ce serait trop simple) : une tentation. L'extraordinaire est que, pour un athée comme je suis, Bernanos a été le diable… il y a chez lui une grandeur, une hauteur singulière et quasiment unique : à mesure qu'il exige plus de lui-même, il vous tire à sa suite vers ces régions où l'air devient rare et la soif terrible. On a faim soudainement, de cette faim qui est la sienne, de cette grâce qui se comprend sur fond d'absence[1].

Cet aveu révèle en toutes lettres le pouvoir d'une écriture qui, à partir de ses propres exigences internes, contraint le lecteur à se dépasser malgré lui pour entrevoir un univers nouveau jusque là étranger. Par quel mystère – miracle ? – le lecteur athée voit-il se superposer le visage du diable sur celui de l'écrivain ? Comment un être considérant par conviction anti-métaphysique que toute transcendance coïncide avec une aliénation de l'esprit ou une perversion psychique en vient-il à métamorphoser son horizon d'attente pour évoquer à la fois « le diable » et « la grâce » ? Et comment comprendre cette métaphore surprenante du diable Bernanos ? L'homme aurait-il pris les traits, à travers son écriture, de la double figure biblique du Tentateur et du Séparateur, dissociant le lecteur d'avec son identité de non-croyant pour le tenter d'entreprendre la quête du désert transcendant ? Pour un athée convaincu, l'horizon de la foi serait donc une tentation diabolique et l'écrivain catholique le diable lui-même, précipitant l'ataraxie athée dans les affres de la relation impossible à Dieu, ou du moins dans l'incertitude fragile de l'agnosticisme perplexe. Et pour que cette tentation survienne, l'écriture romanesque apparaît comme un déclencheur privilégié. En effet, l'emploi habile de la fiction par le romancier apologète permet de modifier – au moins l'espace d'une lecture – la condition d'esprit de l'athée, de l'incroyant ou seulement du sceptique. Car pour ces derniers la transcendance comme Personne n'existe pas : qu'ils rencontrent le terme ou ses synonymes dans le cadre romanesque, il sera considéré comme non référentiel, c'est-à-dire ne renvoyant à rien hors du roman mais créant cependant une illusion de référence, ou – mieux encore pour l'écrivain assoiffé de prosélytisme – une possibilité de référence. En acceptant de lire des romans évoquant la notion de transcendance, le lecteur athée rend donc possible – malgré lui ou à son insu – le concept nié dans la réalité mondaine. En entrant dans

---

1   Hubert Juin, « Un témoignage indirect » in *Georges Bernanos*, Éditions de l'Herne, 1962, 1998, p. 16.

la fiction, il suspend nécessairement son incrédulité pour participer plus ou moins activement à l'action racontée. Conscient de lire une fiction, il délaisse ses convictions personnelles, son esprit critique pour adhérer à l'intrigue, pénétrer les « états mentaux[1] » des croyants et plus particulièrement des êtres en quête de sainteté. En bref, il entre en empathie avec des personnages qui adhèrent à la transcendance. Tel est le pouvoir et la supériorité de la fiction sur les autres types d'écrits consacrés à la transcendance, qu'ils soient théologiques, métaphysiques ou mêmes mystiques.

Le narrateur malmène son lecteur athée, fidèle à l'intention prosélyte du romancier apologète des années vingt. Il s'agit de lui renvoyer une image grinçante de ses pairs par le biais des personnages athées mis en scène : du brasseur Malorthy à Ouine, sans oublier les médecins et psychiatres, écrivains amoralistes, tous forment une galerie de médiocres mâtinés d'imbéciles, de névrosés ou de pervers. Comment dans ces conditions ne pas se sentir agressé par cette accumulation de portraits-charge où les travers athées sont toujours explicitement rattachés par les soins de la voix narrative au vide métaphysique structurant leur vie intérieure ? Et si quelques-uns parmi eux échappent au jeu de massacre (Delbende, Lavigne, Jambe-de-Laine), leur destin est déchiré entre chaos et désespoir et leur fin tragique substitue sa charge négative à celle dégagée par les caricatures précédemment évoquées. Happé par un double phénomène de rejet et de mimétisme à la fois affectif et métaphysique, le narrataire-lecteur athée se voit ainsi contraint par la puissance et le charisme narratifs au dégoût de son identité libertaire et à la tentation de la conversion.

Si la problématique de la conversion ne concerne pas les lecteurs croyants, ils se trouvent cependant confrontés à d'autres défis non moins redoutables. En effet, dès 1926, le narrateur de *Sous le soleil de Satan* interpelle avec violence et congédie simultanément une certaine catégorie de narrataires, estimés inaptes à recevoir tout un pan du texte romanesque. Resituons ce passage, quand Donissan, après une nuit de Noël marquée par des pratiques de mortification physique, se prépare à

---

1   Cette expression est reprise à Jan Olsen, qui dans son ouvrage *L'Esprit du Roman* définit « la participation à la fiction » comme une « activité consciente qui correspond au mode esthétique du fonctionnement d'une capacité psychologique spécifique ; mais cette capacité psychologique assume une fonction absolument fondamentale dans les comportements rationnels des êtres humains ; c'est grâce à elle en effet que nous pouvons attribuer des états mentaux à autrui » (p. 119).

officier. L'instance narrative abandonne alors subitement son personnage dont le regard tombe sur la Croix, pour interpeller :

> Ô vous, qui ne connûtes jamais du monde que des couleurs et des sons sans substance, cœurs sensibles, bouches lyriques où l'âpre vérité fondrait comme une praline – petits cœurs, petites bouches – ceci n'est point pour vous. (S, 153)

La suite du passage révèle que le public visé par cette mise en congé superpose en filigrane les chrétiens sulpiciens et les athées esthètes. Des expressions comme « votre étrange rituaire » ou encore « vos livres radoteurs », « vos blasphèmes », « vos ridicules malédictions » précisent l'identité de la cible harponnée. Le regard porté par Donissan sur la croix avant le début de l'office n'est donc pas destiné aux « nerfs fragiles » ou aux « précieuses cervelles » de ces âmes femelles que scandalise un christianisme intégral. Un autre défi auquel est confronté le lecteur croyant est celui de la mise en perspective de sa foi religieuse avec les modèles fictionnels proposés. Si le curé de Lumbres par son charisme auprès des pécheurs, l'abbé Donissan par son don de lire dans les âmes, ou Chantal par ses extases mystiques peuvent transporter un lecteur fervent en quête de miracles, leur mort violente et mystérieuse peut à bien des égards laisser perplexe celui qui veut donner un sens à ces itinéraires sacrificiels. De même la conjonction entre les paroles assassines de l'abbé Cénabre puis celles des catholiques laïcs réunis dans le salon de l'écrivain Guérou est en grande partie à l'origine du suicide de Pernichon. Quant aux deux ultimes figures cléricales, celles des juvéniles curés de Fenouille et d'Ambricourt, leur responsabilité dans les drames entraînant la mort de Jambe-de-Laine et de la Comtesse peut appeler une lecture forcément critique du pouvoir sacerdotal laissé aux mains malhabiles d'êtres fragiles et maladroits. L'univers catholique ne sort,pas grandi de cette accumulation factuelle assommant un lecteur qui cherchait à être conforté dans son appartenance communautaire. Tout se passe alors comme si, victime d'une machination implacable fomentée en amont par des instances hermétiques au charisme de l'Église catholique, le lecteur se retrouvait pris en étau entre deux voies sans issue : soit adhérer au modèle chrétien et sombrer dans le désespoir d'itinéraires sacrificiels ou dans la médiocrité d'un confort spirituel satisfait ; soit observer la déchéance de personnages extérieurs à leur Église, entre drogue, névrose, perversion, pulsions suicidaires ou meurtrières et passages à l'acte. Remarquons enfin pour conclure cette réflexion autour des effets produits par une lecture non médiatisée, que, croyant ou athée, le lecteur immédiat des romans de Bernanos est affecté, à tous les sens du terme. Les coups assénés métamorphosent sa lecture en épreuve que peut seule apaiser la certitude de la foi ou la conviction intime de l'absence de réalité supra-humaine. C'est finalement le lecteur agnostique qui souffre le plus, fragilisé par sa revendication de l'incertitude érigée en norme absolue. Face aux mystères de l'avènement transcendant, à l'impureté de ses manifestations, à l'ambiguïté inhérente aux mobiles des personnages en quête de Dieu, ce lecteur n'est en mesure d'opposer à une écriture polyphonique que ses propres oscillations entre reconnaissance et mise à distance d'un au-delà problématique.

POSITIONS

LE TRAITEMENT NARRATIF
DES PERSONNAGES MÉDIATEURS

À l'identification des protagonistes de la médiation narrative dans leur relation évolutive à l'écriture de la transcendance et dans leur évaluation de ses possibilités d'existence succède l'analyse des positions adoptées par les différentes instances narratives dans leur appréhension du mystère transcendant. Il s'agit dans un premier temps d'examiner quelles métamorphoses peut subir le traitement narratif des personnages médiateurs de la transcendance, d'une figure fictionnelle à l'autre, voire d'un roman à l'autre. La position adoptée par le narrateur extra-diégétique marque-t-elle des constantes irréductibles, se singularise-t-elle par une évolution diachronique ou par des changements d'appréhension liés au regard porté individuellement sur chacun de ces êtres capables de dépasser leur immanence ? Comment ce médiateur fictif entre intention et réception caractérise-t-il les médiateurs fictionnels entre l'homme et Dieu ? En s'intéressant à quelques passages précis dans lesquels le narrateur raconte, décrit, commente un instant privilégié où la réceptivité d'un personnage ouvre une perspective de dépassement par rapport à sa quotidienneté, il devient possible d'analyser le traitement narratif de la potentialité transcendante fictionnelle, car la médiation narrative supplée l'incapacité éprouvée par certains personnages à verbaliser leur vie intérieure. Médiateur d'expériences mystiques non langagières, le narrateur devient celui par lequel la révélation transcendante est mise en mots.

Le narrateur du « Saint de Lumbres » peut être considéré comme l'instance narrative inaugurale de l'œuvre romanesque. Double fictionnalisé de la figure auctoriale, cette voix nouvelle, surgie des tranchées boueuses du charnier de la guerre mais aussi de l'imposture civile succédant à l'Armistice, raconte les dernières heures d'un vieux prêtre français. N'était-ce l'imaginaire paroisse de Lumbres, une première lecture pourrait rattacher ce récit à une hagiographie à peine romancée du curé d'Ars. Mais l'examen minutieux du discours narratif révèle la prégnance d'un regard sans concession posé sur le personnage éponyme. Car même si le début du récit concentre plusieurs appellatifs valorisants[1], l'épisode central de la tentative de résurrection de l'enfant mort est présenté sans complaisance par un narrateur critique qui refuse de cautionner la tentation de thaumaturgie. En effet, « ce tragique vieillard [...] repoussé de tous, et de Dieu même » (S, 260) exhale à la face de Sabiroux une « rage » (S, 262) proprement satanique. Les dernières paroles criées[2] font d'ailleurs l'objet d'un commentaire glaçant de la voix narrative, juge impitoyable du blasphémateur :

> Celui qui renia trois fois son maître, un seul regard a pu l'absoudre, mais quelle espérance a celui qui s'est renié lui-même ? (S, 262).

Renégat de lui-même, le curé de Lumbres est à ce moment-là rejeté sans ménagement par le narrateur évangélique dans les abîmes du péché contre l'espérance. De retour au chevet du petit mort, après sa fuite égarée dans le jardin, il est cette fois présenté solennellement comme celui qui a Trahi l'attente divine :

> Voici le serviteur infidèle, là même où l'attendit en vain son maître, et qui écoute, impassible, le jugement qu'il a mérité. (S, 265)

Au lieu de prier, il fixe l'œil entrouvert du garçonnet « avec une attention anxieuse, où la pitié s'efface à mesure, puis avec une espèce d'impatience cruelle. » (S, 266). Pour couronner ce portrait quasi satanique, une prolepse prophétique métamorphose le curé en tentateur absolu :

---

1 Ainsi dès la première page, « cet homme intrépide » (S, 233). Au début du chapitre deux, le narrateur emploie même le terme suprême : « Mais le saint est toujours seul, au pied de la croix. » (S, 239). Ajoutons que le manuscrit Bodmer présente une majuscule à « saint », non reprise dans l'édition courante (voir René Guise, *op. cit.*, p. 37).

2 « Nous sommes vaincus, vous dis-je ! Vaincus ! Vaincus ! [Et Dieu avec nous] » (S, 262).

Il tente ce mort, comme tout à l'heure sans le savoir il tentera Dieu. (S, 266).

La fin du chapitre sept marque la consommation du désastre pour « le malheureux homme », « le misérable vieux prêtre » (S, 268), dénudé dans son péché par le regard sans merci d'une conscience extra diégé-tique surplombante. Tout autre est celui posé sur la jeune Chantal de Clergerie dans *La Joie*. Conquis par le personnage, le narrateur laisse à plusieurs reprises percer son admiration pour « cette petite fille sans peur » (J, 560) qui partage selon ses propres mots « la divine ignorance des saints » (561). Et alors que le personnage doute de l'authenticité de ses extases cataleptiques, les réduisant dans ses moments d'angoisse à la résurgence de symptômes névrotiques héréditaires[1], le narrateur réfute magistralement l'hypothèse pathologique par un commentaire justifiant la violence et les désordres causés par l'intrusion de la transcendance au cœur de l'intériorité humaine :

> Rien n'égale en profondeur la première révolte d'une âme pure contre les entreprises de l'Esprit. (J, 573).

L'enjeu est de savoir si la narration d'une histoire où l'intériorité humaine subit l'épreuve de son propre dépassement peut se réaliser de façon distanciée. Comment raconter, décrire ou commenter la transcendance en narrateur-témoin adoptant la voix volontairement – et illusoire-ment – neutre de l'extériorité ? La narration du dépassement intérieur peut-elle être envisagée d'un point de vue extérieur ? Envisageons cette hypothèse selon laquelle la voix narrative se pencherait sur l'aventure intérieure de Chantal de Clergerie comme un témoin extérieur. Que pourrait-il alors rapporter au lecteur sinon la succession imprévisible de contorsions et de paralysies d'une marionnette désarticulée ? Raconter la transcendance d'un point de vue extérieur revient nécessairement à la supprimer en la vidant de son sens et de sa portée[2]. Par un effet ironique calculé, Bernanos évoque au sein même de la diégèse ce regard extérieur porté sur la transcendance, regard d'aveugle pour celui qui croit, regard lucide pour celui qui nie. Nous sommes toujours au cha-pitre IV de la seconde partie ; Cénabre vient de surprendre Chantal en

---

1   Chantal évoque successivement la folie de sa grand-mère, la dyspepsie de son père et les « crises léthargiques » (570) telles qu'a pu en connaître sa mère.

2   Ce regard extérieur porté sur la transcendance, n'est-ce pas déjà celui de la conscience moderne contemporaine qui a volontairement déserté cet espace en le métamorphosant en lieu de toutes les aliénations ?

pleine extase mystique et, pour répondre à l'angoissante question de la jeune fille égarée : («Qu'est-ce que je faisais lorsque vous êtes entré ici ?») se place spontanément – malignement – dans la position d'une conscience extérieure à l'angoisse mystique et à la problématique de la transcendance :

> «Ce que vous faisiez ?» dit Cénabre. Son regard se porta successivement aux quatre coins de la pièce, et il l'arrêta paisiblement sur le mince visage où il pouvait lire une attente désespérée : «Pour qui que ce soit, mon enfant, je vous ai trouvé endormie. Profondément endormie, ainsi qu'on peut l'être en une telle saison, par une température aussi exceptionnelle. Vous vous êtes étendue un moment, le sommeil vous a surprise, quoi de plus simple ?» (J, 691)

Quoi de plus simple en effet...et de moins transcendant. Témoigner – au sens profane – de l'expérience intérieure d'expulsion de l'être hors de soi revient à décrire un état situé dans les limbes du non-être, le sommeil. L'expérience mystique n'est-elle d'ailleurs pas assimilée par la conscience athée à un rêve névrotique, signe d'aliénation ? «Pour qui que ce soit», pour tout regard rationnel et distancié, les absences mystérieuses de Chantal se nomment assoupissement, défaite de la chair face à la canicule d'août. La parole du prêtre rejoint ici – de manière scandaleuse – l'opinion du premier venu en ignorant l'interprétation mystique et donc en reniant sa fonction de médiateur de la transcendance.

Mais le narrateur de *La Joie* refuse cette position profane quand il témoigne – au sens religieux – de l'expérience transcendante. Il ne s'agit jamais pour lui de se poser, à la manière de Cénabre, en témoin tranquille et plus ou moins incrédule d'événements «extraordinaires» qui lui sont étrangers. Le narrateur ne se présente à aucun moment sous le masque du curieux, du journaliste en quête de sensationnel ou du clinicien observateur d'un comportement classé anormal car hors norme[1]. Le narrateur refuse d'exhiber Chantal comme une curiosité ou un cas d'école aussi fascinant qu'hermétique : le procédé de la focalisation externe est ainsi utilisé de façon rarissime dans l'œuvre. La voix narrative de *La Joie* refuse de présenter ses personnages et son histoire en témoin distancié, en observateur extérieur. Sa position est déjà – bien avant les œuvres de combat – une attitude d'engagement. Puisque le narrateur désire s'engager aux côtés de ses personnages dans l'aventure de la transcendance, la manière la plus naturelle de

---

1 C'est cette dernière position que le psychiatre La Pérouse adopte, parlant au sujet de Chantal d'un «cas qui (l') intéresse.» (J, 644).

la présenter reste bien le choix de la fusion avec le personnage happé par l'inconcevable. Mais le lecteur attentif de *La Joie* remarque vite que le narrateur – tout comme il refuse de poser sur elle un regard extérieur – répugne à fusionner entièrement avec son héroïne pour écrire le mystère transcendant. Cette répugnance s'explique aisément quand on se souvient que le narrateur doit exprimer des expériences intérieures non verbalisables, car situées au-delà du langage humain. Comment concevoir la possibilité d'écrire une expérience de la transcendance, où seuls le psychisme et le corps sont concernés, dans le cadre d'une « vision avec » ? En effet, si le narrateur se laissait absorber par la conscience et la parole de son personnage, l'écriture de la transcendance perçue comme élan inconscient non verbalisé – car situé au-delà de tout langage humain – deviendrait impossible et le roman aboutirait à une aporie, un livre de silence. La nature non verbale de l'expérience intérieure vécue par Chantal ne peut être mise en mots que par l'homme de l'écriture, le narrateur entièrement distinct du personnage. Si le narrateur fusionnait avec son héroïne, décidant d'aliéner sa voix et son regard à ceux de son personnage, il devrait, par souci de vraisemblance, fusionner aussi avec le silence de toute expérience surhumaine et donc renoncer à narrer. Ce suicide narratif aboutirait à un échec absolu face au désir de représenter l'expérience transcendante, et à des pages entières de blanc typographique ou de points de suspension. C'est sans nul doute et par un mystérieux paradoxe, à travers le récit des expériences intérieures de Chantal, non verbalisées, non verbalisables, que le narrateur raconte le plus profondément l'expérience de la transcendance.

Le procédé narratif choisi par l'écrivain pour rendre compte d'un état psychique échappant au domaine de la parole s'apparente, le plus souvent, à ce que Jean Pouillon ou Tzvetan Todorov appellent « la vision par derrière ». Ainsi, en même temps que le narrateur s'attache scrupuleusement à la subjectivité de Chantal, il reste nettement dissocié de la conscience dont il rapporte les mouvements. Les crises et élans mystiques de la jeune fille sont racontés de l'intérieur mais sans que le narrateur fusionne avec cette expérience transcendante qui échappe à la parole. Dans ce cas précis, le point de vue est celui de Chantal mais le discours, mise en mots de l'ineffable, est celui du narrateur : c'est elle qui voit, qui éprouve mais c'est lui qui parle pour elle. Le second paragraphe du chapitre II marque la première incursion narrative dans l'intériorité de Chantal :

> Elle écoutait battre son cœur et ce n'était assurément ni de terreur, ni de vaine curiosité, car depuis des semaines et des semaines, sans qu'elle y prît garde peut-être, chaque heure de sa vie était pleine et parfaite, et il lui semblait que toutes ses forces ensemble n'y eussent rien ajouté ni moins encore retranché... (J, 552)

L'alliance est ici subtile entre attachement scrupuleux à la subjectivité de la jeune fille (« elle écoutait... », « il lui semblait ») et dissociation du narrateur avec l'intériorité dont il retranscrit les mouvements (« sans qu'elle y prît garde, peut-être »). Un autre cas de figure présente Chantal aux prises avec un élan, un sentiment ou une faculté s'exerçant à son insu, malgré elle ; le narrateur, lui, surplombe cette ignorance et révèle ce qui échappe à la conscience du personnage :

> Bien avant qu'elle en eût fait confidence à personne, ou même qu'elle fût capable de la concevoir clairement, la pauvreté, une pauvreté surnaturelle, fondamentale, avait brillé sur son enfance, ainsi qu'un petit astre familier, d'une lueur égale et douce. (J, 553)

Quelques pages plus loin, le narrateur révèle au lecteur la transformation intérieure qui s'opère à l'insu de Chantal, bouleversement lié au partage douloureux des derniers moments de l'abbé Chevance :

> Cependant des semaines et des semaines passèrent, après la mort de l'abbé Chevance, sans qu'elle s'avisât que sa prière s'était elle aussi transformée, accordée à une expérience si nouvelle, toute intérieure, transcendante, de réalités dont elle n'avait jadis aucune idée. La méprise fut d'autant plus facile qu'elle avait continué à s'acquitter de ses devoirs (...) (J, 564)

Le narrateur attire explicitement l'attention du lecteur sur la nature subliminale ou inconsciente de la transformation intérieure relatée, enfouie au-dessous du niveau de conscience, informulable par Chantal. L'expérience mystique coïncide ainsi avec un domaine de la vie intérieure où la médiation narrative se révèle particulièrement nécessaire. Les chutes en Dieu, telles que les éprouve l'héroïne et telles qu'en rend compte le narrateur se révèlent en effet comme des épreuves sollicitant à la fois le psychisme et le corps, mais d'où le langage est résolument banni :

> Elle eût voulu se jeter à genoux, cacher sa tête entre ses mains, disparaître – oui, disparaître, rentrer dans ce merveilleux silence dont la seule pensée faisait défaillir son cœur. (J, 676)

L'épreuve de la transcendance coïncide avec la rencontre de « ce merveilleux silence », signe mystique du dépassement de toute immanence. Si le langage est le propre de l'homme, le silence est bien le propre de Dieu. Pour évoquer ce silence transcendant lié à la muette expérience, le narrateur doit se dissocier de l'intériorité de la jeune fille, sous peine de se laisser absorber avec elle dans l'espace de la « non-parole ».

Tous les exemples cités ci-dessus ne constituent-ils pas alors des cas d'omniscience narrative déguisée ? Ce narrateur qui démasque et perce au grand jour les élans et bouleversements intérieurs se produisant à l'insu de Chantal, malgré elle, ne s'apparente-t-il pas au narrateur-Dieu de Mauriac, mettant à nu pour le lecteur l'intériorité des êtres qu'il anime ? Si le narrateur écrit l'évolution de l'expérience intérieure de Chantal, il ne la dépouille jamais de son mystère. À aucun moment de la narration le lecteur n'assiste à une dissection de l'épreuve mystique et de celui qui l'éprouve. Le narrateur refuse de disséquer la jeune âme. À la fin du chapitre II, Chantal se remémore le regard adressé à la glace après avoir été surprise par Fiodor en pleine oraison extatique, regard interprété par elle-même comme celui d'une folle, regard de névrosée, de détraquée. Le narrateur intervient alors, non pour donner une explication concernant la véritable nature de ce regard, mais simplement exhiber l'irréductible mystère contenu dans cet horrible instant :

Ce que fut pour elle ce court moment, qui le sait ? (J, 572)

Cette interrogation, qui n'a rien de rhétorique, met en valeur le refus de la part du narrateur de transformer le roman en cabinet privé de chirurgie de l'âme humaine. Il réitère ce refus lorsque Chantal, tombée dans le gouffre de l'oraison extatique, se retrouve face au Christ :

Ce qu'alors, Mademoiselle de Clergerie vit, ou ne vit pas, de ses yeux de chair, qu'importe ? (J, 685)

Le narrateur, exhibant à travers l'appellatif la distance qui le sépare de son héroïne, se moque de ce que l'enquêteur judiciaire nomme « les faits ». Car il lui importe peu de cerner son personnage comme on traque une proie, de mettre en lambeaux le secret de Chantal en élucidant l'énigme des transes. Sainte ou folle ? Mystique ou névrosée ? La voix narrative se refuse à trancher dans le vif et radicalise son mépris de l'omniscience jusqu'à épaissir davantage le mystère en confrontant des points de vue contradictoires au sujet de Chantal et en présentant un discours de l'ambiguïté. La problématique angoissée est ici mille fois préférée à l'omniscience satisfaite. Mais en rendant compte des niveaux de conscience que la subjectivité du personnage ne parvient pas à verbaliser, le narrateur pénètre forcément dans les zones les plus profondes de l'intériorité de son héroïne. C'est le cas par exemple lorsqu'il retranscrit la vision intérieure et muette de Chantal, hallucination visuelle pour les uns, expérience mystique de la Trahison pour les autres :

> Elle voyait, à quelques pas, face au Dieu Trahi, à l'amour méprisé, dont elle entendait le halètement solennel, la créature étrange, incompréhensible, qui a renoncé à l'espoir, vendu l'espoir de l'homme pour trente deniers comptant puis s'est pendue. Elle ne la voyait pas dans l'acte dérisoire de sa Trahison, (...) Mais à l'heure qu'il eut accompli son destin (...) Elle ne voit plus qu'un tronc, une énorme colonne recouverte d'écorce, comme si l'arbre venait de se refermer sur son fruit. (J, 685)

Seul le contexte indique que le regard est tout intérieur. La répétition du verbe de perception visuelle souligne le paradoxe de cette vision muette. La crise est alors racontée de l'intérieur par un narrateur omniscient doué de la faculté de lire dans les âmes. À aucun moment cependant l'écrivain ne se complaît dans cette supériorité narrative conférée par la position surplombante. Le narrateur ne puise pas sa joie dans la connaissance de l'intériorité de ses personnages. S'il occupe la plupart du temps une position transcendante par rapport à la narration, cette transcendance est assumée pleinement mais reste dénuée de toute jubilation balzacienne. Son omniscience est toute de sympathie, au sens étymologique du terme. Le narrateur de *La Joie* souffre avec le personnage dont il sonde reins et cœur.

Le dénouement d'*Un mauvais rêve* se singularise dans l'économie de ce roman laïc et parisien par l'apparition insolite dans un bois déserté d'une silhouette sacerdotale qui à deux reprises croise la route de Simone Alfieri, avant et après la consommation de son crime. Intéressons-nous au traitement narratif de ces deux confrontations, récritures de la scène obsessionnelle entre la femme et le prêtre, pour tenter de discerner la position adoptée par le narrateur au sujet du rôle exact de l'introduction tardive et répétitive de cette figure cléricale anonyme, brutalement projetée dans un univers fictionnel dénué de toute référence religieuse. La première rencontre est totalement appréhendée à travers la sensibilité et les jugements de Simone, le narrateur s'effaçant au profit du personnage féminin qui impose son point de vue et ses réactions. À peine quelques remarques intercalées sur le mode de la focalisation externe révèlent-elles la présence discrète d'un regard narratif extra diégétique posé sur le jeune prêtre[1]. Mais alors que Simone encore sous l'excitation de la piqûre de morphine attribue un caractère bizarre à cette rencontre (« cette rencontre bizarre » 1009), le narrateur ne fournit aucune exégèse à la confrontation insolite entre le prêtre et la toxicomane égarée, se contentant d'insister – par le biais de la retranscription de l'intériorité de Simone – sur le manque de sang-froid et le trouble irraisonné qui saisit la jeune femme. La seconde rencontre reçoit un traitement narratif différent. Racontée de manière beaucoup plus laconique, dénuée de dialogue, elle débute par une focalisation sur le prêtre, préoccupé par les désagréments matériels liés à l'arrivée tardive dans sa nouvelle paroisse (valise embarrassante, coche manqué, lampe de poche à réparer dans une région hostile à la tombée de la nuit). Mais elle est précédée d'un paragraphe qu'il faut restituer ici dans son intégralité :

> Jamais elle ne s'expliqua comment il avait pu venir ainsi sur elle, sans bruit, par un chemin pierreux. La vérité est qu'un second hasard, plus imprévisible encore que le premier les mettait de nouveau en présence et dans des conjonctures si rigoureusement semblables qu'elle pouvait se croire le jouet d'un rêve. (MR, 1026)

Le contraste entre les deux phrases est lié à leur différence de statut narratif. Alors que la première, dans le prolongement du récit de la rencontre initiale, se focalise sur l'intériorité perturbée de Simone, abasourdie par le renouvellement de la confrontation, la seconde introduit un commentaire narratif qui se substitue à l'ignorance du personnage pour fournir une exégèse à la fois dogmatique et rationnelle de cette reproduction scénique Cette interprétation péremptoire attribue la rencontre au hasard, élément purement accidentel dans son indétermination matérielle. Pourtant, l'ultime paragraphe du roman instaure une ambiguïté :

> Avant même que sa silhouette fût sortie de l'ombre, elle avait reconnu sa voix – cette inoubliable voix qui avait saisi son âme, quelques heures plus tôt, d'un présage sinistre – et elle cherchait son regard dans la nuit avec épouvante. Nul mensonge ne lui vint aux lèvres, et d'ailleurs, elle eût jugé vain n'importe quel mensonge. Ce prêtre fantastique, surgi deux fois des

---

1   Voir par exemple p. 1009 quand Simone le quitte rapidement : « Le brusque congé de son interlocutrice l'avait visiblement frappé de stupeur. »

ténèbres, savait tout. Une seule chance lui restait peut-être, reconnaître sa
funèbre puissance, s'avouer vaincue. (MR, 1027)

Si les trois premières phrases peuvent être rapportées sans risque d'erreur
à l'intériorité de Simone, la phrase conclusive est moins claire. Dans la
continuité des précédentes, ne constituerait-elle pas l'ultime fragment
du discours indirect libre de Simone qui boucle le déroulement logique
de son raisonnement ? Si elle ne ment pas comme elle a pu le faire lors
de la première rencontre, ne serait-ce pas parce qu'elle est persuadée que
le prêtre sait tout de son crime ? Face à « ce prêtre fantastique » qui lit
dans les âmes et dans les cœurs, Simone évalue ainsi dans un ultime
sursaut la chance de salut qui lui reste par une éventuelle soumission à
l'homme de Dieu. Dans cette perspective, ce n'est donc pas la narration
qui ouvre l'horizon transcendant mais le personnage lui-même.

Une autre difficulté apparaît dans le commentaire de cette phrase
de clôture et qui se pose avec la même acuité pour les deux hypothèses
examinées ci-dessus. Il s'agit de désigner le possesseur de la « funèbre
puissance » caractérisée par le déterminant possessif « sa » : cette puissance
appartient-elle à Simone ou au jeune prêtre ? Si elle relève de Simone, la
phrase – qu'elle soit le fruit du discours narratif ou de l'intériorité de la
jeune femme – soumet d'emblée le lecteur à une contradiction lexicale.
En effet, la structure syntaxique et sémantique de la protase (« une seule
chance lui restait peut-être ») annonce une équivalence nécessaire entre
les deux propositions infinitives juxtaposées dans l'apodose (« reconnaître sa funèbre puissance, s'avouer vaincue ») : l'unique et ultime
chance de la jeune femme consisterait donc en une équation insolite
selon laquelle la reconnaissance de sa propre puissance – aussi funèbre
soit-elle – coïncide avec l'aveu d'une défaite personnelle. La difficulté
logique naît de la conjonction entre le substantif « puissance » et le participe « vaincue » – deux termes appliqués à la même individualité – :
car toute reconnaissance d'une puissance singulière considérée comme
le fait de pouvoir, la force active source d'action déjà victorieuse par son
efficience, contredit l'aveu d'une soumission, voire d'un échec. Cette
sinistre puissance – si on l'applique à Simone – déjà actualisée une
première fois à travers le meurtre de la vieille dame est d'abord pulsion
criminelle, force de mort toujours capable de frapper à nouveau. Dans
cette perspective, et pour liquider la contradiction, il reste toujours
possible de supposer que cette reconnaissance par Simone de la vigueur
de sa propre aptitude destructrice coïnciderait parfaitement avec l'aveu

d'une défaite, non pas celle de cette « funèbre puissance » mais plutôt de son antithèse, l'aspiration à la conservation d'autrui. Cette explication installerait une relation de causalité cachée, non exprimée, entre les deux propositions infinitives, celle qui reconnaît la puissance morbide de la meurtrière et celle qui s'avoue son échec à faire triompher les forces de vie et d'amour. Cette double reconnaissance pourrait alors aboutir, en prolongeant l'exégèse jusque dans ses derniers retranchements, à deux issues diamétralement opposées. La première, née d'une lecture littérale des verbes « reconnaître » et « s'avouer » est celle du meurtre : la reconnaissance lucide et sans concession de ses pulsions meurtrières et de son incapacité à triompher de cette « funèbre puissance » destructrice qui la dévore, mène inéluctablement Simone au meurtre de la silhouette sacerdotale[1], renouvellement du passage à l'acte, conséquence de la mise à jour, du dévoilement à la conscience de l'obsession criminelle. La seconde, fruit d'une lecture catholique de ces deux mêmes verbes[2] anticipe une issue d'amendement, voire de réconciliation. Reconnaître sa funèbre puissance, s'avouer vaincue reviendrait alors pour Simone à entrevoir la possibilité d'une conversion. Si on considère au contraire que le déterminant possessif source d'équivoque doit être attribué au jeune prêtre, la contradiction décelée lors de l'examen de l'hypothèse précédente entre les deux propositions infinitives s'annule d'elle-même, la défaite de Simone équivalant cette fois-ci très naturellement à l'exercice de la puissance sacerdotale sur cette conscience pécheresse. Mais la phrase ainsi lue, en revanche, ne peut plus être analysée dans la même perspective selon qu'on l'attribue à la voix narrative ou à l'intériorité de la jeune femme. En effet, si c'est l'héroïne elle-même qui, par le biais du discours indirect libre, reconnaît la « funèbre puissance » de « ce prêtre fantastique », le lecteur – imprégné des remarques narratives appuyées concernant l'inexpérience, la maladresse naturelle et le caractère timoré de « ce malheureux prêtre » (1026) – est en droit de mettre en doute la réalité objective du surgissement de cette soudaine et pour le moins

---

1   Le verbe « reconnaître » est employé dans le *confiteor* ou préparation pénitentielle : « je confesse à Dieu tout-puissant, je reconnais devant mes frères que j'ai péché, en pensée, en parole, en action et par omission […] » Quant au verbe « s'avouer », il peut faire directement référence à l'acte de contrition, préalable au sacrement de pénitence par lequel le pécheur prépare par un examen de conscience l'aveu au prêtre. (*Catéchisme de l'Église catholique, op. cit.*, p. 378-79).

2   Quand on sait, toujours grâce à William Bush, que cette dernière phrase, fin de la première version d'*Un crime* était suivie dans le manuscrit Prassinos d'un court développement s'achevant par l'assassinat du prêtre (*op. cit.*, p. 58-59), cette interprétation échappe au reproche d'extrapolation.

immotivée puissance sacerdotale. Il pourra ainsi attribuer ce jugement à l'exaltation mystique de Simone, exacerbée par les injections répétées de morphine et le hasard des circonstances. Ce doute concernant la crédibilité de cette reconnaissance sera plus délicat à entretenir si c'est le narrateur lui-même qui annonce et assume la révélation du charisme sacerdotal. En effet, son statut extra diégétique et parfois surplombant lui confère une position privilégiée d'accréditation par rapport aux protagonistes fictionnels dont il maîtrise ponctuellement l'intériorité. Rien d'étonnant donc à ce que le lecteur adhère plus au discours narratif qu'aux ruminations intérieures d'un personnage déjà discrédité par ses antécédents et son destin fictionnel. Une difficulté subsiste cependant, au sujet de cette « funèbre puissance », un mystère plutôt, que la narration – si on considère qu'elle est à l'origine de la formule – se garde bien de résoudre et qui nous empêche de clarifier[1] la question de la position du narrateur par rapport au mystère de la transcendance. Rien n'est précisé ainsi de la nature exacte de cette puissance : est-elle inhérente au prêtre ou alors le don d'un agent extérieur et supérieur, pourvoyeur providentiel de ce qui manque cruellement à la falote et impressionnable silhouette soigneusement érigée par l'instance narrative ? Il nous plaît pour terminer d'accorder une importance toute particulière à l'adjectif « funèbre », synonyme par son antéposition de triste, sombre, lugubre ou encore sinistre. Peut-être est-ce alors la tristesse christique de ce jeune homme voué au service de Dieu, qui, par un paradoxal renversement dont seul le christianisme a la clé, est à l'origine de sa puissance, puissance transcendante, mais non surnaturelle, de toute faiblesse humaine confrontée au péché dont elle triomphe par l'offrande même de son dénuement et de sa peur, inexplicablement ?

VOIX FICTIONNELLES, VOIES DE LA TRANSCENDANCE ?

L'analyse des positions successives adoptées par la voix narrative dans son traitement des personnages médiateurs de la transcendance cède naturellement la place à l'examen d'autres voix fictionnelles, non plus extérieures mais pleinement intégrées à l'intrigue romanesque par leur statut d'êtres imaginaires constituant le tissu narratif. En effet, superposées, mêlées à la voix du narrateur ou bien clairement séparées, les

---

1   Mais n'est-ce pas cette impossibilité de clarification qui conserve intacte la jubilation du lecteur préférant épaissir par la juxtaposition des interprétations possible que dissiper par l'imposition d'une exégèse monolithique le mystère de l'expression littéraire de la transcendance ?

voix des personnages exhibent une pluralité qui doit son existence au paradoxe le plus original de l'écriture romanesque, reposant lui-même sur une double éviction. Si le narrateur, pure créature auctoriale, se substitue à son créateur pour que le roman devienne ce qu'il est, cette première éviction s'oriente vite en sa défaveur pour peu qu'il laisse la parole aux personnages dont il narre le parcours, décrit les caractéristiques et commente l'intériorité. Ces auto-évictions successives, de l'auteur puis du narrateur, sont pleinement assumées par les évincés eux-mêmes qui les contrôlent en maîtrisant l'instant de leur avènement, toujours provisoire, ponctuel, discontinu. À tout moment, en effet, la voix narratoriale peut resurgir et faire taire les personnages qu'elle a mis sur le devant de la scène ; de même à chaque instant l'auteur peut déchirer le tissu fictionnel et narratif pour faire entendre sa propre voix. Les narrateurs extra-diégétiques des romans de Bernanos délèguent aisément leur pouvoir narratif aux personnages qu'ils animent, facilitant ainsi l'avènement textuel de voix nouvelles. Les romans laissent ainsi se développer de multiples infiltrations révélant la résurgence d'autres voix, mêlées ou non à la voix narrative ; ces nouvelles voix, fictives, n'écrivent pas la transcendance : L'écriture est chasse gardée de l'instance narrative mais la parole appartient à celui qui la pense ou la prononce. Les narrateurs pourraient ainsi déléguer à leurs personnages non pas l'écriture mais la parole de la transcendance. Mais au lieu de s'attarder sur l'importance quantitative, la valeur et l'autonomie de ces voix ramifiées en de multiples infiltrations parasitant ou masquant la voix narrative, il semble préférable de rappeler que leur existence reste entièrement dépendante du travail de retranscription narrative, lui-même fruit de l'imagination et de l'intention auctoriale. Il devient alors possible de considérer ces voix dans leur acception la plus large, en reprenant par exemple la définition restreinte qu'en donne André Not pour caractériser le dialogue littéraire, « projection d'une conscience qui organise sous forme distributive sa production linguistique[1] ». Projections au second degré, ces voix fictionnelles qui animent les personnages romanesques doivent être caractérisées dans leurs spécificités par rapport à la voix narrative.

Il s'agit donc d'écrire la vie intérieure de certains personnages par le biais de leurs propres paroles. Alors que la voix narrative revêt trois modes d'expression privilégiés – discursif, narratif, commentatif – la voix des personnages peut s'exprimer de manière beaucoup plus diversifiée et

---

1   André Not, *Les dialogues dans l'œuvre de Bernanos*, Toulouse, Éditions Universitaires du Sud, 1990, page 23.

ses différents modes d'expression peuvent être distingués en fonction de critères de classement formels ou sémantiques. Formellement, ces voix fictionnelles se distinguent tour à tour suivant leur mode narratif de restitution (discours narrativisé, discours indirect, discours indirect libre, monologue intérieur, discours direct), suivant leur degré d'autonomie par rapport à la voix narrative, suivant la distinction entre paroles et écrits ou encore suivant leur degré de verbalisation, entre mouvement de conscience et mots prononcés. Sémantiquement, les voix de personnages peuvent être classées suivant leur contenu, c'est-à-dire leurs sujets de conversation ainsi que leur degré d'homogénéité dans la formulation d'opinions, leurs caractéristiques de cohérence ou de discordance, de transparence ou de duplicité. Dans quels cas de figure, formels ou séman-tiques, à quelles conditions, la restitution de ces voix constitue-t-elle une médiation, littéralement, une voie d'accès à la problématique de la transcendance ? Quels impératifs d'écriture doivent être déployés pour que ces voix fictionnelles ouvrent la voie à l'horizon transcendant ? Est-il possible de distinguer des voix identifiables comme voies d'accès privilégiées et d'autres surgissant comme obstacles à l'expression de la transcendance ?

Il faut étudier les différents modes de restitution des voix fiction-nelles, en distinguant d'emblée celles qui relèvent de l'oralité de celles qui emploient le canal plus sophistiqué de l'écrit pour verbaliser leur intériorité. On recense en premier lieu les paroles retranscrites textuel-lement par le narrateur, prononcées dans le cadre du discours direct ou seulement pensées, intériorisées de manière non autonome dans le cadre du style indirect libre et de manière indépendante dans le cadre du monologue intérieur. Le style indirect libre présente une voix de per-sonnage intégrée dans le discours narratif, sans autonomie par rapport à la syntaxe du narrateur. Il fait entendre dans la voix du narrateur les échos d'une autre voix, discordante ou accordée à la première. Quelle(s) voix le narrateur de *La Joie* choisit-il d'intégrer au cœur de son propre discours ? Nous retrouvons, comme dans *Sous le soleil de Satan*, encore et toujours, le couple antithétique et complémentaire de la jeune fille et du prêtre. C'est donc d'abord et surtout l'intériorité de Chantal de Clergerie qui est partiellement dévoilée grâce à ce procédé de style. Dans le chapitre II de la première partie, Chantal se souvient de la fébrilité provoquée par l'irruption de Fiodor dans sa chambre à coucher et par l'entretien qui a suivi. Elle se souvient aussi de la stupeur qui l'envahit devant la folle fixité de son regard dément entrevu dans la glace :

> Ses yeux ? N'était-ce pas plutôt un autre regard qu'elle connaissait trop, dont elle avait tant de peine à supporter la fixité ténébreuse, où flotte un rêve informe qui n'a plus ni couleur, ni contour, un cadavre de rêve, un rêve décomposé ? Mais oui ! C'étaient les yeux de sa grand-mère, de Mama, ses yeux-mêmes ! (J, 570).

En même temps que se profile dans l'esprit de la jeune fille l'hypothèse de la folie, le narrateur prend ses distances avec le personnage en soulignant la non-pertinence d'une telle interprétation :

> Le doute qui venait de naître dans sa pauvre cervelle encore noyée d'extase s'enfonçait comme un fer juste au point blessé, si avant d'un seul coup, que l'idée ne lui vint pas de douter, de discuter au moins l'unique témoignage d'un inconnu. Ni les paroles, ni les desseins de ce personnage, également suspects, son insolence tranquille, son audace, ne la retinrent un moment : elle ne fut sensible qu'à l'accablante, à l'énorme vraisemblance d'un cauchemar dont elle voyait encore dans la glace le signe tragique. (J, 570).

La polyphonie se déploie ici sur une gamme duelle : alors que la voix de Chantal exhibe la partition de la folie ou de la névrose, la voix du narrateur vient relayer ce premier thème en un contrepoint habile et ambigu. Comment interpréter la connotation contenue dans la « pauvre cervelle noyée d'extase ? » Chantal serait-elle alors dans l'hypothèse narrative une authentique mystique à la raison chancelante ? Ou une pauvre folle noyée dans des oraisons extatiques ? Si les deux premiers mots du groupe nominal renvoient bien à un déséquilibre névrotique, les deux derniers évoquent l'image mystique de la noyade en Dieu. Le choix d'allier ces deux hypothèses en un unique syntagme encourage le lecteur à n'en écarter aucune et renforce l'ambiguïté d'un personnage sans cesse présenté en équilibre instable aux portes de la névrose et du mysticisme. Observons encore la plongée soudaine dans l'oraison précédant l'affrontement avec Cénabre. Cette noyade extatique s'accompagne d'emblée, pour Chantal, de la crainte d'avoir désobéi à l'abbé Chevance, partisan d'une modération extrême dans les élans spirituels :

> Elle se retourna vers son vieux maître, ainsi que gémit, en dormant un nouveau-né. Qu'eût-il dit ? Qu'eût-il pensé ? Ne l'eût-il pas arrêtée depuis longtemps d'un de ces sourires anxieux qu'il avait, si tristes, si tendres ? Aurait-il permis qu'elle le précédât sur de tels chemins ? Car, O merveille ! Ce ne fut pas l'élan de l'extase qui lui fit franchir le dernier pas, mais au contraire l'effort à peine conscient qu'elle tenta pour s'en arracher, se reprendre. (J, 683).

Les quatre phrases interrogatives au style indirect libre, parfaitement intégrées dans le discours narratif, retranscrivent les questions intérieures de Chantal. La conjonction de coordination ouvrant la dernière phrase de l'extrait marque une rupture avec ce qui la précède. Le narrateur interrompt la voix intérieure de Chantal pour commenter ses paroles : C'est la crainte du faux pas, du fourvoiement, de l'audace inconsidérée qui précipite Chantal dans l'espace de la transcendance, hors du temps et du lieu de l'histoire. Presque toutes les interventions de Chantal au style indirect libre révèlent au lecteur un personnage dévoré par le doute et l'angoisse de la névrose. L'ultime chapitre de *La Joie* exhibe l'abbé Cénabre comme le nouvel et tardif héros du roman. Dès son ouverture, Chantal est reléguée dans la chambre à l'étage et c'est le prêtre imposteur qui occupe le devant de la scène. Le narrateur laisse en effet la part belle à l'intériorité du personnage retranscrite par les procédés alternés de la focalisation interne et du style indirect (J, 710-719). L'espace de ces neufs pages, (situées entre la conversation avec Monsieur de Clergerie, ouvrant le chapitre, et celle avec la cuisinière, le clôturant), Cénabre, seul, livré à ses pensées, s'abandonne à une introspection sans complaisance de son imposture et de son agitation croissante :

> Que désirait-il encore ? À aucun moment il n'avait connu le grand déchirement d'une rupture avec le passé, c'est-à-dire avec soi-même. Sa foi, qui n'avait jamais été en lui qu'une habitude, d'ailleurs profonde, s'était évanouie doucement et lorsqu'il avait eu le mouvement de recul inévitable, un dernier sursaut, il était engagé déjà trop avant dans le doute, ou l'indifférence, il s'était senti couler comme une pierre, en fermant les yeux. N'eût-il pas dépendu que de lui de reprendre silencieusement sa place, l'épreuve passée ? Oui, sans doute. Mais il s'était livré à Chevance. (J, 717)

Les mouvements de conscience du personnage sont maintenus ici à la limite de la verbalisation, instaurant une ambiguïté sur la nature véritable des paroles de Cénabre : les prononce-t-il vraiment ou ne constituent-elles qu'un flux purement psychique mis au clair par les mots du narrateur ?

Le monologue intérieur semble réservé à quelques personnages sciemment privilégiés par le narrateur et il constitue un basculement dans l'intériorité langagière du personnage. Dans le roman, seuls deux personnages sont éclairés par cette technique narrative : la jeune fille et l'imposteur. Ces paroles solitaires se déploient de l'exclamation criée à la rumination intériorisée, en passant par le murmure ou le balbutiement. Que disent-elles de la transcendance ? Elles sont toujours associées à des moments d'extrême tension ou agitation et n'apparaissent qu'à certains

moments précis. Le premier monologue intérieur de Chantal coïncide
avec le souvenir de l'après-midi où elle fut surprise par Fiodor, étendue
sur son lit et hors d'elle-même. La jeune fille éprouve une horrible
amnésie au sujet de ces moments d'immobilité muette dont le chauffeur
russe a été témoin :

> « J'étais ici à cinq heures, se disait-elle sans oser quitter la glace des yeux,
> comme si elle eût craint de perdre ainsi la preuve, l'unique preuve, la preuve
> décisive de son affreuse aventure. Je venais de donner à Mama son thé et ses
> rôties. Voilà maintenant huit heures et demie... Pourtant je suis bien sûre
> de n'avoir pas dormi... Et je me suis retrouvée tout à l'heure, quand il m'a
> touchée l'épaule, à la même place, les bras en croix, est-ce possible ! » (J, 571)

Deux autres interventions de même nature, aux pages suivantes, mettent
en valeur l'affolement de Chantal aux prises avec une expérience intérieure
qu'elle ne comprend ni ne maîtrise. Cette panique est si puissante que,
spontanément, l'hypothèse de la crise névrotique est balbutiée à mi-voix :

> « Jeudi, j'avouerai tout au doyen d'Idouville, à la grâce de Dieu : il va dire
> que j'ai rêvé, que je suis folle, que le pauvre abbé Chevance m'a tourné la
> tête. Tant pis ! Cela vaut mieux que d'honorer Dieu par des crises de nerfs et
> des pâmoisons, comme les maniaques et de scandaliser le prochain...Quelle
> horreur ! » (J, 573)

La parole solitaire de Chantal ne s'élève alors que pour nier l'existence
d'une force transcendante qui serait à la source et à la clé de son expérience de perte de soi. La parole est exhibée ici par la voix narrative et,
mise sur les lèvres de son héroïne, se révèle comme une négation de la
transcendance. Chantal se présente ainsi au lecteur, par sa propre voix,
comme le jouet de ses nerfs, fausse mystique, authentique névrosée.
Remarquons aussi que nul commentaire narratif ne vient démentir ou
conforter l'hypothèse (formulée par la jeune fille) des symptômes cliniques. Voici un autre exemple, extrait d'une autre scène solitaire, où le
narrateur se situe à la suite du soliloque de Chantal. Exténuée par son
affrontement avec le docteur La Pérouse, la jeune fille se retire dans sa
chambre. Considérant son impatience à sombrer dans l'oraison comme
« signe de faiblesse, de lâcheté », elle résiste à l'appel de la prière :

> « L'abbé Chevance avait raison, fit-elle : mieux vaut rester tranquille en un
> moment pareil ; je ne ferais que des sottises. Au fond, je ne sais pas très bien
> ce que c'est qu'une grande épreuve, une vraie : celle-ci vient brusquement,
> tout s'éteint à la fois, je n'arriverai jamais à trouver ma route, mais il y en a
> une ! Mon Dieu, que j'étais donc heureuse, par comparaison, voilà seulement

une heure ou deux ! Comment croire qu'on puisse être laissée si seule, à l'improviste, en un clin d'œil ? Jadis, du moins, je serais tombée ici ou là, au pied de mon crucifix, n'importe où… (Elle crispait ses deux petites mains sur la poignée de la fenêtre pour ne pas tomber en effet). À présent, je ne dois même plus prier le Bon Dieu qu'avec ménagement, prudence. Tant pis. Je ne bougerai pas d'un pouce jusqu'à ce que la lumière revienne ; je ne suis pas faite pour marcher à tâtons. J'ai besoin de savoir où je pose le pied. » (J, 677-78)

Au terme de ce monologue de théâtre prononcé à voix haute se greffe le commentaire du narrateur, note dissonante et inquiétante :

« Jusqu'à ce que la lumière revienne », disait-elle, et déjà pourtant elle ne l'attendait plus, elle n'attendait que la nuit, c'était la nuit qu'elle défiait de son regard patient : la nuit, le vide, la chute, le glissement rapide et doux. (J, 678)

L'intervention du narrateur devance la parole du personnage en anticipant la réaction intérieure et en lui opposant la parole prononcée. Chantal dit attendre le retour de la lumière transcendante et n'aspire en fait qu'à la lutte avec les puissances nocturnes du refus de la transcendance. Ce défi à la nuit ne peut être formulé sans blasphème par la jeune fille. Le narrateur endosse donc ce poids subversif en jetant des zones d'ombres et de doutes sur l'expérience mystique de Chantal. L'abbé Cénabre est l'autre personnage bénéficiant de l'éclairage du monologue intérieur rapporté par la voix narrative. La parole solitaire de l'imposteur se révèle au lecteur à quelques pages du dénouement, dans un moment de crise intérieure particulièrement violente :

Et en pleine déroute de ses facultés intérieures, le rappel impérieux de la raison parvint jusqu'au cerveau, suspendit l'instant fatal. « Une crise analogue à celle de cet hiver, pense-t-il. Est-ce que je deviens fou ? » (J, 715)

Et un peu plus loin :

« Que s'est-il donc passé ? bégayait-il. Rien. Je n'ai rien vu, rien entendu, je ne pensais même à rien. Cela m'a comme frappé dans le dos. » (J, 715)

La parole de Cénabre perce à jour la stupeur de l'esprit négateur soumis à sa propre dépossession et confronté à un choc qui semble émaner d'une puissance transcendante. Cette parole est aussi celle de la lutte contre l'invasion de la transcendance au cœur de l'intériorité rongée par l'imposture.

« Cela sera fini demain, pensait-il. D'ici là j'userai mes nerfs… » (J, 717)

Comme Chantal, Cénabre aveuglé par la lumière transcendante évoquée par la narration, veut se croire le jouet de ses nerfs affolés.

Le discours direct abonde dans l'œuvre romanesque, du simple mot au discours de plusieurs pages. L'autonomie de ces paroles prononcées est illusoire car elles sont toujours entrecoupées ou encadrées par des interventions extra-diégétiques émanant de la voix faussement objective du narrateur, assimilables suivant leur degré de discrétion, à des intrusions d'auteur. Cet observateur qui peut à l'occasion commenter ou juger les répliques échangées se pose à la fois comme le garant de l'artifice du dialogue ainsi que le négateur de l'autonomie et du caractère aléatoire propres au vécu. Cet artifice de la parole dialogique littéraire semble cependant s'anéantir dans la capacité du romancier à organiser des confrontations fictionnelles mimétiques des affrontements à l'œuvre dans la réalité. La transcendance se singularise ainsi comme un sujet de conversation privilégié permettant la mise en place de confrontations souvent discordantes. Entre polyphonie et cacophonie, les mille voix de la contradiction déchirent les propos des uns et des autres, athées ou croyants. L'exemple de la sainteté illustre les divergences représentationnelles au sujet de ce mystère mystique et révèle que les tentatives de définition humaine sont fatalement exposées à l'éclatement centrifuge du désaccord et de l'hétérogénéité sémantiques. Les « géants puissants et doux[1] » imaginés par l'abbé Demange s'opposent ainsi aux rudes et austères définitions[2] avancées par son ami, l'abbé Menou-Segrais et la sainteté du curé de Lumbres fait l'objet d'exclamations antinomiques[3]. Mais les prêtres ne sont pas les seuls à se déchirer autour de la représentation langagière de la sainteté. Dans *Un mauvais rêve*, Olivier, Philippe et Lipotte nourrissent chacun une conception singulière de la sainteté[4], Simone Alfieri fournissant un support privilégié à leur

---

1   « [...] j'imagine nos saints ainsi que des géants puissants et doux dont la force surnaturelle se développe avec harmonie dans une mesure et selon un rythme que notre ignorance ne saurait percevoir, car elle n'est sensible qu'à la hauteur de l'obstacle, et ne juge point de l'ampleur et de la portée de l'élan. » (S, 124).

2   En voici quelques unes parmi les plus significatives : « chacun de nous est tour à tour un criminel ou un saint... » (S, 221) ; « Certaines vies de saints paraissent d'une affreuse monotonie, un vrai désert. » (S, 222).

3   À l'exclamation de Luzarnes « vous êtes un saint ! » s'oppose la dénégation du curé de Lumbres : « je ne suis pas un saint. » (S, 260-261).

4   Si pour Philippe, Simone est « une drôle de sainte », « diablement dangereuse » MR, 885), Lipotte n'est « pas éloigné de croire que Madame Alfieri soit une espèce de sainte – oh ! sans miracles, naturellement ! – une sainte triste. Feu ma mère, très pieuse, avait coutume de dire que les saints tristes font de tristes saints. Des saints tristes, ce sont des saints sans miracles, bien entendu. [...] Supposez qu'une sainteté ait quelque faille, quelque

réflexion. L'émission systématique de paroles contradictoires, de visions incompatibles au sujet du mystère de la sainteté décrédibilise à la fois les voix qui s'expriment et le sujet discuté. Échappant à toute formulation univoque et consensuelle, la sainteté apparaît ainsi davantage comme un horizon mystérieux qu'une réalité éprouvée. Éminemment humaines, les paroles prononcées au sujet de la transcendance relèvent toutes d'un contexte prisonnier de la pluralité et des tensions liées à la condition de l'immanence.

Certaines paroles échappent-elles à ce déterminisme polyphonique humain, trop humain ? Existe-t-il dans le corpus romanesque des voix capables de transporter l'interlocuteur hors de ses repères spatio-temporels, des voix – sinon divines – du moins habitées par une réalité qui les dépasse ? D'un point de vue rationnel, les paroles prononcées par les personnages romanesques, imaginées et écrites par l'écrivain, ne peuvent en aucun cas être rattachées à un mode d'expression transcendant ou alors il faudrait supposer que le romancier retranscrit des paroles qui lui sont littéralement dictées par une entité transcendante. Il est cependant un cas de figure où le consensus peut régner en ce qui concerne la présence objective de la parole de Dieu à travers un truchement humain, c'est celui où la voix humaine cite un passage biblique. Et même en considérant que la Bible est un ouvrage sans spécificité particulière dans ses conditions d'écriture, la reconnaissance de son caractère éminemment mystique et spirituel ne souffre aucune contestation. De nombreux personnages intègrent ainsi dans leurs paroles les paroles bibliques, par citations directes ou par allusions plus ou moins claires. Dans la perspective d'une analyse des voix fictionnelles, il nous semble nécessaire de distinguer clairement les emprunts textuels des simples allusions intégrées dans une parole individuelle, non pour séparer artificiellement la Lettre de l'Esprit mais pour tenter d'éclaircir le mystère de l'expression orale transcendante.

Les emprunts textuels apparaissent moins nombreux que les résonances et leur apparition est ainsi valorisée. Que les premiers mots prononcés par le curé de Lumbres, identiques à ceux de l'abbé Donissan reprennent ceux d'Abraham, de Samuel et de Marie mère de Jésus, confère au présentatif le poids d'une lignée sacrée, celle des serviteurs inconditionnels de la Parole divine. Pleinement fidèle à l'Esprit, la reprise textuelle de la Lettre biblique permet d'établir une filiation entre le

fissure par où se glisse l'ennui... La sainteté peu à peu empoisonnée, pourrie, liquéfiée par l'ennui... » (MR, 910)

Livre sacré et le roman profane, les deux prêtres fictionnels donnant leur voix à des paroles millénaires prononcées par des êtres ayant renoncé à toute affirmation individuelle pour se soumettre à la vocation – au sens étymologique d'appel – divine. Que l'abbé Chevance répète à Chantal une citation latine du livre d'Esther, suivie de sa traduction[1], établit là encore une indiscutable filiation entre la reine juive sauvant son peuple du pogrom et la jeune fille française vouée au salut de ses proches. Ces deux exemples d'emprunts textuels vétéro et néo-testamentaires montrent que la répétition littérale des paroles bibliques peut faire perdre aux voix fictionnelles qui les prononcent leur individualité ou leur singularité humaine pour les fondre dans un mode d'expression non plus romanesque mais mystique et sacré. Davantage que l'Esprit, et à travers les deux exemples évoqués ci-dessus, c'est d'abord la Lettre qui est insufflée dans la matière romanesque par l'action, non du Créateur, mais du romancier lui-même qui choisit les passages qu'il désire intégrer, en fonction de ses souvenirs et de ses inclinations bibliques.

Une autre reprise textuelle de la Lettre biblique renforce la conviction selon laquelle la parole du Livre Saint, une fois extraite de sa source première, gagne en ambiguïté ce qu'elle perd en charisme. Il s'agit de l'énigmatique « quid me persequeris, Chevance ? » (I, 518) mis dans la bouche de l'abbé Cénabre par la projection dialoguée délirante de Chevance en agonie. Alors que la question de Jésus ressuscité à Saul se révèle au lecteur évangélique dans toute sa limpidité textuelle, le Christ s'identifiant à ses fidèles persécutés, cette même question attribuée par le délire agonique de Chevance à son confrère soulève l'incompréhension du lecteur romanesque. En effet, Chevance fait blasphémer Cénabre en lui prêtant le détournement de la question christique, puisque cette citation n'a jamais été prononcée dans la réalité fictionnelle mais projetée fantasmatiquement par la conscience délirante du vieux prêtre qui cauchemarde cette question dans le cadre d'un dialogue purement imaginaire. Dans cette projection fantasmatique, Chevance distribue donc les rôles : à Cénabre l'audace

---

1   « Ne m'interrogez pas, lui disait alors l'abbé Chevance. À quoi bon ? Que vous importe d'apprendre si vous faites ou ne faites pas oraison ? Et que m'importe à moi de le savoir, pourvu que je m'applique à réaliser en vous, au jour le jour, l'ordre de la charité ? *Ingressa igitur cuncta per ordinem ostia…*Lorsqu'Esther eut passé par ordre toutes les portes, elle se présenta devant le roi, où il résidait. » (J, 560). Il est intéressant de noter que si Chantal réactualise Esther, elle-même considérée par plusieurs Pères et Docteurs de l'Église comme une figure de la Vierge Marie, Chevance revivifie par sa fonction de guide spirituel (« je m'applique à réaliser en vous l'ordre de la charité ») le vieillard Mardochée.

blasphématoire et à lui-même le dévoilement et la dénonciation de la perversion de la Lettre biblique :

> [...] Comment donc osez-vous parler ainsi ? (I, 518)

La perversion donc, si perversion il y a, naît du délire de Chevance qui attribue ce détournement de la parole sainte à son confrère. Mais le plus fascinant de ce dialogue rêvé réside dans la réversibilité des figures complémentaires et antinomiques du persécuteur et du persécuté. Ceux qui rejouent, dans un cadre romanesque, l'affrontement évangélique entre le persécuteur Saul et le persécuté christique, échangent[1] à plusieurs reprises leur rôle respectif au cours du dialogue imaginé par Chevance, compromettant toute claire répartition des fonctions. En effet, Cénabre est présenté comme un débiteur ayant réglé ses dettes à un créancier impitoyable, qui n'est autre que Chevance lui-même :

> Si vous le désirez, je vous montrerai la place même où je vous ai jeté à terre, l'autre nuit. Je la connais. Mais vous êtes passé dessus sans la voir, bien que vous soyez un homme juste, exact, et qui tient son compte, au denier près. Néanmoins, notez-le, je ne vous dois plus rien : je vous défie de tirer désormais quelque chose de moi, que vous le vouliez ou non. J'ai vendu mes meubles, mes tapis, jusqu'à mes livres – oui, mes livres ! – vous n'en trouverez pas un seul ici. Je vis dans une extrême pauvreté, Monsieur, une pauvreté parfaite, une pauvreté vraiment évangélique. Pourquoi me persécutez-vous ? Oui. *Quid me persequeris*, Chevance ? (I, 518)

S'étant dépouillé matériellement pour réparer le préjudice causé à Chevance, Cénabre rejoint par un étonnant renversement la cohorte des débiteurs du percepteur Saul, acharné à dépouiller et à jeter en prison les premiers chrétiens. Se présentant donc comme le débiteur insolvable de Chevance, ce dernier endosse logiquement le statut de créancier, fonction exercée par Saul avant sa conversion, bouclant le processus de réversibilité à l'œuvre dans la problématique de la persécution. Mais le dialogue va plus loin encore, présentant deux pages plus loin un Chevance-Saul inexplicablement rendu aveugle et suppliant Cénabre-Ananie de lui restituer la vue[2]. L'échange des rôles bibliques est ici consommé,

---

1 L'emploi de ce verbe est inspiré de la remarque de Pierre Gille selon laquelle « si le récit refuse la rencontre effective des deux héros, tout en la réalisant d'une certaine manière dans l'ordre de l'imaginaire et des mots, c'est parce qu'à la notion de rencontre s'est substituée celle de l'échange. » (Pierre Gille, *Bernanos et l'angoisse*, *op. cit.*, p. 77.)
2 « ... Je vous supplie de ne pas me laisser mourir ainsi, dans ce noir, en aveugle. Que je voie encore une fois, une petite fois, rien qu'une fois, Cénabre ! Que je voie au moins vos

établissant à travers ce principe de réversibilité une fraternité[1] entre les deux figures antinomiques. Mais la fin du dialogue brouille à nouveau la répartition des rôles en présentant Cénabre comme un nouveau Saul qui aurait abandonné toutes les richesses de sa vie passée, non pour suivre le Christ comme dans le récit évangélique mais pour que Chevance et Dieu le laissent en paix, cessent de le persécuter en l'abandonnant à son calme néant[2]. L'ancien riche, par une stratégie dont la perversion est poussée à son paroxysme, ne se dépouille que pour s'affranchir de la loi divine, n'ôte l'habit doré que pour rester insolemment nu, dans un mouvement transgressif absolu qui refuse de revêtir selon la tradition évangélique les vêtements christiques de l'homme nouveau. De nombreux autres exemples d'emprunts textuels pourraient être ainsi analysés à la loupe ; ils révèleraient sans doute le même processus bipolaire et paradoxal mis en valeur à travers les paroles étudiées ci-dessus. Car en répétant fidèlement les paroles bibliques, les voix fictionnelles peuvent tour à tour perdre leur individualité spatio-temporelle en se soumettant totalement au contexte sacré de la Lettre ou bien affirmer – parfois à leur insu – une identité transgressive voire blasphématoire qui détourne ou pervertit l'exégèse biblique.

Mais la présence de la parole biblique se révèle aussi de manière plus libre à travers des reprises partielles ou tronquées voire déformées de la Lettre. Les personnages qui se permettent un tel affranchissement possèdent une bonne connaissance du Livre Saint. En intégrant à leurs propos ces paroles millénaires, ils peuvent affirmer tout à tour et paradoxalement leur distance ou leur soumission par rapport aux références bibliques, partageant une dialectique similaire dans sa bipolarité à celle mise en place par les voix fictionnelles répétant fidèlement par le biais des citations, les paroles vétéro ou néo-testamentaires. La réplique amère

---

yeux ! J'ai toujours été un homme inutile, et me voilà maintenant vide, tout à fait vide, à votre merci. Mais vous savez aussi bien que moi qu'une telle nuit, c'est comme l'enfer. » (I, 520)

1   Pierre Gille a mis en valeur cette image de fraternité qui, selon lui, s'inscrit en prolongement des liens fraternels unissant Donissan et Mouchette dans *Sous le soleil de Satan* (*op. cit.*, p. 77).

2   « Je suis en règle avec Dieu, dit Cénabre, de la même voix sombre. Je me suis dépouillé de tout, mon dénuement est total. Qui n'a rien ne doit rien, je vous prie de remarquer la parfaite correction de mon calcul. S'il me restait la moindre bagatelle, je la détruirais sur l'heure, car il est selon ma nature de détruire plutôt que de donner. [...]. Ainsi qu'un débiteur insolvable, j'échappe à la justice par l'excès de ma propre misère. Je crois que personne n'a jamais tenu devant Dieu une position plus forte : de ce côté, ma sécurité est parfaite. » (I, 521)

de Cénabre à Chantal reprend ainsi la formule de Paul aux Corinthiens[1]
en substituant à l'interdiction rassurante prophétisée par le disciple
un aphorisme ouvrant l'horizon humain à la dimension de l'angoisse
métaphysique :

> Nous sommes toujours tentés au-delà de nos forces. (J, 701)

La métamorphose du « vous » exhortatif et secrètement condescendant[2]
en « nous » universel et désabusé révèle à la fois une contestation et
un dépassement de la parole évangélique, ravalée au rang d'imposture
déguisée en propagande pour prosélytes. De même, la disparition du
substantif « Dieu », sujet absolu et tout-puissant de toute permission et
de toute interdiction dans la modalisation paulinienne – absent de sa
reformulation romanesque – introduit au cœur de la Lettre biblique le
poison de l'athéisme moderne où l'homme devient sujet unique de ses
actes, volontaires ou subis. Cénabre s'approprie ainsi sans vergogne la
parole de l'apôtre à travers une reformulation déformée qui dynamite
à la fois la Lettre et son Esprit, les ravalant toutes deux au rang de
mensonge ou d'illusion aliénante. L'écrivain Ganse n'hésite pas lui non
plus à s'inspirer de la parole évangélique pour l'intégrer de manière
originale à la tonalité familière de sa conversation. Défendant devant
Olivier l'idée selon laquelle « un homme réellement supérieur est naturellement sacrificiel » (MR, 909) il illustre son argumentation par un
aménagement syntaxique de l'aphorisme de Matthieu[3] :

> Beaucoup d'appelés, hein ! peu d'élus. (MR, 910)

La suppression de la forme verbale, à laquelle Ganse a substitué une
interjection familière, révèle le caractère à la fois distancié et irrespec-
tueux de l'appropriation évangélique ; cependant, et contrairement à
l'exemple précédent, si la Lettre est malmenée, Ganse ne pervertit pas
l'Esprit de la parole apostolique. En effet, clôturant la parabole des noces
royales, contée par Jésus aux sacrificateurs et aux pharisiens, cette formule
désigne tous ceux qui, appelés par la voix transcendante, n'ont pas su
ou voulu se rendre dignes de l'invitation à dépasser leur immanence.

---

1   « Dieu […] ne permettra pas que vous soyez tentés au-delà de vos forces. » (1 Co X, 13)
2   Paul s'exclut naturellement de la protection divine contre les ravages de la tentation.
     Est-ce parce que lui, supérieur aux Corinthiens qu'il désire convertir, est susceptible d'être
     tenté au-delà de ses forces et cependant, en authentique saint, capable de surmonter cette
     épreuve ?
3   « Car beaucoup sont appelés, mais peu sont élus. » (Mt XXII, 14)

L'écrivain parisien ne dénature pas cette exégèse en faisant comprendre à son interlocuteur que l'héroïsme ou la sainteté restent une exception humaine. Olivier, à son tour, confrontera avec irrévérence son langage à l'imagerie de la parole christique pour faire plier Simone, dans son refus de lui fournir de la drogue sous prétexte que le cœur du jeune homme pourrait céder :

> Raison de plus. Je suis aux trois quarts crevé. Une mère morte à trente-cinq ans, un père gazé – Tu te rends compte ? ils nous ont donné la lampe, mais ils n'ont même pas pris la peine de mettre de l'huile dedans, les[1]… (MR, 968)

Plus librement encore que Ganse, Olivier s'empare d'une parabole racontée par le Christ et l'adapte à sa destinée individuelle, comparant la génération de ses parents aux cinq vierges folles, « qui prirent leurs lampes, mais sans se munir d'huile[2] ». Cette adaptation iconoclaste se singularise par deux modifications majeures. La première met en œuvre un processus de déplacement de la problématique de l'imprévoyance. Alors que dans le texte-source, les vierges folles retardées par leur négligence se voient refuser l'entrée dans la salle de noces et la connaissance de l'époux, dans la version de Mainville, les descendants de la génération imprévoyante sont lésés par la fatale négligence de leurs parents et paient pour une erreur qu'ils n'ont pas commise. Ou pour le dire autrement, le thème de l'imprévoyance personnelle qui se retourne contre soi se transforme en négligence envers autrui qui pénalise la génération suivante. Si les vierges bibliques renvoient à une humanité incomplète et immature qui paie de son salut son manque de disponibilité à la potentialité transcendante et à l'horizon du royaume de Dieu, les parents d'Olivier ainsi que leurs semblables révèlent leur incomplétude à travers un don empoisonné fait à leur descendance, celui de la vie livrée à elle-même, dénuée de tout repère parental, en un mot celui de l'abandon. Et c'est ici qu'intervient la seconde modification apportée à la parabole biblique : Olivier opère un processus d'horizontalisation de l'exégèse originelle en métamorphosant une imprévoyance autarcique et verticale en une négligence horizontale envers autrui. À une absence d'huile considérée comme une carence spirituelle de l'individu se substitue une lampe non huilée symbole de transmission intergénérationnelle avortée.

---

1   Voici la variante de la résonance biblique, donnée en italique p. 1863 (note 1 de la page 968) : « Ils nous ont donné la lampe, mais ils [ont oublié] de mettre de l'huile dedans, les [s…]. »
2   Mt XXV, 1-3.

Contrairement à tous ces personnages qui exploitent la parole biblique comme une simple référence culturelle au service de leur persiflage ou de leur ironie de modernes affranchis du poids de la tradition et de la soumission au Livre Saint, le curé de Torcy révèle de manière exemplaire que les déformations infligées à la Lettre biblique peuvent être le signe d'une innutrition parfaite à l'Esprit christique. Voix de la fidélité souple, à la fois imprégnée du style biblique et ancrée dans la réalité charnelle et spirituelle de son époque, le modèle du curé d'Ambricourt récite la Bible aux hommes de son temps en mêlant son imaginaire aux images bibliques. C'est ainsi qu'il oppose au « sel de la terre » invoqué par le Christ[1] sa métaphore du miel[2] ou qu'il ajoute au troupeau d'agneaux et de brebis que le Seigneur veut faire paître ses « boucs » (JC, 1043) puants dont il doit s'accommoder coûte que coûte. Outre ces ajouts personnels au langage biblique le curé de Torcy ose questionner les commandements christiques pour les passer au crible de l'usure temporelle. Car l'écart se révèle immense entre leur formulation et ce que les chrétiens en ont fait :

> L'avons-nous gardée la parole ? Et si nous l'avons gardée intacte, ne l'avons-nous pas mise sous le boisseau[3] ? (JC, 1078)

Il prend même la liberté de traduire en le développant généreusement un aphorisme de Jésus, la phrase-source se métamorphosant en discours-fleuve où la parole du Christ telle que la restitue le curé évoque pêle-mêle en de savoureux anachronismes les « clochards », « les vieilles anglaises », « les taureaux des corridas », « le marchand de vin » ou « le boulanger[4] ». Son imprégnation de la Parole est si puissante que le personnage est capable de la narrativiser en y intégrant une modalisation personnelle qui prend la mesure du miroitement de la parole du Maître :

> « J'ai beau faire, je ne puis croire, par exemple, que Judas appartienne au monde – ce monde pour lequel Jésus a mystérieusement refusé sa prière... – Judas n'est pas de ce monde-là[5]. » (JC, 1089-90)

---

1   « Vous êtes le sel de la terre » (Mt V, 13).
2   « Le bon Dieu n'a pas écrit que nous étions le miel de la terre, mon garçon, mais le sel. »).
3   « Si quelqu'un m'aime, il gardera ma parole. » (Jn XIV, 23-4) et « l'on n'allume pas une lampe pour la mettre sous le boisseau. » (Mt V, 15 ; Mc IV, 21-2 ; Lc XI, 33).
4   Il faut relire ce passage étonnant dont la longueur ne permet pas une restitution intégrale (JC, 1079-80).
5   Voici comment Jean cite la phrase du Christ : « Je ne prie pas pour le monde. » (Jn XVII, 9)

L'adverbe « mystérieusement », absent de la formule originelle, révèle dans une première lecture la perplexité de l'exégète pour qui – malgré sa connaissance si fine de la parole christique – certains aphorismes restent inaccessibles à l'interprétation. Mais il pèse surtout de tout son poids comme le puissant indice du mystère transcendant.

ASPIRATIONS

OMNISCIENCE OU CHRISTIANISME

Le romancier prit-il tôt conscience que, dans tout récit à la troisième personne fortement marqué par le narrateur, la vie intérieure des personnages servait d'abord de faire-valoir à la formulation de vérités générales sur la nature humaine ? Cette instrumentalisation de la vie fictionnelle à des fins idéologiques ou égocentriques ne pouvait échapper à la lucidité du chrétien rompu à l'éprouvante ascèse de l'examen de conscience et de la contrition. Technique traditionnelle immanente au genre romanesque, la narration omnisciente[1], maîtresse absolue du jeu et des cœurs, règne avec le même empire sur le déroulement des évènements fictionnels et la restitution de la vie intérieure des personnages. Cette narration par excellence de la transcendance[2] par rapport à l'intrigue ainsi qu'aux flux des consciences fictives ne coïncide donc pas avec une transcendance de la narration romanesque puisqu'elle constitue le fondement le plus solide et le plus conventionnel du roman classique[3]. S'il est vrai que l'emploi de la narration omnisciente par le romancier ne saurait être confondu avec un dépassement de la tradition, le fait que le narrateur adopte une position surplombante d'omnipotence et de toute-connaissance proprement divines lui confère cependant un statut transcendant par rapport au contenu fictionnel dans sa totalité, le métamorphosant en

---

1   Seul le *Journal d'un curé de campagne*, roman à la première personne, exclut l'omniscience. Je l'exclus donc de ce développement.

2   La préposition « de » exprime ici à la fois la source, l'origine transcendante dont est issue la narration ainsi que son appartenance à une entité de dépassement extra et supra-fictionnel.

3   Dans son chapitre intitulé « Les Âmes obscures », en grande partie consacré aux problèmes narratologiques posés par certains romans de Bernanos, Jean-Christian Pléau estime ainsi inutile de s'attarder à la description de cette pratique conventionnelle « puisqu'elle n'appartient pas en propre à Bernanos, qu'elle ne constitue qu'un degré zéro par rapport auquel on peut mesurer les écarts », *Bernanos. La part obscure*, p. 74-106.

Dieu du roman. Cette métamorphose ne constitue-t-elle véritablement, dans le cas de Bernanos, qu'un « degré zéro » du travail du romancier, une pratique anodine liée au processus habituel de la production romanesque ? Cette prise de pouvoir démiurgique de tout un univers fictionnel reste-t-elle un événement banal pour celui qui cherche d'abord à servir chrétiennement ? Le problème ne résiderait donc pas dans le fait que la narration omnisciente n'appartienne pas en propre à Bernanos mais que ce dernier puisse éprouver une certaine réticence – propre aux romanciers chrétiens[1] ? – envers ce mode de restitution arrogant, voire prométhéen d'un monde imaginaire élaboré par la puissance créatrice. Il semble donc intéressant d'examiner les caractéristiques du point de vue omniscient dans les romans de Bernanos car les écarts peuvent aussi trouver place au cœur de la norme.

Deux paradoxes caractérisent d'abord cette omniscience. Le premier s'illustre dans la retranscription des mouvements de la vie intérieure des personnages. Qu'elles revêtent la forme d'anticipation ou de dissection, les interventions du narrateur omniscient portent l'empreinte d'une humanité passionnée. Cinglante et implacable envers certaines figures exécrées, cette voix extra-diégétique est capable de se métamorphoser en complainte empathique pour analyser les profondeurs d'âmes fictionnelles choisies. La distance et la neutralité sont délibérément exclues de ces interventions narratoriales omnipotentes, dont la partialité constitue le meilleur gage de leur humanité. Une omniscience humaine ? Nous sommes loin, à travers cet univers romanesque, du « point de vue de Dieu[2] » tant critiqué par Sartre au sujet des restitutions narratives de François Mauriac. Contrairement à Dieu, résolument étranger par son essence autre à l'immanence humaine, le narrateur omniscient des romans de Bernanos refuse de surplomber, s'engage aux côtés ou contre les créatures engendrées par sa puissance créatrice. Le second paradoxe révélant une omniscience déviante par rapport au degré zéro

---

1   François Mauriac, dès l'ouverture de son essai *Le Romancier et ses personnages* attaque frontalement cette prétention démiurgique masquant selon lui un leurre : « L'humilité n'est pas la vertu dominante des romanciers. Ils ne craignent pas de prétendre au titre de créateurs. Des créateurs ! Les émules de Dieu ! À la vérité ils en sont les singes. » (Paris, Éditions Buchet/Chastel, réimpression 1994, p. 95).

2   Jugée artificielle et obsolète, cette technique de décrochement et de surplomb est passée au crible dans un article de 1939 resté célèbre, réponse polémique à l'essai de François Mauriac cité dans la note précédente où « la toute connaissance et la toute puissance divines » sont raillées sans complaisance par le philosophe athée (Jean-Paul Sartre, « M. François Mauriac et la liberté », article de février 1939, repris dans *Situations I*, Paris, Éditions Gallimard, 1947, p. 52).

de son concept, réside dans l'inconsistance attribuée par l'instance extra diégétique au déroulement des faits. En effet, le roman, terre d'élection du narratif, dévide par essence une somme d'évènements fictionnels créant l'illusion d'un écoulement sinon logique, du moins chronologique. Le romancier Bernanos, tout en se pliant à cette loi du genre, souligne régulièrement et ce dès *Sous le soleil de Satan*, l'inanité liée à tout enchaînement factuel :

> Mais les faits ne sont rien ; le tragique était dans son cœur. (S, 70)

Que l'histoire de Mouchette soit une histoire de rien, l'abbé Donissan, à la suite de ce narrateur péremptoire, n'en doute pas une seconde quand il dénie à Mouchette le poids de son crime :

> Tu crois avoir tué un homme… Pauvre fille ! Tu l'as délivré de toi. (S, 203)

Qu'importe l'assassinat de Cadignan, acte symptomatique mais sans relief d'une vie qui « répète d'autres vies, toutes pareilles, vécues à plat » (S, 204), puisque l'événement en soi ne fait pas sens. Cette non-signifiance du paradigme événementiel est encore soulignée par l'abbé Menou-Segrais qui se moque de savoir si Donissan a bien rencontré le diable au détour des chemins boueux de l'Artois :

> Je passe sur votre première aventure : que vous ayez, ou non, vu face à face celui que nous rencontrons chaque jour – non point hélas au détour d'un chemin, mais en nous-même – comment le saurais-je ? Le vîtes-vous réellement, ou bien en songe, que m'importe ? Ce qui peut paraître au commun des hommes l'épisode capital n'est le plus souvent, pour l'humble serviteur de Dieu, que l'accessoire. (S, 223).

Toute quête authentique de la transcendance divine se fonde ainsi sur un désintérêt appliqué pour tout ce qui fait événement dans l'ordre humain. Raconté mais vain, raconté en vain, le factuel échappe par son inanité métaphysique à la dimension du décrochement vertical, condamné à ne livrer des êtres qu'une surface amorphe et insignifiante.

Le discrédit jeté sur le factuel romanesque se révèle étroitement lié à une disqualification de l'omniscience narrative. En effet, malgré le recours classique et fréquent à un narrateur omniscient, technique romanesque traditionnelle dont Bernanos use sans scrupule dans tous ses romans à narration extra-diégétique, l'avènement de défaillances ponctuelles et de plus en plus marquées sur l'axe diachronique, met au jour une voix narrative en inadéquation soudaine avec son statut canonique de maître absolu du jeu et des cœurs[1]. Comment, dans ces conditions, cette défaillance dans la délivrance de l'information pourrait-elle coïncider avec une transcendance de la narration romanesque ? Si l'on considère que l'aporie, par le vide et les interrogations qu'elle suscite, permet un dépassement de la logique narrative causale et chronologique, il devient envisageable de considérer ces ellipses comme une transposition dans le domaine narratologique de mystérieuses nuits mystiques. Les silences narratifs équivaudraient alors à des pauses obscures et silencieuses où le lecteur peut approfondir son sentiment de frustration face aux non-dits du texte et comprendre que la clef de l'énigme est au-delà de ce qui n'a pas été écrit. Moins béante que l'ellipse narrative, mais reflet tout de même d'une défaillance de la narration omnisciente, la problématisation des éléments narrés contribue à métamorphoser ponctuellement le narrateur omniscient en narrateur hésitant. L'ultime chapitre de *Monsieur Ouine*, testament romanesque de l'écrivain rédigé entre 1939 et 1940, illustre cette conversion du regard qui impose une perspective tâtonnante par le simple ajout au cœur du flux narratif de modalisateurs suspendant toute certitude dans le propos[2]. Cette métamorphose de l'omniscience dogmatique en insistante problématisation instaure une atmosphère de flottement qui dynamite par ses ambiguïtés le rythme traditionnellement imposé par un narrateur surplombant. L'écriture romanesque sous-tend, révèle, voire exhibe, sinon sa propre transcendance, du moins la potentialité d'une transcendance extra-littéraire, capable de combler les lacunes et d'éclaircir l'opacité au-delà de l'écriture, car Dieu seul sait. Mais Dieu n'écrit pas de roman[3].

---

1   Ces défaillances se manifestent d'abord à travers les ellipses découvertes et mises en valeur par Monique Gosselin et Philippe Le Touzé, qui creusent littéralement des trous dans la narration. Ces absences narratives surviennent le plus souvent de manière inopinée et confrontent le lecteur à des blancs dont il ignore s'ils sont le résultat d'une omission liée à un refus, d'un oubli involontaire ou encore d'un silence prémédité.

2   Ainsi dès le deuxième paragraphe du chapitre « c'est peut-être la surprise qui cloue d'abord Mme Marchal au sol, (…) » (MO, 1545). Voir aussi deux passages consacrés au personnage éponyme : « Il a sans doute préparé cette phrase depuis longtemps, mais il semble aussi qu'elle vienne de lui échapper, (…) » (MO, 1549) ; « Ainsi replié sur lui-même, dans une position incommode qui rendait probablement sa suffocation plus douloureuse, il ne cessait de grogner et de geindre. » (MO, 1554).

3   « Un roman est écrit par un homme pour des hommes. Au regard de Dieu, qui perce les apparences sans s'y arrêter, il n'est point de roman. » (Jean-Paul Sartre, « M. François Mauriac et la liberté », 1939, in *Situation I*, Paris, Éditions Gallimard, 1947, p. 57)

Lecteur admiratif de Dostoïevski, Sartre reconnaissait « la prédisposition du chrétien pour le roman[1] » grâce à sa liberté par rapport à la nature, à la nécessité, au déterminisme. « Romancier chrétien », « romancier pour servir le Christ[2] », l'écrivain russe devrait donc à son christianisme la charité narrative qui donne à ses personnages une liberté intérieure leur permettant de transcender l'action du narrateur censé les animer. Cette générosité libératrice et proprement christique du romancier chrétien, Mikhaïl Bakhtine l'avait déjà perçue à travers son interprétation du christianisme de Dostoïevski rattachée au courant christologique : car ce qu'est le Christ pour les hommes, le romancier le serait pour ses personnages[3], leur permettant de se révéler à eux-mêmes jusqu'au dépassement de leurs limites. Perdant ainsi sa surplombance artificielle et invraisemblable, le narrateur devient authentique médiateur, pont scriptural entre les rives de l'immanence et de la transcendance. C'est à cet idéal de narration christique, entre générosité narrative et liberté des personnages, que Bernanos romancier aspira de plus en plus ardemment entre 1920 et 1940. Alors que le narrateur de la première « Histoire de Mouchette » se contente de suivre avec effarement et impuissance l'échappée sauvage de son jeune personnage par delà le bien et le mal, celui de la *Nouvelle Histoire* révèle une fusion compassionnelle si puissante que sa voix s'entremêle à celle de la jeune fille, au risque de ne plus les distinguer l'une de l'autre. À la fois transparent[4] et transperçant, seul le saint serait un narrateur omniscient parfait, pour peu qu'il souhaite ou sache raconter[5]. Redoutablement opaque pour les pécheurs qui, aveuglés par le mal, ne comprennent rien à sa limpidité, le saint transperce ces âmes éprouvées, pulvérisant secrets, obscurité intime et résistances psychiques. Mais ces dénudements spirituels sont aussi éphémères que foudroyants et la vision mystique qui accompagne ces terribles dévoilements s'efface aussi mystérieusement qu'elle a pu apparaître.

L'HORIZON D'UNE NARRATION CHRISTIQUE

Journal d'un curé de campagne est bien la dernière œuvre romanesque entreprise par l'écrivain[6]. L'abandon de la narration extra-diégétique

---

1   Jean-Paul Sartre « M. François Mauriac et la liberté », art. cit., p. 34.
2   *Ibid.*, p. 35.
3   Mikhaïl Bakhtine, *Poétique de Dostoïevski, op. cit.*, p. 310.
4   « Le saint est devant nous ce qu'il sera devant le juge » (II, 4)
5   Voir S, 198.
6   *Nouvelle histoire de Mouchette*, débutée après la publication de *Journal d'un curé de campagne*, s'apparente *stricto sensu* davantage à une longue nouvelle qu'à un roman.

et rétrospective à la troisième personne au profit de la narration simultanée à la première personne s'expliquerait ainsi davantage comme
l'aboutissement choisi d'un processus de quête et de maturation scripturales durant lequel le romancier a pu expérimenter, voire évaluer, les
difficultés rencontrées par tout narrateur externe de mouvements intérieurs auxquels il ne participe pas. En effet, que ce narrateur surplombe,
suive ou se confonde avec les personnages qu'il exhibe, ses incursions
restent désespérément artificielles et nécessairement ponctuelles, les
contraintes de l'intrigue exigeant régulièrement des changements de
tableau fictionnel. Car ni la focalisation interne, ni le style indirect libre,
ni le monologue intérieur n'autorisent à s'attarder trop longuement dans
une intériorité. Le narrateur extra-diégétique se doit d'abord à l'intrigue,
obligé d'aller et venir entre les différentes figures fictionnelles peuplant
son récit. Et même si, indifférent aux contraintes génériques, il décide de
prolonger ses incursions dans la vie intérieure de quelques âmes choisies,
comblées de grâces divines, ces récits, descriptions ou commentaires de
l'avènement en une intériorité du mystère transcendant, restent entachés
du soupçon d'invraisemblance ou de mystification. Car qui peut prétendre avoir accès à l'âme d'autrui ? Et quand bien même la médiation
narrative justifie ses incursions, par la contrainte de suppléer l'incapacité
éprouvée par certains personnages à verbaliser leur vie intérieure, le
soupçon d'imposture demeure. Qu'il s'agisse donc d'un manque de
vocabulaire lié à la misère verbale, de facultés de compréhension ou
d'analyse introspective limitées, de la confusion des sentiments ou des
sensations, de la nature subliminale ou inconsciente des états relatés, de la
domination des pulsions sur le langage, de l'expérience érotique ou, plus
délicat encore, de la nature non verbale ou non verbalisable de certaines
expériences intérieures, tous ces cas limites de mouvements psychiques
une fois pris en charge par l'instance narrative perdent fatalement leur
identité et leur essence. Médiateur contraint de l'intériorité obscure de
ses personnages, le narrateur extra-diégétique se doit de recourir aux
techniques traditionnelles de l'omniscience ou de la focalisation interne[1].

L'avènement du roman à la première personne engendre auto-
matiquement la réduction des points de vue à une seule intériorité
pour laquelle les autres consciences restent obscures. Cette double et

---

1   Voir, au sujet de ce lien de causalité entre écriture de la vie intérieure et recours à
     l'omniscience ou à la focalisation interne, Dorrit Cohn, *La Transparence intérieure. Modes
     de représentation de la vie psychique dans le roman*, traduit de l'anglais par Alain Bony, Paris,
     Éditions du Seuil, 1981, p. 74.

simultanée disparition de la narration omnisciente et de la focalisation interne sur plusieurs personnages renforce la crédibilité d'une
instance narrative démunie d'autant plus émouvante que la mise en
écrit faussement spontanée d'une intériorité dévoilée crée l'illusion
d'une parole dépassant le cadre rigide de la narration scripturale[1].
Alors que le narrateur omniscient du roman à la troisième personne
transcendait par nature et par nécessité le récit dont il était source, le
narrateur-personnage du roman à la première personne est immanent
à sa narration. L'irréductible singularité formelle de *Journal d'un curé
de campagne* par rapport aux sept autres romans réside donc dans sa
structure narrative qui conditionne ses structures de signification.
Faisant usage des règles structurelles appartenant au journal intime,
il relève donc de la mimésis formelle, imitation du langage ordinaire.
Cet usage n'est cependant pas complet, le narrateur ne prenant jamais
la peine de dater ses interventions scripturales[2]. Le roman fictionalise
la structure du journal intime, faisant apparaître des caractéristiques
différentes de celles que manifestait le modèle dans son domaine
d'origine. Il revendique ainsi son statut fictionnel en refusant de pousser
l'imitation formelle du journal intime jusqu'à séparer graphiquement
les différents moments d'écriture. Cette absence de datation et de
blancs séparateurs accroît la tentation d'assimiler le journal du curé à
un monologue intérieur. On aurait cependant tort d'y céder, si tant est
que « s'agissant de la représentation la plus directe de la vie intérieure,
l'identité du narrateur introduit une dissymétrie irréductible[3] ». Car ce
n'est plus un narrateur anonyme qui livre l'intériorité d'un autrui au

---

1   L'illusion, bien entendu, ne résiste pas au dévoilement du processus créateur puisque
    l'entreprise diariste du héros-narrateur masque le travail de l'auteur, conscience créatrice
    qui imagine au fur et à mesure le déroulement des journées et de l'évolution de l'intériorité
    du petit prêtre.

2   Élisabeth Lagadec-Sadoulet qui a minutieusement étudié la temporalité de l'œuvre roma-
    nesque relève une seule date, dans le *Journal*, celle de la lettre de Dufréty au curé de Torcy
    (Élisabeth Lagadec-Sadoulet, *op. cit.*, p. 99) ainsi que « deux malheureuses indications
    horaires » (*Ibid.*, p. 101). Avant elle, Jacques Chabot a mis en évidence plusieurs dates
    liturgiques qui se substituent au temps mathématique (Jacques Chabot, « Chronologie
    et liturgie dans le *Journal d'un curé de campagne* », Revue des Sciences Humaines, juillet-
    septembre 1987, p. 111-119).

3   Dorrit Cohn, *La Transparence intérieure. Modes de représentation de la vie psychique dans
    le roman*, traduit de l'anglais par Alain Bony, Paris, Éditions du Seuil, 1981, p. 30. La
    critique reproche ainsi à Gérard Genette de ne pas avoir suffisamment tenu compte du
    problème de la personne narrative que ce dernier nomme « voix » dans le troisième tome
    de ses *Figures*, arguant de la profonde modification du climat narratif d'un territoire à
    l'autre, le récit des événements de la vie intérieure étant bien plus nettement affecté par
    ce changement de personne que le récit des événements extérieurs.

lecteur, c'est le narrateur-personnage qui se livre lui-même, abandonnant son intériorité au lecteur. Il ne s'agit alors plus d'une technique passant par la médiation d'une voix narrative, mais d'un genre narratif à part entière, « la confession silencieuse qu'un être de fiction se fait à lui-même[1] ». Cette incursion ne se déploie pas dans une pensée mais au cœur d'un style, d'un univers scriptural ou plus justement d'une intériorité passée au filtre de l'écriture. L'effet de miroir fonctionne à plein, là où le personnage effectue la même démarche que son créateur, le romancier. Le déroulement ininterrompu de cette confession écrite, se substituant complètement à la forme usuelle du récit, nous apprend donc ce que fait, pense et ressent le personnage dans sa relation à la transcendance.

Journal d'un curé de campagne est un « texte à contrat fictionnel » où le nom de l'auteur se distingue du nom du narrateur, révélant « une intentionnalité fictionnelle[2] ». Pleinement roman donc, mais qui, à la différence des sept autres, imite la forme d'un journal intime dans le cadre d'une fiction de narration simultanée. Ce choix romanesque appliquant le principe de la mimésis formelle permet à un narrateur-personnage de livrer un point de vue unique avec une subjectivité maximale tout en autorisant une incursion prolongée dans sa vie intérieure, psychique et spirituelle. Et plus l'incursion s'approfondit, plus la narration conventionnelle – intrigue, péripéties – est transcendée. Cette transcendance s'accomplit paradoxalement comme un dépassement à travers la plongée dans le tuf obscur d'une intériorité, véritable « transdescendance » telle que l'a définie Jean Wahl[3]. Unique récit à la première personne dans l'œuvre romanesque, *Journal d'un curé de campagne* permet enfin des incursions prolongées dans la vie intérieure du personnage éponyme. Alors que dans les récits à la troisième personne l'intimité des personnages est toujours révélée indirectement, le plus souvent par le moyen de paroles prononcées ou de gestes révélateurs, le roman en forme de journal intime ouvre au lecteur l'horizon d'un « monoscript[4] » où un narrateur amateur livre une vision partielle et

---

1   *Ibid.*, p. 30. Dorrit Cohn distingue ainsi le monologue intérieur autonome (récit à la première personne) du monologue intérieur rapporté (monologue inséré dans un récit à la troisième personne).
2   Les deux expressions sont reprises à Dorrit Cohn dans son ouvrage *Le Propre de la fiction*, *op. cit.*, p. 97.
3   Jean Wahl, *op. cit.*, p. 52.
4   Ce terme est repris à Dorrit Cohn dans son ouvrage traduit en français *La Transparence intérieure*, *op. cit.*, p. 31.

partiale de faits vécus ou observés. Ce n'est d'ailleurs que peu à peu et de plus en plus intensément au fil de sa geste narrative que le diariste comprend la valeur de prétexte revêtue par la restitution écrite du factuel. Dès l'incipit de son journal, le diariste met en place le thème de l'ennui auquel l'homme n'échappe que par l'intermédiaire du divertissement pascalien : « ... le monde s'agite beaucoup. » (JC, 1032). Comment ne pas relier ce constat initial à la situation du texte fictionnel qui, dans son exigence mimétique de calque du réel, doit sans cesse agiter ses personnages dans le cadre de multiples péripéties pour épargner tout ennui au lecteur ? En examinant de plus près les événements narrés par le curé d'Ambricourt dans son journal, on est d'emblée frappé par la banalité écrasante des faits rapportés. Histoires de douillettes usées ou tachées, d'escroqueries commerçantes, de séances de catéchisme et de rôdeur anonyme autour du presbytère, aucun événement du microcosme rural artésien n'est épargné au lecteur assommé par la restitution implacable d'une multitude d'anecdotes villageoises où la médiocrité le dispute à la méchanceté et à la bêtise des paroissiens. Cerné de toutes parts par cette inanité factuelle, le prêtre apparaît lui-même contaminé par cette succession de petits faits stériles, au point que les deux décès inexplicables intervenant au cœur du journal[1], apparaissent indistinctement mêlés au quotidien événementiel de la vie paroissiale.

Le journal ne s'annonce pas comme une autobiographie spirituelle ou un autoportrait mystique : « (...) je sens bien que je n'oserai jamais écrire ce que je confie au bon Dieu presque chaque matin sans honte[2] ». Rien ne sera donc retranscrit du contenu de ces oraisons matinales, prières humaines adressées à la Personne transcendante, et la parole fervente restera secrète, préservée de l'impudeur scripturale. Le narrateur-personnage distingue ainsi de manière fort claire vie intérieure et vie quotidienne, aspiration à la transcendance et empreinte subie de l'immanence. Le projet initial conditionnant la rédaction de ce journal affirmait cependant un horizon d'échange mystique libéré du carcan et des contraintes physiques de la prière catholique traditionnelle : « Dans mon idée, il devait être une conversation entre le bon Dieu et moi, un prolongement de la prière, une façon de tourner les difficultés de l'oraison, qui me paraissent encore trop souvent insurmontables, en raison peut-être de mes douloureuses crampes d'estomac[3]. » L'oscillation entre prétention à

---

1   Il s'agit de la mort du docteur Maxence Delbende et de celle de la comtesse.
2   JC, 1036.
3   JC, 1048.

restituer une communion humano-divine et conscience de l'audace non possédée pour concrétiser un tel projet se révèle constante au fil des pages noircies. De même, les fluctuations et tourments de la vie intérieure ne cessent de déstabiliser, sinon contredire la foi canonique liée au statut ecclésial. Ayant « accepté une fois pour toutes, l'effrayante présence du divin à chaque instant de notre pauvre vie[1] », le prêtre serviteur soumis à un Dieu mystérieusement implacable[2] éprouve néanmoins lors de ses expériences scripturales un mode d'apparition mystique bien différent de sa conception ecclésiale de la transcendance canonique :

> Tandis que je griffonne sous la lampe ces pages que personne ne lira jamais, j'ai le sentiment d'une présence invisible qui n'est sûrement pas celle de Dieu – plutôt d'un ami fait à mon image, bien que distinct de moi, d'une autre essence... Hier soir, cette présence m'est devenue tout à coup si sensible que je me suis surpris à pencher la tête vers je ne sais quel auditeur imaginaire avec une soudaine envie de pleurer qui m'a fait honte. (JC, 1049)

Cette présence invisible et amicale que le prêtre n'ose assimiler à la transcendance chrétienne est réactivée sous deux formes différentes dans les quelques pages suivantes. L' « ami fait à mon image » revient d'abord sous la plume du diariste, mais cette fois clairement identifié :

> À nous entendre, on croirait trop souvent que nous prêchons le Dieu des spiritualistes, l'Être suprême, je ne sais quoi, rien qui ressemble, en tout cas, à ce Seigneur que nous avons appris à connaître comme un merveilleux ami vivant, qui souffre de nos peines, s'émeut de nos joies, partagera notre agonie, nous recevra dans ses bras, sur son cœur. (1050-51)

L'« auditeur imaginaire » réapparaît ensuite dans l'écriture sous la forme imagée d'une pensée angélique protectrice nocturne du prêtre[3]. Le diariste christianise ainsi doublement la mystérieuse présence mystique perçue à ses côtés lors d'un de ses exercices d'écriture nocturne. La relation que nourrit le narrateur-personnage avec le christianisme n'est cependant pas dénuée de tensions ni de zones d'ombre. Alors que la plume ecclésiale

---

1   JC, 1034.
2   « On ne joue pas contre Dieu » (1034) ; « Il m'est difficile de croire que Dieu m'emploiera à fond, se servira de moi comme des autres » (1055) ; « Une douleur vraie qui sort de l'homme appartient d'abord à Dieu, il me semble. (...) je suis le serviteur de Jésus-Christ » (1096) ; « Dieu me voit et me juge » (1117) ; « Dieu se tait » (1129) ; « Mon Dieu, j'ai présumé de mes forces. Vous m'avez jeté au désespoir comme on jette à l'eau une petite bête à peine née, aveugle » (1144).
3   « Les moines souffrent pour les âmes. Nous, nous souffrons par les âmes. Cette pensée qui m'est venue hier soir a veillé près de moi toute la nuit, comme un ange. » (1051-52).

avance l'image sans complaisance de « la fermentation d'un christianisme décomposé[1] » pour éclairer la nature de l'ennui moderne, elle sait aussi magnifier poétiquement la tradition catholique, sa puissance transcendante cachée au sein des offices rythmant les travaux et les jours[2].

---

1   JC, 1032.

2   « Et juste à ce moment, le premier coup de l'angélus éclata, venu de je ne sais quel point vertigineux du ciel, comme de la cime du soir. » (1080)

PRÉSENCES ROMANESQUES

> La transcendance doit être déjà présente là où je la cherche[1].

Les huit fictions révèlent donc des univers sursaturés de références à une modernité divorcée de la transcendance mais les processus narratifs mettant en scène ces univers s'inscrivent de manière provocatrice comme les médiateurs inattendus et efficaces de l'ouverture au mystère transcendant. L'écriture romanesque de la transcendance manifeste ainsi une présence polymorphe et évolutive, aussi bien à travers sa portée subjective d'élan vers un terme non spécifique que dans son sens objectif de lieu ou de Personne à la fois extérieurs et supérieurs aux objets immanents. Ignorant la distinction philosophique traditionnelle entre un sens statique et un sens dynamique, elle s'inscrit dans le sillage de la mystique chrétienne, indifférente à la typologie sémantique par son usage généreux du terme[2]. Écrire la transcendance revient donc à désigner tantôt les mouvements par lesquels le chercheur d'absolu, mystiquement transporté, essaie de se rapprocher concrètement de l'Être divin personnel, lui-même susceptible de se mouvoir pour rencontrer sa créature aimée, tantôt les lieux traversés par ce mouvement, tantôt la personne divine elle-même dans sa spécificité trinitaire chrétienne.

La transcendance comme mouvement est susceptible de se déployer selon trois modalités complémentaires : religion, conversion, coopération.

---

1 Karl Jaspers, *Philosophie*, Berlin, Springer, 1932, III, p. 2.
2 Un philosophe comme Karl Jaspers utilise le mot « transcendance » dans son acception mystique chrétienne double : « l'homme fait effort pour s'assurer de la transcendance absolue de Dieu par rapport au monde ». (*La Foi philosophique*, conférences traduites en français par Jean Hersch et Henri Naef, Paris, Éditions Plon, 1953, p. 49). De même que la transcendance ne se réduit pas à une alternative sémantico-philosophique entre Être absolu et mouvement relatif, Dieu n'est pas réduit à une Réalité objective, un « Transcendant » infiniment stable et immobile mais « est ce qu'il y a de plus Lointain, il est la transcendance » (*ibid.*, p. 195).

La quête religieuse se manifeste sous la forme d'une tension ascendante du fidèle vers son Dieu, extériorité supérieure qui, pour être rejointe, nécessite un processus individuel ou collectif d'extase – littéralement sortie de soi. Parfaitement symétrique à cette ascension, la conversion agit comme une grâce profuse, dispensée par la Personne transcendante comme un don qui touche une intériorité immobile et nimbée d'un mystère échappant à toute explication rationnelle. Par un processus de mise en abyme, cette grâce descendante entraîne celui qui la reçoit à entreprendre une plongée en soi, instance métamorphosant la personnalité profonde jusqu'à l'émergence d'un homme nouveau. Synthèse de ces deux mouvements antinomiques, la coopération permet une rencontre où chacun des deux pôles participe à l'échange fécond entre immanence et transcendance. Quête religieuse humaine et don de la grâce divine forment ainsi une collusion mystique imitant la circumcession éternelle et infinie des trois Personnes de la Trinité chrétienne.

La transcendance comme lieu de dépassement sans limitation se projette à son tour dans trois espaces polymorphes, à la fois exclusifs et complémentaires. L'extériorité surplombante le dispute ainsi au centre secret d'une intériorité dont la profondeur ouvre sur les gouffres abyssaux. À mi-chemin entre ces deux verticalités extrêmes, lieux mythico-mystiques de la tradition religieuse, autrui s'affirme comme le lieu privilégié d'une rencontre médiatisée et lacunaire de la transcendance, hors de tout solipsisme humain vers une altérité qui échappe à toute velléité d'emprise ou de réduction identitaire. Au-dessus et en dehors, mais aussi en dedans et au-dessous, voire à côté et tout autour, telles sont les différentes positions de la transcendance par rapport à l'immanence.

La transcendance comme Personne enfin renvoie avec constance dans l'œuvre romanesque de Bernanos au Dieu trinitaire chrétien tel que la Bible et la Tradition l'ont décrit et défini. Qu'il soit Père, Fils ou Esprit, ce Transcendant cumule et recouvre en son infinité les trois mouvements et les trois lieux définis précédemment[1].

---

1   « Comment écarter l'humanité de Dieu, du moment que sa divinité est justement sa liberté d'aimer et par conséquent son pouvoir d'être non seulement dans les lieux très hauts mais aussi dans les profondeurs, d'être grand et en même temps petit, en lui-même et pourtant aussi avec et pour autrui, et enfin de se donner pour cet autre ? Il y a assez de place en Dieu pour cette communion avec l'homme ». (Karl Barth, *L'Humanité de Dieu*, Genève, Éditions Labor et Fides, 1956, p. 27).

MOUVEMENTS

ÉLANS FICTIONNELS

À la recherche des instants où surgit et se métamorphose l'écriture de la transcendance-mouvement, l'investigation ne peut négliger le caractère double de toute temporalité narrative. Un premier examen de la temporalité des histoires révèle, d'un roman à l'autre, l'émergence de moments privilégiés et évolutifs coïncidant avec une ouverture à des dimensions dépassant les valeurs et caractères de l'immanence. *L'Imposture* et *La Joie* partagent, outre leurs proximités rédactionnelle et diégétique, la particularité de présenter chacun un moment dédoublé où se superposent deux temporalités, l'une ancrée dans la réalité du cadre spatio-temporel et l'autre surgie d'une hallucination provoquée par le malaise d'un personnage. Cette superposition se traduit narrativement par la présence concomitante de deux niveaux de récit, relevant pour l'un d'une réalité essentiellement racontée par le narrateur et pour l'autre d'un rêve retranscrit à partir du point de vue des personnages ayant franchi le pas hors du monde réel. Chevance dans *L'Imposture* et Chantal dans *La Joie* provoquent ces décrochements temporels, le vieux prêtre par son délire d'agonie et la jeune fille par ses chutes extatiques dans l'oraison. L'espace d'une nuit pour le premier et de deux matinées pour la seconde, une temporalité intérieure imaginaire se greffe à la temporalité extérieure événementielle. Ces deux êtres d'exception, d'une immobilité physique parfaite, se rêvent – dans l'agonie ou l'extase mystique – en mouvement. L'abbé Chevance d'abord, surpris dans sa chambre par une foudroyante crise d'urémie, vit du fond de son lit une course folle en taxi jusqu'au domicile de l'abbé Cénabre[1]. Une simple ligne de pointillés dans l'édition de la Pléiade sépare la temporalité réelle du malaise de la temporalité délirante de la course en taxi à la poursuite du rachat de l'âme de Cénabre. Le véhicule lui-même se révèle comme l'intercesseur privilégié permettant au personnage de basculer d'une dimension à l'autre :

> « La voiture fit une brusque embardée vers la droite, ralentit docilement, reprit sa course. Elle allait dans la nuit molle et légère, nouvellement tombée,

---

1   Le passage se situe dans la quatrième partie du roman, p. 505-508.

encore retentissante de la rumeur du jour avant que s'éveille le féroce et sourd grondement de la ville nocturne qui ne s'apaise qu'à l'aube. Dans la glace, tout à tour reprise et lâchée par l'ombre, fouettée de biais à chaque coin de rue par une double gerbe éblouissante, l'interminable route qui, presque d'un trait, court du dernier faubourg au cœur de la cité-mère, se déroulait paresseusement, déjà désertée, fenêtres closes. » (I, 505-6)

Sur le chemin de la transcendance, le prêtre est soumis à une palpitation qui arrache la volonté de l'âme pour que cette dernière puisse se libérer du corps :

En vain étreignit-il la poitrine sonore, le corps exténué vibrait jusqu'à sa dernière fibre, avec de merveilleuses reprises, des silences étranges, des trous noirs où sombrait d'un seul coup l'angoisse glacée, tout un jeu de feintes subtiles, d'attaques brusques, de rémissions perfides, qui prenait la volonté en défaut, l'épuisait en violences inutiles, l'arrachait de l'âme par morceaux… (I, 506)

L'intensité et la qualité de la douleur physique conditionnent ce voyage délirant pour aller sauver « un autre homme plus malheureux, plus abandonné que lui-même… » (I, 507). Le mouvement d'élévation transcendante ne parvient cependant pas à sa totale plénitude car « le corps allégé, vide, flottait comme un haillon, retenu au sol par la tête énorme, douloureuse, une masse de plomb. » (I, 508). C'est seulement dégagé du carcan automobile que l'irrépressible désir ascensionnel se concrétise – toujours dans sa forme délirante :

À mesure que le corps se brise, l'idée s'allège, perd tout poids matériel, se lève à l'improviste comme une alouette sauvage… (I, 515)

Face à Cénabre, le vieux prêtre renouvelle l'affrontement jusqu'à ce que la tête de son redoutable adversaire se transforme en torche fantastique :

Il (Cénabre) leva le flambeau à la hauteur du menton, et l'abbé Chevance vit, juste entre les yeux fixes et tristes, jaillir une pointe déliée, d'un blanc éblouissant. La flamme aiguë, ténue comme un fil, s'étira brusquement, gagna le front, puis les cheveux, cerna la nuque d'un trait aussi net que le fil d'une lame, et presque aussitôt la tête tout entière se mit à brûler silencieusement. Avant que le vieux prêtre ait pu faire un geste ni pousser un cri, elle avait perdu toute ressemblance humaine, bien qu'elle parût toujours d'aplomb sur les épaules, et il vit, à sa grande surprise, cette espèce de sphère éclatante se tourner lentement vers lui, s'incliner deux fois comme pour un geste d'adieu. Il n'éprouvait d'ailleurs aucune crainte, mais seulement une lassitude extrême, un alanguissement comparable à celui qui précède le réveil. (I, 522)

La métamorphose cauchemardesque – magnifique ? – d'un visage humain en boule de feu, « sphère éclatante » en mouvement, incarne parfaitement cet avènement d'une temporalité transcendante qui recouvre la temporalité physique de l'évènementiel narratif. Alors que Chevance assiste au mystérieux embrasement de son confrère, Chantal, dans le roman qui lui est consacré[1] suit les traces de son directeur spirituel en succombant à plusieurs visions qui détraquent la temporalité physique pour introduire le lecteur dans une temporalité onirique. Voici la première :

> Soudain l'idée lui vint qu'elle avait déjà connu un tel vertige, face au corps gisant du vieux Chevance. Et presque à la même seconde, la vision monta des ténèbres, à sa rencontre, avec une vitesse horrible. Le lit souillé parut d'abord, grossit brusquement, s'arrêta net, maintenant tout proche, encore balancé d'une houle invisible. Elle aurait pu toucher des deux mains le coin pendant du drap, la couverture grise où le sang séché faisait une tache d'un violet sombre. « Est-ce vous ? dit-elle tristement. Est-ce vous ? » D'ailleurs, elle ne sentait ni curiosité, ni terreur, elle se retrouvait simplement à la place ancienne, pour y soutenir le même combat. Aujourd'hui comme hier, elle ne devait attendre de l'ami de son âme aucune aide, aucune parole de consolation. Il fallait simplement qu'elle restât de nouveau ferme et tranquille, ainsi qu'elle avait fait jadis, bien droite, attentive, couvrant de son ombre le vieux maître incompréhensiblement foudroyé. À peine osa-t-elle porter à la hauteur de l'oreiller un regard d'avance éperdu, qu'elle abaissa aussitôt vers la terre. La toile bise gardait encore marquée au creux de la plume, ainsi que le sceau même de la très parfaite misère, l'empreinte de la nuque, des épaules. Le lit était vide. (J, 678-79)

Absent de la vision, Chevance a suivi les traces du calvaire christique et Chantal, après Marie de Magdala face au tombeau vide, se mesure au mystère transcendant de la disparition charnelle, au moment sacré où la découverte de l'homme est d'abord celle d'une non présence physique. « Hallucination demi-volontaire, une image à peine plus forte que les autres, dont son angoisse s'était emparée au passage » (J, 679), ce mystérieux lit vide surgi d'un état de stupeur disparaît aussi rapidement qu'il était apparu :

> Elle fit un pas du côté de la vision, en souriant. L'image commença à s'effacer aussitôt, rentra dans une ombre laiteuse, s'évanouit. (J, 679)

Un mouvement physique du personnage met fin à l'avènement temporel transcendant et rétablit la temporalité évènementielle de cette matinée

---

1 J'étudierai ici plus particulièrement le chapitre quatre de la deuxième partie où la jeune fille, seule dans sa chambre, sombre presque à son insu dans une oraison cataleptique.

d'août. La coïncidence entre immobilité physique et mouvement spirituel rejoint ainsi la concordance entre déplacement effectif spatial et
intériorité sans densité. Mouvements du corps et mouvements de l'âme se
conjuguent ici – comme déjà dans *L'Imposture* – sur le mode de l'antinomie
et de l'inconciliabilité. Mais le paradoxe s'épanouit seulement quand
on considère que ces mouvements de l'âme retranscrivent des situations
oniriques de déplacement physique. De même que Chevance immobilisé
dans son lit d'agonie se voyait parcourir les rues de la capitale jusqu'au
domicile de Cénabre, la seconde vision de Chantal la surprend alors qu'à
genoux « elle n'osait faire un geste ni seulement baisser les yeux qu'elle
gardait ouverts sur le même point de la muraille, un peu au-dessous de
son crucifix » (J, 682) et la transporte au pied de la croix où celle-ci ne
veut que « ramper doucement, sans aucun bruit, le plus près possible de
la grande ombre silencieuse, la haute silhouette à peine courbée, dont
elle croit voir trembler les genoux » (J, 683). Le mouvement extatique
se prolonge dans la vision de Judas pendu à l'« arbre noir » (J, 685) avec
un nouveau déplacement pour embrasser le gibet :

> Simplement, comme elle s'était offerte tant de fois pour les pécheurs, d'un même
> mouvement elle alla vers ce pécheur des pécheurs les bras tendus. (J, 686).

Pour que l'élan transcendant s'écrive, la temporalité immanente liée
au quotidien évènementiel, doit impérativement être suspendue au
profit d'une temporalité neuve, qui suspend à son tour – voire met en
péril – les fonctions corporelles vitales du personnage. Tout se passe
ainsi dans ces deux extraits comme si le déliement de l'âme et de la
force mystique était conditionné par un dysfonctionnement physiologique, délire d'agonie ou oraison cataleptique. La transcendance ne
parviendrait donc à s'écrire que lorsque l'immanence, temporelle et
lacunaire, a effacé ses propres contours par l'éclipse. Ce constat qui
s'avère pertinent appliqué à *L'Imposture* et à *La Joie* ne résiste cependant
pas à l'examen de la temporalité des deux romans suivants, commencés
à l'aube de l'année 1931.

En effet, les deux incipits successivement abandonnés inaugurent
l'ère des fugueurs. Contrairement au prêtre agonisant et à la mystique
contemplative des années vingt, le fugueur de 1931 s'inscrit dans la
temporalité narrative par un déplacement physique le plus souvent
brutal et inattendu qui modifie le cadre spatial tout en respectant
la logique évènementielle. Ce mouvement se réalise sur le mode de

l'arrachement à la quotidienneté des habitudes et des fréquentations. La fugue d'Olivier, présentée dans l'actuel chapitre IX du *mauvais rêve*, fait originellement suite non à l'entrevue avec Simone (actuel chapitre VIII) mais à l'entretien avec Ganse (actuel chapitre IV). Cette précision, liée à la genèse du roman et plus particulièrement à l'ordre de composition des chapitres les uns par rapport aux autres, est importante car elle ancre le motif de la fugue non dans le rejet de la maîtresse mais dans la répulsion incontrôlable envers l'écrivain vieillissant[1]. Ce n'est donc pas l'étau de la féminité mais celui de la génération précédente que le jeune homme desserre, dégoûté à l'excès par le vampirisme littéraire de Ganse qui aspire les sucs de la jeunesse dont il s'entoure pour retrouver une curiosité usée par l'âge. L'arrachement à cette sordide voracité qui retenait Olivier chaque après-midi dans le bureau du vieil homme ne se réalise que dans la fuite. Olivier marchera ainsi toute la nuit au hasard, dormira toute la journée suivante pour repartir à la nuit tombée, sortant définitivement de l'hôtel, du chapitre, du roman[2]. La reconstitution chronologique des événements menée par Élisabeth Lagadec-Sadoulet révèle une accélération non négligeable du rythme narratif dans ce chapitre, essentiellement liée à la présence de quatre ellipses réparties au cœur même de ce dernier et accentuant la discontinuité de plus en plus frénétique de la fugue. Vécue à plusieurs reprises sur le mode fantastique, elle oscille sans cesse entre images de routes sans fin et trois marches nocturnes interrompues par trois haltes fugitives dans un café, un cabaret et un hôtel. Ces échappées hoquetantes sont sans destination, uniquement conditionnées par l'obsession de la route, tremplin de la fuite infinie[3]. La dépense d'énergie physique, aussi intense soit-elle, le nombre de kilomètres parcourus, aussi impressionnant soit-il, n'aboutissent cependant à aucun enjambement permettant une ascension intérieure autre que la confusion des rêveries et des malaises physiologiques. Car cette agitation désespérante ne mène nulle part ailleurs qu'à l'intérieur de lieux où l'on paie pour boire, manger, dormir.

---

1   Voir notamment page 911 : « Le ton de ces confidences bizarres, la hideuse bonhomie des allusions à peine réticentes, à peine voilées, semblaient avoir eu peu à peu raison, depuis un moment, des nerfs d'Olivier Mainville. [De plus sa vanité saignait à flot]. Et l'angoisse qu'il sentait monter de son faible cœur ne pouvait se délivrer que par la colère, une rage aveugle qui faisait déjà tout à tour pâlir et noircir son regard. »

2   Le personnage disparaît en effet définitivement de l'intrigue à la fin de ce chapitre IX.

3   « Où courait-elle ainsi, la longue route luisante, vers quel horizon fabuleux ? » (MR, 973). Et encore : « Il n'avait suivi aucune route, évitant seulement d'instinct les rues tournantes, les carrefours, tenté par ces grandes lignes droites qui semblent ne devoir s'arrêter jamais. » (MR, 976)

La tentative de transposition du mouvement rêvé (né de la catalepsie extatique pour Chantal et de l'agonie délirante pour Chevance) en mouvement effectif ancré dans une temporalité physique aboutit à une mise en échec de l'écriture de la transcendance. Dégoûté par cette fugue ratée, « ce faux départ », Bernanos abandonne Olivier au néant de la disparition définitive et commence aussitôt un nouveau roman qui – ironie de la création – met très vite en scène deux adeptes de la fugue. Contrairement à Olivier qui largue les amarres en solitaire et à pied, le jeune Steeny fuit la maison maternelle dans la voiture de Ginette de Néréis, toujours en mouvement[1]. Cette première fugue de l'adolescent se réalise ainsi sous l'influence d'une femme en fuite perpétuelle et la description qui en est faite ressemble à celle d'un rapt :

> Philippe dénoue la longe, range la voiture au ras du talus. Mais déjà Ginette rassemble les rênes ; il a juste le temps de s'enlever de dessous les roues, de sauter en désespéré dans la légère caisse de noyer verni qui danse ridiculement sur ses ressorts. (MO, 1360)

La brutalité de ce départ initiatique coïncide avec une rupture temporelle assimilant le moment de l'ébranlement physique à une mort merveilleuse :

> Mais il suffit que le prodige soit accompli : demain, demain qui n'était jusqu'alors que la pâle image d'hier encore au-dessous de l'horizon, le demain attendu d'un cœur tranquille, retrouvé chaque matin sans surprise, n'est plus. O merveille ! La vie vient de s'échapper de lui tout à coup, ainsi que la pierre d'une fronde ! (MO, 1360)

La comparaison entre l'échappée vitale et le trajet d'une pierre libérée de la pesanteur révèle l'accomplissement d'une libération absolue par rapport aux contraintes de l'immanence. Les mains de Ginette, croisées sur les rênes de la grande jument, symbolisent pour Steeny cette échappée ascendante loin de son monde familier :

> Étranges mains comme suspendues entre ciel et terre, emportées dans un vol silencieux, derrière la bête farouche ! D'où viennent-elles ? Où vont-elles ? Vers quelle fatalité ? Tout à coup, Philippe appuie dessus ses lèvres. (MO, 1361)

Mais de même que la marche athlétique d'Olivier ne révèle aucune autre issue que la satisfaction tarifée des besoins humains élémentaires,

---

1   « Ginette court les routes derrière sa grande jument normande, on la croirait poursuivie par des spectres. » (MO, 1359)

la folle chevauchée de Steeny prend fin dans la chambre de Monsieur Ouine, qui, malgré sa propreté et son plafond blanchi à la chaux, laisse transparaître une « crasse séculaire » (MO, 1361). Le baiser sur les mains aériennes de son initiatrice ne préfigure aucune fusion amoureuse transcendante mais un second baiser sur « la grosse main molle » (MO, 1370) de Monsieur Ouine ; la première ivresse de Steeny, purement symbolique et née de la proximité électrisante de la séductrice de Néréis, cède le pas à une ivresse physiologique provoquée par le vin de Madère que Ouine fait boire au garçon. Là encore, et comme pour Olivier, le choix de la fugue comme tentative – tentation – d'échapper à une immanence jugée intolérablement sordide, se solde par une mise en échec de l'élan transcendant. Le chapitre VI de Monsieur Ouine présente en son incipit une nouvelle tentative de la part de Steeny pour fuir en solitaire cette fois, vers une destination indéfinie – infinie. Mais l'élan aussitôt déployé se brisera net contre la voiture folle de Jambe-de-Laine qui, après avoir arraché Steeny des bras menteurs de Michelle et de Miss, le force à se coucher au fond du fossé pour éviter l'écrasement. Une fois encore, l'appel de la chère et vertigineuse route ne réussira à s'accomplir et c'est la féminité, dans son aspect le plus dévorateur, qui se pose à présent en rivale dangereuse et victorieuse. Car Steeny abandonnera la première pour se faire docilement ramener par la seconde auprès d'Antelme et de Ouine, dans le château pourrissant de Néréis. Le garçon ne fuguera d'ailleurs pas une troisième fois et l'errance prendra définitivement fin dans l'automobile qui ramène Jambe-de-Laine et Steeny « ensemble vers la maison ténébreuse » (MO, 1417).

La mise en scène scripturale de la tension entre temps physique et temps méditatif, c'est-à-dire entre immobilité des personnages ouvrant une brèche sur un élan, un espace ou un Être transcendant et déplacement spatial aboutissant à une mise en échec de cette même ouverture transcendante, se prolonge à travers la conception d'*Un crime*. La seconde moitié de l'année 1934 verra ainsi se créer d'une part l'incompatibilité essentielle entre récit de l'action physique et déploiement de l'écriture de la transcendance, d'autre part l'harmonieuse connivence entre description de la passivité physiologique et présence scripturale de la transcendance. En août 1934 d'abord, quand Bernanos décide d'enfanter son premier roman policier, réapparaît dès le chapitre deux de la première partie la figure obsessionnelle du cataleptique en communion avec l'au-delà. Surgit alors aux yeux du lecteur cet anonyme agonisant qui gît dans la forêt de pins et allie à la parfaite immobilité physique le mouvement des lèvres et de l'âme. Car l'homme découvert par Claude Heurtebise dans un taillis de ronces n'est plus en état de rien entreprendre si ce n'est gémir et lever une de ses mains vers le ciel :

> Une de ses mains se détacha du mouchoir, s'éleva lentement à la hauteur du menton [...] Un long moment, elle resta ainsi suspendue, hésitante, puis reprit son ascension, flotta une seconde à quelque distance du front, retomba lourdement sur les genoux.
> « Le gars doit faire son signe de croix ! » (C, 756)

Même ces rudes montagnards, qui assimilent ce corps presque mort à celui d'un vagabond voire d'un criminel, comprennent que le futur cadavre se rend à Dieu. À la suite de Chevance et de Chantal, ce nouveau personnage, silhouette muette occupant toute la première partie, permet l'écriture de la transcendance par son état comateux et son détachement absolu du temps événementiel, absent de la temporalité physique qui étreint les autres personnages, présent à une dimension intérieure connue de lui seul :

> Mais comme ses camarades, il ne pouvait maintenant détacher ses yeux de la cime du grand orme qu'ils examinaient branche à branche avec une curiosité mêlée de peur. (C, 756)

Intégrés dans le temps physique, les bien-portants, debout, lèvent la tête et ne voient rien. L'agonisant déjà couché, n'a aucun mouvement à effectuer pour voir l'invisible.

À la fin du mois d'août, Bernanos a terminé la première partie d'*Un crime* et décide de poursuivre le cheminement créateur en ajustant à ce premier jet l'incipit du roman abandonné trois ans plus tôt et qui devait à l'époque s'intituler *Au bout du rouleau*. Il rédige à cette occasion le fameux voyage d'Évangéline qui deviendra celui de Simone lors de l'ultime refonte de 1935 pour achever *Un mauvais rêve*. Ces deux chapitres qui constituent donc la première version de la troisième partie d'*Un crime* et qui peuvent être lus aujourd'hui en se reportant aux chapitres X et XI de la deuxième partie d'*Un mauvais rêve*, récrivent l'autre motif obsessionnel conditionnant l'irréductible tension entre temps physique et temps méditatif, à savoir celui de la fugue haletante. Après Olivier, Steeny, Jambe-de-Laine (mais aussi le maire Arsène dans *Monsieur Ouine* dont la fugue aboutit au suicide), Evangéline-Simone se lance à son tour sur les routes, d'abord en train, puis à bicyclette et enfin à pied.

Cette fuite éperdue est intensément liée au mensonge, multiplié avec excès, mais aussi à deux injections de morphine préfigurant le double crime final. La longueur et la durée du déplacement spatial, ainsi que la variété des moyens utilisés pour le réaliser, coïncident avec l'intensité fulgurante de la déchéance dans laquelle sombre l'héroïne. En effet, la voyageuse sobrement vêtue qui arpente les quais de plusieurs gares de province se métamorphose au fil des heures en vagabonde hagarde errant sur les mauvais chemins d'une campagne inconnue. C'est là qu'elle rencontre à deux reprises le jeune prêtre impressionnable, la première fois avant le meurtre de la châtelaine, la seconde fois juste après. Dans ces pages écrites en 1934 pour clôturer le roman policier ne réside aucune ambiguïté concernant l'issue de l'ultime rencontre : la femme tue forcément le prêtre, éclairant ainsi toute la première partie du roman, temporellement postérieure au double crime. Ce voyage aux allures de fugue désespérée aboutit ainsi à la liquidation du médiateur de la transcendance.

Il est intéressant de constater que ce même passage, lu cette fois comme le dénouement d'*Un mauvais rêve*, devient susceptible d'être interprété différemment. En effet, cette fin suspensive qui annonçait le meurtre du prêtre dans la chute de la première version d'*Un crime*, laisse le lecteur d'*Un mauvais rêve* libre d'imaginer deux dénouements contradictoires. Simone[1] a encore le choix, à cet ultime moment de l'intrigue, de tuer le prêtre ou de se confesser pour que le meurtre de la châtelaine lui soit pardonné. Au contraire d'Evangeline-Simone, personnage prisonnier de l'implacable logique du roman policier, qui doit justifier à travers son dénouement l'incipit déjà écrit, Simone Alfieri reste libre – par la décision de son créateur – de suivre les traces de sa sœur de papier (créée tueuse de prêtre pour expliquer la présence mystérieuse du jeune homme agonisant devant les hommes de Mégére) ou d'inaugurer une nouvelle voie dans laquelle le choix de la fugue aboutit à une renaissance spirituelle liée à une conversion par la soumission à l'homme de Dieu. Cette interprétation ne remettrait pas en cause notre thèse du mouvement effectif des personnages comme obstacle à l'écriture de la transcendance mais pourrait révéler une évolution dans la conception créatrice de l'accès scriptural à l'expression de la transcendance. Dans cette perspective, l'agonie du saint (Chevance) ou la contemplation mystique (Chantal) s'avèrent ne plus être les deux seules voies étroites

---

1   Il deviendrait erroné, ici, de continuer d'accoler le prénom d'Evangeline à celui de Simone puisque nous évoquons le dénouement *d'Un mauvais rêve*.

ouvrant l'accès à une dimension dépassant le cadre spatio-temporel de l'immanence. Ces variations fictionnelles autour du motif de la fugue, à la fois exaltante par son dynamisme physique et désespérante par l'absurdité de son terme, semblent toutes vouées à l'échec. L'exemple de Simone, cependant, introduit une brèche dans cette masse compacte de désespoir en proposant la possibilité d'un autre cheminement, non plus cyclique mais christiquement linéaire.

Cette hypothèse d'ouverture concernant les voies d'accès fictionnelles à l'écriture de la transcendance révèle cependant toute sa pertinence à travers l'élaboration d'un nouveau texte qui intervient juste après la rédaction du voyage et du crime de l'héroïne d'*Un crime / Un mauvais rêve*. Il s'agit bien sûr de *Journal d'un curé de campagne* commencé dans les derniers jours de 1934 alors que Bernanos s'est vu refuser toute la fin d'*Un crime*. Dans ce roman à forme de journal intime, le prêtre diariste multiplie les allusions à ses difficultés – parfois son impossibilité – de prier. Elles se manifestent dès les premières pages et rythment la plupart de ses nuits :

> Hier soir, ces lignes écrites, je me suis mis à genoux, au pied de mon lit, et j'ai prié Notre Seigneur de bénir la résolution que je venais de prendre. L'impression m'est venue tout à coup d'un effondrement des rêves, des espérances, des ambitions de ma jeunesse, et je me suis couché grelottant de fièvre, pour ne m'endormir qu'à l'aube. (JC, 1057)

Les insomnies dont souffre régulièrement le curé d'Ambricourt ne coïncident donc pas avec des moments privilégiés et préservés, au cœur de la nuit, où l'homme de Dieu entre plus facilement en conversation avec Celui à qui il offre sa vie :

> Encore une nuit affreuse, un sommeil coupé de cauchemars. Il pleuvait si fort que je n'ai pas osé aller jusqu'à l'église. Jamais je ne me suis tant efforcé de prier, d'abord posément, calmement, puis avec une sorte de violence concentrée, farouche, et enfin – le sang froid retrouvé à grand-peine – avec une volonté presque désespérée (ce dernier mot me fait horreur), un emportement de volonté, dont tout mon cœur tremblait d'angoisse. Rien. (JC, 1111)

Tout au contraire de Chantal qui luttait pour ne pas se jeter dans la prière et qui finissait, vaincue, par y sombrer, comme on tombe aspiré par un gouffre, le jeune curé lutte pour entrer dans cette nouvelle dimension libérée du temps physique et ne réussit qu'à rencontrer le néant :

> Il est une heure : la dernière lampe du village vient de s'éteindre. Vent et pluie.

> Même solitude, même silence. Et cette fois aucun espoir de forcer l'obstacle,
> ou de le tourner. Il n'y a d'ailleurs pas d'obstacle. Rien. (JC, 1113)

Alors que Chantal et Chevance se heurtaient tous deux, lors de leur échappée
hors du temps physique, à des obstacles qu'ils devaient affronter et dépasser
(Cénabre pour Chevance, Judas pour Chantal), le héros du *Journal* ne connaît
aucune échappée mystique le transportant vers un lieu de bataille christique.
L'immobilité prolongée ne coïncide plus, dorénavant, avec l'ouverture à
l'espace ou l'Être transcendant. Paradoxalement, et de manière tout à fait
nouvelle, c'est le mouvement effectif, le déplacement spatial, le déploiement
du corps dans la temporalité réelle qui ouvre au petit prêtre les horizons que
la prière traditionnelle lui refuse. Il ne s'agit pas ici de fugue, comme nous
avons pu le constater dans les deux incipits romanesques de 1931, mais de
visite à ses paroissiens. Contrairement à Olivier, Steeny, Jambe-de-Laine ou
Simone-Evangeline, dont les départs coïncident avec le rejet de personnes
proches devenues insupportables, les déplacements du prêtre sont toujours
motivés par une nécessité de rencontres avec ceux dont il a charge d'âme.
Retenons-en ici deux, ouvrant à celui qui les a entrepris l'horizon de la transcendance. C'est d'abord son voyage aux environs du fonds Galbot, entrepris
à la tombée de la nuit sur de mauvais chemins alors même qu'une rude
journée s'achève, faisant elle-même suite à une nuit de crise et d'angoisse
et à de grandes souffrances physiques. Après avoir visité plusieurs maisons
disséminées à travers les prairies, le curé, épuisé par sa course, décide de
prendre un raccourci pour se rendre à la maison des Dumonchel où il
désire recueillir des nouvelles de Séraphita, absente depuis deux semaines
du catéchisme. Un premier malaise le surprend alors :

> Je croyais encore lutter pour me tenir debout, et je sentais cependant, contre
> ma joue, l'argile glacée. Je me suis levé enfin. J'ai même cherché mon chapelet
> dans les ronces. (JC, 1197)

Cette recherche de l'objet source d'oraison inaugure une coïncidence
nouvelle entre mouvement physique et quête de la transcendance. Pour
la première fois la temporalité physique inscrit un mouvement effectif
dans une perspective d'ouverture transcendante. C'est parce que le
curé d'Ambricourt ne cherche pas son chemin pour arriver plus vite à
destination mais son chapelet que l'écriture de la transcendance réussit
à se déployer au cœur du temps des horloges. Et ce déploiement prend
immédiatement la forme d'une vision qui « n'était pas de celles que
l'esprit accueille ou repousse à son gré. » (JC, 1197) :

> ... La créature sublime dont les petites mains ont étendu la foudre, ses mains pleines de grâces... Je regardais ses mains. Tantôt je les voyais, tantôt je ne les voyais plus, et comme ma douleur devenait excessive, que je me sentais glisser de nouveau, j'ai pris l'une d'elles dans la mienne. C'était une main d'enfant, d'enfant pauvre, déjà usée par le travail, les lessives. Comment exprimer cela ? Je ne voulais pas que ce fût un rêve, et pourtant je me souviens d'avoir fermé les yeux. Je craignais, en levant les paupières, d'apercevoir le visage devant lequel tout genou fléchit. Je l'ai vu. C'était aussi un visage d'enfant, ou de très jeune fille, sans aucun éclat. C'était le visage même de la tristesse, mais d'une tristesse que je ne connaissais pas, à laquelle je ne pouvais avoir nulle part, si proche de mon cœur, de mon misérable cœur d'homme, et néanmoins inaccessible. (JC, 1197-98)

C'est donc en marchant, et c'est sans doute parce qu'il marche, que survient la vision de la Vierge-enfant et que se réalise la parfaite fusion entre temps physique et temps méditatif, l'ouverture transcendante marquant son avènement au cœur de l'immanence temporelle et événementielle. Il est un autre instant dans la vie du curé, où le déplacement spatial coïncide avec une élévation mystique, c'est la course sur la moto d'Olivier pendant laquelle le moteur de la machine se métamorphose en voix séraphique :

> J'ai grimpé tant bien que mal sur un petit siège assez mal commode et presque aussitôt la longue descente à laquelle nous faisions face a paru bondir derrière nous tandis que la haute voix du moteur s'élevait sans cesse jusqu'à ne plus donner qu'une seule note, d'une extraordinaire pureté. Elle était comme le chant de la lumière, elle était la lumière même, et je croyais la suivre des yeux, dans sa courbe immense, sa prodigieuse ascension. Le paysage ne venait pas à nous, il s'ouvrait de toutes parts, et un peu au-delà du glissement hagard de la route, tournait majestueusement sur lui-même, ainsi que la porte d'un autre monde. (JC, 1212-13).

Ce mouvement effectif permet à ceux qui en éprouvent l'exceptionnelle vitesse de traverser le miroir pour basculer dans une réalité supérieure.

L'opposition entre mouvements non effectifs (agonie et extase mystique) et mouvements physiques (fugues) semblait consolider la doctrine philosophique selon laquelle la notion de transcendance suppose un mouvement abstrait où celui qui l'éprouve franchit l'infranchissable par un décrochement dont la discontinuité assure la réussite. L'expérience du curé d'Ambricourt contredit cette supposition en dévoilant tout d'abord la puissance transcendante de certains mouvements effectifs qui permettent, malgré – ou grâce à ? – leur continuité le déplacement d'un passage où le franchissement de l'infranchissable se réalise.

DYNAMIQUE NARRATIVE

Après l'examen de la temporalité des histoires dans le respect de leur ordre de création, la localisation temporelle de l'écriture de la transcendance doit aboutir à une analyse de la temporalité des récits. Il apparaît d'abord intéressant d'analyser la fonction des anachronies. Véritables discordances entre l'ordre de l'histoire et l'ordre du récit, ces altérations de la succession diégétique que sont les analepses se manifestent paradoxalement à la fois comme obstacles ou comme supports à l'inscription textuelle de la transcendance dans la temporalité du récit. Lorsque ces retours en arrière évoquent des habitudes ou des états passés, ils sont la plupart du temps conçus comme un piétinement voire une régression spirituelle où le poids du passé entrave le plein déploiement du présent. Cette obsession du passé putréfacteur contaminant tout ce qui lui survit puise son origine dans les textes bibliques. Déjà la femme de Loth, dans l'Ancien Testament, devint colonne de sel pour avoir regardé en arrière, non pas pourrie ici mais pétrifiée, statufiée par son attachement à la maudite Sodome. Dans le Nouveau Testament, les évangélistes – et Jésus lui-même à travers leurs récits – prônent l'abandon sur place des dépouilles de l'homme ancien pour revêtir les habits neufs de l'homme nouveau qui a su se débarrasser des péchés du passé. De nombreux personnages mis en scène par l'écrivain sont délibérément présentés comme des obsédés du passé. On distinguera les introvertis qui ne parlent jamais de leur passé mais vivent cependant en fonction de lui et les extravertis qui le racontent à haute voix dans le cadre d'une conversation, multipliant ainsi à plaisir les retours en arrière qui mettent en péril l'ordre du récit. Cette typologie bipolaire est magistralement illustrée dès *L'Imposture* à travers la rencontre impromptue entre l'abbé Cénabre et le clochard Framboise. Obsédé par son passé lointain de petit pauvre avare sans amour mais aussi par un passé proche où il a livré son secret d'imposture à l'abbé Chevance, Cénabre s'acharne à faire parler le vagabond qui évoquera de manière plus ou moins affabulatrice ses misérables souvenirs. Dans *Monsieur Ouine*, les obsédés du passé oscillent toujours entre silence implacable et libération verbale. Alors que le vieux Devandomme vit dans la silencieuse obsession de l'ancêtre noble faisant naître en lui la crainte perpétuelle de l'humiliation, le maire Arsène, prisonnier d'un passé de débauche qui entraîna notamment le suicide d'une jeune servante violée par lui, évoque sans cesse ses obsessions sexuelles de jeunesse. Mais pour l'un comme pour l'autre, le poids du passé possède des effets dévastateurs sur le présent, les entraînant tous deux vers une issue fatale : Arsène sombre dans la folie et disparaît ; Devandomme porte une lourde responsabilité dans la mort d'Hélène et Eugène. À d'autres endroits du corpus romanesque, des anachronies se distinguent d'un simple retour en arrière source de remords ou de regrets destructeurs mais coïncident avec la mise en valeur d'un point de rupture séparant définitivement passé et présent. Dans ce cas précis, l'analepse signale à la fois ce point de rupture et les métamorphoses qui en découlent. Relisons ainsi le chapitre II de la première partie de *La Joie* où le souvenir de Chevance mais surtout de sa mort conditionne une métamorphose dans la vie spirituelle de la jeune fille :

> Cependant, des semaines et des semaines passèrent, après la mort de Chevance, sans qu'elle s'avisât que sa prière s'était elle aussi transformée, accordée à une expérience si nouvelle, tout intérieure, transcendante, de réalités dont elle n'avait jadis aucune idée. (J, 564)

La joie dont Chantal déborde et qu'elle ne cessait de déverser en Chevance lorsqu'il la guidait, voilà qu'elle la porte seule à présent, assumant le poids de ce miracle incessamment renouvelé qui l'entraîne à rechercher la fusion avec Dieu. La longue analepse qui raconte la merveilleuse métamorphose de cette intériorité représente une exception dans sa fonction même d'ouverture à une nouvelle temporalité libérée du déroulement diégétique, de la continuité narrative, du récit diachronique, c'est-à-dire de l'écriture de l'immanence. Le plus souvent, l'insertion d'anachronies dans l'histoire, malgré son pouvoir de rompre le cours du récit, n'écrit pas la transcendance. En effet, les méditations solitaires coïncident presque toujours avec une introspection autarcique, égocentrique, sans ouverture sur l'altérité. La première partie de *L'Imposture* révèle ainsi le solipsisme de Cénabre, prisonnier de lui-même, incarcéré dans la cellule de son intériorité.

Par sa forme de journal intime, *Journal d'un curé de campagne* s'écarte notablement des autres romans bernanosiens dans l'agencement de la temporalité du récit. D'emblée, deux voix narratives s'y superposent, et donc deux « récits premiers » : voix du curé d'Ambricourt rapportant les événements de sa vie ; voix du scripteur (éditeur fictif) relatant trois mois de l'existence d'un prêtre : à ce niveau deviennent événements, outre les événements explicitement racontés par le curé, ses actes d'écriture, que supposent la réalité même du journal et les méditations qui les accompagnent. Le diariste ne se préoccupe que très rarement de revenir en arrière. En effet, l'indifférence envers un passé définitivement abandonné est le privilège de celui qui s'offre dans une totale disponibilité au présent, non de l'événementiel mais de l'ouverture à ce qui lui échappe. Que ce soit lors des conversations avec le curé de Torcy, avec ses paroissiens ou dans les moments de solitude absolue, le jeune prêtre apparaît pleinement intégré dans l'instant à vivre, concentré sur la qualité et les résonances du moment présent, brèche potentielle sur l'Au-delà. Car l'événementiel, malgré les apparences du récit journalier, n'est jamais une fin en soi mais toujours un prétexte au déploiement de la méditation, le discursif l'emportant largement sur le narratif. Sans cesse, au fil du journal, le récit d'événements premiers perd sa suprématie au profit de la méditation, à un point tel que c'est le récit diachronique qui peut apparaître à de multiples endroits comme une interruption malencontreuse et gênante du flux méditatif, ce dernier éprouvé comme l'antichambre de l'oraison. Les événements vécus constituent le pretexte, non seulement de la réflexion mais aussi de l'oraison. Tout, pour le curé, est motif à prière, chaque frémissement lié au monde de l'immanence dans lequel il évolue est prétexte à une pause contemplative introduisant l'acte d'écriture dans une perspective transcendante. Car les digressions méditatives deviennent événements premiers. Dans le *Journal*, les nuits d'insomnie du curé coïncident le plus souvent avec des nuits d'écriture consignant en temps réel ses méditations les plus intimes au moment où il les nourrit. Cette narration simultanée, marquée par le présent à valeur discursive, permet le déploiement d'une écriture méditative[1]. Mais le curé d'Ambricourt n'est pas un penseur, encore moins un philosophe. Il est prêtre et sa réflexion est d'abord génuflexion ainsi que soumission aux mystères de l'ordre divin : il prie en écrivant ou écrit tout en priant. Quand prière et écriture se confondent dans la même temporalité, le prêtre fait lui-même l'aveu de son absence au monde :

> À présent que ces lignes sont écrites, je regarde avec stupeur ma fenêtre sur la nuit, le désordre de ma table[2]...

Quand le temps physique devient temps de l'écriture, ce dernier signe l'oubli du premier et l'avènement d'une nouvelle temporalité, toute

---

1 Dans son ouvrage, *Temps et récit dans l'œuvre romanesque de Georges Bernanos*, (« Bibliothèque du XXᵉ siècle », Klincksieck, Paris, 1988) Élisabeth Lagadec-Sadoulet retrace ainsi ce type d'écriture : « Assis à sa table, le prêtre laisse aller sa plume au fil de la pensée, il réfléchit en écrivant ou écrit tout en réfléchissant. » (p. 179).

2 JC, p. 1183.

intérieure, littéralement et paradoxalement achronique. Lorsque le petit prêtre se met à écrire, le temps des horloges n'existe plus. La régularité de l'activité scripturale et son inscription dans la durée révèlent en outre une libération progressive et croissante par rapport à la temporalité du quotidien : en effet, alors que le début du journal s'écrit dans l'obsession du quotidien à travers ses aspects les plus anecdotiques et les plus matériels[1], la deuxième partie ne relate plus ce genre de petits faits pour se concentrer sur la relation à autrui et à Dieu.

La durée et le rythme des romans influencent aussi le déploiement de l'écriture de la transcendance. Si *L'Imposture* et *La Joie* accumulent les pauses anachroniques où les descriptions l'emportent sur les récits d'action, cette lenteur narrative commune aux deux romans se révèle peu significative dans sa relation avec l'écriture de la transcendance. En effet, confrontés tous deux au silence et à la solitude, à la suspension temporelle du néant événementiel, les personnages de Cénabre et de Chantal qui évoluent dans cette atmosphère de lenteur narrative réagissent de manière radicalement antinomique ; alors que le premier s'effondre, la seconde s'élève et si le prêtre perd Dieu, la jeune fille ne cesse de le rejoindre. Aussi l'amplitude des analepses valorise à la fois et paradoxalement la profondeur de la crise spirituelle de Cénabre et la profondeur de l'élan mystique de Chantal. Celui qui cesse d'agir et de s'agiter peut ainsi – arbitrairement ? – ouvrir son intériorité au néant qu'il recèle en son sein ou à une grâce extérieure dont la source reste innommable. N'est-ce pas ici le signe voulu par l'écrivain selon lequel l'Esprit de Dieu souffle où, quand et sur qui il veut ? Les voies du Seigneur sont impénétrables et le déploiement de l'écriture qui part à sa quête se révèle totalement indépendant d'une quelconque technique narrative visant à moduler et à maîtriser les différents rythmes temporels. L'examen des romans marqués par une plus grande vitesse narrative conforte d'ailleurs cette hypothèse. Alors que toute la deuxième partie d'*Un mauvais rêve*, menée selon un rythme frénétique qui voit se succéder plusieurs récits d'actions rapides, conduit les personnages au pire, le *Journal d'un curé de campagne*, dont le héros-narrateur retranscrit journalièrement un emploi du temps surchargé dans un style parfois télégraphique, met en valeur la relation causale unissant l'accumulation de petits faits quotidiens et l'approfondissement de la méditation alliée à la charité en acte. C'est en même temps et paradoxalement parce que

---

1   Voir par exemple, dès les premières pages du *Journal*, la référence aux deux billets de cent francs envoyés par sa tante (p. 1035).

tout va très vite que Simone dans une ultime action haletante, devient criminelle et que le curé d'Ambricourt comprend peu à peu que tout ce qui advient dans le monde de l'immanence est grâce potentielle pour celui qui sait convertir le quotidien en instant divin. La vitesse narrative peut donc tout aussi bien écrire la transcendance que la déchéance. Dans les romans de Bernanos, Dieu sourit à qui il veut, contemplatifs ou frénétiques.

La fréquence, autre détermination du temps narratif, met en valeur le paradoxe du temps vécu lorsque l'irréversibilité de l'événement passé est transcendée par sa répétition ou par l'avènement de faits similaires. Cette transcendance peut aussi ne jamais advenir quand l'irréversibilité temporelle reste absolue et indépassable, hermétique à toute réitération : c'est alors que l'événement ne se répète pas. Comment l'écriture de la transcendance peut-elle se déployer entre unicité et répétitions temporelles ? L'itération retiendra d'abord notre intérêt par son double pouvoir d'engluement sordide et d'envol mystique. Souvent, les récits itératifs répartis au fil de l'œuvre dénotent des situations de stagnation spirituelle où l'individu ne parvient pas à se délivrer d'habitudes ancrées dans des tendances obsessionnelles. À force d'avoir récuré l'église dans un incessant ballet de gestes ménagers toujours identiques et répétitifs, la sacristine du curé de Torcy a ainsi perdu la vie, confondant dans son combat acharné propreté matérielle et pureté spirituelle, saleté de l'église et souillure des âmes. Le jeune curé d'Ambricourt a multiplié les insomnies et les cauchemars durant les quelques pauvres heures accordées chaque nuit au repos. Chacun sait, depuis *Sous le soleil de Satan*, que seul le péché possède le privilège de la monotonie dans son incessant renouvellement, au cœur du même homme et aussi de génération en génération. Parce que les personnages des romans de Bernanos ont longtemps et souvent péché, s'est établie une authentique chaîne itérative d'un roman à l'autre, mettant systématiquement en scène un prêtre marqué du sceau de la médiocrité, de Sabiroux à Dufréty ou des femmes aliénées par la pulsion meurtrière, de Germaine Malorthy à Simone-Evangeline. Dans cette accumulation de répétitions marquées par la stagnation ou le péché, il est des instants marqués par l'itération exceptionnellement perçus comme des moments de grâce. Nouveau Christ revivant journalièrement le jeudi saint, le curé d'Ambricourt prépare « toujours le même menu, pain et vin » (JCC, 1105). Cette cène renouvelée repas après repas est d'autant plus émouvante qu'elle n'a rien d'une commémoration névrotique ou illuminée mais s'inscrit dans le douloureux calvaire d'un jeune homme malade dont l'estomac ne supporterait plus un autre régime alimentaire[1]. C'est donc avec le plus grand naturel et mû par la plus extrême nécessité que le jeune prêtre suit le chemin christique, métamorphosant l'ultime repas du Maître en nourriture quotidienne, inscrivant le modèle transcendant dans la fréquence de sa propre immanence. Renfort stylistique du récit itératif, le récit singulatif multiple met particulièrement en valeur certains récits d'actions ou scènes par leur récriture obsédante. Cette réitération double, événementielle et narrative, marque un renouveau dans son déploiement à partir de *Journal d'un curé de campagne*. En effet, si les romans précédents mettent en scène des récits de ce type, c'est d'abord pour masquer la séparation irréductible entre interventions diaboliques et présence divine. Dans *L'Imposture* par exemple, lorsque le narrateur s'applique six fois de suite à retranscrire les rires de Cénabre après le départ de Chevance, il met en valeur par un effet stylistique délibéré l'avènement irrépressible de la récurrence satanique. D'une façon parfaitement symétrique, les deux rencontres de Simone avec le prêtre qui clôturent *Un mauvais rêve*, racontées à deux reprises, mettent en valeur la puissance de la récurrence divine. Dans ces deux extraits romanesques, rédigés avant le *Journal*, la démarcation entre rire satanique et rencontre miraculeuse est clairement établie, sans confusion possible. Il apparaît, à cet instant du cheminement créateur, inconcevable de mettre simultanément l'accent, au cœur d'un même passage, sur la puissance satanique et l'intervention divine. Plusieurs passages de *Journal d'un curé de campagne* feront voler en éclats cette dissociation. Évoquons plus particulièrement deux scènes reposant sur des reprises singulatives récurrentes. Il s'agit des deux rencontres entre le curé d'Ambricourt et Mademoiselle Chantal. Lors de la première entrevue qui a lieu dans l'église, trois fois de suite le prêtre exigera de la jeune fille qu'elle s'agenouille et en écho à cette triple demande, Chantal cédera aux trois injonctions en se relevant entre chacune d'elles. Debout, la fille du comte signe sa révolte et sa haine par des blasphèmes et des menaces ; à genoux, elle répète mot à mot la prière dictée par le jeune prêtre. Cette triple alternance entre la verticalité du défi et l'attitude de l'oraison, éprouvée en temps réel dans la confrontation dialogique, marque la coexistence au cœur d'un même être et d'un même moment des puissances satanique et divine. La seconde entrevue se déroule dans

---

1   « Seulement, j'ajoute au vin beaucoup de sucre et laisse rassir mon pain plusieurs jours, jusqu'à ce qu'il soit très dur, si dur qu'il m'arrive de le briser plutôt que de le couper – le hachoir est très bon pour ça – Il est ainsi beaucoup plus facile à digérer. » (JC, 1105-06).

le presbytère où, à deux reprises cette fois, la curé réussira à faire taire la
jeune fille qui se répand en défis sarcastiques : Chantal se taira d'abord
pour aider le curé à ranger la maison puis suspendra à nouveau ses
sarcasmes pour entendre l'espérance nourrie par le prêtre au sujet du
salut de la jeune fille. La double alternance entre les paroles fielleuses et
le silence actif puis méditatif révèle à nouveau la difficulté de dissocier
forces destructrices et fécondité spirituelle dans la même chair. Face au
récit itératif et ses déclinaisons, l'écriture singulative met en valeur le
moment nouveau et soudain dans sa parfaite unicité. Temps de l'éclair[1],
moment dramatique et vertical[2], l'instant unique et irréversible est aussi
celui de la dénivellation (chute ou envol) qui coïncide dans l'économie
narrative avec une bipolarité sémantique. Pour Cénabre, le moment
singulatif est d'abord celui de la perte de la foi, aussi « prompt » qu'un
« coup asséné » (I, 333), puis celui de la conversion aux premiers mots
du « Pater Noster » qui le font tomber « la face en avant » (J, 724).
Cet instant tranchant se situe toujours dans une problématique de
l'excès, entre transcendance et déchéance. Acte singulatif par essence,
le meurtre ou le suicide se réalise toujours comme une projection vers
un au-delà mystérieux et ambigu, entre néant et dimension transcendante. Confrontons ainsi le meurtre de la vieille châtelaine par Simone
et celui de la jeune châtelaine lapidée par les villageois de Fenouille. Si
la première victime paraît bien basculer après l'ultime sursaut dans un
silence sans issue[3], la seconde ne meurt pas aux pieds de ses agresseurs
mais un peu plus tard à l'hôpital, et ce mystérieux décès inspire à Ouine
un commentaire poétique :

> – Jambe-de-Laine est morte, dit Steeny.
> – Elle s'est échappée, voilà le mot, elle s'est élancée hors de toute atteinte
> – échappée n'est peut-être pas le mot qui convient-elle s'est élancée comme
> une flamme, comme un cri. (MO, 1559)

Inexacte, la métaphore de la fuite qui assimilerait Jambe-de-laine à une
fugueuse abandonnant la vie, est corrigée par celle de l'élan, dénivellation

---

1   Georges Poulet a étudié en détail l'instant fulgurant de la nouveauté au cœur d'une
    immanence nocturne et liquéfiée dans son ouvrage *Études sur le temps humain*, t. III, « Le
    point de départ », Plon, 1964.
2   Philippe Le Touzé, dans son article « Espace et événement », in EB, p. 80-113, distingue
    ainsi le temps vif marqué par l'événement v rai, irréversible et unique, du temps stagnant
    prisonnier de l'événement altéré ancré dans la répétition (voir p. 83).
3   « Le frêle corps qu'elle tenait serré entre ses jambes trembla deux fois. Tout se tut. » (MR,
    1020).

ascendante comparée à une double ascension, visuelle et acoustique. La charge vitale des deux composants métamorphose ainsi la mort en intense moment du renouveau qui brûle et résonne, ardent et retentissant, nouvelle Pentecôte[1] inversée où la langue de feu ne se pose pas sur la tête des élus mais dévore le corps mort de l'élue pour l'enlever, où la parole universelle de ceux qui parlaient toutes les langues devient cri vertical et unique de celle qui entame une ascension à l'issue inconnue.

LIEUX

STRUCTURES ROMANESQUES

Les structures romanesques, dans leurs successifs déploiements, constituent des lieux privilégiés où l'écriture de la transcendance peut surgir et se métamorphoser. Où peut-on lire cette écriture ? Dans quels lieux textuels la notion s'inscrit-elle ? Quelles sont les pages d'écriture évoquant un espace, un Être ou encore un mouvement extérieurs et supérieurs à l'univers immanent ? Toute architecture romanesque, dans sa présentation matérielle en parties et en chapitres, délimite déjà un espace textuel propice à l'investigation. La composition romanesque est d'abord une entreprise de disposition calculée des grandes masses du récit ; son effet principal est d'instaurer des connexions entre les différents blocs d'écriture mais aussi des séparations et des mises en valeur de sections ou de chapitres par rapport à d'autres. La structure de *La Joie* se singularise d'abord, lors d'un premier regard, par sa sobriété symétrique. L'équilibre entre les deux parties charpentant le roman est presque parfait : cinq chapitres couvrant 101 pages pour la première partie et cinq chapitres couvrant 96 pages pour la seconde et ultime partie composent cette structure diptyque. Parties et chapitres sont dépourvus de titre, n'apportant aucun autre horizon d'attente que celui fourni par le titre du roman, *La Joie*. Parmi les dix chapitres relevés, deux d'entre eux se distinguent quantitativement par leur épaisseur (exactement 30 pages chacun) : ce sont les

---

1   Les actes des Apôtres évoquent ce jour de la descente de l'Esprit où les disciples « virent apparaître des langues comme du feu, qui se partageaient, et il s'en posa une sur chacun d'eux. Et tous furent remplis de l'Esprit Saint, et ils se mirent à parler en d'autres langues, selon ce que l'Esprit leur donnait de prononcer. » (Ac. 2, 3-4)

deux chapitres IV des première et seconde parties, les plus épais de l'œuvre. Ce paroxysme quantitatif est-il signifiant dans notre recherche de l'écriture de la transcendance ? L'effet de symétrie produit par le nombre de pages identiques de ces deux chapitres occupant une place identique dans l'économie des parties, intrigue. Révèle-t-il une volonté d'attirer l'attention du lecteur sur ces deux blocs d'écriture ? Pour répondre à ces deux questions, il faut analyser le contenu des deux espaces structurels formés par ces deux chapitres d'une égale épaisseur, d'abord séparément puis en les confrontant.

L'avant-dernier chapitre de la première partie s'ouvre sur la fuite éperdue de Chantal de Clergerie, d'abord hors du parc de la propriété, « dans la prairie brûlante qu'elle acheva de traverser du même pas, jusqu'à l'ombre du peuplier » (J, 596). Allongée dans l'herbe du soleil brûlant de cette matinée d'août, la jeune fille éprouve « le souvenir d'une souffrance aiguë » et « d'un remords aussi vague qu'un songe » (J, 596), fruits de sa dispute avec Monsieur de Clergerie. Envahie d'une douleur inexplicable, elle se livre à une introspection sans complaisance. « Et tout à coup, par un mouvement de l'âme si brusque » (J, 601), la vision de la maison paternelle s'impose à elle, hostile comme une ennemie. Cette vision lui apporte peur et dégoût envers toute la maisonnée, ainsi que la tentation grandissante d'un éloignement définitif. Le souvenir de l'abbé Chevance et de sa compassion sourde envers la cruelle avidité des pêcheurs ne suffit pas pour éloigner d'elle l'épreuve christique de la déréliction :

> De quelle hauteur était-elle donc retombée pour quelle se sentît peser d'un tel poids sur la terre qu'elle étreignait de ses mains et de ses genoux ? (J, 604)

Cette expérience du « délaissement sacré » (J, 605) la surprend si violemment que, l'espace d'un instant, l'idée de s'enfuir loin de tous ces visages grimaçants lui apparaît comme une ultime issue :

> Elle se laissa tomber en avant, plongea sa tête dans l'herbe épaisse et pleura comme elle n'avait jamais pleuré. (J, 605).

La seconde section du chapitre, séparée de la première par une ligne de pointillés, présente l'affrontement entre Chantal et sa grand-mère Mama. Surprise en pleurs par la vieille femme, la jeune fille doit affronter d'emblée l'agressivité rageuse de l'aïeule qui lui jette sa folie au visage : « Je suis folle, ma belle, folle à lier » (J, 607) et parle à sa petite-fille comme si elle était Louise, la mère morte de Chantal. Cette dernière interprète la confusion de Mama comme « un jeu horrible », « un affreux jeu » (J, 608) et lutte contre la tentation de l'anéantir en niant sa présence. Sa parole authentique et simple fait revenir Mama à elle et livrer son lourd secret. Le chapitre se clôt sur l'abandon soulagé de Mama, délivrée de ses mensonges, embrassée et portée par Chantal loin de l'atroce soleil dévorant la prairie.

Examinons à présent les grandes lignes du contenu du chapitre IV de la seconde partie du roman. Il s'ouvre sur une courte analyse retraçant les directives spirituelles du vieux confesseur à sa protégée. La ligne de pointillés qui suit marque typographiquement la rupture temporelle en annonçant le retour au temps de la narration, c'est-à-dire la suite directe de la fin du chapitre III. Le lecteur retrouve Chantal exténuée, montant lentement l'escalier jusqu'à sa chambre puis refusant de toutes ses forces l'horizontalité du repos et de l'oraison :

> Elle se laissa tomber sur une chaise basse, au pied de son lit, se releva d'un bond avec crainte, avec dégoût. (J, 676).

« Du plus profond de son être » monte l'ordre de résister à la tentation de l'abandon en Dieu, et la jeune fille oscille entre stupeur et impatience. Un violent vertige accompagne le surgissement brutal de la vision du prêtre agonisant :

> Le lit souillé parut d'abord, grossit brusquement, s'arrêta net, maintenant tout proche, encore balancé d'une houle invisible. (J, 678).

L'idée de la solitude irrémédiable des êtres brise la digue de sa résistance. La jeune fille plonge dans la prière, à la manière d'une noyade brutale : très vite, la joie cède le pas à la douleur, à l'expérience de l'anéantissement et du silence, de l'Agonie divine. L'épreuve christique passe par le chemin de la Trahison et la vision de Judas suicidé, « à l'heure qu'il eut accompli son destin, qu'il fut dressé à jamais, fruit noir d'un arbre noir, à l'entrée du honteux royaume de l'ombre, sentinelle exacte, incorruptible, que la miséricorde assiège en vain, qui ne laissera passer aucun pardon, pour que l'enfer consomme en sûreté sa paix horrible ». (J, 685). Alors que Chantal, aux prises avec la Trahison, tente de lutter contre l'horrible gibet, la voix de l'abbé Cénabre vient suspendre brutalement l'épreuve intérieure en projetant Chantal dans un affrontement sans merci. D'emblée, le prêtre se veut maître du débat et assomme son interlocutrice par un « discours nu et terrible » (J, 689). Désemparée, affaiblie, la jeune fille réussit à faire face en choisissant la parole authentique et simple. Ses larmes répondent à la rage contenue du prêtre qui la met en garde, non contre autrui, mais contre elle-même, contre ce rayonnement intérieur qui en la brûlant de joie, brûle tous ceux qui l'approchent :

> Et pourtant, voyez déjà ce que vous leur avez donné, voyez quelle espèce de joie sort de vous. Ne sont-ils pas plus à plaindre qu'avant ? (J, 698).

Emporté par sa colère, il livre le secret de son imposture à Chantal, secret que celle-ci accueille avec joie comme une « chose à garder » (J, 704). L'entretien se clôt avec le malaise de Chantal, et le baiser de la jeune fille sur la main du prêtre.

Ce qui frappe d'emblée, c'est la construction quasi identique de ces deux avant-derniers chapitres. Chantal constitue la figure-phare qui en structure le déroulement. À sa fuite soudaine et précipitée hors du parc dans l'incipit du premier chapitre IV fait écho sa montée lente et lasse jusqu'à la chambre à coucher. À la crise d'angoisse métaphysique de la première partie fait écho la crise mystique de la seconde partie. Au face-à-face entre Chantal et Mama clôturé par le baiser de la jeune fille sur le front de la vieille femme fait écho l'affrontement entre Chantal et Cénabre clôturé par le baiser de la jeune fille sur la main du prêtre. Remarquons que ce système d'écho s'inscrit dans le cadre d'une symétrie à valeur symbolique : la lenteur répond à la vitesse, le mystique au métaphysique, la haine de Cénabre à l'agressivité de Mama, le malaise de Chantal à l'effondrement de sa grand-mère. Dans les deux chapitres, Chantal s'isole volontairement à la suite d'une confrontation éprouvante (Monsieur de Clergerie dans la première partie ; le Docteur La Pérouse dans la seconde partie) ; dans les deux chapitres, elle éprouve dans toute sa puissance les affres de l'aventure intérieure, de la crise d'angoisse face à la déréliction divine jusqu'à l'extase mystique de la rencontre avec la transcendance. Dans les deux chapitres toujours, elle affronte, lors d'un face-à-face sans merci, deux êtres faisant peser sur ses épaules tout le poids de l'immanence pécheresse : la vieille femme devenue folle à force de haine et de mensonges et le prêtre imposteur glacé par son compagnonnage avec le néant. Dans les deux chapitres enfin, elle reçoit leur secret respectif, celui de la cruauté et celui du vice, deux secrets révélés à la suite d'une longue lutte intérieure.

L'analyse du contenu de ces deux chapitres, repérés initialement lors de l'analyse de la structure, révèle ainsi deux espaces symboliques contaminés par une écriture représentant la transcendance. L'espace structurel porte ainsi deux lieux privilégiés où s'écrit la transcendance, à travers le récit des deux expériences vécues par Chantal, hors de sa propre immanence, élan vers une réalité extérieure et supérieure. L'architecture romanesque exhibe ainsi deux piliers principaux soutenant les deux arches de l'œuvre : ces contreforts écrivent la transcendance. On ne retrouvera dans aucun autre roman de Bernanos cette parfaite symétrie liée à l'équilibre binaire de *La Joie*, si ce n'est dans la structure de *Nouvelle histoire de Mouchette* où les deux chapitres centraux constitués exactement de vingt pages chacun et diégétiquement situés entre les deux moments forts de l'intrigue – juste après le viol de la jeune fille et peu avant son suicide – offrent une mise en perspective du personnage éponyme de retour au domicile familial (chapitre II) puis, à l'extérieur, confrontée aux villageois (de l'épicerie à la maison Dardelle en passant par la maison du garde). La comparaison de ces deux chapitres centraux avec les deux chapitres IV de *La Joie* permet de mettre en valeur un nouvel effet de symétrie dans les itinéraires respectifs de Chantal et de cette seconde Mouchette. En effet, à la fuite éperdue de Chantal hors de la maison à travers le parc et jusqu'à la prairie (premier chapitre IV) fait écho le retour maladroit de Mouchette dans le logis familial (chapitre II) ; alors que Chantal, allongée dans l'herbe où elle s'est laissé tomber, médite sur sa solitude, sa tentation de fuir et enfouit son visage dans le sol pour pleurer, Mouchette, allongée sur sa paillasse s'endort pour se réveiller en larmes – « ou plutôt ce sont les larmes qui l'ont réveillée » (NHM, 1300) – et repenser à l'humiliation subie. C'est la même horizontalité physique, la même méditation liée à un passé de souffrance, les mêmes larmes coulant au fil d'une temporalité symétrique, sous le soleil dévorant de la prairie d'un midi d'août pour Chantal et dans les ténèbres d'un taudis artésien résistant aux bourrasques nocturnes de « ce mars désolé » (NHM, 1265) pour Mouchette. Symétriques également, les deux scènes de confidence clôturant le premier chapitre quatre de *La Joie* et le chapitre deux de *Nouvelle histoire de Mouchette* : Alors que Mama livre à sa petite fille les secrets d'un passé lourd de méchancetés et de haines, la tentative de Mouchette pour confier le secret du viol à sa mère agonisante échoue. Chantal reçoit et assume la haine d'une grand-mère en partie responsable de la mort de Louise, la mère de la jeune fille ; Mouchette, quant à elle, se voit forcée de conserver le lourd secret de son agression. Et si Chantal et Mama quittent la brûlante prairie, enlacées et réconciliées par le baiser purificateur de la jeune fille, Mouchette sort seule de la maison familiale, laissant derrière elle le cadavre de la mère morte et une injure destinée au père ivre mort. Un processus identique est à l'œuvre dans le second chapitre IV de *La Joie* et le chapitre III de *Nouvelle histoire de Mouchette* : alors que Mouchette affronte successivement, de fuite en fuite, la sournoiserie de l'épicière et l'agressivité du garde, Chantal, étendue les bras en croix sur son lit, affronte au terme de son extase mystique le gibet où fut pendu Judas. À l'entrée impromptue de l'abbé Cénabre surprenant Chantal extatique fait écho l'invitation autoritaire de la vielle Dardelle encourageant Mouchette à franchir le seuil de sa demeure. Les deux duos échangeront des confidences croisées[1] aboutissant pour Chantal à un malaise suivi d'un baiser sur la main du prêtre et pour Mouchette à une métamorphose vestimentaire qui lui fait délaisser ses haillons pour la robe de mousseline blanche et bleue offerte par la vieille[2].

De Chantal à la nouvelle Mouchette, l'itinéraire selon lequel s'écrit la transcendance trace un sillon hésitant entre constantes obsessionnelles et foudroyantes métamorphoses. C'est d'abord la féminité dans son extrême jeunesse qui est exhibée au cœur des deux romans comme le support privilégié d'une ouverture transcendante brisée net par la prédation masculine, meurtrière dans *La Joie* et sexuelle dans *Nouvelle histoire de Mouchette*. À partir de ce socle commun et immuable, de nombreuses variations surgissent, étroitement liées à une évolution de perspectives et de perceptions spirituelles de celui qui écrit. Car la lumineuse bourgeoise mystique qui donne le change à cuisinière, domestiques et chauffeur, affrontant et domptant historien, psychanalyste et prêtre par l'éclat de son rire et de sa joie divine cèdera le pas à la misérable souillon qui dégoûte et exaspère les villageois qui l'approchent. Alors que la prodigue Chantal donnait à pleines mains paroles évangéliques, distribuait sans

---

1 Chantal évoque ses crises mystiques à Cénabre qui lui avouera son imposture. La veilleuse des morts raconte à Mouchette l'histoire de la demoiselle du château puis la jeune fille confie le secret de son viol à la vieille.

2 « C'est un souvenir, souffle-t-elle. Tu trouveras là-dedans de quoi te vêtir, si le cœur t'en dit. Le tout doit être à ta taille. Malheureusement la couleur ne convient guère : rien que du bleu ou du blanc, la morte était vouée jusqu'à quinze, tu penses ! » (*Nouvelle histoire de Mouchette*, 1334). Alors que Mouchette ne comprend pas le sens du verbe « vouer » et que la vieille répond de façon évasive (« – Un vœu que sa mère avait fait. »), le lecteur superposera – plus ou moins consciemment – l'image insolite de Mouchette en mousseline bleue et blanche aux multiples représentations mariales où la mère du Christ apparaît vêtue de bleu et de blanc.

compter larmes et baisers, recevait sans frémir secrets, mensonges et péchés en relevant ceux qui tombaient à ses pieds, Mouchette ne cesse de se contracter, de se replier, de se refuser au regard et à la parole d'autrui, blottie en son intériorité silencieuse, démunie de mots, dépouillée de soi et de Dieu. Bernanos refuse ici de faire fonctionner le principe des vases communicants, la mystérieuse joie qui emplit Chantal ne s'écoulera pas en Mouchette, désespérément vide, atrocement dénuée du principe vital qui débordait de sa grande sœur. Ce passage de la plénitude à l'absence trouve son accomplissement dans le choix créateur de substituer au meurtre sauvage et sanglant[1] de Chantal le suicide glacé de Mouchette, noyade insidieuse décrite à la manière des jeux du bain. Cette fois-ci, le revolver viril cède la place à l'eau féminine, pas plus bruyante qu'« un joyeux murmure de fête » (NHM, 1345). Si Chantal n'a pas survécu à l'agression précédant l'utilisation de l'arme à feu, Mouchette violée n'est pas tuée par son agresseur et survit encore quelques heures au crime dont elle est la victime, avant de devenir son propre bourreau. Héroïne tragique, Chantal ne mourait pas « sur scène », le narrateur de 1928 ayant décidé de se plier à la règle théâtrale classique de bienséance en plaçant dans la bouche de la cuisinière – confidente moderne – le récit des derniers instants, huis clos où Dieu fut le seul spectateur. La noyade volontaire de Mouchette a lieu en plein air – en public – dans « le minuscule étang solitaire » (NHM, 1343) déserté de tout spectateur et sera minutieusement décrite par le narrateur de l'été 1936. En moins de dix ans, la figure féminine supportant le mouvement d'ouverture à la transcendance a quitté de façon définitive son premier socle bourgeois et clérical solidement ancré dans un cadre spatio-temporel conformiste et rassurant pour investir le taudis des misérables sans prêtre ni Dieu, dépouillés de tout repère historique ou culturel, intemporels dans l'universalité d'une misère échappant à tous les codes par son absence ontologique, sa privation d'Être, son néant au cœur de l'immanence. Ignorée, anéantie par sa non-possession essentielle, la misère se situe en deçà de l'Avoir et de l'Être, tout au fond de l'eau boueuse où s'est noyée Mouchette, dans l'invisibilité de l'invisible.

---

1   Nous renvoyons à la réplique de Fernande après la découverte des deux cadavres : « Seigneur ! Sa pauvre petite tête n'est qu'une plaie. » (J, 722). Fiodor a tué la jeune fille d'une ou plusieurs balles en pleine tête.

ESPACES FICTIONNELS

Après les structures romanesques, les lieux fictionnels dans leur succession au fil des œuvres constituent des repères à partir desquels l'écriture de la transcendance peut se déployer. Si la structure romanesque perçue comme espace ne reflète qu'un cadre ayant pour principale fonction la mise en valeur du tableau textuel, l'espace fictionnel, nécessairement intégré à la diégèse n'est pas une simple toile de fond. Les lieux diégétiques supportent et enveloppent les personnages qui évoluent au sein de cet espace tout en l'infléchissant à l'occasion. Dans un article consacré au rôle expressif de l'espace dans la présentation de l'évènement[1], Philippe le Touzé définit d'emblée cet espace comme « un espace-temps[2] ». Cette transposition d'un concept physique moderne appliqué à l'univers romanesque de Bernanos se révèle d'autant plus pertinente quand on sait que les recherches scientifiques sur le mouvement sont à l'origine de l'invention de l'espace-temps et que l'on remarque, à la suite de l'étude de Philippe le Touzé, que les mouvements des personnages conditionnent le déploiement d'une vision spatiale fusionnant avec l'écoulement temporel. Sans reprendre les exemples présentés par le critique, nous voudrions prolonger cette transposition de la physique d'Einstein aux romans de Bernanos en nous concentrant sur la possibilité d'établir une relation entre écriture d'un espace-temps et écriture de la transcendance. Dans cette hypothèse, l'espace-temps physique comme trame de l'univers devient un espace-temps littéraire comme trame du récit fictionnel et sa soumission physique à l'influence de la matière devient soumission littéraire à l'influence des personnages. C'est ainsi

---

1 Philippe Le Touzé, « Espace et événement dans les romans de Bernanos », *Études berna-nosiennes 11*, 1970, p. 80-113.

2 *Ibid.*, p. 83. Mikhaïl Bakhtine avant lui, avait déjà mis en place le concept de chronotope : « Nous appellerons chronotope, ce qui se traduit, littéralement, par "temps-espace" : la corrélation essentielle des rapports spatio-temporels, telle qu'elle a été assimilée par la littérature. Ce terme est propre aux mathématiques ; il a été introduit et adapté sur la base de la théorie de la relativité d'Einstein. Mais le sens spécial qu'il y a reçu nous importe peu. Nous comptons l'introduire dans l'histoire littéraire presque (mais pas absolument) comme une métaphore. Ce qui compte pour nous, c'est qu'il exprime l'indissolubilité de l'espace et du temps (celui-ci comme quatrième dimension de l'espace). [...] Dans le chronotope de l'art littéraire a lieu la fusion des indices spatiaux et temporels en un tout intelligible et concret. Ici, le temps se condense, devient compact, visible pour l'art, tandis que l'espace s'intensifie, s'engouffre dans le mouvement du temps, du sujet, de l'Histoire. Les indices du temps se découvrent dans l'espace, celui-ci est perçu et mesuré d'après le temps. » (Mikhaïl Bakhtine, *Esthétique et théorie du roman*, Paris, Éditions Gallimard, 1978, p. 237).

que ces derniers creuseraient l'espace autour d'eux de la même façon que
la matière en mouvement dans l'univers creuse l'espace autour d'elle,
creusement révélateur d'un formidable paradoxe où un volume vide
subit une déformation. Relisons les impressions du curé d'Ambricourt
relatant sa course à moto comme passager d'Olivier :

> Le paysage ne venait pas à nous, il s'ouvrait de toutes parts, et un peu au-delà
> du glissement hagard de la route, tournait majestueusement sur lui-même,
> ainsi que la porte d'un autre monde.
> J'étais bien incapable de mesurer le chemin parcouru, ni le temps. Je sais
> seulement que nous allions vite, très vite, de plus en plus vite. Le vent de la
> course n'était plus, comme au début, l'obstacle auquel je m'appuyais de tout
> mon poids, il était devenu un couloir vertigineux, un vide entre deux colonnes
> d'air brassées à une vitesse foudroyante. Je les sentais rouler à ma droite et à
> ma gauche, pareilles à deux murailles liquides, et lorsque j'essayais d'écarter
> le bras, il était plaqué à mon flanc par une force irrésistible. (JC, 1213)

Forceurs d'espace, Olivier et le curé creusent le paysage qui, de lui
même, coïncide avec une ouverture absolue sur une nouvelle dimension.
La vitesse annihile toute appréhension spatio-temporelle et permet aux
personnages de s'engouffrer dans un corridor de vide, à mi-chemin
entre l'œil du cyclone (« entre deux colonnes d'air brassées à une vitesse
foudroyante ») et le retrait des eaux de la mer rouge (« …pareilles à
deux murailles liquides »). Transformé en flèche, le petit curé ne peut
plus esquisser le moindre geste et oppose une trajectoire compacte et
rectiligne à l'espace qu'il transperce, astronaute spirituel en route vers
une destination inconnue.

Dans l'espace-temps physique, chaque corps roule vers le creux créé
par un autre corps dont la masse est plus importante ; dans l'espace-temps
romanesque, certains personnages subissent ou provoquent d'authentiques
effets d'aimantation, illustrant métaphysiquement l'énigme de l'attrait
des corps situés à distance, à l'origine de la découverte d'Einstein. Quand
Simone se retrouve face à la vieille châtelaine dont elle a fomenté le
crime, cette attirance gravitationnelle préside et inaugure le contact
meurtrier fatal :

> Simone ne pouvait détacher son regard des deux taches de fard, que le reflet
> rose de l'abat-jour fonçait encore. C'était, dans cette face lugubre, comme
> une raillerie féroce, un rappel dérisoire de la santé, de la jeunesse. Mais elles
> l'attiraient aussi, elle eût voulu y porter la main, toucher de l'ongle l'enduit
> vernissé… (MR, 1018)

La force attractionnelle de la tante d'Olivier Mainville réside d'abord dans son argent et son statut de victime potentielle, proie fragile à la merci de celle qui choisit de dépenser sa liberté dans le geste criminel. Elle est aussi et surtout le moyen de plonger définitivement dans le néant du péché mortel, désigné tel par l'interdit testamentaire de tuer. La vieille femme agit donc comme un puissant aimant attirant à elle la criminelle en puissance pour la précipiter dans le gouffre de l'acte irréparable.

Dans l'espace-temps toujours, plus la masse d'un corps est importante, plus le creux qu'il dessine autour de lui est profond ; dans l'espace-temps romanesque, il semble bien que c'est le degré de charisme – positif ou négatif – émanant de tel ou tel personnage qui conditionne la dimension et la profondeur du creux se dessinant autour de lui. Le bedonnant *Monsieur Ouine* possède ainsi une puissante force d'attraction, succédané de l'attraction gravitationnelle qui augmente avec la proximité, engloutissant tout ce qui l'approche. Créateur d'un creux infiniment profond dans lequel tout ce qui se trouve à proximité risque de s'abîmer à jamais, Monsieur Ouine est à l'origine de véritables trous noirs astronomiques où une grande quantité de matière se concentre dans un tout petit espace dont il est impossible de s'échapper. De même que les trous noirs s'affirment parmi les objets les plus mystérieux de l'univers, monstres invisibles et dévorants, le personnage se décrit lui-même, lors de sa longue agonie, comme une entité vide à l'appétit dévorant[1], un trou noir à figure humaine contre lequel Steeny ne cesse de lutter pour éviter l'engloutissement. Et si, comme l'observent les astrophysiciens, le trou noir est le résultat de l'effondrement d'une étoile, le béant Monsieur Ouine se présente comme le résultat de l'effondrement de l'enfant qu'il fut, liquidation dont son agonie porte encore la nostalgie[2]. Témoin aimanté de ces derniers moments, le jeune Steeny subit l'influence de cet être béant qui, sans l'engloutir, semble cependant, à l'image du trou noir astronomique, déformer le cadre spatio-temporel du garçon. En effet, alors que le médecin a constaté l'heure approximative du décès de Monsieur Ouine, évaluée au moment où la sage-femme a laissé Steeny seul face à l'agonisant, le garçon soutient qu'à l'instant où le médecin a ouvert la porte, tous deux étaient en pleine discussion. Éloignés du

---

1 Voir « je suis vide, moi aussi », dit Monsieur Ouine (MO, 1550) ; et aussi « …je n'étais qu'orifice, aspiration, engloutissement, corps et âme, béant de toutes parts. » (MO, 1551).

2 « – "Une nouvelle enfance, toute une enfance", murmura M. Ouine à voix basse, avec l'accent d'une énorme convoitise. » (MO, 1554)

trou noir, le temps s'est écoulé normalement pour le médecin et la sage-femme ; mais pour celui qui côtoie sa béance, l'écoulement temporel est perturbé par la force du champ gravitationnel qui creuse l'espace, ralentit le temps ; en osmose inconsciente avec cette théorie, le narrateur retranscrit en détail ce long entretien entre Steeny et Monsieur Ouine, suspendu dans une temporalité ralentie par le caractère exceptionnel de l'événement : la disparition de celui qui n'est rien[1].

Outre la délimitation d'un espace-temps, Philippe Le Touzé met en valeur des repères spatiaux qui seraient « chargés de valences spirituelles[2] ». Envisageant des couples de rubriques à partir de l'espace de l'inconnu, le critique développe une typologie fondée sur la bipolarité et étroitement liée aux trois dimensions de l'espace[3], la verticale exprimant plutôt une durée dramatique et l'horizontale davantage un déroulement monotone voire une stagnation temporelle. Il s'agira d'opérer une tentative de prolongation de la typologie déjà envisagée, en présentant un autre couple de repères spatiaux, non plus alliés au mouvement mais à la totale immobilité : le plat et le creux. Ces deux espaces que Philippe Le Touzé relierait sans doute à ce qu'il nomme « le temps stagnant » par opposition au « temps vif[4] » du mouvement, peuvent paradoxalement s'affirmer comme des lieux privilégiés où s'écrit la transcendance. Le plat fait d'abord référence à une horizontalité parfaite, sans ondulation ni dénivellation mais pas forcément basse. C'est à plat, étendue sur son petit lit de cretonne, que Fiodor surprend pour la première fois Chantal ravie par une extase mystique[5]. Et c'est encore à plat, dans une immobilité parfaite, que s'élève la religieuse que Fiodor a vue en Russie et qu'il décrit à Chantal comme une sœur inconnue :

> Les anges seuls dorment comme vous, de cette manière. Permettez-moi : j'ai vu à Goutchivo une religieuse orthodoxe, une petite fille de Dieu, qui vous ressemble ; nos russes lui avaient brisé les jambes, elle était étendue par terre, devant l'icône, presque nue, sans boire ni manger depuis des jours, ravie au ciel, un doux prodige, un conte d'enfant, plus blanc que neige... (J, 569).

La catalepsie de Chantal, le martyre de la religieuse révèlent le grand mystère du croisement entre horizontalité immobile et verticalité ascendante.

---

1   « S'il n'y avait rien, je serais quelque chose, bonne ou mauvaise. C'est moi qui ne suis rien. » affirme Ouine (MO, 1557).
2   *Art. cit.*, p. 83.
3   Il étudie ainsi trois oppositions spatiales : l'avant et l'arrière, le haut et le bas, le fond et la surface.
4   Art. cit., p. 83-84.
5   « Elle s'est levée toute tremblante, elle a balbutié : "je... je m'étais endormie." » (J, 569).

C'est parce qu'elles sont étendues à plat sur un lit ou à même le sol, qu'elles réussissent, par l'oraison ou la souffrance paroxystique, à entamer un mouvement ascendant vers Dieu. Mais si l'horizontalité cataleptique apparaît comme un facteur favorisant l'élévation transcendante, elle reste entièrement dépendante de l'intériorité spirituelle du personnage qui l'éprouve. Dans *Un crime* par exemple, la tueuse de prêtre et de vieille femme aura beau, à la fin du roman, étendre son corps bien à plat sur les rails, il ne se passera rien d'autre pour elle que l'attente du prochain train, pas même mentionné par le narrateur abandonnant là personnage et roman. La victime d'Évangéline, au contraire, ce jeune homme allongé dans la forêt de pins proche de Mégère, connaîtra l'attraction verticale ascendante liée à son agonie horizontale, à travers la contemplation fixe de la cime d'un grand arbre, premier jalon de la voie transcendante. Cette hypothèse selon laquelle l'accès à la transcendance par l'immobilité serait réservé aux innocents[1] et aux souffrants est vérifiée par les références au second terme du couple de repères spatiaux liés à l'absence de mouvement. Il s'agit du creux, espace incurvé, qui recueille en son sein le seul personnage handicapé de l'œuvre romanesque, Guillaume, le petit boiteux ami de Steeny. Le chapitre IV de *Monsieur Ouine* présente ainsi les deux adolescents blottis dans un creux protégé des regards par une haie d'épines. Mais, alors que Philippe a la possibilité de s'extirper à tout moment de cette cachette, Guillaume qui marche avec des béquilles, a besoin d'aide pour être relevé et accéder à la position verticale. Dans le chapitre IX où Guillaume apparaît pour la seconde et ultime fois, c'est encore dans un creux que son petit corps est porté par son grand-père qui « s'assoit contre le talus déjà tiède. Mais le petit se laisse glisser sur le côté, s'allonge doucement, les deux mains croisées derrières la nuque » (MO, 1458). Être de souffrance à la vocation sacrificielle, Guillaume est celui qui porte le désespoir des bien-portants, écrasé par le mal d'autrui et dont la plainte seule s'élève jusqu'à Dieu :

> « Relevez-moi un peu, grand-père, s'il vous plaît, je suis trop bas, j'étouffe. » Les petites mains que le sommeil même n'apaise jamais, toujours violentes, s'accrochent une seconde au bras de l'aïeul. Il semble au vieux qu'elles l'attirent vers la terre avec une force merveilleuse, et le corps si léger pèse effroyablement à ses reins. Mais ce qui achève de briser ses forces, c'est le gémissement qui sort des lèvres violettes, presque collées à sa joue, gémissement que son oreille saisit à peine, croit saisir, puis qui s'enfle un peu tout à coup – moins une plainte qu'une sorte de soupir solennel, un solennel adieu. Alors la

---

1   Les Béatitudes annoncent clairement ce privilège : « Heureux les cœurs purs, ils verront Dieu ».

> fatigue accumulée depuis tant d'heures crève dans le cœur du vieil homme, et pendant une minute peut-être, une longue minute, il essaie gauchement de mêler sa propre plainte à cet appel venu de si loin, d'un autre monde. Il couche doucement l'infirme plus bas, dans un creux d'ombre. (MO, 1460).

Entre la prière de Guillaume qui, asphyxié par cet enfoncement spatial, aspire à un changement d'axe et le mouvement du grand-père qui exécute l'action inverse à celle demandée, enfonçant plus avant dans la terre le petit corps meurtri au lieu de le redresser, une souffrance absolue a uni les deux êtres, celle du martyre physique de l'enfant appelant la démission épuisée du vieil homme. Car la douleur du petit infirme n'est pas d'ici, mais venue « de si loin, d'un autre monde » dont le narrateur ignore la localisation, extérieur à l'espace-temps de l'histoire et du récit.

Il est un dernier espace intéressant à analyser pour clôturer cette tentative de localisation spatiale de l'écriture de la transcendance, c'est le lieu intime de la chambre. Dans un article consacré exclusivement à l'étude de ce lieu dans *La Joie* et *L'Imposture*[1], Paul Renard fait remarquer que les chambres évoquées dans ces deux romans sont « très peu lieux d'amour et de plaisir », et « pas davantage l'endroit du sommeil réparateur de l'amour partagé ». Certes, et si Cénabre y perd la foi, Chevance y agonise, Chantal y prie et y est assassinée. Quant à Monsieur Ouine, il y saoûle Steeny puis un peu plus tard y meurt, tandis que le curé d'Ambricourt y prie, y pleure, y écrit et manque de s'y suicider. En ce qui concerne la nouvelle Mouchette, ce personnage ne possède pas de chambre, vivant dans une pièce unique avec sa famille, dépouillée même du privilège de l'isolement et de l'introspection, ce luxe de la vie intérieure. Tous ces exemples révèlent ici que le lieu importe peu, car les personnages y font indifféremment tout et son contraire ; seule est prégnante l'intériorité de l'être qui peut le dilater ou le contracter, voire le supprimer. Il n'y aurait donc pas de lieu fictionnel intrinsèquement transcendant car l'avènement de la transcendance fait exploser tous les cadres spatio-temporels, reconnaissable au seul signe qu'il n'était pas attendu au moment et à l'endroit où il est survenu. Pour reprendre l'expression judicieuse de Philippe Le Touzé qui a voulu mettre en relation données spatiales et événements majeurs, « l'espace naît de l'événement » ou plutôt dans notre perspective il naît de l'avènement : celui de l'homme à l'écoute de la transcendance.

---

1   Paul Renard, « Du cénotaphe au chevet : la chambre dans *L'Imposture* et *La Joie* », in *Roman 20-50*, n° 6, décembre 1988, p. 81-88.

PERSONNES

UNE TRANSCENDANCE TRINITAIRE

Les présences romanesques de la transcendance comme Personnes échappent d'emblée et irréductiblement aux coups de boutoir de la critique philosophique moderne. En effet, le Dieu mis en roman par Bernanos ne rappelle en rien l'Être surplombant, immobile, éternel et causal des doctrines antique et classique. Étranger à toute spéculation discursive concernant l'existence ou la non-existence d'une transcendance nouménale séparée, le Dieu invoqué par les personnages ou le narrateur est avant tout un Dieu personnel[1] dont le mystère exhibé est lié à son aspect trine[2]. Devenue lieu commun, abritée de tout soupçon, la thèse de Feuerbach sur le christianisme a mis en place une accusation de projection subjective réduisant la foi chrétienne à une illusion aliénante. L'argument ontologique passant du concept de l'Être le

---

1   Personne échappant à la catégorie ontologique, le Dieu des romans de Bernanos préfigure le Dieu croisé et en croix désigné par Jean-Luc Marion : « Sans doute ne se nommera-t-il pas Être puisque l'Être ne fait qu'un avec l'étant en vertu de la différence ontologique appropriée à elle-même par l'*Ereignis*. Sans doute ne se reconnaîtra-t-il en aucun étant (et surtout pas "par excellence") puisque l'étant appartient à ce côté-ci de la distance. Sans doute le nommerons-nous Dieu, mais le croisant Dieu de la croix qui ne le révèle que dans la disparition de sa mort et de sa résurrection. Car l'autre terme de la distance, Dieu, n'a justement pas d'être, ni donc à recevoir un nom d'étant, quel qu'il soit. Dieu donne. » (Jean-Luc Marion, *Dieu sans l'être*, Paris, Éditions Fayard, 1982 ; 2ème édition, Presses Universitaires de France, 1991 et 2002, p. 152-153). « (...) l'instance connue, ici l'Être/étant (de quelque mode que soit cette connaissance), peut de droit entrer en distance avec une instance qui doit rester impensable pour précisément exercer le don : nous disons, Dieu qui ne croise l'Être/étant qu'en se soumettant le premier à la croix dont se signe l'agapè hyperbolique "qui surpasse toute connaissance" (Éphésiens, 3, 19). Dans la distance, seule l'*agapè* peut mettre en donation toute chose sur terre, aux enfers et aux cieux, parce que seule l'*agapè*, par définition, ne se connaît pas, n'est pas – mais (se) donne. » (*Ibid.*, p. 153)

2   C'est ainsi que le romancier Bernanos ne se situe jamais dans la perspective d'un raisonnement ontologique pour affirmer ou nier la notion de transcendance-Être et la réduire ainsi à un objet conceptuel, juxtaposé au nom de Dieu. Devant cet objet, le philosophe s'institue lui-même comme un Absolu pouvant décider ce que Dieu est ou n'est pas, tel Sartre qui, malgré ses prétentions phénoménologiques n'hésite pas à rejeter péremptoirement l'idée d'un terme absolu à l'élan transcendant : « L'être vers quoi la réalité humaine se dépasse n'est pas un Dieu transcendant. » (Jean-Paul Sartre, *l'Être et le Néant. Essai d'ontologie phénoménologique*, Paris, Nouvelle Revue Française, 1943, p. 133). La transcendance ainsi réduite à un phénomène de dépassement interne, « n'indique pas, par dessus son épaule, un être véritable qui serait, lui, l'absolu ». (*Ibid.*, p. 12).

plus parfait à son existence réelle, déduisant ce qui est de ce qui doit être, n'est pas en mesure de contrer cet athéisme pourfendeur de toute preuve rationnelle de l'existence et de l'unité de Dieu. C'est seulement en invoquant l'autorévélation d'un Dieu trine dont l'altérité s'est laissé trouver par ceux qui ne la cherchaient pas, qu'il semble possible de dépasser cette critique du christianisme comme illusion d'une conscience malheureuse. La transcendance trinitaire dont il s'agit n'a rien d'une causalité surplombante et solitaire immobilisée dans une éternité extra-temporelle, puisqu'elle désigne les trois personnes divines, libérées de toute hiérarchie ou solitude, mystère métamorphique interdisant toute clôture systématique. La transcendance comme Père est ainsi représentée par la médiation énonciatrice du Fils que l'Esprit seul fait entendre. La foi chrétienne célèbre Dieu comme « ami des hommes » (Tt 3, 4), « plus grand que notre cœur » (1 Jn 3, 20) mais aussi et surtout, en pleine fidélité aux Écritures dont l'Église reconnaît l'*auctoritas major*, comme trois fois différemment le même Dieu : « le Père, le Fils, le Saint Esprit » (Mt 28, 19). La transcendance du Dieu chrétien ne réside pas dans une hypothétique perfection superlative ou dans quelque hauteur solitaire mais dans l'incompréhensible don gracieux de soi, où le verbe se fait Chair pour demeurer près de l'homme et faire coïncider infinie distance et donation profuse. Dans la mesure où l'apôtre Paul écrit « Nous croyons, c'est pourquoi nous parlons » (2 Co 4, 13), il appartient à tout homme de foi de nommer l'innommé qui passe tout nom, mais aussi d'avouer son impuissance foncière dans la réalisation de cette tâche, acceptant d'avance que l'infirmité de ses raisons puisse apparaître au non-croyant comme la preuve du défaut de l'Être. Cette faiblesse, trace du mystérieux excès de l'Amour divin pour sa créature, ne doit pas être masquée mais au contraire exhibée comme défaillance renversée en bienheureuse blessure d'où jaillit le Don débordant dont elle n'est pas la source. Le mystère chrétien de la Trinité, qui postule un Dieu unique en trois personnes coexistantes, consubstantielles et coéternelles, introduit une tension permanente entre l'un et le multiple au sein même des personnes divines. Exister-pour-quelqu'un est la vérité absolue de l'être de Dieu. Le Fils Jésus et l'Esprit Saint reçoivent de Dieu toute sa richesse et peuvent donc être dits Dieu comme le Père lui-même est Dieu. L'homme ne peut être en communion avec Dieu qu'en reproduisant l'identité divine consistant précisément dans le don gratuit et sans limites.

PRÉSENCES PARADOXALES

Dans quelle mesure cette Trinité théologique peut elle être mise en roman ? Telle est bien la question qui se pose dans cette quête des métamorphoses de l'écriture romanesque de la transcendance comme Personne. La représentation romanesque du Dieu trine, nécessairement médiatisée par les contraintes du genre littéraire, ne peut être mise en œuvre qu'à partir des personnages, de leur itinéraire existentiel et spirituel ainsi que de l'instance narrative comme source de la figuration fictionnelle. D'emblée, la tentation est grande de distinguer les romans évoquant le Dieu chrétien et ceux qui l'ignorent ou le taisent. C'est ainsi que le doublet *Un crime – Un mauvais rêve* ainsi que la brève *Nouvelle histoire de Mouchette* se singularisent dans l'économie romanesque par leur assourdissant silence au sujet des trois personnes divines. Ils inaugurent une dialectique fictionnelle déchristianisée où toutes les trajectoires individuelles tracent des courbes étrangères aux repères de la foi en un « Dieu plus grand que notre cœur[1] ». Comment alors ne pas les opposer aux romans sursaturés de références au mystère chrétien, qu'il s'agisse de *Sous le soleil de Satan*, *L'Imposture*, *La Joie* ou encore *Journal d'un curé de campagne*, voire les écarter de cette écriture romanesque de la transcendance comme Personne ? Il semble paradoxalement que la présence romanesque du Dieu trinitaire chrétien puisse être décelée au sein même des fictions les plus éloignées de toute problématique chrétienne. Il ne s'agit pas de forcer plus ou moins adroitement des textes où le référent chrétien semble se dissoudre, mais de comprendre que le Dieu de la Révélation et de l'Incarnation se manifeste aussi dans son infinie potentialité comme un *Deus absconditus*, le Dieu caché de la Bible à l'origine de la théologie négative chrétienne[2]. Au-delà de toute opposition entre affirmation et négation, à la fois révélé et en retrait, le Dieu chrétien est en mesure de justifier sa présence au cœur de l'absence même dont il est sujet et objet[3]. Que certains personnages couplés à certaines intrigues ignorent ou taisent le nom de Dieu n'engendre donc paradoxalement

---

1   1 Jn 3, 20.
2   C'est ainsi que Pseudo-Denys, initiateur d'une voie vers Dieu qui se détourne de la connaissance et de la prolixité en parole et en pensée, fondateur de la théologie négative en terre chrétienne, s'inspire de l'Écriture pour désigner Dieu comme « Celui qui a pris la Ténèbre pour retraite » (Pseudo-Denys, *La Théologie mystique*, œuvres complètes, traduction par Maurice de Gandillac, Paris, Éditions Aubier, 1943, p. 178).
3   « (...) il convient davantage encore de nier d'elle, la Cause transcendante de toutes choses, tous ces attributs, parce qu'elle transcende tout être, sans croire pour autant que les négations contredisent aux affirmations, mais bien qu'en soi elle demeure parfaitement

pas son absence romanesque dans une lecture inspirée par les voies de la théologie négative[1]. Ignorer la Trinité ne serait pas un obstacle à sa présence effective dans l'être même de celui qui l'ignore. Le personnage de la nouvelle Mouchette illustre ce paradoxe où l'imitation de la geste divine se réalise dans une intériorité déchristianisée dépouillée de toute intuition trinitaire. Alors même que la jeune sauvage est d'emblée présentée comme la victime révoltée d'une figure paternelle détériorée[2], elle endosse cependant avec le plus grand naturel le rôle protecteur et consolateur que ce mauvais père n'a jamais joué, d'abord envers le bébé Gustave puis dans l'assistance à la mère agonisante. Mouchette paternelle donc, sur le modèle du Père source et dispensateur de vie, mais aussi christique, par sa reformulation « actualisée » de la règle d'or évangélique[3], voire paraclétique par son chant d'intercession[4] en faveur de l'épileptique qui gît à ses pieds. Humainement trinitaire, ce personnage totalement déchristianisé rend le christianisme à son universalité par la réalisation inconsciente et souterraine du principe programmatique religieux de l'imitation divine par le biais du reflet et de l'image.

Un constat s'impose néanmoins. Il semble impossible de systématiser cette localisation de la présence trinitaire dans les romans vidés de référence chrétienne. C'est ainsi que les personnages d'*Un crime* et d'*Un mauvais rêve* ne constituent pas, contrairement à Mouchette, des supports à l'épanouissement d'une anthropologie trinitaire. Qu'il s'agisse d'Évangéline ou Gaspard (*Un crime*), de Simone, Olivier ou Philippe (*Un mauvais rêve*), leur statut commun d'enfants uniques orphelins et solitaires coïncide avec une atrophie intérieure qui les empêche d'amorcer tout mouvement en direction d'un accomplissement de type trinitaire, où la reconnaissance de la vie (Père) est tributaire d'une souffrance par ou pour autrui (Fils) aboutissant à une grâce éclatante ou cachée (Esprit). Sans parents, ces personnages ne semblent pas en mesure de reconstituer dans

---

transcendante à toute privation, puisqu'elle se situe au-delà de toute position, soit négative soit affirmative » (*Ibid.*, p. 180).

1   Monique Gosselin et Pierre Gille ont fondé leurs thèses sur ce point névralgique.

2   Régulièrement frappée par ce père alcoolique, Mouchette sait résister aux coups par un silence stoïque (voir le récit qu'en fait Arsène, NHM) et ne craint plus de l'insulter après la mort de sa mère (NHM, 1316).

3   Le célèbre précepte attribué par Matthieu à Jésus (Mt 7, 12) devient dans la bouche de Mouchette face à Arsène « J'aimerais mieux me tuer que de vous nuire ». (NHM, 1295).

4   Elle écoutait monter son chant avec une humble ferveur, il rafraîchissait son corps et son âme, elle eût voulu y tremper ses mains. » (NHM, 1292). Par ses allusions baptismales, ce chant ne renvoie-t-il pas aux scènes évangéliques où l'Esprit descend sur Jésus baptisé (Mt 3, 16) par effusion de sa puissance et demeure sur lui (Jn 1, 33) ?

leur environnement une relation familiale au sens large, où la création et le maintien de liens humains figureraient les liens divins unissant les trois personnes de la famille trinitaire[1].

PÈRE, FILS OU ESPRIT ?

Ayant dépassé une première tentation de hiérarchisation classificatrice, il serait dommageable de céder à une autre tentation, liée cette fois au consensus engendré par la reconnaissance unanime du puissant christocentrisme de l'écrivain Bernanos. Même si les romans portent l'obsession du Christ et des symboles christiques[2], leitmotiv aisément mis en œuvre fictionnellement par le procédé de *l'imitatio christi*[3], la voie du Fils n'est pas le seul chemin scriptural emprunté par la narration romanesque pour tendre vers la représentation du Dieu chrétien.

Le cheminement de l'écriture romanesque s'ordonnerait autour de la question de la parole paternelle[4], paternité langagière étroitement liée à la problématique chrétienne du Verbe Créateur. Il semble en effet que les lieux romanesques investis par une figure de père invitent en un effet de miroir à une réflexion sur la paternité créatrice de la Personne première de la trinité chrétienne. Si la représentation de la paternité humaine biologique s'avère d'emblée et irrémédiablement catastrophique[5],

---

1   La théologie trinitaire voit ainsi dans la Sainte Famille évangélique le reflet humain de la Trinité divine, comme union familiale du Père, du Fils et de l'Esprit.

2   Michel Estève, Le *Christ, les symboles christiques et l'Incarnation dans l'œuvre de Georges Bernanos*, thèse de doctorat d'état, sous la direction de Michel Decaudin, soutenue à l'Université de Paris III – Sorbonne Nouvelle, 1977. Plus récemment, la thèse de Marie Gil prolonge cette perspective christocentrique par sa « découverte » de palimpsestes évangéliques presque tous liés à Gethsémani et à la Crucifixion.

3   Le Christ est en effet la seule des trois personnes qui par sa condition d'homme autorise la représentation de Dieu. C'est parce qu'elle a été Jésus homme que la personne du Fils se prête le plus et le mieux à la représentation imaginaire et donc à l'identification par la voie d'imitation. Le romancier Bernanos s'engouffre ainsi dans la brèche ouverte par l'Incarnation, à la fois voie et porte d'accès vers le mystère trinitaire. L'immanence accède alors à la transcendance par le Christ, Homme-Dieu, médiateur, révélateur du secret trinitaire. L'imitation christique trace un chemin vers Dieu car c'est par le Fils que le Père se révèle non en partie mais en totalité.

4   « Y a-t-il encore une parole paternelle pour l'homme d'aujourd'hui, une parole susceptible de donner un sens à l'univers qui est le sien ? Mais très vite il apparaît que la réponse est déjà donnée, et qu'il n'y a plus – ou qu'il n'y a pas – de parole paternelle. Cette affirmation, le Narrateur ne la prend pas à son compte, bien entendu, tout en contraire il s'insurge contre elle, et il lui faudra beaucoup de temps pour assumer ce qui est pourtant, sur le plan symbolique, la donnée fondatrice de son récit. » (Pierre Gille, *Bernanos et l'angoisse*, *op. cit.*, p. 333).

5   Les deux pères des deux Mouchette (le minotier Malorthy et le braconnier ivrogne) ainsi que ceux des deux Chantal (l'universitaire de Clergerie et le Comte d'Ambricourt) forment

inassimilable à une image immanente de la paternité divine[1], celle de la paternité symbolique ou spirituelle est plus ambivalente. Si, par leur statut sacerdotal, Menou-Segrais, Chevance et Torcy sont les ministres du Père qu'ils représentent humainement, les écrivains Saint-Marin et Ganse, les psychiatres La Pérouse et Lipotte, s'exhibent en pères inquiétants d'une filiation trouble et improbable qu'ils écrasent ou renient. À la fois prêtre et écrivain, Cénabre s'impose comme le mauvais père de Pernichon et l'ultime père de Chantal, non pas consolateur mais annonciateur de la croix. Ni prêtre ni écrivain mais professeur de langues, Monsieur Ouine s'impose comme un père de substitution maléfique pour le jeune Steeny. De manière étonnamment moderne, tous les romans portent au cœur de la problématique de la transcendance comme Personne, le « renoncement au père » tant prôné par Freud. Poussant la critique du narcissisme jusqu'à ses plus extrêmes conséquences concernant le désir religieux de la consolation, les romans ne cessent de mettre en scène un « prototype paternel[2] » iconoclaste qui fait voler en éclats la figure à la fois castratrice et consolatrice mise en place dans *Totem et Tabou*[3]. Prêtres, psychiatres et écrivains – au-delà de leurs différences et incompatibilités – partagent avec le Père vétéro-testamentaire une intempestivité liée à leur fonction de destructeur d'idoles. Toujours à contretemps, inopportunes, déplacées, voire inconvenantes[4], ces figures paternelles

---

deux couples de mauvais pères, entre avarice et alcoolisme, névrose et adultère.

1   Ces pères biologiques dénaturés sont d'autant moins l'image humaine de la paternité divine chrétienne qu'ils ne sont jamais mis en relation avec une filiation masculine mais au contraire exclusivement féminine.

2   L'expression est reprise à Paul Ricœur qui, dans son interprétation de l'herméneutique déployée par Freud au sujet de l'affirmation religieuse du Dieu-Père, reconnaît l'importance, la prégnance, la constance de ce prototype tout en dénonçant le réductionnisme de l'analyse psychanalytique. En effet, si la religion chrétienne pose bien un Dieu personnel dont la paternité constitue la nature propre, père tout-puissant, protecteur, rémunérateur bien-veillant et que parallèlement l'enfant transpose sur le Père la toute-puissance de son désir narcissique, le christianisme ne se réduit pas au désir éprouvé par le croyant de récupérer la puissance paternelle puisqu'il intègre dans son projet trinitaire l'humiliation kénotique du Fils et le souffle libérateur de l'Esprit Saint. Qu'il y ait donc rapports de désir, de conviction d'élection, d'obédience voire de culpabilité entre le fidèle et le Dieu-Père est une possibilité psychologiquement vérifiée par l'analyste mais qui est loin de recouvrir la richesse extensive de la relation au Dieu trinitaire (Paul Ricœur, *De l'Interprétation. Essai sur Freud*, Paris, Éditions du Seuil, 1965).

3   Sigmund Freud, *Totem et Tabou*, Paris, Éditions Payot, 1926. Si la peur et le désir sont les deux pulsions à l'origine de la religion, cette dernière constitue en retour le support de l'interdiction castratrice et remplit une fonction de consolation.

4   Les prêtres se singularisent chacun par une marginalité spécifique, les psychiatres ne cessent de déstabiliser ceux qui les environnent et les écrivains ont pour principale fonction de démasquer leur entourage.

créent l'événement[1] comme le créateur biblique fait advenir le monde, naturellement. Et avant même que le romancier ait pu inscrire à travers la liquidation systématique des pères fictionnels son renoncement à toute perspective consolatrice paternelle, les fils biologiques ou spirituels de ces paternités fictionnelles semblent avoir déjà renoncé depuis long-temps au désir narcissique de s'emparer de la puissance du père. Si les enfants biologiques n'ont aucun effort à fournir pour mépriser, rejeter ou démasquer la médiocrité et les insuffisances paternelles, les fils spirituels expérimentent plus difficilement mais tout aussi sûrement ce deuil du père référent, idéal et absolu. Donissan trahit ainsi douloureusement l'absence d'estime et la honte que Menou-Segrais lui inspire[2]. Chantal de Clergerie pressent, comprend puis accepte l'ultime commandement de Chevance, lui ordonnant de l'abandonner définitivement[3]. Quant au curé d'Ambricourt, ses demandes de soutien, de réconfort, voire de consolation ne sont jamais prises en compte par le curé de Torcy, dont la rudesse sans concession alterne avec des absences laissant le jeune prêtre livré à lui-même. Étroitement lié à cette mise en scène romanesque constante du renoncement à la figure paternelle, le motif de sa disparition s'inscrit puissamment dans les huit œuvres. La figuration de la mort ou du meurtre du père, constante de 1918 à 1940, ne se réduit pas à une « hantise » présente dans les trois premiers romans et métamorphosée en « donnée initiale » à partir de 1930[4]. À chaque mort ou meurtre d'une

---

1   Alors que les prêtres des trois premiers romans sont les moteurs de l'intrigue, pères-héros, les psychiatres, les écrivains, Ouine mais aussi le curé de Torcy s'imposent plutôt comme des maîtres de Parole, monopolisant les dialogues par de longues et denses tirades.

2   « […] vous venez de vous mettre entre les mains d'un homme que vous n'estimez pas. […] Ma demi-oisiveté vous fait honte. L'expérience dont tant de sots me louent est à vos yeux sans profit pour les âmes, stérile ». (S, 130).

3   « Arrachez-moi de votre cœur, ma fille, jetez-moi ainsi qu'Il m'a jeté lui-même, sans daigner se retourner encore une fois vers son serviteur humilié ». (I, 528). Voir aussi la réaction de Chantal au style indirect libre : « Ce moribond avait été son espérance, son honneur, sa fierté, la chère sécurité de sa vie, et elle les perdait à la fois. Il s'enfuyait à la dérobée, comme un voleur. Qu'importe ! Le doute perfide avait passé sur elle, mais il l'eût tuée sans la ternir. » (I, 529).

4   Telle est la position de Pierre Gille qui articule sa thèse sur la rupture entre « romans de la révolte » (1919 – 1928) et « romans de la question (1930 – 1940) » (*Bernanos et l'angoisse, op. cit.*, p. 305). Si la mort ou le meurtre du père apparaissent bien à partir de 1930 comme donnée initiale « que figure, dans les premiers chapitres de *Monsieur Ouine*, la disparition du père de Philippe, tué à la guerre ou en allé… » (*Ibid.*, p. 305), ils sont bel et bien intégrés au tissu romanesque dès 1918. Gille poursuit : « l'hypothèse de la mort du Père est chose si douloureuse, pour Bernanos, qu'elle n'est reçue au départ qu'au titre de la question. Mais la question est plus douloureuse encore : répondre serait au moins restituer au Père un visage, celui d'un mort. » (*Ibid.*, p. 305). Il semble au contraire que la restitution du visage du Père mort a lieu dès l'ouverture romanesque à travers

figure paternelle coïncide par anticipation ou prolongement, la mort ou le meurtre de la figure filiale en correspondance[1]. Morts du père et de l'enfant apparaissent ainsi comme deux évènements intimement et inextricablement liés l'un à l'autre. Et qu'importe l'ordre dans lequel chacun des deux intervient, il suffit simplement de comprendre que, à l'image du lien divin Père – Fils, l'un ne peut aller sans l'autre, chacun distinct et tous deux consubstantiels.

Où la figuration romanesque de l'Esprit peut-elle trouver sa place, à côté de cet émouvant et terrible binôme qui jalonne et scande la progression scripturale ? Quand meurent successivement le Père et le Fils, que devient le souffle de l'Esprit, ultime vérité de la possession du premier par le deuxième ? Dieu lui-même en action, selon sa désignation vétéro-testamentaire, porté[2] puis envoyé[3], il s'inscrit selon la terminologie théologique dans une économie du salut, activité puissante et invisible[4] dans laquelle Dieu intervient pour réaliser son dessein. Aux doubles disparitions paternelle et filiale succède pour chacun de ces évènements jumeaux un signe dont la fécondité jubilatrice pourrait être rattachée à l'action de l'Esprit comme présence et force transformatrices, éclatantes ou plus intérieures[5]. La présence romanesque de l'Esprit coïncide ainsi

---

la découverte par Saint-Marin – contrefaçon du Père – de « la face terrible, foudroyée » (S, 306) du cadavre du vieux saint de Lumbres, image humaine de la paternité divine décimée par l'endurcissement des pécheurs.

1   La mort du saint de Lumbres fait ainsi écho à celle du petit garçon, ce fils peut-être un instant ressuscité entre ses bras ; que le suicide de Germaine s'inscrit en contrepoint de l'assassinat perpétré sur Cadignan l'amant-père ; que la mort de Chantal répond dans les dernières pages de *La Joie* à l'agonie – clôturant *L'Imposture* – de son père spirituel et que le suicide de Pernichon anticipe la mort symbolique du père-confesseur Cénabre sombrant dans la folie ; que la mort sylvestre du vieux Delbende annonce en contrepoint l'agonie urbaine de celui qu'il appelait « mon garçon » (JCC, 1094) ; et enfin que l'agonie de Monsieur Ouine, père trouble de l'enfance orpheline, répond à la découverte du cadavre du petit vacher. L'équilibre ici est parfait entre les morts premières de pères (Cadignan, Chevance, Delbende) et les morts premières de fils / filles (Tiennot, Chantal, le petit vacher).

2   Voir par exemple Lc IV, 1-18.

3   Voir Jn XVI, 7.

4   La symbolique est une logique non représentative. Il en est ainsi pour la personne de l'Esprit Saint qui, à la différence du Père ne subit pas le risque d'une déformation anthropomorphique puisqu'il est essentiellement caractérisé par un souffle. L'imaginaire comme représentation n'a donc aucune prise sur lui. Présence théologique et romanesque invisible, l'Esprit opère dans le silence d'une intériorité disponible et réceptive – parfois inconsciemment – à la Parole. Églises visible et invisible constituent ainsi les deux effets sensibles de l'Esprit dans le monde post-christique.

5   Dans l'ordre des manifestations éclatantes, interviennent la guérison miraculeuse de la mère Havret après la mort de son fils unique, la parole prophétique libérée après la mort du saint de Lumbres par sa propre bouche cadavérique ou encore le sermon lui aussi

avec l'affirmation biblique et théologique selon laquelle son avènement se réalise dans un monde d'où le Père et le Fils se sont retirés.

Ne pourrait-on pas distinguer des romans plus spécifiquement liés au Père, d'autres au Fils et d'autres encore à l'Esprit ? N'observe-t-on ainsi des métamorphoses concernant l'écriture de la transcendance comme Dieu trinitaire, un cheminement où la représentation de l'une des trois Personnes divines serait privilégiée pour être ensuite délaissée ou masquée par les deux autres, simultanément ou successivement ? Dans la perspective d'une lecture ordinale de l'œuvre romanesque, il pourrait être tentant de distinguer trois phases d'écriture coïncidant respectivement avec les romans du Père, incarnation de la Loi religieuse, puis les romans du Fils, sanglants et sacrificiels, enfin les romans de l'Esprit, lacunaires et paraclétiques. La première triade romanesque des années 1918-1928 (*Sous le soleil de Satan*, *L'Imposture* et *La Joie*) se placerait ainsi sous le signe de la personne et de la parole Paternelles, à la fois créatrices et castratrices, qui propulsent et soumettent. La deuxième triade romanesque pourrait être localisée dans les années 1930-1935 (*Un crime*, *Un mauvais rêve*, *Journal d'un curé de campagne*) et se singulariserait par une atmosphère kénotique et crucifiante. Les deux derniers romans, (*Nouvelle histoire de Mouchette* et *Monsieur Ouine*), romans de la déchristianisation, signeraient l'avènement de l'Esprit dans sa manifestation post-christique et universelle. À cette lecture ordinale, fonctionnelle mais rigide et trop systématique, il semble davantage pertinent de substituer une lecture cardinale, plus souple mais aussi paradoxalement plus conforme au dogme trinitaire chrétien. En effet, la reconnaissance d'une co-présence initiale et constante, au fil de la trajectoire romanesque, entre Père, Fils et Esprit rejoint l'affirmation théologique selon laquelle les trois personnes divines, tout en restant distinctes, sont en échange d'Amour perpétuel, chacune consubstantielle à l'autre. Car le Dieu unique chrétien est relation, dialogue, échange et don, puissance d'amour non velléitaires mais féconds et efficaces, sans réserve. Si Père et Fils sont tournés tout entiers l'un vers l'autre, l'un ordonné à l'autre, sans cependant s'échapper d'eux-mêmes, leur vérité

---

prophétique, prononcé par le curé de Fenouille à l'enterrement de l'orphelin sacrificiel, la conversion *in articulo mortis* de Mouchette portée ensanglantée jusqu'à l'autel comme offrande par le prêtre sacrificateur. Plus discrètes mais tout aussi surprenantes sont les paroles saintes et sanctificatrices prononcées par Cénabre en ouverture du naufrage de sa raison (« Pater Noster ») et par le curé d'Ambricourt à l'heure du trépas (« Tout est grâce »). Seule la mort du journaliste Pernichon et celle de Monsieur Ouine restent sans suite paraclétique nommément décelable.

profonde et constitutive les renvoie l'un et l'autre à un autre encore qui est leur communion réciproque dans leur altérité maintenue. Ainsi, plutôt que de considérer *Sous le soleil de Satan* comme un roman de l'Ancien Testament, où la figure du Père à la fois créateur, castrateur et consolateur domine la matière textuelle, pourquoi ne pas lire l'œuvre sous le triple éclairage du Père, soit, mais aussi du Fils et de l'Esprit ? Car la kénose christique est amplement représentée dès « Le Saint de Lumbres » à travers la mort du fils unique Havret, dans « La Tentation du désespoir » à travers le corps supplicié de Donissan et les tentations auxquelles il est soumis. Quant à l'Esprit, ne souffle-t-il pas par la voix du vieux cadavre, suffisamment puissante pour retentir au-delà du sépulcre-confessionnal ? N'est-il pas la source de la demande faite par Mouchette agonisante d'expirer aux pieds de l'autel de Dieu ? N'inspire-t-il pas le rayonnement charitable du carrier-samaritain secourant le prêtre terrassé par sa rencontre avec le Mal ?

HORIZON TRINITAIRE ET OBSTACLE IDOLÂTRIQUE

À l'écriture romanesque de chaque personne divine correspondent des tentations hérétiques particulières. Celle du Père peut ainsi sombrer dans la dérive de l'idolâtrie par le masochisme ou le monarchisme de celui qui s'y soumet. Le premier prêtre de l'œuvre succombe ponctuellement à ces deux tentations par les souffrances physiques, morales et spirituelles qu'il s'inflige de manière lucide et continue, également à travers des accès d'arianisme[1]. Ce fantasme arien qui établit l'origine dans l'énoncé du Dieu-Maître, chronologiquement et logiquement premier, fonde son principe hiérarchique sur le temps et sur l'idéalisation de la figure paternelle. L'écriture romanesque de la personne filiale met en scène la tentation messianique qu'a pu éprouver le Christ pendant son incarnation, à savoir celle d'entrer dans une logique de rivalité de puissance avec le Père. Suscitée par Satan mais aussi par l'entourage de Jésus dans les textes évangéliques, cette tentation est retranscrite romanesquement à travers le motif de la curiosité et du désir de toute-puissance par la connaissance permettant la maîtrise d'autrui. Plus

---

1   Citons, entre autres, le défi lancé au Dieu-Père lors de la tentative de résurrection du fils Havret : « De lui [Satan] ou de vous, dites quel est le maître ! » (S, 268) ou encore une parole extraite du discours *post mortem* dans lequel le cadavre s'adresse à Satan : « Depuis quand as-tu pris le visage et la voix de Mon Maître ? » (S, 308). Les deux majuscules renforcent le caractère absolu de cette vassalité exclusive où le suzerain trône dans son Unicité et sa Solitude.

encore que Cénabre, Fiodor, les écrivains et les psychanalystes, *Monsieur Ouine* expose en son mode d'apparaître fictionnel ce vertige de la prise de pouvoir symbolique où l'emprise sur l'âme d'autrui devient telle que celui qui s'en est rendu maître ose la comparaison divine[1]. « Passe-temps de Dieu », la contemplation des âmes en jouissance ou en souffrance donne à Ouine le vertige métaphysique d' « amusement d'un Dieu » horloger et esthète, tel que la spéculation philosophique lui a donné forme. L'écriture romanesque expose-t-elle, parmi les tentations hérétiques de sa représentation trinitaire, une tentation pneumatomaque, héritière – consciente ou non – de la secte de Macedonius qui, dans le sillage de l'arianisme, niait la divinité de l'Esprit Saint ? La négation de l'Esprit comme personne divine coïncide avec un refus d'ériger en Altérité parfaitement aimante la pure différence, l'énigme ou encore la Parole. Ces trois modalités, en effet, par leur puissance d'ouverture, font obstacle à la tentation mortifère d'une fusion Père-Fils où les deux entités sont condamnées à une bipolarité sclérosante. Point de rencontre entre l'Un et l'Autre où un tiers surgit, l'Esprit diffère et permet de consacrer les singularités des deux personnes dont il procède[2]. Le meurtre du curé de Mégère commis par Évangéline peut ainsi être assimilé à une forme, certes fantasque mais éminemment expressive, de pneumatomachie. Car tuer le prêtre, ministre de Dieu par le sacrement ecclésial de l'ordre, c'est atteindre en plein cœur l'Église visible comme premier effet historique de l'Esprit. Exécuté comme un animal au coin du bois, le prêtre anonyme d'*Un crime* n'est pas rappelé à Dieu mais dérobé par

---

1 « La curiosité me dévore, (…). Telle est ma faim. Que n'ai-je été curieux des choses ! Mais je n'ai eu faim que des âmes. Que dire, faim ? Je les ai convoitées d'un autre désir, qui ne mérite pas le nom de faim. Sinon une seule d'entre elles m'eût suffi, la plus misérable, je l'eusse possédée seul, dans la solitude la plus profonde. Je ne souhaitais pas faire d'elles ma proie. Je les regardais jouir et souffrir ainsi que Celui qui les a créées eût pu les regarder lui-même, je ne faisais ni leur jouissance ni leur douleur, je me flattais de donner seulement l'imperceptible impulsion comme on oriente un tableau vers la lumière ou l'ombre, je me sentais leur providence, une providence presque aussi inviolable dans ses desseins, aussi insoupçonnable que l'autre. (…). La sécurité de ces âmes était entre mes mains, et elles ne le savaient pas, je la leur cachais ou découvrais tour à tour. Je jouais de cette sécurité grossière comme d'un instrument délicat, j'en tirais une harmonie particulière, d'une suavité surhumaine, je me donnais ce passe-temps de Dieu, car ce sont bien là les amusements d'un Dieu, ses longs loisirs… Telles étaient ces âmes (…). Leur créateur ne les a pas mieux connues que moi, aucune possession de l'amour ne peut être comparée à cette prise infaillible, qui n'offense pas le patient, le laisse intact et pourtant à notre entière merci, prisonnier mais gardant ses nuances plus délicates, toutes les irisations, toutes les diaprures de la vie. » (MO, 1558-1559).
2 Voir Roland Sublon, La Lettre ou l'esprit. Une lecture psychanalytique de la théologie, Paris, éditions du Cerf, 1993.

un acte humain purement gratuit au monde dans lequel il avait pour vocation de symboliser le souffle post-christique de l'Esprit. Moins spectaculaires mais tout aussi saisissantes peuvent être reliées à cette tentation-perversion pneumatomachique les insertions fictionnelles de suicides, et quelle que soit l'identité de celui qui s'y soumet. L'acte en soi signe le refus ou l'ignorance de la présence intra-mondaine d'un souffle divin rédempteur, consolateur et dispensateur de grâce divinisantes.

L'horizon trinitaire, à l'œuvre dans les métamorphoses de l'écriture romanesque de la transcendance comme personne divine, reste ainsi une ligne toujours visée, jamais atteinte, entravée dans son déploiement par trois obstacles désignés ci-dessus : l'idolâtrie du Père, le messianisme narcissique appliqué au Fils, et la négation névrotique de la puissance divine de l'Esprit. Ces tentations pointées traditionnellement du doigt comme hérétiques par la théologie sont retranscrites au sein de la modernité romanesque comme des défaillances psychiques pervertissant l'écriture de la transcendance. Les failles et perversions de l'inconscient des personnages et du narrateur se posent donc en héritières pathologiques directes de la millénaire hérésie théologique. Folie, haine, perte ou falsification névrotique du Dieu trinitaire ont la part belle dans cette représentation fictionnelle du mystère chrétien transcendant.

Le romancier a pris un risque double en relevant le défi d'écrire la transcendance dans le cadre de la narration fictionnelle. La menace d'implosion de la création littéraire par un basculement fatal dans l'autoportrait mystique ou l'essai métaphysico-théologique ne le dispute-t-elle pas ainsi au danger de réduction de la notion de transcendance, vitale pour le romancier chrétien, à un élément fictionnel parmi d'autres, composante fictive d'un univers non-référentiel où toutes les propositions seraient réduites à des constructions imaginaires[1] ? Mais ce double écueil est évité. En effet, les fictions se présentent lourdes du fardeau de l'immanence, dans le respect des conventions du genre romanesque, et les narrations se révèlent comme les médiatrices d'une écriture orientée vers le dépassement de toute instrumentalisation des techniques liées à l'identification, à la position et aux aspirations de la voix narrative. Le résultat de ce double choix scriptural se révèle à travers les présences

---

1   Fictionnalisée, la transcendance perd la factualité qu'elle revêt pour tout croyant et, devenue romanesque, se métamorphose par là même en supposition, hypothèse, élément envisagé : «... Les propositions de la fiction sont fausses, mais sans être l'objet d'une croyance et sans être assertées. Leur caractère fictionnel consisterait dans le fait qu'elles sont uniquement proposées à la réflexion, comme c'est le cas pour les hypothèses. » (Margaret Mac Donald, *op. cit.*, p. 251).

romanesques polymorphes de la notion, à la fois manifestée comme mouvements, lieux et Personnes privilégiés.

Traditionnelle chasse gardée des hommes de Dieu – prophètes, théologiens, clercs et mystiques – ou encore des métaphysiciens philosophes cherchant à se libérer du joug de la théologie à travers une mise en cause des définitions canoniques et une quête de renouvellement conceptuel, l'écriture de la transcendance semble donc en mesure de se déployer à l'extérieur de ces deux cadres formels normatifs. Le genre romanesque, écriture profane par essence, présente des invariants formels et thématiques qui ont pu apparaître comme des obstacles à la représentation langagière du mouvement, de l'espace ou de la personne transcendants. La mise en place scripturale d'un flux fictionnel accentuait la difficulté en réduisant fatalement toute tentative de dépassement des cadres de l'immanence à une extrapolation imaginative. Si les passions, au contraire de l'expérience vécue de l'amour divin, sont bien du domaine du roman, l'esclavage qu'elles engendrent entrave tout horizon de dépassement et Bernanos, lecteur averti de *L'Hérédo* mais aussi de Freud lui-même à partir de 1929, ne cesse de mettre en scène leur puissance destructrice[1]. Adhérant à la thèse de Léon Daudet selon laquelle les écrivains se libèrent de leurs « hérédismes[2] » par la création littéraire, le romancier injecte dans ses fictions les démons intérieurs qui parasitent le déploiement d'une écriture tendue vers l'horizon transcendant. Les fictions de l'immanence se concentrent sur deux schémas obsessionnels, le monde et le mal. Le premier, perçu comme antithèse de la vie spirituelle, possède dans l'œuvre romanesque une valeur d'origine évangélique[3] amplifiée par le souvenir de la critique de Pascal concernant l'évolution des rapports entre vie sociale et vie religieuse[4]. Ainsi considéré comme le domaine des désirs charnels,

---

1   « (…) les passions en général, renforçant en nous l'hérédo, contribuent à notre esclavage. Si, sous leur empire, nous cessons de nous gouverner, c'est parce qu'elles introduisent et accréditent en nous les éléments héréditaires, à commencer par les plus troubles, c'est parce qu'elles nous écartent du soi et de son unité. La colère, l'avarice, l'orgueil, la luxure, simples ou combinés, suscitent en nous une foule de personnages divers et de figures grimaçantes qui prennent successivement la direction de notre être et l'entraînent à des actes de moins en moins libres, de plus en plus commandés ». (Léon Daudet, *L'Hérédo. Essai sur le drame intérieur*, Paris, Nouvelle Librairie Nationale, 1916, p. 52).

2   Le néologisme est repris à Léon Daudet.

3   Voir par exemple Matthieu 4, 8 où le tentateur offre à Jésus « omnia regna mundi et gloriam eorum » mais aussi Jean 1, 10 : « In mundo erat, et mundus eum non cognovit ».

4   « Il fallait autrefois sortir du monde pour être reçu dans l'Église ; au lieu qu'on entre aujourd'hui dans l'Église en même temps que dans le monde. » Blaise Pascal, « Comparaison des chrétiens des premiers temps avec ceux d'aujourd'hui » in *Pensées*, Brunschvicg 207.

sources de dissipation et de péché, le monde déployé par l'écriture romanesque allie sécularisation arrogante piétinant vingt siècles de mystère chrétien et exhibition d'une sexualité agressive, affranchie des interdits bibliques comme des exigences naturelles. Le second schème obsessionnel recouvre les trois sens classiques de la notion de mal. À la fois ou successivement imperfection, souffrance et péché, le mal romanesque, héros métaphorique des huit intrigues, ne cesse de se métamorphoser de la première à l'ultime fiction, tramant d'un avatar à l'autre la toile tendue d'une immanence contaminée par une lèpre mystérieuse et perdue pour tout horizon rédempteur. Au cœur de ces ténèbres, la voix narrative trace sa propre route, à travers un christianisme tenace qui refuse de se dissoudre dans les discours de la psychiatrie triomphante ou les commentaires ironiques de l'athéisme suffisant. Conforme au penseur idéal moderne défini par le théologien[1], ce narrateur trouve une « solution aux problèmes de l'inculturation de la foi » par une personnalisation constante de celle qu'il vit et revendique. Brèche métaphorique dans les forteresses fictionnelles de l'immanence, leur médiateur narratif réussit le double tour de force de restituer scripturalement les différents visages d'une modernité désertée par la transcendance sans perdre son identité chrétienne. Cette ferveur narrative a ouvert dans l'espace romanesque la perspective d'un déploiement puissant de l'horizon sémantique et symbolique transcendant. Réparties en trois projections spatiale, temporelle et personnelle, ces présences scripturales polymorphes saturent les potentialités humaines de la représentation de la transcendance. Mais les modalités permettant que ce défi soit relevé n'ont rien d'une joyeuse et sereine victoire. Car le moment est venu de substituer à l'investigation d'un tel défi l'étude du calvaire créateur ayant jalonné sa mise en œuvre. Il ne s'agit plus d'envisager la transcendance comme sujet du défi scriptural qu'a pu se lancer le romancier à lui-même mais de la concevoir comme objet-horizon

---

1   « La possibilité de différentes options ne laisse pas cependant libre cours à toutes les opinions, qui apparaîtraient interchangeables. Le devoir de chaque penseur est de confronter
loyalement ses options philosophiques avec les valeurs chrétiennes et la tradition en sorte
que son choix légitime s'harmonise avec l'ensemble de la doctrine chrétienne. En ce
sens, le penseur est renvoyé à un effort de vie spirituelle authentique qui permette une
appropriation personnelle de la foi. C'est en fonction de cette appropriation personnelle
qu'il s'efforce d'enrichir l'expression de sa foi pour contribuer ainsi à son inculturation.
(...). La solution aux problèmes de l'inculturation de la foi passe par une personnalisation
constante de la foi vécue. » (Charles-André Bernard, « Un dialogue entre la philosophie,
la théologie et la spiritualité. Chemin de la sagesse » in *Théologie mystique*, Paris, Éditions
du Cerf, 2005, p. 35-36).

d'une écriture dont la vérité se nomme douleur[1]. Cette conversion du regard nécessite de quitter l'analyse narratologique du pacte fictionnel et des processus narratifs pour aborder les rivages de l'étude génétique, historique voire biographique de l'œuvre.

---

1   « Qui cherche la vérité de l'homme doit s'emparer de sa douleur, (…) » (J, 561).

DEUXIÈME PARTIE

LE CALVAIRE

Car pris ainsi, le métier d'écrivain n'est plus un métier, c'est une aventure, et d'abord une aventure spirituelle. Toutes les aventures spirituelles sont des calvaires.

Georges BERNANOS

LA PAGE

Matrice de toute création littéraire, la première page constitue la matière première et le support de toute métamorphose ultérieure. Les pages suivantes s'inscrivent dans une autre dynamique : l'élaboration architecturale d'une unité mais aussi la mise en place d'un rythme de travail permettant une accumulation paginale propre à faire émerger une œuvre dont l'autonomie coïncide avec la clôture. La relation entretenue entre le romancier Bernanos et la page à noircir ne semble guère avoir évolué de 1920 à 1940 et la correspondance porte avec une régulière constance témoignage du calvaire enduré. La confidence adressée en 1933 à Robert Vallery-Radot concernant la puissance motrice de la machine littéraire éclaire ainsi l'ensemble du parcours créateur :

> Je mijote des heures au fond de cafés ténébreux, choisis comme tels, et où il est absolument impossible de rester cinq minutes sans rien faire, sous peine de crever d'ennui. Mais quand j'ai raturé, déchiré, recopié, puis gratté chaque phrase au papier de verre, je compte que ma moyenne est d'une page et demie par jour. Je vous assure que je ne peux pas faire mieux, mon vieux[1]

Cette comptabilité laborieuse, appliquée aux petits cahiers d'écolier sur lesquels le romancier écrivait ses fictions, laisse rêveur. Car le premier regard posé sur un de ces précieux feuillets sauvés de l'oubli ou de la détérioration renforce cette image d'un Bernanos acharné au labeur, revenant sans cesse sur sa création pour la remodeler. Chaque page manuscrite porte les stigmates d'une littérature en gésine, offrant à la vue des feuillets couverts d'une écriture minuscule, à peu près illisible à force de ratures, de reprises, de surcharges. Les pages de l'œuvre romanesque sous cette forme gestationnelle ne sont hélas pas accessibles au public dans leur totalité. Le département des manuscrits de la Bibliothèque nationale de France possède plusieurs cahiers de travail et cahiers de mise au net correspondant à certains passages de certains romans, mais *L'Imposture, La Joie* et *Nouvelle histoire de Mouchette* sont

---

1   Georges Bernanos, Corr. I, p. 465.

absents des différentes versions manuscrites romanesques recensées dans le catalogue des Nouvelles Acquisitions Françaises[1]. Quant à *Sous le soleil de Satan*, les cahiers d'écolier qui ont présidé à son élaboration ne sont pas accessibles mais l'exhumation en 1973 d'un manuscrit autographe partiellement mis au net a facilité l'étude de sa mystérieuse genèse[2].

Le choix de restreindre le support d'étude de ce chapitre à *Sous le soleil de Satan* et *Monsieur Ouine* se justifie ainsi par des contraintes matérielles liées à l'accessibilité des versions manuscrites romanesques. En effet, l'analyse topographique et chronographique des métamorphoses paginales de l'écriture de la transcendance suppose de disposer des pages manuscrites, pour observer leurs modalités d'élaboration et pouvoir les comparer avec les pages correspondantes des éditions. Il se trouve que *Sous le soleil de Satan* et *Monsieur Ouine* sont les deux seuls romans de l'œuvre ayant déjà fait l'objet d'études génétiques serrées grâce à la qualité et à la richesse des documents autographes mis à la disposition des chercheurs. Il ne s'agit pas de reprendre les chemins déjà empruntés pour rectifier ou affirmer les découvertes mais de les réinvestir dans une perspective unique, celle de l'écriture de la transcendance. Ces pages manuscrites écrivent-elles le mouvement, le lieu ou les Personnes du dépassement sans limitation ? Les modifications qui s'y exercent, ratures et surcharges, abandons et reprises, amplifient-elles ou résorbent-elles cette écriture mystique ?

UN MANUSCRIT DE *SOUS LE SOLEIL DE SATAN* :
LIEU DE DÉPOUILLEMENT EXPIATOIRE

LA QUERELLE DES PAGES CENSURÉES

Albert Béguin le premier, voulut briser l'image donnée par la presse de l'époque d'un Bernanos dilettante génial et visionnaire, prenant la

---

1 Voici la liste des documents manuscrits consultables à la Bibliothèque nationale de France : douze cahiers de travail et une mise au net autographe incomplète d'*Un crime*, cinq cahiers de copie par Madame Guerne avec des corrections d'Albert Béguin, une mise au net autographe et une dactylographie incomplètes *d'Un mauvais rêve*, une mise au net autographe de *Journal d'un curé de campagne*, vingt-trois cahiers de travail et deux cahiers de mise au net de *Monsieur Ouine*. Pour plus de détails, consulter le catalogue des Nouvelles Acquisitions françaises, p. 155-156 et 159-160.

2 Ce manuscrit est consultable à la Bibliothèque bodmeriana de Coligny (Suisse).

plume comme on brandit une arme, avec fougue, dans un éclair[1]. Huit années n'ont pas suffi pour que l'écrivain soit satisfait de son premier roman. Bernanos, royaliste fougueux, camelot du roi pendant sa jeunesse, homme de passions et d'emportements, était un écrivain laborieux, un artisan de la forme âpre à la tâche. Dans sa biographie consacrée à la figure de son père, Jean-Loup Bernanos reproduit un extrait d'une lettre inédite adressée à un ami auquel l'écrivain offre un brouillon de *Sous le soleil de Satan*, et dans laquelle Bernanos décrit lui-même le contenu du précieux cadeau :

> Pauvres brouillons couverts de ratures et de surcharges, zébrés de traits rageurs pareils aux marques laissées par la cravache ou les ongles sur un visage haï, coupés de blancs qui ont l'air de demander grâce, qui révèlent l'endroit où j'ai rompu, et même rompu en désordre, je pense à un terrain piétiné par une rixe, quand le cadavre vient d'être enlevé par la police[2].

L'expression « terrain piétiné » appliquée au texte en devenir force l'imagination et évoque une relation passionnelle entre l'écrivain et sa création. Bernanos retrace à son ami un corps à corps furieux avec le texte, un duel sans merci où les mots figurent l'implacable ennemi et le stylo l'arme qui élague, poignarde, assassine. Ainsi s'élabore le trajet de l'écriture, au fil des ratures, reprises et corrections qui jalonnent le travail de mise en forme langagière.

Il est encore aujourd'hui matériellement impossible de travailler sur les brouillons d'écolier, non révélés au public. En revanche, l'accès au manuscrit autographe vendu par Bernanos en 1934 puis revendu par Pierre Berès à la fondation Martin Bodmer en 1953, a permis la réalisation d'un travail précieux sur la genèse langagière du roman, et donc une meilleure connaissance du trajet de l'écriture, de son état de mise au net jusqu'à l'impression. Dans son étude sur la genèse et les structures de ce roman[3], William Bush a relaté comment ce manus-

---

1   « Il passe encore pour une sorte d'amateur de génie, peu conscient des problèmes de son art, ou pour un improvisateur dont les indéniables réussites seraient l'effet du hasard plutôt que de la recherche (…). On se trompe du tout au tout en parlant à son sujet d'improvisation tumultueuse et inconcertée. Son labeur de romancier ou de polémiste et même la rédaction de la moindre lettre étaient soumis à la vigilance impitoyable d'une intelligence rigoureuse, éprise de netteté. » Albert Béguin, *Création et destinée II, La réalité du rêve*, Paris, Éditions du Seuil, 1974, p. 282-283.
2   Jean-Loup Bernanos, *Bernanos à la merci des passants*, Paris, Éditions Plon, 1986, p. 175.
3   William Bush, Genèse et structures de « Sous le soleil de Satan » d'après le manuscrit Bodmer. Scrupules de Maritain et autocensure de Bernanos, 1988, (Paris, Lettres Modernes, « Archives des lettres modernes » 236).

crit est porté à la connaissance du professeur René Guise, exhumateur
des précieuses feuilles autographes en 1973[1]. La même année, ce dernier publie le résultat de ses découvertes[2] qui met au jour une mine
d'informations concernant les modifications formelles intervenues sur
le texte original. Présentant d'abord le bilan de cette découverte à travers « une description du manuscrit avec les commentaires qu'il [nous]
inspire », il met alors en place « une confrontation, au fil des pages, du
texte tel qu'il est connu avec celui que nous donne le manuscrit[3] ». Cette
comparaison textuelle entre le texte manuscrit et la version imprimée
met à la disposition du public un relevé exhaustif des différences entre
les deux textes. La connaissance et l'étude de ces variantes rendent ainsi
possible le travail d'accompagnement de l'écriture qui consiste en une
meilleure appréhension du trajet du langage, de sa trajectoire dans la
perspective de l'expression transcendante, mais aussi de ses conditions
matérielles de création. Dans une seconde partie de l'étude, René Guise
a confié à Pierre Gille le soin « de présenter (...) touchant le document,
ses enseignements et les problèmes qu'il soulève, un point de vue bernanosien » (p. 47[4]). Se fondant sur les minutieux relevés de son confrère,
ce dernier ouvre des « perspectives » à propos de la genèse langagière
de *Sous le soleil de Satan*, voulant suivre le trajet de l'écriture, « celui qui
mène l'écriture à son premier terme – il s'agit de tout ce qui est de la
main de Bernanos – et celui qui, de ce terme (peut-être tout théorique)
le mène jusqu'à l'édition. »(p. 48). La genèse langagière se scinde ainsi
en deux étapes : genèse du texte puis genèse de l'édition. Le critique
distingue les ratures appartenant au processus de rédaction, généralement
contemporaines de l'écriture ou légèrement ultérieures, de corrections
« qui laissent davantage perplexe. » (p. 54). Et c'est ici que se noue un
des problèmes essentiels soulevés par la genèse langagière de *Sous le soleil
de Satan* : ces corrections et suppressions effectuées après coup, laissent
subsister la version initiale. L'étude interne ne fournissant aucun indice,
Pierre Gille émet d'abord, à propos de ces nouveaux départs qui refusent

---

1   « C'est le professeur Bernard Gagnebin de l'Université de Genève, auteur du catalogue
     des manuscrits français détenus dans la collection Bodmer, qui a signalé l'existence de
     ce manuscrit à son collègue, René Guise, dont l'art expert à dépouiller les manuscrits
     de Balzac lui a permis de faire un travail scientifique du manuscrit de Bernanos. » (*Ibid.*,
     p. 152, note 2).
2   René Guise et Pierre Gille, *Sous le soleil de Satan. Sur un manuscrit de Georges Bernanos*,
     1973, « Annales de l'Est », Université de Nancy II, Mémoire n° 45.
3   *Ibid.*, p. 4.
4   *Ibid.*, p. 47 à 66.

d'effacer le mouvement antérieur, l'hypothèse d'un double respect : celui d'un éventuel correcteur, qui, par discrétion voire modestie, refuserait d'effacer la version primitive ou « respect de l'écrivain à l'égard de son propre texte qu'il veut bien polir sans pour autant renvoyer aux limbes le jet premier de son inspiration »(p. 5[57]). Ces reprises auraient pour but d'atténuer les excès langagiers de l'écrivain, « d'amender sa plume, lui retirer son tranchant ». Et l'inévitable question surgit : qui est à l'origine de ces interventions « respectueuses », de quelle instance et pour quels motifs émerge l'initiative de ces suppressions ? Afin d'identifier les hypothétiques censeurs ayant pu être à l'origine des suppressions et corrections effectuées ou reportées sur le manuscrit autographe, Pierre Gille effectue alors un travail minutieux reposant essentiellement sur la correspondance de Bernanos durant les années de genèse de son premier roman. Robert Vallery-Radot, l'ami et le confident, Stanislas Fumet, secrétaire, et Jacques Maritain, directeur de la collection auraient tous trois été susceptibles d'intervenir sur une des dactylographies ou sur les épreuves. Mais le critique se refuse à restreindre la délicate question de la genèse langagière à une interrogation sur l'origine et le bien-fondé (fatalement arbitraire) des interventions modificatrices. La volonté de privilégier les finalités de l'écriture sur l'identification des influences prédomine. Selon lui, le mouvement de compression textuel et langagier, qu'il soit l'œuvre de l'écrivain ou qu'il soit inspiré par une instance extérieure se dirige dans le même sens : ratures de l'écrivain et censure des conseillers se rejoignent, et non plus en terme de conflit. Ainsi le trajet de l'écriture, à priori déchiré par un conflit entre l'auteur et des pressions mal identifiées, serait en fait unifié par son mouvement interne de dépouillement inaugurant l'ère de l'ambiguïté et de l'obscurité, qui masque sans l'affadir le premier mouvement de l'écriture.

Neuf années après la publication de cette étude, William Bush publie une nouvelle édition de *Sous le soleil de Satan*[1] rétablissant les passages et les expressions retranchés de l'édition originale et rend pour la première fois accessible au public un « texte plus conforme au manuscrit remis par l'auteur à l'éditeur en 1925[2] ». Négligeant la constatation de Pierre Gille formulée dès 1973 à propos du texte

---

1 *Sous le soleil de Satan. Sur un manuscrit de Georges Bernanos*, première édition conforme au manuscrit original révélé par René Guise et Pierre Gille et comportant de nombreux passages retranchés des éditions. Texte établi et annoté par William Bush (Paris, Éditions Plon, 1982).

2 *Ibid.*, avant-propos p. 9.

édité en 1926[1], William Bush efface délibérément en une publication symbolique la version publiée chez Plon. Ce refus catégorique du texte publié dans la collection « Le roseau d'or » est lié à la conviction selon laquelle Jacques Maritain serait le grand responsable des mutilations les plus spectaculaires. Le critique estime que « la suppression de ces passages constitue une perte importante, puisqu'ils précisent la pensée de l'auteur sur la tentation du désespoir » (p. 9). Le mouvement de dépouillement stylistique et sémantique auquel se soumet l'écriture est ainsi ressenti comme une atteinte à l'intégrité et au génie de l'œuvre, comme un mouvement de censure ou plus précisément d'autocensure. Le mouvement de concentration ne répondrait en aucun cas à une volonté esthétique ou idéologique de la part de l'auteur, mais serait le produit d'une pression extérieure identifiable, perturbatrice du processus créateur. Jacques Maritain se serait immiscé au cœur de l'acte de création, subvertissant par ses scrupules et ses consignes le mouvement naturel de la genèse romanesque. Le trajet de l'écriture s'inscrirait donc comme un trajet dévié de sa trajectoire originelle, forcé jusqu'à la falsification, réalisant des modifications effectuées contre le gré de l'écrivain. Le mouvement de la genèse langagière suivrait donc une trajectoire de l'affadissement par l'édulcoration. L'essai critique publié en 1988[2] par William Bush renforce sa thèse d'une genèse soumise aux ravages de la censure. Refusant de considérer la version imprimée de 1926 comme l'aboutissement d'un processus en action jusqu'aux ultimes épreuves, il s'attache à démontrer, par la comparaison de quelques passages choisis qui ont été retranchés de l'impression avec la seconde version, moins riche, comment la censure agirait au cœur du texte, atténuant parfois jusqu'à l'anéantir, la puissance de l'écriture et de la vision de l'écrivain.

Dans la seconde partie d'un article de mise au point au titre explicite[3], Pierre Gille revient sur l'épineuse « question des corrections diverses consenties par Bernanos ». Exigeant que la part soit faite entre ce qu'il nomme le « travail normal de l'écrivain, travail qui peut se poursuivre jusqu'aux dernières épreuves et au-delà » et les « retouches opérées sous une influence, et qui se caractérisent par des ratures, des mises entre

---

1   « Impossible d'y retoucher tant que nous ignorons l'origine de l'intervention – et si l'auteur a donné ou non son aval », *Sous le soleil de Satan. Sur un manuscrit de Georges Bernanos, op. cit.*, p. 57.

2   William Bush, Genèse et structures de « Sous le soleil de Satan » d'après le manuscrit Bodmer – scrupules de Maritain et autocensure de Bernanos, 1988, Paris, Lettres Modernes, « Archives des lettres modernes » 236).

3   Pierre Gille, « Faut-il retoucher *Sous le soleil de Satan* ? » (EB 20, 21-31)

crochets, de la main ou non de l'auteur, etc... », il reconnaît cependant que « cette distinction théorique n'est nullement opératoire, puisqu'il est impossible de distinguer, dans la plupart des cas, ce qui obéit à une intention de l'artiste et ce qui relève d'une concession. ». Seule une distinction systématique entre ratures et suppressions non raturées, mises entre crochets ou non, permet d'ouvrir le champ à des hypothèses concernant la source, l'instant, le motif de la disparition ou encore les métamorphoses engendrées sur la configuration narrative.

LE TRAJET DE L'ÉCRITURE DE LA TRANSCENDANCE

Il s'agira ici de choisir parmi les métamorphoses textuelles celles qui semblent modifier par l'écriture la représentation de la transcendance comme être, espace ou mouvement. Il faut donc suivre la méthode formelle proposée par Pierre Gille en distinguant les suppressions raturées des suppressions non raturées. La question initiale au sujet des ratures présentes sur le manuscrit concerne leur origine : sont-elles toutes de la main de Bernanos ? Sans être en mesure de répondre, le critique s'applique à décrire les passages biffés :

> Que montre le manuscrit ? Un texte fondamental, de la plume de Bernanos. Soit au net, soit dans un état de semi-brouillon, il est toujours lisible. Dans le deuxième cas, les ratures sont généralement contemporaines de l'écriture ; d'autres attestent un retour ultérieur de l'écrivain sur le texte écrit, en vue d'une définitive mise au point[1].

Il relève également « des ratures de dernière heure, hâtives, à l'encre bleue, d'un trait bien différent des ratures de croisière[2] » et ajoute en évoquant leur trait particulier en zig-zag que « rien n'indique qu'elles ne soient pas de Bernanos[3] ». René Guise, lui, dans son relevé des variantes, ne distingue pas les deux types de rature. Quant à William Bush, il évoque de nombreux « passages biffés », « biffures » qu'il nomme aussi « mutilations[4] » sans préciser l'identité du mutilateur. Ces ratures effectuées sur le manuscrit Bodmer et signalées rigoureusement par René Guise dans la retranscription des variantes entre les deux textes permettent de visualiser le trajet de l'action modificatrice exercée sur la matière romanesque. Elles répondent souvent à une volonté de dépouillement

---

1   1. René Guise et Pierre Gille, *op. cit.*, p. 54.
2   *Ibid.*, p. 55.
3   *Ibid.*, p. 56.
4   William Bush, *op. cit.*

stylistique propre à l'avènement de la sobriété. Dans une lettre adressée
à Cosmao Dumanoir, directeur de l'agence d'assurance dans laquelle
travaillait encore Bernanos à l'époque de la rédaction du *Soleil*, l'écrivain
fait mention de ce travail formel d'élagage :

> Depuis dix-huit mois, je retranche toujours. Je voudrais que cela fût encore
> plus rude, plus nu, plus dénué de grâces.

La recherche de la rudesse et de la nudité langagière s'associe au refus
absolu de nourrir la phrase des préciosités de l'ornementation littéraire.
Bernanos veut dépouiller son texte de toutes les nourritures de l'artifice,
loin des subtilités du gidisme, dans une optique d'épure. Mais comment,
ici, à travers ce refus des grâces, ne pas penser au sens religieux du
terme ? La revendication de dépouillement acquiert alors un surcroît
de signification bien inquiétante : l'écrivain catholique aspirerait donc
à un roman dénué des grâces divines, dépouillé des bénédictions de la
transcendance ? Et d'ajouter quelques lignes plus loin :

> Je n'aime plus mon livre quand je commence à l'écrire, mais je le veux
> d'une volonté invincible, d'une volonté tragique, d'une volonté nue, réduite
> à l'essentiel, ainsi qu'un paysage dévoré par le soleil.

L'obsession de l'acte volontaire – car il s'agit bien ici de vouloir la
volonté ! – illustre la tension extrême de l'écrivain à la recherche d'un
dépouillement qui dévorerait toute redondance, et qui, poussé à son
paroxysme, métamorphoserait le roman en une essence pure, réduite à
un espace désertique proche de l'anéantissement. C'est dans une lettre
inédite à un ami écrivain qui lui avait envoyé ses manuscrits dans l'espoir
d'être conseillé – corrigé – que Bernanos développe cette conception
aride de l'acte d'écriture, poétique ascétique de la continence absolue :

> Il s'agit d'expier votre richesse. (…) Dans vos poèmes, comme dans vos essais,
> vous recherchiez d'instinct la forme littéraire la plus souple, la plus lâche. Mais
> un roman est impitoyable. Le moindre écart, la moindre tentative d'esquiver
> la difficulté y est punie aussitôt sévèrement. (…) Je me suis amusé à reprendre
> vos vingt premières pages, et selon ma méthode familière, je me suis contenté
> de les resserrer, de les renforcer de mon mieux, absolument comme je fais
> de mon propre texte.

Cette littérature « souple » et « lâche » serait-elle appréhendée par le
chrétien Bernanos comme une faute, une offense à Dieu ? Toujours est-
il qu'il s'agit alors pour l'écrivain de réparer ces condamnables excès

langagiers par un dépouillement à valeur de pénitence ; cette réparation se présente comme une source de souffrances et de sacrifices nécessaires au pardon. La notion chrétienne d'expiation forme le soubassement de l'esthétique et de la symbolique du *Soleil*. Elle apparaît comme une étape privilégiée dans le processus créateur, le moment où l'écriture doit se dévêtir de ses riches habits et de son artificielle générosité, pour être rendue à son authenticité la plus originelle, la plus pauvre, dans un espace textuel où la transcendance serait dépouillée de tout ce qui la maquille.

Certaines ratures font systématiquement référence à la solitude du héros de « La Tentation du désespoir ». L'une d'elles, expression raturée, est prononcée par l'abbé Menou-Segrais lors de l'extraordinaire nuit évoquée plus haut et dresse un portrait impitoyable de la vocation à la sainteté :

(p. 134 ; l.6) : « N'attendez aucun secours humain : votre solitude est absolue, votre exil sans terme. Nul soulagement à l'effroyable incertitude où vous vous débattrez jusqu'à la fin. »

À ce point de la narration, le lecteur du manuscrit se trouve confronté à un prêtre absolument seul, exilé à jamais, paria éloigné de l'humanité et torturé par un doute métaphysique permanent. Et même si le début du passage, non raturé, annonce une restriction de l'état solitaire, limité au monde humain, les deux phrases raturées sont porteuses d'une telle charge excessive (« absolue », « sans terme », « jusqu'à la fin ») qu'il semble difficile d'imaginer Donissan dans un dialogue secourable avec une force transcendante. Cet avertissement propose un univers excluant toute perspective consolatrice, qu'elle se présente sous forme d'un espace, d'un mouvement ou d'un être. Sa suppression partielle atténue la marginalité du prêtre appelé et le maintient dans une sphère plus conventionnelle, moins vertigineuse. Un autre passage célèbre de « La Tentation du désespoir » révèle quatre ratures intéressantes : il s'agit de la rencontre nocturne entre Donissan et le maquignon dont la brutale métamorphose en figure diabolique a tant bouleversé les premiers lecteurs du *Soleil* et en particulier Jacques Maritain. Dans le manuscrit Bodmer, « le joyeux compagnon » qui aborde le prêtre égaré dans un chemin de terre au milieu des labours est caractérisé « plein de franchise et de bonne humeur ». Si la franchise, dans sa contribution à l'élaboration de la vérité, devient un privilège du *diabolos*, du grand séparateur, comment le lecteur parviendra-t-il à distinguer la quête

transcendante de la chute dans l'abîme ? Si le diable se révèle empli
de franchise, il perd son statut de prince du mensonge et des ténèbres
et acquiert une transparence spirituelle le rendant apte au mouvement
transcendant. La rature infligée au premier membre du doublet apposé
supprime clairement toute assimilation entre l'authentique et le satanique,
évinçant toute confusion possible entre Mal et Vérité. Onze pages plus
loin, alors que la dépouille de l'affreuse créature vaincue par l'oraison
gît aux pieds de l'abbé Donissan, qui l'interroge pour connaître les
intentions ayant présidé à son apparition, la réponse du manuscrit est à
peine plus longue que celle de l'édition et se présente ainsi :

> Il nous est permis de t'éprouver, dès ce jour et jusqu'à l'heure de ta mort
> – et encore au-delà je pense. (Avant *je pense* Bernanos avait écrit puis rayé :
> *j'espère*.) (p. 179 ; l.35).

Dans cette version manuscrite, le pouvoir de la puissance diabolique sur
l'être humain ne cesse pas à la mort de l'homme éprouvé mais pourrait,
selon la pensée ou l'espoir de la créature envoyée des ténèbres, étendre
sa serre sur les espaces succédant à la vie terrestre. L'ultime rencontre
du héros de « La Tentation du désespoir » avec la jeune Mouchette est
elle aussi parsemée de ratures modifiant la relation des personnages à la
transcendance. Ayant tracé sur la poitrine de la jeune révoltée une double
croix, Donissan provoque de la part de Mouchette un mouvement de
recul. Le manuscrit décrit en détail la réaction psychologique de celle
qui vient d'être bénie malgré elle :

> Elle fit un bond léger en arrière, sans trouver une parole, avec un étonne-
> ment stupide. Cependant plus forte que la colère qu'elle sentait remuer en
> elle, plus aiguë que la crainte, une espérance inouïe, un délire d'espérance,
> comme une expansion de la vie faisait craquer toutes les jointures de cette
> âme forcenée. (197 ; l.33)

Quelques lignes plus loin, le manuscrit souligne que Donissan « avait lui-
même goûté le poison de cette espérance et savouré sa longue amertume »
(197 ; l.37). L'édition est dépouillée de cette double référence à l'espérance
qui établissait une conjonction entre la vie intérieure de la pécheresse et
celle du prêtre. Pour quelles raisons a-t-elle été raturée ? Dans son livre
consacré à l'étude de l'œuvre romanesque[1], Pierre Gille explique cette double
suppression par la nécessité de faire subsister « la barrière la plus tranchée

---

1   Pierre Gille, *Bernanos et l'Angoisse : étude de l'œuvre romanesque*, 1984, Presses Universitaires
de Nancy.

(…) entre une espérance maintenue dans l'orbe de la transcendance – fût-elle ironisée – et une révolte dénoncée comme pure fermeture – fût-elle positivée au départ comme élan vers une délivrance. C'est pourquoi, sans doute, le mot d'espérance est supprimé du texte[1]. ». Et pourtant, cette confusion raturée entre le délire d'espérance de Mouchette et sa révolte avait déjà été soulignée à la même page, quelques lignes plus tôt, par la parole du prêtre sans qu'aucune rature ne soit venue l'affecter : « (…), quand l'esprit de révolte était en vous, j'ai vu le nom de Dieu écrit dans votre cœur. » La proposition de Donissan établit dans l'être de Mouchette une coïncidence spatio-temporelle entre l'esprit de révolte et le nom de Dieu. Ce dernier exemple révèle que la « barrière » entre espérance et révolte ne s'érige pas de façon systématique à tous les points du discours narratif qui laisse subsister, sinon une assimilation, du moins une coexistence originelle créatrice d'inquiétude pour tout chercheur de Dieu.

Outre les éléments raturés, le manuscrit Bodmer fait état de nombreux passages non rayés mais mis entre crochets droits au crayon et absents du texte définitif. Quel que soit l'initiateur de ces retranchements non raturés, ils ont en commun avec les suppressions franchement rayées de métamorphoser l'écriture de la transcendance. Et même si la franchise de la biffure manque à ces suppressions, il semble intéressant d'en étudier un échantillon représentatif.

La suppression systématique d'éléments imagés à connotation sexuelle, contrastant fortement dans leur rendu stylistique avec la tonalité mystique et prophétique de l'ensemble du roman, marque une volonté d'homogénéiser la matière romanesque. Il s'agirait ainsi d'épurer le style en le débarrassant de ses scories trop « charnelles ». Le médecin-député Gallet, notamment, et sa plus qu'hypothétique virilité, font l'objet de railleries détonantes qui tranchent avec l'écriture fervente de « La Tentation du désespoir » ou du « Saint de Lumbres » :

> [Les habitants de Campagne regardent encore, avec terreur ou respect, ce qu'ils prennent pour un gaillard et même de gauche – qui n'est que l'homme d'un parti – où le parti s'est installé comme un crabe dans un coquillage et ils saluent bien bas la redingote râpée, boutonnée sur une ombre, et la pauvre culotte vide.] (p. 60 ; l.14)

Le père Malorthy et sa défense du droit conjugal n'échappent pas non plus à la cinglante ironie d'un narrateur très au fait de la vigueur du tempérament paysan :

---

1   *Ibid.*, p. 47-48.

[Les pâles esthètes parisiens qui font profession de nihilisme sensuel ne feront pas entendre raison là-dessus à de tels gaillards de province, trop bien nourris, et que l'amour conjugal assure, au prix le plus bas, contre tout risque de congestion. Que de femmes partagent ainsi avec leurs Seigneurs, par un ingénieux détour, les lippées franches et le vin généreux!] (p. 69 ; l.30)

Le retranchement de ces commentaires aplanit le contraste qui aurait pu s'installer entre d'une part l'écriture mystique et d'autre part « le bon mot » ; ces pudiques crochets – pour s'en tenir au spectacle du manuscrit – gourment la veine gauloise, étrangement satirique sous la plume de l'écrivain catholique.

Mais plus que la plaisanterie acide, c'est la virulente insulte qui fait basculer le roman dans l'épaisseur de l'Ici-Maintenant, au cœur de l'immanence. En effet, *Sous le soleil de Satan*, dans sa version autographe (et « Histoire de Mouchette » en particulier) abonde en soudaines digressions polémiques que l'on ne retrouve pas dans le texte imprimé et qui rompent brutalement avec le rythme et la tonalité romanesques. Ainsi, l'attaque du paragraphe consacré au portrait de Germaine à seize ans[1] ne possède pas dans le manuscrit autographe la fluidité du texte édité. En effet, alors que ce dernier enchaîne naturellement :

Germaine savait aimer, c'est-à-dire qu'elle nourrissait en elle, comme un beau fruit mûrissant, la curiosité du plaisir et du risque (...),

la version manuscrite marque une rupture diégétique brutale par l'avènement d'une digression jaillissant *ex nihilo*, exclamation coléreuse et vindicative :

[Certes, l'analyse du cœur humain a été assez maladroitement gâtée par les petits écrivains de la Régence, qui eurent moins de sens que de vices, et vraiment trop l'esprit de conversation... Mais les effroyables déclamateurs qui les ont suivis dans leur lyrisme aveugle, ont fait de la France un cimetière. Elevés sur les genoux de vieilles coquettes hypocondres, c'est avec ces viandes embaumées qu'ils prétendent reconstituer la femme de notre race, comme une bête de la préhistoire par le génie de Cuvier. Faits pour peindre les courtisanes, peintres de nature morte en traits somptueux, quand ils ont voulu porter plus haut le regard, ces brutes caressantes ont profané comme un cadavre le cœur vivant.] (p. 68 ; l.17)

Cette digression sur la peinture du cœur humain dérape vite et fait basculer la veine romanesque dans les rangs du pamphlet : en bon militant

---

1   « À seize ans, Germaine savait aimer (non point rêver d'amour qui n'est qu'un jeu de société).

d'Action Française, Bernanos s'en prend au « génie romantique » et à
ses pulsions morbides, exercice obligé que l'on retrouve dans des écrits
de circonstance de la même époque. La pulsion polémique jaillit sans
subir le poli de la transposition fictionnelle, provoquant une faille dans
le monument romanesque. L'expulsion brutale de la bile pamphlétaire
tue l'espace d'un court paragraphe la voix du narrateur. C'est Georges
Bernanos, royaliste, qui crache à la face de l'imposture romantique et
son explosion de mépris ne prend pas la peine de se masquer derrière
les remparts de la fiction. Oubliés, Satan et son soleil, oubliée la quête
transcendante des chercheurs de Dieu ; l'immanence pèse ici de toutes
ses forces sur la matière textuelle, écrivant les tensions d'une époque.
Les premières pages du « Saint de Lumbres » contiennent elles aussi
dans le manuscrit une digression prenant pour point de départ le
cœur humain :

> Ce cœur humain, [dont Monsieur Henry Bataille, depuis tant d'années, s'apprête
> risiblement chaque jour à sonder le néant,] il le connaît bien lui. (p. 235 ; l.1)

La fustigation de cet écrivain de second ordre, peintre complaisant de
vaudevilles décadents, non raturée dans le manuscrit, n'apparaît pas
dans le texte définitif. Quelles métamorphoses textuelles sont mises en
œuvre par la suppression de ces digressions polémiques ? Des instances
amicales ou éditoriales ont-elles craint le mécontentement des « pâles
esthètes parisiens », des « Beaux Messieurs » de la littérature et de la
politique, et poussé Bernanos à laisser de côté l'arme de l'insulte ?
Mais si tel est le cas, pourquoi alors ne pas avoir renoncé à la suppression des passages virulents liés au portrait-charge de l'académicien
Antoine Saint-Marin, caricature à dessein mal voilée de figures de la
vie littéraire française ? Car certains commentaires du texte imprimé
visant à compléter le portrait de « l'illustre vieillard » sont tracés au
vitriol. Or, ils ont été conservés, passages grinçants métamorphosant
la synthèse fictionnelle de plusieurs figures littéraires de l'époque en
un vieillard sans génie et impuissant. Seules les digressions diégétiques
font l'objet d'une réserve, peut-être justement à cause de leur nature
extra-diégétique. En effet, la prise à partie des poètes romantiques
brutalise la diégèse ; le roman bascule dans le pamphlet, se déchire
dans la diatribe : la rupture de style est consommée. Ce violent écart
n'aurait donc pas alors été réprouvé parce qu'il dépoussiérait de façon
trop décapante le mythe romantique mais parce qu'il se projetait violemment – gratuitement ? – hors du tissu romanesque et que la haine

polémique se substituait à l'élan fictionnel. Dans la même perspective, le nom d'Henry Bataille doit sa suppression autant au contraste saisissant qu'il peut former face au curé de Lumbres, qu'au renvoi à son référent de chair, homme de théâtre médiocre, fantoche déplacé dans cet univers de l'excès mystique. Remarquons en outre que la critique de la bourgeoisie (Gallet), de la noblesse (Cadignan), de la paysannerie parvenue (Malorthy), se révèle au moins aussi virulente que les digressions supprimées ci-dessus mentionnées, mais elle a pour elle d'avoir été transposée dans le cadre fictionnel et donc de s'insérer harmonieusement dans la configuration diégétique. Que l'Ici-Maintenant exécré soit transposé, « mis en intrigue » selon la célèbre formule de Paul Ricœur, et voilà la veine polémique qui s'intègre au flux romanesque, la crudité de la réalité qui vient se fondre dans les écrans de la fiction, moins matière à scandale mais tout aussi venimeuse dans sa grinçante ironie. Tous ces passages disparus dans le texte édité, et signalés dans le manuscrit par de discrets crochets ont en commun d'alourdir la matière textuelle de références à un contexte culturel non-fictionnel limité dans le temps et dans l'espace. Leur suppression allège la narration romanesque en la délestant du poids de la polémique et de l'allusion sexuelle, espaces privilégiés du conflit horizontal et de la corporalité, obstacles à l'élévation transcendante.

Le manuscrit Bodmer ne révèle pas seulement des passages supprimés dans l'édition, il permet aussi de découvrir des corrections que René Guise a localisées en ne reprenant dans son relevé des variantes que le premier état du texte sur le manuscrit. On regrettera néanmoins que le chercheur n'ait pas précisé et distingué – comme il l'avait fait pour les suppressions – sous quelle forme graphique se présentait chaque correction, à savoir si elle intervenait après une rature ou après une mise entre crochets. En effet, cette dernière n'a pas la franchise de la rature et signale une volonté de conserver une trace visible et lisible du premier jet de l'écriture. La métamorphose textuelle se réalise ainsi différemment en fonction d'une présence ou d'une absence de rature. En l'état actuel de la recherche, seul un retour au manuscrit et un dépouillement minutieux de toutes les corrections permettrait de mener à son terme ce travail analytique de différenciation. C'est Pierre Gille qui, en prenant le relais du relevé comparatif de son collègue, précise le nombre et la nature de ces corrections, dans ses réflexions sur les enseignements du manuscrit. Il évoque ainsi « des propositions de correction, écrites au crayon et en script (une trentaine) et laissant toujours subsister l'expression primitive[1] », et les identifie, en dépit de leur présence sur le manuscrit, comme des corrections sur épreuves demandées ou transmises par Stanislas Fumet en février 1926[2]. Deux d'entre elles semblent illustrer de manière étrangement convergente les métamorphoses de l'écriture de la transcendance. Aux premières pages du chapitre III de « La Tentation du désespoir », le narrateur évoque le « subtil martyre » (p. 159) que s'inflige l'abbé Donissan, arrachant de lui-même l'espérance qu'il entretient simultanément dans le cœur de ses paroissiens :

> Si nous n'avions reçu de la bouche même du saint de Lumbres l'aveu si simple et déchirant de ce qu'il lui a plu d'appeler la période effroyable de sa vie, on se refuserait sans doute à croire qu'un homme ait commis délibérément, avec une entière bonne foi, comme une chose simple et commune, une sorte de suicide moral dont la cruauté raisonnée, raffinée, secrète, est proprement satanique (p. 159 ; l.38-39. « donne le frisson » est écrit en surcharge et « proprement satanique » n'est pas rayé).

Dans la même partie, Donissan cherche à convaincre Mouchette de l'inanité de ses péchés :

> Qu'avez-vous donc trouvé dans le péché qui valût tant de peine et de tracas ? Si la recherche et la possession du mal comportent quelque horrible joie, soyez bien sûre que Satan l'exprime pour lui seul, jusqu'à la lie. (p. 200 ; l.12-14. « Satan » est remplacé par « un autre l'exprima pour lui seul, et la but jusqu'à la lie ».)

Dans ces deux passages, c'est l'allusion directe à Satan qui a disparu. Les deux nouvelles versions s'éloignent définitivement de toute référence au titre du roman, la première en atténuant la gravité du « suicide moral » entrepris par Donissan, la seconde en substituant à la figure du prince des ténèbres une altérité qui peut laisser le lecteur perplexe. Qui devient cet autre, exprimant et buvant jusqu'à la lie l'horrible joie liée à la recherche et à la possession du mal ? Ici, la correction obscurcit le référent et crée un malaise lié à l'expression « boire jusqu'à la lie » : qui, sinon le Christ lors de sa Passion, but l'amer calice de la cruauté humaine ? Pierre Gille va plus loin en évoquant « Satan assimilé au Christ en croix ; les deux

---

1   R. Guise et P. Gille, *op. cit.*, p. 54. À cette date (1973), P. Gille n'avait pas encore envisagé l'hypothèse d'un report ultérieur sur manuscrit des suppressions ou corrections opérées au stade de la publication.

2   C'est en suivant pas à pas la correspondance que le critique parvient à cette conclusion (*ibid.*, p. 58 à 61).

visions de l'Amour souffrant et de la Haine jouissant de sa souffrance, réduites à une seule et même image satanique ; bref, une inquiétante connotation d'ambivalence » (p. 65).

Lors de son relevé des variantes, René Guise signale des passages absents de la version définitive, supprimés ou modifiés, et qui se trouvaient tels sur le manuscrit « sans que rien n'indique l'intention de corriger ou de supprimer » (p. 16). Pierre Gille les identifie comme d'ultimes corrections sur épreuves, précisant qu'« aucun indice ne vient éclairer cette dernière phase de la métamorphose du texte ». Dans la perspective de mon étude, deux retouches ont retenu l'attention. Lors de l'ultime entretien entre Donissan et Menou-Segrais annonçant la fin de « La Tentation du désespoir », le premier prend la parole pour exprimer sa reconnaissance et sa gratitude :

> [...] Où que j'aille, si profondément que m'enfonce la colère divine – oui – dans les bras même de Satan, je me souviendrai de votre charité. (224 ; 33-34)

La version définitive n'a pas reproduit fidèlement le passage, lui préférant : « si profondément que je m'enfonce [...] ». Alors que le manuscrit représentait l'action destructrice de l'être transcendant, Dieu vétéro-testamentaire de colère qui s'acharne sur sa créature jusqu'à la précipiter hors de sa lumière, l'édition culpabilise et responsabilise l'humain qui, par son propre mouvement de chute, tombe dans le gouffre satanique. Dans cette nouvelle version, le prêtre devient seul acteur de son destin, unique décideur du chemin emprunté, évoluant dans un univers vidé de tout référent transcendant. Cette disparition sur épreuves de l'être divin transcendant, à aucun moment annoncée ou préparée sur le manuscrit, se renouvelle à un autre endroit de la narration, lorsque le même Donissan devenu curé de Lumbres hurle aux oreilles de Sabiroux le fameux blasphème :

> Nous sommes vaincus, vous dis-je ! – et Dieu avec nous ! – Vaincus ! Vaincus ! (p. 262 ; l.34)

Supprimée sur épreuves, la défaite de Dieu est redoublée par sa disparition. Bien sûr, si la transcendance n'est plus en échec, le lecteur pourra toujours supposer qu'elle règne victorieuse, surplombant de très haut la médiocre immanence. Toujours est-il que son signifiant disparaît du propos, évacué pour éviter d'être discrédité, vu dans la colère ou dans l'échec. Dans ces deux exemples, la transcendance doit s'absenter pour conserver son essence, au risque de s'effacer définitivement du tissu narratif.

Alors que l'écriture subit dans son mouvement d'ensemble des métamorphoses allant dans le sens d'une concentration quantitative, par le biais, soit de ratures, soit de biffures opérées tardivement sur épreuves (et signalées entre crochets sur le manuscrit), la chute du chapitre II de « La Tentation du désespoir » fait, dès le manuscrit, l'objet d'une récriture qui étoffe la version primitive. Exception fort intéressante par son caractère non renouvelé que ce développement intervenant à un moment privilégié de l'acte narratif : la chute d'un chapitre. Cet enrichissement langagier (l'unique phrase qui clôturait ce chapitre dans la première version se mue en un paragraphe de vingt-six phrases), qui prend à contrepied le mouvement général de resserrement, permet d'examiner les métamorphoses textuelles de l'écriture dans une perspective parfaitement symétrique de celle envisagée ci-dessus. Nous avons vu précédemment que la concentration langagière constituait pour Bernanos une épreuve d'expiation spirituelle pour dompter une fécondité littéraire jugée suspecte par ses débordements. Quel sens attribuer alors à cette expansion, singulière par son caractère unique dans le processus de métamorphose textuelle ? Pour répondre à cette question, il apparaît indispensable de confronter ces deux chutes dans leur retranscription de la transcendance. Situons tout d'abord le passage en question : c'est le matin de Noël. L'abbé Donissan a passé cette sainte nuit dans un cauchemar de désespoir, avivant la souffrance jusqu'à se flageller pour déraciner une « mystérieuse joie » selon lui d'origine démoniaque et dans laquelle il est incapable de percevoir l'expansion surnaturelle de la joie divine, la grâce nocturne de la naissance christique. L'abbé Menou-Segrais, inquiet du retard de son protégé, vient frapper à sa porte :

> Le dernier coup de la messe va sonner, mon petit ; il est temps, grand temps…
> N'êtes-vous pas souffrant au moins ? (152)

Le jeune prêtre, par un effort surhumain, parvient à se vêtir, à atteindre la sacristie, puis le chœur, jusqu'au pied de l'autel :

> Il monte à tâtons les trois marches, s'arrête. Alors il regarde la croix.
> [...]
> Alors il regarde la croix. Depuis la veille il n'a pas prié, et peut-être ne prie-t-il pas encore. En tout cas, ce n'est pas une supplication qui monte à ses lèvres. Dans le grand débat de la nuit, c'était bien assez de tenir tête et de rendre coup pour coup : l'homme qui défend sa vie dans un combat désespéré tient son regard ferme devant lui, et ne scrute pas le ciel d'où tombe la lumière inaltérable sur le bon et sur le méchant. (S, 153-154)

La première version donnée par le manuscrit clôt ce dernier paragraphe du chapitre en une seule phrase :

> Et voilà maintenant que le lutteur à bout de forces quand il va s'avouer vaincu et chercher en haut son secours rencontre Dieu, sa récompense, à son niveau, face à face.

René Guise commente les conditions matérielles de « recréation » de la version initiale : « c'est ainsi que se terminait dans un état antérieur ce chapitre II. Ce texte figure au verso du feuillet 64 et il est la suite, par l'écriture, la disposition, du feuillet 63. Il est rayé. Et Bernanos a mis "voir au verso". Il a utilisé la partie libre du feuillet pour développer ce texte [...]. Le brouillon est d'une écriture minuscule, nous n'avons pu le déchiffrer que très partiellement. Le début y est repris au moins deux fois [...] ». Nous constatons, à partir de cette description précise, que Bernanos a souffert pour récrire la fin de son chapitre : ratures et reprises ont jalonné ce nouveau départ. La seconde version donnée au verso du feuillet 64 (ancien recto) constitue un ajout important qui nourrit le contenu sémantique de la première fin :

> Dans l'excès de sa fatigue, ses souvenirs le pressent, mais groupés au même point de la mémoire, ainsi que les rayons lumineux au foyer de la lentille. Ils ne font qu'une seule douleur. Tout l'a déçu ou trompé. Tout lui est piège et scandale. De la médiocrité où il se désespérait de languir, la parole de l'abbé Menou-Segrais l'a portée à une hauteur où la chute est inévitable. L'ancienne déréliction n'était-elle point préférable à la joie qui l'a déçu ! Ô joie plus haïe d'avoir été, un moment, tant aimée ! Ô délire de l'espérance ! Ô sourire, ô baiser de la Trahison ! Dans le regard qu'il fixe toujours sans un mot des lèvres, sans même un soupir sur le Christ impassible, s'exprime en une fois la violence de cette âme forcenée. Telle la face entrevue du mauvais pauvre, à la haute fenêtre resplendissante, dans la salle du festin. Toute joie est mauvaise, dit ce regard. Toute joie vient de Satan. Puisque je ne serai jamais digne de cette préférence dont se leurre mon unique ami, ne me trompe pas plus longtemps, ne m'appelle plus ! Rends-moi à mon néant. Fais de moi la matière inerte de ton œuvre. Je ne veux pas de la gloire, je ne veux pas de la joie ! Je ne veux même plus de l'espérance ! Qu'ai-je à donner ? Que me reste-t-il ? Cette espérance seule. Retire-la-moi. Prends-la ! Si je le pouvais, sans te haïr, je t'abandonnerais mon salut, je me damnerais pour ces âmes que tu m'as confiées par dérision, moi, misérable ! Et il défiait l'abîme, il l'appelait d'un vœu solennel, avec un cœur pur... (S, 155).

Si la première version met en scène à travers Donissan l'incarnation de la souffrance purifiée, source de communion avec la transcendance divine,

elle frappe surtout par la relation d'horizontalité qu'elle établit entre
le prêtre et son Dieu. L'homme s'est hissé jusqu'à la face de son maître
par l'épreuve d'une douleur de nature christique. La discipline apparaît
ici comme un instrument source de sanctification par les meurtrissures
qu'elle inflige, souffrance élevant le simple prêtre au rang de saint martyr. La face de l'homme rencontre la face divine pour un partage d'une
intensité muette ; l'humain s'est élevé par la brisure volontaire de ses
propres forces, la flagellation, jusqu'au divin. Et cette face sanctifiée,
image charnelle de la réalité divine, digne du regard de Dieu dans la
première version, est identifiée dans la seconde version à « la face entrevue
du mauvais pauvre, à la haute fenêtre resplendissante, dans la salle du
festin ». Le manuscrit Bodmer laisse voir comment le saint devient par
récriture l'« humain trop humain », excédé de fatigue et d'amertume,
rongé par la rage du désespoir. Le discours intérieur, empreint d'agitation
et de fébrilité, se substitue à la sobriété du commentaire narratif initial.
Le face à face a disparu et fait place au défi vertical de l'homme qui ose
relever la tête pour prendre à témoin par des gémissements intériorisés
la Très-Haute indifférence, défi proche du blasphème. Le refus absolu
de la joie et de ses dons, l'entêtement dans la rage déçue et le dégoût
de la grâce, contrastent fortement avec la rencontre surnaturelle de la
première version où le prêtre, à bout de forces, se trouvait hissé à la
hauteur de Dieu. Ici, le refus de la présence divine se fond avec une
emphatique et naïve haine de soi. L'abbé Donissan est parvenu au faîte
de la « tentation du désespoir » par le biais de la dépense excessive et
incalculée d'une énergie exercée contre lui-même. La récriture de cette
fin de chapitre, tout en supprimant la lumineuse image du face à face
entre Donissan et l'Esprit, instaure une transition cohérente entre les
deux chapitres centraux de « La Tentation du désespoir ». Elle unifie la
figure romanesque de l'abbé Donissan en le fermant résolument aux
clartés de l'amour divin ; elle renforce par là même l'unité diégétique du
roman et exalte le pessimisme de l'écrivain qui, au fil des suppressions,
élaguera de nombreuses allusions à la divine espérance. Cette nouvelle
chute est la première annonce de l'implacable étau qui peu à peu se
resserre sur le prêtre jusqu'à son aboutissement dans les dernières pages
du « Saint de Lumbres » : le cercueil clôturé et vertical du confessionnal.
Le trajet effectué ici par l'écriture reflète sur le mode de l'esquisse le
travail effectué par Bernanos pour se plier aux exigences romanesques de
cohérence et de clarté diégétique, mais surtout le refus (de l'écrivain ?)
de la dialectique mystique renoncement souffrant-récompense et de

l'avènement d'une relation horizontale, à égalité, entre le saint et Dieu. Un des premiers lecteurs aurait-il estimé cette image de l'accès à Dieu un peu trop barbare dans ses modalités guerrières fondées sur le système rétributif de l'Ancien Testament ? Ou est-ce Bernanos qui, se ravisant, n'a pu se résoudre à dévoiler la face divine à son saint souffrant ? La nouvelle version enferme Donissan dans une logique de l'affrontement. À cet instant, elle supprime cruellement toute possibilité de communion avec Dieu, enfle le désir humain de révolte devant l'absence de tout signe divin. Elle brise net tout mouvement d'élévation et introduit la frustration au cœur de l'homme, substituant la force d'anéantissement à la force victorieuse. Dans cette nouvelle version, Bernanos, à travers Donissan, fait le choix de « l'abîme » pour le salut des âmes en perdition. Et cet ultime défi, lancé à la face du ciel, place le prêtre exactement « sous le soleil de Satan », c'est-à-dire sous le signe du refus de la présence divine et de ses dons.

LES CAHIERS DE *MONSIEUR OUINE* : TEMPS DE L'HÉBÉTUDE

BROUILLONS MALMENÉS

À la différence du manuscrit Bodmer, véritable mise au net de *Sous le soleil de Satan*, ces cahiers d'écolier peuvent être considérés comme les premiers manuscrits de *Monsieur Ouine*[1]. Et contrairement au premier,

---

1   Albert Béguin fut le premier à déchiffrer deux d'entre eux, qui lui furent remis par Pedro Octavo Carneiro da Cunha, ami brésilien de Bernanos, quelques années après la mort de l'écrivain. Pour un témoignage précis de cette remise de manuscrit, voir la préface de Pierre Robert-Leclercq à une nouvelle édition de *Monsieur Ouine* (le Castor Astral, Bordeaux, 2008, p. 16). L'un est « un cahier d'écolier brésilien de cinquante-huit pages, écriture peu lisible et surcharges très nombreuses, contenant tout le début du chapitre final en brouillon(D) » (Albert Béguin, « Notes et variantes » in *Monsieur Ouine*, Édition du Club des Libraires de France, 1955, p. 320) et l'autre « un cahier d'écolier, français (E), écriture et surcharges des brouillons, rédigé à la Bayorre pendant l'été 1934, et renfermant une partie des chapitres XIV, XVI et le chapitre XV en entier. » (*ibid.*, p. 320). Ces deux cahiers de brouillon ont servi pour établir la première édition intégrale publiée en 1955 avec l'autorisation des éditions Plon, conforme au manuscrit et comportant de nombreuses pages jusque là inédites. Ils ont ensuite fait office de premier support au laborieux travail de déchiffrement d'une vingtaine d'autres cahiers exhumés après la mort d'Albert Béguin, entrepris dès 1958 par Monsieur Daniel Pézeril, dernier confesseur de Bernanos et ami du critique suisse.

les seconds échappent par leur nature même à la querelle des pages censurées et des interventions extérieures, ne portant aucune trace de ratures dont l'origine serait suspecte ni de propositions de suppression ou de corrections émanant d'une plume étrangère. En effet, alors que le manuscrit Bodmer, texte-horizon, se présente comme l'aboutissement d'un recopiage plus ou moins remanié de manuscrits antérieurs, support à la fois des lectures éditoriales et de la dactylographie, les brouillons de *Monsieur Ouine*, texte source, coïncident avec la genèse intime de l'élan créateur comme premier jet, ébauche, esquisse, écriture exclusivement réservée à une éventuelle censure interne et à une lecture, voire relecture solitaires. Au sujet de cette virginité littéraire, Daniel Pézeril rappelle fort justement que « les brouillons de *Monsieur Ouine* n'étaient évidemment pas destinés à être déchiffrés, envisagés comme tels et appelés à former un tout. Les petits cahiers d'écolier n'étaient noircis que pour être oubliés, perdus, le combat entre la nuit et la lumière n'était fait pour personne[1] ». Son contact prolongé avec les précieux documents lui a permis de décrire avec une précision non dénuée de poésie l'aspect des cahiers en question[2]. Ayant eu à plusieurs reprises la possibilité de consulter l'ensemble des cahiers[3], c'est surtout l'extrême fragilité de ces supports qui a retenu mon attention, feuilles de papier de très médiocre qualité et vouées à une fatale et inéluctable détérioration, sinon plus. Seule l'encre noire paraît résister à cette inquiétante dégradation matérielle. Mais la bonne visibilité de l'écriture est hélas entachée par sa quasi-illisibilité.

Pour prolonger et compléter la description synthétique de l'écriture des cahiers telle qu'a pu l'offrir Daniel Pézeril[4], il semble intéressant

---

1   Georges Bernanos, *Cahiers de Monsieur Ouine*, rassemblés et présentés par Daniel Pézeril, Paris, Éditions du Seuil, 1991, « Introduction », p. 9.

2   Cette consultation a été rendue possible et toujours facilitée grâce à l'obligeance de Madame Marie-Laure Prevost, conservateur général à la Bibliothèque nationale de France, département des Manuscrits. C'est en effet dans ce lieu que sont déposés les cahiers étudiés par Daniel Pézeril.

3   Il faut ici souligner le laborieux travail de déchiffrement auquel a dû s'astreindre Monseigneur Pézeril, dès 1958 – année de la mort d'Albert Béguin, découvreur et premier déchiffreur de quelques échantillons des cahiers – et pendant plusieurs années. On pourra néanmoins regretter que d'autres chercheurs n'aient pas été associés à cette tâche délicate qui aurait sans doute gagné à être menée de manière collégiale, aussi bien pour la qualité de la transcription (beaucoup de mots et expressions sont restés illisibles ou problématiques) que pour l'avancement de la publication et donc de la mise à disposition pour la recherche (le travail de Daniel Pézeril a été publié en 1991, soit plus de trente années après la découverte des cahiers).

4   « Ces cahiers sont couverts d'une écriture "qui court", à peine ébauchée et mille fois raturée. Il n'y aurait là rien de singulier si Bernanos n'éprouvait la nécessité de jeter par écrit, noir sur blanc, et au fur et à mesure, tout ce qui lui vient à l'esprit. Sa création est associée au

de mener une analyse successive des symptômes scripturaux récurrents jalonnant l'ensemble des cahiers et toujours perceptibles dans la lecture de leur transcription. Les innombrables ratures, zébrant au moins une fois chaque page de l'ensemble manuscrit, constituent le premier trait marquant de cet examen analytique. Qu'il s'agisse d'un mot esquissé, d'un vocable entier, d'une expression voire d'une ou plusieurs phrases, la rature s'impose, omniprésente, obsessionnelle[1]. Le texte biffé reste déchiffrable parce qu'il est la plupart du temps objet d'un rapide et simple trait de plume, mais ce n'est pas toujours le cas. Le déchiffrement est rendu encore plus malaisé quand l'écrivain propose une correction juste au-dessous ou au-dessus de la partie raturée, c'est-à-dire à l'interligne et donc dans une graphie plus resserrée et plus petite. On découvre dans l'ensemble des cahiers une alternance continue entre ratures simples et ratures reprises par une ou plusieurs corrections en surcharge. Cette alternance révèle un rythme de création heurté, oscillant sans cesse entre abandon par biffure du mot esquissé, de l'expression mise en place, voire de la ou des phrases entièrement rédigées, et reprise tenace voire acharnée[2] pour transcender l'élément biffé en nouveau départ. Certains éléments phrastiques sont abandonnés sans remords à la rature définitive, rejetés dans les limbes d'une vie scripturale conçue, envisagée puis brutalement interrompue par impulsion ou après réflexion, dans l'hébétude ou en toute lucidité. D'autres vocables ou expressions, à peine couchés sur la feuille de brouillon, sont obstinément récrits jusqu'à épuisement des possibilités d'agencement scriptural de l'obsession. C'est ainsi que sur le premier cahier, le mot « route » inspire et désespère le romancier jusqu'à l'incantation :

---

mouvement de la main sur les lignes du cahier. Il met tout "à la suite", trouvailles définitives, suggestions inadéquates qu'il faudra rayer aussitôt, vocables encore suspects qui exigent pour être éprouvés d'être griffonnés par lui sur le papier, deux fois, trois fois, dix fois. La particularité de Bernanos tient en ce que la sélection imaginative propre au romancier s'opère chez lui la plume à la main. » (Daniel Pézeril, « Introduction » in *op. cit.*, p. 9).

1   Dans le premier paragraphe de son « Avertissement au lecteur », consacré à l'explicitation des conventions typographiques adoptées, Daniel Pézeril ne précise pas si les passages imprimés en caractères romains dans sa transcription étaient, dans les cahiers manuscrits, raturés ou laissés en l'état pour une éventuelle reprise ultérieure. Après vérification sur l'ensemble des cahiers, il apparaît que tous ces passages, restitués en caractères romains par la volonté du transcripteur, correspondent aux passages raturés du manuscrit. Si l'on considère ainsi la transcription des cahiers dans sa globalité, on constate que la part des ratures effectives page après page, est considérable.

2   Une observation attentive des reprises sur ou sous rature montre que, régulièrement, la première reprise est à son tour biffée pour céder la place à une troisième voire quatrième proposition de correction. L'accumulation des surcharges sur la page accroît son illisibilité.

Il aime mieux l'imaginer dans le parc. plus loin encore, à travers champs, sur la douce route. route douce, pleine de lune. La route! La route! la route libre, telle qu'il la rêve. La route []. Dans la. La libre route. La libre route. La route. La libre route. Sa libre route. Sa route. Sa libre route. Et face à la brèche immense où l'air siffle avec. pleine d'étoiles. d'astres. d'étoiles, avec le vent sur la face. le. le souffle. ce souffle terrible. où souffle un. qui lui jette à la poitrine. face au souffle terrible. son souffle terrible. à la face. Steeny sentait sa. les. Steeny, calme, s'end. s'endort, les poings fermés. les poings. Steeny s'end. retombe dans. entre dans le sommeil. se jette dans le sommeil comme. l'enfant avide. tragique s'endort, les poings. s'endort. avide s'endort les poings fermés. Qu'est-ce qui a parlé de route? qui a. qui parle de route? Non pas cette. Non pas celle-ci, pas cette route douce, pl. cette route douce, pleine de lune, mais la sienne, qu'il a tant de fois vue en rêve, pareille à la. sa libre route, gueule béa. La route avide, impitoyable. []. ouverte, c'est un. la route, gueule béante, infinie, gueule béante. (Cahier 1 Pézeril, folio 14, p. 93-95.

C'est de manière ponctuelle mais inlassable, page après page, que le romancier se livre à un travail manuel d'élagage scriptural. En moyenne, seul le tiers voire le quart d'une page de brouillon est retenu pour l'édition[1]. La description du visage de Guillaume subit une impressionnante épure au terme d'un travail de la phrase progressivement réduite à l'alliance des mots les plus raturés qui sont aussi les plus repris[2]. L'intérêt de ce passage est lié à sa singularité dans l'économie formelle des cahiers. En effet, une fois quasiment parvenu à la fin de sa phrase, le romancier insère un dessin à la plume, occupant l'entier verso de la page[3] et auquel succède immédiatement sur le recto du feuillet suivant le doublet adjectival clôturant la description. Tout se passe alors comme si ce graphisme impromptu suppléait à l'expression écrite pour mettre en scène une visualisation de la métaphore sacrificielle représentée par le portrait de ce visage. Schéma sans légende ni commentaire[4], il présente l'offrande d'un corps mort par une silhouette vivante au soleil de Satan. Qu'il s'agisse d'une allégorie du sacrifice de

---

1   La présentation typographique mise en place par Daniel Pézeril permet de visualiser aisément le mouvement d'expiation langagière à l'œuvre. Sur la pleine page de droite figure le texte des cahiers de brouillon et sur la page de gauche, le plus souvent aux trois-quart blanche, figure le texte définitif tel qu'on le trouve dans l'édition de la Pléiade de 1961. Le déséquilibre quantitatif entre les deux versions est constant du premier au dernier cahier.
2   Il faut comparer la variante du brouillon (Cahier 2 Pézeril, folio 13, p. 129) avec le texte édité (MO, 1389) pour prendre la mesure de l'élagage scriptural.
3   Ce dessin à la plume est visible sur le cahier de travail 1 BnF, folio 15 verso.
4   Dans la marge du dessin figure en note : « Après l'accident juillet 1934 ». Il s'agit très certainement de l'accident de moto dont a été victime Bernanos et qui le rendra infirme d'une jambe.

la jeune génération de 1914-1918[1], de l'offrande de son fils au Mal faite par le père disparu[2] ou même encore du romancier offrant sa propre dépouille – celle de l'homme blessé par la vie mais aussi détruit par l'écriture – au soleil satanique de la souffrance charnelle et créatrice, nul ne peut en décider. Toujours est-il que ce dessin-martyre se greffe sur la description romanesque du visage d'un des personnages les plus christiques de l'œuvre.

L'abandon de paragraphes voire de pages entières constitue une forme extrême du mouvement d'élagage mené cette fois-ci jusqu'au renoncement total et sans retour[3]. En les déchiffrant, Daniel Pézeril a choisi de les extirper des limbes où le romancier les avait laissé reposer. Si l'on considère par exemple le cas particulier de l'épais cahier à spirales couleur brique numéroté 21 par Daniel Pézeril[4], composé de cinquante deux pages dont vingt-huit sont restées blanches et dont les treize premières ont été noircies par un premier état non publié du dialogue entre le maire Arsène et le curé de Fenouille[5], l'hypothèse du cahier égaré, perdu voire oublié en France lors de la mise au net brésilienne de *Monsieur Ouine* peut être valablement proposée[6] pour justifier la non restitution de ce long passage. L'absence de ce premier état du dialogue entre le maire et le prêtre pourrait donc ne pas avoir la même valeur ni la même signification, ni surtout la même portée que celle

---

1   La description du visage de Guillaume est en effet précédée d'une longue tirade du jeune infirme – ponctuellement interrompue par Steeny – évoquant l'amertume et la colère des jeunes morts de la grande guerre « abattus en pleine vie, en pleine force et presque toujours à la minute même ; comprends-tu, où ils engageaient les dernières réserves d'énergie, les dernières réserves de l'âme ». (MO, 1387).

2   Steeny vit dans l'ombre du fantôme de son père et fait comprendre à Guillaume qu'il n'est pas dupe de l'usurpation du père disparu sur le fils : « Me crois-tu assez bête pour n'avoir pas compris depuis longtemps que ce n'est pas de moi seulement qu'elles ont peur là-bas ? »

3   Daniel Pézeril le constate dans son « Avertissement au lecteur » : « (…), il arrive qu'il n'y ait pas de texte correspondant à un passage des cahiers. C'est alors le texte des cahiers qui se déroule sur la page de gauche comme sur la page de droite. Le lecteur en trouvera des exemples p. 176-177, 306-308 et 660-673 » (Daniel Pézeril, *op. cit.*, p. 28-29).

4   Ce cahier est numéroté 17 (ex-19) dans le catalogue des Nouvelles Acquisitions Françaises du Département des manuscrits (Bibliothèque nationale de France). Il possède un statut particulier dans la série des vingt-deux cahiers déposés à la bibliothèque car il n'a pas été acheté en même temps que les autres, preuve s'il en est qu'il n'était pas dans la série des cahiers brésiliens.

5   Ce premier jet (f.1-13), qui n'a jamais fait l'objet d'une reprise textuelle ultérieure, peut être précisément daté comme antérieur au 24 juillet 1934, grâce à sept feuillets (f. 25-31) situés en partie centrale du cahier et consacrés à un brouillon d'article nécrologique sur François Coty, décédé le 24 juillet 1934.

6   Cette hypothèse est confortée par l'achat séparé de ce cahier isolé.

de la tirade du docteur Malépine concernant le danger constitué par une femme comme Jambe-de-laine[1] ou celle de la conversation entre Arsène et le vieux Devandomme[2]. En effet, si la première pourrait être la conséquence d'une circonstance extérieure étrangère à la volonté de l'écrivain (c'est le seul des vingt-trois cahiers déchiffrés entièrement inutilisé pour l'édition), les deux autres absences correspondent à des passages abandonnés en toute connaissance de cause puisqu'ils sont soit encadrés[3] soit précédés[4] de passages qui feront ultérieurement office de support lors de la mise au net effectuée pour l'expédition de liasses manuscrites à l'éditeur.

Une étude plus précise du contenu de chacun des trois passages abandonnés semble conforter l'hypothèse double du cahier disparu sur lequel l'écrivain n'aurait pu retravailler et des passages ponctuels volontairement écartés de l'édition pour des raisons liées à la dynamique de la genèse romanesque. En effet, ces deux derniers contiennent des indices qui focalisent l'attention du lecteur sur l'énigme du meurtre du petit vacher, en présentant notamment le maire Arsène comme éminemment suspect[5]. Ils orientent la matière romanesque vers une mise en valeur de la veine policière et banalisent ainsi les aspects insolites d'une intrigue d'emblée sciemment enchevêtrée. Le romancier a aussi volontairement abandonné les passages appuyant l'hypothèse médicale développée par le docteur Malépine d'une Jambe-de-laine complètement aliénée[6], peut-être pour préserver le mystère de son identité fictionnelle, oscillant entre dangereuse perverse et initiatrice mystique. En ce qui concerne le fameux cahier étranger à la série retrouvée au Brésil, dont les treize pages de brouillon n'ont pas été intégrées à l'édition définitive, on remarque d'emblée que le premier feuillet constitue la suite immédiate du dernier feuillet noirci du cahier numéroté 20 par Pézeril[7] qui met en place la

---

1   Voir *Cahiers de Monsieur Ouine, op. cit.*, p. 176-177 (cahier 4 Pézeril / cahier de travail 2 (ex – 4) BNF, f. 12-14).

2   Voir *Ibid.*, p. 305-308 (cahier 10 Pézeril / cahier de travail 7 (ex-10) BNF, f.6-7 verso, f.8-10).

3   C'est le cas du développement central du cahier 4 Pézeril consacré à l'intériorité vaniteuse et à la parole agressive du docteur Malépine, précédé de onze feuillets et suivi de quatre feuillets retravaillés.

4   C'est le cas de la conversation entre Arsène et Devandomme clôturant le cahier 10 Pézeril et précédée de six feuillets en partie repris pour l'édition définitive.

5   Voir en particulier *Cahiers de Monsieur Ouine, op. cit.*, cahier 4, p. 176 et cahier 10, p. 308.

6   Voir *ibid.*, cahier 4, p. 167 ; 169 ; 177.

7   Ce cahier de couleur brique, couleur identique à celle de la couverture du cahier 21, aurait selon Daniel Pézeril, été noirci à Toulon en mai 1934 (voir sa description des manuscrits

conversation entre Arsène réfugié au presbytère et le curé de Fenouille. Ces treize feuillets livrent une représentation mystique de la relation entre les deux personnages, image totalement absente de la conversation mise en place en avril 1936 à Palma, en partie reprise par l'édition et déchiffrée par Pézeril dans le petit cahier blanc numéroté 22[1]. Une comparaison entre les deux états de ce dialogue permet de visualiser la différence de perspectives. Le premier état, non repris dans l'édition, est quantitativement plus développé que le deuxième : on passe de treize à six feuillets. Les éléments totalement absents du cahier de Palma éclairent ainsi d'une autre lueur ce singulier face-à-face. En effet, alors que dans la version courte « le pauvre prêtre à la torture[2] », prisonnier de sa fonction sacerdotale (« mon devoir de prêtre[3] ») et soucieux de garder ses distances ne parvient pas à briser la glace pour instaurer une relation authentique avec le maire, dans la version longue l'empathie éprouvée par le curé envers cet interlocuteur en état de souffrance porte des fruits mystiques qui mettent à l'épreuve la sensibilité extrême du jeune homme. Tremblement des mains, surprise puis larmes parfaite-ment conjoints et vertigineusement identiques[4] scellent l'avènement d'une communion de sainteté mystique entre l'homme de Dieu oblatif et le pécheur aliéné par une culpabilité destructrice. Cette configuration de réversibilité rend vain tout discours ecclésial, et dans la bouche du prêtre happé par l'épreuve de la communion des saints, le vocabulaire de la théologie dogmatique est soudain frappé d'inanité : la tentation devient illusion[5], l'idée d'un cours de catéchisme paraît « absurde, presque sacrilège[6] » et le prêtre demande au maire de tâcher d'oublier tout ce qu'on lui a dit de la confession[7]. Oublier l'absurde et l'odieux : ces trois mots sont balbutiés et repris jusqu'au bégaiement qui entrave tout déploiement de la parole[8]. Absurde et odieux discours théologique

---

de travail in *Cahiers de Monsieur Ouine*, *op. cit.*, p. 33). Mais à la différence du cahier 21, il appartient à la série des cahiers retrouvés au Brésil et achetés par la BnF en février 1979.

1   Voir encore la description de ce cahier espagnol, in *ibid.*, p. 34. Il est consultable à la BnF sous l'appellation « cahier de travail 19 (ex-21) ».

2   Cahiers de Monsieur Ouine, *op. cit.*, p. 675.

3   *Ibid.*, p. 677.

4   *Ibid.* et respectivement p. 660 pour les mains, p. 666 pour la surprise et les larmes.

5   *Ibid.*, p. 662.

6   *Ibid.*, p. 668.

7   *Ibid.*, p. 669.

8   *Ibid.*, p. 669. Sur cinq lignes, le verbe « oublier » à la deuxième personne pluriel de l'impératif est répété trois fois, l'adjectif « absurde » six fois et l'adjectif « odieux » quatre fois.

(« oubliez-le »), absurde et odieux prêtre (« oubliez-moi ») : l'absurdité
et l'abjection d'un christianisme perverti par des siècles de catéchisme
mal expliqué, mal digéré mais aussi par les manquements au secret de
la confession ou encore par les ragots courant à ce sujet, sont exhibés
dans cette tentative pathétique de libération mystique. L'étrange est que
cette ferveur en quête d'affranchissement par rapport aux carcans de
la hiérarchie ecclésiale se heurte à la profession de foi athée d'Arsène[1],
hermétique à toutes les ouvertures mystiques proposées par le prêtre.
Le bilan est ainsi mystérieusement accablant. Alors que dans la version
longue et non reprise, l'ultime parole de la confrontation est réservée
au maire prisonnier de ses obsessions charnelles[2], indifférent à la fièvre
mystique de son interlocuteur, dans la version courte en partie reprise
pour l'édition, la distance instaurée par un prêtre enfermé dans son
devoir ecclésial mène paradoxalement Arsène à reconnaître l'existence
de Dieu à travers le feu purificateur[3]. Cette profession de foi mystique a
pour seul effet de décider le prêtre à enfermer le maire dans le presbytère
et à s'enfuir loin de lui. Cette esquisse d'étude comparative entre deux
versions d'une même scène révèle que la version abandonnée, plus prolixe, orientait davantage la figure du prêtre vers la ferveur spirituelle et
que la version espagnole de 1936 cantonne le curé au rôle peu flatteur
de fonctionnaire ecclésial timoré et sans initiative face au dévoilement
impudique mais authentique d'une âme souffrante.

LE CALVAIRE DE L'INSPIRATION

Daniel Pézeril, familier s'il en est de la genèse de *Monsieur Ouine*, est
formel : « Nous sommes en présence d'un mode de rédaction incon-
testablement inspiré[4]. » Se fondant sur les renseignements fournis par
Bernanos dans sa célèbre lettre de remerciement à Claude-Edmonde
Magny, il met ainsi en valeur la créativité peu commune d'un romancier instinctif qui sait métamorphoser la passivité féminine de l'attente
originelle en prise de décision virile et définitive[5]. Pour prolonger – de

---

1   *Ibid.*, p. 670.
2   Les trois derniers feuillets, qui n'apparaissent pas à travers les passages choisis pour
    l'établissement du tableau comparatif présenté en annexe, mettent en place une longue
    tirade monologuée où le maire raconte avec dégoût sa première expérience sexuelle puis
    la relation névrotique qu'il entretient avec son propre corps.
3   Cahiers de Monsieur Ouine, *op. cit.*, p. 687.
4   Daniel Pézeril, in Cahiers de Monsieur Ouine, *op. cit.*, p. 7.
5   « Dès l'abord le romancier n'est que silence, attente et offrande. Il ne saurait dire si l'appel
    surviendra en lui ou autour de lui ou des deux côtés indistinctement. Partout il le pressent,

manière néanmoins plus sobre – le constat exalté du transcripteur des cahiers, il faut souligner le nombre restreint de modifications effectives entre la version des cahiers et la version éditée, à tel point qu'il semble peu probable que ces brouillons aient été retravaillés sur des manus-crits ultérieurs[1], avant mise au net pour l'envoi à l'éditeur. Le contenu des deux cahiers brésiliens de mise au net du dernier chapitre[2], simple recopiage soigné du cahier de travail exhumé par Albert Béguin[3], conforte cette hypothèse. Néanmoins, cette absence de remaniements intervient après une phase particulièrement éprouvante de création pure où « la part féminine[4] » du romancier se manifeste comme une mise en mouvement oscillant entre bégaiements et balbutiements scripturaux, où la quête du mot juste s'accompagne d'une hébétude en attente d'un comblement. Si l'inspiration domine cette écriture, il ne peut alors s'agir que d'une inspiration s'inscrivant dans la lignée de l'hébraïsme prophétique, étroitement unie à la souffrance d'une intériorité violée par un mystère sans nom. L'ensemble des cahiers de travail de *Monsieur Ouine* rend témoignage de la survivance de cette inspiration d'un autre âge, héritée du souffle dont les prophètes furent malgré eux les porteurs puis les rédacteurs bibliques les diffuseurs[5].

La question théologique de l'inspiration biblique est traditionnellement dominée par deux thèses divergentes. Chronologiquement première, celle des Pères de l'Église met en scène des rédacteurs dactylographes

---

mais obscurément. Son œuvre approche de lui pourtant, elle l'éveille peu à peu à elle-même par tous les sens du corps et de l'âme, comme si elle se devait de le soumettre, tel qu'il est, à son emprise. Mais voici qu'à l'instant où elle semblait y parvenir, Bernanos, dans une résurgence étonnamment virile, la ressaisit et fixe sa création à n'y jamais rien changer. Cette disponibilité première et sans partage, cette quête quotidienne impatiente et soumise, et même parfois humiliée, à laquelle succède soudain l'affirmation décisive du maître d'œuvre, constituaient, à n'en pas douter, une épreuve épuisante pour Bernanos. » (*Ibid.*, p. 7-8).

1   L'absence de toute trace de ces éventuels manuscrits conforte cette hypothèse.
2   Tous deux sont consultables au département des manuscrits de la BnF (cahiers de mise au net 1 et 2).
3   Il s'agit du cahier de travail 23 Pézeril / 20 (ex-22) BnF.
4   Voir Daniel Pézeril, *op. cit.*, p. 7.
5   Claude Tresmontant définit ainsi cette inspiration si singulière : « l'inspiration des livres saints, c'est en réalité l'inspiration des auteurs de ces livres. Qu'est-ce que l'inspiration ? C'est l'Esprit saint, c'est-à-dire l'Esprit de Dieu, c'est-à-dire Dieu qui est Esprit, qui éclaire du dedans l'intelligence du prophète, du sage, (…). Il n'est pas nécessaire que l'écrivain hébreu inspiré ait conscience lui-même d'être inspiré. L'inspiration ne se substitue pas à l'activité de son intelligence. Elle l'anime, elle l'informe, elle la suscite du dedans, sans qu'il en ait nécessairement conscience. » (Claude Tresmontant, *La question du miracle à propos des évangiles. Analyse psychologique*, Éditions François-Xavier de Guibert, Paris, 1992, p. 12-13).

de la dictée divine, simples truchements, transcripteurs délivrant aux lecteurs bibliques un contenu à décrypter dans son absolue littéralité[1]. En réaction à cette théorie de l'inspiration-dictée, les notions aristotélico-thomistes de cause principale et cause instrumentale permettent de considérer l'inspiré comme un auteur à part entière et Dieu comme auteur de toute l'Écriture[2]. Dans cette dernière perspective, le danger de focaliser l'analyse autour de processus psychologiques (extase, miracle, communication mystique) à l'œuvre sur l'écrivain inspiré au détriment de l'analyse de l'écriture inspirée reste important : ainsi l'intérêt davantage porté à l'état de l'écrivain qu'à sa production écrite. Si l'on transfère la question de l'inspiration biblique au domaine romanesque, la présence matérielle des cahiers de brouillon manuscrits de *Monsieur Ouine* permet d'éclaircir non pas l'expérience inspirée, prophétique de l'écrivain mais l'écriture elle-même dans sa part la plus inspirée, non pas l'œuvre de l'Esprit mais l'écriture fruit de son inspiration, écriture humaine informée, animée, suscitée par la transcendance.

Les conventions typographiques mises en place par Daniel Pézeril pour restituer le plus clairement possible les modalités de sa transcription permettent d'imaginer aisément le calvaire de la création romanesque. Mais elles permettent aussi de visualiser rapidement deux passages écrits d'un seul jet[3]. Rares et précieux vestiges d'instants d'écriture dénués de l'habituel calvaire du mot esquissé ou bégayé, de la répétition laborieuse, de l'abandon par rature précédant ou non une ou plusieurs reprises en surcharge, ces quelques lignes épargnées, étrangères à la souffrance de la gésine créatrice, peuvent évidemment désigner quelque heureux hasard, cette bonne fortune du romancier mis en présence de l'heureuse trouvaille transcendant toute velléité de retouche. Par essence rare, la

---

1   L'herméneutique théologique contemporaine s'affranchit sans complexe de l'interprétation patristique. Ainsi François Martin, dans un ouvrage récent consacré à la question de l'inspiration des Écritures : « La théorie de l'inspiration-dictée, quant à elle, met en scène quelqu'un qui, étant à l'origine de la langue et du discours, serait la source et l'auteur du seul message de valeur. Quelqu'un qui pourrait ainsi dispenser l'homme d'avoir lui-même à parler et à se risquer dans ses discours. La logique de cette théorie, poussée à l'extrême, condamne le sujet humain à se faire étouffer et disparaître dans l'énoncé divin : à l'un des pôles, son travail d'écrivain lui est refusé et il ne lui reste que le labeur mécanique du scribe, à l'autre pôle, on lui retire sa tâche d'interprète pour ne lui laisser que le décryptage automatique de la lecture littéraliste et fondamentaliste. » (François Martin, *Pour une théologie de la lettre. L'inspiration des Écritures*, Paris, Éditions du Cerf, 1996, p. 33-34).

2   *Ibid.*, p. 41.

3   Ces passages attirent spontanément l'œil, intégralement en caractères gras et sans éléments intercalés en caractères romains. (Voir *Cahiers de Monsieur Ouine, op. cit.*, p. 89 et p. 627)

conjoncture hasardeuse ne se reproduit que de manière exceptionnelle, et la réduction de ce cas de figure à deux courts passages consolide cette rassurante hypothèse. Il n'est cependant pas anodin que chacun d'eux condense et concentre scripturalement l'essentiel de la portée poétique et théologique de l'univers romanesque. Le premier passage d'abord, coïncide avec la parole de Steeny : « Quand j'ai vu cette pauvre petite main trop maigre, trop longue, toute tachée d'encre... Elle sentait le chèvrefeuille et l'anis. Je me souviens aussi d'une grande abeille immobile, juste à la hauteur de non fronts, emportée par le vent. Au visage, elle a sifflé à mon oreille, comme une balle. » (Cahier Pézeril, 1, folio 12 p. 89 ; ex-cahier 1 BnF, folio 161). Le garçon juxtapose son émouvante vision de la longue main décharnée de Jambe-de-laine, dont les taches d'encre trahissent l'activité scripturale, main d'écolière ou mieux – pis ? – encore, main d'écrivain, parfumée au chèvrefeuille et à l'anis, avec le souvenir « d'une grande abeille immobile, juste à la hauteur de nos fronts, emportée par le vent[1] ». Métamorphosé en insigne d'armoiries ornant les fronts de ces deux mystérieux élus, l'insecte hyménoptère ne peut-il aussi renvoyer – ne serait-ce que par l'incongruité toute poétique de son évocation[2] – au symbolisme de l'inspiration poétique et mystique[3] ? Et que Steeny clôture son souvenir par la trace auditive du mystérieux insecte à son oreille, entre métaphore du bourdonnement-sifflement et comparaison de l'abeille-balle de fusil ou de revolver, un tel détail pèse de tout son poids dans la balance de l'interprétation symbolique[4]. Synthèse réconciliant l'immobilité contemplative, la docilité au souffle extérieur et la fulgurante violence de l'impulsion, ce souvenir fictionnel d'abeille captivante résonne aussi comme un appel christique et sanctificateur[5]. Qu'il s'agisse donc de la main tachée d'encre de Jambe-de-laine / Bernanos ou de l'abeille inspirée marquant de son sceau le front des

---

1   Georges Bernanos, *Cahiers de Monsieur Ouine, op. cit.*, p. 89.

2   Sa grandeur, son immobilité et sa disponibilité soumise à l'élément éolien lui confèrent une dimension particulière orientant spontanément la lecture vers une configuration symbolique, voire mystique.

3   L'article « Abeille » du dictionnaire des symboles met d'emblée en valeur cette double inspiration, à travers les deux pôles d'intelligence créatrice et de résurrection. Symbolisant le principe vital, « figuration de l'âme et du verbe – en hébreu le nom de l'abeille, *Dbure*, vient de la racine *Dbr* parole – il est normal que l'abeille remplisse aussi un rôle initiatique et liturgique » (*Dictionnaire des symboles, op. cit.*, p. 1).

4   « Le propos de Virgile selon lequel les abeilles renferment une parcelle de la divine Intelligence reste vivant chez les chrétiens du Moyen-Âge. On retrouve ici la valeur symbolique du bourdonnement, véritable chant de l'abeille. » (*Ibid.*, p. 2)

5   « Par son miel et par son dard, l'abeille est considérée comme l'emblème du Christ : d'un côté, sa douceur et sa miséricorde ; et de l'autre, l'exercice de sa justice en tant que

élus mystiques désignés par le souffle divin, ces quatre phrases rescapées du calvaire de la rature, épargnées par le bégaiement de la reprise hébétée, semblent décrire de manière cryptée, par le détour de la veine romanesque, d'abord l'outil charnel de la création littéraire, ensuite l'avènement d'une puissance scellant son empreinte sur le mystère de l'inspiration et du souffle créateur. Le second passage écrit d'un seul jet, sans rature ni reprise, coïncide, comme le premier, avec une parole de personnage. Non plus lettre poétique et sensorielle du garçon inspiré mais lettre théologique et ecclésiale du prêtre prophétique :

> Pour reprendre l'expression qui vous a étonné. Tout à l'heure, on ne peut nier que Dieu s'est fait jusqu'ici. petit. Jusqu'ici, bien petit, d'où l'on conclut qu'il se fera petit demain comme hier, de plus en plus petit. Rien cependant ne vous oblige à le croire. » (Cahier Pézeril 19, folio 18, p. 627 ; cahier de travail 16 (ex-18 bis) BnF folio 18).

La foi en la kénose divine est martelée, revendication d'un Dieu trinitaire ne cessant de décroître au monde, à l'insu de ce dernier. Proclamant la réduction progressive et inéluctable du divin dans la vie humaine, la parole jaillie toute armée de l'intériorité créatrice ne s'impose-t-elle pas avec évidence comme le cri théologique du romancier dans son itinéraire tourmenté ? De la sursaturation divine à sa liquidation, le parcours conduisant du soleil de Satan au nez du cadavre de Ouine épouse fidèlement la parole prophétique du curé de Fenouille, Dieu n'ayant cessé, entre 1920 et 1940, de se faire de plus en plus petit, d'un roman à l'autre, entre les pages et jusqu'entre les lignes. Écrits sur le rythme fluide de l'évidence et selon les modalités de la certitude ne souffrant ni doute ni hésitation, ces deux passages courts mais intenses figurent chacun une constante spécifique de la création romanesque telle qu'a pu l'éprouver l'écrivain durant une vingtaine d'années. Alors que l'abeille à la fois immobile et emportée par le vent renvoie aux lois mystérieuses et contradictoires de l'inspiration créatrice, entre attente contemplative et soudaine mise en mouvement, la prophétie de la kénose divine constitue le pilier théologique de l'ensemble de l'œuvre romanesque, résistant à toutes les métamorphoses ecclésiales et mystiques des représentations de la transcendance aussi bien objective que subjective.

Outre le témoignage visuel permanent du calvaire créateur enduré par le romancier, comme les innombrables ratures, abandons et reprises

---

Christ-juge. Les auteurs du Moyen-Âge évoquent souvent cette figure ; pour Bernard de Clairvaux elle symbolise l'Esprit Saint. » (*Ibid.*, p. 2)

textuels peuvent le proposer au transcripteur, les cahiers de *Monsieur Ouine* réservent parallèlement au lecteur herméneute un témoignage crypté ponctuel du mystérieux processus nourrissant l'épreuve créatrice. Et le romancier se révèle encore une fois le mieux placé pour raconter avec une étonnante précision la transe intérieure qui préside à l'approche puis à l'instant de la naissance du mot sur la page. Deux passages en particulier retranscrivent métaphoriquement cette obscure gésine où les mots échappent pareillement à toute velléité de maîtrise, hors des bouches qui les expulsent plutôt qu'elles ne les prononcent. Et qu'il s'agisse des mots crachés par Monsieur l'inspecteur d'Académie[1] ou de la cendre des mots du vieux Devandomme[2] importe peu, silhouettes hébétées, prétextes mal dissimulés à une confidence autobiographique sur les arcanes de l'écriture romanesque en métamorphose. De même que le paysan redoute de prendre la parole, le fonctionnaire serre dans sa main « un chiffon de papier couvert d'une écriture si menue, que, renonçant à la déchiffrer », il décide d'improviser « d'une voix presque inintelligible[3] ». De la minuscule écriture illisible du chiffon de papier académique à la cursivité penchée – tout aussi minuscule et illisible – de celle des cahiers de brouillon sur lesquels le romancier souffre le martyr, il n'y a vraiment qu'un pas, immédiatement franchi devant la restitution romanesque du début de l'éloge funèbre[4]. Hésitation des points de suspension, mots malmenés ou écorchés, balbutiements et bégaiements, reprises incessantes… À l'exception des ratures, la facture formelle de ce discours improvisé renvoie en abîme à la mise en écriture heurtée et chaotique des intrigues imaginaires du romancier. Car en quel autre lieu que celui des cahiers de brouillon pourrait donc s'exhiber la rébellion des mots qui refusent « de se laisser disjoindre », collant « ensemble » au palais, ainsi que le défi lancé par la phrase à celui qui se targuerait de la prononcer, « dix variantes (…) si compliquées, si obscures qu'elles sont

---

1   MO, 1494.
2   MO, 1433.
3   MO, 1493.
4   Mesdames, Messieurs, la jeune mémoire devant laquelle je viens… que je salue res-
     pectueusement, est celle d'un humble enfant du peuple dont la vie se fût écoulée dans
     l'obscurité… dans l'obscurité de l'obscur labeur quotidien… Si obsc si modeste qu'ait
     été son destin prématurément interrompu, la sollicitude de la République l'avait déjà
     reconnu… La République toujours pleine de sollicitude l'avait reconnu pour un des
     siens et si les nécessités de l'obs… du labeur quotidien ne l'avaient retenu trop souvent
     éloigné de la maison d'école – votre maison à tous Messieurs… elle lui eût dispensé ainsi
     qu'à chaque citoyen l'immense bienfait du savoir… Permettez-moi de me pencher, de
     m'incliner, de… » (MO, 1494).

dans la bouche comme une poussière. Cendre de mots » et renoncement de l'écrivain qui, « abandonnant cette lutte inégale », crache tous ses mots « à la file, avec rage, dans un bredouillement confus ».

« LE HAUT ET LARGE FRONT », « SA COURBE MAGNIFIQUE
SI PRÉCIEUSE ET SI LISSE »

Les cahiers de *Monsieur Ouine*, tels qu'ils ont été rassemblés et présentés par Daniel Pézeril, rendent uniquement compte des cahiers dont a pu disposer le transcripteur jusqu'à la publication de son travail de déchiffrement en 1991[1]. Or, il faut savoir que sept ans plus tard, la Bibliothèque nationale de France a eu l'opportunité d'acheter dix feuillets isolés, unis par une agrafe centrale et correspondant sans aucun doute à la partie médiane d'un des cahiers d'écolier ayant servi de premier support à l'élaboration d'un passage de *Monsieur Ouine*. Ignorée de Daniel Pézeril alors qu'il effectuait son travail de déchiffrement, cette partie de cahier n'a donc jamais été portée à la connaissance du public.

L'analyse de ce document inédit permet d'appréhender la genèse des métamorphoses de l'écriture de la transcendance dans *Monsieur Ouine*. Un premier déchiffrement approximatif montre que ces dix feuillets étaient issus d'un cahier de travail ébauchant d'une part à travers les huit premiers feuillets la ou une des versions initiales de l'actuel chapitre XVIII et présentant d'autre part à travers les deux derniers feuillets une version abandonnée et non reprise dans l'édition, décrivant Steeny d'abord en proie à une mystérieuse joie puis confronté au visage de *Monsieur Ouine* agonisant ou déjà mort. Alors que les huit premiers feuillets ont sans aucun doute servi de support à une mise au net destinée à l'envoi[2], les feuillets 9 et 10 semblent bel et bien avoir

---

1   Une observation attentive des mises en regard réalisées par Daniel Pézeril entre le contenu des cahiers de travail retrouvés et celui du texte définitif, révèle que le déchiffrement des brouillons par le transcripteur est loin de couvrir la totalité de l'édition courante. En effet, sur les dix-neuf chapitres que comporte le texte définitif de *Monsieur Ouine*, neuf peuvent être entièrement relus en tenant compte des variantes déchiffrées sur les cahiers de brouillon retrouvés, six peuvent l'être seulement partiellement – certains passages coïncidant avec des cahiers non retrouvés –, et quatre chapitres dans leur totalité sont sans cahier correspondant.

2   Exception faite des innombrables ratures zébrant ces feuillets, le premier jet du brouillon se retrouve dans le texte définitif. Le romancier se contente ainsi de recopier tel quel le contenu non raturé du cahier de travail. De plus, au verso du feuillet 8, on peut déchiffrer une note de Bernanos en bas de page, d'une écriture bien différente de celle de la création romanesque – plus large, plus grosse, moins appuyée et plus négligée – signalant une variante à intégrer dans la perspective de l'expédition du manuscrit mis au net. Voici le contenu de cette note telle que nous avons pu la déchiffrer : « pour l'envoi : faisaient

été abandonnés par le romancier, le feuillet 10 se terminant d'ailleurs par une longue expression raturée, quasi-illisible, et dont l'absence de ponctuation finale en milieu de ligne peut être interprétée à juste titre comme un abandon de la phrase en cours[1].

Le déchiffrement de ces deux derniers feuillets – non repris dans l'édition pour clôturer le chapitre XVIII – permet de présenter la genèse d'une probable première fin de *Monsieur Ouine* rédigée à Palma avant l'été 1936[2] et définitivement écartée du recopiage de mise au net pour l'envoi à l'éditeur. Ces deux feuillets constituent la suite originelle et naturelle du chapitre XVIII de l'édition, à tel point que la première phrase inédite du feuillet 9 ne coïncide pas avec un nouveau paragraphe mais fait directement suite à la dernière phrase retenue pour le texte édité, s'inscrivant donc dans la continuité du paragraphe consacré à Philippe[3]. La vingtaine de lignes réparties entre la seconde moitié du feuillet 9 et le début du feuillet 10 prolonge donc et termine ce paragraphe. Elle développe le désordre intérieur qui s'empare de Steeny, déchiré entre crainte soudaine et mystérieuse joie, s'attarde sur les lueurs fulgurantes d'un hypothétique coucher de soleil contemplé depuis la fenêtre de la chambre et se termine par un brutal retour à la réalité, Steeny heurtant le lit de Ouine pour un ultime face à face. Le dernier paragraphe de ce passage non repris pour l'édition et qui occupe les treize dernières lignes écrites du feuillet 10 est entièrement consacré à la description du visage du professeur de langues. Ce portrait abandonné en cours de rédaction oppose les traits déjà figés comme une ébauche de marbre sculpté et

---

craquer sinistrement les lames du parquet ». Cette variante renvoie aux derniers mots de l'actuel chapitre XVIII. L'expression « pour l'envoi » montre bien que le romancier s'est servi de ces feuillets de brouillon pour une mise au net destinée à être expédiée à l'éditeur.

1   Une observation systématique de tous les autres bas de page de la liasse consolide cette interprétation puisque chaque dernière ligne des feuillets précédents est soit menée à son terme (c'est le cas des rectos des feuillets 1, 2, 3, 4, 5, 6, 7 et 9), soit interrompue en cours de ligne mais ponctuée (voir le feuillet 8 recto). Signalons que le texte du roman ne figure que sur les rectos des feuillets, chaque verso étant réservé pour d'éventuelles corrections au texte figurant en regard sur le verso suivant (une exception : le feuillet 1 verso, brouillon d'une lettre à un ami). On retrouve ici une habitude de travail du romancier.

2   Pour les détails de la démonstration concernant cette hypothèse, je renvoie à ma thèse *Les métamorphoses de l'écriture de la transcendance dans l'œuvre romanesque de Georges Bernanos*, soutenue le 15 janvier 2010 en l'université Paris-Sorbonne sous la direction du Professeur Antoine Compagnon, p. 176, note 73.

3   Il s'agit du dernier paragraphe du chapitre XVIII de l'édition qui commence ainsi : « Philippe ouvre néanmoins la fenêtre, regarde le jardin jadis cher au maître des logis – le jardin redevenu sauvage. » (MO, 1544).

le regard toujours vivant. Le texte s'interrompt sur la description étonnamment admirative de la courbe magnifique, si précieuse et si lisse du haut et large front de Monsieur Ouine. Est-ce la dérive élogieuse vers laquelle s'orientait l'écriture qui déplut à l'écrivain et lui fit jeter la plume[1] ? Toujours est-il que c'est sur cette magnificence frontale que s'interrompt la mystérieuse esquisse.

Y eut-il reprise ultérieure ? Il n'existe à ce jour aucun cahier de Palma autre que celui déchiffré par Daniel Pézeril et déposé au département des manuscrits ; à moins donc de retrouver le cahier espagnol dont est issue la liasse des dix feuillets ou d'en exhumer quelque autre de même type, l'hypothèse selon laquelle le romancier abandonne la rédaction de *Monsieur Ouine* pendant quatre longues années et un nouvel exil, reste d'actualité. Une nouvelle question peut maintenant être posée : lorsque, dans son isolement brésilien de Pirapora, Bernanos reprend la rédaction de *Monsieur Ouine*, abandonnée aux Baléares, a-t-il sous les yeux ces fameux feuillets 9 et 10, vestiges hasardeux et balbutiants d'une rédaction aussi brutalement que mystérieusement interrompue ? N'ayant pu résoudre l'énigme des circonstances d'exhumation des feuillets ignorés de Daniel Pézeril[2], il m'est impossible de savoir si Bernanos les avait en mains de février à mai 1940. Une chose est certaine : la mise en regard de deux passages choisis parmi les deux feuillets déchiffrés, avec deux passages choisis du dernier chapitre de l'édition[3] révèle des similitudes pouvant être le fruit de plusieurs situations d'écriture. Si l'on exclut le hasard dans ce jeu d'échos, trois cas de figure peuvent être invoqués. Le premier, intégrant l'hypothèse de la présence effective des feuillets écrits en 1936 comme support visuel à la remise en branle de

---

1   Cette hypothèse trouve un écho dans un passage de *Scandale de la vérité*, où Bernanos exprime son dégoût pour les agonies pédantes et bavardes : « Nos héros sont des militaires, ou des saints, gens simples parmi les simples, et lorsque la douleur nous exerce, nous n'avons pas plus besoin d'un maître à souffrir que d'un maître à danser. Nous tâchons de souffrir au jour le jour, selon ce que Dieu nous demande, la tête autant que possible tournée vers le mur, afin de ne pas décourager le prochain. La plus lugubre de toutes les grimaces humaines est probablement celle du pauvre cuistre à l'agonie, et qui se travaille pour crever en cuistre, rendant par tous les orifices le contenu de son dictionnaire grec et latin. » (EEC I, p. 579). Cette description cruelle préfigure l'agonie de Monsieur Ouine.

2   La Bibliothèque nationale de France ne divulguant pas l'identité du ou des vendeurs des manuscrits qu'elle acquiert, je n'ai pu établir de relation entre la liasse achetée en 1998 et la série de cahiers restés au Brésil après le départ de Bernanos, étudiés par Daniel Pézeril pour l'établissement de sa transcription et déposés au département des manuscrits dès 1979.

3   Pour consulter cette mise en regard, on peut se reporter à l'annexe 7 de la thèse citée *supra*, p. 399-403.

la machine littéraire dès 1940, met en place un scénario de récriture consciente, critique et autonome sur le socle de deux invariants : le lit de l'agonisant comme point focal de l'obsession de l'adolescent et la comparaison du visage de Monsieur Ouine avec une moulure. Le deuxième cas de figure suppose un processus de réminiscences conscientes et ponctuelles limitées aux deux éléments cités précédemment. Un dernier cas de figure, enfin, explique ce système d'échos par un processus de résonance inconsciente révélant que, même quatre années plus tard, et de l'autre côté de l'océan, l'imagination créatrice se redéploie à partir d'un fonds stable et non susceptible de variations. Cet invariant créateur résisterait, dans cette hypothèse, aux ravages du temps et serait susceptible de subsister pour ressurgir à la première sollicitation scripturale. Qu'il soit donc le fruit d'une simple récriture ou de réminiscences plus ou moins conscientes d'écrits précédents et non consultables, ce dernier paragraphe du texte édité de *Monsieur Ouine* marque sa singularité et sa nouveauté par rapport à l'esquisse du feuillet 10 en osant franchir le pas de la liquidation fictionnelle. En effet, au contraire du portrait de 1936 qui valorise encore la vie du regard et de la bouche, ainsi que la beauté du front, la description de 1940 livre une description implacable d'un masque mortuaire. Neuf ans après sa première apparition scripturale, Ouine est irrémédiablement exécuté.

LE ROMAN

L'accumulation et la collection des métamorphoses paginales effectuées au jour le jour, où la préoccupation principale consistait à trouver le mot juste, aboutissent à l'édification d'une unité romanesque qui doit son unification progressive à une mise en structure succédant à la mise en écriture.

Le choix de *Sous le soleil de Satan* comme exemple privilégié de topographie et de chronographie des métamorphoses éprouvantes de l'écriture de la transcendance trouve plusieurs justifications. Toute métamorphose ne pouvant se réaliser qu'à partir d'une matière originelle, le premier roman est œuvre matricielle par excellence. Lieu romanesque initial où s'écrit la première représentation de la transcendance et à partir duquel se déploient ses récritures successives, ce socle de l'œuvre romanesque est lui-même l'aboutissement exemplaire de multiples métamorphoses textuelles et structurelles intervenues lors d'une genèse tumultueuse. Cette première œuvre romanesque ne possède pas le monopole du calvaire créateur, épreuve constante qui se renouvelle roman après roman. Mais la singularité de ses circonstances de rédaction[1], le caractère à la fois hasardeux et mystérieux de sa genèse structurelle, l'incertitude et les tâtonnements liés à l'élaboration de son statut générique[2], font vraiment de ce premier roman une épreuve plénière, aussi bien par sa position dans l'itinéraire créateur que par les doutes intimes et les contraintes extérieures ayant accompagné ses métamorphoses gestationnelles. *Sous le soleil de Satan* se révèle ainsi exemplaire pour une mise en valeur de la dynamique souterraine, à la fois spatiale et temporelle, ordonnant et unifiant une somme de pages noircies, raturées et alourdies de surcharges en un tout autonome

---

1   Ce roman, laborieusement composé entre 1918 et 1926, est le fruit d'heures éparses arrachées à un emploi du temps accaparé par une activité professionnelle itinérante laissant peu de loisir à l'écriture. Il est en outre le seul à avoir été écrit dans une incertitude totale concernant un éventuel avenir éditorial.

2   Incertain quant à la valeur et à la destination de ce premier écrit, Bernanos pensait se restreindre à la rédaction d'une modeste nouvelle.

soumis à une logique fictionnelle, une intégrité structurelle et une homogénéité stylistique[1].

UNE GENÈSE STRUCTURELLE ÉNIGMATIQUE

ÉTAT DE LA QUESTION

La genèse structurelle de *Sous le soleil de Satan* apparaît, dans son déploiement, aussi tumultueuse que la genèse langagière. Elle se limite avant 1973 à des témoignages et des hypothèses concernant l'ordre d'apparition des personnages dans l'imaginaire de l'écrivain ou encore l'ordre de rédaction des trois parties. Monique Gosselin-Noat a récemment tenté une synthèse de la question[2] en opposant le témoignage de Bernanos recueilli par Frédéric Lefèvre en 1926, qui fait coïncider la naissance de son roman avec celle du personnage de Mouchette dès l'armistice, et celui de Robert Vallery-Radot[3] près de trente années plus tard, affirmant que Bernanos composa d'abord « Le Saint de Lumbres ». Au-delà de la contradiction relevée, il semble possible de faire confiance aux deux témoignages en supposant qu'au moment crucial où, selon les mots de l'écrivain, « cette petite Mouchette a surgi », « Le Saint de Lumbres », nouvelle autonome, était déjà rédigé[4]. Mais les souvenirs de Vallery-Radot ne se limitent pas à cette précieuse information, ils retracent aussi la chronologie de sa découverte progressive de l'œuvre. D'abord le premier envoi, « un vrai manuscrit, non pas dactylographié », qu'il lut « d'un trait, toute la matinée. C'était la troisième partie, "Le Saint de

---

1   Pierre Gille justifie ainsi l'intérêt jamais démenti et sans cesse renouvelé de la critique pour ce premier roman, en y plaçant le cœur vivant dans sa puissance et son destin métamorphiques : « c'est pourquoi peut-être les critiques reprennent inlassablement les problèmes de genèse : ils sentent bien que la vérité de l'œuvre d'art est moins dans son résultat que dans sa dynamique, dans cette vie souterraine qui, d'un simple essai, par exemple, ou du protocole d'une crise personnelle, finit par une croissance quasi végétale et indépendante des intentions de l'auteur, par faire le soleil de Satan. » (Pierre Gille, in *Sous le soleil de Satan. Sur un manuscrit de Georges Bernanos, op. cit.*, p. 48).

2   Monique Gosselin-Noat, *Bernanos. Sous le soleil de Satan*, éditions Atlande, 2008, p. 50-54.

3   Robert Vallery-Radot, « Souvenirs d'un ami », Bull. n°s 2-3, mars 1950.

4   Monique Gosselin-Noat avance à ce sujet une hypothèse intéressante en supposant que Bernanos avait peut-être « déjà écrit une nouvelle intitulée *Le Saint de Lumbres* ou simplement un début de roman qui lui aurait été suggéré par le début du procès pour la canonisation du curé d'Ars dès 1906 ? » (Monique Gosselin-Noat, *op. cit.*, p. 52-53).

Lumbres", qu'il avait composée d'abord parce qu'elle est à la fois le centre et le sommet de l'œuvre. » Il reçut ensuite « successivement l'"'Histoire de Mouchette", qui devait être la première partie du roman. Je ne saisis pas d'abord pourquoi ni comment cette histoire de Mouchette, qui a la couleur d'une des *Diaboliques* de Barbey d'Aurevilly, se rattachait à l'histoire de l'abbé Donissan. Mais quand Bernanos m'envoya la deuxième partie : "la Tentation du désespoir", qui soudait la première partie à la troisième, je compris(...) que le titre général était bien *Sous le soleil de Satan*[1] (...) ». Cet exercice de mémoire apparaît paradoxalement clair et sybillin : en effet, si la description de la chronologie de lecture fait clairement ressortir l'ordre de rédaction des trois parties, la qualification du « Saint de Lumbres » comme « centre et sommet de l'œuvre » alliée à l'image verbale de la soudure d'« Histoire de Mouchette » au « Saint de Lumbres » peuvent en revanche sembler incongrues. La révélation du manuscrit Bodmer confirme en bloc les souvenirs repris ci-dessus : l'étude descriptive de René Guise montre par une observation minutieuse des différents feuillets du manuscrit que « Le Saint de Lumbres est donc la partie du roman qui fut écrite la première[2] ». Outre cette confirmation d'ordre génétique apportée par le manuscrit, la description de la disposition de celui-ci éclaire subitement les deux déclarations jusque là sybillines de Vallery-Radot :

> Il importe de le souligner d'entrée, le manuscrit ne se présente pas comme un tout. Les 440 feuillets qui le composent ne sont pas paginés d'une façon continue. Et les feuillets n'étant pas reliés, rien ne permet d'affirmer que l'ordre dans lequel nous les avons vus soit l'ordre donné à ce document par Bernanos. Ce n'était pas celui dans lequel ils se suivent dans le roman, la deuxième partie s'intercalant entre le prologue et la première ; mais nous y insistons, on ne peut tirer de cet ordre la moindre conclusion, le texte a dû être collationné plusieurs fois et rien n'indique que tel était bien l'ordre initial des feuillets. Il nous semble au contraire qu'ils devaient, d'après l'état du texte dont nous parlions plus haut, se trouver dans l'ordre de publication[3].

L'ami de Bernanos eut-il entre les mains cet exemplaire du manuscrit[4] qui matérialise le souvenir d'une disposition différente à la fois de l'ordre

---

1   Robert Vallery-Radot, *art. cit.*
2   René Guise et Pierre Gille, *op. cit.*, p. 10.
3   *Ibid.* p. 5.
4   La lecture de la correspondance révèle que Bernanos envoya à son ami un manuscrit dactylographié (Corr. I, p. 191) qui ne peut correspondre à cet exemplaire, mais d'autres

de rédaction et de l'ordre de publication, où la partie première écrite, « Le Saint de Lumbres », occupe une position centrale et paroxystique entre « Histoire de Mouchette » et « La Tentation du désespoir » ? Ne mentionnant pas cette hypothèse, René Guise privilégie l'hypothèse du désordre hasardeux ou du mauvais collationnement des feuillets. Il faut dire que l'importance de la révélation langagière et la richesse des pistes interprétatives qu'elle ouvrait a pu justifier une mise à l'écart temporaire de l'examen de cette disposition et de ses éventuelles implications sur le sens du roman. William Bush lui-même, en publiant chez Plon une nouvelle édition du roman qu'il estime « plus conforme au manuscrit remis par l'auteur à l'éditeur en 1925[1] », et en restituant les passages retranchés et les expressions rayées du manuscrit, ignore l'ordre de sa présentation sur ce qu'on appelle le manuscrit Bodmer. Le paradoxe naît ici : cette nouvelle édition qui se prétend plus conforme au texte de ce manuscrit, restitue le texte primitif mais laisse dans les limbes sa disposition, conservant l'ordre publié en 1926. Sans spéculer sur les raisons profondes de la contradiction, cet « oubli » révèle bien l'état de la question concernant la genèse structurelle de *Sous le soleil de Satan* encore au début des années 1980. Il apparaissait difficile d'accréditer, voire de justifier l'existence d'un ordre officieux défigurant l'œuvre jusqu'à réduire sa structure et son sens au statut de pure énigme.

Ce n'est qu'en 1988 (soit 15 ans après la dérangeante découverte de l'ordre du manuscrit) que le même William Bush, dans une étude critique intitulée *Genèse et structures de « Sous le soleil de Satan*[2] », évoque cette disposition anachronique dans le cadre d'un schéma comparant ce qu'il nomme successivement « L'ordre de la genèse du manuscrit » (le saint de Lumbres – histoire de Mouchette – la tentation du désespoir), « L'ordre défini le 20 février 1926 pour le Roseau d'or[3] » (Prologue :

lettres évoquent d'autres exemplaires en circulation (*Ibid.*, p. 192, p. 193, p. 198) dont l'un d'eux pourrait – pourquoi pas ? – coïncider avec celui qu'a exhumé René Guise.

1   William Bush, *op. cit.*, avant-propos p. 9.

2   William Bush, *Genèse et structures de Sous le Soleil de Satan. Scrupules de Maritain et auto-censure de Bernanos*. Archives des lettres modernes 236 « Archives Bernanos » 10, Lettres modernes, Paris, 1988.

3   Je remercie Pierre Gille qui a attiré mon attention sur le caractère trompeur de ce titre donné à l'ordre de publication par William Bush. En effet, supposant une demande de bouleversement de l'ordre de création brusque, expresse et datée, il ne restitue pas le contenu de la lettre écrite par Bernanos à son éditeur et datée du 20 février 1926 dans laquelle l'écrivain se contente de préciser la titrologie des trois sections. Pierre Gille signale ainsi les contresens et l'erreur consistant à déduire de cette consigne portant sur le titre à donner à chaque section une consigne portant sur l'ordre des sections. Il encourage aussi à examiner la liste des quarante corrections pour lesquelles Bernanos fait des demandes

histoire de Mouchette – la tentation du désespoir – le saint de Lumbres)
et « L'ordre du manuscrit Bodmer, vendu en 1934 » (Prologue : histoire
de Mouchette – le saint de Lumbres – la tentation du désespoir). Cette
représentation schématique qui présente les deux dispositions virtuelles
(elles appartiennent à la genèse supposée et controversée de l'œuvre,
n'ont jamais été disposées sur le papier pour constituer un texte) à
égalité avec l'ordre publié en 1926 et référence officielle de la critique,
suppose un processus de structuration progressive que Bush définit en
trois étapes distinctes et, selon lui, clairement identifiables. Il met en
place la thèse d'un mouvement interstructurel qui se déploierait à travers
trois dispositions romanesques liées à des interversions de parties. Cette
idée consolide et généralise son hypothèse d'une première œuvre sous
l'emprise de pressions extérieures censoriales. Car cet essai critique s'inscrit
dans la continuité du travail de retranscription du texte du manuscrit
Bodmer, par l'édition d'un nouveau *Soleil de Satan* censé restituer la
plénitude de la vision romanesque ; il constitue un renforcement de la
thèse invoquée dès 1982 et selon laquelle le texte imprimé en 1926 par
la maison Plon livre aux lecteurs une version édulcorée, affadie par des
censeurs (Jacques Maritain en particulier) ayant mal saisi la grandeur
d'une création absolue. Ici, le critique recherche les causes profondes
de ce qu'il nomme « le sacrifice de [la] vision créatrice[1] ». Au sujet de la
genèse structurelle de l'œuvre – et plus précisément de l'ordre déroutant
découvert dans le manuscrit Bodmer – Bush, sans l'évoquer de façon
exclusive dans le cadre d'un chapitre qui lui serait consacré, se pose une
question bien précise :

> Cet ordre du manuscrit, commençant par « Histoire de Mouchette », et finissant
> par « La Tentation du désespoir », avec « Le saint de Lumbres » au milieu,
> aurait-il été à l'origine l'ordre du roman souhaité par Bernanos lui-même[2] ?

Cette interrogation remet en cause l'hypothèse émise par René Guise,
selon laquelle cette disposition constituerait le fruit hasardeux de quelque
mauvais collationnement. Encore faut-il pouvoir justifier l'existence d'un
tel ordre – isolément ou dans la continuité du mouvement interstructurel – à première vue difficilement explicable. William Bush y décèle un

---

de retouches en la confrontant avec les pages de l'édition originale de 1926, pour en
conclure que dans les épreuves en pages l'œuvre se disposait selon l'ordre qu'on lui voit
dans l'édition.
1   William Bush, *op. cit.*, p. 6.
2   *Ibid.*, p. 60. Souligné par Bush.

« défi à l'ordre du texte édité[1] ». Dans la droite ligne de sa démonstration,
le critique interprète l'ordre insolite du manuscrit Bodmer comme une
riposte subtile et provocatrice du romancier aux censeurs amicaux qui lui
auraient conseillé d'adopter une structure plus conforme à l'esthétique
romanesque traditionnelle (voir la structure chronologique de la version
imprimée). Cette disposition, à laquelle Bush, rappelons-le, ne s'est pas
conformé dans son édition de *Sous le soleil de Satan*, serait selon lui sou-
haitable car elle réaliserait la réconciliation de ce que le critique nomme
le pôle de « la pulsion littéraire » (incarnée par la profane et romanesque
Mouchette) et le pôle de « la pulsion missionnaire » (incarnée par le fervent
saint de Lumbres) au sein de la dernière partie, « La Tentation du désespoir », aboutissement rédempteur effaçant les errements douloureux du
vieux curé de Lumbres et la tragique révolte de Mouchette. La structure
du manuscrit Bodmer symbolise, si l'on en croit Bush, la vision chrétienne
de réconciliation finale, de rédemption glorieuse par la souffrance purificatrice et les bienfaits de la communion des saints. Le critique privilégie
hautement cet ordre officieux au détriment de la structure officielle publiée
en 1926 où « la fusion est affaiblie par le Saint de Lumbres qui traîne
après[2] ». Le mouvement interstructurel auquel aurait été soumis *Sous le
soleil de Satan* aboutirait donc à un affadissement provoqué par le choix
d'éditer une structure trahissant le message rédempteur de Bernanos. Il
constituerait une preuve supplémentaire et évidente de l'autocensure déjà
exercée sur le mouvement de mise en écriture : en effet l'ordre de création
retranscrirait avec force la plénitude de la vision initiale ; l'ordre de la
version imprimée en 1926 serait un des résultats de la censure exercée
sur l'ensemble de l'œuvre, et l'ordre du manuscrit Bodmer rétablirait la
vision rédemptrice de Bernanos dans toute son authenticité originelle.

En choisissant de présenter sa thèse des modifications structurelles du
roman sous forme tabulaire[3], William Bush met en valeur sa théorie de
la genèse et de la fusion de ce qu'il nomme successivement la « mission
chrétienne » et la « pulsion littéraire ». Examinant les trois ordres du
roman, il interprète chaque disposition au regard de ces deux « pôles ».
En effet, si pour le critique, l'ordre de création représente « le mouvement de l'imaginaire de l'auteur » où tout se termine « par la fusion des
deux pôles » considérée comme idéale, l'ordre de publication révèle une

---

1   *Ibid.*, p. 39 : « qui, sinon Bernanos lui-même, aurait osé porter un tel défi à l'ordre du
    texte édité ? ».
2   *Ibid.*, p. 148, note sous le tableau.
3   *Op. cit.*, voir les trois tableaux comparatifs p. 147-148-149.

« fusion affaiblie [...] par "Le Saint de Lumbres" qui traîne après ». L'ordre mystérieux du manuscrit Bodmer rétablit, dans la perspective de Bush, la fusion entre le pôle missionnaire et le pôle littéraire, « comme lors de la genèse dans l'imaginaire de Bernanos ». Pour résumer la position du chercheur canadien, comprenons que si la première disposition révélait dans toute sa plénitude l'ampleur de la vision créatrice de Bernanos, la seconde disposition, fruit d'une concession liée à la faiblesse d'un écrivain « assoiffé de gloire littéraire[1] », trahit cette plénitude créatrice en sacrifiant la fusion des deux pôles au désir d'être publié à tout prix. La troisième disposition, celle du manuscrit Bodmer, « appel désespéré vers l'avenir[2] », rétablit la mise en valeur de la fusion des deux pôles.

Pierre Gille[3] émettra rapidement des réserves au sujet de cette thèse considérée comme plausible, voire séduisante mais qui reste « de l'ordre de l'hypothèse, de la logique, c'est-à-dire, en un certain sens, du romanesque » (p. 24). En effet, outre le contresens et l'erreur commis par William Bush au sujet de la mise en place de l'ordre de publication, antérieure à la lettre du 20 février 1926 et de toute évidence non datable, l'interprétation livrée par le chercheur canadien concernant les trois dispositions relève de la « reconstitution conjecturale » (p. 23). Car « l'allégresse de la logique, jointe à la subtilité dans le traitement des indices, ne dispense nullement de faire la preuve » (p. 22). C'est sur ce dernier mot qu'achoppe l'énigme de l'ordre du manuscrit Bodmer. Car rien ne prouve que Bernanos soit à l'origine d'une modification tardive et réfléchie de l'ordre de l'édition courante[4]. Toute interprétation concernant la disposition du manuscrit Bodmer relève donc, en l'état actuel de la recherche, de la pure conjecture. Pierre Gille conclut sa mise en garde concernant l'étude structurelle des trois dispositions de *Sous le soleil de Satan* en constatant que pour l'écrivain « il n'y avait pas de bonne solution, de solution parfaite » (p. 26). Reprenant les travaux de H. Aaraas[5],

---

1   *Ibid.*, p. 56.
2   *Ibid.*, p. 57.
3   Pierre Gille, « Faut-il retoucher Sous le soleil de Satan ? », E. B.20, p. 21-33.
4   Monique Gosselin réfute ainsi l'affirmation de Bush selon laquelle la pagination du manuscrit Bodmer serait postérieure à la publication : « Sa démonstration ne nous convainc pas car ce manuscrit est tardif (Bernanos rature et se corrige bien davantage dans les premiers manuscrits comme l'attestent ceux qui nous restent), mais il n'est pas nécessairement le dernier. » (Monique Gosselin, *op. cit.*, p. 54). Les souvenirs de Robert Vallery-Radot autorisaient déjà l'hypothèse d'un ordre Histoire de Mouchette – Le Saint de Lumbres – La Tentation du désespoir antérieur à l'ordre de publication, un moment envisagé puis abandonné.
5   Ces travaux sont cités par Pierre Gille dans la note 13 p. 32 de son article.

il explique que les trois agencements constituaient toutes des impasses structurelles découlant « directement des premières conceptions, tant formelles que spirituelles, de Bernanos avant le tournant des années 1930-1940 » (p. 26).

La prise en compte de ces réserves et mises en garde rend possible la présentation, après William Bush, d'une autre interprétation de la genèse structurelle de *Sous le soleil de Satan* pour lire autrement les métamorphoses de l'architecture de la transcendance au cœur du premier roman de Bernanos. Le mouvement interstructurel, tel que le décrit et l'interprète Bush, se réduit à un mouvement extérieur au processus créateur, essentiellement dépendant de pressions contraignantes et humiliantes, jalonné de bouleversements impulsifs. En schématisant son interprétation, la mise en récit n'est plus que le reflet de l'affrontement opposant l'auteur à l'éditeur, lutte idéologique à travers laquelle l'écrivain humilié se venge d'une impression qui lui aurait été imposée malgré lui. Sans minimiser le réel et délicat problème de la censure exercée sur l'œuvre, le mouvement de mise en récit de *Sous le soleil de Satan* possède aussi, dans sa nature et ses modalités de déploiement, une dimension étroitement liée au processus de création, et plus généralement, à l'alchimie en œuvre dans l'élaboration de l'univers romanesque. Le mouvement interstructurel est mis en branle par les exigences matérielles éditoriales (nécessité commerciale d'une intrigue claire et aisément compréhensible) mais il est aussi le reflet d'une vision créatrice en devenir, d'une évolution de la vision de l'écrivain envers sa propre création. Ce qu'il faut peut-être d'abord reprocher à l'essai de William Bush, c'est sa conception aliénante de la création littéraire, trop faible pour résister aux contraintes de la réalité. Il est nécessaire de proposer une autre interprétation du mouvement de création structurelle, et ce dans la perspective de l'écriture de la transcendance, en s'inspirant de son étude comparée des trois dispositions mais en rejetant la thèse d'un changement d'ordre lié à demande écrite de l'écrivain et en se tenant à distance de celle selon laquelle Bernanos aurait repaginé sur le tard le manuscrit destiné à être vendu, de manière à bouleverser l'ordre de l'édition déjà imprimée. Au lieu de privilégier un ordre par rapport à l'autre dans une volonté de démonstration, il semble préférable d'envisager la nature du mouvement dans son mode de déploiement, par le biais d'une description précise qui posera les jalons de sa propre interprétation. Il s'agira donc de proposer une lecture du mouvement vers la transcendance.

L'ÉNIGME DES TROIS DISPOSITIONS

Deux hypothèses peuvent donc être avancées, en fonction de la reconstitution génésique choisie. L'option du mauvais collationnement ou encore désordre hasardeux du manuscrit exhumé en 1973 réduit le mouvement interstructurel à un seul bouleversement, qui s'opère sur l'élan de création (identifiable au cheminement de la rédaction), et fait du « Saint de Lumbres », point de départ de l'œuvre, sa chute. Le choix de cette position est riche en conséquence : le vieux curé de Lumbres rompt son isolement diégétique initial – qui rendait énigmatique la transition entre le vieux prêtre à l'agonie et la jeune Mouchette – en devenant le prolongement du vicaire de campagne, l'abbé Donissan. Cette mise en continuité[1] de deux personnages génétiquement dissociés réduit considérablement l'effet de rupture qu'aurait produit l'antéposition du « Saint de Lumbres ». Tout d'abord, elle évite la brutale transition du sacré au profane (du Saint à Mouchette). Surtout, elle instaure une authentique continuité romanesque reliant les trois parties – continuité inexistante dans l'ordre de création – par la mise en place d'une chronologie fictionnelle dénuée d'anachronismes : le jeune abbé Donissan précède au sein de l'intrigue son image vieillie, le curé de Lumbres. L'histoire s'agence conformément à la logique temporelle du récit, porteuse d'une linéarité aplanissant les heurts et contrastes qui subsistent aux raccords des trois blocs structurels. Pourtant, envers et contre tout, le contraste entre « Histoire de Mouchette » et « La Tentation du désespoir » d'une part, et « Le Saint de Lumbres » d'autre part, subsiste voire résiste à la fusion des deux images. L'effet de rupture n'a pas disparu, il a juste été déplacé (voir notre schéma) : quarante années d'ellipse, de non dit, projettent le lecteur de Campagne à Lumbres, d'un univers de mouvement, d'exaltations et de mortifications à une église pluvieuse habitée par un vieillard à l'agonie. Le contraste est brutal, et sans l'avertissement du narrateur à la dernière page de « La Tentation du désespoir »(« Cinq ans plus tard, en effet, l'ancien vicaire de Campagne était nommé curé desservant d'une petite paroisse, au hameau de Lumbres (...) La deuxième partie de ce livre (...) rapporte le dernier épisode de son extraordinaire vie »), il apparaît difficile d'effectuer immédiatement un rapprochement entre les deux prêtres jusqu'à la superposition de la fougueuse image de

---

1 Pierre Gille évoque à ce sujet un engendrement de l'un (le jeune prêtre) à partir de l'autre (le vieux curé), où l'abbé Donissan, jamais dissocié de celui dont il est la projection dans le passé, « se met dans la continuité antérieure » du curé de Lumbres.

Donissan sur le visage du vieux curé de Lumbres, usé par les errements douloureux. L'ordre de publication apparaît d'emblée comme une disposition orientée vers la linéarité et la chronologie diégétique ; cependant, il ne coïncide pas avec l'avènement d'une véritable fluidité romanesque : « Le Saint de Lumbres » reste une partie contrastée, retranchée dans un isolement graphique narratif et diégétique producteur de rupture.

La reconnaissance, par hypothèse, de l'ordre du manuscrit Bodmer comme fruit d'une intervention de l'écrivain suppose des métamorphoses structurelles plus complexes. Que l'on considère, en reprenant dans un sens littéral la formule métaphorique de Robert Vallery-Radot, « Le Saint de Lumbres » parfaitement à sa place comme centre et sommet de l'œuvre ou que, emboîtant le pas à William Bush, on imagine cet ordre comme originellement souhaité, rejeté dans les limbes en raison de pressions extérieures puis réapparu à la faveur de la repagination tardive et revancharde d'un manuscrit destiné à être vendu, il faut tenter de justifier une telle préférence de l'écrivain, qui serait restée mystérieusement confidentielle. La disposition du manuscrit Bodmer présente une œuvre fissurée. L'avènement du « Saint de Lumbres » en position centrale provoque un effet de scission qui écartèle l'œuvre, la faisant voler en éclat. Le schéma visualise bien cet écartèlement auquel le texte est soumis : « Le Saint de Lumbres », genèse de l'œuvre dans l'ordre de création, devient partie centrale. Cette énigmatique disposition, propre au manuscrit Bodmer, paraît difficilement explicable et encore plus malaisée à justifier. En effet, la structure imposée au récit dans le texte imprimé est remise en cause par la destruction violente de la diégèse laborieusement mise en place et par l'accentuation marquée des contrastes initiaux entre les blocs structurels. C'est au sein même de l'intrigue que la scission provoquée par le déplacement du « Saint de Lumbres » apparaît la plus dévastatrice : l'histoire de Mouchette est brutalement interrompue dans son déploiement pour laisser la place sans transition aucune au récit pathétique des derniers moments du « Saint de Lumbres » ; et son dénouement, à savoir la violente mort de la jeune fille rachetée *in articulo mortis* sur l'autel ensanglanté par l'abbé Donissan, est retardé l'espace d'un récit. L'avènement du curé de Lumbres coïncide ainsi avec une suspension de l'histoire de Mouchette, histoire qui trouvera son prolongement et son aboutissement dans « La Tentation du désespoir ». Mouchette accouche d'un enfant mort ; le saint de Lumbres ouvre la fenêtre : le lecteur est brutalement transporté de l'univers profane retraçant des amours coupables à l'univers sacré de la

prière et des sacrements. « Le Saint de Lumbres » introduit en outre une
véritable dislocation spatio-temporelle au sein de la diégèse : du village
de Campagne à la fin du siècle dernier (« Histoire de Mouchette »), le
récit se retrouve au presbytère de Lumbres quelque quarante années plus
tard (« le Saint de Lumbres ») pour effectuer ensuite une analepse le resi-
tuant à Campagne, quelques mois après la fausse couche de Mouchette
(« La Tentation du désespoir »). La succession unilinéaire des événements
est démembrée. Mouchette et Donissan se révèlent deux personnages
étroitement liés aussi bien quant à leur genèse que diégétiquement (voir
la puissante scène de la rencontre entre le prêtre et la jeune révoltée qui
clôture le chapitre trois de « la Tentation du désespoir » et qui fusionne
leurs deux destinées en les sacrant frère et sœur sous le même soleil
satanique) et sémantiquement voire symboliquement (on ne peut ignorer
l'action rédemptrice de l'abbé Donissan sur la pécheresse, exaltant le
miracle de la communion des saints). « Le Saint de Lumbres », immiscé
entre les deux personnages frères du récit, ne forme à aucun moment
un pont reliant la rive du prologue à celle de « La Tentation du désespoir » ; il possède au contraire une action séparatrice de suspension et
de retardement. La description précise de ce bouleversement permet de
poser les fondements de son interprétation. Le premier obstacle à une
lecture cohérente réside dans la difficulté de déceler un fil directeur qui
l'unifierait en le rendant signifiant. L'ordre du manuscrit Bodmer et
l'ordre publié semblent en effet se diriger l'un à l'encontre de l'autre.
L'ordre de de publication porte l'empreinte d'une volonté de conquête
romanesque de la structure. Il est le prolongement du mouvement initial
de greffe et de raccord qui a unifié, par la figure jeune de prêtre, le récit
du dernier jour d'un vieux prêtre et celui d'une jeunesse désespérée ; il
répond à l'impératif romanesque de « mise en intrigue » invoqué par
Paul Ricœur dans *Temps et récit*, c'est-à-dire la nécessité pour l'écrivain de
raconter une histoire unifiée, cohérente, vraisemblable, lisible, porteuse
de sens. Ainsi, l'écriture séparée de deux histoires séparées devient par
opération de « configuration du monde » une aventure unique déployée
dans sa continuité. Ce mouvement substitue à un ordre de succession
essentiellement modelé sur l'imaginaire une disposition plus conforme à
l'esthétique romanesque traditionnelle. Il vise à résoudre les contrastes,
aplanir les ruptures, constitue surtout une entreprise de mise en ordre, de
discipline structurelle. La disposition du manuscrit Bodmer contredit ce
geste de mise en ordre, marquant l'avènement d'un désordre fictionnel
et s'inscrivant à contre-pied du mouvement de conquête romanesque.

La configuration laborieusement instaurée est défigurée, en tous les sens du terme, et l'histoire de *Sous le soleil de Satan* est réduite à l'état de trois récits marqués par la discontinuité et la fragmentation de trois nouvelles.

En observant la représentation schématique des trois dispositions de *Sous le soleil de Satan*, schéma élaboré comme une hypothèse de reconstitution de la genèse structurelle, une première remarque s'impose : « Le Saint de Lumbres » évolue d'une situation initiale de nouvelle solitaire à une situation de partie solidaire où le vieux curé est mis en relation avec la jeune Mouchette, autre figure emblématique, à la faveur d'un ingénieux rajeunissement en vicaire inexpérimenté. Ce bloc a-t-il posé un problème d'assimilation au sein de l'agencement romanesque ? Il faut ici ouvrir une parenthèse, suspendre l'hypothèse de reconstitution du mouvement pour évoquer le caractère contrasté du « Saint de Lumbres » qui s'affirme dans la comparaison avec les deux autres parties. La disposition graphique de chacune d'elles est à cet égard révélatrice : alors qu'« Histoire de Mouchette » et « La Tentation du désespoir » se déploient tous deux au sein de quatre chapitres soit un total de huit chapitres s'étalant sur 156 pages, « le Saint de Lumbres » est composé de quinze chapitres sur seulement 76 pages. Ainsi, quinze scènes jalonnent la dernière journée du vieux curé, marquant l'avènement d'une discontinuité et de morcellements extrêmes cassant le rythme plus ample et plus régulier des deux autres blocs. Brian Fitch[1], dans son essai de méthode critique paru en 1969 et intitulé *Dimensions et Structures chez Bernanos*, a longuement insisté sur le caractère contrasté de cette « dernière partie ». C'est au sein de la texture narrative que Fitch démontre son assertion : il dresse un relevé statistique des confrontations qui jalonnent l'œuvre, marques spécifiques selon lui de la narration bernanosienne :

> 12 pages seulement des 76 pages de cette dernière partie du roman sont consacrées à des confrontations : moins d'un sixième, par contraste avec les quatre-cinquièmes de « Histoire de Mouchette » et les deux-tiers de « La Tentation du désespoir ». « Le Saint de Lumbres » apparaît d'emblée isolé dans une narration de la solitude[2].

Cet isolement narratif s'accompagne d'un véritable isolement diégétique : enfermé dans son confessionnal, prisonnier de la chambre du petit mort, le vieux curé est un être profondément seul. Aucun lien ne le relie aux deux autres blocs où, au contraire, circulent de nombreuses connexions,

---

1   Brian T. Fitch, *Dimensions et structures chez Bernanos. Essai de méthode critique* (Paris, Lettres Modernes, « Situation », 1969).

2   *Ibid.*, p. 123.

d'ordre sémantique, voire symbolique. Fitch porte un jugement esthétique sur cette partie qui forme contraste avec les deux autres :

> En fait, toute la dernière partie nous semble mal réussie en comparaison avec tout ce qui l'a précédée. Et nous sommes tentés d'attribuer cet échec sur le plan technique, à l'abandon des procédés narratifs qui l'avaient bien servi dans le reste de son roman[1].

Fitch rappelle tout de même dans une note[2] que « Le Saint de Lumbres » a été écrit en premier et que ce fait a probablement été pour quelque chose dans son exécution peu réussie. L'isolement graphique, narratif et diégétique du « Saint de Lumbres », solitude facteur de contrastes, engendrant ruptures et discontinuités, constitue selon Fitch un défaut esthétique qui « gâche » la composition romanesque. Notre propos dans cette étude n'est pas d'évaluer la qualité esthétique du roman mais de localiser ses espaces de transcendance et de mesurer leur degré de prégnance, car le lieu de la beauté n'est pas celui de la transcendance. « Le Saint de Lumbres », dans ses morcellements, sa « progression par saccades[3] », ses digressions peu conformes à l'esthétique romanesque traditionnelle peut receler un authentique élan lié à la quête transcendante.

La disposition choisie pour la publication est aisément interprétable mais l'ordre du manuscrit Bodmer apparaît d'autant plus énigmatique qu'il oriente l'intrigue romanesque vers une incohérence insolite. Et à cette source s'abreuve soit le refus de considérer la disposition du manuscrit comme le fruit d'une volonté de l'auteur, soit l'indifférence à l'égard de son déploiement. Cet ordre officieux, découvert seulement en 1973, a été perçu d'emblée comme une remise en cause radicale de l'ordre publié en 1926. Se pouvait-il alors que l'écrivain fût l'auteur d'une telle dislocation, transfigurant l'âpre roman en essai surréaliste ? Si cette disposition insolite découverte dans le manuscrit Bodmer n'est pas le fruit du hasard ou d'un mauvais collationnement mais d'un choix de Bernanos, il faut cependant se désolidariser de William Bush quand il affirme, fidèle à son hypothèse de la censure généralisée, que l'élaboration de cet ordre provocateur constitue un « défi à l'ordre édité », le contre-pied vengeur d'un premier mouvement qui eût été imposé par de frileux censeurs. N'est-il pas plutôt possible de lire à travers cette disposition un horizon fictionnel mystérieusement avorté ?

---

1   *Ibid.*, p. 127.
2   *Ibid.*, note 23 au bas de la page 127.
3   *Ibid.*, p. 128.

INTERPRÉTATIONS

L'hypothèse justifiant l'existence de deux mises en ordre concomitantes ou successives, dont l'une a pu être envisagée un moment par Bernanos, puis abandonnée au profit d'une disposition respectueuse de la chronologie fictionnelle, se ramifie autour de la notion de malaise face au défi de structurer dans un cadre romanesque l'écriture de la transcendance. L'ordre de création, essentiellement pulsionnel et ne constituant pas un texte, est dénué de liens autres que sémantiques. Jeté sur le papier, son caractère heurté, son absence d'intrigue unifiée le rendait obscur à la réception, malaisé à lire dans ses discontinuités et sa fragmentation. C'est ici qu'intervient l'hypothèse suggérée par l'ordre du manuscrit Bodmer : le fait d'intercaler – à quel moment ? – « le Saint de Lumbres » entre Mouchette et Donissan répondrait à un besoin d'approfondir voire de consommer un malaise trop insistant pour constituer un simple défaut esthétique. Et quel meilleur moyen d'approfondir le malaise que de l'exhiber, de le rendre sensible, mieux, signifiant ? L'écrivain a peut-être voulu exposer son malaise intime, issu du malaise qui ronge sa création. La structure du manuscrit Bodmer pourrait ainsi l'incarner, « le Saint de Lumbres » y accomplissant à la perfection son rôle séparateur. Dans cette position centrale, il devient littéralement le *diabolos*, celui qui désunit, le grand séparateur de Mouchette et Donissan, deux êtres cependant unis par les liens de la jeunesse et de la fraternité. Placé en position initiale (voir l'ordre de création) ou en position finale (voir l'ordre de publication), « Le Saint de Lumbres » ne possède qu'un effet de rupture, de coupure brutale, peu motivée mais qui ne suspend pas la belle rencontre entre l'âme pécheresse et la foi clairvoyante. « Centre et sommet de l'œuvre », il provoque une scission profonde, un écartèlement diégétique et symbolique riche en bouleversements, une fissure au cœur du texte. L'effet provoqué est *diabolique* : il suspend le fatal destin de Mouchette, interrompt l'élan et les courses de fiévreuse recherche, retarde la fusion purificatrice de deux tourments en déployant au cœur de l'œuvre la dernière journée d'un saint torturé par le mal et l'intrusion perverse de l'imposteur Saint Marin, « vieux jongleur », « effroyable nourrisson », « merveilleux causeur », l'écrivain à « la bouche artificieuse ». Double inversé du curé de Lumbres, il vit dans le mensonge, l'orgueil, la curiosité, la stérilité, le vice, le désir insatisfait et par dessus tout la crainte de la mort, portant en elle le désespoir. Cette disposition épouse étroitement le malaise inhérent à la texture du roman, reflète la façon dont il a pu être transcendé par l'écrivain. Sa tentative de résorption par l'élaboration d'une structure plus conforme à l'esthétique romanesque traditionnelle ne fait que mettre en relief sa solidité, voire son irréductibilité. Et c'est peut-être la conscience lucide de cette irréductibilité qui a pu donner l'idée à Bernanos d'approfondir cette résistance en exhibant le malaise vainement déplacé. Ce déplacement volontaire aurait alors constitué une radicalisation dans son désir d'authenticité romanesque : il exposerait de façon scandaleusement ostentatoire la troublante et destructrice spécificité de *Sous le soleil de Satan*, à savoir une texture fissurée par l'immixtion d'un élément hétérogène à l'ensemble romanesque, envahie par l'obsession satanique de la désunion.

La mise en continuité chronologique de l'abbé Donissan et du saint de Lumbres a constitué une des grandes modifications visant à combler un malaise issu d'une structure de création « a-romanesque ». À ce propos, une question précise permettrait de mieux déceler la nature du malaise à l'origine de cet ordonnancement temporel. Cette disposition, qui fait du vieux curé de Lumbres le prolongement usé du vicaire de Campagne, l'abbé Donissan, est-elle artificielle, c'est à dire uniquement soumise à des impératifs d'ordre matériel, des pressions extérieures soucieuses de conformisme romanesque ? Si tel était le cas, elle serait le signe d'un mouvement imposé, comme tend à le faire croire William Bush en donnant pour titre à son tableau représentant la structure publiée « ordre défini le 20 février 1926 pour Le Roseau d'or[1] ». Pour le critique canadien en effet, ce bouleversement s'inscrit en parallèle aux remaniements d'ordre langagier supprimant des passages « essentiels à la compréhension de la grandeur bernanosienne ». Pour répondre à cette question : on ne peut évidemment ignorer le passé temporel séparant le fougueux Donissan du vieux curé au seuil de la mort. Cette ellipse de près de quarante années confère à la mise en relation un caractère de greffe de nécessité peu favorable à l'établissement d'une véritable continuité diégétique. Mais il y a bien mise en continuité analeptique qui fait du vieux curé de Lumbres le prolongement usé du vicaire de Campagne, l'abbé Donissan, et qui ne doit pas être confondue avec une fusion artificielle telle que la conçoit William Bush dans l'élan de son interprétation de la fameuse lettre du 20 février 1926. Il faut donc refuser de considérer cet agencement temporel comme un simple artifice visant simplement à clarifier et unifier une intrigue obscure et fragmentée. Car, outre le fait que le

---

1   William Bush, *op. cit.*, p. 148. Je renvoie ici à ma note précédente dévoilant le contre-sens de lecture opéré par le critique.

jeune dérive génétiquement du vieux, il existe entre les deux figures une véritable continuité d'ordre littéraire, imaginative et symbolique. Tous deux constituent le fidèle portrait du prêtre bernanosien des premiers romans : violents, éminemment physiques, hommes de chair et de sang, lutteurs assoiffés de Dieu et des hommes. L'imaginaire bernanosien a marqué d'un même sceau les deux personnages, celui de la démesure tragique. Donissan est un jeune vicaire fraîchement sorti du séminaire, le curé de Lumbres est usé par l'âge. L'ellipse de la maturité peut se lire symboliquement comme une ellipse de la mesure et de l'harmonieuse plénitude. La continuité entre Donissan et le Saint de Lumbres se réalise au sein de l'excès, de l'extrême jeunesse à l'extrême vieillesse. Excès de la dépense, excès de la lutte contre les forces du Mal : tous deux mènent un combat identique. Pourtant, la résorption du malaise diégétique, par l'établissement d'un pont chronologique reliant les deux figures l'une à l'autre, entraîne l'émergence d'un autre malaise, découlant directement de la mise en mouvement et plus précisément du déplacement de l'effet de rupture. Ce malaise, plus subtil, moins aisément décelable, est d'ordre sémantique, voire symbolique. Il est amené par la chute offerte au roman dans l'ordre adopté, mettant en scène le défi du blanc cadavre vertical à son ennemi juré, l'écrivain et le tricheur :

> Et si la bouche noire, dans l'ombre, qui ressemble à une plaie ouverte par l'explosion d'un dernier cri, ne profère plus aucun son, le corps tout entier mime un affreux défi :
> « Tu voulais ma paix, s'écrie le saint, viens la prendre ! » (S, 308).

Alors que l'ordre de création, tout comme l'ordre du manuscrit Bodmer, eussent dévoilé dans la chute qu'ils ménagent l'acte rédempteur de l'abbé Donissan, rachetant toutes les souillures de l'« Histoire de Mouchette » et justifiant en les illuminant les intenses souffrances du vieux curé de Lumbres, cette disposition retenue pour la publication met en relief l'horrible fin du saint torturé, assombrissant avec un art inquiétant la symbolique de l'œuvre. « Le Saint de Lumbres », porteur d'un effet de rupture violente issu de sa nature contrastée, provoque dans l'ordre de publication un intense malaise d'ordre sémantique. Facteur de rupture, cette partie est elle-même rompue en son propre sein : le vieux saint de Lumbres disparaît brutalement à la fin du chapitre IX ; et cette disparition coïncide avec l'avènement d'un autre vieillard dont la sainteté est réduite au patronyme, Antoine Saint-Marin, non plus prêtre mais académicien (chapitre XI). La rupture est consommée : le profane se substitue au sacré, l'écrivain prend la place du prêtre, le texte bascule de l'écriture fervente à la caricature polémique. L'intrusion de Saint-Marin rompt l'unité diégétique, symbolique et stylistique du texte. Brian Fitch critique âprement cette rupture au sein de la partie :

> On aurait bien de la peine à trouver une telle raison d'être au personnage de l'écrivain. Et pourtant, paraissant pour la première fois tout à la fin des événements du roman, il s'en voit attribuer les vingt-huit dernières pages. Ici c'est le personnage lui-même qui constitue une digression, digression qui, par sa situation dans l'ouvrage, ne peut passer inaperçue (p. 127).

Formant un contraste par rapport aux autres parties, partie elle-même contrastée, « le Saint de Lumbres » apparaît retranché dans une solitude fissurée qui provoque la fissure. Obstacle irréductible à l'avènement d'une œuvre homogène marquée par l'unité et la fluidité classique, il constitue un bloc inquiétant et déstabilisateur entravant l'unité du réseau textuel. Pour combler le malaise narratif de l'ordre de création et le malaise sémantique de l'ordre de publication, tous deux liés à cette partie inassimilable, il suffisait de la supprimer et de réduire *Sous le soleil de Satan* à l'histoire d'une jeune Mouchette sauvée *in extremis* des flammes de l'enfer par un jeune vicaire marqué du sceau de la rédemption transcendante.

Cette hypothèse concernant la genèse de *Sous le soleil de Satan* prolonge la thèse du critique norvégien Hans Aaraas justifiant les structures maladroites des premiers romans bernanosiens. Voici ce qu'il affirme dans un article intitulé « la conversion de Bernanos[1] » :

> J'ai déjà soutenu dans une autre communication la thèse selon laquelle les romans des années vingt arrivent mal à se constituer comme de vrais ensembles romanesques, tombent en fragments qui prennent la forme de nouvelles ou tout simplement d'histoires qui s'intègrent difficilement dans l'ensemble. On sent dans les premiers romans de Bernanos un malaise qui provient d'un conflit entre la métaphysique implicite aux principes du roman classique et celle de Bernanos qui n'avait pas encore pris conscience de sa modernité.

La structure de *Sous le soleil de Satan* dans l'ordre publié constitue le modèle parfait du malaise décrit par Aaraas. L'écrivain, encore prisonnier de l'esthétique romanesque traditionnelle, soumet son roman aux

1   Hans Aaraas, « la Conversion de Bernanos », Colloque international de Nancy, Université de Nancy II, juin 1987, communication publiée dans *Bernanos, continuités et ruptures*, Presses Universitaires de Nancy, 1988, p. 13-23.

contraintes de la mise en intrigue et cependant le malaise résiste. Dans un autre article, intitulé « le hors-la-loi » (in *Revue des sciences humaines*, p. 55 à 65), le critique évoque la quasi-impossibilité pour un roman aussi « hors-norme » d'être mis en forme dans les cadres de la norme faisant loi au début du siècle :

> De toute manière une tension se crée entre l'écriture radicalement explosive de Bernanos et la forme traditionnelle où il croyait d'abord devoir la couler. L'écriture bernanosienne est hors-la loi dans le type de discours romanesque qui faisait encore loi au début des années vingt. Deux solutions sont possibles à ce dilemme. Ou bien le récit romanesque se brise – ce qui correspond évidemment à ce que dans la perspective thématique, nous avons appelé le « se mettant hors-la-loi ». Cette solution domine dans les années vingt et mène à la fragmentation que nous connaissons, une suite de nouvelles successives, bouts de récit. (…)

Le roman résiste à la tentative d'assimilation, d'aplanissement, de soumission aux exigences de l'esthétique traditionnelle et cette résistance émerge au fil du texte sous forme de malaise. Pourtant, ce prisonnier des structures romanesques traditionnelles qu'est Bernanos en 1926 aurait-il pu briser violemment ses chaînes en bouleversant l'ordre de publication[1] ? La disposition du manuscrit Bodmer présente une structure éclatée, écartelée, libérée des carcans du roman classique. L'histoire de Mouchette aux prises avec un jeune prêtre acharné à la libérer de son aliénation vole en éclats, brutalement déchirée par le bloc hiératique du saint de Lumbres, centre de gravité à la pesanteur irréductible. Cette dislocation puise sa force dans la reconnaissance par Bernanos de l'importance brûlante du soleil de Satan au cœur du texte et donc dans la nécessité de rendre avec le plus d'authenticité possible cette réalité. L'évocation de la puissance satanique au cœur du monde, pour être fidèle, doit elle-même être coulée dans une forme exprimant la fissure engendrée par l'action du Mal, séparatrice, arrachant des cris de douleur.

Et cette expression formelle de la déchirure ferait basculer *Sous le soleil de Satan* du romanesque au poétique. La version éditée de l'œuvre présente une structure fidèle aux exigences diégétiques, support d'une intrigue se déroulant sur plus de quarante années, cadre muet de la diégèse, instrument silencieux de son déploiement. La disposition du manuscrit

---

1   Rappelons que le mystère concernant l'identité de l'auteur de ce bouleversement reste entier. Nous évoluons ici, dans le domaine mouvant des hypothèses, c'est-à-dire, comme l'a bien souligné Pierre Gille, dans celui du « romanesque ».

Bodmer, en revanche, ne supporte plus un sens qui lui échappe ; elle
est elle-même, dans son déploiement, son propre sens. Il devient alors
possible de la lire, au sens fort du terme : lecture englobante – dénuée
de toute linéarité – d'un univers contaminé par les forces obscures, mis
en désordre, éclaté, brisé par l'action séparatrice du démon. En accédant
au domaine de la signifiance, la structure devient diégèse, présentation et
invention fusionnent pour devenir chant, poème. Dans cette perspective,
le titre du roman ne désigne plus seulement les errements hallucinés de
personnages écrasés par les rayons des puissances des ténèbres. Il fait
ici directement référence à un espace textuel sous l'emprise de forces
écrivantes malignes, dominé par de ténébreuses influences que ne
parvient pas à dissiper l'écriture christique, la ferveur de la prière et la
vision rédemptrice et purificatrice de la communion des saints : soleil
de Satan, thème central exprimé formellement par la séparation des
deux aurores, Mouchette et Donissan. L'audace et la modernité de cette
disposition métamorphose le roman en poème exhibant la puissance du
mal au cœur de l'Homme et du Monde. Une question se pose alors :
pour quelles raisons cette ultime et secrète version du roman serait-elle
restée dans les limbes ? Pourquoi Bernanos aurait-il renoncé à publier
la version poétique de son propre malaise, de son approfondissement
créatif ? Invoquons tout d'abord les probables et inévitables obstacles
matériels à l'édition d'une œuvre diégétiquement disloquée, malaisée
à lire, obscure, énigmatique, difficilement compréhensible pour un
lecteur de l'époque. Il faut surtout supposer que cette structure-poème
eût constitué pour Bernanos l'aveu déchirant d'une impuissance : celle
d'effectuer une mise en intrigue rédemptrice au sein d'un univers romanesque où le langage, l'imaginaire, les forces vives de la création sont
en proie aux forces maléfiques de la scission et de la discorde. L'écrivain
avouerait l'impossibilité ou l'incapacité – résolument moderne – de
mettre en forme une histoire solide, unifiée, homogène, menée sans
faille de l'incipit à la chute, progressant vers une rayonnante rédemption,
tenaillé qu'il est par un irréductible malaise puisant ses racines dans la
reconnaissance d'une intériorité créatrice obsédée par la notion du Mal.
Publier *Sous le soleil de Satan* dans l'ordre disloqué du manuscrit Bodmer,
c'était reconnaître son échec face à la création romanesque et surtout
ériger le malaise en valeur absolue. C'était publier un poème satanique,
un suicide littéraire, un suicide spirituel. Le chrétien Bernanos, l'écrivain
Bernanos pouvaient-ils faire de leur première œuvre un chant de destruction ? Comment dans ces conditions, poursuivre un cheminement

créateur, continuer à écrire afin de nous « émouvoir – d'amitié ou de colère –qu'importe ! » ? L'ordre chronologique qui introduit une relative continuité romanesque, malgré ses défauts et sa maladresse formelle, reflète la lutte bernanosienne pour conquérir une forme imprimant le sceau de l'ordre sur le chaos.

Comment rattacher cette hypothèse du malaise, nerf directeur qui conditionne et éclaire l'existence des trois dispositions, à la notion de transcendance ? Il apparaît d'emblée difficile d'identifier l'évolution du malaise structurel au déploiement de la transcendance romanesque. En effet, alors que la transcendance constitue un mouvement, un espace ou un Être échappant à l'univers immanent, le malaise, au contraire, est appréhendé comme l'incarnation, la visualisation d'un effondrement humain, trop humain. La présence de ce malaise dans le tissu structurel pourrait donc s'interpréter comme le surgeon de la maladresse de l'écrivain confronté à une première œuvre. On a assez reproché à Bernanos, dès la publication du roman, de ne pas savoir « composer » au sens classique du terme. Le malaise décelé au fil de l'étude des trois ordres se réduirait-il alors à une simple marque des hésitations d'un écrivain débutant, maladroit quant à l'emploi des techniques romanesques ? Ou bien est-il, comme le suppose Hans Aaraas, le reflet d'une création non encore parvenue à sa pleine maturité, déchirée entre la fidélité à la tradition et la pressante originalité d'un imaginaire se situant au-delà des normes de la convention, création à la croisée de la spiritualité bénédictine et de la spiritualité thérésienne ? Le malaise décelé est déchirement et donc incertitude, instabilité. Cependant, nous le croyons point de départ d'un élan modificateur dirigé vers le texte. Bernanos répondrait au malaise qu'il a lui-même créé en le déplaçant, opposant ainsi à la pesante staticité du bloc « Saint de Lumbres », une mise en mouvement porteuse de transcendance. Et même si cet élan porté contre le texte n'a que peu d'effet sur le malaise honni – mais si fascinant –, il serait le signe d'une authentique lutte scripturale, où l'écrivain s'oppose violemment à sa création pour la libérer du poids de l'immanence pécheresse. En déplaçant une première fois « Le Saint de Lumbres » dans l'espoir d'aplanir le contraste heurté formé par cette partie, l'écrivain aurait ainsi rencontré une résistance de la part de sa propre création et, au lieu de vaincre le malaise, l'aurait déplacé du domaine structurel au domaine sémantique. La puissance modificatrice de l'écrivain, ancrée dans la réalité créatrice et moteur du cheminement de la genèse jusqu'à son aboutissement, le texte figé par l'impression, se

serait exercée sans cesse, aidée d'armes formelles, sur sa propre production, elle-même en possession d'un authentique pouvoir de résistance à
l'élan modificateur. Ainsi le malaise décelé dans la coexistence des trois
dispositions naît de la résistance textuelle aux modifications que son
créateur cherche à lui apporter. Il est donc à la croisée d'une pression
(l'écrivain) exercée sur une résistance (le texte). Cette dernière assertion
oriente vers le mystère des processus créateurs en œuvre dans la genèse. Le
fait d'opposer l'écrivain à sa production mue ce texte sujet à remaniement
en une matière vivante libérée de son créateur, entité marquée du sceau
d'une spécificité peu ou prou irréductible : l'invasion du Mal au cœur de
l'homme de Dieu. Ce malaise serait donc révélateur d'une lutte intense
où l'écrivain n'hésite pas à malmener son œuvre dans l'espoir – vite
dissous – de vaincre une obsession satanique défigurant la vision christocentrique de la communion des saints et de la force de l'amour divin.
L'ordre de publication constitue le fruit de cet élan modificateur, fruit
venimeux, puisqu'il instaure un profond malaise d'ordre symbolique et
spirituel auquel Bernanos est loin d'être insensible. Le malaise, au départ
d'ordre purement formel, devient au fil des bouleversements structurels,
métaphysique. En effet, « Le Saint de Lumbres », éclairé dans l'ordre de
création par l'acte rédempteur de Donissan envers Mouchette, est plongé
brutalement, avec l'ordre de publication, dans les ténèbres du défi tandis
que l'ordre du manuscrit Bodmer l'exhibe en position centrale de bloc
séparateur. Le cheminement de la création prendrait toute son ampleur
dans la capacité pour l'écrivain de comprendre, au sens étymologique
de prendre avec soi mais aussi au sens actuel d'embrasser par la pensée,
le malaise qui s'est insinué – malgré lui ? – au cœur de son œuvre, et
de pouvoir sinon le dissoudre du moins le transcender en montrant sa
puissance de manière poétique. Car tout comme « l'homme de la Croix
n'est pas là pour vaincre, mais pour témoigner jusqu'à la mort de la ruse
féroce, de la puissance injuste et vile, de l'arrêt inique dont il appelle à
Dieu (S, 257) », l'homme de l'écriture n'est pas là pour détruire le mal
mais pour l'exhiber en témoin lucide (voir la disposition du manuscrit
Bodmer). L'évolution du malaise lié à l'existence de ces trois ordres serait
donc étroitement liée au déploiement de la force créatrice. La localisation
du malaise qui préside à l'élaboration du roman coïncide ainsi avec la
découverte d'une volonté qui, en voyageant au bout des contrastes et
des dissonances inquiétantes de sa création, choisit simultanément de
voyager au bout de ses propres limites.

Mais il est temps à présent de clore l'étude aride de la genèse formelle de *Sous le soleil de Satan*. Ce travail, dirigé sur les mouvements souterrains ayant permis la mise en forme du premier roman de Bernanos, s'avérait d'autant plus indispensable qu'il a été rendu possible par la connaissance du manuscrit Bodmer. Il a mis en relief de façon appuyée l'intensité d'une présence agissante au sein de sa création, le déploiement d'une énergie aux prises avec des formes. Bernanos a longtemps été considéré comme un auteur spontané, génial et prophétique qui, au fil de la plume, trace d'une encre bouillonnante des intrigues tout en éclairs passionnés et foudroyants. J'ai voulu montrer à travers ces développements qu'il est au contraire, dès la rédaction de sa première œuvre, un écrivain de la rature, du remaniement, du travail scriptural acharné. Huit années n'ont pas suffi pour le délivrer de son « furieux rêve » : l'étude approfondie de la genèse formelle de *Sous le soleil de Satan* restitue la lutte âpre, semée de suppressions et de déplacements, qu'il a dû mener, véritable corps à corps avec la matière textuelle et structurelle. Ce combat d'ordre formel est mené dans une double perspective : maîtrise de la prodigalité écrivante et ordonnance des heurts structurels. Mais toute action exercée sur la dimension formelle d'une œuvre – suppressions langagières, tâtonnements structurels – entraîne de violentes répercussions sur sa configuration narrative et diégétique. La plupart des modifications ayant jalonné le cheminement créateur du roman et qui font de lui une œuvre malmenée, entraînent d'importants bouleversements sémantiques, voire symboliques. On pourra reprocher à ce travail réalisé sur la genèse de l'œuvre d'occulter le texte romanesque. Mais la genèse n'est pas le texte : elle est masse en perpétuel mouvement, matière mouvante changeant de visage, au gré du travail de l'écrivain sculpteur ; elle est aussi à certains endroits glaise durcie qui résiste à l'adoucissement de ses courbes, qui se dérobe à la main cherchant à la polir. J'ai travaillé sur le mouvement même, épousant ses crêtes et ses creux, à la recherche de l'écriture de la transcendance. J'y ai découvert un intense et persistant malaise, né de la conscience pour l'écrivain d'avoir mis au monde une œuvre rongée par l'obsession satanique, emplie elle-même d'obscurs troubles, de « nuages de boue », pareils à ceux que Mouchette aime observer dans la mare de Vauroux. L'irréductibilité de ce malaise contre lequel l'écrivain lutte – en vain – confère au combat entre l'écrivain et l'œuvre toute sa puissance et son intensité. Il faut donc quitter l'univers de la mise en forme romanesque, pour pénétrer dans le monde du texte enfin figé par l'impression, aboutissement du pénible travail de remodelage, de remise en forme, de retouches et de bouleversements étudié précédemment, ultime vestige du combat sans merci livré par l'écrivain sur son autre chair, l'œuvre. Champ de bataille de la lutte pour la mise en forme, le texte constitue le lieu privilégié et épargné de l'action condensatrice des forces créatrices. Après l'étude des modalités de la lutte menée par l'écrivain pour maîtriser sa création ainsi que des lieux formels de la transcendance, lieux de résistance aux bouleversements, celle de l'issue de cette lutte contenue dans le réseau textuel de la narration et de l'intrigue s'impose. C'est ce texte accessible au public qu'il faut travailler dans une perspective de localisation d'espaces textuels où naît et se déploie une écriture libérée des contraintes de l'immanence, porteuse d'une réalité échappant à l'homme, au monde et à la nature, impossible défi au genre romanesque. Pour rester fidèle à une méthode d'investigation qui épouse le cheminement créateur, il faut partir à la recherche de cette écriture en respectant l'ordre de création romanesque.

UN ORDRE DE CRÉATION AGONIQUE

«LE SAINT DE LUMBRES»
OU LA TRANSCENDANCE EN ÉCHEC

S'il est un lieu fondateur, instant premier de l'inscription romanesque de la transcendance, il ne peut être découvert que dans ce texte matrice. Dans un premier temps, et pour rester fidèle à ma méthode de suivi de la dynamique de création souterraine et organique, respectant les différentes étapes de la genèse textuelle, il faut m'intéresser à l'incipit du «Saint de Lumbres» conçu d'abord dans une perspective minimaliste (la première phrase) puis de plus en plus extensive (le premier paragraphe et le premier chapitre).

Matrice de la matrice, l'incipit de la partie première écrite par Bernanos au lendemain de l'armistice de novembre 1918, se révèle *stricto sensu* à travers une phrase initiale :

Il ouvrit la fenêtre ; il attendait encore on ne sait quoi. (233)

Précisons d'emblée que cet incipit n'est pas celui du lecteur de *Sous le soleil de Satan*. En l'état actuel des travaux et des publications consacrés à *Sous le soleil de Satan*, l'incipit du « Saint de Lumbres » reste le début de l'ultime partie du roman et je ne l'analyserai donc pas dans la perspective d'une esthétique de la réception habituellement mise en œuvre dans les lendemains du règne du formalisme mais dans celle, génétique, de la création romanesque vécue comme un enfantement mallarméen[1]. Le geste d'ouverture initial, même s'il constitue une simple variation du *topos* de l'entrée, très fréquent dans les incipit romanesques, a pour premier effet de supprimer la séparation entre espaces intérieur et extérieur. La cloison vitrée séparant la chambre de la nuit s'évanouit ainsi par la mise en œuvre d'une action ponctuelle et singulative entrant en résonance avec l'attitude immobile et contemplative d'une attente inscrite dans la durée. Cette disponibilité signalée par le verbe à l'imparfait de la seconde proposition parataxique coïncide spatialement et temporellement avec l'ouverture de la fenêtre. Là est peut-être toute la magie du point-virgule qui laisse le champ libre à une multiplicité de connexions envisageables entre l'action d'ouvrir et l'état d'attente. C'est en effet peut-être parce qu'il sait attendre longtemps, dans un état de réceptivité parfaite, que le saint de Lumbres est capable d'agir dans le sens de l'ouverture, de l'abolition des barrières. Ne lit-on pas d'emblée en ce lieu inaugural de la création romanesque, à travers la fusion synchronique de deux attitudes antinomiques et exclusives l'une de l'autre, la mise en place d'une écriture de la transcendance ?

Si le Saint de Lumbres sait concomitamment ouvrir et attendre, c'est parce qu'il est lui-même, dans sa chair, être d'ouverture et d'attente, de mouvement et d'immobilité, d'action et de contemplation. Mais peut-être est-ce l'objet de l'attente qui dresse le premier vrai portrait de la transcendance comme l'écrivain la conçoit. La négation du verbe savoir encadrée par le pronom et l'adverbe de l'indéfini, de l'indéterminé, du mystère, met ainsi en place une attente non pas sans objet mais dont le personnage, le narrateur, l'auteur voire le lecteur ignorent l'objet. Cette ignorance, partagée à tous les niveaux fictionnels, jusqu'à l'instance de réception, installe d'emblée une complicité humaine située dans la sphère du « non-savoir » face à un indéfini potentiellement infini. L'immanence de l'écriture et de la lecture exhibe son impuissance à

---

1   « Je t'apporte l'enfant d'une nuit d'Idumée ! » premier vers de la pièce « Don du poëme » in *Poésies*, Paris, Éditions Gallimard, 1945, réédité dans la collection « Poésie », 1987, p. 44.

savoir quoi que ce soit de l'attente du personnage. Si ce dernier inaugure
le mouvement transcendant, en ouvrant la cloison de verre le séparant
de la nuit de Lumbres, il est aussi celui qui le prolonge par son attente
de ce qui ne se sait pas. Le geste d'ouverture s'inscrit donc ici comme
une réponse potentielle pouvant combler cette attente, c'est-à-dire une
invitation de la part de celui qui ouvre à investir le lieu déjà occupé.
Mais qui l'investira ? Qui entrera par la fenêtre qui s'ouvre ? Qui sera
accueilli par celui qui attend ? Qui rencontrera le saint de l'autre côté
de la fenêtre maintenant ouverte ? D'emblée, « on ne sait quoi » (233).
Le mouvement du saint se limite ainsi à une ouverture de fenêtre mais
le verbe attendre précise fort clairement qu'il n'y aura pas de prolongement du geste jusqu'au franchissement : cette fenêtre, le saint ne se
jettera pas au travers ; il n'y aura ni envol glorieux, ni chute accablante.
L'écriture inaugurale amorce l'élan transcendant sans le réaliser. L'Être
ou l'espace transcendant étant par essence inaccessibles à l'immanence
humaine, le mouvement qui tend vers eux doit forcément se limiter à
une ébauche sous peine de faire perdre au personnage qui l'amorce son
épaisseur d'humanité. La deuxième phrase présente un nouvel actant,
pierre fondatrice de l'œuvre romanesque :

> À travers le gouffre d'ombre ruisselant de pluie, l'église luisait, seule vivante...

Voici qu'apparaît alors cet autre côté de la fenêtre, par où peut
arriver l'objet de l'attente du personnage, dont nul ne sait rien. Mais à
peine énoncé, à peine dénoncé à travers sa connotation infernale liée à
l'image ténébreuse d'une verticalité descendante, cet inquiétant « gouffre
d'ombre » est déjà dépassé, traversé plus précisément pour aboutir
et s'arrêter au sujet grammatical, sémantique et métaphysique de la
phrase, « l'église ». Le saint de Lumbres, immobile dans sa chambre,
a déjà parcouru par le regard et par l'esprit, dans un éclair, la sombre
distance le séparant du lieu spirituel désigné par sa religion comme
le tremplin architectural vers la transcendance. Entre la chambre du
ministre de Dieu et son lieu de culte, gît la nuit, matérielle dans son
ruissellement pluvial mais déjà symbolique par sa situation d'espace
transitionnel entre le prêtre et son église, univers du passage et de
l'épreuve, toujours ambivalente. Satanique « gouffre d'ombre » qui
engloutit les âmes téméraires ayant cédé au vertige de la fenêtre sans
avoir attendu l'« on ne sait quoi » ; mais aussi christique « gouffre
d'ombre » dans lequel chutera par nécessité métaphysique celui qui

veut atteindre le parvis de l'église de Dieu, à la suite de Celui qui selon la tradition et la formule du Credo, est « descendu aux enfers » avant sa glorieuse résurrection. À mille lieues de tout recueillement pharisien, la chute précède l'accès au parvis sacré. L'église ne semble pouvoir s'atteindre – visuellement ou physiquement – qu'« à travers » la chute verticale jusqu'au tuf obscur. Tombons sous la pluie pour espérer atteindre l'église luisante. Le verbe « luisait » inaugure le motif du soleil, absent du premier titre trouvé par Bernanos[1] pour baptiser cette partie. Il évoque aussi la lueur du cierge et installe un contraste avec le noir de l'ombre et le gris de la pluie.

Les lueurs de l'église s'offrent une fois le gouffre d'ombre traversé, dépassé, transcendé. La lumière de l'église ne peut-elle s'atteindre qu'au fond du gouffre ? Le mouvement transcendant se déploie ici de manière tout à fait hétérodoxe sur le mode de la chute : on ne traverse pas un gouffre horizontalement, à moins qu'une passerelle ne l'enjambe. Le mystère de la formulation reste donc entier : dans le cadre d'une lecture rationnelle, on situera l'église de l'autre côté du gouffre, ancrée sur la terre ferme ; une lecture plus vertigineuse osera visualiser ce point sacré et lumineux tout au fond du gouffre, au point le plus bas de l'ouverture béante, recueillant alors tous ceux qui ont chuté. L'église de Bernanos, dans « Le Saint de Lumbres », s'atteint-elle au terme d'une chute ou après l'avoir victorieusement évitée, en équilibre instable sur la *via augusta*, image symbolique renvoyant à la « porte étroite » des Évangiles ? Cet incipit laisse la question en suspens. L'ultime certitude de cette deuxième phrase réside dans le caractère vivant de cette si lointaine église. Alors que « le gouffre d'ombre ruisselant de pluie » s'affirme comme une référence morte, elle est la seule à respirer. Car le saint lui-même n'appartient pas à cette vie. La troisième phrase qui clôture le premier paragraphe prolonge cette idée selon laquelle la vie appartient à la bâtisse sacrée seule et non à celui qui la sert :

> « Me voici », dit-il, comme en rêve...(233).

C'est comme s'il rêvait – mais il est bien éveillé – que le curé de Lumbres prononce les paroles christiques, dans un moment de lucidité

---

1   Il s'agit de « La Séduction du désespoir », premier titre souligné puis doublement raturé en première page du manuscrit du *Saint de Lumbres*, reproduite au début de l'ouvrage de René Guise et Pierre Gille (*op. cit.*, p. 1).

défaillante où les paroles réellement prononcées ressemblent au discours onirique. Parlant comme en rêve, le personnage échappe à la vie. Si l'église est seule vivante, c'est parce que son ministre sort de sa bouche les paroles saintes comme en rêve. Le dernier mot de cette troisième phrase disqualifie l'expression christique mise entre guillemets. Les paroles prononcées réellement par le Christ sont reprises par le curé de Lumbres mais dans une atmosphère onirique. Il ne s'agit plus ici de l'*imitatio Christi* mais de l'imitation d'un rêve où figure la parole christique. Ce « comme en rêve » vient faire écran à l'authentique imitation du serviteur fidèle pour insinuer un dédoublement fatal à la transparence du modèle. Le saint de Lumbres dit « me voici » comme en rêve parce que dans cet incipit il apparaît vivre comme en rêve hors de la vie de l'église « seule vivante ». L'offrande de la parole apostolique qui coïncide avec l'élan du mouvement transcendant se révèle comme un don de soi inaccompli car dépourvu de la lucidité transparente du réel pur.

Si ces trois phrases inaugurales mettent en valeur l'église comme espace transcendant inaccessible par son isolement nocturne, séparée du saint par un rideau de pluie s'abattant sur un gouffre d'ombre, elles inaugurent aussi un mouvement transcendant dont l'élan apparaît d'emblée sans prolongement, forcément décevant par son absence d'accomplissement Tout se passe alors comme si, à peine localisée dans ces lignes inaugurales, l'écriture de la transcendance se volatilisait au moment de son apparition. Les paragraphes suivants, jusqu'au terme du chapitre, concrétisent cette tendance aporétique à travers l'expression de la transcendance comme mouvement, Être ou espace.

L'écriture du mouvement transcendant à peine conçu avorte. La première phrase du quatrième paragraphe illustre cette suspension brutale et traumatisante de l'élan vers la transcendance :

> « Mon Dieu ! Mon Dieu ! » répétait-il, ne pouvant pleurer ni prier… (233).

La parole de prière s'ancre ici sur une répétition agissant comme un substitut par défaut à la vertu salvatrice des larmes ou de l'oraison. L'incantation reflète le piétinement spirituel de celui dont la parole ne parvient à rejoindre l'Être qu'elle appelle. Ces deux « Mon Dieu » sont prononcés comme des mots sans référent, simple *flatus vocis*, pure émission de voix telle qu'a pu la définir Guillaume d'Ockham, réduite à un son sans consistance, construction de l'entendement formulée linguistiquement, sans aucune densité ontologique. Mais pour celui qui croit, le mot « Dieu » n'appartient pas à la catégorie des universaux car il n'est pas un concept ; pour le curé de Lumbres, Dieu est Amour, Dieu est Lumière, Dieu est Notre Père… Sauf que, dans cet étrange incipit, le ministre de Dieu « finit par glisser à genoux, comme on coule à pic. » (234). Là encore, le mouvement pour viser la transcendance s'apparente à un naufrage dont la verticalité parfaite assure l'irréversibilité.

À partir du douzième paragraphe et jusqu'à la fin du chapitre se met en place une rupture concrétisée par l'abondance d'occurrences désignant le lieu et l'instant de la première fois. L'irruption du singulatif coïncide dans la vie du curé avec la tentation du désespoir :

> Pour la première fois, il doute, non pas de Dieu, mais de l'homme. (235).

Cette immixtion perfide du doute se métamorphose de manière fulgurante en un raz-de-marée dévastateur emportant pêle-mêle dans sa plus grosse vague joie et souffrance, amour et combativité, mouvement vital :

> Il ne regarde plus la petite église, il regarde au-dessus. Il est tout vibrant d'une exaltation sans joie. Il ne souffre presque plus, il est fixé pour toujours. Il ne désire rien ; il est vaincu. Par la brèche ouverte, l'orgueil rentre à flots dans son cœur…

Malgré toutes les références christiques qui parsèment l'incipit, peut-on encore parler d'identification mystique quand le narrateur omniscient évoque l'invasion de l'orgueil – un des sept péchés capitaux – dans le cœur du saint de Lumbres ?

> « Je me damnais, sans y penser, disait-il plus tard ; je me sentais durcir comme une pierre. »

L'évaluation rétrospective de son état intérieur lors de cette nuit inaugurale, faite par le personnage lui-même à travers des paroles prononcées « plus tard » c'est-à-dire forcément le jour suivant, jour de son agonie et de son décès, est sans appel. Dans ces premières pages, « l'infatigable ami des âmes » se désolidarise de l'humanité souffrante et en appelle au repos total, « le besoin de mourir » (236). C'est ainsi que la tentation du suicide s'insinue dans l'espace textuel jusqu'à l'envahir de son ombre obsessionnelle :

« Mourir, dit-il à voix basse, mourir... » Il épelle le mot pour s'en pénétrer, pour le digérer dans son cœur... C'est vrai qu'il le sent maintenant au fond de lui, dans ses veines, ce mot, poison subtil... il insiste, il redouble, avec une fièvre grandissante ; il voudrait le vider d'un coup, hâter sa fin. Dans son impatience, il y a ce besoin du pécheur d'enfoncer dans son crime, toujours plus avant, pour s'y cacher à son juge ; il est à cette minute où Satan pèse de tout son poids, où s'appliquent au même point, d'une seule pensée, toutes les puissances d'en bas. (238)

Il n'est plus possible ici, sans se laisser submerger par le dégoût, d'évoquer une quelconque identification mystique entre le personnage et la figure christique. Avant d'être un nouveau Christ, le curé de Lumbres est d'abord un pécheur – et non le moindre – dans la foule des pécheurs qu'il confesse. Bernanos a d'ailleurs été très clair à ce sujet lors de son entretien avec Frédéric Lefèvre :

Mon saint de Lumbres n'est pas un saint, mettons, si vous voulez, que c'en est le manuscrit encore informe[1].

La métaphore du manuscrit qui établit une symbiose entre le personnage romanesque et l'esquisse d'une œuvre littéraire, tout en mettant en valeur le caractère inaugural de cette figure fondatrice, archétype de toutes les figures de saints à venir, souligne l'aspect inachevé de la spiritualité du curé de Lumbres, embryon de sainteté, encore sans forme et donc bien loin de l'imitation christique. Oui, le saint de Lumbres vit en son ultime journée un calvaire christique. Mais le poids de ses péchés et surtout la violente tentation du suicide qui parcourt les dernières pages du premier chapitre empêchent d'établir une parfaite identification mystique. Dans cet incipit, le curé de Lumbres apparaît orgueilleux, suicidaire, « sans amour », « fixé pour toujours » (236), désespéré, désirant un néant recherché pour lui-même. Ce qui manque au saint, dans son chemin de croix personnel pour rejoindre et se fondre au modèle christique, c'est une transparence qu'il ne possède pas. Il a l'opacité de l'humain ravagé par les puissances du mal. Après avoir examiné l'écriture du mouvement transcendant qui à peine conçu avorte, remarquons que l'écriture de l'être transcendant se révèle sur un mode d'apparition similaire. En effet, à peine évoqué, l'être transcendant est masqué, dérobé et disparaît de l'écriture. Désigné à deux reprises dans cet incipit par une périphrase, Dieu est présenté à chaque fois comme l'agissant suprême. Ses actions

---

1   Entretien avec Frédéric Lefèvre, art. cit., p. 1042.

portent cependant le sceau de l'énigme. Si « la grâce divine [qui] met un voile devant ces yeux tout à l'heure pleins encore du mystère divin » (237), elle est la puissance qui masque, dérobe, isole sa propre essence du regard humain pour ne pas être absorbée par celui qui cherche à connaître et donc à la réduire au statut d'immanence. De la même et dernière façon, l'espace transcendant, à peine décrit, se désintègre :

> Au-dessus de lui, la nuée se déchire en lambeaux. Une, dix, cent étoiles renaissent, une par une, à la cime de la nuit. Une pluie fine, une poussière d'eau retombe d'un nuage crevé par le vent. (234)

La métaphore de la nuée déchirée annonce un éclatement coïncidant avec une ouverture sur une nouvelle strate de ciel, toile de fond sur laquelle se détachent les astres. La personnification des étoiles et l'arborisation de la nuit révèlent un univers d'une majesté magique. Le nuage perçu comme une outre pleine d'eau, en revenant au premier plan, cache à nouveau la voûte stellaire et assombrit l'illumination fugitive favorisée par le dégagement du ciel. En effet, à peine dégagé, il se dérobe à nouveau et la bruine a éteint toutes les étoiles :

> Et c'est en haut qu'il lève pourtant son regard, vers le carré de ciel grisâtre, où la nuit se dissipe en fumée. (238)

Les yeux levés du saint n'atteignent qu'un espace marqué par la limitation. La figure géométrique du carré annonce un ciel fermé, soigneusement délimité par une clôture angulaire symbole de finitude. L'adjectif « grisâtre », en exhibant son suffixe péjoratif, transforme le ciel en prison pluvieuse. Bernanos renouvelle ici avec ingéniosité l'image baudelairienne du ciel bas et lourd en substituant au couvercle[1] la figure du carré, perspective mathématique a-transcendante. Et « la nuit se dissipe en fumée » comme l'espace transcendant qui à peine évoqué, disparaît des champs de vision du personnage et du lecteur, inaccessible par essence.

Le chapitre se clôt sur l'image du curé en prière, élan transcendant bien singulier dans sa nouveauté :

> Jamais il n'a prié avec cette volonté dure, d'un tel accent. Jamais sa voix ne parut plus forte entre ses lèvres, murmure au-dehors, mais qui au-dedans retentit, pareille à un grondement prisonnier dans un bloc d'airain … Jamais

---

1   « Quand le ciel bas et lourd pèse comme un couvercle / Sur l'esprit gémissant en proie aux longs ennuis, (…) », Charles Baudelaire, « Spleen », poème LXXVIII, *Les Fleurs du Mal*.

l'humble thaumaturge, dont on raconte tant de choses, ne se sentit plus près du miracle, face à face. (238)

Prière guerrière, prière de fer, l'oraison du saint de Lumbres glacerait d'effroi les partisans du quiétisme spirituel. Prière implosive, hurlement intérieur, l'acte religieux se réalise à travers une violence non exprimée. Les dernières phrases du chapitre plongent le lecteur dans un abîme de perplexité angoissée :

> Il semble que sa volonté se détend pour la première fois, irrésistible, et qu'une seule parole, articulée dans le silence, va le détruire à jamais... Oui, rien ne le sépare du repos qu'un dernier mouvement de sa volonté souveraine... il n'ose plus regarder l'église ni, dans la brume de l'aube, les maisons de son petit troupeau ; une honte le retient, qu'il a hâte de dissiper par un acte irréparable.... À quoi bon s'embarrasser d'autres soins superflus ? Il baisse les yeux vers la terre, son refuge. (238).

Est-ce une parole de prière qui pourrait l'anéantir définitivement ? Quels mots articulés auraient le pouvoir de pulvériser son être de chair ? La prière agirait donc comme une force d'autodestruction pour celui qui la produit ?

« Fuir seul vers Seul ». C'est Plotin le premier qui, sur les traces de Platon, fait coïncider l'union au Dieu premier et transcendant avec des moments privilégiés, notamment et surtout celui de la solitude. Pour rencontrer l'Un, l'« absolument simple », l'être qui contemple doit être lui-même un. Enfermé dans une « narration de la solitude », le curé de Lumbres semble remplir à merveille la condition posée par Plotin pour quitter le poids de l'immanence. « Son extraordinaire solitude » (242) telle que la présente le narrateur apparaît-elle comme un premier tremplin à l'envol de l'écriture de la transcendance ? Depuis Job, éloigné de son village par « un ulcère malin[1] », assis sur un monticule d'immondices, dans la solitude du pestiféré, jusqu'aux Pères du Désert qui fuient les villes pour émigrer dans les brûlantes solitudes de l'Orient, l'isolement constitue dans la tradition mystique chrétienne une voie d'accès privilégiée à l'espace et à l'Être transcendants. Si le personnage éponyme du « Saint de Lumbres » n'apparaît seul physiquement que dans les chapitres I, III et IX, les autres chapitres le présentent dans un état de solitude métaphysique absolue. Nous ne reviendrons pas sur la nuit du chapitre inaugural, déjà amplement commentée dans les sections précé-

---

1   Job, 2,7.

dentes ; attardons-nous simplement aux deux autres uniques moments
de solitude physique pour les comparer avec celle de la nuit inaugurale.
Le chapitre trois, un des plus brefs de la partie, évoque le voyage du
curé en carriole jusqu'à la ferme du maître de Plouy où l'attend son
confrère de Luzarnes :

> Chaque tour de roue rapproche le curé de Lumbres de ce censeur impitoyable.
> Au travers du brouillard, il voit déjà ses yeux gris, si vifs, narquois, jamais
> en repos, où danse une petite flamme, toute grêle. À six kilomètres de sa
> pauvre paroisse, au chevet d'un enfant riche à l'agonie, amené là comme un
> thaumaturge, quelle ridicule affaire ! Quel scandale ! il reçoit par avance, en
> pleine poitrine, la phrase de bienvenue, pleine de malice... Que lui veut-on ?
> Espèrent-ils un miracle de cette vieille main fripée qui tremble à chaque
> cahot, sur le drap de sa soutane, gris d'usure ?... (241-242).

La crainte du regard puis des paroles de l'abbé Sabiroux conditionne
la totalité de ce moment de solitude dédié non pas à la prière ou au
recueillement en faveur du petit agonisant mais à l'anticipation de la
malveillance narquoise dont il sera l'objet. Car le pauvre prêtre est d'abord
tenaillé par la peur du ridicule et du scandale, si éloignée là encore et
dans ce cas précis de la magnifique audace de son modèle christique :

> « C'est ainsi, c'est ainsi !... » murmurait-il entre ses lèvres, à chaque cahot,
> les yeux vagues... Cependant la haie filait à droite et à gauche ; la carriole
> courait comme un rêve, mais la terrible angoisse courait devant, et l'attendait
> à chaque borne. (242)

Le dialogue avec soi lié à l'état de solitude apparaît ici dénué de
toute fécondité spirituelle ou mystique. Hébété plus que transporté, le
personnage vit cet instant comme une course contre l'angoisse où cette
dernière, complaisante, attend son concurrent à la traîne. La route du
retour à pied, au début du chapitre IX, après le miracle manqué, est
empruntée dans le même état d'hébétude qu'à l'aller :

> Qu'elle est longue la route du retour, la longue route ! Celle des armées bat-
> tues, la route du soir, qui ne mène à rien, dans la poussière vaine !... (272)

Et comme à l'aller, il n'y aura ni prière, ni recueillement mais encore
et toujours peur des paroles d'autrui et plus précisément de sa hiérarchie :

> La crainte l'oppresse d'abord du jugement de ses confrères, de leurs discours,
> des réprimandes et des sanctions de l'archevêque. Les larmes lui montent
> aux yeux. Il traîne sa chaise auprès d'une petite table et, la tête vide, le cœur

lâche, le dos arrondi sous la menace, il s'efforce d'écrire bien lisiblement, bien proprement, pour une enquête possible, d'une belle écriture d'écolier, cette espèce de rapport dont nous avons cité plus haut quelques lignes. (273)

Dans ses rares moments de solitude effective − car le saint passe ses journées au confessionnal − le curé de Lumbres s'effondre, terrorisé par son sentiment d'infériorité et le jugement de ses supérieurs :

> Combien d'heures restera-t-il ainsi, regardant sans la voir une étroite fenêtre grillée, dans l'épaisseur de la pierre, où repasse au-dehors la branche d'un sureau balancée par le vent, au soleil, tantôt noire et tantôt verte ? L'homme qui vint à midi sonner l'Angélus aperçut à travers la petite lucarne de la porte, dans l'ombre, son chapeau tombé à terre, et son bréviaire, dont il vit les images et les signets éparpillés sur le sol. À cinq heures, un élève du catéchisme de Première Communion, Sébastien Mallet, venu pour rechercher un livre oublié, trouva la porte close, mais n'entendant rien, s'en fut. (274).

« Les yeux vagues, insensible » (273), il regardera sans voir, dans un état proche de la catalepsie, une immobilité hagarde. Le récit des deux témoignages met en valeur pour le premier le désordre et pour le second le silence. Reste-t-il une place, au cœur de cette hébétude, pour la prière et la quête transcendante ? Cette solitude est ainsi vécue et décrite paradoxalement sur le mode du harcèlement. Déjà lors de la nuit inaugurale, le saint se voyait harcelé par une horde de pécheurs qui « accouraient vers lui » (233), un « troupeau trotte encore sur ses talons, le poursuit, le presse, ne lui laisse aucun repos, insatiable, avec cette grande rumeur anxieuse, et ce piétinement de bêtes blessées… » (237)

Sans cesse confronté aux pécheurs de Lumbres et d'ailleurs, qui ne lui laissent aucun répit, harcelé par la foule de pèlerins qui exigent de lui le sacrement de pénitence, cloîtré dix-huit heures par jour dans son confessionnal, le personnage éponyme vit d'abord sa relation à autrui par le biais du sacerdoce. À deux reprises cependant, le curé de Lumbres sera confronté à autrui dans un cadre profane. Et ces deux confrontations font basculer la narration dans un espace où la transcendance s'écrira sur le mode satanique. La première confrontation met le héros en présence du curé de Luzarnes, sur le seuil de la maison Havret. Après les formules d'usage, le curé de Lumbres entre d'emblée dans le vif du sujet :

> « Priez pour moi… », murmura le saint de Lumbres à son oreille. Mais, resserrant son étreinte, puis s'écartant d'un geste brusque, il ajouta, d'une autre voix, rude, d'un homme qui défend sa vie :

« Ne me tentez pas ! … »
Et ils rentrèrent dans la maison, côte à côté sans plus rien dire.
« Ne me tentez pas ! … » (245)

La rencontre de l'abbé Sabiroux coïncide pour le héros avec la rencontre
du sauveur (celui qui prie), mystérieusement et brusquement métamorphosé en tentateur (celui qui tente). Que s'est-il donc passé pour que
la demande murmurée de prière se transforme en rude interdiction
barrant l'accès à la voie pécheresse ? Le narrateur enchaîne « dans un
éclair » (245) sur l'assaut de « la voix jamais entendue, tonnante » qui
propose au pauvre curé, nouveau Christ dans un nouveau désert, de se
sauver lui-même. La parole satanique encourage celui qui l'entend à se
hâter « hors du monde » (245). Revoyant les quarante années de sa vie
de sacrifice, le curé de Lumbres revit la tentation de la nuit passée, « une
attente… une grande et merveilleuse attente l'éclaire au-dedans, finit
de consumer l'homme intérieur » (246). Abandonnant « son troupeau
rétif » (246), ce « peuple d'en bas », « inachevé » (246), il amorce un
mouvement transcendant vers l'oxygène satanique :

> Il remonte au jour, pareil à un plongeur, tout son poids jeté vers les bras
> tendus, et qui dans l'eau noire et vibrante ouvre déjà les yeux à la lumière
> d'en haut. (246).

Celui qui a passé sa vie à retenir sa respiration devant « les plaies les
plus obscènes du cœur humain, le désespoir de tant d'âmes damnées »
(246), exercera enfin, au crépuscule de son existence, la poussée verticale
qui le projettera hors de l'immanence. L'« autre », « le vieil ennemi »
(246) est très clair à ce sujet et l'encourage à poursuivre l'ascension
jusqu'à son visage :

> Tout n'était que rêve, hors ta lente ascension vers le monde réel, ta naissance,
> ton élargissement. Hausse-toi jusqu'à ma bouche, entends le mot où tient
> toute science. (246)

Le mouvement exigé est bien celui de l'élévation qui aboutira pour le
curé de Lumbres à la mise en présence du simulacre obscène du corps
de Jésus-Christ :

> Car, après tant de siècles, c'est encore vous qu'il attendait, mille fois repeint
> et rajeuni, ruisselant de fard et de baume, luisant l'huile, riant de toutes ses
> dents neuves, offrant à votre curiosité cruelle son corps tari, tout son mensonge,
> où votre bouche aride ne sucera pas une goutte de sang ! (247)

L'interpellation soudaine à la deuxième personne du pluriel méta-morphose l'espace d'un paragraphe le narrateur en dénonciateur de l'imposture satanique dans ses œuvres de travestissement. Un Christ déguisé, outrageusement maquillé, vieille prostituée aux appâts gâtés, offre ses mamelles pendantes et vides à un client assoiffé… de sang. « Mangez, ceci est mon corps. Buvez, ceci est mon sang[1]. » La perversion de la parole christique est ici consommée jusqu'à la lie.

Là où Satan nous a mené et nous attend, à la surface de « l'eau noire et vibrante », il n'y a rien à manger ni à boire. Le corps de l'être infernal est définitivement tari et aucun sang ne circule dans ses veines asséchées. Le chapitre V reprend l'entretien entre les deux prêtres là où la parole satanique (entendue seulement par le curé de Lumbres) l'avait interrompu. Dans ces huit pages, les contradictions rongeant l'intériorité du personnage éponyme éclatent à travers ses paroles. Sursaturées d'occurrences divines[2], ses répliques aboutissent au constat blasphématoire du début du chapitre VI résumé à travers deux formules symétriques se faisant écho : « Ah ! Satan nous tient sous ses pieds » (260) et « Dieu n'est pas là, Sabiroux ! » La synthèse de la puissance satanique et de l'absence divine se retrouve formulée deux pages plus loin, partiellement tronquée dans la version éditée :

Nous sommes vaincus, vous dis-je ! Vaincus ! Vaincus ! Et Dieu avec nous[3] !

La seconde et ultime confrontation met en présence le héros et l'enfant mort. Au contraire du volubile dialogue qui le précède, ce face-à-face est muet puisque le nouvel autrui qui s'offre au regard du saint n'est plus en vie, archétype de la victime innocente, de l'enfance anéantie. Mais, comme précédemment, autrui va se révéler un médiateur privilégié de l'invasion satanique.

Le curé de Lumbres se tient debout, au pied du lit, et regarde, sans prier, le crucifix sur la toile nette. (265)

Un prêtre qui ne prie pas, c'est bien ainsi que le saint de Lumbres se singularise à nouveau, exhibé sans complaisance par un narrateur qui enfonce sans vergogne le couteau dans la plaie :

1 Matthieu, 26, 27-28.
2 J'ai relevé près de quinze occurrences du mot « Dieu » des pages 251 à 258, toutes pro-noncées par le saint de Lumbres.
3 L'expression « Et Dieu avec nous ! » présente dans le manuscrit et non raturée, a disparu de la version éditée.

Encore un coup, il essaie de prier, remue les lèvres, décontracte sa gorge serrée. Non! encore une minute, une petite minute encore… La crainte folle,
insensée, qu'une parole imprudente écarte à jamais une présence invisible,
devinée, désirée, redoutée, le cloue sur place, muet. La main, qui ébauchait
en l'air le signe de la croix, retombe. La large manche, au passage, fait vaciller
la flamme du cierge, et la souffle. (266)

« Parole imprudente », la prière écarterait ce que le narrateur refuse une
fois de plus de nommer mais qui, en bonne théologie, ne peut désigner
que l'ennemi juré de l'oraison, Satan. Signe de croix avorté, lumière
sacrée éteinte, ces éléments s'unissent pour favoriser la venue du « maître
de la mort, du voleur d'hommes ». (267)

Si la transcendance ne parvient pas à s'écrire dans la solitude du personnage éponyme, si elle subit une inversion satanique dans les moments
de confrontation avec des êtres se révélant aux yeux du saint comme des
médiateurs privilégiés permettant l'accès au « vieil ennemi », peut-être
se localisera-t-elle au cœur des instants de souffrance mis en valeur par
la narration. Les trois chapitres centraux (VII, VIII et IX) en exhibent le
plus clairement les stigmates. Dans le chapitre VII par exemple, la fulgurance de la crise physique éprouvée par le curé de Lumbres coïncide
avec la reconnaissance du « roi risible des mouches », de « la bête sept
fois couronnée » (267) dans l'ironie des prunelles du petit mort :

« C'est toi. Je te reconnais », s'écrie le misérable vieux prêtre d'une voix basse
et martelée. En même temps, il lui semble que tout le sang de ses veines
retombe sur son cœur en pluie glacée. Une douleur fulgurante, indicible, le
traverse d'une épaule à l'autre, déjà diffuse dans le bras gauche, jusqu'aux
doigts gourds. Une angoisse jamais sentie, toute physique, fait le vide dans sa
poitrine, comme d'une monstrueuse succion à l'épigastre. Il se raidit pour ne
pas crier, appeler. Toute sécurité vitale a disparu : la mort est proche, certaine,
imminente. L'homme intrépide lutte contre elle avec une énergie désespérée.
Il trébuche, fait un pas pour rattraper son équilibre, s'accroche au lit, ne veut
pas tomber. Dans ce simple faux pas, quarante ans d'une volonté magnanime,
à sa plus haute tension, se dépensent en une seconde, pour un dernier effort,
surhumain, capable de fixer un moment la destinée. (267)

Outre le fait que le curé de Lumbres ne tombe pas, la description de
la douleur ressentie au moment de la reconnaissance de la présence de
Satan essaime des indices lexicaux révélant sans ambiguïté l'origine de
cette atroce attaque charnelle. La triple référence au froid, au vide et à
la vampirisation fait ainsi davantage penser à une prise de possession
satanique qu'à une fusion avec le corps du Christ. Comment là encore

relier la douleur du curé de Lumbres aux souffrances christiques alors même que, une fois Satan reconnu et démasqué, l'accusation de Trahison portée à l'adresse de Dieu par son prêtre fait, symétriquement au passage précédemment cité, décroître la douleur physique :

> « Vous m'avez trompé », s'écrie-t-il.
> [La douleur aiguë qui le ceignait d'un effroyable baudrier desserre un peu son étreinte, (...)] (267-268).

La substitution du vouvoiement au tutoiement, de la reconnaissance de Satan au reproche adressé à Dieu, apparaît ainsi à l'origine de la fin de la crise physique. Mais le chapitre VIII, qui par un brutal basculement du point de vue, retranscrit à la première personne le récit du saint lui-même, complique singulièrement le rôle de la douleur dans la tentative de résurrection du petit mort. Le narrateur choisit ainsi de laisser la parole à son personnage au moment précis où, ayant surmonté le premier accès de douleur par le constat de la trahison divine, le vieux prêtre « élève le petit garçon comme une hostie » (268).

« HISTOIRE DE MOUCHETTE » OU « LA FAUSSE AURORE[1] »

La création de Mouchette marque une volonté de renouvellement de la veine romanesque. Aucun pont ne semble relier le vieux prêtre ago- nisant à la jeune fille de seize ans dont la vitalité déborde. Si « Le Saint de Lumbres » marque la difficulté d'écrire la transcendance, la rédaction de cette nouvelle partie, prologue de la version éditée, constitue-t-elle un nouveau tremplin permettant à l'écriture romanesque d'évoquer le mouvement, l'espace ou l'Être transcendants ? L'extrême jeunesse alliée à la féminité peut-elle réussir là où la vieillesse masculine vouée au sacerdoce a échoué[2] ? Les horizons cependant ne manquent pas pour que l'héroïne s'élance hors de soi.

C'est l'amour ou plus précisément le « savoir aimer » qui donne à l'héroïne la première impulsion :

> À seize ans, Germaine savait aimer (non point rêver d'amour, qui n'est qu'un jeu de société)... Germaine savait aimer, c'est-à-dire qu'elle nourrissait en elle, comme un beau fruit mûrissant la curiosité du plaisir et du risque, la confiance intrépide de celles qui jouent toute leur chance en un coup,

---

1   S, 235.
2   Selon Pierre Gille la réponse est à l'évidence négative car « il n'y a de transcendance, ici, que de la révolte », *op. cit.*, p. 36.

affrontent un monde inconnu, recommencent à chaque génération l'histoire du vieil univers. (68)

Héroïne dont un « sang généreux à chaque battement du cœur, inspire de tout sacrifier à ce qu'on ne connaît pas » (68), « la petite fille ambitieuse » (69) porte le tragique dans son cœur[1]. Car Germaine possède « son héros, (…), comme un roi » (68). L'ironie de Bernanos se consomme dans le mensonge du père Malorthy qui fait croire à sa fille que le marquis de Cadignan a porté la main sur lui :

> Il n'avait pas prémédité ce dernier mensonge, qui n'était qu'un trait d'éloquence. Le trait, d'ailleurs manqua son but. Le cœur de la petite révoltée battit plus fort, moins à la pensée de l'outrage fait à son seigneur maître qu'à l'image entrevue du héros, dans sa magnifique colère… Sa main ! Cette terrible main ! … Et d'un regard perfide, elle en cherchait la trace sur le visage paternel. (72).

Ce premier amour né de l'admiration se révèle absolu, plus puissant encore que l'amour maternel[2]. Les critiques ont beaucoup insisté sur la déception de Mouchette quand elle prend conscience de la médiocrité de ses deux amants successifs, mais il faut aussi souligner qu'en amont, la jeune fille a nourri un premier amour absolu concrétisé par un don de soi d'une générosité sans concession. De la même façon, et au sujet de son second amant, le médecin député Gallet, le narrateur prend bien la peine de souligner, par l'utilisation de la typographie en italique, l'amour qu'éprouve Germaine :

> Le ridicule et l'odieux de ce cafard à dents jaunes ne l'étonnaient même plus. Pis, elle l'aimait. Autant qu'elle pouvait aimer, elle l'aimait. (94)

Toutes les forces vitales de la jeune fille se projettent, dès les premières pages, vers la forme la plus concrète de l'expression amoureuse, la sexualité. Henri Giordan[3], dès 1971, a rattaché l'expérience de Mouchette à la conception développée par Georges Bataille[4]. Élevée dans l'ignorance de Dieu, parfaitement athée dans son sens le plus étymologique, enfant puis adolescente sans Dieu, Mouchette ne connaît d'autre issue pour sortir d'elle-même que les transgressions morale et sociale. Pour cette jeune fille unique cloîtrée dans la maison familiale, tenue éloignée du

---

1   « Mais les faits ne sont rien : le tragique était dans son cœur. » (S,70).
2   Voir p. 74 : « Telle qui défend ses petits est moins terrible et moins prompte que celle-là qui se voit arracher la chair de sa chair, son amour, cet autre fruit ».
3   Henri Giordan, « Mouchette et l'érotisme », EB 12, 101-110.
4   Georges Bataille, *L'Érotisme*, Éditions de Minuit, coll. « Arguments », 1957.

catéchisme comme du lycée, la première rencontre avec autrui s'effectuera sur le mode du don charnel. Mais à aucun moment la transgression ne s'ouvrira sur la transcendance. Tout dépassement est impossible pour cette prisonnière de l'immanence. La conclusion d'Henri Giordan au sujet de la présence du thème érotique à travers Mouchette paraît peu satisfaisante :

> Là se trouve la clef de l'importance de ce personnage : en affrontant à travers l'aventure de Mouchette le problème de l'érotisme, Bernanos parvient à mettre en question l'ensemble de sa vision du monde. Il s'engage sur une voie qui débouche peut-être sur la destruction de la métaphysique chrétienne… sûrement en tout cas sur la destruction de l'idéologie catholique de sa jeunesse et sur la découverte d'une spiritualité toute nouvelle pour l'époque[1].

À travers le contre-exemple de Mouchette, Bernanos révèle plutôt l'impossibilité pour l'être sans Dieu de dépasser la transgression érotique en élévation spirituelle, de franchir les barrières de la plénitude de l'amour humain pour découvrir la plénitude infinie de l'amour divin. C'est parce que la jeune fille ignorait tout de « la métaphysique chrétienne », elle-même inspirée de l'ascension platonicienne qu'elle s'est perdue dans les déceptions de l'amour humain[2] sans jamais réussir à imprimer un nouvel élan substituant à l'espoir l'espérance. La transcendance ne peut s'écrire dans cette histoire d'amour sans l'autre et surtout sans l'Autre.

Si l'amour humain s'affirme dans cette histoire comme un leurre, le thème du grand départ se révèle lui aussi bien moins prometteur qu'il ne le laisse entendre. En obéissant à la lettre à son père lui intimant l'ordre de sortir, de s'en aller, Mouchette fuit la maison familiale en pleine nuit :

> « Hors d'ici ! Va-t-en ! » disait tout à l'heure le père Malorthy. Quoi de plus simple ? Elle était partie. (76)

L'absence de complément de lieu pour accompagner le verbe du départ révèle le déploiement d'un élan dans toute sa pureté mais aussi et surtout dans sa potentialité de risque absolu dépouillé de tout calcul et de toute anticipation. « Il faut foutre le camp[3] ! » C'est ainsi que Bernanos exprimait vigoureusement l'impérieuse nécessité présidant à ses inces-

---

1   *Op. cit.*, p. 109-110.
2   Voir p. 95 : « Elle s'était d'abord jetée au bras du goujat sans âme et se cramponnait à cette autre épave ».
3   Corr. I, p. 325.

sants déménagements. Mouchette elle aussi déménage mais la nouvelle
destination reste à tout jamais inconnue :

> Qu'elle trouvât ici ou là un asile, qu'importe ! Qu'importe un asile à qui sut franchir
> une fois le seuil familier et trouve la porte à refermer derrière soi si légère ? (85)

Le franchissement du seuil est non seulement sans retour mais il est
d'abord sans destination, sans perspective abritée, ouverture béante vers
un espace sans limite :

> Dans les jardins aux ifs taillés, sous la véranda, toute nue, qui sent le mastic
> grillé, c'est là qu'elle s'est lassée d'attendre on ne sait quoi, qui ne vient jamais,
> la petite fille ambitieuse… C'est de là qu'elle est partie et elle est allée plus
> loin qu'aux Indes… Heureusement pour Christophe Colomb, la Terre est
> ronde ; la caravelle légendaire, à peine eût-elle engagé son étrave, était déjà sur
> la route du retour… Mais une autre route peut être tentée, droite, inflexible,
> qui s'écarte toujours, ET DONT NUL NE REVIENT. Si Germaine, ou
> celles qui la suivront demain, pouvaient parler, elles diraient : « À quoi bon
> s'engager une fois dans votre [bon[1]] chemin, qui ne mène nulle part ? …
> Que voulez-vous que je fasse d'un univers rond comme une pelote ? » (69-70).

Lorsque Bernanos commence « Histoire de Mouchette », il ignore encore
– comme son jeune personnage, qu'il vient de créer – où le départ de
Mouchette le mènera. Le romancier a lui-même raconté, bien plus tard,
comment il s'est contenté, lors du processus créateur, de la suivre là où
elle le dirigeait :

> … Je me vois encore, un soir de septembre, la fenêtre ouverte sur un grand
> ciel crépusculaire. Je pensais à l'ingénieux P. J. Toulet, à sa jeune fille verte,
> à ces charmants poèmes, tantôt ailés, tantôt boiteux, pleins d'une amertume
> secrète… Puis cette petite Mouchette a surgi (dans quel coin de ma conscience ?)
> et tout de suite elle m'a fait signe, de ce regard avide et anxieux. – Ah ! Comme
> la naissance d'un livre sincère est chose légère, furtive et difficile à conter…
> J'ai vu la petite fille entre son papa brasseur et sa maman. J'ai imaginé peu
> à peu son histoire. J'avançais derrière elle, je la laissais aller. Je lui sentais
> un cœur intrépide[2]…

Certains esprits soupçonneux liront entre les lignes une romance poétisée
de la naissance de Mouchette ; mais l'adjectif « sincère » sous la plume

---

1   Cet adjectif, présent dans le manuscrit Bodmer et non rayé, n'apparaît plus dans la version
    imprimée. Est-ce vraiment une « erreur d'impression » comme le signale René Guise ?
    Pierre Gille attribue plutôt cette suppression à une correction sur épreuves. (R. Guise et
    P. Gille, *op. cit.*, p. 18)
2   G. Bernanos, « Satan et nous », EEC II, 1009-1010.

de Bernanos n'est jamais employé sur le ton de la badinerie. Mouchette précède Bernanos sur l' « autre route » et ni l'un ni l'autre ne savent où elle mène. Bernanos l'a dit le premier : c'est lui qui pose ses pas dans ceux de ses personnages, ombre suivant des êtres de chair et de sang, libres de s'aventurer sur la route de leur choix.

Pour quelle(s) raison(s) ne revient-on pas de cette « autre route, droite, inflexible, qui s'écarte toujours » ? Car le retour est inenvisageable, quelles qu'en soient les modalités, et son issue reste inconnue, voire inconnaissable. Cette route n'étant pas géographique et ne correspondant à aucun déplacement réel, il devient impossible d'imaginer que celui qui l'emprunte ne revient pas parce qu'il y laisserait la vie. Ce mouvement de marche est en effet symbolique, échappant ainsi aux contraintes de l'immanence, telles la faim, la soif, l'épuisement, l'accident, la mort même. Si l'on n'en revient pas, c'est donc parce qu'elle est sans fin et sans limites, route infinie mais aussi indéfinie, incommensurable, puisqu'« elle s'écarte toujours », sans complément d'objet, absolument intransitive, vecteur par excellence du référent transcendant. Il faut donc la poursuivre à l'infini, indéfiniment. Cette route « dont on ne revient pas » exalte métaphoriquement l'écriture d'un mouvement transcendant tenté, droit, inflexible, qui s'écarte toujours de l'espace immanent, vers un ailleurs infini et indéfini. Cette écriture, à l'image de la route qui la reflète, est sans retour, droite et inflexible elle aussi, et s'écartant toujours, dont on ne revient pas car on n'y revient pas. Écriture qui avance, chute, disparaît parfois dans les ornières de l'écriture de l'immanence, mais qui reparaît sans cesse, d'un roman à l'autre, jusqu'à l'ultime silence.

« LA TENTATION DU DÉSESPOIR » : DONISSAN OU LE NOUVEAU DÉPART ?

Que faire de Mouchette une fois sortie de la maison de santé où elle a « accouché d'un enfant mort » (115) ? Comment continuer à écrire quand toutes les issues se sont, au fil de l'histoire, condamnées d'elles-mêmes ? Mensonge, fugue, viol, crime, adultère, crises nerveuses, fœtus avorté, la liste des aventures de Mouchette s'apparente à une plongée dans l'enfer charnel des déclinaisons les plus sordides de l'expérience immanente. Conscient de l'impasse à laquelle aboutit l'itinéraire de la jeune révoltée, Bernanos a bien résumé cet instant délicat où la création romanesque doit d'urgence s'arrimer sur un récif, sous peine de couler à pic :

Autour de la misérable enfant révoltée, aucune route ouverte, aucune issue. Nul terme possible à cet élan frénétique vers une délivrance illusoire que la mort ou le néant. (...) le dogme catholique du péché originel et de la Rédemption surgissait ici, non pas d'un texte, mais des faits, des circonstances et des conjonctures. Le problème posé, aucune solution n'était possible que celle-là. À la limite d'un certain abaissement, d'une certaine dissipation sacrilège de l'âme humaine, s'impose à l'esprit l'idée du rachat. Non pas d'une réforme ni d'un retour en arrière, mais du rachat. Ainsi, l'abbé Donissan n'est pas apparu par hasard : le cri du désespoir sauvage de Mouchette l'appelait, le rendait indispensable[1].

L'apparition de l'abbé Donissan se matérialise en une synthèse de deux personnages l'ayant précédé sous le soleil satanique. Du saint de Lumbres, il a conservé le statut ecclésial ainsi que de secrètes et vibrantes grâces divines ; de Mouchette il a gardé l'extrême jeunesse, la force vitale et l'intrépidité. De même que ce nouveau personnage s'est emparé des « points forts » de ses prédécesseurs, il s'est aussi délesté de leurs traits les plus sombres : plus de trace des pulsions suicidaires du vieillard proche de son agonie, et surtout rencontre d'un guide spirituel rétablissant un équilibre compromis par les dangereux médiocres qui entouraient le curé de Lumbres et Mouchette[2]. Si ces deux premiers héros apparaissaient littéralement et en tous les sens du terme encerclés, happés voire neutralisés par ces êtres avides de retrouver en autrui le reflet fidèle de leur propre néant, Donissan a la magnifique chance de trouver sur son chemin « cet homme exceptionnel » (220) au « clair et lucide génie » (117). On se souvient des paroles inaugurales prononcées par le saint de Lumbres ; l'abbé Donissan, lors de sa première apparition, reprend à l'identique les deux mots présentatifs en y ajoutant l'apostrophe interlocutoire :

« Me voici, Monsieur le chanoine », dit derrière eux une voix basse et forte. (124)

Comme le vieillard, Donissan fait coïncider son apparition romanesque avec un don de soi, une offrande sur le modèle christique, mais au contraire du saint de Lumbres qui s'offrait à « on ne sait quoi » et « comme en rêve » (233), le jeune vicaire se donne en toute lucidité à une altérité définie, une personne réelle, palpable, un être de chair et de sang :

---

1   1. G. Bernanos, « Satan et nous », EEC II, 100.
2   Les personnages tels l'abbé Sabiroux, le Docteur Gambillet, le père Malorthy, Cadignan et Gallet dont une des fonctions consiste à accentuer la solitude des deux héros, disparaissent de l'horizon de « La Tentation du désespoir » pour céder la place au lucide et fort abbé Menou-Segrais.

Dieu et votre évêque, mon enfant, vous ont donné un maître : c'est moi. (128).

Si le vieillard de Lumbres sombre, dès l'incipit, dans l'anarchie de
la tentation suicidaire, c'est peut-être d'abord parce qu'il se retrouve
perdu dans la nuit, sans Dieu ni maître, livré au silence sans issue de
la solitude absolue. Le vicaire de Campagne, lui, n'est pas seul, et cette
présence entraîne d'emblée le jeune homme vers un élan ascendant aux
antipodes des chutes verticales du curé de Lumbres :

> Nous sommes à cette heure de la vie (elle sonne pour chacun) où la vérité
> s'impose par elle-même d'une évidence irrésistible, où chacun de nous n'a qu'à
> étendre les bras pour monter d'un trait à la surface des ténèbres et jusqu'au
> soleil de Dieu. (133)

Mouvement (« monter d'un trait »), espace (« à la surface des ténèbres »)
et Personne (« soleil de Dieu ») transcendants sont enfin – et pour la
première fois dans la genèse du roman – réunis pour écrire dans sa plénitude la transcendance. La parole de l'abbé Menou-Segrais porte cette
écriture en localisant par les mots ce que son vicaire est appelé à vivre,
au-delà des mots. Première localisation stable et sûre de l'écriture de la
transcendance, la parole du doyen de Campagne éclaircit les expériences
vécues dans le plus grand trouble par son protégé :

> Certaines grâces vous sont prodiguées comme avec excès, sans mesure : c'est
> apparemment que vous êtes excessivement tenté. L'esprit Saint est magnifique
> mais ses libéralités ne sont jamais vaines : il les proportionne à nos besoins.
> Pour moi, ce signe ne peut tromper : le diable est entré dans votre vie. (220).

Si Donissan peut voir les âmes « à travers l'obstacle charnel » (216), si
« par une grâce particulière, merveilleuse », il a pu contempler l'intériorité
du carrier et de Mouchette, c'est, selon l'interprétation de son maître,
pour lutter contre Satan. Là où sont les grâces, là est le Mal. La localisation de l'écriture de la transcendance passe donc nécessairement et
concomitamment par la localisation de l'écriture du Mal. L'une passant
par l'autre, on rencontre donc forcément le prince des ténèbres sur les
chemins menant à la transcendance.

La méthode d'investigation, mise en œuvre pour localiser dans les
deux parties premières écrites l'écriture de la transcendance, doit être
reprise, en quête de lieux-supports à partir desquels elle peut se déployer.
La joie éprouvée par Donissan et apparue à la suite du premier entretien
avec Menou-Segrais se révèle d'abord pendant quelques pages comme

LES ROMANS DE BERNANOS

la source permettant le jaillissement d'une telle écriture. Au fil de la description, elle s'affirme comme une présence transcendante :

> Et d'une certitude absolue, l'abbé Donissan connut[1] que cette insaisissable joie était une présence. (145)

Homme de la tristesse, Donissan reçoit cette joie de l'extérieur et cette extériorité est elle-même « soutenue par rien, lumière dont la source reste invisible, où s'abîme toute pensée, comme un seul cri à travers l'immense horizon ne dépasse pas le premier cercle de silence... » (141-142). Dénuée de tout support, ancrée à une origine sensoriellement et intellectuellement imperceptible, cette joie est métaphoriquement lumière jaillie d'on ne sait où, comparée à la stridence d'une voix qui, à peine projetée dans l'espace, est condamnée à se perdre dans une atmosphère infinie. Sans signe extérieur l'annonçant, cette joie apparaît d'autant plus insolite dans son déploiement qu'elle envahit une personnalité en proie aux « mille voix de la contradiction » (144). Pierre Gille a remarqué que les pages 143 à 148 de l'édition La Pléiade ont « l'accent des premiers chapitres du "Saint de Lumbres" : même vocabulaire, même discours, même rythme, au point qu'on pourrait les en croire détachées purement et simplement[2] ». Le cadre spatio-temporel des premières pages du « Saint de Lumbres » se redessine : « le carré de ciel grisâtre, où la nuit se dissipe en fumée » (238) devient « quelque chose de gris, qu'on peut à peine appeler le jour » (142). La récriture se prolonge dans la description de l'intériorité du prêtre par la reprise de la comparaison maritime : le saint de Lumbres « était debout, face aux ténèbres, seul, et comme à la proue d'un navire » (233) ; dans « La Tentation du désespoir », « l'humble prêtre s'ouvrait au désespoir comme un navire à la mer[3] ». Au delà de l'identité comparative, si le vieux prêtre fait face à l'obscurité plurielle, le jeune vicaire se donne au désespoir dans un mouvement d'ouverture qui révèle un abandon de toutes les forces combatives. Comme le vieillard à l'agonie, le jeune vicaire se livre à une introspection angoissée, « le cœur plein de trouble » (142), la prière bloquée sur les lèvres, le corps empli d'une fatigue surhumaine, submergé par l'afflux de souvenirs. La récriture la plus

---

1   À cet endroit, le manuscrit Bodmer ajoute : « qu'il n'était plus seul ». Ces mots sont rayés.

2   R. Guise et P. Gille, *op. cit.*, p. 52.

3   Cette expression, mise entre crochets sur le manuscrit, a disparu de l'édition originale (voir René Guise, *op. cit.*, p. 26 et Pierre Gille, p. 54)

troublante reste celle de l'attente sans objet : le « il attendait on ne sait quoi » (233) inaugural du « Saint de Lumbres » se métamorphose en « il était dans l'attente d'on ne sait quoi » (145). Pierre Gille se plaît à supposer, pour justifier les similitudes, « que nous sommes en présence, dans un certain nombre de pages de ce deuxième chapitre de la "Tentation", d'un "magma" primitif procédant directement de la grande crise intérieure de l'été 1919. La "première partie" se révèle construite à partir d'un noyau antérieur contemporain des premiers temps de la gestation du roman[1] ». Si ces quelques pages de « La Tentation » présentent une atmosphère et un personnage étonnamment proches de ceux présentés dans l'incipit du « Saint de Lumbres », il faut aussi remarquer que les deux personnages ne reçoivent pas le même fruit né de leur mystérieuse et identique attente. Alors que le vieillard de Lumbres plongera rapidement dans les abîmes du désespoir et de la tentation suicidaire, le jeune Donissan, lui, connaîtra la joie. Totalement absente des premières pages et même de la totalité de la partie écrite initialement, elle explose dans ces quelques pages de « La Tentation » :

> Ce fut d'abord une joie furtive, insaisissable, comme venue du dehors, rapide, assidue, presque importune. Que craindre ou qu'espérer d'une pensée non formulée, instable, du désir léger comme une étincelle ? … Et pourtant, ainsi que dans le déchaînement de l'orchestre le maître perçoit la première et l'imperceptible vibration de la note fausse, mais trop tard pour en arrêter l'explosion, ainsi le vicaire de Campagne ne douta pas que Cela qu'il attendait sans le connaître était venu. (145)

Alors que l'attente nocturne du vieillard de Lumbres reste stérile jusqu'à l'aube, celle du jeune vicaire est visitée. La venue de « cela qu'il attendait sans le connaître » récrit une autre visitation, où « l'ange entra chez elle[2] », celle qui n'attendait rien. Mais au contraire de Marie qui, malgré son trouble[3] et ses interrogations se soumet à la parole angélique, Donissan résiste à l'abandon :

> À travers la buée des vitres, l'horizon sous le ciel n'offrait qu'un contour vague, presque obscur et tout le jour d'hiver, au contraire, était dans la petite chambre une clarté laiteuse, immobile, pleine de silence, comme vue au travers de l'eau. (145)

---

1 R. Guise et P. Gille, *op. cit.*, p. 52-53.
2 Luc 1, 28.
3 « Troublée par cette parole, Marie se demandait ce que pouvait signifier une telle salutation » (Luc 1, 29).

Alors que toute la lumière hivernale a déserté le dehors pour investir
l'espace clos de la chambre – peut-être le soleil ne s'est-il levé que dans
la chambre ? –, alors que blancheur, immobilité, silence créent les
conditions de la contemplation spirituelle, porte ouverte vers la transcendance, l'ouverture mystique sera aussi foudroyante qu'éphémère :

> Dans un éclair, tout lui parut possible, et le plus haut degré déjà gravi. Du
> fond de l'abîme, où il s'était cru à jamais scellé, voilà qu'une main l'avait porté
> d'un trait si loin qu'il y retrouvait son doute, son désespoir, ses fautes même
> transfigurées, glorifiées. Les bornes étaient franchies du monde où chaque pas
> en avant se paie d'un effort douloureux, et le but venait à lui avec la rapidité
> de la foudre. Cette vision intérieure fut brève, mais éblouissante. (146)

Le mouvement allié à la fulgurance inaugure cette première étape de
l'ascension mystique. Cet élan se déploie indépendamment de toute
volonté humaine, soutenu par « une main » non caractérisée qui permet
le franchissement des limites de l'immanence. Cependant, « le trajet
romanesque de Donissan passe par Satan[1] ». L'écriture de la transcendance à peine déployée, se volatilise sous peine d'entraîner la disparition
du héros :

> La dilatation de la joie a été, selon l'extraordinaire parole de l'apôtre, jusqu'à
> la division de l'âme et de l'esprit. Il n'est pas possible d'aller plus loin sans
> mourir. (146)

Si Donissan, porté par la main de la joie, poursuit jusqu'à son terme
le mouvement transcendant, il se soustrait lui-même à l'immanence.
Par instinct de survie, l'espace textuel porteur de transcendance doit
s'autodétruire pour que l'intrigue ne succombe pas à l'élévation de
son héros. Si Donissan meurt au monde en rejoignant Dieu, son histoire à peine ébauchée décède à ses côtés. Et pour que le jeune vicaire
continue à vivre, il faut qu'en son sein vive le poids de l'imperfection
pécheresse, qui le fera chuter de la magnifique main et rejoindre la
condition humaine :

> L'âme aride, qui ne connut jamais d'autre douceur qu'une tristesse muette et
> résignée, s'étonne puis s'effraie, enfin s'irrite contre cette inexplicable suavité.
> À la première étape de l'ascension mystique, le cœur manque au misérable
> pris de vertige, et de toutes ses forces il essaiera de rompre ce recueillement
> passif, le silence intérieur dont l'apparente oisiveté le déconcerte… Comme

---

1   P. Gille, *op. cit.*, p. 44.

l'autre[1], qui s'est glissé entre Dieu et lui, se dérobe avec art! Comme il avance
et recule, avance encore, prudent, sagace, attentif... Comme il met ses pas
dans les pas! (147)

Alors que le manuscrit Bodmer désigne clairement la nature du
séparateur, le *diabolos* qui scinde par définition, la version éditée opacifie le référent et peut laisser supposer que cette altérité constitue le
fruit d'un dédoublement schizophrénique. La page précédente propose
d'ailleurs d'identifier « cela » comme « la conscience engourdie qui lentement s'éveille » (146). La parole de l'autre perce alors à travers la voix
narrative et impose sa loi, nouvelle donne faisant basculer l'écriture de
la joie vers celle de la souffrance :

> Cette joie sans cause ne peut être qu'une illusion. Une espérance si secrète,
> au plus intime, au plus profond, née tout à coup – qui n'a pas d'objet – indé-
> finie, ressemble trop à la présomption de l'orgueil... Non! Le mouvement
> de la grâce n'a pas cet attrait sensuel... il lui faut déraciner cette joie! (148)

Intervient alors l'insoutenable scène d'autoflagellation, trois pages
sanglantes qui éclaboussent de sang « vermeil » (149) la « clarté laiteuse »
de la joie déracinée. Pierre Gille voit en cet instant d'« inversion si radicale », le « cœur du roman problématique[2] ». Et en effet, la description
des coups qu'inflige Donissan à son propre corps met en valeur une
violence paroxystique entraînant un dépassement des limites physiologiques de résistance à la douleur physique :

> À présent debout au pied du petit lit, il frappait et frappait sans relâche,
> d'une rage froide. Aux premiers coups, la chair soulevée laissa filtrer à peine
> quelques gouttes de sang. Mais il jaillit tout à coup, vermeil. Chaque fois la
> chaîne sifflante, un instant tordue au-dessus de sa tête, venait le mordre au
> flanc, et s'y reployait comme une vipère : il l'en arrachait du même geste, et la
> levait de nouveau, régulier, attentif, pareil à un batteur sur l'aire. La douleur
> aiguë, à laquelle il avait répondu d'abord par un gémissement sourd, puis
> seulement de profonds soupirs, était comme noyée dans l'effusion du sang
> tiède qui ruisselait sur ses reins et dont il sentait seulement la terrible caresse.
> À ses pieds, une tache brune et rousse s'élargissait sans qu'il l'aperçût. Une
> brume rose était entre son regard et le ciel livide, qu'il contemplait d'un œil
> ébloui. Puis cette brume disparut tout à coup, et avec elle le paysage de neige
> et de boue, et la clarté même du jour. Mais il frappait et frappait encore dans
> ces nouvelles ténèbres, il eût frappé jusqu'à en mourir. (149)

---

1   Dans le manuscrit Bodmer, il est écrit « l'Autre ».
2   « Comment comprendre que, sitôt "morte", la transcendance ressuscite en Satan ? »,
     P. Gille, *op. cit.*, p. 44.

Le mouvement unique et répétitif qui encadre ce passage est martelé par
le verbe employé intransitivement ; il s'agit de frapper, absolument et
mortellement, dans une atmosphère de contemplation et d'éblouissement
où les sensations visuelles lumière-obscurité succèdent aux sensations
tactiles de chair lacérée et de ruissellement sanguin. Puis surgissent
les sensations auditives, « un bourdonnement aigu [...], comme s'il eût
glissé à pic dans une eau profonde » (150). L'expérience autodestructrice
est encore une fois chute verticale dans la liquidité insondable mais
celui qui tombe est en feu : « à travers ses paupières serrées, deux fois,
trois fois, une flamme brève et haute jaillit » ; « le feu qui brûlait dans
ses yeux n'était plus de ce monde » (150). Investi d'éléments qui ne lui
appartiennent pas, possédé, aliéné, au sens étymologique de ces mots,
le mutilateur mutilé a forcé la nature jusqu'à l'ivresse :

> La chair de ses reins n'était qu'une plaie ardente, cent fois mâchée et remâchée,
> baignée d'un sang écumant, et cependant toutes ces morsures ne faisaient
> qu'une seule souffrance – indéterminée, totale, enivrante – comparable au
> vertige du regard dans une lumière trop vive lorsque l'œil ne discerne plus
> rien que sa propre douleur éblouissante. (150)

La flamboyance de la description et les figures hyperboliques ne pourraient
cependant faire oublier que Donissan pervertit par ses gestes mutilateurs
la passion du Christ. En se flagellant lui-même, en faisant couler de
lui-même son propre sang et en s'attardant sur les sensations nées de sa
propre douleur, il falsifie la souffrance du corps christique dont le sang
a jailli par autrui. Le solipsisme dans lequel évolue le personnage récrit
sur le mode de la perversion le don total que le modèle christique fit de
sa chair, offrande dépouillée de tout éblouissement.

L'ŒUVRE

Si le succès inattendu de *Sous le soleil de Satan* libère Bernanos des contraintes professionnelles qui entravaient son travail d'écriture, la puissance de cette première empreinte romanesque sur l'esprit du créateur et de ses lecteurs fait résonner les échos du soleil satanique sur l'ensemble de la somme romanesque. La localisation des résurgences structurelles et diégétiques à l'œuvre dans les sept suites romanesques érige l'œuvre matricielle en modèle obsessionnel dont l'écriture porte les stigmates. Mais au-delà du *Soleil de Satan*, le romancier sait aussi ouvrir une nouvelle voie qui lui permet, tout en se libérant de son inspiration première, de poser les jalons de nouvelles représentations du mouvement, de l'espace ou encore de l'Être transcendant. Inaugurant la geste romanesque, ce premier roman se révèle donc comme le support et le tremplin de toute une œuvre qui se déploie sur environ deux mille pages, pendant vingt années. Ce corpus livre une aventure scripturo-mystique reflétant les métamorphoses littéraires et spirituelles vécues par le romancier au travail et dans sa vie d'homme. Car il se révèle impossible de cloisonner fiction, idéologie et biographie, tant les trois domaines semblent étroitement liés les uns aux autres et tous les trois au mystère de la création littéraire.

Il s'agira dans un premier temps d'éclairer la puissance de l'empreinte matricielle sur les romans ultérieurs, qui s'exerce à travers une mystérieuse fidélité obsessionnelle au modèle structurel de l'élan brisé. Scissions et tensions entre structure génésique, structure publiée et structure rêvée métamorphosent ainsi les deux dyptiques de *L'Imposture-La Joie* et de *Un crime-Un mauvais rêve* en calvaires romanesques où contraintes extérieures et malaise interne se conjuguent pour entraver le déploiement d'une authentique écriture de la transcendance. Et si les trois derniers romans ont échappé à ces douloureuses métamorphoses structurelles, c'est au prix d'une épuisante dispersion où abandons et reprises, chevauchements et redoublements tronçonnent l'œuvre romanesque en blocs longtemps inachevés, morceaux de romans laissés en souffrance dans l'attente d'une hypothétique reprise ultérieure. Il faudra aussi réexaminer le mystère toujours non élucidé de l'abandon subit et irrévocable de l'écriture narrative fictionnelle et essayer de comprendre pourquoi la notion de transcendance ne s'écrira plus dans le cadre romanesque après l'armistice de mai 1940.

L'examen de la genèse chronologique de l'œuvre romanesque reste donc étroitement lié à l'itinéraire spirituel d'un romancier fasciné par les métamorphoses du christianisme. La dialectique diégétique obsessionnelle de l'Église et de l'individu structure aussi la quasi-totalité des lieux fictionnels où cherche à s'écrire la transcendance, et les enseignements précieux livrés par l'histoire externe de la composition romanesque, œuvre après œuvre, autorisent la reconstitution d'un itinéraire spirituel vécu comme un calvaire intérieur mais aussi un chemin de croix mystique.

UN CHEMIN ESCARPÉ

ÉLANS BRISÉS

Traquer les lieux de l'œuvre où se métamorphose l'écriture de la transcendance, c'est d'abord se soumettre à l'exigence de l'examen structurel. Lieu de bataille génésique par excellence, la structure encadre et supporte le déploiement de l'écriture, elle constitue le terrain privilégié du processus créateur et donc métamorphique. Le traumatisme lié à la genèse structurelle de *Sous le soleil de Satan* puise sa source dans le bourbier des tranchées et réapparaît à travers les tourments enfantant les structures romanesques ultérieures. Le malaise éprouvé face au défi d'écrire la transcendance dans un cadre fictionnel se révèle à nouveau dans deux lieux privilégiés.

La genèse structurelle d'abord, révèle le cheminement du processus créateur et les entraves au déploiement de l'écriture de la transcendance, dont les traces subsistent dans la structure publiée. Il faut donc suivre l'étonnante reprise, l'émouvante récriture du scénario des péripéties de la genèse structurelle de *Sous le soleil de Satan*, au cœur des genèses structurelles des romans ultérieurs. On se souvient des problématiques mises en structure du premier roman, liées à l'écriture successive et hachée de trois blocs narratifs résistant à la fusion romanesque. Ce socle structurel tripartite a surtout révélé une puissante tension entre processus génésique, publication et vision créatrice. Cette tension a mis au jour trois structurations pour un seul et même roman, plaçant ainsi celui-ci sous le signe des forces centrifuges de l'éclatement et de la pluralité énigmatique, matérialisation de l'élan unificateur brisé. Pourquoi l'œuvre matricielle présentait-elle cette démultiplication structurelle ? Pourquoi une structure génésique et une structure restée dans les limbes firent-elles de l'ombre à la structure publiée, jusqu'à semer le trouble et la confusion dans les différents systèmes interprétatifs ? Fruits d'un double malaise, ces bouleversements structurels constituent la réponse littéraire à une combinaison inextricable de causes internes et externes : affres de la création éprouvées par un romancier débutant, pressions et censures éditoriales ; les deux facteurs ont conditionné à part sensiblement égale cette esthétique de l'élan brisé. *L'Imposture* et *La Joie* reprennent quasiment à l'identique le scénario de la tumultueuse genèse structurelle du roman matriciel : même démultiplication structurelle liée à un même double malaise se nourrissant des contraintes fictionnelles et réelles qui ont précipité l'échec face à l'expression rêvée de la transcendance. Il faut d'abord examiner la structure génésique en forme de diptyque (celle du modèle étant en triptyque) : les deux volets sont écrits successivement, *L'Imposture* d'abord, en sept mois (août 1926-début mars 1927), *La Joie* ensuite, plus laborieusement, en seize mois (août 1927-décembre 1928). Si les deux titres choisis pour la publication forment un doublet antinomique connotant axiologiquement les deux intrigues, les deux héros des deux volets font renaître de ses cendres le couple péché-sainteté incarné initialement par Mouchette et Donissan, proposant une reprise du schéma rédempteur en deux blocs narratifs successifs. En effet, de même que si Mouchette a été sauvée, ce salut est lié à la grâce de Donissan, Cénabre ne doit son rachat éventuel qu'au sacrifice de Chantal. La structure publiée à partir du processus créateur, en diptyque elle aussi, respecte la chronologie créatrice mais scinde les deux volets en deux œuvres autonomes d'environ deux cents pages chacune, séparant ainsi Chantal de Cénabre mais aussi de Chevance.

Reprenant l'aventure de la genèse structurelle de *Sous le soleil de Satan*, celles de *L'Imposture* et de *La Joie* recèlent à leur tour, en plus de la structure génésique et de la structure publiée, une structure vouée aux limbes, seulement rêvée, mais infiniment regrettée. Cette structure projetée mais jamais aménagée reprend à son compte le mystérieux scénario de la disposition inédite offerte par le manuscrit Bodmer de *Sous le soleil de Satan*. La nouveauté est que Bernanos revendique en toutes lettres sa déception face aux deux romans publiés, diptyque non unifié :

> Personne n'est obligé de savoir – *mais moi je le sais* – quel roman eût été *L'Imposture* et *La Joie* si le temps m'avait été laissé de fondre les deux volumes en un seul[1].

M'avait été laissé : la voix passive accuse en filigrane les pressions édi-toriales de la maison Plon, soucieuse de publier rapidement une suite au premier roman de Bernanos, et indifférente aux délais de maturation nécessaires à la greffe des deux volets. L'écrivain reste elliptique au sujet de la nature littéraire de ce roman rêvé qui aurait effacé définitivement la division en « deux tronçons[2] » infligée à la structure génésique. Le lecteur peut la rêver à son tour en imaginant la réunification en un seul volume des trois C, Cénabre, Chevance et Chantal, trio redéployant les trois protagonistes initiaux des trois nouvelles du soleil satanique mais sur un mode beaucoup plus fluide.

Fidèle à ma théorie du malaise structurel symptôme de la difficulté à écrire la transcendance dans un cadre romanesque, je propose d'étudier concomitamment les trois dispositions de l'œuvre matricielle, toutes révélatrices d'un intense malaise, chacun unique et irréductible à l'autre : si l'ordre de création révélait un malaise d'ordre diégétique, l'ordre de publication, plus respectueux de la chronologie, était porteur d'un malaise sémantique. Quant à l'ordre découvert lors de l'exhumation du manuscrit Bodmer, il mettait en scène (sous réserve qu'il ne fût pas le fruit d'un collationnement hasardeux…) un malaise de nature métaphysique où le *diabolos* séparateur cassait en deux l'histoire jumelle de Mouchette et Donissan. Les trois structures de *Sous le soleil de Satan* mettent en place une esthétique de la brisure et de la fragmentation révélant une métaphysique de l'élan brisé, de la transcendance dissoute à peine écrite. Quelle que soit la structure observée, celle-ci présente un cadre romanesque déséquilibré, morcelé, voire fissuré, marqué par l'hétérogénéité et le cloisonnement. Les trois volets du triptyque, chacun à sa manière, narrent avant tout trois itinéraires dont la dynamique interne est brisée net en plein élan ascensionnel. Chaque fin de partie possède une chute autonome, fermée sur elle-même, authentique clausule. Que l'on considère *L'Imposture* et *La Joie* comme deux romans autonomes[3]

1　C'est dans une lettre du 10 novembre 1934 adressée à Maurice Bourdel, directeur des éditions Plon, que Bernanos impute aux pressions éditoriales la parution successive et séparée de *L'Imposture* et *La Joie*, *Corr.*, II, 26.

2　*Corr.* I, 337.

3　La majorité des lecteurs aborde séparément les deux ouvrages sans toujours déceler les liens les unissant.

ou que l'on décèle, sur les traces du propos de Bernanos, deux volets
d'un diptyque rêvé, dans les deux cas de figure l'image de la brisure
séparatrice revient hanter le cadre structurel. Séparation déchirante des
« deux saints délicieux[1] », qui, exception faite des quelques ultimes pages
de *L'Imposture* où Chantal parvient à donner sa joie à l'agonisant tétanisé
par la peur de mourir, affronteront isolément aussi bien leurs démons
intérieurs que le prêtre imposteur. Séparation glacée de Cénabre d'avec
les autres hommes : exception faite des deux dialogues avec Chevance et
le mendiant, il affrontera seul la scission qui déchire sa propre intériorité,
ennemi de lui-même, étranger à soi-même. Les publications séparées
et successives de *L'Imposture* puis de *La Joie* reprennent le schéma séparateur qui présidait aux trois dispositions de l'œuvre-matrice, fidèle à
l'obsession bernanosienne du *diabolos* entravant le mouvement conjoint
et unifié de ceux qui s'élancent vers l'espace ou l'Être transcendant.
Je pense aux premiers lecteurs de *L'Imposture* qui, ignorant tout de la
gestation du personnage de Chantal et de sa joie, ont cru pendant près
de deux années le destin de Cénabre scellé définitivement à l'ouverture
transcendante. Ce vide temporel matérialise sans doute le mieux cette
brisure héritée du soleil satanique.

  Les genèses structurelles d'*Un mauvais rêve* et *Un crime* constituent, à
leur tour, une étonnante récriture des affres et déboires de la genèse structurelle du roman matriciel. Bernanos revit l'épreuve du malaise double,
fruit du cauchemar créateur allié aux pressions éditoriales de la maison
Plon. De plus, une situation financière personnelle catastrophique fait
peser la menace pour Bernanos de jeter une famille de huit personnes à
la rue. Une fois encore, l'écrivain reproduit le modèle obsessionnel de la
genèse structurelle démultipliée. C'est d'abord une structure génésique en
diptyque qui s'impose avec un premier volet issu de la genèse tourmentée
d'*Un crime* et un second volet issu de la genèse non moins tumultueuse
d'*Un mauvais rêve*. La structure publiée se présente elle aussi en diptyque,
mais ne partageant plus avec le diptyque génésique que le nom. En effet,
les deux volets initiaux ont été complètement réaménagés sous l'influence
de Pierre Belperron, exigeant de Bernanos qu'il renonce à l'union du
policier et du métaphysique. La première version d'*Un crime* – surtout sa
deuxième partie et sa chute, essentiellement nourries d'une ébauche d'un
autre roman sans titre composée en janvier 1931 – dont Bernanos était si

---

1 L'expression est de Bernanos lui-même dans une lettre datée du 15 août 1927 (Corr. I,
p. 311).

fier, faisait en effet prendre de la hauteur au genre policier[1], entraînant
le lecteur dans les tréfonds d'une âme criminelle, délaissant les mobiles
pour l'introspection métaphysique. Mais ce cheminement créateur non
respectueux de la chronologie et de l'unité spatio-temporelle[2], mettant en
valeur une criminelle à l'ambiguïté héroïco-sulfureuse, est trop singulier
pour plaire aux amateurs de romans policiers des années 30[3]. L'écrivain,
la mort dans l'âme, amputera son roman des deux tiers en enterrant sa
vision créatrice initiale. Bel exemple, ici, d'un élan métaphysique cassé
net sous l'influence de pressions extérieures exigeant l'avènement absolu
de l'immanence, domaine privilégié et exclusif du genre romanesque
– qui plus est policier. L'écrivain greffe dans l'urgence une nouvelle chute
à l'œuvre tronçonnée (février-mai 1935) et *Un crime* nouvelle version sera
publié en juillet 1935, sans analyse ni rupture spatiale, roman policier
sans métaphysique. Le second volet du diptyque génésique subit lui aussi
un réaménagement, non plus sous forme d'amputation et de greffe mais
sous forme de suture. En effet, *Un mauvais rêve* tel qu'il a été publié, est
un roman refondu avec le reliquat abandonné de la première version d'*Un
crime* – le fameux membre amputé auquel Bernanos tenait tant – lui-même
reliquat précédent de l'ébauche romanesque sans titre commencée et
délaissée presque aussitôt en janvier 1931. Pour le grand public, *Un crime*
et *Un mauvais rêve*, séparés l'un de l'autre par deux publications espacées
de quinze années[4], constituent deux romans complètement indépendants.
Mais pour le lecteur averti[5], la fin de l'œuvre publiée en 1950 ne fait rien
d'autre que raconter le début éludé du roman publié en 1935, c'est-à-dire
le meurtre de la vieille dame dans la maison bourgeoise et la rencontre
entre la criminelle encore essoufflée de son forfait et le mystérieux prêtre,
silhouette à jamais muette. Une fois de plus, les aléas de la publication
ont séparé péché et sainteté en deux blocs narratifs autonomes si l'on veut
bien considérer que les victimes d'*Un crime* (la vieille dame et surtout
le prêtre) représentent par leur statut sacrificiel le pôle de la sainteté et
que la criminelle d'*Un mauvais rêve* (Simone) assume le pôle du péché.

---

1   Voir *Corr.* I, p. 543.
2   La seconde partie de la première version provoque une rupture brutale en transportant
    le lecteur d'un petit village alpin à un hôtel particulier parisien, d'un univers rural à un
    huis clos littéraire et raffiné.
3   Pour Belperron, la seconde partie « dépasse de beaucoup le niveau des lecteurs
    d'hebdomadaires » (*Corr.* II, 53). En effet, Un crime devait faire l'objet d'une publication
    en revue avant l'édition en volume (voir Bush, *op. cit.*, p. 64).
4   *Un mauvais rêve* est publié à titre posthume en 1950.
5   En 1950, année de la parution d'*Un mauvais rêve*, Albert Béguin publie un article,
    « Bernanos au travail », dans lequel il éclaire la genèse du roman (La Table ronde, 1950).

Le scénario de la structure rêvée, à l'œuvre pour *Sous le soleil de Satan*, *L'Imposture* et *La Joie*, se reproduit aussi par le livre double qu'est *Un crime – Un mauvais rêve*. Cette structure est tout simplement la structure génésique d'*Un crime* première version qui, par l'ingéniosité de Bernanos, élève l'incipit de roman policier de 1934[1] jusqu'au grand rêve ébauché en 1931. Ce policier métaphysique qui réunissait criminelle et victimes dans le même espace textuel, fusionnant l'esquisse féminine de 1931 à l'identité mystérieuse (veuve, femme suspecte ou sainte laïque) avec la criminelle déguisée en prêtre, a bien existé mais n'a jamais été publié. Comme la structure étrange du manuscrit Bodmer, cette structure de la composition d'*Un crime* est porteuse d'une énigme. En effet, à plusieurs reprises, dans sa correspondance[2], Bernanos évoque la chute de la première version du roman policier qui devait consister en un rapport de police. Pour William Bush, ce dernier « ne semble pas avoir jamais été remis à l'éditeur[3] ». Le critique n'a pas réussi à mettre la main sur le manuscrit de ce dernier chapitre, apparemment disparu, mais a pu travailler sur quelques brouillons, preuves que ce rapport a bien existé – au moins partiellement – dans le processus créateur. Ce travail nous apprend que Bernanos ne comptait pas clore son roman par le suicide d'Evangéline puisqu'un des brouillons retranscrit sa déposition sous l'identité du curé de Mégère. La fin qui se profilait semble ainsi dessiner des contours ouverts, le lecteur restant seul juge pour tirer les conclusions qu'il aurait déduites de la confrontation entre plusieurs dépositions contradictoires. Mais pour le critique canadien, le mystère est encore ailleurs[4], et plus précisément, si l'on ne tient pas compte du fameux rapport de police, sur un bout de papier récupéré après avoir été froissé et glissé à la fin du manuscrit Prassinos, qui livre la chute actuelle de la structure publiée d'*Un mauvais rêve*, c'est-à-dire la rencontre finale de la criminelle avec le « prêtre fantastique » (*MR*, 1027) et son incertaine issue. Pour la commodité du lecteur et de la démonstration, voici ces cinq lignes dévoilées par William Bush :

> Elle supplia :
> « Le plus tôt possible ! ... »
> Il la regarda une dernière fois,

---

1   Les cent premières pages d'*Un crime* ont été rédigées dans l'urgence du 2 au 27 août 1934.
2   Lettres du 18 novembre (Corr., II, 31), du 27 novembre (Corr., II, 34), du 18 décembre (Corr., II, 41) et du 22 décembre 1934 (Corr., II, 42).
3   W. Bush, *op. cit.*, p. 53.
4   W. Bush, *op. cit.*, chap. VI : « Le mystère de la fin d'*Un crime* », p. 57–61.

puis tourna les yeux vers les tours.
Et il expira[1].

Bouleversé par cette découverte, le critique redoute que ce texte ne mette en scène « la mort du curé de Mégère (à laquelle assisterait Evangéline[2] ?) ». Cette supposition elliptique mérite d'être examinée. En effet, quelle réalité évoquent les termes « mort » et « assisterait » ?

À l'issue de cette confrontation entre la genèse structurelle de *Sous le soleil de Satan* et les deux grands agencements structurels ultérieurs (les deux diptyques constitués par *L'Imposture-La Joie* et le livre double *Un crime-Un mauvais rêve*), se dégagent de remarquables similitudes entre la matrice et ses avatars ultérieurs. Sont réimprimés ici dans les structures – ces squelettes de la chair romanesque – les malaises et tensions déchirant la production romanesque dès la première heure, entre causes extérieures et conflits créateurs. L'empreinte matricielle se révèle puissante au point de devenir modèle récurrent obsessionnel. Le lecteur retrouve à chaque nouveau départ une énergie créatrice à la fois muselée par les contraintes de la réalité (interventions et pressions éditoriales, impératifs temporels liés au processus de publication et, dès 1934, problèmes financiers personnels) et confrontée à un défi littéraire et métaphysique, écrire ce qui échappe par essence à l'écriture. En ce qui concerne les trois romans non encore cités[3], l'empreinte de *Sous le soleil de Satan* n'est plus perceptible à travers les péripéties de la genèse structurelle. Les scissions et tensions entre structure génésique, structure publiée et structure rêvée ont disparu ; davantage, les structures publiées semblent coïncider pleinement avec les structures produites, elles-mêmes en osmose avec le rêve créateur. La genèse heureuse de *Journal d'un curé de campagne*, annoncée symboliquement à l'ami cher le jour de Noël 1934[4] ne se démentira à aucun moment[5], malgré l'interruption forcée de

---

1   Cité par W. Bush, *op. cit.* p. 59.
2   *Ibid.*, p. 58.
3   Il s'agit de *Journal d'un curé de campagne*, *Nouvelle histoire de Mouchette* et *Monsieur Ouine*.
4   *Corr.*, II, 44.
5   Michel Estève, dès 1961, relève bien que « c'est sans doute le seul roman dont Bernanos n'a jamais eu la tentation de désespérer » et reproduit la déclaration d'amour faite par l'écrivain en mars 1936 dans *Le Cahier* : « J'aime ce livre. J'aime ce livre comme s'il n'était pas de moi. Je n'ai pas aimé les autres. *Le Soleil de Satan* est un feu d'artifice tiré un soir d'orage, dans la rafale et l'averse. *La Joie* n'est qu'un murmure et le Magnificat attendu n'y éclate nulle part. *L'Imposture* est un visage de pierre, mais qui pleure de vraies larmes. S'il m'est présenté au jour du jugement, je n'oserai pas lui dire en face :

janvier 1935, imposée par Belperron qui refuse la version métaphysique
du roman policier. La genèse structurelle de *Nouvelle histoire de Mouchette*
se distingue par sa rapidité d'exécution : commencée en avril 1936, elle
est écrite pour les deux tiers au début de juillet et entièrement terminée
à la fin de l'été, sans interruption intermédiaire. Là encore, la structure
publiée coïncide avec la structure envisagée et produite. *Monsieur Ouine*
apparaît lui-aussi, malgré les nombreuses suspensions jalonnant son
élaboration, comme un roman dont la structure publiée coïncide avec la
structure génésique. Moins à l'abri du cauchemar créateur que *Journal
d'un curé de campagne* et *Nouvelle histoire de Mouchette*, il se range cependant,
comme ces deux derniers, dans la catégorie des romans préservés de la
voracité éditoriale et de l'urgence de produire des pages par nécessité
alimentaire. Ébauché en 1931, il ne sera en effet terminé que neuf ans
plus tard, au Brésil, dans le plus grand respect du rythme créateur de
l'écrivain. *Un crime* et *Un mauvais rêve* auraient donc revêtu la fonction
de romans paravents, affrontant en première ligne les éditeurs, les
contraintes temporelles et financières pour permettre la maturation de
la vision créatrice de l'œuvre dans *Monsieur Ouine*.

Est-ce à dire alors qu'avec ces trois romans, derniers parus, le modèle
structurel de l'élan brisé à l'œuvre dans le roman matriciel soit définitivement abandonné ? La transcendance s'écrirait-elle donc plus aisément
dans ces cadres structurels non contrariés par des causes extérieures ?
L'élan transcendant non brisé par des bouleversements structurels pourrait-il se déployer plus librement ? Disons-le clairement : le processus de
la brisure, facteur de fragmentation et de tronçonnement est toujours
à l'œuvre dans ces œuvres. On assiste simplement à un déplacement
de cette cassure de l'élan textuel transcendant, non plus au cœur de la
structure qui volait en éclats mais dans le processus de création lui-
même, marqué par le principe de la suspension et du chevauchement. En
effet, dans *L'Imposture* et *La Joie* ainsi que dans le livre double du double
crime, la brisure a été localisée dans les scissions intrastructurelles qui
séparaient des blocs narratifs symboliquement voire métaphysiquement
dépendants les uns des autres. Dans *Journal d'un curé de campagne* et
Monsieur Ouine, la brisure de l'élan transcendant n'a pas disparu mais a
été déplacée de la genèse structurelle à la genèse du processus créateur
lui-même, interrompue pour des raisons parfois obscures. Ce procédé
de la suspension du texte commencé entraîne une fragmentation au

"je ne te connais pas", car je sais bien qu'il a une part de mon secret ». Cité par M. Estève
E. B. 2, p. 14.

niveau de l'élaboration textuelle et non plus structurelle. À une esthétique du texte tronçonné, voire morcelé, Bernanos ajoute, dès 1931, une
technique – parfois involontaire – de la genèse textuelle fragmentée,
suspendue puis reprise, processus de création en morceaux. À partir de
Journal d'un curé de campagne, ce n'est plus le texte qui est tronçonné mais
l'élan créateur qui se déploie par saccades interrompues d'intervalles
suspensifs. Le livre double *Un crime – Un mauvais rêve* cumule de façon
tout à fait exceptionnelle des brisures liées à la genèse structurelle et
des brisures liées aux interruptions du processus créateur. Doublement
brisés, *Un crime* et *Un mauvais rêve* sont des ouvrages où l'élan textuel
transcendant éprouve le plus de difficulté à s'imposer.

Si les trois premiers romans de Bernanos présentent, sur le modèle
du socle matriciel « Le Saint de Lumbres » une construction « en
blocs impénétrables qui se repoussent créant ainsi des vides[1] », cette
fragmentation structurelle constante ne contamine pas le processus
de création. Chacun des trois romans est en effet composé successivement, d'une traite jusqu'à son aboutissement. Aucun des trois
ouvrages n'est abandonné en cours de route ou laissé en suspens pour
être repris ultérieurement. De l'Armistice à l'hiver 1928, Bernanos
écrira de manière continue et parfaitement successive *Sous le soleil de
Satan*, *L'Imposture* puis *La Joie*, substituant au triptyque le modèle du
diptyque. Il en ira tout autrement pour les romans ultérieurs. Exception
faite de *Nouvelle histoire de Mouchette*, qui sera rédigée d'une traite aux
Baléares d'avril à septembre 1936, les quatre romans faisant suite à *La
Joie* seront tous composés par étapes discontinues, chaque incipit étant
interrompu pour un autre incipit, lui-même suspendu pour une nouvelle ébauche abandonnée à son tour. Parallèlement à ces suspensions,
l'écrivain travaille plusieurs textes à la fois, suivant un processus de
chevauchement des espaces textuels, d'abord élaborés, puis laissés en
jachère et ensuite retravaillés concomitamment à certaines périodes.
L'incipit d'*Un mauvais rêve* sera abandonné en février 1931 à peine un
mois après son apparition puis repris une première fois de septembre
à décembre 1934 pour servir de matière à la première version de la
seconde partie d'*Un crime* puis une seconde fois de juin à août 1935. La
première ébauche de *Monsieur Ouine* sera interrompue à trois reprises,
notamment pour écrire *Un crime* en août 1934, et ensuite de juillet
1936 à février 1940. Le roman policier *Un crime* a été interrompu

---

1   B. T. Fitch, *Dimensions et structures dans l'œuvre romanesque de Georges Bernanos, op. cit.*, p. 152.

une fois en décembre 1934 pour commencer le *Journal d'un curé de campagne*, lui-même interrompu en février 1935 pour terminer *Un crime* puis *Un mauvais rêve*. Seule la seconde Mouchette échappe à ce tronçonnement non plus structurel mais génésique. Aux trois premiers romans, romans en morceaux, fragmentés, discontinus, scindés en leur cœur, viennent se greffer quatre romans composés par morceaux, par fragments, par bribes ébauchées, abandonnées puis reprises le plus souvent concomitamment. Au processus de fragmentation structurelle, toujours en vigueur dans les derniers romans, s'est ajouté un processus de fragmentation génésique[1]. Ce chevauchement instaure une nouvelle forme de brisure de l'élan textuel transcendant. Pas si nouvelle que cela, à bien y réfléchir, car que fait Bernanos dès le début des années vingt en abandonnant le saint de Lumbres pour Mouchette ? Il fuit le dégoût que lui inspire cette sombre paroisse où la transcendance ne parvient pas à se déployer. Il renouera avec ce même dégoût au début de l'année 1931 quand il abandonnera l'ébauche des personnages d'*Un mauvais rêve*[2]. Cet abandon, qui rappelle celui du vieux curé pour Mouchette puis de Mouchette pour Donissan, n'est-il pas la preuve que la transcendance ne s'écrit pas et qu'il ne peut le supporter ? La totalité des structures romanesques existantes, c'est-à-dire publiées, fixées par l'édition et accessibles au public, de *Sous le soleil de Satan* à *Monsieur Ouine*, sont ainsi placées sous le signe de la fragmentation et de la rupture.

ÉPUISEMENT ET ABANDON

La fidélité de l'ensemble des structures au modèle de l'élan brisé inauguré par le roman-matrice s'accompagne d'un mouvement global, roman après roman, de réduction quantitative. En effet, exception faite de *Journal d'un curé de campagne* et de *Monsieur Ouine*, l'examen successif du nombre de pages que comporte chaque roman envisagé selon son ordre de création et non de publication, révèle une restriction globale des contenus narratifs[3]. D'emblée, plusieurs hypothèses peuvent être

---

1   Pierre Gille résume cette évolution de la genèse créatrice romanesque : « Les textes de fiction ne sont plus traités comme des entités closes, et ceci va jusqu'à transformer radicalement leur mode de production, leur mode de relations entre eux (et en eux-mêmes). Désormais Bernanos n'écrit plus ses romans les uns après les autres mais selon un chevauchement (…) ». P. Gille, *Bernanos et l'Angoisse, op. cit.*, p. 128.

2   Corr. I, 390.

3   D'après mes calculs et en me référant à la pagination de la Pléiade, S, premier roman écrit et publié, compte 250 pages et NHM dernier texte narratif de fiction écrit et avant

envisagées pour éclairer la spécificité de cette métamorphose, souvent inaperçue car masquée par le mystère abondamment commenté de l'arrêt soudain et définitif de toute création romanesque dès mai 1940 et au sujet duquel Bernanos ne s'est jamais expliqué. L'écrivain lui-même a-t-il été conscient de cet amincissement progressif du corpus romanesque, qu'il aurait d'ailleurs pu souhaiter pour des raisons liées à une évolution de sa conception de l'écriture ou au contraire subir dans une perspective de tarissement de sa puissance créatrice fictionnelle ? Voici posées les deux thèses contradictoires du champ hypothétique et leur examen successif permettra peut-être de comprendre les enjeux de cette réduction quantitative, si tant est qu'elle échappe à la neutralité du hasard.

Que penser de l'idée selon laquelle Bernanos, après *Sous le soleil de Satan*, aurait cherché méthodiquement à épurer ses textes ? S'il est vrai que la correspondance peut faire état des bienfaits de la rature et de la compression dans le processus d'écriture, cette préoccupation de l'écrivain est déjà présente dans les années vingt et il ne semble pas qu'elle se soit développée outre mesure ensuite. D'autre part, les brouillons de *Monsieur Ouine*[1], petits cahiers d'écolier sur lesquels Bernanos a écrit son roman, déchiffrés et présentés en regard du texte figé par la publication, révèlent visuellement grâce à ce procédé typographique que le puissant travail d'émondage réalisé sur les cahiers manuscrits ne varie pas quantitativement entre les premiers chapitres écrits en 1931 et les derniers écrits en 1936 et 1940[2]. Du « Saint de Lumbres » composé après l'armistice de 1918 à l'ultime chapitre de *Monsieur Ouine* rédigé avant mai 1940, Bernanos n'a cessé de biffer, raturer, épurer son texte sans qu'il soit possible de constater une accentuation progressive dans cette démarche de restriction des contenus narratifs. Si la proportion des ratures et suppressions n'augmente pas au fil des années, comme

---

dernier publié, en comporte seulement 81. Entre ces deux repères temporels, I et J, deuxième et troisième romans dans l'ordre de création et de publication comptabilisent respectivement 220 et 191 pages. Puis MR ébauché avant C mais repris quelques mois après et resté inachevé compte 153 pages tandis que ce dernier en compte 145. JC et MO font exception à ce mouvement narratif décroissant car le premier, commencé après C mais terminé après la reprise de MR comporte 228 pages et le second, rédigé par tronçons discontinus entre 1931 et 1940, en compte 214.

1   Georges Bernanos, *Cahiers de Monsieur Ouine*. Rassemblés et présentés par Daniel Pézeril, Paris, Éditions du Seuil, 1991.

2   Il suffit de feuilleter l'ouvrage réalisé par Daniel Pézeril pour constater qu'une page du texte publié (page de gauche) correspond à environ un tiers d'une page du texte manuscrit (page de droite) et ce, sans variation notable pour l'ensemble du corpus.

les cahiers de *Monsieur Ouine* le révèlent, et que les romans ne cessent cependant de s'amincir, c'est donc que la quantité de mots et de phrases produite diminue, c'est-à-dire que Bernanos produit des manuscrits de moins en moins épais. La question se repose alors dans les mêmes termes : cette diminution quantitative est-elle volontaire ou subie ? À ce stade de la réflexion, deux pistes peuvent encore être proposées pour écarter l'hypothèse du tarissement de la créativité romanesque. La première consiste à suivre Michel Estève quand il discerne l'évolution de l'écriture, d'un prolongement du « roman balzacien » à une scripturaire du « non-dit » liée à une quête de la sobriété littéraire, et annonçant « à certains égards » le « nouveau roman[1] ». À supposer qu'une étude stylistique approfondie vérifie cette hypothèse, elle devra cependant composer avec la déclaration de Bernanos, affichant son refus de « l'art pour l'art » et sa volonté d'expier par la rature et la suppression une richesse imaginative trop enflée pour trouver le mot juste qui plaira à Dieu.

Et cependant, au regard de notre constat initial concernant les métamorphoses structurelles du corpus romanesque, il devient inopérant de justifier le mouvement global de réduction quantitative par la mise en place progressive d'une esthétique minimaliste (Bernanos écrivain avant tout) ou d'une démarche expiatoire (Bernanos chrétien avant tout). Car comment comprendre alors l'épaisseur devenue inexplicable de *Journal d'un curé de campagne* et de *Monsieur Ouine*, deux romans tardifs que Bernanos plaçait particulièrement haut et dont le nombre de pages équivaut presque à celui de *Sous le soleil de Satan* ? La thèse de l'épure volontaire travaillée sur l'axe temporel – stylistique ou janséniste – s'effondre donc d'elle même quand on considère que le dernier roman publié est presque aussi épais que le premier.

L'écrivain aurait-il alors subi cette diminution des contenus narratifs comme un tarissement de la puissance créatrice auquel *Journal d'un curé de campagne* et *Monsieur Ouine* auraient mystérieusement échappé ? Telle est l'hypothèse que je souhaite examiner à présent, tout en ayant bien conscience que le champ d'investigation s'annonce d'emblée miné puisqu'il s'agit d'une évolution dans le domaine intime et forcément secret des processus souterrains de la genèse romanesque. La biographie de l'écrivain fournit un premier terrain de suppositions : l'étude de Max Milner et le témoignage de Jean-Loup Bernanos se rejoignent parfaitement dans la mise en valeur d'une vie en proie à l'agitation et à l'instabilité perpétuelles. Famille nombreuse et de santé fragile,

---

1   Michel Estève, *Bernanos, un triple itinéraire, op. cit.*, p. 128.

problèmes financiers et déménagement incessants, combats politiques
fracassants et relations humaines toujours heurtées[1], autant d'éléments
qui s'accumulent pour former une alchimie explosive et sans nul doute
épuisante. La vie agitée de l'homme Bernanos, père de famille assumant
la charge de six enfants, combattant engagé sur les fronts de la vérité et
de la liberté mais qui accumule les ruptures d'alliance et les déceptions
idéologiques, aurait-elle eu raison de la verve créatrice fictionnelle ou
peut-être détourné de l'alchimie littéraire pour fondre le plomb des
mots non plus en or imaginatif mais en durs lingots polémiques ?
De plus, les critiques ont souvent mis en valeur, en se fondant à juste
titre sur les témoignages extraits de la correspondance de l'écrivain,
les difficultés créatrices rencontrées par Bernanos et liées à l'angoisse
de la page blanche, du tâtonnement intérieur, de l'anarchie présidant à
l'élaboration fictionnelle. Rien de bien original, somme toute, dans ces
affres du processus créateur rencontrées par de nombreux écrivains. Il
suffit cependant de rapprocher cette souffrance liée au processus créateur
et le caractère mouvementé de cette vie d'homme pour que s'éclaire
de manière instantanément plus singulière le calvaire de la création
romanesque, toujours plus intense avec les années. À la dure épreuve
des clausules romanesques, évoquée clairement par Bernanos en 1928[2]
et qu'il affrontera jusqu'en 1940, s'ajoutent dès 1931 les douloureux
symptômes d'épuisements créatifs ponctuels révélés par les abandons,
suspensions, attentes et reprises répétés des fragments romanesques.
Bernanos aurait-il repris la fin d'*Un crime*, jusqu'à la nausée, s'il n'avait
été dans l'obligation matérielle de recevoir rapidement de nouveaux
mandats pour nourrir sa famille ? D'autre part, personne n'a encore
élucidé le mystère de l'inachèvement d'*Un mauvais rêve* commencé dès
1931, abandonné quelques semaines plus tard, repris en 1935 par un

---

1   Ces heurts furent parfois d'une telle violence que Paul Claudel, admirateur de la pre-
    mière heure de *Sous le soleil de Satan* et cependant cruellement critiqué par Bernanos peu
    après la Libération, n'a pu s'empêcher dans ses *Mémoires improvisées* recueillies par Jean
    Amrouche (Les cahiers de la nrf, éditions Gallimard, 2001, p. 304), de liquider aux
    yeux de la postérité son frère en catholicisme : « Il m'a paru qu'il y avait beaucoup, dans
    Bernanos, de la souffrance d'un homme, disons carrément d'un raté, enfin d'un homme
    qui croyait avoir droit à une place que somme toute il n'a pas obtenue, et qui en veut au
    monde entier parce que cette place ne lui a pas été accordée. »

2   On sait que dès l'hiver 1928, la rédaction de la chute de *La Joie* fut d'après la correspon-
    dance de Bernanos, un véritable « martyre », que la fin *d'Un crime* a dû être entièrement
    récrite sous la pression éditoriale et que l'ultime chapitre de *Monsieur Ouine* écrit de février
    à mai 1940, soit neuf ans après l'incipit de février 1931, doit sa rédaction tardive à une
    maturation intérieure qui ne parvenait pas à s'extérioriser littérairement.

habile recyclage des pages refusées d'*Un crime* et suspendu définitivement, « symphonie inachevée » que Bernanos n'a jamais voulu publier en l'état.

Dans le prolongement de ces suppositions qui établissent un lien causal entre la biographie et le tarissement des contenus romanesques, il deviendrait possible de fournir une explication aux deux exceptions que forment *Journal d'un curé de campagne* et *Monsieur Ouine*. En effet, si ces deux romans échappent au mouvement global de réduction quantitative des œuvres de fiction, c'est peut-être parce que Bernanos a respecté les délais de maturation nécessaires à leur épanouissement imaginatif en les soustrayant aux contraintes liées à sa vie d'homme. Si tel est bien le cas, il faut alors comprendre que l'écrivain aurait – consciemment ou non – protégé ces deux textes qu'il pressentait majeurs en préférant les suspendre plutôt que de les poursuivre coûte que coûte et en toute hâte pour pouvoir les envoyer à l'éditeur et être rémunéré page après page. Cette protection aurait donc été rendue possible par la production d'œuvres à fonction de paravent, écrites plus rapidement et permettant une rentrée financière plus régulière. Nous pensons bien entendu à *Un crime* entrepris de toute urgence au début du mois d'août 1934, alors que les finances de la famille Bernanos étaient au plus bas, et que l'écrivain croit avoir terminé bon an mal an avant les fêtes de Noël 1934. On sait d'ailleurs grâce à une lettre datée du 18 novembre 1934 que l'écrivain a entre temps repris *Monsieur Ouine*[1], qu'il abandonne et reprend ponctuellement depuis avril 1931. Au moment où il commence à écrire *Journal d'un curé de campagne*, il ignore encore que toute la seconde partie d'*Un crime* déplaira à Belperron qui refusera ces dernières pages. Je pense que c'est à la fois par nécessité et par choix que Bernanos interrompt alors la rédaction du *Journal* pour récrire la fin d'*Un crime*. Par nécessité car il a besoin d'argent pour subvenir aux besoins de sa grande famille, et par choix car il refuse de précipiter artificiellement le rythme de rédaction du *Journal*, préférant suspendre l'œuvre déjà tant aimée pour la reprendre plus sereinement ensuite, quitte à sacrifier quelque peu le roman policier en le terminant plus rapidement. Dans la même logique, la reprise d'*Un mauvais rêve* dès juin 1935 – c'est-à-dire au moment où Bernanos est sûr que les nouvelles pages écrites pour alimenter la fin d'*Un crime*

---

1 « Pour Monsieur Ouine, qui a été commencé et presque achevé en un temps que je commence à considérer comme une autre époque de ma vie, je vous demande, dans l'intérêt de tous, de ne pas trop me brusquer. J'y travaille une heure par jour. Il y a là une question très délicate, dont je vous demande de me laisser juge. » (Lettre à Maurice Bourdel, in Corr. II, 31.)

sont acceptées – peut également matérialiser la volonté de poursuivre la protection des deux œuvres majeures en cours, par la perspective d'une publication rapide, grâce à la refonte des pages déjà écrites à l'automne 1934 pour *Un crime*, d'un roman déjà presque terminé.

Toujours dans cet horizon de création bicéphale à deux vitesses, pourquoi ne pas envisager *Nouvelle histoire de Mouchette* comme un nouveau paravent permettant cette fois-ci la maturation voire la décantation de la chute de *Monsieur Ouine*? Cette supposition n'a rien de gratuit si on se reporte à nouveau aux dates et aux délais de rédaction de la nouvelle et des derniers chapitres du roman. *Nouvelle histoire de Mouchette*, narration la plus brève du corpus romanesque, est rédigée entièrement et sans interruption d'avril à juillet 1936. L'argent gagné grâce à ces pages aurait alors permis à Bernanos de reporter encore la rédaction de la fin du grand roman, laissant libre cours à l'instinct imaginatif pour déployer ses ressources dans le respect des délais de maturation nécessaires à son épanouissement. Il n'y aurait rien d'illogique à étendre ce concept d'œuvre-paravent aux essais et écrits de combat rédigés et publiés pendant la période où Bernanos produisait encore des œuvres romanesques. *La Grande Peur des bien-pensants*, ainsi commencée à l'été 1928 et publiée en avril 1931 – alors que l'écrivain n'était pas encore rémunéré des avances sur l'œuvre à paraître –, a peut-être permis à Bernanos pendant ces trois années de poser les bases d'un renouvellement de la veine fictionnelle par un processus de maturation intérieure non entravé par la rédaction parallèle d'un texte polémique.

Cette manière de travailler – écrire plusieurs textes en même temps – pourrait d'ailleurs et paradoxalement être à l'origine du tarissement fictionnel, alors même que Bernanos voyait en elle un moyen astucieux d'assumer dignement ses charges familiales tout en préservant un espace de création libre protégé des contraintes matérielles et se déployant dans le respect du rythme interne de l'écriture romanesque. Le destin ironique aurait donc agi de telle sorte que Bernanos, voulant sauver *Journal d'un curé de campagne* et *Monsieur Ouine* des contraintes matérielles liées à sa vie d'homme, aurait sacrifié à ce sauvetage son énergie créatrice fictionnelle, dispersée voire dilapidée dans l'accumulation et le chevauchement d'autres productions moins mûries.

Le mérite de cette explication[1], qui combine éléments biographiques et étude du cheminement créateur, repose sur son éclairage cohérent de

---

1   Très pragmatique, convenons-en, et qui déplaira certainement aux amateurs de génies littéraires à la fécondité inépuisable dans sa sereine pérennité, nés un stylo plume dans

la coexistence entre le mouvement général de réduction quantitative des contenus romanesques au fil du temps et les deux exceptions constituées par *Journal d'un curé de campagne* et *Monsieur Ouine*, coexistence qui frappait d'inanité la thèse de l'épure volontaire et méthodique des contenus narratifs au fil des années. La possibilité d'un assèchement de l'inspiration fictionnelle fournirait donc une nouvelle lecture de ce mystérieux abandon de l'écriture romanesque, aussi subit qu'irréversible. Il n'y aurait donc ni renoncement volontaire et brutal lié à l'urgence de l'histoire, « non point l'événement décisif qui nous révèle à nous-même, mais l'accident perturbateur qui nous oblige à faire face en nous détournant de l'essentiel[1] », ni renoncement imposé à son destin d'homme chrétien par la volonté divine, d'abord inconscient puis clairement compris et formulé seulement bien plus tard, soit quelques jours avant sa mort[2], à en croire le jugement de Daniel Pézeril.

Le jugement implicite porté par l'homme d'église au sujet de l'activité littéraire est à cet égard fort éclairant. Pour Daniel Pézeril, en effet, la grâce divine exigeait de l'écrivain un renoncement absolu à la littérature qui le retenait loin de Dieu et faisait obstacle irréductible à la réunion de la créature et de son créateur. Cette interprétation théologique est à l'origine de nombreux développements critiques ultérieurs mettant l'accent sur le caractère expiatoire de l'écriture de Bernanos. Il s'agirait dans cette perspective pour le romancier d'expier sa richesse imaginative par l'emploi frénétique de la rature et de la reprise qui ralentissent le travail créateur jusqu'à le transformer en calvaire christique. En suivant cette hypothèse, l'écrivain a beau s'échiner, souffrir mille morts pour écrire sur le mode romanesque la transcendance, l'homme Bernanos, lui, ne cesse de s'en tenir éloigné en persistant sur cette voie littéraire, étrangère au pur amour de Dieu. Il est certain que, dès sa jeunesse, Bernanos connaissait cette conception théologique de la littérature montrée comme une activité suspecte éloignant le romancier de l'amour divin. Le renoncement dont font état Bernanos agonisant puis Pézeril,

---

la main et décédés avec le même sur le cœur.

1   Voir Gaëtan Picon, préface aux *Œuvres romanesques*, p. XVIII.

2   Daniel Pézeril, dernier confesseur de Bernanos, a relaté son agonie et notamment certains propos de l'écrivain justifiant l'abandon de toute littérature comme la soumission à une exigence divine : « C'est une inspiration… J'ai cru que c'était une inspiration… cette nuit, j'ai dit : oui ! » Il m'expliqua qu'il se consacrait uniquement à sa Vie de Jésus. « Il me semble que le Seigneur me demande ce dépouillement total, le pensez-vous ? » (Cité par Jean-loup BERNANOS, *op. cit.*, p. 455-56). Il raconte ensuite comment il confirma Bernanos dans cette résolution qui, pour lui prêtre, « était de toute évidence une grâce avant la mort, une manière pour le Christ de tirer cette âme à lui. »

narrateur de cette agonie, ne concernerait-il pas l'œuvre romanesque
déjà laissée de côté depuis plusieurs années ? Il me semble que c'est à
cet instant seulement que Bernanos abandonne sa passion du roman
à Dieu. La thèse du renoncement, conçu comme un devoir d'homme
engagé pour Picon et comme une expiation progressive révélant l'action
de Dieu sur une âme assoiffée de transcendance par Pézeril, doit être
écartée. N'est-ce pas plutôt parce que Bernanos a trop aimé écrire des
romans qu'il a fini par n'en plus écrire ? Amour de jeunesse nourri à la
lecture fébrile de *La Comédie humaine*, amour absolu, durable, authentique et surtout exceptionnellement douloureux. Bernanos aurait-il pu
renoncer à cet amour de jeunesse sans concessions ? Il s'en est simplement
éloigné, au fil des années et des romans écrits, comme on s'éloigne d'un
amour trop intense pour ne pas devenir insupportablement douloureux.
C'est en ce sens peut-être, qu'il est possible de revenir à l'hypothèse de
l'épuisement, non plus des forces vives de la création souterraine comme
on a pu d'abord le supposer, mais du don amoureux et douloureux. En
huit romans écrits des années 1920 jusqu'en février 1940, Bernanos a
vécu de manière paroxystique sa passion de l'écriture romanesque, de la
création d'univers fictionnels. Le tarissement progressif puis l'abandon
définitif de la création romanesque seraient alors le résultat d'un double
excès, excès d'amour et excès de souffrance, eux-mêmes à l'origine d'un
troisième excès, celui de l'épuisement créateur. Sur les traces de Simone
Weil[1] qui unit « la joie » et « le malheur » comme les deux modalités
du « contact avec l'âme de Dieu », l'une douce et l'autre blessante, il est
possible de penser que ce double excès vécu par le romancier pendant le
travail créateur aura permis le déploiement d'une écriture romanesque
de la transcendance mais qu'il aura aussi été à l'origine de l'abandon de
cette même écriture. Car ce contact transcendant, tour à tour exaltant
et douloureux, ne pouvait se prolonger sans entraîner une destruction
de celui qui l'éprouvait. Celui qui veut ou qui doit continuer à vivre
a le devoir de rester dans l'immanence et la seule issue se présentant
au romancier de la transcendance menacé d'extinction par un contact
trop plein avec le divin, est de s'en détourner en se jetant à corps perdu
dans le combat politique, expression la plus achevée de l'immanence.
Trois témoignages corroborent cette nouvelle hypothèse selon laquelle
il n'y eut véritablement ni renoncement (au nom de la deuxième guerre

---

1   Il ne semble pas déplacé d'invoquer en ce lieu la pensée mystique de la philosophe juive qui
     avait écrit à Bernanos une lettre où elle le remerciait d'avoir écrit *Les Grands cimetières sous
     la lune*, lettre que l'écrivain – selon le témoignage d'un proche – portait toujours sur lui.

mondiale ou au nom de Dieu) ni malaise voire défiance agressive envers la fiction pure mais au contraire passion irréductible pour la création romanesque seulement trop intense pour être prolongée durablement jusqu'aux dernières années de la vie. Il s'agit d'abord d'une confidence de Bernanos à André Bourin, dix-huit mois avant sa mort, lors d'une entrevue où il avoue ne pouvoir « actuellement » écrire de roman car oppressé par trop d'angoisse :

> Et pourtant, je suis romancier, romancier avant tout, et non point « polémiste », comme on le prétend. (…) … Assurément, je voudrais bien écrire un roman, mais c'est chaque fois, pour moi, une telle aventure. Je ne sais jamais comment j'en sortirai. Je traverse des phases d'espoir et de découragement affreux[1].

Le deuxième témoignage est celui du fils de l'écrivain, Jean-Loup, racontant qu'à sa dernière visite à l'hôpital américain de Neuilly où son père devait s'éteindre quelques jours plus tard, Bernanos « semblait absorbé par la lecture d'un roman policier, "le dernier qu'il ait lu" m'affirmera ma mère en me le remettant. Son titre : La Dague vénitienne, l'auteur : W. Chesney[2] ». Et enfin le dernier témoignage est celui de Daniel Pézeril racontant les derniers moments de la vie de Bernanos et se désolant d'assister à « la plus insupportable épreuve, ces rêves obsédants avec leurs sots personnages, qui reviennent tout le temps, cette irréalité qui bouscule le réel, ces hallucinations, toute cette trop vraie décomposition de la personnalité[3] ». Il est intéressant à ce point de la réflexion de relever ce témoignage empreint d'un jugement de valeur très négatif concernant l'intrusion de « sots personnages » au cœur d'une agonie qui, sous le regard d'un prêtre, doit tendre vers une conscience lucide et apaisée de la réalité nue, non parasitée par les puissances obscures de l'imaginaire. Nous ne connaîtrons jamais[4] les référents de cette expression réproba-

---

1   Extrait de *Bernanos contre les robots*, par André Bourin, entrevue inédite et retranscrite par Jean-Loup Bernanos dans sa biographie, *op. cit.*, p. 430
2   Jean Loup Bernanos, *op. cit.*, p. 451-52.
3   *Ibid.*, p. 456. Voir aussi la confidence recueillie par Hans Aaraas lors d'une table ronde du colloque « Bernanos » de Cerisy-la-salle : Hans Aaraas. « – Avez-vous eu l'impression que Bernanos aurait eu envie de continuer son œuvre romanesque et que son engagement politique pendant la guerre l'en a empêché malgré lui ? / Daniel Pézeril. – Son très grand sacrifice était de ne plus écrire de romans et il l'acceptait pour le service de sa patrie. Quand il était malade, fiévreux, il voyait tous les personnages qu'il avait dans la tête tourner autour de lui sans arrêt. Il disait : "Ils reviennent tout le temps, je n'en suis pas débarrassé, je ne sais plus comment faire." Il était hanté par ses créations et possédé aussi par les romans qu'il n'avait pas écrits. […] » (*Bernanos, op. cit.*, p. 223-4.)
4   Monseigneur Pézeril est aujourd'hui décédé.

trice. Le mot « personnages » invite néanmoins à retrouver la trace des
êtres de papier issus de l'imagination créatrice : Bernanos rêvait-il de
ses créatures romanesques ? Donissan, Mouchette, Chantal, Cénabre et
les autres étaient-ils – à l'insu et en dépit du prêtre – présents au chevet
de l'écrivain agonisant et, en ce cas, leur présence était-elle tourment ou
réconfort ? La question reste entière mais le témoignage en lui-même
montre clairement que l'écrivain fut assailli jusqu'aux derniers instants
par des êtres de fiction – romanesques ou non –, symbolisant pour le
ministre de Dieu une ultime déchéance de l'homme qui fuit la réalité
agonique, mais révélant à chacun de ses lecteurs les derniers sursauts
d'un puissant imaginaire.

UN ITINÉRAIRE SPIRITUEL

MÉTAMORPHOSES DES VOIES D'ACCÈS

Après l'examen des métamorphoses affectant les lieux structurels de
l'œuvre, il faut s'intéresser à celles qui modifient les lieux fictionnels où
peut s'écrire la transcendance. Ces lieux renvoient, indépendamment
ou de manière corrélative, au mouvement transcendant de l'être, à un
espace échappant à l'immanence ou encore au référent Dieu trinitaire
lui-même. Dans les romans de Bernanos, ils se matérialisent à travers
la dialectique diégétique obsessionnelle de l'Église et de l'individu,
deux espaces fictionnels constituant des points nodaux où peuvent se
rencontrer à travers l'écriture le mouvement, l'espace et le nom de la
transcendance.

L'Église d'abord, telle que les romans la transposent, recouvre parfaitement de ses trois définitions traditionnelles la triple définition
canonique de la transcendance. Polysémique, le terme étymologique
ekklêsia qui puise son origine dans la réunion des apôtres par le Christ,
peut désigner à la fois l'édifice cultuel en tant que bâtisse réceptacle
des fidèles, l'assemblée elle-même qui s'y retrouve en communauté
pour prier dans un cadre institutionnel et enfin un mystère mystique
conditionnant la distinction classique entre église visible des chrétiens
attachés à l'autorité du pape et église invisible de toutes les âmes en
état de grâce. L'église des romans de Bernanos est toujours catholique,

l'écrivain ne s'étant jamais investi fictionnellement dans la problématique œcuménique[1], mais peut référer tout autant, selon le contexte, à la pierre, aux hommes qui lui donnent vie – fidèles et clercs – ou au corps mystique et mystérieux appelé sans cette à croître et dont nul n'appréhende les contours. En confrontant cette triple définition ecclésiale – pierre, institution, corps mystique – aux trois définitions majeures de la transcendance, il s'avère que chacun des trois grands sens coïncide terme à terme. L'église apparaît ainsi, transposée romanesquement, comme l'espace architectural officiel consacré à la représentation terrestre de la transcendance, ensuite comme le nom charnel et historique de Dieu incarné dans l'institution humaine et enfin comme l'être mystique collectif en perpétuel mouvement de décrochement vertical[2]. Étudier le processus des métamorphoses de l'écriture romanesque de l'Église espace, nom et mouvement de la transcendance, impose pour chaque domaine sémantique la mise en valeur d'une interrogation que chaque roman, au fil du temps, est appelé à résoudre de manière spécifique. En ce qui concerne l'évolution des représentations romanesques de l'église de pierre, réceptacle architectural dédié à la transcendance, c'est la dialectique présence-absence de la bâtisse dans les lieux fictionnels qui retiendra mon attention. Au sujet de l'Église de chair, institution ecclésiale qui unit en assemblée visible clercs et fidèles, il sera intéressant d'analyser l'évolution de l'ecclésiologie romanesque de l'écrivain, en réfléchissant à la dialectique relationnelle prêtres-fidèles, notamment à travers le problème de la représentation romanesque des cérémonies religieuses. Enfin, pour ce qui est de l'Église mystique, corps mystérieux

---

1   Si les romans ne font jamais état d'autres confessions que catholique, Bernanos s'est passionné pour le cas de Luther. Dans la correspondance, une lettre datée de 1934 et adressée au pasteur de Montpellier livre une information précieuse sur les relations qu'entretenait l'homme Bernanos avec le christianisme réformé : « Si tout "ce qui est protestant" m'irritait autant que vous l'imaginez, je devrais rompre avec quelques amis très chers qui appartiennent à ce tout… Mais bien que vivant-grâce au ciel – au milieu de mes enfants et très Loin des "centres intellectuels", je n'ignore pas l'admirable effort tenté par beaucoup d'entre vous, et je suis sûr que Dieu le bénit. » (Corr. I, p. 531). Dans un article intitulé « Bernanos et Luther » (in *Esculape et Dionysos*, Mélanges en l'honneur de Jean Céard, éditions Droz, p. 865-881), Monique Gosselin fait le point sur la question. En ce qui me concerne, chaque fois que seront évoqués l'Église ou les chrétiens dans le cadre de cette étude de l'ecclésiologie romanesque, il s'agira toujours de l'Église catholique romaine et des catholiques.

2   Le dernier texte de Bernanos, écrit pour une conférence prononcée en avril 1947 à Tunis au profit des Petites Sœurs de Charles de Foucauld et intitulé « Nos amis les saints », précise de manière fulgurante l'image de l'Église en mouvement, comparée à « une vaste entreprise de transport, de transport au paradis, pourquoi pas ? » et assimilée un peu plus loin à « un mouvement, une force en marche » (EEC II, 1372-73).

excédant l'église institutionnelle, il faudra avant tout éclaircir l'évolution de la christologie romanesque de l'écrivain en s'intéressant à la tension dialectique entre l'institution ecclésiale et la personne du Christ telle que l'écriture romanesque a les moyens de la retranscrire.

Second point nodal où peuvent entrer en conjonction mouvement, espace et nom transcendants, second espace fictionnel où l'écriture de la transcendance peut se déployer, le personnage impliqué dans un processus d'élévation intérieure le métamorphosant en chercheur de Dieu se révèle comme le miroir intime, individuel et spirituel de l'église publique, collective et religieuse. Mais contrairement à ce que pourrait supposer un lecteur non averti connaissant surtout de l'œuvre son empreinte catholique, ces chercheurs de la transcendance ne sont pas exclusivement des membres de l'église visible, surtout à partir des années 1930[1]. Croyants ou incroyants, leurs caractéristiques communes permettent – comme dans le cas de l'Église – une adéquation avec trois domaines privilégiés d'expression de la transcendance. En effet, le personnage cherchant à dépasser son immanence se révèle conjointement comme un être en mouvement transcendant, un espace corporel visité par la transcendance elle-même[2] et l'instigateur d'une parole qui prie ou nie le nom de Dieu. Les modalités de cette triple adéquation varient selon que le chercheur de transcendance s'affirme croyant ou incroyant : alors que le mouvement transcendant du chrétien ne semble pouvoir s'amorcer autrement qu'à l'intérieur de l'église, visible ou invisible, celui du non chrétien est tenté dans la solitude, sans aide religieuse ni guide spirituel. Dans la même perspective différentielle, si l'espace corporel constitué par le membre de l'Église est visité par la transcendance à travers l'administration des sacrements, celui de l'être extérieur à l'Église reçoit la visite impromptue voire anarchique de l'Esprit qui souffle où il veut, excédant toute institution. Et enfin, quand le croyant s'affirme dépositaire de la parole de Dieu par la prière et le contact avec les Évangiles, le non-croyant tait ou maudit le nom sacré, par refus ou ignorance. De cette relation entre l'individu et la transcendance, certains

---

1   On peut se reporter au premier point du premier chapitre, qui évoque l'élargissement de la typographie des personnages à travers la mise en scène du monde moderne. J'y découvrais un processus de laïcisation fictionnelle à l'œuvre dès *L'Imposture*, sans toutefois encore remarquer la présence de plus en plus insistante des personnages extérieurs à l'Église, par révolte, incroyance ou ignorance.

2   On observe dans tous les romans une tension réciproque entre l'humain qui cherche à s'élever et le Dieu chrétien qui ne cesse, à travers le Christ, de descendre au cœur de l'homme.

types humains sont irréductiblement, essentiellement exclus : dans le respect d'une symétrie iconoclaste mais parfaite, les athées satisfaits et « la médiocrité des masses pieuses » (EEC I, 730) se rejoignent pour grossir le rang de ceux ne pouvant vivre autrement que dans « la sécurité des imbéciles » (EEC I, 860). L'opposition fondamentale qui conditionne l'accès ou le non-accès au champ de la transcendance ne se situe donc pas entre chrétiens et non-chrétiens mais entre personnages en mouvement intérieur et personnages pétrifiés dans le confort d'une stagnation aimée pour elle-même. Trois décennies avant Vatican II, l'écrivain catholique annonce avec une fulgurance prophétique la renonciation du nouveau Concile à l'usage discriminatoire « des catégories tranchées d'un "extérieur" et d'un "intérieur" de l'Église[1] », l'extériorité sous-tendant une impossibilité de mise en relation avec la transcendance. Mais cette prophétie solitaire apparaît d'emblée source de questions douloureuses auxquelles l'Église française des années 1920-1940 est incapable de répondre, volontairement en retrait, prudemment en retard sur ses théologiens les plus novateurs[2]. En effet, la douleur messianique du romancier se concentre sur le mystère de la séparation entre chrétiens et non-chrétiens qu'engendre une autre séparation entre ces derniers et l'Église catholique, étymologiquement universelle. C'est là que se situe le centre vital de la réflexion ecclésiologique du romancier : dès *Sous le soleil de Satan* et jusqu'à l'ultime chapitre de *Monsieur Ouine*, que deviennent tous ceux qui cherchent à dépasser leur immanence sans le secours de la miséricordieuse Église universelle ? Cette dernière est-elle incontournable pour réussir le décrochement transcendant ? Ou, pour le formuler dans le cadre de notre étude, l'accès au mouvement, à l'espace, au nom transcendant passe-t-il nécessairement par l'Église ? Alors que l'Église de son époque se doit encore –tradition oblige – de suivre le vieil adage selon lequel « Hors de l'Église, pas de Salut[3] », le romancier, suivant sa libre intuition, s'oriente au fil des romans vers une représen-

---

1   Bernard Sesboüé, *Hors de l'Église pas de salut, Histoire d'une formule et problèmes d'interprétation.* Paris, Desclée de Brouwer, 2004. Chapitre 7 de la première partie : « Vatican II, une gestion nouvelle du problème », p. 209.

2   Dès la fin des années 1930, un mouvement ecclésiologique nouveau émerge, illustré en France par les Pères Congar et de Lubac, qui rejoint la préoccupation de Bernanos romancier au sujet des problèmes de distinction entre chrétiens et non-chrétiens. Pour plus de détails concernant cette nouvelle ecclésiologie, on peut se reporter de nouveau à l'ouvrage de Bernard Sesboüé, *op. cit.*, p. 183-189.

3   Bernard Sesboüé a consacré récemment un ouvrage entier à cette expression bien frappée qui date du IIIᵉ siècle mais qui puise son origine dans certains textes bibliques bien précis. Pour plus de détails sur les antécédents de la formule, lire *op. cit.*, p. 23-38.

tation fictionnelle et mystérieuse des miracles de l'Esprit qui souffle où il veut. Cette tension entre une conception théologique traditionnelle de l'Église appréhendée comme seul champ transcendant et l'intuition romanesque d'une transcendance qui, dans son essence même d'entité de dépassement ne peut qu'excéder l'Église, se révèle dans toute son acuité à travers l'itinéraire romanesque[1]. Il faut donc suivre les méandres de ce questionnement créateur d'une douloureuse dialectique entre le chrétien fidèle à son Église et le romancier instinctif qui procéde par intuitions théologiques dérangeantes et prophétiques. On découvre alors des interrogations angoissées mais aussi des tentatives – tentations ? – de réponses évolutives au fil des romans. Car l'ordre de création est seul apte à retranscrire les affres du cheminement imaginaire et idéologique sur un axe diachronique.

Reconnus comme personnages privilégiés de la dialectique, l'Église et l'individu peuvent accéder fictionnellement à la transcendance selon des conditions et modalités en perpétuelle métamorphose. Il faut donc suivre pas à pas les changements de regard pouvant intervenir au fil de la rédaction[2] dans des lieux fictionnels où s'écrit une vision de l'Église

---

1 Il semble que cette tension ait trouvé sa résolution hors champ romanesque dès la fin des années 1930 et plus particulièrement à la veille de la seconde guerre mondiale. Dans *Nous autres Français*, essai de circonstance écrit à partir de septembre 1938 et publié en décembre 1939, Bernanos critique vigoureusement « les dévots ou dévotes qui prétendent souvent donner à la maxime : "Hors de l'Église, point de salut" son sens le plus étroit » sans jamais « se préoccuper d'en rendre les parvis accueillants aux hommes de bonne volonté ! » « Je me trouve dedans s'écrie le dévot. Dieu m'y maintienne ! » « Que vous soyez là où vous dites, je n'en suis pas si sûr que vous, et personne au monde, fût-ce Notre Saint-Père le Pape, ne saurait formuler, sur cette grave question, une réponse absolument péremptoire. [...] Quel étranger ignorant de nos dogmes et qui ne connaît rien de l'Église, sinon vous-mêmes, pourrait découvrir à lui seul que la Maison du Père est si ouverte qu'on y demeure parfois à son insu, comme tant d'honnêtes gens qui appartiennent, sans le savoir, à l'âme de l'Église, à la charité du Christ ? Je comprends très bien que vous éleviez des murailles, creusiez des fossés, à l'abri desquels vous vivez. Je ne blâme pas votre prudence. Mais au-dessous de vos barbacanes, vous feriez mieux d'écrire en grandes lettres, à l'adresse de tous les élus des Béatitudes qui regardent du dehors, avec mélancolie, vers ces créneaux vertigineux, qu'en faisant le tour des fortifications, ils risquent de rencontrer une porte ouverte, d'entrer chez vous comme chez eux » (EEC I, 727). Presque dix années plus tard, Bernanos couronnera cet élargissement du salut comme grâce accessible à chacun en évoquant dans « Nos Amis les Saints », les « prodigieuses libertés, on voudrait presque dire les divines extravagances de l'Esprit qui souffle où il veut. » (EEC II, 1380).

2 Il faut insister encore une fois sur la nécessité méthodologique, liée à la problématique des métamorphoses, d'étudier les romans dans leur ordre de création et non de publication. On ne peut prétendre calquer l'évolution de l'écriture romanesque d'un écrivain autrement qu'en restant fidèle aux aléas du cheminement créateur. Chez Bernanos, ils sont nombreux et complexes, tributaires d'une vie soumise à de nombreux impératifs matériels et humains, engendrant interruptions et chevauchements textuels permanents

architecturale, charnelle, mystique en lien avec une vision de l'individu chercheur de transcendance, qu'il soit chrétien ou non.

L'*Imposture* et *La Joie* laissent apparaître plusieurs métamorphoses qui modifient considérablement l'écriture de la dialectique liant l'Église à l'individu dans son mode de relation avec la transcendance. La métamorphose la plus apparente réside sans doute dans la disparition de l'église de pierre. *Sous le soleil de Satan* réservait une place de choix à l'édifice consacré, de l'église de Lumbres seule vivante sous la pluie qui recueille dans son confessionnal le cadavre de son saint à celle de Campagne dont l'abbé Donissan répare en soutane la charpente du clocher et qui accueille elle aussi un corps moribond, celui de la jeune Mouchette portée ensanglantée jusqu'à l'autel. Les deux romans suivants présentent une image singulièrement dégradée de la pierre sacrée. L'*Imposture* et *La Joie* sont des romans sans église. La seule mention de lieu cultuel se réduit à un repère spatial, celui du « parvis de l'église Saint-Laurent » (I, 380) à deux pas de la gare de l'Est où Cénabre décide de se rendre pour partir en Allemagne. L'intérêt du passage réside dans l'ambiguïté de la narration qui peut conduire le lecteur à hésiter sur la nature du lieu où l'abbé Cénabre décide de faire une pause :

> Quand il atteignit le parvis de l'église Saint-Laurent, le jour était levé, l'horloge de la gare de l'Est, peinte en rose par l'aube, marquait cinq heures du matin. Sur la gauche, à grand bruit de ferrailles, un garçon de café somnolent, blême sous la crasse, levait la devanture de sa boutique. Il contempla ce passant matinal d'un regard indéfinissable. L'abbé Cénabre passa le seuil presque humblement et s'assit. (I, 380)

Mais de quel seuil s'agit-il ? L'indétermination préservée par l'absence de complément au nom « seuil », alliée aux résonances du nom lui-même, peut encourager le lecteur à considérer qu'il s'agit du seuil sacré de l'église nommée un peu plus haut mais le paragraphe suivant le détrompe instantanément en l'éclairant sur la nature du lieu franchi : un café. Par un ironique renversement, l'abbé Cénabre se métamorphose en brebis égarée du petit matin qui vient trouver refuge auprès d'un garçon de café à la « discrétion professionnelle » (I, 380) officiant avec silence et

---

qui rendent parfois délicat le travail de suivi génésique. C'est notamment et surtout grâce à la critique génétique d'Albert Béguin, de William Bush et de Pierre Gille que l'étude qui suit a été rendue possible. Par souci de lisibilité et de concision, je tairai le tribut que je dois à chacun d'eux, séparément ou ensemble, en n'oubliant jamais cependant que sans leurs travaux minutieux de recoupement de textes et de dates, la réflexion qui s'engage ici n'aurait pu avoir lieu.

respect autour de ses tables à la manière d'un sacristain voire pourquoi
pas d'un prêtre préparant sa première messe matinale. L'abbé imposteur ne met plus les pieds dans une église et le garçon de café parisien
adopte l'allure de « l'humble témoin » (I, 382) du désespoir humain,
du confident potentiel plus accessible dans son débit de boissons que
n'importe quel confesseur dans son église. Il devient logique dans cette
perspective que la bâtisse consacrée disparaisse de l'univers romanesque.

Alors que l'église de pierre tend à s'effacer jusqu'à disparaître totalement du paysage romanesque de *La Joie*, l'Église de chair résiste de
manière toute paradoxale à cette brutale liquidation. En effet, aussi
bien dans *L'Imposture* que dans *La Joie*, deux prêtres succèdent dans un
parfait équilibre quantitatif au Saint de Lumbres et à l'abbé Donissan
du *Soleil*. Mais cette fois-ci, le narrateur prend bien soin de préciser que
ces deux nouvelles figures cléricales, Cénabre et Chevance, si éloignés
l'un de l'autre par le corps et par l'esprit, se rejoignent dans un insolite
point commun : ils sont tous deux sans paroisse attitrée. Ministres de
Dieu dépouillés par une ironique et redoutable habilité narrative de leur
lieu de culte, ces deux nouveaux prêtres ne représentent-ils pas pour la
première fois une Église boiteuse, amputée de l'une de ses représentations majeures, église institutionnelle sans ancrage architectural. C'est
sur ce nouveau socle déséquilibré que s'ancre l'échec de la relation entre
Cénabre et la transcendance dans *L'Imposture*. Non seulement le prêtre
est sans paroisse mais de surcroît, et contrairement à Chevance qui
compense cette amputation par une fusion avec l'église mystique, il se
coupe lui-même des prodigalités de cette église invisible en prononçant
à voix haute sa profession de foi inversée[1]. L'abbé Cénabre, à travers son
imposture, dédoublement de l'extérieur et de l'intérieur, s'affirme ainsi
comme le représentant stérile de la sacralité objective de la prêtrise,
qu'il ne parvient pas à dépasser par l'exercice subjectif de la sainteté
dans lequel s'épanouit son obscur et simple confrère, Chevance. Il faut
comprendre ici que l'église institutionnelle coupée de l'église mystique
ne peut donner de fruit, et l'image du prêtre ayant perdu la foi illustre
romanesquement ce drame ecclésial. Mais Bernanos va plus loin encore,
approfondissant le désastre de la scission église charnelle-église mystique
à travers la mise en perspective de deux couples symboliques, incarnant
chacun l'authenticité ou la perversion du lien prêtre-fidèle. Le couple
Cénabre-Pernichon inaugure cette démonstration dans les premières

---

1   « Je ne crois plus » (I, 333).

pages de *L'Imposture* où le fidèle qui se confesse à la fois pour rejoindre Dieu et le recevoir en lui grâce au sacrement de pénitence, est poussé au désespoir par un directeur spirituel implicitement désigné par la voix narrative comme le premier agent indirect à l'origine du suicide de Pernichon[1]. Prêtre et fidèle se singularisent à travers cette trame narrative comme deux membres pleinement intégrés dans l'église institutionnelle, l'un comme prêtre et l'autre comme chrétien progressiste engagé, mais absolument coupés de l'église mystique, Pernichon possédant une foi chrétienne dénuée de toute vie intérieure et Cénabre vivant dans une sécheresse spirituelle complète depuis son ordination ; ce couple catastrophique n'a donc pas les moyens d'entrer en relation avec la transcendance. Par un saisissant effet de miroir inversé, le couple Chevance-Chantal qui fait son apparition aux dernières pages de *L'Imposture*, trace une trajectoire parfaitement symétrique de celle du premier couple évoqué. Alors que ni Cénabre ni Pernichon n'étaient en mesure d'amorcer un quelconque mouvement transcendant l'un par l'autre, le vieux prêtre et la jeune fille présentent au lecteur du diptyque deux décrochements transcendants dépendants l'un de l'autre. C'est en effet d'abord parce que Chantal fait don de sa joie à Chevance que le vieux prêtre met fin à son mystérieux refus d'expirer[2] pour accepter une agonie lue comme le passage obligé d'un abandon subi et définitif de l'immanence. C'est ensuite parce que Chevance a laissé Chantal dans une parfaite ignorance de ses prédispositions à la sainteté mystique que celle-ci, obéissant aux conseils de son directeur l'ayant déjà lancée vers Dieu en lui demandant de ne rien changer à la simplicité thérésienne de sa vie quotidienne, se

---

1   Cénabre, dans un premier temps, utilise la confession « méthodique » (I, 316) de Pernichon pour lui révéler avec une cruauté appliquée son inanité médiocre et le chasser sans lui donner l'absolution. Dans un second temps, alors que Pernichon au désespoir lui a fait parvenir une lettre, le prêtre ne prend pas la peine de la lire. Le lecteur peut alors supposer que le suicide de Pernichon constitue l'aboutissement de l'absence de charité et de l'indifférence de son directeur spirituel.

2   S'inquiétant du diagnostic porté par le médecin au sujet de sa maladie, il demande s'il n'y aurait rien à tenter pour prolonger un corps déjà usé par l'âge. L'« étonnement inexprimable » de Chantal se mue au fil des minutes en « une découverte si déchirante et si pathétique » (I, 525), celle de voir un ministre de Dieu – son directeur spirituel – s'accrocher désespérément à la vie comme le plus forcené des athées. « Je ne voudrais pas mourir, ma fille » (I, 526) : en luttant de toutes ses forces pour ne pas rendre l'âme, n'est-ce pas aussi son âme que le prêtre refuse de remettre entre les mains du Maître de sa vie ? Mais ce que Chantal ignore, au contraire du narrateur et du lecteur, c'est que Chevance veut sauver Cénabre de son impiété et le réintégrer dans l'église mystique. Là est peut-être l'explication de ce refus de l'accomplissement de la quête transcendante par la mort.

libère de l'immanence. De même que Chevance a rejoint Dieu malgré lui à travers le mouvement transcendant définitif de l'agonie, Chantal tombe en Dieu malgré elle, d'abord à son insu à travers le mouvement transcendant des extases mystiques qui jalonnent le chapitre quatre de *La Joie*, puis par le biais d'un piège atroce à travers le mouvement transcendant définitif de son meurtre par Fiodor. C'est grâce à cette parfaite réciprocité entre sacerdoce et sainteté que le prêtre s'efface pour laisser la sainte accomplir sa fulgurante et explosive trajectoire au cœur de l'église mystique. Cette trajectoire est « le mouvement même qui anime le saint lorsqu'il subjectivise la sacralité objective[1] », dépassant la sphère de l'objectivité sans l'abandonner, explosant littéralement au sein de l'Église que ne saurait quitter, puisqu'il trouve en elle son milieu vital, celui qui est offert en sacrifice pour sauver les pécheurs. Car la vision de Chantal ensanglantée dans l'aboutissement non recherché du mouvement transcendant fait enfin chuter définitivement Cénabre dans une mystérieuse folie mystique[2]. Si la clausule de *La Joie* peut justifier en l'éclairant le crime atroce dont est victime Chantal, aucun indice narratif ne permet de tenter une interprétation du suicide de Pernichon. Chrétien lui aussi, comme Chantal, mais dénué de toute sainteté subjective, il apparaît, malgré sa médiocrité et au-delà d'elle, comme une autre victime de l'abandon sacerdotal mais totalement absurde dans sa stérilité. De même que le calvaire de Chantal rejoint la mise à mort christique, celui de Pernichon suit les traces du suicidé Judas. Nous sommes en 1928 et l'écrivain ne semble pas avoir les moyens spirituels d'apporter une réponse mystique ou théologique au scandale incompréhensible de la mort de Pernichon.

La première véritable mise en scène romanesque de la modernité tournant le dos à l'Église coïncide avec les deux débuts de roman datant de 1931. Fidèle à sa conception imaginative duelle des personnages, le romancier campe successivement en quelques semaines trois nouveaux couples ayant pour nouvelle particularité l'absence totale de contact avec l'Église. Comme à son habitude, il lâche les rênes à son intuition qui le fait emboîter le pas aux personnages à peine ébauchés, libres

---

1　Hans Urs von Balthasar, *Le Chrétien Bernanos, op. cit.*, p. 227. Pour plus de détails concernant la relation théologique entre le prêtre et le saint, on peut se reporter à la première section du chapitre consacré à l'Église et intitulée « Ministère et sainteté », p. 221-230.

2　« – "PATER NOSTER", dit Cénabre d'une voix surhumaine. Et il tomba la face en avant*. » (J, 724). L'astérisque évoquant la fin médicalisée de celui qui a définitivement perdu la raison, sonne comme un encouragement du narrateur ironique à considérer la réussite totale de ce mouvement transcendant toute normalité.

de mener leur créateur où bon leur semble. Le résultat ne se fait pas attendre, dans toute sa fulgurance. Laïcs éloignés de la sacralité objective de l'Église et sans prédisposition affirmée à la sainteté subjective[1], ces couples de personnages se révèlent prisonniers d'impasses spirituelles faisant obstacle à toute mise en relation avec la transcendance. Les Olivier et Philippe d'*Au bout du rouleau* ne parviennent pas à établir un lien qui pourrait faire d'eux, au sens étymologique, des êtres religieux c'est-à-dire reliés l'un à l'autre par une consubstantielle humanité. Ils se dispersent alors dans un processus de néantisation, Philippe par le suicide, Olivier par la disparition. Ganse et Ouine, quant à eux, couple séparé dont chaque membre apparaît dans un début de roman différent, font preuve d'un esprit de vieillesse qui les condamne à errer dans les marais de la stagnation, voire de la putréfaction spirituelles. « Hors de l'Église, pas de salut », tel est bien le message porté par ces silhouettes à peine abandonnées par leur créateur sitôt leur ébauche tracée et leurs contours délimités.

La réapparition de la dialectique prêtre-fidèle, qui, sur le mode de la confrontation duelle, constituait la colonne vertébrale de *L'Imposture* et de *La Joie* et qui fut retirée des deux incipits de 1931, n'intervient qu'en décembre 1933 à travers la rédaction du chapitre XIII de *Monsieur Ouine*. Le romancier a cependant pris soin d'éviter toute fastidieuse répétition des schémas comparatifs en renouvelant la dialectique. Au face à face du directeur spirituel et de son protégé se substitue la relation pastorale et collective du prêtre attaché à une paroisse et de ses fidèles. À cette occasion réapparaît de manière corrélative l'église-bâtisse, réceptacle des obsèques du petit vacher, et, pour la première fois dans l'œuvre romanesque[2], représentée dans le cadre d'une cérémonie religieuse. L'ecclésiologie romanesque de Bernanos est ici à un moment-clé car, pour la première fois, l'écrivain choisit de représenter l'Église dans toute sa plénitude sémantique, symbolique et mystique : dans l'église de pierre rendue vivante par la présence d'une assemblée représentant la paroisse dans sa totalité, un prêtre officie pour le repos de l'âme d'une victime innocente. L'église charnelle a investi l'église de pierre pour entendre le ministre de Dieu et recomposer le corps mystique de l'Église mis à mal par un meurtre mystérieux. La personne reliée en

---

1 À une exception près, celle du couple Guillaume-Steeny qui, apparemment sans éducation religieuse ni lien avec l'Église, révèle une confuse prescience du mystère mystique de la communion des saints.

2 *Sous le soleil de Satan* présentait les derniers moments précédant l'introït mais le narrateur cessait brutalement son récit à ce moment-là. (Voir S, 153)

assemblée chrétienne rejoindrait enfin l'Église architecturale et institutionnelle pour se mettre en relation avec la transcendance par le biais de
la célébration de la messe. Et pourtant, alors que toutes les conditions
théologiques semblent enfin réunies pour accomplir cette mise en relation, le romancier préfère dynamiter cette vue de l'esprit, trop parfaite
pour refléter la réalité de la boue humaine pétrie par le double péché de
la personne et de l'Église institutionnelle. La transcendance ne s'écrira
pas durant ces obsèques qui se voulaient exemplaires (paroisse réunie
dans une église pleine, prêtre officiant), tout simplement parce que leur
déroulement coïncide avec le dévoilement des péchés complémentaires
de l'assemblée et de son pasteur. Alors que les paroissiens, dès le début
de la scène, ont transformé l'architecture végétale du bâtiment sacré en
refuge des « bêtes d'un troupeau[1] » (MO, 1482), un pesant ennui neu-
tralise « dès l'offertoire »(1483) toute possibilité de prière authentique[2].
Le réquisitoire implacable du jeune prêtre n'intervient donc qu'après
l'homélie puisqu'il a le pouvoir de réveiller l'assemblée plombée par
l'ennui depuis l'offertoire. Deux remarques narratives encadrant ce
discours permettent de situer assez précisément le moment liturgique
auquel il correspond. C'est d'abord, juste avant la prise de parole du
prêtre, l'indication selon laquelle « Monsieur le curé, sous les yeux
surpris du sacristain Foublas, défit sa chasuble noire et parut se diriger
vers la chaire (il n'alla réellement que jusqu'à la table de communion) ».
Deux hypothèses s'offrent alors au lecteur : le geste d'ôter sa chasuble
marque traditionnellement la fin de la célébration mais si le sacristain,
gage du bon déroulement de toute messe, s'en étonne, c'est sans doute
parce que la messe n'est pas terminée. Le narrateur confirmera, après
la prise du parole du prêtre, cette seconde hypothèse en précisant qu'il
n'est pas en mesure d'affirmer si la bénédiction a bien été prononcée
mais que, de façon tout à fait certaine, pour finir, « l'absoute s'acheva
sans incident » (1491), cette ultime prière de la liturgie des défunts étant
dite avant que le cercueil ne sorte de l'église. Cette lecture a toute son
importance puisqu'elle permet de constater que le discours du prêtre n'est
pas prononcé dans le cadre de la liturgie de la parole mais dans celui de
la liturgie eucharistique, cœur de la célébration où l'assemblée doit se

---

1   « L'église a perdu sa douce odeur de résine, de mousse et de feuillage flétri. Elle est sombre
    et chaude comme une étable. » (MO, 1482)
2   « Cela commença par l'ennui. L'ennui vint sur eux, fondit sur eux dès l'offertoire, tomba
    des hautes voûtes sombres. Ils avaient beau se presser sournoisement les uns contre les
    autres, échanger de banc à banc des regards complices ou leurs rudes toux fanfaronnes,
    il semblait que l'ennui leur fermât les yeux, les oreilles. » (MO, 1483)

disposer à accueillir dans l'action de grâce le don de Dieu, c'est-à-dire le Christ s'offrant à son Père. Sermon à contre-temps, déplacé dans tous les sens du terme, il est proféré au moment paroxystique de la célébration par un prêtre ayant volontairement quitté sa chasuble, c'est-à-dire se situant délibérément hors de la célébration qu'il a suspendue par ce geste. Ces paroles enflammées extirperont alors l'assemblée de ce long sommeil morne, non pour lui faire rejoindre Dieu à travers l'oraison, mais pour la précipiter dans une scène apocalyptique de lynchage collectif. Le témoignage cru du « forgeron Guy Trioulet, l'un des tueurs » (MO, 1484) à la barre du juge désigne clairement l'assemblée religieuse elle-même en tant qu'entité collective fusionnelle asphyxiée par les paroles du prêtre :

> Le malheur a voulu qu'on aille tous à cette messe, tous à la fois, tous ensemble. C'est comme une vapeur qui nous aurait monté d'un coup à la tête. Positivement, lorsque le curé s'est mis à parler, l'air s'est mis à manquer, Monsieur, parole d'honneur. L'air était devenu chaud et gras comme celui de notre fournil quand je tue le cochon. (MO, 1484)

Voici la contre-preuve romanesque des bienfaits vantés par l'ecclésiologie théologique du rassemblement des fidèles sous la coupe de leur prêtre, église charnelle au sein de l'église de pierre, vaisseau architectural chargé de les mettre en relation avec la transcendance, par le biais du corps mystique du Christ. Dans la paroisse imaginaire de Fenouille, rien ne se passe comme l'annonce la bonne nouvelle des théologiens et le romancier met ici magistralement en échec le système fusionnel fondé sur la conception tripartite de l'Église universelle, pierre, chair et corps mystique. Car dans les villages picards du romancier, ce n'est pas la prière des paroissiens qui répond à la prière du prêtre mais c'est à leur péché que fait écho le sien. Et la cérémonie religieuse des funérailles apparaît comme la catastrophique médiatrice de la mise en relation des individus pécheurs et de l'Église pécheresse. En effet, face à la torpeur et à la stupeur animale de ses paroissiens hébétés, le prêtre ne saura opposer qu'écœurement désespéré, « un cri jeté vers toutes ces faces, seules visibles dans les demi-ténèbres, ces faces nues si pressées qu'elles faisaient comme un seul corps nu, la dégoûtante nudité de tout le village maudit se tordant auprès du cercueil. » (MO, 1484). C'est parce que l'assemblée, corps de l'église visible, est perçue par le prêtre comme une masse dégoûtante qu'il refuse d'entrer en contact avec elle pour s'unir au corps mystique du Christ. Là est son péché, dans le refus de la saleté de sa paroisse, qu'au lieu d'assumer dans une espérance de transcendance, il rejette violemment en se faisant – inconsciemment ? – passer pour le rejeté :

> Que suis-je parmi vous ? Un cœur qui bat hors du corps, avez-vous vu ça vous autres ? Hé bien je suis ce cœur-là, mes amis. Un cœur, rappelez-vous, c'est comme une pompe qui brasse le sang. Moi je bats tant que je peux, seulement le sang ne vient plus, le cœur n'aspire et ne refoule que du vent. (MO, 1485)

Si le grand corps mou des paroissiens, englué dans son animalité béate, s'est désintéressé du cœur sacerdotal, ce dernier est sorti de lui-même hors de cette chair souillée, par un mouvement d'auto-expulsion qui rappelle les frasques de Satan[1]. Aux péchés laïcs d'ennui et de bestialité répondent les péchés ecclésiastiques de dégoût et de désespoir envers les membres les plus grossiers du corps de l'Église. Abandonné par son prêtre, livré à ses pulsions et son ivresse de la veille, ce grand corps dégoûtant privé de cœur trouvera un exutoire monstrueux à son désir transcendant non orienté. Après avoir bousculé le curé à côté de la fosse creusée pour recevoir le cercueil du petit vacher, elle libérera de manière détournée sa « haine du prêtre » (1494) par la liquidation de Jambe-de-Laine, bouc émissaire marginal exclu de la paroisse qui paiera à la place du ministre de Dieu.

Anticléricale[2] et marginale, située délibérément hors de l'église institutionnelle et de l'univers chrétien, Jambe-de-Laine est en effet le personnage que le romancier a choisi pour constituer la victime sacrificielle de l'Église pécheresse. La portée iconoclaste de ce choix projette pour la première fois un personnage non-chrétien – anticlérical de surcroît – dans la trajectoire du martyre et fait de la foule des paroissiens les bourreaux sataniques de sa disparition[3]. On assiste ici à un complet renversement de l'image romanesque du non-chrétien. La Pérouse et Fiodor, les deux non-chrétiens de *La Joie* trouvaient leur justification diégétique dans la souffrance qu'ils pouvaient infliger à la jeune chrétienne recevant sa souffrance et son calvaire de ceux qui se situent délibérément en dehors

---

1   Au sujet des procédés d'auto-expulsion satanique, on peut se reporter à la section consacrée à « la dépouille d'un maquignon picard nommé Satan ».

2   Monsieur Ouine explique à Philippe que Madame de Néréis a interdit qu'un prêtre entre dans sa demeure pour administrer l'extrême-onction à Anthelme (MO, 1367).

3   Il est difficile de ne pas rapprocher cette scène de l'épisode évangélique de la femme adultère vouée à la lapidation par les pharisiens et sauvée par l'intervention de Jésus. Si les paroissiens de Fenouille se substituent ici, quasiment terme à terme, aux pharisiens, le prêtre, témoin du lynchage, n'aura pas un geste ni une parole pour sauver la châtelaine débauchée.

de l'Église[1]. Jambe-de-Laine la mécréante rejoint la trajectoire sacrificielle de Chantal la fervente et les paroissiens de Fenouille prennent
la place des bourreaux athées de 1928. Cette soudaine promotion du
non-chrétien brisant son image romanesque de bourreau pour accéder au
statut de victime sacrificielle, puise son assurance dans un récit à peine
antérieur[2], celui de la double mort d'Eugène et Hélène. Sans contact
aucun avec l'Église, sinon celui de leur mariage religieux, les époux ne
possèdent pas le caractère provocant et provocateur de Jambe-de-Laine.
Leur discrétion extrême les éloigne de toute condamnation publique et
leur double suicide peut être lu comme une projection sauvage vers la
transcendance, sans guide spirituel ni volonté consciente de rejoindre
Dieu. Alors que Chantal était jetée par Chevance vers le mystère de
l'extase mystique, le couple malheureux comme la châtelaine marginale se projettent eux-mêmes hors de l'immanence, sans avoir jamais
prononcé le nom de Dieu. Hors de l'Église institutionnelle, ce mysticisme et ce sacré sauvages s'inscrivent dans une démarche d'élévation
autonome, non chrétienne, mais que l'écrivain présente comme le fruit
d'une authenticité absolue et sacrificielle proche du calvaire christique
et donc de l'Église mystique.

Cette tension entre Église institutionnelle et Église mystique est
retravaillée quelques mois plus tard à partir d'août 1934 quand l'écrivain
commence à composer *Un crime*. Mais, là encore, le romancier prend bien
soin de ne pas se répéter en mettant en place un nouveau cas de figure qui
enrichit la dialectique de l'Église et de la personne. La confrontation du
vrai et du faux prêtre conditionne d'abord le déroulement de l'intrigue
en opposant réussite et échec du mouvement transcendant. Le vrai prêtre,
dépouillé de ses vêtements ecclésiastiques, et donc symboliquement de
sa paroisse et de ses fidèles, agonise seul et abandonné à la fois hors de
l'église de pierre dans une forêt de pins et hors de l'Église institutionnelle. Il est considéré par les villageois comme un assassin vagabond
mais pleinement intégré à l'Église mystique par son calvaire christique[3].
Le faux prêtre, ayant volé la soutane qui lui permet d'usurper toute une

---

1   Le psychiatre athée fait souffrir Chantal par ses paroles en réduisant la joie mystique à
    un cas clinique et Fiodor par sa convoitise qui le mène au crime.
2   W. Bush propose les dates d'avril 1934 pour le récit du lynchage (fin du chapitre xiv)
    et de février-mars 1934 pour celui de la double mort (chapitre xii). Ce dernier, toujours
    selon Bush, aurait donc été composé juste avant celui de la lapidation.
3   En effet, sur les traces du Christ, le jeune prêtre est dénudé, mis à mort et agonise sous
    le regard de ceux qui, comme à Jérusalem face à la croix, voient en lui un fauteur de
    troubles.

paroisse, investit brillamment l'Église institutionnelle par son imposture, devient sujet d'admiration du village mais finit par se suicider dans le dénuement le plus total, exclu de l'Église mystique par l'atrocité de ses crimes[1]. Comme dans les chapitres XIII et XIV de *Monsieur Ouine*, l'église institutionnelle d'*Un crime*, corrompue par le péché, est incapable d'entrer en relation avec la transcendance et seule l'Église mystique, par le biais d'un sacrifice christique, permet de la rejoindre. Mais à la différence de la paroisse de Fenouille, la paroisse de Mégère, représentante locale de l'Église visible, n'est pas corrompue par un péché qui lui serait interne ; elle est souillée par un acte imposteur venu de l'extérieur : la révolte de la fille d'une religieuse défroquée contre l'institution cléricale. Seule l'Église invisible échappe à toute corruption et peut rester en relation avec la transcendance par l'agonie du vrai prêtre agressé, martyr silencieux à l'identité perdue.

À peine Bernanos croit-il avoir terminé *Un crime* qu'il se remet au travail en entamant *Journal d'un curé de campagne*. Peut-être est-ce l'écœurement lié à la monstrueuse intrigue d'*Un crime* – un jeune prêtre assassiné par une jeune femme usurpant sa fonction sacerdotale et provoquant à travers cette usurpation le suicide d'un clergeon de quinze ans – qui conditionne, dans un mouvement de rééquilibrage créatif, le retour en force d'un univers ecclésial et chrétien plus authentique. Ainsi, les premières pages du nouveau roman mettent d'emblée en place deux dialectiques concomitantes formant une synthèse des problèmes abordés séparément dans les romans précédents.

La première est celle des relations pastorales entre le prêtre et sa paroisse[2], thématique abordée pour la première fois à travers les relations catastrophiques du curé de Fenouille et de ses paroissiens lors des obsèques du petit vacher. Mais dans un souci de renouvellement, le romancier se détourne de la mise en scène de cérémonies religieuses pour préférer approfondir le traitement et la relation pastorale sur le mode de la conversation, renouant ainsi avec les procédés de face à face prêtre-fidèle présents dans *L'Imposture* et *La Joie* tout en y adjoignant un rapport de force qui n'existait pas précédemment. En effet, alors que Pernichon et Chantal se soumettaient aveuglément aux conseils de leur directeur spirituel respectif, les fidèles du curé d'Ambricourt

---

1   Évangeline a assassiné de ses propres mains le jeune prêtre et la vieille dame ; elle est en outre la responsable directe du suicide d'André le clergeon.

2   Voir la phrase inaugurale du roman : « Ma paroisse est une paroisse comme les autres. » (JC, 1031).

se singularisent par leur rétivité, qu'elle s'exprime par un non-respect
des commandements bibliques (l'adultère du Comte avec Mademoiselle
Louise, la luxure de Sulpice Mitonnet, l'avarice de M. Pamyre l'épicier...)
ou par une révolte affichée envers le prêtre (Mademoiselle Chantal), Dieu
et l'Église (la Comtesse). Face à ces fidèles rétifs voire rebelles, tous en
rupture – à des degrés divers – avec les sacrements de l'Église, le petit
curé d'Ambricourt se révèle le plus souvent impuissant et démuni. Moins
funeste pour les âmes que son prédécesseur dans l'ordre de création
romanesque[1], il a cependant hérité de sa timidité, sa maladresse, sa
grande difficulté à prier et une solitude pesante qui font de lui un être
à réconforter plutôt qu'une source de réconfort. Mais alors que ces traits
de caractère avaient pour effet, dans *Monsieur Ouine*, d'aviver chez les
frustres paroissiens de Fenouille un obscur et viscéral anticléricalisme,
ils métamorphosent inexplicablement la rétivité de ceux d'Ambricourt
en authentique compassion. Confrontés à ce prêtre chétif et malade qui
éveille des sentiments mêlés de pitié et de dégoût, certains d'entre eux,
transcendant leur rejet ou leur révolte par un étrange retournement,
aident sans contrepartie le médiateur officiel de la transcendance à ne
pas sombrer dans le désespoir. Alors que les paroissiens de Fenouille,
foule animale et cruelle, font chuter – au sens propre et au sens figuré –
leur prêtre, certains paroissiens d'Ambricourt, personnages toujours
individualisés, aident le leur à se relever[2].

Plus que la compassion, cette faiblesse sacerdotale peut même éveiller
une forme de conversion dans les cœurs les plus endurcis. La plus longue
scène confrontative de toute l'œuvre romanesque, celle de l'entretien
entre le curé d'Ambricourt et la comtesse, illustre le mieux cette mystérieuse puissance de la toute-faiblesse sur les âmes révoltées. Mais
le décrochement conjoint auquel parviennent les deux protagonistes
n'est pas dénué de scories révélant le caractère imparfait, humain trop
humain, de toute mise en relation avec la transcendance. En effet, si le
prêtre réussit le miracle de dépouiller la comtesse de sa haine de Dieu,
en la conduisant à accepter enfin comme un mystère à respecter le décès

---

1   On sait que la figure du curé d'Ambricourt est née de celle du curé de Fenouille, aban-
     donnée en juillet 1934 au milieu du chapitre XVI et reprise seulement au printemps 1936
     à Majorque.

2   Évoquons plus précisément ici la scène christique où la jeune Séraphita rachète sa sour-
     noiserie et ses calomnies contre le prêtre, en l'extirpant du fossé fangeux dans lequel il
     s'était évanoui et nettoyant son visage souillé de vomissements sanguinolents. Sulpice
     Mitonnet lui-même, désigné comme un pervers et un vicieux par le comte, constitue
     pour le curé une source temporaire de réconfort.

prématuré de son petit garçon, une lecture attentive révèle textuellement
que la comtesse ne se rend pas à Dieu mais au jeune homme qui lui
fait face et qui lui rappelle l'enfant qu'elle a perdu[1]. Cette restriction ne
signifie-t-elle donc pas que la comtesse se livre uniquement au sosie de
son fils mort tel qu'il aurait pu se présenter devant elle s'il était toujours
en vie ? Et ne reste-t-il pas dans cet abandon une composante morbide
empêchant l'avènement d'une conversion transparente ? Car tout se passe
alors comme si le petit prêtre constituait un écran entre la pécheresse
et Dieu empêchant celle-ci de renoncer totalement à l'image du trop
cher disparu. Comment d'ailleurs interpréter autrement son geste final
consistant à lancer « le médaillon au milieu des bûches en flamme » (JC,
1164) ? Certes, le texte ne précise pas si, en plus de la petite mèche de
cheveux, figurait en son sein le portrait de l'enfant défunt ; mais si tel
est bien le cas, il est tout à fait possible de comprendre que si la comtesse
a eu la « folie » (tel est le mot du prêtre) d'incendier le médaillon, c'est
uniquement parce qu'elle disposait alors de sa réplique grandie, et
surtout vivante, en face d'elle. Dans cette perspective, le petit paquet
remis au prêtre quelques heures plus tard par le vieux Clovis de la part
de la comtesse et qui contient « le petit médaillon, maintenant vide, au
bout de sa chaîne brisée » (JC, 1165) ne pourrait-il ainsi signifier que
la mère éplorée attend du jeune prêtre qu'il se substitue au fils défunt,
qu'il occupe l'espace maintenant vide au cœur du médaillon ? Jointe
au paquet se trouvait une lettre que le narrateur extra-diégétique fait
recopier au petit prêtre dans son journal. Un extrait accrédite cette
hypothèse concernant le processus de substitution inconsciente opérée
par la comtesse :

> Que vous dire ? Le souvenir désespéré d'un petit enfant me tenait éloigné
> de tout, dans une solitude effrayante, et il me semble qu'un autre enfant m'a
> tirée de cette solitude. J'espère ne pas vous froisser en vous traitant ainsi
> d'enfant ? Vous l'êtes. Que le bon Dieu vous garde tel, à jamais ! (JC, 1165)

Le curé le sera si peu, froissé, que la lettre à peine lue sera glissée dans
son « *Imitation*, un vieux livre qui appartenait à maman, et qui sent
encore la lavande, la lavande qu'elle mettait en sachet dans son linge, à
l'ancienne mode. » (JC, 1166). De la même façon que la mère esseulée a
cru retrouver son enfant mort dans le visage du jeune prêtre, ce dernier,
orphelin très jeune, retrouverait au terme de cette entrevue, une mère

---

1   « C'est à vous que je me rends. » Voir aussi deux lignes plus bas : « Mais je ne me rends
     qu'à vous. » (JC, 1163)

trop tôt perdue[1]. En menant cette lecture de la relation comtesse-prêtre à son terme, il s'avère possible de démontrer que la mère en souffrance n'est pas seule à parasiter le mouvement de l'être vers Dieu ; le jeune prêtre, lui aussi, en assimilant plus ou moins consciemment la comtesse à sa propre mère défunte, fait obstacle à une rencontre authentique entre la comtesse et la transcendance. Il alimente lui-même la projection de la comtesse sur sa propre personne en reconnaissant à son tour dans l'être de la comtesse la silhouette depuis longtemps disparue de sa propre mère. Ce trouble sentiment filial ne disparaîtra qu'après la mort de la comtesse, dans l'ultime contemplation du visage de la défunte, et cédera la place à son équivalent symétrique mais dénué de toute turbidité, le sentiment de paternité[2]. Du fils au Père, le curé lui aussi a éprouvé un décrochement vertical ascendant.

La seconde dialectique, faisant écho à celle que nous venons d'examiner dans sa relation avec les trois pôles sémantiques de la transcendance, est celle du prêtre spirituel confronté au prêtre religieux[3]. Antinomiques et complémentaires, les curés d'Ambricourt et de Torcy illustrent roma-nesquement cette tension entre l'union de l'âme à Dieu et l'union de l'individu à son milieu : Si « le spirituel s'arrache à l'espace quotidien, le religieux l'occupe[4] ». La narration abandonne à travers ces deux portraits croisés la superposition obsessionnelle du bon et du mauvais prêtre ou du prêtre authentique et du prêtre frelaté pour présenter au lecteur deux figures sacerdotales aux traits exigeants mais cependant radicalement antithétiques dans leur relation à la transcendance. Conducteur d'hommes, appartenant – selon ses propres termes – à la catégorie « des chefs de paroisse, des maîtres quoi, des hommes de gouvernement » (JC, 1040) faiseurs d'ordre, Torcy refuse obstinément d'amorcer le mouvement

---

1   Ce rapprochement nous paraît d'autant moins gratuit que lors de sa première visite au château, le curé d'Ambricourt, fin observateur, décèle sur les cheveux gris de la comtesse qu'il rencontre pour la première fois, « une sorte de mantille qui m'a rappelé celle que ma pauvre maman mettait le dimanche. Je n'ai pu m'empêcher de le lui dire, mais je me suis si mal expliqué que je me demande si elle a compris. » (JC, 1059). Si la comtesse n'a pas compris sur le moment, la scène ultérieure du médaillon semble remédier à cette première incompréhension.

2   « J'ai écarté le voile de mousseline, effleuré des doigts le front haut et pur, plein de silence. Et pauvre petit prêtre que je suis, devant cette femme si supérieure à moi hier encore par l'âge, la naissance, la fortune, l'esprit, j'ai compris – oui, j'ai compris ce que c'était la paternité. » (JC, 1170)

3   La tension anthropologique entre les deux adjectifs est brillamment explicitée dans l'ouvrage de Régis Debray, *Le Feu sacré. Fonctions du religieux*, Paris, Éditions, Fayard, 2003 p. 27-32.

4   *Ibid.*, p. 27.

transcendant par l'usage de sa volonté individuelle[1]. Ce refus est tout
autant lié à une lucidité implacable concernant les moyens limités dont
il dispose, homme de chair et de sang, pour quitter l'immanence qu'à
la crainte d'entrer en contact avec la transcendance[2]. Cette distinction
ferme entre l'Église institutionnelle, dont la fonction est religieuse et les
moines[3], les mystiques et les saints qui suivent une trajectoire spirituelle
où la quête de sanctification se confond avec une unification individuelle,
place les prêtres, êtres séculiers, au cœur de l'immanence pécheresse[4]
et volontairement à l'écart de tout nombrilisme mystique. Si l'on place
dans ce roman l'institution ecclésiale en interface aux deux versants,
le curé de Torcy en serait la face physique, celle du religieux et le curé
d'Ambricourt la face mentale, celle du spirituel. En effet, alors que le
premier sermonne et dirige, le second écoute et rédige son journal intime,
se retirant du collectif pour une mise en valeur de l'individuel en tant
que sujet et unique objet de son introspection fébrile. Indissolublement
lié à des moments de solitude, d'insomnie et d'isolement, ce journal
fait du petit prêtre un être déplacé par rapport à sa fonction sacerdotale
d'homme religieux qui se doit de rassembler les dispersés pour former
un seul corps dans le Christ. L'acte d'écriture provoque au contraire
un effet de singularisation absolue non réductible à son statut pastoral.

Qu'ils évoquent la transcendance oralement ou par écrit, les deux
prêtres du *Journal*, représentants officiels de l'Église visible et dépositaires

---

1   « Tu me diras peut-être que je ne comprends rien aux mystiques. (…). Moi, je n'ai pas de
    génie. Une supposition que l'Esprit-Saint me fasse signe un jour, je planterai là mon balai
    et mes torchons – tu penses ! – et j'irai faire un tour chez les séraphins pour apprendre
    la musique, quitte à détonner un peu au commencement. Mais tu me permettras de
    pouffer de rire au nez des gens qui chantent en chœur avant que le bon Dieu ait levé sa
    baguette ! » (JC, 1040).
2   « Ces sortes de grâces !… Le premier mouvement de l'âme est de les fuir. On peut l'entendre
    de plusieurs manières, va, la parole du Livre : "Il est terrible de tomber entre les mains
    du Dieu vivant !" Que dis-je, entre ses bras, sur son cœur, le cœur de Jésus ! Tu tiens ta
    petite partie dans le concert, tu joues du triangle ou des cymbales, je suppose, et voilà
    qu'on te prie de monter sur l'estrade, on te donne un stradivarius et on te dit : "Allez,
    mon garçon, je vous écoute." Brr !… » (JC, 1041).
3   Si le curé de Torcy se méfie des moines, c'est parce qu'ils cultivent la solitude et l'isolement
    par rapport au monde.
4   « Les moines sont les moines, a-t-il dit, je ne suis pas un moine. Je ne suis pas un supérieur
    de moines. J'ai un troupeau, un vrai troupeau, je ne peux pas danser devant l'arche avec
    mon troupeau – du simple bétail – ; à quoi je ressemblerais, veux-tu me dire ? Du bétail,
    ni trop bon ni trop mauvais, des bœufs, des ânes, des animaux de trait et de labour. Et
    j'ai des boucs aussi. Qu'est-ce que je vais faire de mes boucs ? Pas moyen de les tuer ni
    de les vendre. Un abbé mitré n'a qu'à passer la consigne au frère portier. En cas d'erreur
    il se débarrasse des boucs en un tour de main. Moi, je ne peux pas, nous devons nous
    arranger de tout, même des boucs. » (JC, 1043-44).

de la parole sacrée, révèlent tous deux leur impuissance à ramener dans le corps du troupeau les brebis l'ayant volontairement quitté. Delbende et Dufrety illustrent magistralement l'échec de l'institution face aux chrétiens qui se sont éloignés d'elle. Le médecin qui voulait devenir missionnaire à quatorze ans et qui perdit la foi au cours de ses études de médecine, ainsi que le prêtre défroqué, restent imperméables aux paroles sacerdotales. Le réquisitoire du médecin contre les pharisiens et la médiocrité chrétienne laisse le curé d'Ambricourt[1] sans voix et celui de Torcy, malgré la force de ses arguments, ne sauve pas son meilleur ami du suicide. Quant à Dufréty, c'est lui qui porte les dernières paroles du roman car le *Journal* se clôt sur son témoignage d'homme revenu dans le monde, dépouillé de ses fonctions sacerdotales et définitivement au ban de l'Église institutionnelle.

C'est paradoxalement dans cette œuvre sursaturée de références chrétiennes, où ne cessent de s'affronter les ministres de Dieu, en même temps qu'ils s'affrontent à leurs paroissiens, où l'Église visible lutte et souffre pour ne pas se séparer de l'Église invisible, que l'apparition finale d'une jeune femme misérable complètement à l'écart de l'institution ecclésiale bouleverse les représentations dialectiques élaborées au fil de l'œuvre. En effet, la petite amie de Dufréty, le prêtre défroqué, constitue un repoussoir pour l'Église institutionnelle. Son dialogue avec le curé d'Ambricourt l'élève cependant au rang de sainte cachée, et c'est le prêtre lui-même qui prononce la sanctification :

> L'ignorance incompréhensible, l'ignorance surnaturelle de son cœur est de celles que garde un ange. (J., 1257).

Cette fugitive et saisissante apparition féminine du *Journal* trouve son prolongement naturel dans la naissance de la jeune Mouchette de l'été 1936. Comme la figure sans prénom qui sacrifie sa jeunesse et sa santé à un homme qui a honte d'elle, Mouchette sacrifie son enfance et sa pureté charnelle à un homme qui ne la reconnaît pas. Et toutes deux forgent leur honneur dans la préservation de celui de leur compagnon[2]. Si la misère acceptée met de plain pied au niveau du Christ, ces deux

---

1   Alors que la forte parole de Torcy se fait toujours entendre à travers des discours aux allures de monologue, les paroles du curé d'Ambricourt fusionnent le plus souvent avec le discours narratif.
2   La jeune femme a toujours refusé que Dufréty l'épouse pour qu'il puisse, s'il le désire, rejoindre le ministère ; devant le garde-chasse, Mouchette déguise le viol d'Arsène en acte d'amour partagé pour le protéger.

ombres romanesques se révèlent éminemment christiques. Mais alors que
la compagne du prêtre partageait encore avec les autres personnages de
son histoire le don de la parole et de la confidence, la petite Mouchette
ne sait que se taire face au malheur, et son silence farouche s'impose
comme son ultime chance de rédemption. Car, dans un cadre romanesque d'où l'Église a été totalement évacuée[1], nulle parole sacerdotale
ou fervente n'est en mesure de desserrer les mâchoires de Mouchette ou
même de créer un contrepoint à son mutisme. Pour le lecteur en quête
de transcendance, le dépaysement est total[2] : aux longs discours de Torcy
saturés des mots « Dieu », « Notre Seigneur », « Jésus-Christ », eux-mêmes
intégrés dans le flux narratif sacerdotal du petit prêtre d'Ambricourt,
succèdent quelques maigres dialogues vidés de tout référent sacré. Les
cinq prises de parole de Mouchette s'ouvrent par un bégaiement à peine
articulé[3] et se clôturent par une menace de mort à l'irréel du passé[4]. Il
serait confortable, à ce degré de constatation, d'évoquer une liquidation
définitive de l'écriture de la transcendance à travers la substitution aux
paroles sacerdotales de balbutiements sauvages. Alors que les curés
de Torcy et d'Ambricourt parlaient abondamment de Dieu, en toute
connaissance de cause et par vocation, Mouchette n'a jamais rien à dire
sur Dieu, ni sur elle ni sur les autres, en toute ignorance de cause et par
misère autant que par abrutissement. Ce silence, cependant, signe une
modalité inédite de la relation entre l'individu et la transcendance. De
même que l'immobilité contemplative ou cataleptique de Chantal la
menait plus sûrement hors de toute immanence que les fugues frénétiques
d'Olivier ou de Simone, le silence[5] de Mouchette se singularise comme
une trouée mystérieuse au sein de la réalité la plus sordide, plus béante
encore que celle provoquée par les paroles de feu du curé de Torcy ou

---

1   *Nouvelle histoire de Mouchette* est le seul roman de l'œuvre sans prêtre. Il reste bien une
    église dans ce village pluvieux, mais elle est la toile de fond d'un décor morne, simple
    complément déterminatif d'une carte postale champêtre, « la place de l'église » (NHM,
    1320) et pour cause puisque « personne ne va plus à la grand-messe. » (NHM, 1327)

2   Ce fut en tout cas l'avis du cinéaste Robert Bresson pour qui « dans le *Journal*, le nom de
    Dieu était prononcé à tout bout de champ. Dans Mouchette, il ne l'est jamais. » Robert
    Bresson : entretien avec Napoléon Murat, p. 14, l'Herne ; *G. Bernanos*, 1962, réimpression
    de 1999, éditions Fayard.

3   Ce bégaiement inaugural coïncide phoniquement avec le premier substantif français du
    Pater Noster : « Per… per… due, m'sieur Arsène. »(NHM, 1272)

4   Ce sont les dernières paroles adressées à la veilleuse des morts : « Vous me dégoûtez, sale
    vieille bête. Si j'avais été cette demoiselle, je vous eusse plutôt étranglée. » (NHM, 1337)

5   « Le silence, chez les anciens, c'est "le sein du Père", c'est la transcendance au cœur de
    l'immanence. » Jean-Yves Leloup. *L'Évangile de Marie*, Paris, Éditions Albin Michel, 1999,
    p. 194.

les visions christiques racontées par le prêtre diariste. Par un impénétrable paradoxe, c'est en taisant le nom de Dieu, non par respect mais par ignorance et par excès de misère spirituelle, que sa présence implose au sein même de sa disparition absolue. La transcendance advient dans l'espace et le moment mêmes de son abolition.

Cette description des métamorphoses successives affectant les lieux fictionnels où peut s'écrire la transcendance ne peut se clore sans la remarque suivante : la dialectique entre l'Église et l'individu, qui conditionne le déploiement de cette écriture, s'oriente vers un effacement progressif de la première à l'avantage du second. L'ecclésiocentrisme architectural et institutionnel des premiers romans cède insensiblement la place à un christocentrisme qui se dépouille peu à peu de tout repère ecclésial pour atteindre tous les êtres sans exception. Cette libération fictionnelle et narrative par rapport à la dépendance des premiers romans à l'Église visible semble élargir l'horizon spirituel de l'individu. Alors que son absence de lien avec toute ecclésialité faisait d'abord de lui un personnage mortifère, destructeur ou autodestructeur, cette séparation se révèle avec les années de moins en moins catastrophique même si subsiste une authentique souffrance narrative dans le récit de l'insondable destinée de ces êtres coupés de l'Église terrestre. Il est un autre drame que la narration ne cesse de récrire avec application, roman après roman, avec toujours davantage d'acuité, c'est celui du chrétien abandonné par son prêtre ou par son Église et livré au désespoir du suicide (Pernichon, le clergeon André, le maire Arsène), de la mort sacrificielle (Chantal) ou du crime (Evangéline, Simone).

LE CALVAIRE INTÉRIEUR

Les métamorphoses diachroniques des lieux d'écriture romanesque de la transcendance se déploient sur le mode de l'alternance entre renouvellement et liquidation. Retracer dans ses grandes lignes un tel parcours diachronique, fidèle à l'ordre de création, révèle cet étonnant mouvement de balancier à l'oscillation parfaite où le déploiement de l'écriture de la transcendance conditionne sa disparition subite, elle-même moteur d'une réapparition ultérieure. Ainsi, le double mouvement de liquidation puis de retour en force dans la rédaction successive de *L'Imposture* et de *La Joie* est à l'œuvre dans les romans suivants, avec une obsédante constance : si les deux ébauches de 1931 signent l'extinction brutale de l'univers catholique en ne présentant plus que des personnages athées dénués de toute préoccupation religieuse ou spirituelle, la réapparition du prêtre

sous les traits du curé de Fenouille en 1933 compense la liquidation
précédente. Mais la rédemption sera de courte durée puisque l'Église
subit une nouvelle liquidation symbolique à travers l'assassinat du curé de
Mégère rédigé durant le dernier semestre de l'année 1934. Une nouvelle
résurrection de la figure sacerdotale s'impose à partir de Noël 1934 à
travers le trio complémentaire formé par les curés de Fenouille, Torcy
et Ambricourt mais elle annonce paradoxalement l'approfondissement
des personnages sans Dieu que sont les protagonistes du *mauvais rêve*
(été 1935) ainsi que la seconde Mouchette et Monsieur Ouine (été 1936
et printemps 1940).

Comment expliquer ce mouvement de balancier récurrent où l'écriture
de la transcendance ne cesse de se métamorphoser du premier à l'ultime
lieu romanesque, au risque de s'égarer en perdant son identité, voire
de disparaître entre deux résurgences ? Cette oscillation permanente et
régulière serait-elle le fruit d'une volonté littéraire ? L'hypothèse selon
laquelle Bernanos choisirait comme fil directeur esthétique et métaphysique de son évolution romanesque la tension insoluble entre écritures
de l'immanence et de la transcendance, se heurte d'emblée à la réalité
d'une vie et d'écrits placés sous le signe de l'errance, de l'impulsion
et de l'instinct. Il serait symétriquement trop facile d'attribuer ce
mouvement de balancier aux caprices du hasard, car cette alternance
systématique se pose clairement comme le résultat scriptural d'une tension créatrice pouvant trouver son origine aussi bien dans l'imaginaire
que dans l'idéologie du romancier ou même la réalité événementielle
contemporaine de sa production écrite. C'est peut-être à partir de cette
interaction perpétuelle de la fiction, des idées et de la vie que se justifie
l'oscillation obsédante structurant le cours de l'œuvre romanesque. Pour
ne pas séparer ces trois domaines étroitement liés à la création, il faut
examiner concomitamment, dans une perspective de reconstitution de
la chaîne dialectique romanesque, les œuvres fictionnelles, les écrits de
combat et l'actualité extra-littéraire en rapport avec ces textes.

L'étude des circonstances de maturation et de rédaction ayant
mené l'écrivain de *L'Imposture* à *La Joie* illustre d'emblée la complexité
des relations entre fiction, idéologie et biographie telles qu'elles sont
mises en œuvre dans l'élaboration de l'écriture de la transcendance.
D'emblée, à propos de ces deux romans successifs, la question se pose :
pourquoi la transcendance s'écrit-elle si difficilement dans *L'Imposture*
et si aisément dans *La Joie* ? L'hypothèse du plan littéraire préétabli
d'un diptyque contradictoire, où la transcendance apparaîtrait d'abord

néantisée par le prêtre qui ne croit plus puis déployée par la jeune fille mystique qui tombe en Dieu, ne peut être totalement écartée. En effet, dès la première partie de *L'Imposture*[1], Chevance évoque devant Cénabre la qualité d'âme « d'une personne admirable » qui n'est autre que l'héroïne du roman à venir[2], mais le second s'empressera de la replonger dans l'anonymat afin de poursuivre sans entrave son entre- prise de néantisation de la transcendance[3]. L'introduction anticipée du personnage lumineux de Chantal à travers les paroles de Chevance dès les premières pages de *L'Imposture* peut ainsi être interprétée comme une volonté originelle de la part du romancier de confronter, à travers deux volets du même diptyque, refus puis acceptation du mouvement, de la personne et de l'espace transcendants. Cependant, et de manière fort étonnante, la correspondance contemporaine de la composition de *L'Imposture* ne mentionne pas l'existence d'un tel projet, Bernanos insistant plutôt sur les tâtonnements qui président à l'élaboration du roman[4]. L'absence d'étude du manuscrit de *L'Imposture* rendant impossible toute reconstitution des circonstances exactes de sa rédac- tion et plus précisément des dates et de l'ordre de composition de ses quatre parties, les difficultés pour interpréter cette contradiction entre la présence annonciatrice de Chantal dès les premières pages de l'édition courante et l'angoisse du romancier qui travaille en suivant un ténébreux instinct, s'accroissent.

En maintenant la supposition selon laquelle, dès 1926, le romancier nourrirait le projet littéraire de pulvériser toutes les références à la

---

1 Pas forcément rédigée la première dans l'ordre de composition du roman mais de toute manière antérieure à celle de *La Joie*.

2 « J'aurai tout à l'heure à vous entretenir sans doute de la confiance dont m'honore une personne admirable… exceptionnelle… faite pour m'édifier, dont je n'aurais plutôt à recevoir que des leçons… Mademoiselle Chantal de Clergerie (sa voix ne tremblait plus). J'assiste avec une espèce d'épouvante – véritablement avec terreur – à l'ascension vers Dieu, vers les plus hautes cimes de la contemplation, d'une âme assurément visitée par le Saint-Esprit, déjà hors de nous … Ah ! Je sais à qui je m'adresse ! Je n'ai pas beaucoup le temps de lire – je lis peu – mais je n'ignore pas que vous avez l'expérience, une grande expérience des âmes saintes, des âmes choisies… Il est vrai que Melle Chantal reste, grâce à Dieu, inconnue, mais comment ne pas craindre pour elle… » (I, 341)

3 – Voulez-vous que nous laissions là Mademoiselle de Clergerie ? » dit simplement l'abbé Cénabre. (I, 341)

4 « Je travaille dans le plus parfait dénuement intérieur, à tâtons. Ce que j'écris me semble un balbutiement misérable. » Lettre à Henri Massis, août 1926, (Corr. I, p. 251). Notons cependant qu'un mois plus tard, dans une nouvelle lettre au même Massis, Bernanos change de ton : « je suis sur une piste. Le sujet est si vaste qu'il faudra sûrement deux volumes successifs. Mon mauvais prêtre, si je le mets une fois debout, s'y tiendra, comme une tour. » (Corr. I, p. 255).

transcendance pour mieux les redéployer par un effet de contraste dans le volume suivant, ce projet de pulvérisation initiale se concrétiserait étrangement à travers une représentation sursaturée de l'univers catholique. L'intrigue romanesque de *L'Imposture* ne cesse ainsi d'introduire une relation de causalité entre l'omniprésence de la représentation d'un catholicisme fourvoyé dans le libéralisme politique et la liquidation de l'écriture de la transcendance : plus la sphère catholique est mise en scène, moins la transcendance s'écrit. Cette situation iconoclaste révèle au lecteur une incompatibilité constante entre pratique catholique et accès à la transcendance[1]. Comment comprendre un tel choix d'écriture qui place d'emblée le romancier de *Sous le soleil de Satan* dans une position toujours plus délicate par rapport à ses convictions de chrétien engagé et à son lectorat catholique ?

Le surgissement de l'abbé Cénabre marque dans l'imaginaire sacerdotal du romancier l'aboutissement hybride et monstrueux de deux figures originellement bien distinctes, celles du prêtre et de l'écrivain. Cette fusion inaugurale du religieux et du littéraire s'annonce immédiatement comme un échec dans l'expression de la transcendance. Aucune causalité explicite n'est établie entre l'écriture et la perte de foi en Dieu mais l'insistance narrative avec laquelle la mise en parallèle est menée peut laisser songeur. La supposition vient alors d'elle-même : est-ce parce que le prêtre écrit au lieu d'officier et de confesser[2] que le narrateur peine à écrire la transcendance ?

Parallèlement au démon littéraire qui pousse le romancier à procéder à l'exécution fictionnelle du prêtre catholique médiateur privilégié de l'accès à la transcendance, un démon polémique travaille la mise en forme de *L'Imposture* en infléchissant la matière romanesque vers la caricature. Un écrit de combat[3] contemporain des débuts de la rédaction du roman nourrit ou se nourrit de la critique fictionnelle des milieux catholiques progressistes des années vingt. Il est en effet impossible d'établir avec certitude lequel des deux textes constitue l'aliment de l'autre, certaines phrases de la lettre pouvant être lues comme le résumé très condensé

---

1   Modestement anecdotique dans *Sous le soleil de Satan* à travers le personnage du curé de Luzarnes, cette incompatibilité est au cœur de l'intrigue de *L'Imposture*.

2   Cénabre n'a pas de paroisse attitrée, situation exceptionnelle liée justement à son statut d'écrivain ; de plus, quand Pernichon se confesse, ce prêtre l'exécute verbalement sans l'absoudre.

3   Ce texte polémique est une lettre à *La Gazette française* intitulée « Leurs gueules », annoncée par ce périodique d'extrême droite le 12 avril 1926, publiée le 2 septembre 1926 et reproduite dans EEC I, p. 1058-61.

de certains paragraphes du roman ou certains passages de ce dernier comme une expansion de l'idée-mère évoquée dans la première[1]. Il est certain en revanche que le contenu de cette lettre coïncide à plusieurs reprises avec celui des premières pages de la deuxième partie de *L'Imposture*, notamment l'évocation des sots[2], l'allusion au consistoire et aux concessions œcuméniques du catholicisme libéral[3]. Ce constat de coïncidence rédactionnelle entre la lettre « Leurs gueules » et au moins les premières pages de la deuxième partie de *L'Imposture* permet de supposer que cette partie a pu être écrite avant l'automne 1926, où débute la condamnation explicite et sans appel de l'Action Française par le Vatican. Si tel est bien le cas, ces pages n'auraient donc pu être écrites en réaction à cette attaque issue de l'aile de l'Église catholique la plus proche de la démocratie chrétienne. En effet, même s'il reste possible de supposer que Bernanos a éprouvé le besoin de reprendre cette partie après les événements politico-religieux de l'automne 1926 pour accentuer la virulence de la caricature, les protagonistes du salon Guérou, catholiques partisans du ralliement et évêque en osmose avec son siècle républicain, trouvent leur origine non dans la réalité événementielle mais dans la férocité polémique de l'imaginaire de Bernanos, en avance sur l'histoire.

Si le romancier de *L'Imposture* se détourne de l'écriture de la transcendance, ce n'est pas originellement à cause d'un événement extra-littéraire

---

1   Un exemple presque pris au hasard tant les rapprochements sont nombreux : la phrase lapidaire de la lettre désignant la lâcheté déguisée en soif de concession des catholiques progressistes (« La première entre ces règles est d'estimer et d'admirer l'adversaire » EEC I, 1059) se retrouve développée dans un paragraphe tout entier de la première partie du roman (« le peu qu'il a de doctrine politique ou sociale est commandé par ce même besoin pathétique de se livrer à l'ennemi, de livrer son âme [...]. L'injustice commise envers les siens suscite aussitôt non la révolte, pas même une lâche complaisance, mais, dans le double recès de son âme femelle, la haine de l'opprimé, l'ignoble amour du vainqueur » (I, 315).

2   « L'œuvre de M. Cénabre est bienfaisante, déclara Mgr Espelette. Je n'en veux pour preuve que la malédiction des sots. » (I, 383) : la première réplique de l'évêque de Paumiers – taxé lui-même de sot par la voix narrative quelques pages plus loin (I, 388) – annonce ou reprend le portrait des sots développé dans les deuxième et troisième paragraphes de la lettre polémique.

3   L'auteur de la lettre ironise au sujet de l'habileté cléricale moderne (« L'Église de France n'a jamais connu plus insolente prospérité : elle dispose de plusieurs sièges à l'Académie, figure aux côtés de ses grands frères du Consistoire et du Rabbinat dans toutes les grandes solennités nationales, admire l'héroïsme des citoyens et rassure les épargnants » EEC I, 1059-60). Et le portraitiste des membres du salon Guérou présente avec une cruelle jubilation l'évêque de Paumiers qui se montre à chaque occasion entre un pasteur et un rabbin, disputant humblement leur place à ces fonctionnaires officiels.

qui l'aurait distrait de cette quête scripturale. C'est son imaginaire qui a choisi de centrer la création fictionnelle autour d'une figure de prêtre encore inédite, ministre coupé de son Dieu, absent à la révélation transcendante, imaginaire lui-même nourri par une idéologie violemment anticléricale qui s'épanche parallèlement dans la veine polémique. La genèse de *L'Imposture* – et plus particulièrement celle de la deuxième partie – n'est donc pas la transposition romancée d'un traumatisme personnel lié au déchirement des catholiques français de 1926 mais au contraire le fruit des entrailles d'un génie créateur visionnaire qui anticipe dès le printemps 1926 le conflit entre l'Église de France et ses catholiques partisans de l'Action Française. C'est donc moins ici le réel qui annonce et permet la fiction que le fictionnel qui prophétise l'événement extra-littéraire. Ce sont en revanche les lecteurs puis les critiques de *L'Imposture* qui, dans le sillage de l'écrivain, ont métamorphosé l'œuvre en roman à clé, décelant derrière chaque ombre caricaturale des silhouettes de la réalité historique. Même s'il est indubitable que le prophétique n'est qu'un point de départ et que les événements de l'automne et de l'hiver 1926 ont dû apporter l'expansion, voire le remaniement de la matrice textuelle, on ne peut, sans trahir le travail créateur du romancier, réduire cette œuvre à la transposition romanesque d'un règlement de compte avec la modernité catholique de l'époque. À l'origine de *L'Imposture*, une saison avant les événements de la fin de l'année 1926, le romancier ne règle de compte qu'avec son imaginaire tourmenté, déchiré entre un catholicisme fervent hérité de son éducation ainsi que d'expériences spirituelles précoces et un virulent anticléricalisme lié à ses convictions monarchistes, son dégoût de l'Église républicaine et des clercs démocrates. Si ce roman peine à écrire la transcendance, c'est – pour respecter une causalité chronologique – d'abord parce qu'un profond malaise intérieur, étroitement lié à la dégradation de ses relations avec une partie de l'Église entrave l'épanouissement de son catholicisme. En 1926, Bernanos est encore intimement convaincu que l'Église catholique romaine constitue l'unique médiatrice permettant un accès à l'espace et à la personne transcendants ; or, un viscéral anticléricalisme, d'abord seulement structurel[1] puis, sous le coup de la condamnation brutale de l'Action Française, conjoncturel, empêche le romancier de construire une représentation fictionnelle où l'Église soit capable d'assumer cette fonction médiatrice.

---

1   Présent dès l'été 1926 à travers la rédaction de « Leurs gueules » publié pour des lecteurs dont le catholicisme traditionnel refuse farouchement l'Église moderne.

Si la condamnation de l'Action Française par le cardinal Andrieu
– soutenue puis relayée par le Vatican durant l'automne et l'hiver 1926
jusqu'à la mise à l'index de mars 1927 – ne constitue pas *stricto sensu*
l'événement à l'origine de *L'Imposture*, elle semble bien, en revanche,
avoir son rôle à jouer dans l'élaboration d'un court essai rédigé en
octobre 1926, concomitamment à la mise en forme du roman en cours.
Cette hagiographie de Saint Dominique se révèle d'une anachronie
religieuse à première vue totale si on la confronte aux événements de
1926. La question de la motivation à l'origine de la rédaction de cette
vie de saint mérite aussi d'être examinée : en effet, pourquoi cette
dispersion biographique en plein travail romanesque ? Et pourquoi
ce sujet historique alors que *L'Imposture* ne cesse de renvoyer à une
actualité brûlante ?

La correspondance d'octobre 1926 évoque, dans l'ultime et sibylline
phrase d'une lettre adressée à Henri Massis, la vocation originelle de
cet opuscule :

> J'ai commencé mon Saint-Dominique, mais pour l'amour de vous. (Corr. I,
> p. 269)

L'opposition entre le déterminant possessif de la première personne et le
pronom désignant Massis favorise l'ambiguïté concernant l'identité de
celui qui est à l'origine de l'impulsion créatrice : Bernanos a-t-il eu lui-
même l'idée d'écrire ce texte pour l'offrir à son ami ou se contente-t-il
d'honorer docilement une commande de Massis qui lui pèse mais que
son sens de l'amitié lui ordonne de faire aboutir ? La conjonction de
coordination à valeur oppositive séparant l'épistolier et son destinataire
orienterait plutôt vers l'hypothèse de la pesante demande d'autant plus
plausible que Saint Dominique sera publié quelques semaines plus tard
dans la *Revue Universelle*, fondée et dirigée par Massis lui-même. D'autre
part, l'expression « pour l'amour de... » est déjà employée par Bernanos
dans une précédente lettre à Massis où le sens d'obligation subsumée
par la notion de charité se déploie cette fois-ci sans aucune ambiguïté[1].
Une autre lettre de Bernanos, datée de novembre 1926 et adressée cette
fois à Cosmao Dumanoir confirme l'hypothèse de la commande d'abord
acceptée avec résignation puis écrite dans la joie[2].

---

1   « Je viens de recevoir une lettre de Maritain. Il me propose quelques corrections que je vais
     tâcher de faire pour l'amour de lui. » (Corr. I, p. 208). Bernanos évoque ici les corrections
     demandées par le philosophe au sujet de *Sous le soleil de Satan*.
2   Voir Corr. III, p. 147.

Si Saint Dominique est le résultat d'une commande de Massis, pour quelles raisons ce dernier, lui-même en pleine rédaction de son ouvrage *Défense de l'Occident* aurait-il demandé à Bernanos d'écrire cette hagiographie médiévale ? L'explication la plus prosaïque consiste à invoquer la situation financière de Bernanos, déjà précaire quelques mois seulement après avoir quitté la compagnie d'assurances dans laquelle il travaillait, pour vivre de sa plume. En effet, dans la lettre précédant celle où il lui annonce avoir commencé son Saint Dominique pour l'amour de lui, Bernanos fait comprendre à Massis qu'il a rapidement besoin d'argent[1]. Le créateur de la collection du « Roseau d'or » propose alors peut-être ce projet à l'écrivain. Cela dit, le caractère très précis de la commande ne permet pas de le réduire à un geste de pure philanthropie. En fidèle disciple de Maurras, Henri Massis manie le pragmatisme aussi habilement qu'il en connaît les raffinements sémantiques. En pleine guerre contre les catholiques modernes, le moine médiéval au verbe de feu pourrait se métamorphoser, sous la plume flamboyante du pourfendeur satanique qu'est Bernanos, en fer de lance des catholiques monarchistes partisans ou adhérents de l'Action Française. Dans ce projet de récupération historique, nul doute que l'Église moderne devra se reconnaître sous les traits de ces malheureux hérétiques, cibles du moine prêcheur. Et puisque le pape innocent III fait confiance au prédicateur médiéval, pourquoi Pie XI ne comprendrait-il pas la spécificité et la nécessité de l'Action Française dans sa fonction de restauration d'un ordre catholique nouveau ?

Cela dit, le Saint Dominique de Bernanos n'appartient qu'à lui, et quand bien même Massis lui en aurait soufflé l'idée ou tout simplement rappelé l'opportunité, cet essai s'affirme paradoxalement à la fois comme un exutoire et un approfondissement du roman en cours. En effet, écrire la vie de Dominique, c'est d'abord quitter l'étouffant et trop parisien salon Guérou ainsi que l'intériorité détraquée du prêtre sans la foi pour parcourir les chemins d'Europe en quête de nouveaux fidèles. En fuyant la détestable église séculière de son époque, Bernanos se retrouve au cœur

---

1   « Je vous serais bien reconnaissant aussi de demander à la maison Plon de m'envoyer un chèque de la somme qui peut m'être due à l'heure actuelle. On m'a payé jusqu'au trentième mille, je crois. Sont-ils capables de faire ce petit effort, et de le faire d'urgence ? Pensez-vous que l'honorable journal de Martin (du Gard) ait l'intention de payer l'article pour son Green ? Voulez-vous me dire aussi où en sont la vente de mon livre et les traductions ? » (Corr. I, p. 262). Bernanos était tout à fait lucide au sujet de ce besoin permanent d'argent revendiqué comme la seule motivation de sa création littéraire : « le plus rigolo, c'est qu'on m'accuse d'un désintéressement excessif des biens de ce monde, et, pour l'instant, l'intérêt seul me lie, et les misérables bénéfices escomptés. Sinon, je plaquerais tout, et n'écrirais plus que pour l'éternité » (Corr. I, p. 268).

de l'idéale église régulière du Moyen-Âge. La translation de l'écriture de la transcendance s'opère ainsi, de la fiction vers l'essai. La vraie sainteté se situe au cœur de la réalité historique et non dans la fiction romanesque : alors que le curé de Lumbres se réduisait à une esquisse de saint et que l'abbé Cénabre s'éloigne d'autant plus de la foi qu'il ne cesse d'en écrire l'histoire et d'en percer les secrets, Dominique est un saint d'autant plus authentique qu'il est ancré dans l'histoire religieuse européenne. Il est logique que l'échec de la sainteté soit du domaine du roman puisque le saint est étranger dans son essence même à la problématique du fictif et de l'imaginaire : « l'œuvre du saint est sa vie même et il est tout entier dans sa vie[1]. » Dominique est un vrai saint parce qu'il a réellement existé, ancré dans un cadre spatio-temporel qui ne doit rien aux constructions fantasmatiques d'un créateur tourmenté. Ne doutons pas que Bernanos fut porté par cette figure monolithique à la fois sans faille, exacte antithèse de ses prêtres fictionnels et de ses propres déchirements de romancier. La rédaction de ce court essai révèle ainsi qu'en matière d'écriture de la sainteté, le romanesque est en deçà de l'essai biographique, et que son discrédit est lié à son opacité fictionnelle, apposant les ténébreux écrans de l'imaginaire sur toute sainte transparence. C'est en effet parce que les prêtres fictionnels dépendent d'un écrivain qu'ils ne peuvent atteindre la sainteté et c'est parce que Dominique ne doit rien à celui qui écrit sa vie qu'il possède l'« éclatante liberté » (EEC I, p. 3) de ces destins rayonnants échappant à tout déterminisme. Bernanos lui-même, libéré du fardeau de la paternité romanesque et devenu hagiographe le temps de quelques pages, peut sereinement retracer l'élan d'un itinéraire à la simplicité foudroyante. Paradoxalement, cet abandon temporaire du métier de romancier pour la reconstitution historique d'un itinéraire réel renvoie Bernanos à la fiction délaissée. En rédigeant cette biographie de Saint Dominique, l'écrivain endosse par un mimétisme surprenant l'activité principale de son héros, l'abbé Cénabre, présenté dans la première partie de *L'Imposture* comme l'auteur des *Mystiques florentins*, recueil érudit reconstituant la vie de nombreux saints. Si Bernanos imite Cénabre au moment même où il l'abandonne, cette imitation se borne au choix de l'activité hagiographique et perd tout fondement si l'on confronte l'esthétique de l'écrivain réel à celle de l'écrivain fictionnel. L'art de Cénabre consiste à « écrire de la sainteté comme si la charité n'existait pas » (I, 329), mutilant l'intériorité magnifique de ses sujets pour lui substituer « un texte laborieux » où

---

1   G. Bernanos, *Saint Dominique*, EEC I, p. 3.

« l'importance du commentaire ne fait qu'accuser plus durement la douloureuse impuissance » (I, 330). L'essai de Bernanos, en contrepoint, proclame d'emblée son refus d'employer « les méthodes modernes de la critique historique » (EEC I, 5) pour montrer la vie de Dominique, préférant à l'exactitude de la reconstitution biographique de son itinéraire, le récit du « poème de sa charité » (EEC I, 7). Dans sa notice consacrée à l'essai, le critique Yves Bridel se demande si ce n'est pas pour exorciser Cénabre que Bernanos écrit « Saint Dominique[1]. Bernanos, en tout cas, répare les erreurs de Cénabre et donne une leçon au narrateur de L'Imposture, en lui indiquant le chemin de l'écriture de la transcendance :

> La sainteté n'a pas de formules, ou pour mieux dire, elle les a toutes. Elle rassemble et exalte toutes les puissances, elle réalise la concentration horizontale des plus hautes facultés de l'homme. Pour la seulement reconnaître, elle exige de nous un effort et que nous participions, en quelque mesure, à son rythme, à son immense élan. (EEC I, 4)

À la fois exutoire et approfondissement de L'Imposture, l'essai Saint-Dominique se révèle aussi comme une récriture compensatrice à peine cryptée de la réalité biographique, historique et littéraire de Bernanos en 1926. Ce saint s'affirme d'emblée comme la synthèse victorieuse de cuisants échecs ne relevant pas de son époque. Il est avant tout celui qui convertit, pouvoir de conversion d'autant plus admiré par Bernanos qu'il l'a lui-même vainement invoqué en direction de Maurras dans les semaines précédant la rédaction de l'essai[2]. En 1926, Bernanos ne désespère pas d'infléchir Maurras, accusé par l'Église de France d'un paganisme qui s'épanouirait à travers son athéisme, son anti-christianisme et son amoralisme. L'incipit de Saint Dominique donne au lecteur attentif l'interprétation de cette fermeture à la grâce divine. Bernanos y distingue avec acuité le saint et le génie, en insistant sur le « principe de stérilité » présidant au déploiement du second[3]. Comprenons entre ces lignes que si Charles Maurras ne se rend pas à la divine Vérité entrevue pour lui par

---

1   EEC I, p. 1323.
2   C'est une lettre à La Gazette française publiée le 16 septembre 1926 qui révèle l'ardeur de sa volonté de conversion du maître athée. Préfigurant l'écriture de Saint Dominique, Bernanos s'adresse ici à Maurras en authentique frère prêcheur : « Nul ne souhaite plus ardemment que moi, ne donnerait plus joyeusement sa misérable vie pour vous rendre à la divine Vérité, à la Vérité totale. J'en sais qui ont fait pour vous ce sacrifice, et qui sont aujourd'hui devant la Face adorable dont vous vous détournez en vain. Mais l'Esprit souffle où il veut, vient à son heure. » (EEC I, p. 1063)
3   « S'il réalise cette merveille d'inspiration et d'équilibre qu'est l'œuvre d'art achevée, c'est le plus souvent, et quand la divine charité n'y collabore, par une espèce de spécialisation

Bernanos, c'est d'abord parce que son génie de théoricien politique, porté au paroxysme, a épuisé toute charité d'âme. Une autre caractéristique liée à l'itinéraire de Saint Dominique n'a certainement pas échappé à l'écrivain en 1926, tant elle possède de résonances avec l'actualité politico-religieuse du moment. En effet, le frère prêcheur, fort de son charisme, réussit à vaincre les réticences de son pape, Innocent III qui, en le prenant sous sa protection, l'éloigne définitivement du spectre de l'hérésie ; Maurras et l'Action Française, sept siècles plus tard, ne parviendront pas à apaiser le Vatican après l'accusation du cardinal Andrieu et sombreront corps et âme dans l'hérésie moderne de la condamnation sans appel. Bernanos se sent lui aussi concerné par ces attaques virulentes, à tel point qu'il n'hésitera pas, pour évoquer la vision que peut nourrir l'Église de France et le Vatican au sujet de l'Action Française, à employer le terme d'hérésie dans une lettre du 23 octobre[1]. Si l'Action Française de 1926, pépinière de catholiques monarchistes, sombre brutalement dans l'hérésie païenne, c'est sans nul doute, en suivant Bernanos, parce qu'elle a été abandonnée par Pie XI alors qu'Innocent III, par sa charte protectrice du monastère de Prouille, sauvait Dominique et ses nouvelles converties de l'hérésie. C'est encore une fois l'anticléricalisme structurel de Bernanos qui justifie sans concession la naissance et l'épanouissement de toute hérésie :

> L'éclosion d'une hérésie est toujours d'ailleurs un phénomène assez mysté-
> rieux. Lorsqu'un vice dans l'Église atteint comme une certaine maturation,
> l'hérésie germe d'elle-même, pousse aussitôt ses monstrueux rameaux. Elle
> a sa racine dans le corps mystique, elle est une déviation, une perversion de
> sa vie même. (EEC I, 11)

Si l'action de Dominique n'a jamais basculé dans l'hérésie, c'est grâce au soutien d'Innocent III ; si tous les membres de l'Action Française deviennent hérétiques, n'est-ce pas à cause de l'abandon de Pie XI ? Cette position de Bernanos est de toute évidence liée à sa situation personnelle en 1926, à la frontière de toute hérésie : il n'est plus membre de l'Action Française dont il a démissionné en 1920 mais c'est spontanément qu'il s'en rapproche début septembre, suspendant momentanément le contentieux qui l'oppose à Maurras. Déchiré entre l'obéissance qu'il doit au pape comme catholique et le soutien qu'il ne peut refuser à ces nouveaux

---

monstrueuse qui épuise toutes les puissances de l'âme et la laisse dévorée d'orgueil dans un égoïsme inhumain. » (EEC I, p. 3).

1 « Si [...] la doctrine de l'ordre est une synthèse de toutes les hérésies, [...] toute notre vie est à refaire. » Cité par J. L. Bernanos, *op. cit.*, p. 188.

hérétiques qui furent ses premiers compagnons politiques, Bernanos ne parvient pas à rejoindre le destin du saint dont il écrit la vie ; en effet, alors que Dominique possède suffisamment de force pour convaincre son pape et convertir les hérétiques, Bernanos, lui, n'a aucun pouvoir pour infléchir le sien pas plus qu'il ne parvient à soumettre l'hérétique Maurras. Peut-être est-ce justement parce qu'il reste inconsciemment fasciné par la résistance du cathare provençal, tout en proférant un lucide agacement envers le Vatican rallié aux catholiques démocrates, que Bernanos ne peut suivre les pas de Dominique. C'est d'ailleurs avec la pleine conscience de cet échec qu'en décembre 1926 l'écrivain demandera pardon à Maurras au nom des catholiques, s'excusant d'avoir échoué à convaincre l'Église de la nécessité de poursuivre sa protection de l'Action Française[1].

L'hiver 1926 s'ouvre ainsi sur un climat intérieur de colère et de dégoût aggravé par l'agonie du père de Bernanos. Commencé dans un climat de polémique et de rébellion (« Leurs gueules »), suspendu par la rédaction rapide et exaltée de *Saint Dominique*, *L'Imposture* se termine donc dans une atmosphère paroxystique de crise religieuse et personnelle. Alors que Bernanos ne se reconnaît plus à travers la parole de l'Église de France, son père agonise et la correspondance révèle une volonté de suivre au plus près chaque étape de cette mort liée à la souffrance d'un cancer du foie. Parallèlement à ces soins administrés au mourant, Bernanos achève donc *L'Imposture*[2]. Il n'y aurait rien d'étonnant à ce que cette fin rédactionnelle coïncide notamment avec le récit de l'agonie de l'abbé Chevance, mais là encore, et en l'absence de toute étude sur le manuscrit, cette hypothèse reste invérifiable.

Si *L'Imposture* se révèle comme moment romanesque où la transcendance peine à s'écrire, l'imaginaire semble bien être à l'origine de ce parasitage, relayé rapidement par une idéologie chrétienne anticléricale, elle-même nourrie et renforcée par un événementiel politico-religieux à la hauteur de la polémique prophétique. C'est peut-être enfin le deuil personnel qui couronne ce non-avènement de la transcendance littéraire. Le roman s'est ainsi nourri de trois sources complémentaires, l'imagination fictionnelle, l'engagement idéologique et le réel de l'histoire événementielle ainsi que du biographique. Imaginaire, idéologie et réalité convergent en 1926 vers une remise en cause de l'écriture romanesque de la transcendance.

---

1   « Comptables de vous à Dieu, nous vous demandons pardon. » (EEC I, p. 1071)
2   « Je travaille dans ce cauchemar » (Corr. I, p. 286) ; « je travaille dans cette angoisse essentielle et fondamentale. Je fais l'expérience de ma propre agonie. » (Corr. I, p. 288).

Le début de la rédaction de *La Joie* signe d'emblée une renaissance de cette écriture. Comment justifier un contraste aussi saisissant, qui transporte le lecteur de la stérilité d'un athéisme clérical soigneusement déguisé à l'exubérance mystique d'une obscure petite sainte laïque ? Comme pour la genèse de *L'Imposture*, c'est bien l'imaginaire, qui, une fois de plus, semble présider à l'élaboration de ce nouveau roman, comme l'atteste la correspondance :

> Enfin, heureusement, je me suis mis au travail. Je vis avec deux saints délicieux, deux vrais saints, que j'invente à mesure. Tout est si lumineux que je ne puis penser à autre chose, et j'ai le cœur enchanté. (Corr. I, p. 311).

Cette invention « à mesure » coïncide parfaitement avec la technique romanesque de Bernanos, mue avant tout par les forces de l'instinct et de l'impulsion créatrice. Que la naissance de Chantal découle – en partie du moins – du récit des derniers moments de Dominique n'aurait rien d'impensable si l'on se remémore les ultimes paroles du saint[1] rapportées à la manière de Bernanos. En ajoutant à cette première source la dédicace de l'essai qui reflète là encore le jeune visage féminin d'une ligueuse sacrifiée sur l'autel des luttes cléricales intestines de 1926[2], voilà que les figures masculines de *L'Imposture* s'effacent pour céder la place à ce juvénile personnage, dont la féminité s'annonce comme le premier gage de sa luminosité et de sa disponibilité à l'écho transcendant. Une année et demie sera nécessaire au romancier pour terminer *La Joie*, ce qui est considérable si l'on confronte ses 191 pages[3] aux 220 pages de *L'Imposture* rédigées en moins d'une année. Durant ces dix-huit mois, de l'été 1927 à l'hiver 1928, le romancier concentre son énergie sur cette œuvre, rédigeant parallèlement seulement moins de dix articles. Cette concentration se révèle exemplaire, comparée à la dispersion ayant accompagné l'élaboration fictionnelle de *L'Imposture*. Car en plus de la dizaine d'articles rédigés concomitamment, Bernanos a écrit *Saint Dominique*. La frénésie polémique et événementielle qui jalonnait et parasitait la mise en forme de *L'Imposture* n'a plus cours quand Bernanos élabore *La Joie*. Et un article daté de septembre 1928, « Cécile Sauvage ou le miracle de la vie intérieure[4] », illustre discrètement cette concentration reconquise des forces vives de la veine créatrice roma-

---

1   « Je m'accuse, dit le maître des Prêcheurs, d'avoir toujours préféré, à celle des vieilles personnes, la conversation des jeunes femmes. » (EEC I, p. 18).
2   Pour plus de détails concernant cette Geneviève Gisèle Duval, dédicataire de *Saint Dominique*, on peut se reporter à la page 1067 des EEC I et sa note 1.
3   La pagination est celle de la Pléiade.
4   Ce texte peut être lu dans EEC I, p. 1103 à 1105.

nesque. Dans cet hommage à la poétesse morte en août 1927, Bernanos
raconte au lecteur du numéro spécial des *Amitiés* l'histoire de la clef divine
qui ouvre toutes les portes de la terre et du ciel et qui « gît quelque part[1] »,
que personne ne voit ni de ramasse. Cette clef à partir de laquelle Bernanos
brosse le canevas de son éloge, serait-ce celle dont il ne disposait pas – ou
plus – à l'époque de *L'Imposture*, fébrile, saturé de colère et de dégoût, happé
par les forces centrifuges de la dispersion, tout à cette « expérience du mal
[qui] n'a jamais enrichi personne[2] » ? Et n'est-ce pas celle qu'il a dans ses
mains quand il écrit *La Joie*, ayant atteint le « jour prochain où l'homme
se recueillera de nouveau pour souffrir, reviendra à sa souffrance comme
à la plus sûre amie, non pour y répandre et dissiper vainement son âme,
mais pour tâcher d'en pénétrer le sens, qui est le sens même de la vie[3]. »
Après avoir répandu et dissipé – vainement ? – son âme pendant toute la
rédaction de *L'Imposture*, mais aussi s'être délesté des fardeaux de la haine
et du dégoût, le romancier a réussi à reconstruire une écriture mystique
autour d'une figure fictionnelle étrangère par son sexe et son état à la
querelle religieuse de 1926.

Mais le mouvement de balancier ne suspend pas son implacable oscillation entre écriture de l'immanence et de la transcendance, puisque le
projet et la préparation rédactionnelle de *La Grande peur des bien-pensants*[4]
semble naître au cœur même de la rédaction de *La Joie*. Par quelle alchimie mystérieuse le roman mystique en chantier devient catalyseur d'un
projet polémique ancré dans la parole pamphlétaire ? Car en se fiant à la
date proposée par Max Milner, il faut bien se résigner à l'hypothèse selon
laquelle la figure antirépublicaine, antisémite et nationaliste d'Édouard
Drumont prend forme à partir des traits fictionnels de Chantal de Clergerie,
le héros réel de l'homme Bernanos se constituant à partir de l'héroïne
imaginaire du romancier Bernanos. Quelles explications avancer pour
justifier la métamorphose monstrueuse de la douce sainte laïque en voci-
férateur saturé de haine et de dégoût ? Comment Chantal de Clergerie,
transposition romanesque à peine masquée de Sainte Thérèse de Lisieux,
peut-elle être à l'origine de la biographie d'Édouard Drumont, l'homme
de toutes les déceptions et de toutes les amertumes ?

---

1   *Ibid.*, p. 1103.
2   *Ibid.*, p. 1104.
3   *Ibid.*, p. 1104.
4   Max Milner, dans sa biographie, évoque l'été 1928 (*Bernanos, op. cit.*, p. 155). Dans sa
    notice de présentation de l'essai, Joseph Jurt quant à lui, ne donne aucune date précise.
    La correspondance de Bernanos, par ailleurs, ne donne pas d'indication concernant un
    éventuel point de départ.

Ce nouveau départ polémique reproduit d'emblée et de manière symétriquement inversée la situation de création de l'automne 1926. De même que cette année là, le romancier de *L'Imposture* où la transcendance peine à s'écrire décide brusquement de rédiger la biographie de Saint Dominique, le romancier de *La Joie* où la transcendance s'écrit, deux années plus tard, dirige son inspiration créatrice dans une direction polémique avec le projet d'un pamphlet voué aux violences de l'immanence. Tout se passe donc comme si l'écriture romanesque ne parvenait à se concentrer sur un pôle unique, transcendant ou immanent, cherchait sans cesse à rééquilibrer une orientation trop monolithique dans l'élaboration parallèle d'une nouvelle écriture soutenant le pôle négligé dans le texte en cours. Deux hypothèses peuvent être avancées pour éclairer l'apparition insolite de Drumont au cœur de la genèse fictionnelle de *La Joie*. Happé par la féminité mystique de sa jeune héroïne, bouleversé par ses propres descriptions du processus de la chute extatique en Dieu, le romancier a pu, à la suite de Chantal de Clergerie, perdre pied par rapport aux réalités humaines et quotidiennes. Dans ce contexte, l'idée de la biographie de Drumont se révèle comme une réaction envers l'écriture de la transcendance et un besoin vital de rester en contact avec sa propre immanence d'homme engagé dans les luttes politiques de son époque. Si l'expérience mystique de Chantal mène, par la force de l'écriture, le créateur de l'héroïne romanesque sur ses traces dans les gouffres de l'abîme extatique étrangers à la vie des hommes, retracer l'itinéraire politique et polémique d'Édouard Drumont permet au romancier tombé dans les bras de Dieu de s'en extirper pour continuer à vivre parmi les hommes. L'exhumation du maître de son enfance serait donc l'ultime recours pour renouer avec son identité d'homme, les racines de sa personnalité, en un mot son immanence d'individu ancré dans un Ici-Maintenant. Car la quête divine mène inéluctablement à la perte de tous les repères spatio-temporels et humains ; mais Bernanos, en 1928, père de famille, romancier en devenir, n'est pas prêt spirituellement à perdre sa vie au monde pour Dieu. Profondément terrien, ancré dans un passé politique et religieux, il n'est pas en mesure, contrairement à son héroïne, de s'alléger du poids de son immanence. Les titres des chapitres de *La Grande peur des bien-pensants* appuient cette hypothèse du retour paniqué – régressif ? – aux puissances de l'immanence[1]. Une seconde explication peut néanmoins

---

1   Je relève plus particulièrement les titres suivants : « Artisans, laboureurs, garde-chasse, filandières ou les revenants qui ne reviendront plus » (chapitre I) ; « Au régime de la viande crue » (chapitre III) ; « La danse devant le buffet » (chapitre V).

être avancée pour justifier la perte d'exclusivité dont pouvait bénéficier l'héroïne de *La Joie* depuis l'été 1927 et son abandon relatif pour la mise en forme du portrait d'Édouard Drumont. On peut en effet supposer que l'agressivité de Bernanos envers ses ennemis politico-religieux, épuisée après la rédaction de *L'Imposture*, renaît progressivement de ses cendres dans les mois qui suivent. Ce serait alors pour sauver l'atmosphère extatique de *La Joie* que le romancier décide dans l'urgence de décharger cette haine et ce dégoût dans un essai polémique indépendant. Et qui, mieux que Drumont, pourrait porter l'étendard de cette colère renaissante ? Bernanos a pu ainsi choisir d'investir cette colère dans un texte totalement étranger au destin de Chantal de Clergerie pour ne pas déstabiliser la construction romanesque de la cathédrale mystique.

La chute de *La Joie* coïncide avec une première suspension de l'écriture romanesque. En effet, le meurtre de Chantal et la folie de Cénabre n'annoncent aucune nouvelle métamorphose romanesque mais au contraire une rupture consommée avec les forces de l'imaginaire fictionnel. Cet abandon du filon romanesque, dès le début de l'année 1929, au profit d'un approfondissement de l'écriture polémique par la mise en forme laborieuse de *La Grande peur des bien-pensants*, révèle que la figure obsessionnelle d'Édouard Drumont a eu raison de l'imaginaire Chantal de Clergerie, anéantie dans une mort sacrificielle désignant l'issue tragique de toute voie humaine dédiée à la transcendance. Parallèlement à cet abandon de l'écriture fictionnelle, Bernanos renoue avec la rédaction de vie de saints, à travers *Jeanne relapse et sainte*. Trois ans après le court essai consacré à Dominique, cette vie de Jeanne d'Arc marque d'emblée une nette évolution dans le portrait de la sainteté. Un examen serré des caractéristiques de cette métamorphose révèle l'impact qu'a pu avoir la figure fictionnelle de Chantal de Clergerie comme relais romanesque entre deux piliers historiques du catholicisme, transition elle-même annonciatrice d'une révolution. La figure de l'homme viril mais chaste cède ainsi la place au portrait de la jeune vierge pensant à Lahire ou au « gentil prince d'Alençon[1] » et les regards se détournent du religieux pour lire les prouesses de la jeune laïque armée, réponse guerrière aux prédications pacifiques du moine mendiant. La bure noire et blanche a donc disparu au profit de l'armure flamboyante même si Jeanne rencontre plus d'une fois sur sa route les héritiers de Dominique[2]. Cette valorisation

---

1   EEC I, p. 30.

2   « Parfois, sur son passage, un moine mendiant pieds nus, la chevelure sordide, haussait les épaules ou crachait dans la poussière ; [...] "Item, tu t'es revêtue d'habits somptueux,

du statut de soldat par rapport à celui de moine mendiant accompagne un éloge appuyé de la guerre voire de l'effusion de sang et de l'insouciance enfantine – forcément sacrée – de ceux qui la pratiquent. Cette vision d'une Jeanne luxueusement apprêtée pour guerroyer contredit la thèse défendue par plusieurs critiques selon laquelle Bernanos évolue à partir de *La Joie* d'une spiritualité bénédictine à une spiritualité thérésienne. S'il est indéniable que Chantal incarne la petite voie indiquée par la sainte de Lisieux, Jeanne, qui lui succède dans l'ordre de création, représente dans la mystique de Bernanos une quête transcendante étroitement liée à la violence physique et à la dépense des forces vitales. « Le sang ruisselant sur son armure » (EEC I, 29), Jeanne tue sans remords l'ennemi au nom de Dieu avant d'être elle-même tuée par l'Église comme hérétique, au nom du même Dieu. De Dominique à Jeanne, Bernanos présente deux images quasi antinomiques de l'Église universelle, qui prêche et convertit dans la biographie de 1926 et qui se mutile elle-même en excommuniant puis brûlant une de ses saintes dans le récit de 1929. De Dominique, souffrant pour l'Église, à Jeanne, souffrant par l'Église, Bernanos sculpte deux autoportraits en creux de l'évolution de sa propre souffrance à deux instants cruciaux de son existence. D'abord fidèle au moine prêcheur qui gagnait les cœurs par la parole, il a tenté de convertir (le « cathare » Maurras) et de convaincre (le pape Pie XI) ; puis, mis en échec, il décide, sur les traces de la jeune guerrière, d'aller au bout de son engagement, jugé hérétique par l'Église officielle. Cette évolution d'une logique de conquête à un constat d'échec révèle que l'écrivain de 1929 s'est détourné définitivement de la figure flamboyante de Dominique à qui tout réussit pour fusionner symboliquement avec le martyre de Jeanne. Les récits des morts de Chevance et de Chantal transposent romanesquement celles de Dominique et de Jeanne. Si Chevance, comme le moine prédicateur, meurt de maladie, de vieillesse et d'épuisement, mort naturelle, la fin violente de Chantal, tuée, annonce l'immolation de Jeanne. Ainsi, du prêche à la guerre, de la conversion à l'effusion de sang, le passage de Dominique à Jeanne relate l'histoire à la fois d'un durcissement des positions religieuses de Bernanos et d'une libération douloureuse mais inéluctable par rapport au modèle ecclésiastique. Son anticléricalisme

d'étoffes précieuses, de fourrures. Tu as usé de longs tabards et de robes fendues. Et c'est chose notoire que lorsque tu fus prise, tu portais sous ta chemise de mailles une huque de drap d'or." Qu'importe à ces prêcheurs, ces faux prêcheurs ? » (EEC I, p. 35). De même que ces moines mendiants méprisent les valeurs représentées par la guerrière, Jeanne rejette ces hommes de l'ombre, étrangers aux vertus soldatesques du don de soi et de la générosité.

qui transparaissait déjà comme une constante structurelle de sa pensée
politique et religieuse sous la forme d'une critique virulente du catholicisme moderne[1], s'affirme conjoncturellement en 1929 comme un
anticléricalisme d'abord « chrétien et théologique[2] ». Plusieurs passages
de *Jeanne, relapse et sainte* peuvent ainsi être lus dans un sens liturgique
comme des impropères où Bernanos, à la suite du Christ crucifié repro-
chant à son peuple les outrages de l'infidélité, oppose à la sainteté de la
jeune guerrière la médiocrité et les vices des « théologiens politiques »
(EEC I, 22) ayant présidé à sa condamnation[3]. Cet anticléricalisme
de l'intérieur, professé par un chrétien présent au cœur d'une Église
qu'il conspue, n'a rien d'étonnant si l'on suit René Rémond pour qui
« l'anticléricalisme est, du moins à ses origines, une idée chrétienne[4] » née
du cléricalisme lui-même. L'historien approfondit cette idée en attribuant
à cette contestation une fonction religieuse[5]. En 1929, Bernanos laisse
la tendance prophétique l'emporter sur l'inclination institutionnelle et
son christianisme domine son attachement au catholicisme romain. La
parole de l'Évangile s'installe au détriment de la parole de l'Église et son
évolution religieuse annonce un élargissement d'une vision catholique
en droit à une vision catholique en fait. Le récit du martyre de Jeanne
sonne en effet le glas d'une représentation de l'Église catholique comme
unique médiatrice de l'ouverture au mouvement, à l'espace et à l'Être
transcendants. C'est à ce moment qu'il devient possible d'appliquer à
Bernanos la distinction opérée par Simone Weil entre catholicisme en
droit et catholicisme en fait[6]. Son christianisme, formellement catholique

---

1   Voir par exemple les articles de l'année 1913-1914 ou de l'année 1920 (EEC I).
2   La formule est reprise à Jacques Chabot dans sa notice de *Jeanne, relapse et sainte*, p. 1341.
3   Lire notamment les pages 22 à 27. Voir aussi page 32 : « … la petite victime est prête,
    liée avec tant d'art, sans aucune violence, par ces mains expertes, attentives, ces mains
    de clercs, presque maternelles. »
4   René Rémond, *L'Anticléricalisme en France de 1815 à nos jours*, Les Grandes Études
    Contemporaines, Paris, Éditions Fayard, 1976, p. 354.
5   « Peut-être même l'anticléricalisme se trouve-t-il remplir une fonction religieuse : garant
    de la liberté d'opinion, il contraint le christianisme à se surveiller et à se purifier. » (*Ibid.*,
    p. 353)
6   Cette expression est reprise d'un extrait *d'Attente de Dieu*, où la philosophe Simone Weil
    dénonce la réduction opérée par l'Église du concept universel de catholicisme : « Le chris-
    tianisme doit contenir en lui toutes les vocations sans exception, puisqu'il est catholique.
    Par suite l'Église aussi. Mais à mes yeux le christianisme est catholique en droit et non en
    fait. Tant de choses sont hors de lui, tant de choses que j'aime et ne veux pas abandonner,
    tant de choses que Dieu aime, car autrement elles seraient sans existence. Toute l'immense
    étendue des siècles passés, excepté les vingt derniers ; tous les pays habités par des races
    de couleur ; toute la vie profane dans les pays de race blanche ; dans l'histoire de ce pays,
    toutes les traditions accusées d'hérésie, comme la tradition manichéenne et albigeoise ;

dans *Sous le soleil de Satan* mais aussi encore dans *L'Imposture* et *La Joie* s'universalise douloureusement dès les premières ébauches de l'année 1931 qui renouent avec l'écriture romanesque mais rompent tout lien avec la représentation ecclésiastique. Les deux incipits d'*Au bout du rouleau* et de *Monsieur Ouine* marquent ainsi une mise à distance avec l'univers clérical, les milieux catholiques et la tension entre sainteté et péché. Ces nouvelles mises en scène de sociétés et de personnages athées transcrivent le besoin éprouvé par l'écrivain d'élargir son christianisme au-delà des frontières du catholicisme.

La localisation spatio-temporelle des métamorphoses de l'écriture romanesque de la transcendance a débuté par un retour aux manuscrits qui portent les stigmates de ce mouvement scriptural. À la fois témoins et gardiens du trajet de l'écriture, ces derniers constituent une preuve indiscutable du calvaire enduré par celui dont une simple feuille de papier harassait l'âme[1]. Se déployant autour de trois repères topographiques et chronographiques représentés respectivement par la page manuscrite, le roman dans son unité de bloc autonome, l'œuvre romanesque dans sa lente élaboration, ce calvaire est en lien étroit avec la quête mystique de la transcendance comme mouvement, espace ou encore Personne. La page, laborieusement noircie et copieusement raturée en une journée, éclaire le processus artisanal de création fictionnelle où l'enjeu se concentre autour de la trouvaille du mot juste, de l'expression appropriée, de la phrase reprise. Le roman met en place une structure et une intrigue censées homogénéiser l'écriture à l'aune d'un horizon fictionnel. Quant à l'œuvre, se déployant sur plus de deux mille pages durant vingt années, elle propose un itinéraire dont les métamorphoses se présentent liées au cheminement créateur et mystique d'un romancier au travail. Qu'il s'agisse donc des métamorphoses scripturales à l'œuvre sur la page manuscrite d'un cahier d'écolier, des métamorphoses structurelles et fictionnelles subies par le roman en gésine ou encore des métamorphoses formelles et spirituelles constatées sur l'ensemble de l'œuvre en devenir, leur littérarité respective impliquait des analyses d'abord génétiques (la page), textuelles (le roman) et contextuelles (l'œuvre). Cette diver-sité méthodologique appliquée à chacune des trois strates textuelles topographiques et chronographiques du calvaire scriptural a permis

---

toutes les choses issues de la Renaissance, trop souvent dégradées mais non tout à fait sans valeur. » (*Attente de Dieu*, Paris, Éditions Fayard, p. 52-53).

1   « Je ne suis pas un écrivain. La seule vue d'une feuille de papier blanc me harasse l'âme. » (EEC I, p. 353-354).

une mise en valeur de la richesse complexe d'un parcours créateur sans concession, où la fragilité de l'écrivain (épuisement, tentations d'abandon) le dispute à la souffrance de l'écriture (brouillons martyrisés, structures romanesques malmenées, œuvre tronçonnée). Les métamorphoses de l'écriture romanesque de la transcendance reproduisent ainsi dans un cadre littéraire symbolique les stations sanglantes du calvaire mystique de l'homme-Dieu du christianisme.

Dans l'ordre chrétien, et plus particulièrement christique, l'épreuve du calvaire communique voire coïncide avec le don de la grâce divine. De même que le dogme de la communion des saints, inauguré par le don gracieux du Fils de Dieu à l'humanité pécheresse, établit une scandaleuse et mystérieuse réversibilité entre les bienfaits distribués par le saint et les abominations perpétrées par le pécheur, celui de la souffrance rédemptrice pose comme condition à la présence de la grâce dans la vie humaine une aride conversion. Le calvaire littéraire enduré par le romancier Bernanos vingt années durant et lié à une quête de révélation scripturale de la transcendance, peut-il être assimilé à l'action d'une grâce particulière œuvrant au cœur du travail de création fictionnelle ? C'est l'hypothèse que la dernière partie développera : si le romancier souffre dans son labeur quotidien de création littéraire, empêché dans la réalisation de cette tâche par des contraintes extérieures et intérieures qui entravent le déploiement d'une écriture romanesque de la transcendance, il peut cependant compter sur deux supports stables pour nourrir sa quête. L'un est pleinement textuel et se présente comme révélation, expression, écriture-émanation d'une transcendance elle-même source, sujet et possesseur de la textualité qu'elle engendre, la Bible. L'autre, extra-textuel, est le fruit d'expériences intérieures vécues par le romancier dans son travail ainsi que dans sa vie d'homme. Lectures bibliques et aventures mystiques, telles pourraient donc être les deux grâces[1] qui insufflent au romancier l'élan nécessaire à la révélation scripturale de la transcendance.

---

1   Ces deux grâces communiquent entre elles puisque la mystique chrétienne puise son origine dans quelques épisodes narratifs bibliques marquants (Moïse au Sinaï, Elie sur son char de feu, la transfiguration de Jésus, le ravissement de Paul…) et que lecture, audition et méditation bibliques constituent une des nourritures privilégiées de l'expérience mystique chrétienne.

TROISIÈME PARTIE

LA GRÂCE

LE *CANTIQUE DES CANTIQUES*
MÉTAMORPHOSÉ

Le choix de consacrer l'intégralité du premier chapitre de cette dernière partie à l'herméneutique romanesque qu'a pu élaborer Bernanos au sujet du *Cantique des cantiques* nécessite une justification. Car si l'intérêt pour l'intertextualité biblique de l'œuvre est somme toute relativement récent, les premiers commentateurs ayant préféré se concentrer – dans le sillage du Père Balthasar – sur la portée théologique et ecclésiale des romans, il s'est d'emblée et continûment plutôt orienté vers le Nouveau Testament. Que le *Cantique des cantiques* réapparaisse métamorphosé à travers son actualisation romanesque relève alors de l'événement. « Source littéraire principale de la symbolique mystique[1] », le plus iconoclaste des livres vétéro-testamentaires insufflerait donc à la veine fictionnelle un lyrisme à la fois charnel et spirituel qui déplace les lignes de l'écriture de la transcendance jusqu'à la croisée du profane et du sacré.

L'intérêt de cette confrontation intertextuelle résidera dans l'étude serrée du trajet herméneutique. En amont d'abord, elle mène de la narration millénaire d'une mystérieuse histoire d'amour à la reconstitution de ses lecture puis récriture par le romancier. En aval, elle oriente le lecteur de cette métamorphose littéraire vers un faisceau d'interprétations croisées concernant les liens symboliques unissant amour humain et amour divin. Ce choix d'une herméneutique double, d'abord celle de l'écriture puis celle de la lecture permet de visualiser les métamorphoses subies par l'Écriture, source textuelle transcendante, actualisée en écriture romanesque, source textuelle humaine. Cette mystérieuse alchimie établit, au-delà de toute contrainte spatio-temporelle, une jonction entre cette Écriture Sainte dont la transcendance est source et sujet, et l'écriture romanesque qui en découle et qui l'érige en horizon, sans renier l'irréductibilité de sa propre immanence d'activité humaine. Les deux approches herméneutiques révèlent ainsi

---

1 Voir Charles-André Bernard, *Le Dieu des mystiques. Les voies de l'intériorité*, Paris, éd. du Cerf, 1994.

une antinomie purement apparente. Car même si l'herméneutique de l'écriture, tournée vers l'archéologie du texte, l'analyse de la production textuelle et du rôle joué par l'écriture dans la formation de l'œuvre romanesque, semble s'opposer à l'herméneutique de la lecture, orientée vers la téléologie du texte et l'analyse de la réception textuelle, un pont peut être établi entre rétrospection scientifique et interprétation littéraire. En effet, si l'exégète prend en compte l'acte de lire faisant face à l'acte d'écrire et si le lecteur, quant à lui, n'ignore pas la spécificité textuelle, irréductible à une grille de lecture unique – aussi sophistiquée soit-elle –, ces deux herméneutiques, l'une philologique, de restitution, et l'autre allégorique, de prolongement, pourront s'enrichir l'une l'autre par leurs croisements. Les métamorphoses de l'écriture de la transcendance forment une chaîne diachronique dont l'hypotexte biblique constitue le support originel, le texte romanesque l'étape intermédiaire et sa lecture critique le dernier avatar. Cet ultime questionnement des mystères et ambiguïtés d'un texte figé par l'édition possède ainsi le privilège de le remettre en mouvement.

HERMÉNEUTIQUE DE L'ÉCRITURE

BERNANOS, LECTEUR DU *CANTIQUE*

Le processus scriptural fonctionnant toujours comme l'écho plus ou moins déformé d'une lecture antérieure, il apparaît essentiel de considérer Bernanos dans sa dimension de lecteur ou d'auditeur[1] du *Cantique*, avant d'être en mesure de déceler en lui un romancier inspiré par la Lettre et l'Esprit bibliques. L'unique évocation du célèbre chant vétéro-testamentaire peut ainsi se lire dans une lettre à son ami Robert Vallery-Radot :

> Vous me parlez aussi des *hardies* effusions voluptueuses du Cantique des cantiques. Pourquoi hardies ? Je trouve au contraire bien humiliant pour nous cette contrainte où nous sommes d'exprimer le divin amour dans le langage d'un pharaon ivre. Que ce *hardies* en dit long sur ce qui nous sépare !

---

1   1. Max Milner le premier, a montré que les lectures et connaissances bibliques de Bernanos ont une source beaucoup plus liturgique que scripturale.

D'ailleurs je pense qu'un seul verset de l'Imitation a plus fait pour les âmes que toute cette pompe asiatique. Sous tant de fards et de baumes, la Bien-Aimée sent mauvais[1].

Herméneute sans complaisance, l'épistolier exécute de manière implacable le poème millénaire. Dans la perspective de l'écrivain, l'emploi du langage charnel pour évoquer l'amour divin se réduit à une puissante humiliation pour celui qui est contraint de le manier. Et cette surprenante métamorphose de la mythique Sulamite en coquette à l'hygiène négligée colore d'une tonalité janséniste l'appréciation esthétique et métaphysique. Paradoxalement, la sévérité du jugement exalte la singularité du livre du *Cantique* dans le tissu biblique, placé depuis sa création et jusqu'à aujourd'hui au cœur d'une problématique herméneutique double où sont âprement discutées l'existence et la nature de relations privilégiées entre amour humain et amour divin. Bernanos a d'emblée parfaitement appréhendé cette singularité qui le sépare radicalement de tous les autres livres vétéro-testamentaires. Alors que l'établissement objectif d'une filiation scripturale entre le poème biblique et l'écriture romanesque sera nécessairement conditionné par l'acte de lecture effectif qu'a pu mener Bernanos sur le *Cantique*, ce jugement sans appel constitue un témoignage aussi précieux qu'instructif. S'il ne peut constituer en soi la preuve d'une lecture approfondie du poème biblique, il constitue néanmoins une appréciation dont la singularité retient l'attention.

Il est possible, dans un premier temps, de le réduire à une saillie révélatrice, soit de l'ignorance du romancier concernant l'attribution auctorale traditionnelle du *Cantique*, soit d'un mépris affiché envers l'auteur lui-même et sa composition, soit pourquoi pas des deux à la fois[2]. L'expression « chanson d'un pharaon ivre » pourrait illustrer l'hypothèse d'une méconnaissance de l'Ancien Testament. Au-delà de son laconisme qui peut donc l'apparenter à un amateurisme négligent ou méprisant, la singularité de sa formulation encourage à l'examiner en détail, dans l'espoir de reconstituer la lecture qu'a pu faire Bernanos du *Cantique*, et de dégager ses effets sur une éventuelle récriture. Il est

---

1 Corr. I, p. 234.
2 Anne-Marie Pelletier évoque dans son ouvrage l'oubli massif de la relation solidaire entre les deux Testaments « par des générations entières formées à la pensée qu'il suffisait pour être chrétien de fréquenter les Evangiles comme si rien ne les précédait » (*op. cit.*, p. 79). Bernanos se rattachait-il à ces générations de lecteurs vétéro-testamentaires négligents, ignorants des subtilités exégétiques déployées au cours des siècles par les plus grands allégoristes chrétiens, d'Origène à Saint Jean de la Croix ?

ainsi fort étrange que cette caractérisation pour le moins insolite du Cantique de Salomon, rebaptisé sauvagement « langage d'un pharaon ivre », rejoigne les conclusions savantes les plus récentes en matière d'exégèse biblique historico-critique. C'est ainsi que selon le théologien André Lacocque « l'influence égyptienne sur le Cantique est établie de façon définitive[1] ». Sans mettre en pièce la conviction critique selon laquelle Bernanos était peu versé dans la lecture de l'Ancien Testament, il devient possible de remettre en question cette assertion devenue lieu commun à force d'être rebattue[2]. En effet, à moins de supposer que cette coïncidence entre l'appellatif « pharaon » choisi par Bernanos et les trouvailles d'exégèse historico-critiques soit purement fortuite (le mot aurait dans cette hypothèse été lâché par un lecteur vétéro-testamentaire négligent, méprisant, voire ignorant des subtilités exégétiques déployées au cours des siècles par les plus grands allégorètes chrétiens, des Pères de l'Église à Saint Jean de la Croix), cette allusion à l'ancienne Égypte pourrait révéler de la part de Bernanos une connaissance[3] des recherches exégétiques déjà en cours à son époque, concernant notamment une possible influence de la poésie érotique égyptienne sur la composition du *Cantique*. Il deviendrait ainsi possible d'y lire, au-delà de son apparente superficialité de formule à l'emporte-pièce, voire de persiflage provocateur dont l'épistolier était familier, une fine

---

1   André Lacocque, « La Sulamite » in *Penser la Bible*, Paris, Éditions du Seuil, 1998, p. 383. Il est vrai que cette exégèse ne fait pas l'unanimité puisqu' Anne-Marie Pelletier l'évoque comme une hypothèse parmi d'autres : « certains diront qu'il [le Cantique] prend son départ dans les poèmes de la littérature amoureuse égyptienne retouchés et unifiés par un rédacteur biblique » (Anne-Marie Pelletier, *op. cit.*, p. 111).

2   La première hypothèse formulée par Michel Estève concernant « les lectures bibliques » de Bernanos avait cependant le mérite de laisser le débat ouvert : « Si Bernanos a manifesté quelque intérêt pour la théologie au cours des années 1913-1920, il s'est trouvé toujours très réservé à l'égard des livres de théologie et des théologiens (fustigés dans Jeanne, relapse et sainte). » (*Thèse cit.*, p. 44). Ces sept années d'intérêt théologique (le chiffre est conséquent et ne peut donc être confondu avec un intérêt passager puisqu'il équivaut à environ un tiers du temps consacré par Bernanos à écrire son œuvre romanesque) coïncident d'après Daniel Pézeril (toujours cité par Estève) avec des études à l'Institut Catholique et à une amorce de licence de philosophie en 1911. Il est vrai que tous les témoignages convoqués ensuite convergent pour dénier à Bernanos toute compétence théologique (Bernanos « n'était pas théologien » (Michel Dard), « n'avait jamais fait de théologie proprement dite. Il s'en méfiait, comme il se méfiait de tout ce qui était "intellectuel" » (Père Brückberger). N'y a-t-il pas ici confusion abusive entre méfiance et ignorance ?

3   Cette prise de connaissance aurait pu fort bien s'effectuer de manière informelle, lors de conversations avec des théologiens. S'il semble aussi difficile d'imaginer Bernanos plongé dans les ouvrages d'exégèse, n'est-ce pas une conséquence des critiques formulées par l'écrivain lui-même au sujet des théologiens, et relayées par la critique qui s'est complu à consolider cette représentation d'un Bernanos férocement anti-intellectuel ?

connaissance, sinon du contenu, du moins des débats exégétiques liés à ce texte tant commenté. En effet, ce jugement expéditif concernant la forme et l'auteur du poème[1] pourrait, par un saisissant paradoxe, contenir de subtiles allusions aux questions dérangeantes que suscite parmi les exégètes sa singularité dans l'économie biblique. La première allusion concernerait le genre du texte : le terme « chanson » lui dénie le statut de chant sacré en l'intégrant au registre du divertissement profane d'où les allégorètes juifs puis chrétiens étaient parvenus non sans raffinements rhétoriques à l'extraire. La deuxième allusion pourrait illustrer l'énigme liée à l'identité de l'auteur présumé du *Cantique*. Le choix du mot « pharaon » ne s'inscrirait-il pas ainsi comme le contre-pied ironique de la tradition juive qui, se fondant sur le premier verset du livre, l'a d'emblée attribué au roi d'Israël Salomon ? Du parangon de sagesse révéré aussi par les commentateurs chrétiens[2], il semble bien que Bernanos ait surtout retenu l'épisode de son mariage, pour ménager l'amitié de l'Égypte, avec la fille d'un pharaon, union qui métamorphose le fils du roi David en époux acquis par l'entremise conjugale au faste et à la sensualité des mœurs de l'Égypte antique. Quant à l'adjectif épithète « ivre », et en l'absence de complément déterminatif qui aurait pu renvoyer à un sens figuré, il métamorphose l'auteur inspiré par Dieu en pharaon rendu créatif par l'ivresse de la boisson. La singularité iconoclaste de cette triple caractérisation ne prend donc toute sa saveur qu'en regard de la caractérisation traditionnelle du *Cantique* comme poème sapiential intégré au canon des Écritures et rédigé par un ancêtre du Christ.

Entre ces deux hypothèses extrêmes et exclusives, l'une présupposant une méconnaissance au sujet de l'auteur présumé du *Cantique* ainsi qu'un rejet de sa composition, l'autre présentant au contraire un Bernanos bien informé des débats d'exégèse vétéro-testamentaires, la supposition d'un romancier se fiant à son intuition, lecteur sans complaisance, pragmatique et performant dont la sensibilité littéraire perçoit immédiatement dès la première – unique ? – lecture le poids charnel et la sensorialité explosive de ce poème si singulier dans l'économie biblique, est peut-être celle qui se rapproche le plus de la réalité. Il faut se souvenir en effet du contexte dans lequel surgit cette expression, réponse laconique et

---

1   Le laconisme de la formule peut en effet laisser rêveur quand on la mesure à l'immense tradition interprétative née du *Cantique*, un des livres bibliques les plus amplement étudiés au monde.

2   Fils du roi David, il figure dans la généalogie du Christ proposée par Matthieu (Mt, 1,6).

sévère à son ami Robert Vallery-Radot, lui-même admirateur chrétien de l'Ancien Testament pour qui « l'inspiration de l'Esprit Saint [...] nous y parle en figures[1] ». Celle-ci s'inscrit donc en opposition ouverte avec la lecture inspirée et allégorique, au grand dam de Valléry-Radot qui assimile d'emblée ce choix herméneutique à un refus «animal[2]» de l'exégèse chrétienne allégorique. Herméneute sauvage et sensitif, Bernanos aurait ainsi lu le *Cantique* non comme un chant sacré inspiré par l'Esprit Saint mais plutôt une chanson païenne inspirée par les sens exacerbés d'un poète ivre, lecture naturaliste qui refuse de percevoir le langage érotique comme un véhicule rhétorique de l'expression de l'amour divin.

Deux hypothèses peuvent être invoquées pour motiver ce choix de lecture. La première se fonde sur le rejet présumé de l'Ancien Testament et en précise les causes : s'agirait-il du refus de le considérer une fois pour toutes comme une somme inspirée et allégorique ? Cette lecture naturaliste du Cantique en chanson folklorique païenne porterait donc en elle un relent d'anti-judaïsme chrétien. La seconde hypothèse, moins compromettante, plus affective, consiste à considérer ce choix comme la riposte agacée d'un chrétien pragmatique à l'enthousiasme allégorisant de l'ami qui, dans la lignée de toute une tradition de lecture mystique[3], métamorphose ce chant d'amour charnel en métaphore du lien transcendant unissant l'homme à son Dieu. Il s'agirait alors, à travers la formule provocatrice, de souligner implicitement un sentiment d'incongruité éprouvé devant cette lecture métaphorique de l'union charnelle. Comment alors ne pas percevoir, à travers l'opposition entre revendication et négation de l'allégorisme, l'affrontement de deux conceptions antagonistes concernant les relations entre écriture de l'amour humain et de l'amour divin ? En effet, la lecture mystique allégorique du *Cantique* n'hésite

---

1   Robert Vallery-Radot, Bull. n° 2-3, p. 25.
2   « Il n'y voulait flairer que la lettre juive, [...] » : En animalisant Bernanos, le verbe « flairer » connote la désapprobation de Robert Valléry-Radot envers ce type de lecture obvie de l'Ancien Testament.
3   Paul Ricœur évoque dans une perspective historique la prégnance de cette lecture «à l'intérieur d'un milieu marqué par l'ascétisme, parfois celui des laïcs, le plus souvent celui de clercs et de moines. Comme chez Origène, l'accès au texte du Cantique est explicitement réservé à des âmes déjà fort avancées sur la voie du renoncement à la vie charnelle, et sa lecture est fortement déconseillée ou interdite aux débutants dans la vie spirituelle. Même si cet ascétisme a des traits spécifiquement chrétiens, il ne manque pas d'emprunter à l'allégorisme platonicien son dualisme du "sensible" et de l'"intelligible". La captation de la lecture par la condition monastique paraît ainsi commander celle de l'interprétation par un allégorisme affranchi des contraintes de la typologie spécifiquement chrétienne et réinvesti par la spiritualité platonisante. » (Paul Ricœur, *Penser la Bible, op. cit.*, p. 443).

pas à instrumentaliser par un processus complexe de désincarnation et d'idéalisation l'écriture littéraire érotique pour projeter la richesse de son vocabulaire et de ses images dans l'univers – par essence dépouillé de mots humains – du mystère amoureux divin. La lecture obvie, quant à elle, refuse cette annexion scripturale qui a pour double effet de transcender l'expression de l'union charnelle humaine et de configurer par une mise en mots la possibilité d'une union entre l'homme et son Dieu. Le laconisme de la formule « chanson d'un pharaon ivre » ne permet pas de désigner avec certitude la raison exacte d'un tel refus. S'ancre-t-il davantage dans le rejet d'une idéalisation déréalisante de la sexualité humaine ou dans le rejet de l'instauration d'une proximité fusionnelle entre amour humain et amour divin ? Dans le premier cas, l'accent est porté sur le refus de vider l'érotique de sa substance par le transfert forcé vers un univers qui n'est pas le sien[1] ; dans le second cas, il s'agit plutôt d'insister sur l'incomparabilité et la distance incommensurable entre les deux types d'amour, empêchant toute proximité fusionnelle. Dans les deux cas de figure, l'écriture de l'amour charnel ne convient pas pour évoquer le mystère de l'amour divin. Si Bernanos refuse de considérer le récit de la sexualité humaine comme le véhicule rhétorique de la relation entre l'homme et Dieu, il opère une séparation radicale et infranchissable entre les deux entités, annulant toute possibilité de considérer le registre amoureux anthropologique comme un vecteur privilégié de l'accès à la transcendance de Dieu. L'interprétation allégorique juive puis chrétienne du *Cantique* projette métaphoriquement la relation d'amour unissant l'homme à Yahvé puis l'Église à son Christ, vidant l'érotique de sa substance pour en faire la métaphore privilégiée du théologique. La lecture de Bernanos, tout au contraire, réfuterait cette religion mystique fondée sur le principe horizontal d'un amour mutuel et fusionnel ainsi que d'une relation de possession entre la transcendance et l'humain, qui instaure une proximité voire une égalité entre les deux protagonistes. Si la relation amoureuse humaine n'est pas en mesure de figurer la relation spirituelle unissant l'homme au divin, c'est d'abord à cause de la distance incommensurable séparant transcendance et immanence, spécificité d'une religion éthique fondée sur une spatialité verticale[2].

---

1   Ce refus n'est-il pas fidèle au message évangélique qui anticipe le royaume de Dieu comme un espace où la différenciation sexuelle n'existe plus, reléguant ainsi l'union charnelle au rang de pratique liée à la finitude et à l'imperfection humaines ?

2   C'est Paul Ricœur qui évoque la démarcation entre « religion éthique » et « religion mystique » pour justifier le refus des interprétations allégoriques du *Cantique* par certains exégètes (*Penser la Bible.*, p. 442-3).

La mise en place d'hypothèses concernant la lecture qu'a pu faire Bernanos du *Cantique* constituait donc le nécessaire préalable à l'établissement objectif d'une filiation scripturale entre le poème biblique et l'écriture romanesque. À partir de l'unique et laconique source mise en évidence et dont la formulation insolite a retenu l'attention, il s'avère pertinent de considérer que ce lecteur iconoclaste du célèbre texte vétéro-testamentaire a pu ignorer – volontairement ou non – l'interprétation allégorique qui métaphorise l'érotique dans une perspective théologique. Écriture humaine ivre d'amour charnel et non d'amour spirituel, le *Cantique* ne relève donc pas à ses yeux d'une écriture de la transcendance, mais se déplace comme l'horizon éblouissant et dangereux d'une sexualité humaine autonome et étrangère à tout dépassement allégorique. Cette lecture obvie est-elle réinvestie dans le corpus romanesque ?

ÉCRIRE L'AMOUR HUMAIN : UN ÉBLOUISSEMENT DÉSENCHANTÉ

Malgré l'imposition du sens allégorique par le magistère ecclésial, l'emploi systématique et continu d'un langage amoureux désignant les modalités de la vie charnelle et de la sensorialité fait du Cantique un texte qui peut littéralement ne pas se distinguer de tout autre écrit profane mettant en scène un rendez-vous amoureux dans un cadre végétal[1]. Or, il se trouve que la seule scène du corpus romanesque présentant un couple d'amants enlacés dans la nature, véritable hapax dans l'œuvre de Bernanos, exhibe quelques troublantes similitudes avec le poème biblique. Il s'agit de l'ultime rendez-vous du couple marginal formé par Eugène et Hélène dans *Monsieur Ouine*[2]. En effet, au-delà des points de convergence liés aux conventions du *topos* amoureux (puissance de l'attraction physique réciproque, description émerveillée et imagée du corps de l'aimé ou encore marginalité et isolement du couple amoureux) et qui ne sont pas spécifiques à l'intersection avec le *Cantique*, une discrète mais tenace filiation peut être établie entre le poème et le passage romanesque. Quelques résonances lexicales ne suffisent pas à transformer l'ultime rendez-vous des amants artésiens en écho du *Cantique des*

---

1   Universitaire spécialiste du *Cantique des cantiques*, Anne-Marie Pelletier relève ainsi les multiples interrogations qu'il suscite concernant notamment « le sens (…) à attribuer à un livre qui parle d'un bout à l'autre le langage de l'amour humain à la manière des chants les plus profanes sans pratiquement nommer Dieu, et qui pourtant figure au canon des Écritures ». (*D'âge en âge, les Écritures. La Bible et l'herméneutique contemporaine*, Éditions Lessius, « Le livre et le rouleau », Bruxelles, 2004, p. 111).

2   Voir MO, p. 1473-80.

cantiques[1] et il semble indispensable de leur adjoindre des résonances de nature autre, thématiques et symboliques, pour consolider la fragilité d'un édifice comparatif reposant uniquement sur des similitudes de termes, elles-mêmes tributaires des aléas de la traduction du *Cantique*.

Une analyse serrée de la mise en forme romanesque de la relation amoureuse entre Hélène et Eugène révèle l'entrelacement constant et paradoxal d'un lyrisme admiratif mêlé à des traits critiques, éléments contradictoires pouvant être lus comme les fruits scripturaux d'une double lecture du *Cantique*, à la fois secrètement enchantée et ouvertement méprisante. La voix narrative incarne d'emblée ce déchirement entre réprobation et éblouissement devant l'exclusivité de cette passion amoureuse. Si les premières lignes du chapitre décèlent d'emblée, entre compassion et condescendance, un amoindrissement de l'être, diminué dans ses capacités réceptives[2], elles cèdent la place à une exclamation lyrique louant la délicieuse et miraculeuse puissance à l'œuvre dans l'alchimie amoureuse :

> Comme c'est donc bête de penser – car on pense seule hélas ! – alors que la première parole de l'amant dispense un oubli plus parfait que le sommeil, fond si délicieusement dans les veines, y change le sang en vin !

Cette première parole de l'amant[3], écho des premiers mots prononcés par le bien-aimé du Cantique, se prolonge, deux pages plus loin en un retentissant « Fous-moi la paix » (MO, 1476), qui annule avec brutalité l'atmosphère d'épithalame installée dès les premiers échanges verbaux. Eugène se dessine ainsi comme le bien-aimé mal aimant, tendre et prévenant[4] mais aussi le visage déformé par « une grimace de colère » (1476) ou le regard mêlé « de crainte et d'une sorte de rancune obscure » (1478) pour cette femme paradoxale au « petit visage misérable » (1476) mais dont « la voix d'une mère n'est pas plus douce » (1479). La description de la nature renvoie elle aussi cette appréhension duelle de l'amour humain, quand les amoureux « retrouvent les pentes secrètes du Rouvre, plantées de hêtres, presque nues sous les puissantes arches végétales, puis de nouveau leurs pieds s'enfoncent dans le fumier gluant

---

1   La thèse dont cet ouvrage est la récriture allégée traite de manière approfondie la question, *thèse cit.*, p. 275-80.

2   « Elle ne l'a pas entendu, pauvre fille ! … Est-elle encore capable de voir ou d'entendre ? » (MO, 1473)

3   « Viens-t-en chez nous, fait-il d'une voix qu'elle reconnaît, qu'elle n'a entendue qu'une fois, le soir des noces. » (MO, 1474)

4   « Mon Dieu ! S'est-il jamais montré si prévenant, si tendre ? » (MO, 1475)

334   LES ROMANS DE BERNANOS

de feuilles mortes qui siffle et crache à chaque pas une eau couleur de rouille[1] ». De la puissance des arbres d'altitude à l'engluement de la glaise artésienne, la course des amants se révèle d'abord happée par une verticalité verdoyante ascendante puis embourbée dans un terreau décomposé, l'élan transcendant se muant inéluctablement en piétinement animal.

Cette oscillation constante entre écriture laudative et traits dévalorisants contamine ainsi la totalité de l'espace narratif, soumis à une atmosphère où alternent sur le mode antinomique euphorie amoureuse et désespoir morbide. La sensualité des amants se déploie sur deux registres, mystique et animal ; la communication amoureuse se réalise selon les modalités de la fusion et de l'incompréhension ; l'atmosphère romanesque baigne dans un double état d'innocence et de culpabilité ; l'amour humain est décrit comme une porte ouverte sur « un jour neuf, éblouissant » (MO, 1475) mais aussi comme un événement catastrophique. N'observe-t-on pas ainsi un processus d'éblouissement aussitôt obscurci par un désenchantement corollaire ? Hélène et Eugène apparaissent à la fois émerveillés par la puissance de leur amour réciproque et assommés par l'impossibilité absurde de son épanouissement. C'est l'environnement familial et villageois qui instaure cette fatale entrave en poussant Eugène au suicide[2]. Mais c'est aussi le couple qui est à l'origine de son autodestruction, Hélène refusant la perspective de l'arrestation d'Eugène et ce dernier taxant de « bêtises » (1477) la proposition de fuite émise par la jeune femme. Alors que les amoureux du *Cantique* se révélaient victorieux des épreuves qui les séparaient, les amants artésiens contribuent à leur fin tragique, autant qu'ils la subissent. Cet accablement soumis est encore amplifié dans ses connivences avec la misère et le froid qui tenaillent les deux cœurs meurtris. De la méridionale Palestine antique à la pluvieuse Artois de l'entre-deux guerres, l'exubérance végétale est préservée et la puissance de l'amour reste intacte. Mais si la peau de la Sulamite était brûlée par le soleil (Ct, 1,6), les « jambes » d'Hélène « sont glacées jusqu'au ventre » (MO, 1474) par le froid humide de la nuit ; de même « son pauvre fichu de laine » (1474), la saleté de « ses souliers boueux » (1477), ne rappellent en rien les parfums et les colliers de la bien-aimée du *Cantique*. À la jubilation spontanée liée au désir physique s'est insidieusement substituée une résignation morne de bêtes traquées. Aussi innocent que le couple

---

1   MO, 1474.
2   Le père d'Hélène a informé son gendre d'un mandat d'arrêt signé contre lui et portant atteinte à l'honneur de la famille Devandomme (voir MO, 1454).

originel[1] par sa simplicité et son authenticité, le couple sexuel moderne se révèle néanmoins coupable d'un désir et d'un plaisir qu'il ne partage avec personne, qui le retranche de son environnement social et qu'il doit expier à travers le sacrifice de son épanouissement terrestre.

Car un abîme diégétique et symbolique sépare irréductiblement les deux dénouements. Alors que l'épithalame biblique se déployait comme une célébration d'amour libre et joyeux close par la perspective imminente de retrouvailles charnelles[2], le récit romanesque s'oriente vers une fin doublement tragique et castratrice qui signe la condamnation brutale et la liquidation définitive de l'amour sensuel humain par le bruit du coup de fusil précipitant les deux amants nocturnes dans la mort. La lecture biblique du romancier n'a donc rien d'une reconnaissance soumise envers le texte-source, elle s'avère au contraire dénuée de tout souci de fidélité à l'atmosphère et à l'intrigue du *Cantique*. Car si le rendez-vous amoureux peut constituer une herméneutique romanesque sauvage du poème, l'ultime métamorphose de l'exultation charnelle en autodestruction tragique balaie la récriture d'un souffle iconoclaste. À partir d'un socle commun qui s'émerveille sur le miracle de l'amour charnel humain authentique et réciproque, le romancier trace donc sa propre route en refusant la conclusion jubilatoire et extatique du *Cantique*, « chanson de pharaon ivre », pour proposer une issue sans concession aux joies de l'amour terrestre. Cette cassure infléchit lourdement la vision de l'amour vers les forces de la mort. Le *Cantique* évoquait bien cette dernière, mais uniquement dans le cadre imagé de la comparaison et pour exhausser la puissance de l'amour[3]. Le dénouement tragique du chapitre romanesque marque une métaphorisation brutale de la comparaison sapientielle, métamorphosant la mort, de simple comparant du terme amour en aboutissement réel et absolu. En menant l'hypothèse d'un romancier herméneute moderne du *Cantique des cantiques* à son terme, il faut reconnaître que l'herméneutique pratiquée se singularise par sa liberté interprétative, le chant d'amour hédoniste originel se retrouvant pulvérisé par un Éros redoutable régi par les lois de l'autodestruction[4].

---

1   Certains exégètes bibliques inscrivent les amants du *Cantique* dans le sillage du couple édénique de la Genèse (Paul Ricœur, *op. cit.*, p. 208). Dans les *Cahiers de Monsieur Ouine*, Eugène évoque clairement à propos du petit valet assassiné, « leur crime » (*op. cit.*, p. 491), c'est-à-dire celui des villageois considérés comme une collectivité contaminée par le mal. Le braconnier serait donc complètement innocent.

2   « Hâte-toi, mon bien aimé / et sois semblable à une gazelle / ou à un jeune faon / sur les montagnes de baumiers. » (Ct 8,14).

3   « Car l'amour est fort comme la mort » (Ct 8, 6-7).

4   L'image d'*Éros* est reprise à Pierre Gille qui souligne son actualisation, c'est-à-dire sa dépendance à l'histoire collective et psychique moderne : « Quand Éros est condamné,

Comment justifier, dans une perspective de filiation intentionnelle, ce double suicide ? En considérant ce chapitre comme une récriture tourmentée du *Cantique*, le dénouement au scalpel du rendez-vous amoureux apparaît alors comme un démenti cinglant infligé à la poétisation idyllique de l'amour charnel telle qu'a pu la pratiquer le « pharaon ivre ». Fruit scriptural d'un christianisme sombre et tourmenté, anti-hédoniste et doloriste, il constituerait ainsi en guise de leçon magistrale à Robert Vallery-Radot, l'ami poète allégorisant, la signature d'un romancier français catholique dégrisé devant les enchantements profanes de la sexualité humaine. Le message adressé serait alors fort clair : l'amour humain qui exclut de ses fondements et de son essence la transcendance divine est voué à la catastrophe. Le double suicide d'Hélène et Eugène devient dans cette perspective la conséquence implacable de leur ignorance de Dieu. Incapables de transcender le destin de leur couple au delà des déterminismes humains qui les environnent, ils ne sont pas en mesure de relativiser leur situation au regard de l'infinité transcendante. Prisonniers d'une dimension réduite à une paroisse morte, ils ne peuvent que se soumettre à des exigences dont la transgression, voire le dépassement, leur sont inenvisageables.

Il s'agirait ainsi de montrer à travers la mise en scène romanesque de l'ultime rendez-vous et du double suicide que l'amour charnel humain étranger à tout lien avec la transcendance est voué à la catastrophe. Un exemple peut illustrer cette hypothèse d'une intentionnalité catholique. Extrait des Cahiers de *Monsieur Ouine*, il met en exergue une phrase prononcée par Eugène et qui n'apparaît plus dans l'édition courante :

> Faut que je me tue, Hélène, faut que je me tue y a pas d'bon Dieu[1].

C'est l'absence d'horizon transcendant dans la vie d'Eugène qui le condamne d'avance à ne chercher aucun dépassement au-delà de son angoisse d'homme traqué par la police et par le vieux Devandomme :

> Il cherche, il cherche vainement la phrase qu'il faut dire, celle qu'il a toujours trouvée chaque fois qu'il a joué sa vie, comme sa chance ; mais sa pensée tourne sur elle-même, ainsi qu'un rat dans une trappe. Et d'ailleurs, la vie est jouée, la chance courue. Plus rien. « Ben quoi, c'est le sort ! » dit-il enfin comme à lui-même. (MO, 1462)

---

du dehors par une société agraire et bourgeoise (Vandomme), du dedans par un interdit lié à la Loi du Père, il n'a d'issue que dans la mort. » (Pierre Gille, *Bernanos et l'angoisse*, *op. cit.*, p. 180-81).

1   Cahiers de Monsieur Ouine, *op. cit.*, p. 489.

Comparé par la voix narrative à un rat prisonnier, réduit au statut d'animal traqué, l'amant artésien s'inscrit en contraste total avec le bien-aimé de la Sulamite dont la superbe autorisait sa métaphorisation divine ou christique.

La merveille de l'amour charnel humain cèlerait donc un piège bien cruel qui, lorsque la transcendance n'y est pas intégrée pour briser l'exclusivité sclérosante de l'union sexuée et l'ouvrir sur une dimension qui la dépasse, mène à une extinction mutuelle. L'intérêt de cette hypothèse concernant les ravages de la passion amoureuse sans horizon transcendant, réside dans le fait qu'elle rejoint un point de vue développé par Bernanos lui-même dans un article du *Figaro* publié le 26 février 1932, soit peu de temps avant la rédaction du chapitre des amants artésiens, évaluée vers la fin de l'année 1933, et ironiquement intitulé « Plaidoyer pour les crimes passionnels[1] ». Si « les gens qui s'entre-tuent par amour ne sont pas si bêtes qu'on pense » (1242), c'est bien parce qu' « ils sont de leur temps, ils sont dans l'esprit du siècle », lui-même désigné comme « une théologie bâtarde, dégénérée » (1243). L'exemple des criminels passionnels modernes illustre ainsi la perversion de l'évangélisme chrétien originel :

> Le monde moderne n'arrachera jamais, sinon peut-être de son cerveau ou de son cœur, du moins de ses entrailles, la notion chrétienne de l'amour absolu, mille fois plus exigeant et plus strict, dans son inflexible pureté, qu'aucune justice. Admirable prévenance du catéchisme, qui nous invite à aimer le prochain comme nous-mêmes, sans plus ! … Sur l'invitation des nouveaux prophètes, la chrétienté renégate s'est mise à s'aimer elle-même non comme elle avait aimé Dieu, mais comme elle croyait jadis que Dieu l'aimait. (1243-44)

Suicidés passionnels déchristianisés, à l'image de leur paroisse morte, Hélène et Eugène se sont mis à s'aimer l'un l'autre du même amour jaloux que celui du Dieu de l'Ancien Testament pour son peuple. Mais cet amour transcendant ne convient pas à la finitude humaine qui, incapable de contenir et de pérenniser une puissance qui la déborde, implose de désespoir. La jeune femme a conscience de sacrifier sa vie à cette puissance qui la domine :

> Peut-être eût-elle souhaité qu'il refusât son sacrifice, la suppliât de vivre, de lui survivre, (…), et pourtant il ne lui déplaît pas non plus qu'à ce moment solennel l'amour lui découvre une fois encore son vrai visage, car elle le connaît

---

1   *EEC I*, p. 1242-45.

depuis longtemps pour un maître avide et dur ; elle l'a servi comme tel, sans
vaine pitié d'elle-même, avec une espèce d'opiniâtreté farouche (1478).

Dénué d'horizon transcendant et donc ravalé dans une perspective
religieuse au rang d'idolâtrie, l'amour pour l'amant exige un don de soi
absolu, sacrifice profane sans autre fondement que la soumission au désir
de l'autre et donc écho perverti du martyre chrétien. Il serait cependant
réducteur de limiter ce chapitre à une illustration romanesque de la
leçon janséniste de la misère humaine dénuée de Dieu. Car ici encore,
l'émotion envers ce couple d'êtres simples compense la réprobation. Et
si la fille de ferme et le braconnier sont en bonne théologie coupables
d'idolâtrie, leur ignorance du terme lui-même les situe paradoxalement
au-delà de toute spéculation religieuse, dans un univers de misère intellectuelle et spirituelle mais aussi de plénitude affective. Amour impur
et imparfait, certes, dans ses manifestations frustres et ses défaillances,
sans commune mesure avec le mystère de l'amour divin mais qui vaut
mieux encore que l'indifférence dans laquelle s'englue la solitude absolue
de leur voisin de Fenouille, le béant Monsieur Ouine.

Cette investigation herméneutique concernant l'hypothèse d'une
filiation intentionnelle entre le *Cantique* et le passage romanesque des
amants artésiens a l'intérêt d'éclaircir les relations entre écritures de
l'amour humain et de l'amour divin. Et quand bien même Bernanos
n'aurait jamais souhaité consciemment le réinvestir dans sa production
romanesque, cet ultime rendez-vous amoureux renvoie de manière
naturelle au chant des chants, simplement alourdi par vingt siècles d'un
christianisme déchiré entre éblouissement et réprobation envers l'amour
charnel humain. Les conséquences du refus de figurer la relation spirituelle unissant l'homme au divin par la relation humaine amoureuse,
mesurées à l'aune d'un éventuel réinvestissement conscient du *Cantique*
dans l'ultime scène entre Hélène et Eugène, doivent logiquement exclure
toute volonté auctoriale de dissimuler entre les lignes romanesques de
son rendez-vous amoureux un sens mystique sous-jacent que l'allégorète
se devrait de révéler[1], c'est-à-dire, toute volonté allégorique immanente
à l'écriture[2]. Bernanos n'est pas un exégète allégorique qui utiliserait le

---

1   Dans son ouvrage, *La Seconde main ou le travail de la citation* (Paris, Éditions du Seuil, 1979),
    Antoine Compagnon évoque la récupération des mythes homériques par une « exégèse à
    vocation didactique » (p. 165), exégèse allégorique indifférente à l'intention auctoriale et
    qui, selon Platon, était dénuée de toute volonté d'enseignement.

2   N'ayant pas su ou pas voulu lire à travers les amants du *Cantique* l'union mystique entre l'homme
    et Dieu, comment pourrait-il écrire une situation amoureuse humaine à portée allégorique ?

roman comme d'autres le commentaire ou l'homélie pour interpréter la Bible par le biais d'une écriture de type didactique. La mise en place scripturale du couple Hélène-Eugène, un braconnier et une fille de fermier, ne doit dépendre, dans une perspective intentionnelle d'aucun transfert crypté de sens.

Une imprégnation de l'écriture romanesque par cette écriture poétique amoureuse la place d'emblée et à son tour au cœur d'une problématique identique[1], interrogeant le statut de l'union charnelle comme tremplin vers la transcendance ou comme mode de relation irréductiblement ancré dans la finitude de l'immanence. Il n'y aurait ainsi aucune incompatibilité de principe entre un manque d'estime envers le poème biblique et son réinvestissement ultérieur. Si l'on applique ce présupposé général aux cas particuliers du *Cantique* et du chapitre romanesque, c'est donc naturellement, voire involontairement que se manifesterait cette influence, indépendante, antinomique même de toute appréciation esthétique consciente. Bernanos était-il en mesure d'imprégner sa propre création d'une œuvre qu'il réprouvait ? Étant bien entendu qu'il n'existe pas de causalité nécessaire et exclusive entre la fréquentation admirative d'un texte et son réinvestissement dans une production ultérieure, Bernanos a très bien pu mépriser l'écriture et le contenu du *Cantique* tout en réinvestissant l'un et l'autre dans sa propre écriture. Mais dans cette conjoncture, il convenait alors de souligner le paradoxe entre lecture et écriture, de s'interroger sur la nature exacte de ce réinvestissement et surtout de le justifier. Il faut évoquer ici la question délicate de l'intentionnalité concernant le cas particulier du *Cantique des cantiques*. Les similitudes entre ce dernier et le texte romanesque doivent donc impérativement être considérées comme le fruit d'une admiration inconsciente voire refoulée pour l'antique chant d'amour. En effet, comment Bernanos aurait-il pu à la fois authentiquement mépriser le *Cantique* et en livrer consciemment une récriture romanesque éblouie ? L'élaboration d'un scénario herméneutique complexe présente un contempteur épistolaire affichant un mépris sincère du *Cantique* et cependant dupe d'un éblouissement refoulé, inconsciemment réinvesti dans l'écriture romanesque de l'union amoureuse de son couple artésien. Dans ce cas de figure où un processus de schizophrénie littéraire instaure une dichotomie entre lecture consciente, armée de repères, bardée de convictions et lecture inconsciente, délivrée de tout présupposé, pulsionnelle, l'ami épistolier

---

1   C'est le processus de la filiation scripturale qui serait à l'origine de cette contamination problématique.

apparaît en totale contradiction avec le romancier solitaire, ce dernier assurant une fonction cathartique libératrice d'une émotion et d'un enchantement esthétiques inconscients. À ce stade de la reconstitution, les objections naissent d'elles-mêmes. D'abord, pour quelle raison arbitraire seule la lecture inconsciente éblouie serait-elle réinvestie dans la fiction romanesque, alors que la lecture consciente, ouvertement méprisante, ne porterait aucun fruit scriptural ? Cette objection se révèle d'autant plus intéressante qu'elle peut être reliée aux divergences creusant un abîme diégétique et symbolique entre les deux textes. En effet, ces différences pourraient être convoquées pour justifier l'existence d'un réinvestissement conscient et volontaire du *Cantique*, cette fois-ci aucunement ébloui mais au contraire critique, voire polémique. Ensuite, ce scénario de schizophrénie littéraire ne réduit-il pas Bernanos au double statut pathologique de lecteur névrosé, incapable d'assumer toute la richesse contradictoire d'une réceptivité entre rejet et enchantement, et à celui de romancier pulsionnel, ne livrant à travers son écriture que les échos involontaires d'appréciations esthétiques refoulées ?

Ces deux objections ne détruisent pas l'hypothèse de la filiation directe entre le *Cantique* et le passage romanesque mais soulignent les limites et les lacunes d'une démarche qui soumet les singularités de la matière textuelle à un présupposé général englobant la totalité d'une œuvre romanesque complexe dans son hétérogénéité et non réductible à une grille de lecture monolithique. Si l'ultime rendez-vous des amoureux artésiens est imprégné du *Cantique*, il révèle aussi une récriture grinçante et désenchantée, elle-même fruit d'une lecture sans doute plus complexe et nuancée qu'il n'y paraît. Seule l'hypothèse d'une coexistence déchirée entre un agacement affiché et un éblouissement volontairement mis au secret pourrait justifier à la fois les ressemblances émouvantes mais aussi les divergences dissonantes entre les deux textes. Ainsi se dessinerait le portrait complexe[1] d'un lecteur puissamment réceptif, par sa sensibilité naturelle, à la sensuelle beauté de l'expression littéraire amoureuse mais aussi et tout autant puissamment imprégné par un mépris méfiant envers les tribulations charnelles, cette lecture duelle s'exerçant en toute lucidité et faisant l'objet d'un réinvestissement scriptural double, entre écho lyrique et récriture critique.

---

1 Ce visage scindé entre rigidité dogmatique et souplesse pulsionnelle a déjà été entrevu dans chacune des deux parties précédentes de cette thèse.

HERMÉNEUTIQUE DE LA LECTURE

UNE SCÈNE ROMANESQUE OUVERTE

Une première quête herméneutique, centrée sur l'écriture d'une scène romanesque peut-être conçue comme le fruit d'une filiation biblique doublée d'une intentionnalité romanesque à l'œuvre, a permis la mise en place de plusieurs hypothèses. Une seconde quête herméneutique s'impose, centrée maintenant sur la lecture de cette même scène conçue comme une approche autonome libérée des conditions internes et externes de production littéraire[1]. De même qu'il a fallu ponctuellement croiser les écritures biblique et romanesque pour tenter d'éclairer, sinon de résoudre, la double question de la filiation et de l'intention, un croisement ponctuel des différentes lectures déjà pratiquées sur l'un ou l'autre texte[2] révélera plusieurs interprétations avalisées grâce aux qualités littéraires de ces deux textes, subtil alliage d'ambiguïté et de générosité facilitant l'ouverture à un large faisceau interprétatif. C'est d'ailleurs en raison des difficultés d'élucidation concernant filiation et intention que cette constellation d'interprétations étoilées contradictoires peut apparaître. Dans la perspective des métamorphoses de l'écriture romanesque de la transcendance, il s'agira de mettre en résonance, à travers la confrontation des principales lectures proposées, les différentes approches de l'écriture de l'amour humain, entre allégorisme mystique et naturalisme athée. Dans le sillage des lectures du *Cantique*, qui n'échappent pas toujours à « l'opposition frontale (…) entre deux interprétations dont chacune comporte un risque : la première, celui de coder abusivement les mots du livre pour justifier le sens allégorique, la seconde, celui d'ignorer la

---

1   Cette démarche duelle s'inspire des deux méthodologies herméneutiques contradictoires et complémentaires mises en place par l'exégète André Lacocque et le philosophe Paul Ricœur dans leur ouvrage commun *Penser la Bible*, Éditions du Seuil, « La Couleur des idées », Paris, 1998.

2   Cette confrontation prendra la précaution de respecter la différence de sites du texte biblique et du texte romanesque. Car les quelques interprétations de l'ultime rendez-vous entre Hélène et Eugène proposées par les critiques de l'œuvre romanesque ne peuvent évidemment pas entrer en concurrence quantitative avec l'« immense tradition interprétative » (Anne-Marie Pelletier, *op. cit.*, p. 111) engendrée par une lecture millénaire du *Cantique des cantiques*. Anne-Marie Pelletier souligne ainsi l'importance numérique de ces lectures obstinées, « où des allégorisations laborieuses voisinent avec des textes immenses, tels les commentaires d'Origène ou les Sermons de Saint-Bernard, ou encore le *Cantique spirituel* de Saint Jean de la Croix ». (*Ibid.*, p. 111).

présence dans le texte d'éléments irréductibles à une esthétique réaliste[1] »,
les lectures de la scène romanesque se résument le plus souvent à deux
types d'approche fondamentalement contradictoires. L'une sépare radicalement l'union charnelle de l'union divine, et l'autre établit un pont
analogique voire allégorique entre les deux notions.

Car il semble bien que le texte du romancier appelle – comme l'a
appelé le *Cantique* dès ses premières lectures – le déploiement d'approches
antinomiques concernant les mouvements de l'amour exposés à travers
le couple formé par Eugène et Hélène. Cette ouverture à une pluralité
d'interprétations non conciliables entre elles opacifie autant qu'elle den-
sifie le sens obvie du passage. Il n'importe plus dans cette perspective
que les différents sens mis en exergue aient été ou non voulus par le
romancier, ni que le passage considéré en fournisse les signes objectifs.
L'intérêt de la démarche réside au contraire dans la confrontation singulière entre lectures résolument divergentes de la même unité textuelle,
lectures proposant ou niant l'établissement de correspondances entre
amour humain et relation à la transcendance. Le lien unissant Eugène
et Hélène peut-il se lire au-delà d'une simple union amoureuse entre
un homme et une femme ? Cette liaison ouvre-t-elle des perspectives de
lecture qui élargiraient l'horizon de l'altérité humaine à l'altérité divine ?

Ainsi, alors que l'amour érotique chanté par le *Cantique* a pu être lu dès
l'origine et encore aujourd'hui comme l'amour de Dieu pour sa créature
dans une perspective prophétique et eschatologique[2], l'amour érotique
entre Hélène et Eugène n'a pas été lu comme une allégorie de l'amour
oblatif du Christ pour ses frères en humanité, dans une perspective
christologique. Le passage en question offre néanmoins au lecteur fervent
des indices textuels ouvrant la voie à une métaphorisation allégorique.
Il n'y a ainsi aucun interdit objectif empêchant d'appliquer au couple
artésien les préceptes de Paul[3]. Cette interprétation typologique, réglée

---

1   A. M. Pelletier, *D'âge en âge, les Écritures. op. cit.*, p. 112. Cette opposition classique entre
    interprétation allégorique chrétienne et interprétation obvie historico-critique trouve son
    dépassement dans les lectures exégétiques les plus récentes qui considèrent que « l'amour,
    l'amour "pur et simple", l'amour fidèle et complètement intégré est une réflexion de
    l'alliance entre le divin et l'humain ». (Lacocque, *op. cit.*, p. 406). L'amour naturel et
    authentique représenterait donc symboliquement l'amour de l'homme pour Dieu.

2   Si, par la métaphore nuptiale, le judaïsme investit cet amour divin dans l'alliance d'Israël,
    le christianisme l'investit dans le lien christique. Voir à ce sujet l'article de Paul Ricœur
    qui retrace la trajectoire de la réception du *Cantique des Cantiques* in *op. cit.*, « La Métaphore
    nuptiale », p. 411-457.

3   « Reconnais dans l'époux le Christ, dans l'épouse sans tache ni ride, l'Église » (Corinthiens 1,
    21 et Éphésiens 5, 27) ou encore « Maris, aimez vos femmes comme le Christ a aimé

par une identification de base entre le couple humain et le couple spirituel du mystère chrétien, concrétise le lien analogique vécu et discerné par l'âme chrétienne entre deux types d'amour hétérogènes. De même, la marginalité de ce couple simple et innocent traqué par un environnement humain hostile peut être lue comme le calque des accusations et persécutions dont ont été successivement victimes le Christ puis l'Église primitive ainsi que la reprise de l'acceptation du sacrifice comme don gracieux de soi. Comme l'Église se soumettant à la volonté oblative du Christ par un don mimétique de son entité, Hélène décide de précéder Eugène dans une mort qui deviendra doublement consentie. Le suicide du couple pourrait ainsi être lu comme une reprise allégorique de la Passion du Christ et du martyre de l'Église[1]. La « fumée rouge, écarlate » (MO, 1480) qui remplit la cabane rappellerait pour finir le sang versé par le Christ et ses disciples sacrificiels. Les similitudes des situations romanesque et évangélique conditionnent mécaniquement le transfert sémantique à partir de mots communs aux deux registres. Les mots « amant » et « amour » sont ainsi tous deux employés dans un contexte autorisant une réorientation des sens littéraux vers la sphère spirituelle. Dans le premier cas, il s'agit de « la première parole de l'amant qui dispense un oubli plus parfait que le sommeil, fond si délicieusement dans les veines, y change le sang en vin ! » (MO, 1474) ; ici, l'exégète allégorique substitue aisément à l'amant aimé d'un amour charnel l'amant parfait qu'est le Christ, aidé en cela par l'allusion poétique et partiellement déformée au miracle des noces de Cana. Dans le second cas, « l'amour » est connu par Hélène comme « un maître avide et dur » (MO, 1478) et la métaphore du seigneur cruel, présente dans de nombreux textes de l'Ancien Testament, encourage le lecteur habitué des images bibliques à considérer ce sentiment amoureux comme une soumission de l'âme humaine au Dieu jaloux du Livre Saint. L'assimilation allégorique fonctionne cependant à maints égards comme un coup de force sur le texte car si Jésus s'est livré sans résistance aux gardes qui l'arrêtaient, s'est laissé juger puis condamner à mort en public, et si l'Église a couru au devant du martyre, Eugène et Hélène ne s'abandonnent pas à la vindicte collective et se suppriment pour ne pas l'affronter. Alors que

---

l'Église ; il s'est livré pour elle, afin de la sanctifier » (Éphésiens 5, 25-26).

1   Cependant le texte oriente aussi vers une équivalence allégorique moins conventionnelle en décrivant Hélène comme une nouvelle *piéta* qui préfigure le visage christique dans le suaire : « De ses deux faibles mains, elle le recouvre doucement, elle fait au visage aimé un premier linceul de ses paumes fraîches, en détournant les yeux. » (MO, 1480).

le Christ est crucifié par la loi romaine et que l'Église est persécutée par ses oppresseurs, le couple de Fenouille s'anéantit lui-même, refusant d'être séparé par un environnement hostile[1]. Ainsi, l'enrichissement sémantique de l'allégorie peut soudain verser dans le détournement de sens. Procédant du même mysticisme érudit et élitiste que celui des lectures allégoriques du Cantique, cette approche du seul double suicide de l'œuvre romanesque instrumentalise la fiction littéraire en donnant certes un langage riche et évocateur au mystère de l'expérience mystique chrétienne mais au détriment de la spécificité profane du contenu romanesque. En même temps, il semble bien que ce passage soit le seul à supporter une telle interprétation ; en effet, les autres moments fictionnels présentant une relation entre homme et femme ne révèlent pas cette puissance fusionnelle et réciproque, cette harmonie du désir et de la volonté propres à combler le fossé entre charnel et spirituel jusqu'à assimilation complète, par un transfert crypté de sens.

Que lectures athée et religieuse soient en mesure – avec une aisance et une conviction équivalentes – de s'approprier cette vision romanesque de l'amour humain, coïncide finalement avec un des grands souhaits de Bernanos qui, partisan à sa manière d'une lecture créatrice, rêvait d'être, lui et ses livres, à la merci des passants, de l'agnostique des *Grands cimetières sous la lune* au fou de Dieu[2]. De même que la lecture religieuse allégorique oublie ces traits objectifs d'animalité immanents à l'écriture romanesque, la lecture athée omet les indices textuels appelant un dépassement de cette condition animale.

Entre le refus obstiné et sectaire – sous couvert d'une dissection structurelle ou textuelle – de prendre en compte le christianisme fervent de l'auteur, et l'omission quasi-systématique de remarques concernant le poids charnel d'une écriture romanesque aux prises avec les tribulations de l'immanence, chaque camp limite le sens du texte à ce qu'il veut y lire, engendrant un conflit crispé voire névrotique des interprétations. L'issue d'une telle confrontation ne résiderait-elle pas dans une double reconnaissance – à mille lieues de tout reniement, mais à travers une

---

1   Une fois l'idée du suicide intégrée, Hélène la métamorphose en représailles contre ceux qui harcèlent son époux : « Ils vont être bien attrapés, fait-elle, eux tous... » (MO, 1478).

2   Les spécialistes de Bernanos doivent d'ailleurs prendre acte de la captation récente de l'œuvre par une critique non catholique, d'abord pour se réjouir de cette fréquentation élargie qui libère l'œuvre des lectures trop ecclésiales, mais aussi pour signaler les dérives éventuelles engendrées par une curiosité purement touristique qui consisterait à se promener dans l'œuvre pour aboutir à une interprétation aussi affadie que celle de M. Loyolet, inspecteur d'académie en visite de curiosité chez le Saint de Lumbres (S, 234).

acceptation de l'altérité – de la présence textuelle dérangeante de la transcendance par la lecture athée et de sa douloureuse absence par la lecture croyante ? Ne rejoint-on pas d'ailleurs, à travers cette utopie de la double reconnaissance, un double souhait du romancier, celui d'être lu par les athées et d'orienter le chrétien vers la remise en question de son confort croyant ? C'est alors que la lecture poussée dans ses ultimes retranchements fusionnerait idéalement avec l'intention scripturale originelle. Le conflit des interprétations fait donc obstacle au déploiement d'une lecture consciente de son impuissance à exhumer de l'écriture un sens normatif univoque, immuable et pérenne, libérée du fantasme d'union passive avec l'intention de l'auteur, généreuse envers l'altérité, mais aussi soucieuse de faire jaillir un sens polycentrique, non réductible à l'univocité et néanmoins conforme aux repères fondamentaux présents dans la totalité de l'œuvre romanesque. Les lecteurs les plus fidèles accepteraient donc de converser avec l'altérité du texte, n'effaçant pas d'un trait de plume le christianisme puissant du romancier mais ne se substituant pas non plus à son inconscient religieux ou mystique en projetant le leur sur un texte qu'ils n'ont pas écrit. C'est ainsi que le couple artésien, par son animalité transcendée d'élans mystiques, pourrait annoncer la formule réconciliatrice de la chair et de l'esprit criée par la flamboyante Ysé du *Partage de midi*, « l'homme et la femme comme deux grands animaux spirituels[1] ». Cette annonce se révèle cependant davantage sur le mode du déchirement que de la réconciliation. Car il n'y a pas dans cet ultime rendez-vous, de conjonction entre charnel et spirituel qui réconcilierait les catégories a priori antinomiques du sacré et du profane[2]. Si Eugène renonce à faire l'amour avec Hélène avant de se tuer, c'est parce qu'il a compris que la sexualité humaine n'offrait pas d'issue à l'épreuve de l'immanence. Et si l'amour charnel authentique est en mesure de refléter l'amour spirituel, ce reflet n'existe que par fulgurances scripturales liées à des instants de dépassement éphémères et n'a pas la capacité de se maintenir dans une perspective d'épanouissement terrestre mystique. Ne s'agit-il pas ici de lire l'impossibilité humaine de s'unir à la transcendance sur terre, ou alors le temps d'un éclair, l'espace d'un geste d'amour ?

---

1   Paul Claudel, *Partage de midi*, première version, Éditions Gallimard, 1949, réédition coll. « Folio », 1972, p. 146.

2   Si cette réconciliation ne peut être lue pour les amants artésiens, elle a été mise en place avec aisance pour le *Cantique des cantiques*, notamment par Daniel Lys qui interprète le poème biblique comme une exhortation à « vivre dans le sexe la relation d'alliance » (*Le plus beau chant de la création. Commentaire du Cantique des Cantiques*, Paris, Cerf, 1968, p. 52).

LECTURES CROISÉES

Seule une « lecture croisée[1] » intratextuelle en amont et en aval de
la scène entre Hélène et Eugène s'annonce en mesure de juguler une
interprétation centrifuge dont les contradictions inconciliables éloignent
de la source d'écriture. Dans une conception polycentrique de l'écriture,
le croisement des différentes scènes romanesques de rendez-vous amoureux au fil de l'œuvre ainsi que leur rapprochement avec la scène du
double suicide permettra de conforter ou de fragiliser l'hypothèse d'un
possible réinvestissement allégorique de la lecture de l'union charnelle
dans une perspective mystique. La difficulté de l'enjeu réside dans le
choix de croisements significatifs en mesure d'apporter des éléments
confirmant ou au contraire invalidant les significations contradictoires
qui ont pu être déployées sur un fragment isolé[2].

À grande proximité géographique et temporelle du rendez-vous
nocturne entre Hélène et Eugène, très légèrement en amont, le dialogue
matinal entre Arsène et Malvina occupe lui aussi tout un chapitre de
Monsieur Ouine et présente la conversation intime d'un couple marié[3].
D'emblée et en contrepoint absolu à l'échange des amoureux sylvestres,
ce dialogue résiste à toute tentative de lecture allégorique mystique.
Le maire et la mairesse de Fenouille renvoient une image pitoyable-
ment obscène de la conjugalité. Mis en scène dans le cadre intime de
la conversation maritale, ce couple est réduit par la voix narrative à un
duo de marionnettes cocasses et grossières, écho caricatural d'un répu-

---

1   L'expression est directement reprise à Paul Ricœur pour qui « la Lecture croisée dans
    l'enceinte canonique », c'est-à-dire les « rapprochements et croisements entre textes
    bibliques différents » constituent un critère de validité de l'interprétation : « c'est au
    phénomène général de l'intertextualité, en tant qu'effet de lecture, et non à l'allégorie,
    prétendument immanente à l'écriture, qu'il peut être fait appel pour engendrer des lec-
    tures théologiques du Cantique, jaillissant, comme en étincelles de sens nouveaux, aux
    points d'intersection entre textes appartenant au même Canon biblique. » (*op. cit.*, p. 447).
    De dimension beaucoup plus modeste, l'enceinte dans laquelle évolue notre étude n'est
    que romanesque mais l'ensemble est cependant suffisamment imposant pour pouvoir y
    pratiquer de multiples et éclairants croisements.
2   Poser la question de la pertinence des choix de passages à croiser, « c'est demander quelle
    augmentation de sens chaque texte reçoit de l'autre au cours de ces lectures crioisées,
    comme c'est le cas pour la production d'une métaphore vive conjoignant des champs
    sémantiques hétérogènes », (Paul Ricœur, *art. cit.*, p. 448).
3   Le fait qu'Hélène et Eugène soient mariés mais ne vivent pas sous le même toit, époux
    clandestins se cachant loin des regards du père Devandomme pour s'aimer, constitue un
    hapax situationnel dans l'œuvre empêchant tout rapprochement parfaitement parallèle.
    Les autres couples mis en scène sont soit époux installés dans une confortable légitimité,
    soit amants dont les relations s'inscrivent sous le sceau du secret.

gnant vaudeville. Les confidences de l'obsédé sexuel hyperesthésique et repenti à l'épouse mi-ahurie mi-complaisante brossent le portrait cruel d'un couple fondé sur l'union de deux misères humaines. Les *Cahiers de Monsieur Ouine* révèlent ainsi, de manière plus explicite que l'édition courante, deux images abîmées et animalisées des liens unissant masculinité et féminité[1]. Entre l'épouse-têtard et l'époux-chien[2], toute tentative de lecture allégorique mystique est vouée à l'échec, tant cette entrevue résiste par son naturalisme animalier à une métaphorisation théologique. Car même lorsqu'Arsène déplore sa bestialité en rêvant avec regret à une identité plus noble, l'effort métaphorique reste désespérément prisonnier du registre animal :

> Mais j'étais fait pour être autre chose que ce que je suis, comprends-tu ? Je ne sais quoi… tiens ! une truite dans l'eau du moulin, quelque chose de frais, de pur… (MO, 1437).

Chosifiée, la pureté selon Arsène se réduit à une altérité indéterminée mais forcément objectale (« autre chose », « je ne sais quoi », « quelque chose »). Chose ou bête, Arsène ne peut certes à aucun instant être rapproché de l'époux mystique, pas plus que Malvina, mille fois trompée par un mâle prédateur ayant du sang séché sur les griffes[3], ne peut prétendre au statut d'épouse prise dans les liens transcendants d'un mariage mystique. Bien sûr, cette animalité conjugale peut toujours être lue comme le contrepoint symétrique et antinomique au couple sylvestre formé par Hélène et Eugène, démonstration romanesque selon laquelle l'union humaine se révèle tout à tour et par la grâce

---

1   Arsène n'épargne pas plus l'animalité féminine illustrée par Malvina que la bestialité masculine qu'il représente. Ainsi, « Pas une femme pour me comprendre, vous êtes bêtes comme des cochons. […]. Vous autres femmes, soit dit sans offense, vous vivez là-dedans comme des têtards. Ni plus, ni moins. Plus l'eau est sale, plus ils sont gras. » (*Cahiers de Monsieur Ouine, op. cit.*, p. 315) ; mais aussi, « Les hommes ont des idées, des imaginations qu'un. plus ou moins, c'est le sang qui veut ça, quoi, rien à faire. Je choisissais tantôt l'une ([…]. Mais la […]. Seulement moi, les prenais, vois-tu), je ne piquais pas dans le tas, comprends-tu, je choisissais tantôt l'une, tantôt l'autre. (*Ibid.*, p. 323).

2   « – Il est fou ! gémit la mairesse, fou, perdu ! Il ne vit plus que pour son nez, pis qu'un chien malheureux ! » (MO, 1437).

3   Le lecteur comprend à travers une allusion d'Arsène que ce dernier est responsable du suicide d'une jeune fille séduite ou violée par lui : « Malvina, fit-il en assurant sa voix d'une petite toux, te souviens-tu de Célestine, la fille du père Dumouchet ? – Zut ! – Celle qui s'est mise en place à Boulogne, et s'est détruite avec de la pâte à phosphore pour les rats, hein ? tu te la rappelles ? – Fiche-moi la paix, supplia la mairesse, un seul mot de plus et je m'en vais. » (MO, 1437)

de Dieu bestiale ou christique. Cependant, et au-delà des divergences incontestables entre les portraits des deux couples, aussi bien en ce qui concerne l'âge, la situation sociale ou le contexte de l'entrevue, d'étranges convergences infléchissent le regard porté sur l'histoire d'amour entre Hélène et Eugène. En effet, même si Arsène est le déjà âgé maire de Fenouille alors qu'Eugène un jeune braconnier marginal vivant à l'écart du village, ils sont cependant tous deux impliqués par la voix narrative dans le mystère du meurtre du petit valet et partagent une passion commune pour les aventures sexuelles extra-conjugales, tolérées aussi bien par la respectable matrone que par la fille de fermier[1]. De même, si les deux femmes acceptent de fermer les yeux sur ces adultères, elles partagent aussi une répugnance commune envers tout dévoilement d'une vérité qui entraînerait un déshonneur irréparable. En effet, alors que la perspective d'imaginer Arsène confessant ses secrets honteux sur la Grand-Place du village devant tous ses administrés arrache à Malvina des sanglots de honte et de désespoir, Hélène refuse farouchement d'envisager l'arrestation d'Eugène qui signerait le déshonneur de la famille Devandomme.

La projection de l'entrevue conjugale d'Arsène et Malvina sur le rendez-vous entre Hélène et Eugène dévoile ainsi d'une lumière crue et sans complaisance, à travers les vices et les failles d'un vieux couple dysharmonique, la fragilité d'un jeune couple fusionnel idéalisé par une lecture allégorique mystique certes enthousiasmante mais sans doute un peu trop éloignée des enjeux ayant présidé à sa création romanesque. Car l'effet de contagion lié au croisement des deux lectures, que Paul Ricœur appelle « l'action corrective[2] » exercée par la superposition d'un passage sur l'autre, ne se propage pas de manière réciproque. En effet, si le naturalisme de la scène entre Malvina et Arsène tempère voire affaiblit la lecture mystique du rendez-vous entre Hélène et Eugène, mettant l'accent sur l'incommunicabilité entre homme et femme, il n'y a pas de choc en retour de l'entrevue nocturne sur le dialogue matinal,

---

1 Si Malvina pardonne les débauches passées pour que les confidences obscènes d'Arsène cessent (MO, 1437), Hélène déplore silencieusement mais sans en souffrir les fréquentes infidélités d'Eugène : « Et souvent aussi, trop souvent, hélas ! la précieuse peau qui sent les halliers, l'étang, la feuille morte, garde une autre odeur encore, jamais la même, le parfum favori des filles qu'il rencontre à Montreuil ou à Étaples et qui bourrent ses poches de cigarettes blondes et de cartes postales ornées de paillettes multicolores. Elle n'est d'ailleurs pas jalouse de ces filles-là, pas plus jalouses d'elles que de jolis furets qui dorment, repus de sang, au fond du sac de cuir... » (MO, 1428).

2 Paul Ricœur, *art. cit.*, p. 455.

hermétique à toute ouverture allégorique. Ce verrouillage textuel n'est-il pas le fruit d'une mise en scène critique d'un modèle d'union conjugale complètement laïcisée ayant renié – par rejet ou ignorance – le symbolisme religieux du mariage humain ? La première tirade d'Arsène donne en effet le ton au déploiement d'un discours aisément identifiable comme celui d'un progressisme hygiéniste athée considérant l'esprit religieux comme une entrave réactionnaire au bonheur social[1]. Cette hypothèse d'une mise en scène intentionnellement polémique de la conjugalité laïque éloignée de toute empreinte religieuse, trouve un appui dans la caricature d'un autre couple de l'œuvre, certes moins développée mais tout aussi mordante. Un désaccord entre les époux Malorthy au sujet de l'éducation religieuse de leur fille, dans les premières pages du *Soleil de Satan*, en constitue l'amorce. L'anticléricalisme farouche de Malorthy puise sa virulence dans la conviction que la religion entame l'autorité de l'époux :

> Car il n'entendait pas qu'on plaisantât sur le droit conjugal, le seul que certains libérateurs du genre humain veulent absolu. (S, 69)

Le manuscrit Bodmer proposait une suite à ce commentaire ironique, non raturée par l'écrivain, et cependant retranchée de l'édition courante :

> Les pâles esthètes parisiens qui font profession de nihilisme sensuel ne feront pas entendre raison là-dessus à tels gaillards de province, trop bien nourris, et que l'amour conjugal assure, au prix le plus bas, contre tout risque de congestion. Que de femmes partagent ainsi avec leurs Seigneurs, par un ingénieux détour, les lippées franches et le vin généreux[2] !

Est-ce la métaphore verbale ironique, assimilant « l'amour conjugal » à une assurance prophylactique bon marché contre les dangers médicaux encourus par le continent sexuel, qui choqua les premiers lecteurs du

---

1 Alors que l'édition courante présente Arsène comme un hygiéniste anticlérical modéré (« Voilà bientôt deux mille ans que la pudeur empêche les gens d'ôter leur culotte, la religion maintient le pays dans la crasse, l'asphyxie, autant dire. » (MO, 1436), le manuscrit déchiffré par Daniel Pézeril se révèle beaucoup plus virulent dans sa critique obsessionnelle de la figure du prêtre : « Tantôt dix siècles. ou plus. ou plus que les prêtres. Les prêtres nous empêchent d'aller tout. nus. C'est insensé. Voilà dix siècles ou plus que les prêtres ont inventé la pudeur, pour avoir les esprits et maintenir le pays dans la crasse. [...]. Voilà dix siècles ou plus que les prêtres empêchent les gens de se mettre à l'air. d'ôter leur caleçon. » (*Cahiers de Monsieur Ouine, op. cit.*, 313). Quant à l'épouse, Malvina, « le mot de folie, comme celui de religion, est de ceux qui révoltent sa conscience, la laissant honteuse et stupéfaite, comme d'une grossière injure. » (MO, 1438).

2 *Sous le soleil de Satan. Sur un manuscrit de Georges Bernanos, op. cit.*, p. 18.

manuscrit ? Toujours est-il que cette suppression ampute la réflexion cruelle mais lucide, intentionnellement crue, concernant l'instrumentalisation cynique de l'institution par l'instinct naturel qui se sert du mariage pour satisfaire gratuitement et légalement ses pulsions sexuelles. La double référence à l'argent (« au prix le plus bas ») et à l'hypocrisie sociale (« par un ingénieux détour ») assimile l'amour conjugal à une débauche confortable alliant tous les avantages du plaisir charnel à satiété sans les inconvénients du sexe tarifé. Point d'intersection secret de la luxure et de l'avarice provinciales, le mariage se présente ici comme le lien galvaudé d'épanouissements organiques et non l'incarnation de l'union mystique entre l'homme et Dieu.

Si le conformisme de l'épouse allié au vice de l'époux sont d'abord mis en scène pour illustrer le bilan catastrophique de couples insensibles au symbolisme mystico-religieux que pourrait revêtir leur existence, il est possible de supposer que la mise en scène romanesque d'un ou plusieurs couples acceptant d'intégrer ce symbolisme au cœur de leur conjugalité ouvrirait un horizon de lecture allégorique mystique. Mais cette supposition s'effondre au premier regard porté sur les couples chrétiens mis en scène dans le cadre romanesque. Outre le fait qu'aucun chapitre n'est consacré à l'un d'entre eux en totalité – comme c'est le cas pour les couples étudiés plus haut – leur catholicité ne semble en mesure ni de sublimer leur médiocrité ni moins encore de la protéger du motif, récurrent dans l'œuvre, de l'amour humain désastreux sinon catastrophique. Il n'est qu'à observer le traitement romanesque infligé aux deux couples expressément catholiques, chacun d'eux situés l'un en amont l'autre en aval du couple sylvestre de *Monsieur Ouine*.

Le premier fait une apparition fugitive mais remarquée dans le salon mondain de l'écrivain Guérou[1]. Cruellement caricaturés par la voix narrative, les époux présentent l'alchimie d'une vaniteuse adultère et « d'un grand garçon calamiteux, vert de rage[2] », tous deux conseillés et guidés dans leur cheminement conjugal et spirituel par l'abbé Cénabre[3]. Dévoré de jalousie devant les dernières poésies de « sa propre femme » qui « plus qu'aucun être au monde exerce sa douloureuse envie », l'époux voit ici en l'épouse « une intolérable rivale » (389). Caractérisé donc par

---

1   *L'Imposture*, p. 383-414.
2   *Ibid.*, p. 385.
3   « M. l'abbé Cénabre nous a confirmés dans notre foi » (I, 389). La saveur de cette parole réside pour le lecteur dans le rapprochement de son contenu avec le célèbre « je ne crois plus » proféré par Cénabre dans la première partie du roman (I, 333).

l'infidélité et la dissension, ce couple désastreux retrouve un semblant d'union lorsqu'il s'agit de s'acharner sur un tiers, chacun réglant, par une participation active à l'exécution du lamentable Pernichon, des comptes personnels mais cependant liés à leur dysharmonie conjugale[1]. Le suicide du journaliste n'est-il d'ailleurs pas l'unique et monstrueux fruit de cette éphémère et cruelle union engendrant la destruction d'autrui ?

Le second couple catholique de l'œuvre trompe d'abord la confiance naïve du jeune curé d'Ambricourt, qui sort de sa première visite au comte et à la comtesse « dans une sorte de confiance, d'allégresse, avec l'impression d'une bonne nouvelle, d'une excellente nouvelle » (JC, 1060). Mais cette bonne nouvelle du caractère évangélique de l'amour humain repose sur une erreur d'appréciation dont le prêtre prend peu à peu conscience, aidé en cela lors d'un entretien privé avec l'épouse par une litote méprisante[2] de celle-ci, qui n'hésite pas à lui révéler les nombreuses infidélités de l'époux[3], tout en dévoilant sa propre imposture :

> « Ce foyer, Monsieur l'abbé, est un foyer chrétien.
> – Chrétien ! » m'écriai-je. Le mot m'avait frappé comme en pleine poitrine, il me brûlait. « Certes, Madame, vous y accueillez le Christ, mais qu'en faites-vous ? Il était aussi chez Caïphe. » (JC, 1153)

Par un paradoxe christique dont son pharisianisme est dupe, l'épouse bafouée aggrave encore l'imposture du couple à l'instant même où elle pense la limiter en évoquant l'irréprochabilité de sa propre conduite[4], aussitôt démasquée par le prêtre comme le paravent de sa résignation à ne pas aimer. À mille lieues du *Cantique des Cantiques*, la référence néo-testamentaire superpose le « foyer chrétien » à la demeure du grand prêtre comploteur qui y reçoit Jésus pour le perdre. L'image romanesque de la conjugalité en appelle ainsi explicitement à la figure biblique de la trahison et de la destruction de l'amour incarné par le Christ. Car le couple de châtelains ajoute à son désamour le projet commun d'éloigner

---

1 Si l'acharnement de l'époux lui permet de libérer sans risque la haine qu'il voue à l'auteur d'un article élogieux sur les poésies de l'épouse (I, 389), celle-ci trouve en « cette petite proie », pas encore jointe « à son riche butin » (I, 390) d'amants prélevés dans le riche vivier du catholicisme progressiste parisien, une vengeance plus rapide que prévue à sa vanité bafouée.

2 « Mon mari n'est pas un homme supérieur, il s'en faut » (JC, 1151).

3 « Notez bien, Monsieur, que j'ai supporté toute ma vie des infidélités sans nombre, si grossières, si puériles, qu'elles ne me faisaient aucun mal. » (JC, 1151). Et aussi, « il m'a trompée avec toutes les bonnes, des filles impossibles, de vraies souillons » (JC, 1153).

4 « Trompée tant de fois, j'aurais pu être une épouse infidèle. Je n'ai rien dans mon passé dont je puisse rougir. » (JC, 1154)

leur fille Chantal de la maison familiale, témoin gênant et révolté de l'adultère paternel et de la résignation maternelle. Comme le couple Jérôme retrouvant un semblant d'union pour chasser Pernichon du salon mondain[1], le comte et la comtesse s'accordent sur ce dessein qui permet à l'époux d'aimer plus librement l'institutrice et à l'épouse de prendre sa revanche sur une fille qui n'avait cessé d'endosser le statut de rivale[2] pour supplanter sa mère auprès de l'époux. Là encore, et comme le couple Jérôme, les châtelains cherchent à sceller voire pérenniser leur désunion par un accord ponctuel permettant l'exclusion d'un bouc émissaire rendu insupportable en tant que témoin oculaire de cette conjugalité catastrophique.

La confrontation entre ces deux exemples romanesques et la conception ecclésiale du mariage catholique, septième sacrement de l'Église, constituant avec celui de l'ordre un sacrement du service de la communion et ordonné au salut d'autrui, exhibe l'échec de l'amour humain devant les exigences de son symbolisme religieux. Décrété par l'Église dans le dessein de Dieu, car dans l'ordre de la création, il s'inscrit aussi et par là-même sous le régime du péché qui le perturbe, et c'est ce dernier aspect, face sombre de la théologie du mariage, qui inspire particulièrement le romancier et que le lecteur ne peut éluder sans porter atteinte à l'intégrité et à la spécificité de cette écriture[3]. Car l'ensemble des lectures croisées l'atteste : l'écriture romanesque du mariage consacré n'est pas ici un signe efficace de la transcendance incarnée. Car à la différence de son modèle évangélique festoyant aux

---

1   « Madame Jérôme poussa Pernichon vers la porte (…) » (I, 412).

2   « (…), j'ai bien vite compris que cette petite fille était maîtresse chez moi, que je devrais me résigner au rôle sacrifié, n'être que spectatrice, ou servante […] Une femme comme moi ne s'abaisse pas à certaines rivalités déshonorantes. » (JC, 1150)

3   L'ensemble de ce développement consacré au mariage contredit la remarque de Hans Urs von Balthasar estimant à travers une évocation courte et convenue du sujet que « c'est le seul sacrement d'ailleurs auquel le romancier ne réserve aucune place dans son œuvre. » (*op. cit.*, p. 346). Il est intéressant à ce propos de relever que le thème du mariage chrétien n'est pas traité par le théologien dans la section consacrée au « mystère sacramentel » (p. 245-255) mais intégré dans un paragraphe d'une section intitulée « le royaume de Satan » (p. 327-358) et consacré à la sexualité lue comme la grande image du péché en tant que mensonge ontologique. Ce choix typologique consistant à relier le mariage au motif de la sexualité plutôt qu'à celui des sacrements et qui rejoint nos lectures croisées de mariages catastrophiques liés à l'adultère – fruits romanesques du pessimisme charnel de l'écrivain –, ne semble pourtant pas avoir été pleinement assumé par le Père Balthasar. Ce dernier dresse ainsi un portrait à la fois lénifiant et condescendant du septième sacrement, imaginant comment Bernanos a pu le concevoir : « le mariage pour lui appartient aux soucis quotidiens d'une vie chrétienne ; le sacrement le sanctifie, mais il ne l'illumine d'aucune manière » (p. 346).

noces de Cana, le Christ de Bernanos semble désespérément absent des noces humaines.

La suprématie de la pulsion sexuelle sur le désir de Dieu représente l'obstacle majeur à une allégorisation mystique du couple humain. Aux antipodes de la sensualité jubilatoire et édenique déployée dans les vers du Cantique biblique, le traitement romanesque de la sexualité oriente délibérément la vie instinctive vers l'aliénation et la destruction. Le dernier rendez-vous entre Hélène et Eugène peut ainsi être rapproché de trois autres ultimes rencontres où cette fois seul le lien charnel motive l'existence du mot couple. Il s'agit en amont des deux grandes scènes de la section de *Sous le soleil de Satan* intitulée « Histoire de Mouchette », rédigées l'une après l'autre au début des années vingt et confrontant la flamboyante jeune fille à ses deux amants successifs ; en aval, de la longue conversation rédigée en 1934 pour *Un crime* entre Simone et Olivier, les deux amants parisiens du *mauvais rêve*. Par une étonnante inversion symétrique avec le premier croisement mis en place au sein de *Monsieur Ouine* où Arsène et Malvina étaient rapprochés d'Hélène et Eugène, ce sont plutôt les divergences, au-delà de convergences purement formelles, qui infléchissent la lecture de l'amour unissant Hélène et Eugène.

Contrairement au rendez-vous sylvestre d'Hélène et Eugène dans la cabane du braconnier, présentée comme un lieu d'amour commun et partagé[1], les trois autres entrevues amoureuses se déroulent dans des lieux où l'un des deux amants n'était pas attendu. Mouchette se rendra en intruse successivement au château du marquis de Cadignan puis dans le cabinet médical du médecin-député Gallet tandis qu'Olivier investira à l'improviste l'appartement de Simone. Ce contexte spatial dysharmonique instaure d'emblée une tension exacerbant la tentation du rapport de forces où le visiteur désiré s'impose au propriétaire du lieu. Un tel déséquilibre au sein de chacun des trois couples fait d'emblée obstacle à toute lecture métaphorique mystique où la liberté mutuelle des amants est la première condition de leur élévation. Car la notion de contrainte domine ces trois entrevues, davantage duels d'amour-propre que duos d'amour. Les trois longues conversations aux allures d'altercation tranchent avec le dialogue court et sobre échangé entre Hélène et Eugène où l'accord tacite ne cesse de l'emporter sur le conflit ouvert.

Au cœur de cet implacable mécanisme d'oppositions frontales dévoilant les relations de domination et d'aliénation qui régissent les rapports

---

1   Eugène ne propose-t-il pas à Hélène : « Viens-t-en chez nous [...] (MO, 1474) » ?

entre les deux sexes, le couple parisien formé par Simone et Olivier se
détache par sa prolixité et sa dénégation sophistiquée de l'abandon
amoureux. Alors qu'Olivier révèle à Simone son incapacité d' aimer,
ironisant avec agressivité sur la notion de « grand amour[1] », celle-ci
lui signale sa totale absence d'attente en ce domaine[2] et lui révèle une
incapacité identique :

> Oh ! je n'empêcherai pas les sots de dire que je t'aime d'amour, au sens qu'ils
> attachent à ce mot. Hé bien ! sache-le : je n'ai jamais aimé personne d'amour.
> Ni mon cœur ni mes sens, nulle force au monde ne m'arrachera à moi-même,
> ne me fera la chose d'un autre, heureuse et comblée. Que de femmes me
> ressemblent, qui n'auront jamais cédé à personne ! (MR, 964)

Après de telles paroles, toute tentative de lecture allégorique mystique
du passage est vouée à l'échec. Si l'amour n'existe pas entre Simone
et Olivier, sa puissance est telle dans le cœur d'Eugène qu'il déborde
ses modes d'expression et de concrétisation humaines, engendrant un
singulier et soudain renoncement charnel accompagné d'une aspiration
mystico-religieuse absente de l'édition courante :

> Et franchement, la chose dont je vais te causer – ben, on devrait avoir le droit
> de la faire. Ben ! Ça demanderait plutôt du beau, du riche, pas du riche de
> [...]. comme au cinéma, non – du vrai riche – rigole pas ! – une église, une
> cathédrale, je ne sais quoi – avec de la lumière partout, de la musique, et des
> grands murs solides, des voûtes – [...] nous deux tout seuls là-dedans, toi et
> moi. Alors vois-tu, on pourrait causer. » (Cahiers, 487)

Il semble nécessaire de s'attarder sur ce renoncement alors même que
les deux confrontations successives entre Mouchette et ses amants sont
marquées par une violence sexuelle sans ambiguïté. En effet, alors
qu'Eugène maîtrise l'élan de désir physique né de la caresse esquissée par Hélène sur « son beau fusil (...), le gros douze trapu luisant
comme une bête », en la reposant à terre avec une « fermeté douce »
(MO, 1475), Cadignan et Gallet semblent subir chacun à leur manière
un passage à l'acte décrit comme un sursaut d'animalité non maîtrisé.
Si Cadignan viole Mouchette, cette dernière abuse de son pouvoir sur
Gallet en prenant toute l'initiative de l'union charnelle. De même, si
le fusil d'Eugène, d'abord symboliquement sexualisé, se métamorphose

---

1   « Est-ce que tu me crois capable du grand amour, du grand, avec majuscule ? Non ? Alors ?
     [...] » (MR, 963)
2   « Je ne te demande pas de m'aimer. Mais ce qui me lie à toi est encore bien plus fort que
     l'amour. » (MR, 964)

à la fin de la scène en instrument d'un anéantissement partagé dans la mort, le « hammerless » du marquis, « – un magnifique Anson – entre les mains de sa maîtresse » (S, 92), ne servira qu'à signer une séparation irrévocable entre les deux amants, devenus, l'un face à l'autre, meurtrière vivante et victime anéantie. La dangerosité et la dévalorisation de l'amour physique lié symboliquement aux fusils phalliques et destructeurs, se réalise dans l'interdépendance entre sexualité concrétisée et mort effective. Dans les scènes convoquées, si la consommation sexuelle aboutit au meurtre et à la séparation définitive de Mouchette et Cadignan, le renoncement à l'union charnelle métamorphose la fusion des corps en réunion de deux sangs mêlés à jamais par le double suicide. Abandon et abstinence mènent ainsi pareillement à l'extinction physique mais si le premier engendre séparation et solitude effectives, la seconde est présentée comme la voie royale de l'union dans la mort même si aucun indice ne vient étayer la thèse de la pérennité de cette union au-delà de la destruction charnelle.

L'aboutissement romanesque de la peinture du couple humain coïncide avec sa négation définitive. Arsène et Mouchette, les protagonistes de la nouvelle écrite durant l'été 1936, consomment cet ultime anéantissement par la formation d'un duo de hasard improbable et éphémère, l'espace d'une nuit sordide. Il semblerait que l'écrivain ait concentré sur ces deux nouveaux personnages les attributs hétérogènes les plus sombres liés aux couples amants des romans précédents. Concernant leur identité, d'abord, le personnage masculin qui exhibe la jeunesse et l'activité du braconnier Eugène, endosse le prénom du maire de Fenouille, recevant ainsi en héritage – par un effet de contagion symbolique – les déséquilibres nerveux et la sexualité incontrôlable de l'ancien violeur de bonnes. Violée par celui qu'elle aime puis poussée au suicide, Mouchette allie la marginalité et la misère verbale d'Hélène, ainsi que le prénom et le destin de la jeune rebelle du *Soleil*. Quant au cadre spatio-temporel de cette rencontre de hasard, il reproduit l'environnement nocturne et sylvestre de la cabane artésienne des époux Demenou tandis que l'intrigue rejoue la scène de la masculinité poursuivie par les représentants de la loi (de la police au garde-chasse Mathieu) et de la féminité en fugue. Le motif de l'ivresse menaçante, déjà présente au sein du couple parisien, redoutée et repoussée dans la cabane de Fenouille, se déploie ici dans toute sa puissance destructrice, annonciatrice de la crise d'épilepsie et du viol. Cantique des cantiques foulé aux pieds par la violence masculine, la rencontre entre Arsène et Mouchette commence bien par une course

nocturne partagée dans un cadre végétal exubérant mais se termine par
la fuite solitaire de la jeune fille souillée, « tête baissée, avec une faible
plainte, celle de l'animal poursuivi qui donne son suprême effort, réussit
à détendre une dernière fois ses muscles contractés par l'épouvante de
la mort jusque sous la gueule des chiens » (NHM, 1297-98).

Si la projection de ces lectures sombres sur le rendez-vous entre
Hélène et Eugène enténèbre de violence pulsionnelle la pureté du lien
amoureux qui semblait les unir, la réinterprétation de ces brutales
rencontres infléchit en retour la négativité et l'aliénation de la relation
sexuée dans le sens d'une incommunicabilité tragique, plutôt subie que
revendiquée. Il importe en tout cas de préserver l'irréductible spécificité
de chaque couple, la lecture croisée se contentant de franchir les frontières
entre les textes pour s'affranchir des contraintes de la linéarité et de la
dissection de l'œuvre en romans autonomes. Relire la scène romanesque
entre Hélène et Eugène à la lumière d'autres scènes du même roman ou
de la même œuvre a permis l'apparition de nouvelles suggestions enrichissant les hypothèses interprétatives déjà mises en place. Ces lectures
croisées révèlent des manières différentes et complémentaires d'évoquer
les relations complexes entre masculinité et féminité et mettent en relief
par un puissant contraste l'exception formée par ce couple marginal et
paradoxal, à la fois innocent et coupable, fusionnel et déchiré, victime et
acteur du Mal historique, jouissant et souffrant de la relation érotique,
s'enrichissant et se détruisant à travers elle. Si cette écriture de l'amour
charnel humain peut apparaître, le temps de quelques fulgurances, comme
un reflet inattendu et ponctuel de l'amour divin, elle constitue d'abord
le miroir de l'humain trop humain, par son refus obstiné d'aliéner son
pouvoir d'évoquer l'immanence en devenant un instrument purement
rhétorique de l'expérience transcendante.

DE L'IMITATION À L'HERMÉNEUTIQUE

> C'est alors qu'il acquit cette pro-
> fonde connaissance des Livres saints
> qui n'apparaissait pas d'abord à travers
> son langage, toujours volontairement
> simple et familier, mais qui nourrissait
> sa pensée[1].

Bien que sélective, l'herméneutique romanesque pratiquée par l'écrivain au sujet de la Révélation textuelle ne se limite pas au *Cantique des cantiques*. Sa compréhension et son intégration dans le tissu romanesque par actualisation de l'hypotexte sacré s'étend à des pans hétérogènes de la bibliothèque biblique. Les métamorphoses subies par des extraits bibliques successivement passés au filtre de la lecture ou de l'audition liturgique, puis de la mémoire ou de la réminiscence et enfin de la récriture laborieuse, révèlent cependant des constantes dans l'originalité de la réactualisation fictionnelle. Car l'interprétation entièrement prise en charge par la veine romanesque se présente formellement à mille lieues de l'exégèse biblique, herméneutique sauvage ne pouvant être reliée à un quelconque courant exégétique. Dénuée de méthodologie, davantage guidée par l'intuition et l'imagination que par l'étude ou le savoir, plus imprégnée par la liturgie que par la théologie, cette *hermeneutica sacra* iconoclaste, par le biais d'un vecteur fictionnel mettant en scène des histoires profanes, aurait constitué un sacrilège aux yeux des Pères de l'Église puisque le Livre des livres se retrouve otage et prisonnier d'un univers imaginaire extérieur à l'aire du sacré. Cette herméneutique biblique sauvage est mise en abyme par l'insertion dans les fictions de personnages eux-mêmes herméneutes bibliques, par leur statut ecclésial ou leur connaissance personnelle du livre. On assiste alors au redouble-ment du processus d'actualisation, libéré de toute contrainte exégétique d'ordre méthodologique.

---

1   S, 135.

LES RÉCITS BIBLIQUES DE MIRACLE
À L'ÉPREUVE DU ROMAN

MÉTANOÏA

L'obsession biblique du romancier ne se limite pas aux évangiles dolo-
ristes de Gethsémani mais puise aussi sa substance dans le dynamisme
rédempteur des récits bibliques de miracle, expressions scripturales de
la transcendance à l'œuvre dans le monde des hommes. Contrepoint
sémantique et symbolique aux récits de trahison, d'abandon et de
souffrance inspirés des textes évangéliques de la Passion, les récits romanesques de miracle ouvrent un nouvel horizon. Car de même que dans
le corpus biblique, récits de miracle alternent avec récits de souffrance,
l'œuvre romanesque tout entière oscille entre ces deux pôles d'écriture
et c'est lui faire justice que de la révéler aux prises avec cette tension
duelle déchirée entre désespoir et espérance. Sans mettre en question la
prégnance de cette obsession romanesque doloriste rivée sur quelques
textes bibliques clés, il semble cependant important – salutaire? – de
déterrer auprès de cette source de sueur, de larmes et de sang, une
source moins suppliciée et tout aussi féconde, coïncidant non plus avec
les seuls récits évangéliques de la Passion et de la Crucifixion mais avec
certains récits bibliques – vétéro et néo-testamentaires – de miracle.
L'importance de leurs traces, obstinément disséminées dans chacun des
huit romans, permet de relativiser la thèse d'une récriture obsessionnelle
du chemin de croix christique et surtout d'ouvrir le champ de lecture
sur de nouvelles perspectives qui enrichissent le regard porté sur l'œuvre
pour lui restituer sa complexité et la préserver de tout réductionnisme.
L'intérêt des récits de miracle réside aussi dans leur universalité biblique
puisqu'ils sont présents dans les deux testaments[1] contrairement aux
récits liés à Gethsémani. Il s'agit donc à présent d'élargir le faisceau
de la présence biblique sur l'œuvre romanesque en montrant que cette
dernière puise dans les deux Écritures une eau certes au goût de cendre
mais toujours vive.

---

1   Les récits de miracle du Nouveau Testament possèdent d'ailleurs une dette envers ceux
    de l'Ancien Testament dont ils sont en partie les héritiers. Voir à ce sujet Maurice Carrez,
    « L'héritage de l'Ancien Testament » in *Les miracles de Jésus selon le Nouveau Testament*, sous
    la direction de Xavier Léon-Dufour, Paris, Éditions du Seuil, 1977.

Domaine privilégié de l'herméneutique, les récits de miracle – qu'ils soient bibliques ou romanesques – constituent d'abord une narration accompagnant un événement qui nécessite une interprétation. Car l'essentiel est ailleurs que dans la narration du fait brut, tout entier orienté dans la perspective d'un message adressé par la transcendance au témoin de l'acte étonnant. Alors que le prodige se réduit à la manifestation phénoménale du miracle, la relation à Dieu est requise pour toute reconnaissance miraculeuse et toujours « lorsque le franchissement s'y produit dans le sens d'une augmentation ou d'une restauration de la vie. Parler de miracles punitifs devient une contradiction dans les termes[1] ». Cette reconnaissance bénéfique implique nécessairement l'interprétation d'un herméneute à l'écoute dont l'intuition religieuse se révèle particulièrement affûtée[2]. Pas de récit de miracle donc, sans préalable herméneutique[3]. Possesseur à un haut degré de cette écoute intuitive, le romancier Bernanos a la capacité d'inscrire son écriture dans le sillage des herméneutes vétéro et néo-testamentaires, procédant à une lecture littéraire de l'événement-miracle par le biais du récit fictionnel. Si les récits bibliques de miracles sur la nature ne sont pas totalement absents de l'actualisation romanesque[4], les récits de guérison miraculeuse constituent les supports privilégiés d'une imitation qui, à peine amorcée, cède la place à une herméneutique romanesque tourmentée.

---

1 Xavier-Léon Dufour, *Les Miracles de Jésus selon le Nouveau Testament*, Paris, Éditions du Seuil, 1977, p. 360. Voir aussi p. 361 : « Les miracles authentiques ont une portée symbolique : ils disent dans leur prodige même ce qu'ils signifient. Le sens est inhérent à l'acte comme tel. Il n'est pas une conséquence de l'action, mais coïncide avec elle. »

2 *Ibid.*, p. 362 : « Il n'est pas de miracle en soi ; tout miracle est relatif à des personnes. »

3 Il est ainsi paradoxal que ce type de narration, explicitement présent dans la totalité de l'œuvre romanesque, des premières pages du « Saint de Lumbres » aux dernières de Monsieur Ouine ait aussi peu inspiré les interprètes de l'œuvre. S'il n'est pas étonnant que les critiques dont l'objectif est d'extraire l'œuvre de sa gangue catholique, restent silencieux sur ce point sensible, on s'étonnera davantage que des interprètes christologiques comme Hans Urs von Balthasar ou Michel Estève ne consacrent aucune réflexion appuyée à la question éminemment religieuse du miracle chrétien. Xavier Léon-Dufour évoque au sujet des relations entre récits bibliques de miracle et réception de la modernité chrétienne la situation inconfortable du chrétien d'aujourd'hui : « nombreux sont les croyants qui trouvent dans les récits de miracle non plus un soutien mais une gêne pour leur foi : devrais-je, pour parler de miracle, retourner à la mentalité pré-scientifique ? » (*Les Miracles de Jésus*, Paris, éditions du Seuil, *op. cit.*, p. 7).

4 Le récit des pêcheurs en quête d'une bouteille flottant sur la mer déchaînée qui finit par les engloutir, relaté par Steeny dans *Monsieur Ouine* p. 1549-1550, peut ainsi être lu comme la récriture parodique des miracles vétéro et néo-testamentaires de la tempête apaisée (voir Jo 1,1-16 et Mt 8, 18, 23-27 ; Mc 3, 35-41 ; Lc 13, 22-25). Quant au célèbre miracle des noces de Cana, le curé d'Ambricourt en éprouve l'amère absence en buvant son mauvais vin tourné en vinaigre.

Avant d'analyser en détail les modalités de ces récits spécifiques, il faut interroger les sources secrètes à l'origine de leur émergence et qui permettent d'éclairer encore davantage la quête scripturale de la transcendance. Alors que les biographes s'accordent pour déceler chez l'homme une obsession récurrente de la maladie liée à une enfance fragilisée par les soucis de santé et une vie familiale soumise aux aléas médicaux des différents membres de la famille[1], auditions liturgiques, lectures bibliques et pèlerinages fréquents[2] ont pu constituer un puissant écho à ces préoccupations physiologiques sources d'angoisse[3]. L'intérêt affectif pour ce type de récit pourrait servir en même temps de support au catholicisme anti-moderne[4] de Bernanos qui a toujours fustigé les compromissions de l'Église avec la science, surtout quand cette dernière réussit à éloigner la première du message évangélique sous couvert de mise en conformité des textes saints avec les lois du scientisme moderne. Le narrateur de *L'Imposture*, porte-parole à peine masqué de l'auteur, résume bien la cible visée dans cette polémique du miracle :

> L'homme Renan, de qui le blasphème est toujours un peu scolaire, s'est contenté d'une simple transposition d'un ordre à l'autre, insérant l'être miraculeux dans un univers sans miracles, charge facile, dont sa vanité n'a jamais perçu le comique énorme. (I, 329).

Alors que les récits bibliques de miracle constituent le fondement et le cœur de la religion chrétienne, le christianisme scientifique de Renan

---

1   La correspondance est à cet égard édifiante, notamment en matière de description des maladies de l'entourage (voir par exemple, *Corr.* I, p. 219-220).

2   Toujours d'après sa correspondance, Bernanos est allé deux fois en pèlerinage à Lourdes, en juillet 1923 et en août 1926 ; il a également passé le mois de juillet 1928 à La Salette avec un retour par Ars et y est revenu en octobre 1932. Il est intéressant de relever que ces quatre pèlerinages interviennent chacun à la suite de maladies assez graves, le premier après une « perforation intestinale, abcès secondaire, crise de reins, puis cystite » (*Corr.* I, p. 174) de Bernanos ; le deuxième à la suite de maux ayant atteint tous les membres de la famille (*Corr.* I, p. 219-220), le troisième après la coqueluche des quatre enfants (*Corr.* I, p. 231) et le dernier succède à un début de typhoïde dont est atteint l'écrivain lui-même. Les pèlerinages cessent brutalement après les deux accidents de moto qui rendront Bernanos infirme d'une jambe. Pour clore cette digression biographique, évoquons le miracle de Pellevoisin, raconté en détail par Jean-Loup Bernanos (*Bernanos à la merci des passants, op. cit.*, p. 24-33) qui ancre l'ascendance maternelle et l'enfance de l'écrivain dans une atmosphère de miraculeux chrétien.

3   Les récits romanesques de miracle ne renvoient jamais aux miracles bibliques sur la nature – exception faite du récit de Steeny concernant la tempête en mer – mais uniquement aux guérisons, exorcismes et résurrections relatés dans les deux Testaments, signe s'il en est que le couple antithétique maladie-guérison stimulait seul l'imagination créatrice du romancier.

4   L'adjectif rejoint ici sémantiquement le substantif qui donne son titre à l'ouvrage d'Antoine Compagnon, *Les Anti-modernes*, Paris, Éditions Gallimard, 2003.

est dupe de son raisonnement qui, en niant la réalité du miracle, nie par
là-même la réalité de l'homme-Dieu, pur miracle accomplissant par sa
naissance et par sa mort l'union de l'immanence et de la transcendance.

En amont des récits de guérison miraculeuse s'inscrit donc inévita-
blement le *topos* de la maladie. Si l'évocation de *l'angor pectoris* dont serait
atteint le curé de Lumbres, de la crise d'urémie de l'abbé Chevance, ou
de la lymphogranulomatose maligne que partagent le Docteur Laville
et le curé d'Ambricourt, se révèlent étrangères à l'univers de la Bible,
d'autres maladies romanesques, à peine actualisées, fusionnent avec de
célèbres maux bibliques. La méningite paralytique du fils des maîtres
de Plouy actualise ainsi le mal de tête du fils des riches Sunamites dans
le Livre des Rois[1], et la folie présumée de Germaine Malorthy[2] apparaît
comme l'actualisation fluide des cas évangéliques de possession féminine démoniaque[3]. De même, la cohorte vétéro et néo-testamentaire
d'épileptiques, lépreux et infirmes fait l'objet d'une reprise romanesque
individualisée où le jeune handicapé Guillaume hérite de la malédiction
des boiteux et paralysés de l'Écriture Sainte[4] et où *Monsieur Ouine* ainsi
que le couple Dufréty portent en eux la tuberculose, version modernisée
de la lèpre biblique[5]. Quant à l'enfant épileptique des synoptiques, ses
crises spectaculaires jalonnées de convulsions écumeuses et de grincements
de dents peuvent être relues à travers les descriptions romanesques des
crises épileptiques du clochard Framboise et du braconnier Eugène[6].
L'« enflure » de l'écrivain Guérou peut à son tour renvoyer à l'hydropique
de l'évangile de Luc[7]. Mais alors que ces maladies romanesques coïncident
– une fois l'actualisation intégrée – avec leur avatar biblique, leurs issues

---

1   Voir S, 240 pour la référence romanesque et 2Rs, 4-17 pour la référence vétéro-testamentaire.
2   Inaugurée narrativement par le récit du meurtre gratuit de son premier amant, puis
officiellement par « une crise de démence furieuse » selon les termes du Docteur Gallet,
son deuxième amant, qui, plus chanceux que son prédécesseur, réussit à la neutraliser en
jetant « sur le visage de la folle un mouchoir imbibé d'éther » (S, 115) – et interprétée
par son entourage comme une « maladie noire » inguérissable, cette folie est devinée par
l'abbé Donissan comme une « comédie de la démence pour oublier – à
quelque prix que ce fût – son mal réel, inguérissable, inconnu » (S, 212).
3   Il faut relire les récits du démon de la fille de la cananéenne (Mt15, 21-28) et du démon
de la fille de la syrophénicienne (Mc 7, 24-30).
4   Le paralysé de Capharnaüm (Mt 9, 1-8 ; Mc 2, 1-12 ; Lc 5, 17-26) et l'infirme de Bethesaa
(Jn 5, 2-18) préfigurent Guillaume (MO, 1380).
5   Cette dernière est déjà présente dans le Livre des Rois à travers la figure du Syrien lépreux
(2Rs) et se retrouve surtout dans l'évangile de Luc (Lc 5, 12-16 et 17, 11-19).
6   Alors que l'enfant lucanien « pousse des cris » (Lc 9, 39) le clochard annonce sa crise par
des hurlements : « il lui hurlait dans la figure » (I, 478)). L'écume évoquée par Marc et
Luc devient « mousse épaisse » sur les lèvres de Framboise.
7   I, 437 et Lc 14, 1-6.

respectives constituent une rupture imitative en regard des guérisons miraculeuses testamentaires. À la différence des suppliciés bibliques, les malades romanesques ne bénéficient pas de l'action miraculeuse d'un thaumaturge charismatique. L'exemple du clochard épileptique illustre cette dramatique béance qui fonde fictionnellement la rupture analogique. On se souvient que dans les trois récits synoptiques de la guérison de l'enfant épileptique, les trois évangélistes fondent leur récit sur l'impuissance des disciples à anéantir le haut mal[1]. Dans le sillage de ses ancêtres par l'esprit, hommes de peu de foi et dénués de la force de prière[2], le prêtre Cénabre se révèle incapable de guérir le clochard, mais contrairement à eux, il est seul et sans autre maître que la haine de soi et d'autrui. L'historicité incarnée de Jésus fonde sa crédibilité et son rayonnement mais laisse les époques suivantes démunies et désemparées. Et si le Christ reste selon ses propres paroles aux côtés de l'humanité jusqu'à la fin du monde, Jésus de Nazareth a déserté à jamais l'immanence réelle et fictionnelle[3]. Pas plus que le ministre de Dieu vide d'amour, la jeune fille amoureuse n'est en mesure de guérir son épileptique. Guérisseuse animale et instinctive, Mouchette réanime le braconnier par « le démon du chant » avec « sa voix magique » (1192), mélopée primitive et inarticulée[4] qui engendre un prodige aux conséquences horribles.

En effet, l'unité des miracles bibliques, vétéro et néo-testamentaires, réside dans la coïncidence parfaite instaurée entre guérison et conversion[5]. Or, l'examen des malades romanesques atteints de maux bibliques, révèle une prise de liberté par rapport à l'invariabilité de ce schéma

---

1   C'est, dans les trois versions, le père du malade qui signale à Jésus cette incapacité des disciples (voir respectivement Mt 17, 16, Mc 9, 18 et Lc 9, 40).

2   Telle est la raison donnée par Jésus aux disciples qui l'ont sommé d'expliquer cette faillite.

3   La distinction entre le Jésus historique et le Christ universel et intemporel semble bien être à l'origine de la conception romanesque du miracle : si l'imitation des miracles réalisés par l'être incarné est vouée à l'échec, le miracle est encore possible aujourd'hui à travers l'imitation du message christique.

4   « C'est un air de danse – de danse nègre, a-t-elle ouï dire. Les paroles en sont incompréhensibles. » (NHM, 1291).

5   Cette coïncidence doit être reliée à la fusion effectuée par l'Ancien Testament entre maladie et péché, et que prolongent les paroles christiques : « Ce ne sont pas ceux qui se portent bien qui ont besoin du médecin, mais les malades ; je ne suis pas venu appeler les justes, mais les pécheurs. » (Mc 2, 17, trad. Crampon). Si dans les récits bibliques, le malade guéri n'est pas pécheur, c'est alors son entourage qui accède à la conversion. On sait en outre que dans le milieu où évolue Jésus, l'intervention de Satan constitue l'interprétation privilégiée des maladies. Toute guérison coïncide donc avec une libération humaine. Voir à ce sujet, « Miracles de Jésus et démonologie juive » par Pierre Grelot, *Les miracles de Jésus, op. cit.*, p. 59-72.

narratif et symbolique. On ne peut passer sous silence les décès des deux petits malades innocents, l'enfant du maître de Plouy et Guillaume, qui constituent deux anti-miracles complets ; pour Monsieur Ouine, personnage inguérissable, ni la guérison ni la conversion n'est au rendez-vous. Les cas de Germaine Malorthy et du braconnier Arsène sont intéressants à confronter car ils illustrent l'incompatibilité romanesque entre guérison physique et conversion. Alors que la jeune fille se convertit « publiquement[1] » avant d'expirer, le braconnier ne se rétablit que pour violer celle qui n'avait pu se résoudre à le laisser seul aux prises avec son mal. Conversion et mort s'opposent ici à guérison physique et recrudescence du mal[2].

L'imitation actualisée de la maladie cède ici la place à une herméneutique centrifuge de la guérison par un éloignement de la lettre évangélique qui proclamait avec force la restauration de toute chair meurtrie[3]. C'est ainsi que le romancier herméneute de ses lectures bibliques soumet le miracle du rétablissement physique à un déchiffrement complexe et tourmenté dont l'aboutissement se révèle à travers l'écriture romanesque des quelques guérisons fictionnelles de l'œuvre. Si le romancier n'accorde pas à ses personnages la guérison miraculeuse dont ont bénéficié leurs modèles bibliques atteints des mêmes maladies, c'est d'abord parce que sa conception du miracle ne coïncide pas avec la notion de guérison physique. Alors que la maladie, propre de l'humain, s'actualise aisément dans le tissu romanesque, la guérison physique miraculeuse comme authentique action de Dieu semble devenue impossible à actualiser. Elle est aujourd'hui œuvre de la science des hommes qui se sont emparés du corps pour en faire leur domaine et réduire ainsi le surnaturel biblique en miracle médical. Si le roman a intégré cette révolution, il a cependant perçu que la science moderne ne guérit que les corps, guérison partielle

---

1   Dans sa lettre au chanoine Gerbier, l'évêque interprète cette conversion publique comme une crise de démence : « Le désir de cette jeune personne, manifesté publiquement, d'être conduite au pied de l'église pour y expirer, ne devait pas être pris en considération. Outre que le père et le médecin traitant s'opposaient à une telle imprudence, ce qu'on sait du passé et de l'indifférence religieuse de Melle Malorthy autorisait à croire que, déjà soignée jadis pour troubles mentaux, l'approche de la mort bouleversait sa faible raison. » (S, 231).

2   Cette collusion entre rétablissement physique et résurgence du mal peut se lire chez d'autres malades de l'œuvre romanesque : pensons par exemple à Philippe dans *Un mauvais rêve* qui, soigné après sa première tentative de suicide, ne se rétablit que pour se détruire définitivement.

3   La réponse de Jésus au prisonnier Jean-Baptiste est à cet égard retentissante : « Allez, rapportez à Jean ce que vous entendez et ce que vous voyez : les aveugles voient, les boiteux marchent, les lépreux sont guéris, les sourds entendent, les morts ressuscitent, [...] » (Mt 11, 2-6).

qui la désigne par ironie narrative comme l'héritière des signes et prodiges réalisés par les faux prophètes du Deutéronome puis de l'Évangile.
En effet, le passage en revue de ces signes dans l'œuvre romanesque
montre que les personnages présentés par le narrateur comme guéris
d'une atteinte physique obtiennent cette guérison par un biais médical
qui élimine toute hypothèse surnaturelle dans leur rétablissement[1]. Si
des récits bibliques de miracle le romancier n'a transposé que les maux,
n'accordant pas à ses personnages la guérison physique dont ont pu
bénéficier les figures suppliciées ayant croisé le chemin de Jésus, l'instant
du miracle romanesque a cependant bien lieu, non dans la chair entamée
par une atteinte physique, mais dans l'intériorité desséchée par la révolte,
la haine de soi et de l'autre. Car la guérison romanesque, abandonnant
la lettre évangélique du corps restauré, se focalise sur l'esprit du miracle
biblique qui se nomme conversion. Il s'agit alors d'abandonner une
herméneutique du soupçon à l'œuvre dans le déchiffrement de la restauration charnelle pour déployer une herméneutique de l'appropriation
autour du renouvellement intérieur. De la conversion *in articulo mortis*
de Mouchette (rédigée en 1920) à la conversion fatale de la comtesse
(écrite en 1935), l'issue est restée identique dans son caractère tragique.
Car le corps ne résiste pas à la *métanoïa*[2]. C'est ainsi que la promesse
miraculeuse du cœur et de l'esprit nouveaux faite par Dieu au prophète
Ezéchiel[3] se réalise romanesquement, mais le cœur de chair, substitué au
cœur de pierre, ne résiste pas à la mort physique ou à la perte de raison,

---

1   Les deux guérisons parallèles de Mouchette et Donissan, qui clôturent « Histoire de
     Mouchette » et « La Tentation du désespoir », sont à cet égard particulièrement instructives. Tandis que Mademoiselle Malorthy, selon le récit du narrateur, « transportée en
     automobile à la maison de santé du Docteur Duchemin » pour crise de démence, « en
     sortit un mois plus tard, complètement guérie, après avoir accouché d'un enfant mort »
     (S, 115), le rétablissement de l'abbé Donissan est dû, selon la lettre de l'évêque reproduite
     par le narrateur, à la qualité des soins dispensés à « la maison de santé de Vaubecourt,
     où il a été traité avec le plus grand dévouement par le Docteur Jolibois [qui] attribue
     ces troubles passagers à une grave intoxication des cellules nerveuses, probablement
     d'origine intestinale ». (S, 231). Entièrement pris en charge par la modernité médicale,
     la démente et l'intoxiqué deviennent les bénéficiaires passifs du miracle moderne de la
     Science...
2   La différence entre ces deux exemples réside dans les modalités de surgissement de la
     conversion et du décès. Alors que Mouchette se convertit après sa tentative de suicide
     (voir S, p. 231-232), la conversion de la comtesse précède son décès brutal. N'oublions
     pas la conversion de l'abbé Cénabre qui coïncide avec sa chute dans la démence, simple
     variante de l'anéantissement physique.
3   « Et je vous donnerai un cœur nouveau, / Et je mettrai en dedans de vous un esprit nouveau ; / J'ôterai de votre chair le cœur de pierre, / Et je vous donnerai un cœur de chair. »
     (Ez.36, 26, traduction Crampon).

conséquences – conditions ? – de la conversion. Car en ces lieux, la vie physique n'est pas support de miracle, ne se mesurant qu'à l'aune de la conversion du cœur[1]. Il y aurait donc, à en croire ce récit de miracle iconoclaste, une tragédie plus profonde que la mort où l'être humain éprouve scandaleusement sa perte, c'est la tragédie du cœur malade de l'homme révolté contre Dieu, engendrant malheur et violence[2].

Cette herméneutique romanesque sauvage du récit biblique de miracle repose sur une imitation sélective du canevas pris pour modèle, et aboutit à un miraculeux dépouillé de son action sur les corps, purement réduit à une conversion intérieure. Rejoint-elle le réductionnisme d'un Rudolf Bultmann qui, en abandonnant le *Mirakel* pour ne conserver que le *Wunder*, réduit l'authentique action de Dieu à la réalité non constatable du pardon des péchés, non apologétique et donc scandaleuse, car échappant par son invisibilité même au désir humain d'éprouver en sa chair le signe de la puissance divine ? Non, car le romancier se situe dans une tout autre perspective spirituelle que le théologien[3]. En effet, alors que Bultmann justifie l'impossible actualisation du *Mirakel* par l'argument scientifique de la soumission du cours de la nature à des lois[4], les romans évoquent à plusieurs reprises et sans le moindre scrupule des évènements transgressant les lois naturelles. Ce n'est donc pas par refus moderne du surnaturel que le romancier se détourne de l'actualisation des guérisons physiques miraculeuses bibliques. Cet éloignement doit être plutôt rattaché à un imaginaire assombri de la corporalité humaine, lieu davantage marqué par la limite que par l'expansion, la souffrance plutôt que la jubilation.

---

1   Il est intéressant de relever que le décès de la comtesse est dû à une crise cardiaque. La cause physiologique de la mort contredit le symbolisme biblique du don d'un cœur nouveau accordé à celui qui guérit de son péché. Une nouvelle fois, le corps est désigné incapable de s'adapter au bouleversement intérieur du retour de l'espérance.

2   Le texte romanesque se contente ici d'illustrer ce que le texte biblique affronte avec constance et désigne avec obstination le problème d'une parole de Dieu refusée ou incomprise et dont il fait le symptôme d'une maladie que seule la conversion peut guérir.

3   La correspondance de Bernanos atteste d'un échange avec Karl Barth mais ne livre aucune information concernant une éventuelle lecture de Rudolf Bultmann.

4   « Le *Wunder* comme *Mirakel* est devenu aujourd'hui pour nous une impossibilité parce que nous comprenons le cours de la nature comme soumis à des Lois [...]. Nous agissons toujours de telle sorte que nous comptons sur l'enchaînement régulier des évènements du monde. C'est même justement quand nous agissons en êtres responsables que nous ne faisons pas entrer en ligne de compte que Dieu puisse, par exemple, supprimer les Lois de la pesanteur et autres choses semblables. », Rudolf Bultmann, « À propos du problème du miracle », *Foi et compréhension, 1. L'historicité de l'homme et de la révélation*, 1933, traduit par André Malet, Paris, Éditions du Seuil, 1970, p. 241.

Le récit de miracle romanesque s'accomplirait dans la fulgurance d'une chaîne causale unissant conversion et mort physique. Guérir revient à se convertir avant l'anéantissement car toute disparition dans la mort après conversion constitue la signature du salut. Que le corps devienne donc temple de l'Esprit Saint selon les paroles de l'évangéliste Jean, ou chair consciente du Verbe dont elle procède, suivant l'interprétation qu'en donne un de ses herméneutes les plus inspirés, Michel Henry[1], et la mort cesse d'apparaître comme une épreuve redoutable ou absurde pour se métamorphoser en pur miracle[2].

L'EXEMPLE DES TROIS ÉCRITURES

« Le Saint de Lumbres » recèle en son centre un lieu privilégié d'entrelacement des écritures vétéro-testamentaire, évangélique et romanesque où l'imitation cède toujours le pas à l'herméneutique. Il s'agit du récit de la tentative de résurrection du fils du maître de Plouy par le vieux prêtre, narration d'un miracle manqué. La prégnance vétéro-testamentaire dans le schéma narratif romanesque retient d'emblée l'attention. En effet, l'énoncé des circonstances entourant cet épisode singulier recoupe – partiellement certes, mais à travers d'étonnantes similitudes – l'énoncé du récit vétéro-testamentaire des circonstances de la résurrection du fils de la riche Sunamite par le prophète Élisée[3]. Le plus étoffé, le plus réaliste mais aussi le plus littéraire des récits bibliques de miracle sur un enfant mort, il fournit au romancier une riche matière textuelle à actualiser ainsi qu'un agencement structurel et spatio-temporel efficace sur lequel le récit romanesque peut s'appuyer. En ce qui concerne les protagonistes, tout d'abord, les parallélismes relationnels sont remarquablement respectés : d'un côté, l'enfant et ses deux parents, de l'autre, le thaumaturge et son serviteur[4]. Les symptômes liés à la

---

1 Car de même que le Verbe s'est fait chair, la chair doit se faire Verbe, c'est-à-dire Vie et Amour pour ne pas se réduire à un corps-objet. Tels sont l'enseignement et le miracle du Christ (voir Michel Henry, *Incarnation. Une philosophie de la chair*, Paris, Éditions du Seuil, p. 28-29).

2 C'est à cet égard que la mort de M. Ouine, corps qui ne s'est jamais fait Chair, constitue l'anti-miracle complet, à savoir la mort sans conversion.

3 Moins connu que le récit de la résurrection du fils de la veuve de Sarepta par le prophète Elie (1, Rs 17, 17-24) et surtout que celui néo-testamentaire de la résurrection du fils de la veuve de Naïm par Jésus (Lc 7, 11-17), ce texte précis semble avoir retenu l'attention du romancier, preuve supplémentaire que l'Ancien Testament a pu constituer un hypotexte privilégié non restreint aux psaumes ou à quelques versets du livre de la Sagesse et d'Isaïe.

4 Dans le récit romanesque, la vieille servante Marthe se substitue au serviteur.

dégradation de l'état de santé de l'enfant sont étonnamment identiques[1]. Ensuite, l'enfant du texte-source possède un père et une mère[2] qui endossent chacun des fonctions symétriques et complémentaires. Cette double présence parentale est actualisée dans le récit romanesque mais alors que les parents bibliques sont présentés simultanément à travers un récit dialogué[3], Monsieur et Madame Havret apparaissent séparément et successivement, le mari racontant au curé de Lumbres comment sa femme l'a envoyé jusqu'au ministre de Dieu[4]. Dans les deux textes, le thaumaturge appelé marque une forte réticence à se déplacer jusqu'au lieu de la tragédie[5] et seule l'insistance de l'entourage peut le mettre en mouvement. Mais le récit romanesque du miracle proprement dit amorce une soudaine rupture dans la récriture analogique car même si les deux hommes s'isolent chacun avec l'enfant mort[6], la thaumaturgie rituelle et efficace d'Élisée cède la place aux atermoiements angoissés du curé de Lumbres et les clôtures des deux récits sont d'une antonymie symétrique presque parfaite[7].

Plusieurs hypothèses peuvent élucider l'arrêt brutal et complet du processus imitatif. La description précise des modalités de la résurrection de l'enfant biblique, inaugurées par la prière à Yahvé, renvoie à un rituel magique ancré dans une mentalité primitive animiste, antérieure au symbole chrétien[8]. L'imaginaire du romancier n'a peut-être

1   Dans le récit biblique, la narration est prise en charge par un narrateur extérieur (« Il dit à son père : "Ma tête ! Ma tête !" » (2 Rs 4,19) alors que dans le récit romanesque c'est le père Havret lui-même qui relate au curé les symptômes fatals : « Et puis des maux de tête à crier grâce » (S, 240).

2   C'est d'ailleurs le seul des trois textes bibliques de résurrection d'enfant qui présente de manière réaliste et détaillée la situation du couple parental dans la détresse. Les deux autres récits présentent chacun le personnage récurrent de la veuve. Cette différence qui peut sembler anodine est cependant à l'origine de l'élimination de ces deux narrations comme hypotextes éventuels du récit du miracle romanesque.

3   « Puis elle appela son mari et dit : "Envoie-moi, je te prie, un des serviteurs et une des ânesses ; je cours jusqu'à l'homme de Dieu et je reviens." Il dit : "Pourquoi vas-tu vers lui aujourd'hui ? […]", mais elle dit : "Sois en paix." » (2 Rs 4, 22-23)

4   « On ne peut pas lui faire entendre raison. "Va-t-en chercher le curé de Lumbres, qu'elle criait… Alors j'ai attelé le cheval et me voici." » (S, 240)

5   Alors qu'Élisée envoie son serviteur au-devant de l'enfant, le curé voudrait s'effacer au profit de l'abbé Sabiroux, curé de la paroisse de Luzarnes, où réside la famille Havret.

6   « Il entra, ferma la porte sur eux deux et pria Yahvé. » (2 Rs, 4, 33) devient dans la narration romanesque : « Il entre et s'enferme avec le mort. » (S, 264).

7   Alors qu'Élisée rend l'enfant à sa mère qui se prosterne en action de grâce, le curé de Lumbres s'enfuit de la chambre où gît le petit cadavre, laissant la mère en plein accès de démence.

8   Voir en particulier le contact prolongé peau à peau suivi des sept éternuements (2 Rs 4, 34-35).

pas été en mesure d'actualiser scripturalement le folklorisme lié à cette thaumaturgie. Le curé de Lumbres substitue ainsi à la verticalité descendante et enveloppante du prophète Élisée une verticalité ascendante et séparative. Il ne s'agit alors plus de se pencher sur un corps mort pour le couvrir de sa chaleur et le ramener à la vie mais bien plutôt d'élever un cadavre loin de son propre corps pour tenter de le rapprocher d'une transcendance supérieure et inaccessible. Si la transcendance vétéro-testamentaire est d'abord une puissance qui, par le truchement du corps du prophète, peut descendre et réanimer une chair morte, la transcendance romanesque se présente comme une entité surplombante et séparée qu'il faut quérir par un mouvement d'élévation doloriste et sacrificiel. L'anthropologisme de cette hypothèse ne suffit cependant pas à comprendre pourquoi l'enfant romanesque, à la différence de l'enfant biblique, ne ressuscite pas, à moins de supposer que la séparation infligée par la conscience moderne entre l'homme et Dieu soit à l'origine de cette désaffection de la puissance divine.

Mais cette supposition ne résiste pas à une lecture serrée du récit romanesque puisque le narrateur et le curé de Lumbres relatent tous deux l'avènement divin d'un signe offert au thaumaturge à travers le prodige – éphémère certes mais évoqué par les deux instances narratives[1] – de la chaude palpitation du cadavre. Pas de miracle donc, dans l'univers romanesque, mais un prodige. Ce choix d'écriture qui privilégie un surnaturel réduit à sa manifestation phénoménale spectaculaire et stérile, au détriment d'un franchissement absolu des limites humaines vers une restauration de la vie perdue, doit être élucidé. Ce n'est donc pas par défiance envers l'expression romanesque de l'irrationnel que le romancier se détourne de la récriture – dans le sillage du miracle d'Élisée – de la résurrection du fils unique puisqu'il lui substitue un prodige trouble et catastrophique. Le lecteur biblique Bernanos semble bien avoir échappé au syndrome moderne de la répugnance envers toute évocation empathique du franchissement irrationnel des limites humaines et naturelles, car si le miracle ne s'écrit pas à la place où il devait intervenir, la substitution du prodige au vide laissée par cette absence fait obstacle à toute interprétation démythifiante du miraculeux biblique. Comment ne pas lire à travers la mise en scène de ce prodige un signe ironique adressé par le romancier à la modernité rationaliste ?

---

1   Le commentaire du narrateur (« Et ce signe ne lui sera pas refusé » S, 268) est l'annonce abstraite et non détaillée du rapport circonstancié rédigé par le curé (« je l'ai senti tout chaud sous mes doigts, tout palpitant » S, 269-70).

Mais alors, s'il n'y a aucun rejet du facteur irrationnel lié à l'événement miracle, pourquoi cette rupture analogique dans le processus imitatif de récriture romanesque de la résurrection de l'enfant biblique ? Le miracle proposé par le modèle vétéro-testamentaire se fonde sur une logique purement rétributive. En effet, le passage précédant cet épisode révèle que l'enfant de la riche Sunamite constitue un cadeau du prophète pour la remercier de son hospitalité[1]. Aussi lorsque cet enfant – présent divin par truchement prophétique – perd la vie, la réactivité décidée de la femme qui court vers l'homme de Dieu jusqu'à la montagne du Carmel se comprend comme l'exigence du respect de la parole donnée à celle qui n'avait dignement rien demandé[2]. Miracle de rétribution donc ; le retour à la vie du fils n'est finalement qu'un retour à l'ordre de Dieu qui répare par le biais de son prophète un dysfonctionnement de la loi du Talion, en restituant à la femme un bien légitimement donné puis injustement repris[3]. Sans rejouer ce scénario implacable, le texte romanesque emprunte cependant à sa source archaïque cette atmosphère d'exigence tendue vers l'attente d'un signe[4].

C'est alors que se consomme la rupture entre le prophète biblique et le prêtre romanesque, au moment précis où la demande juste n'est

---

1   « Et Élisée dit : "Que faire pour elle ?" Giézi répondit : "Mais elle n'a point de fils, et son mari est vieux." Et Élisée dit : "Appelle-la." Giézi l'appela, et elle se tint à la porte. Et Élisée lui dit : "À cette même époque, dans un an, tu caresseras un fils." Et elle dit : "Non, mon seigneur, homme de Dieu, ne trompe pas ta servante." Et la femme conçut, et elle enfanta un fils, à la même époque, l'année suivante, comme Élisée le lui avait dit. » (2 Rs, 4, 14-17).

2   « Ai-je demandé un fils à mon seigneur ? N'ai-je pas dit : Ne me trompe pas ? » (2 Rs, 4,28).

3   Cette exigence du miracle a été condamnée par Paul et dans son sillage par les théologiens chrétiens opposés à la notion de miracle comme signe de preuve de la toute puissance divine. Voir en particulier Rudolf Bultmann, très critique envers cette conception rétributive du miracle : « Pourquoi la recherche du rétributif est-elle la caractéristique des juifs (1 Co 1,22) ? Parce que cette attitude révèle à plein l'essence même de leur impiété, à savoir l'effort vers la "justice propre". Ils se comprennent par ce qu'ils font et ils comprennent l'autre par ce qu'il fait. De même qu'ils veulent se justifier devant Dieu par leurs œuvres, Dieu doit se justifier devant eux par les siennes. » (Rudolf Bultmann, « À propos du problème du miracle », *Foi et compréhension, 1. L'historicité de l'homme et de la révélation.* [1933 et 1952], traduit de l'allemand par André Malet, Paris, Éditions du Seuil, 1970.

4   Le curé de Lumbres, considéré comme un saint à miracles par de nombreux paroissiens, subit la pression des protagonistes qui l'entourent. Lui-même se situe dans une logique d'exigence par rapport à l'intervention divine : « Il jette au ciel un regard farouche. Comment espérer reproduire le cri de détresse, la malédiction du héros, qui ne demande ni pitié ni pardon, mais justice ! Non ! Non ! il n'implore pas ce miracle, il l'exige. Dieu lui doit, Dieu lui donnera, ou tout n'est qu'un songe. » (S, 268).

pas honorée et où Dieu se dérobe à l'exigence humaine rétributive. Le
schéma narratif du miracle vétéro-testamentaire ne sera ainsi pas mené
à son terme car le romancier qui s'en inspire, vingt-cinq siècles plus
tard, est chrétien et son christianisme connaît la puissance du camouflet
infligé par les miracles de Jésus au miraculeux de l'Ancien Testament.
Même si « les miracles synoptiques, comparés avec ceux de l'Ancien
Testament, s'alignent dans leur grande majorité avec les miracles de
bienfaisance[1] », celui de la résurrection du fils de la veuve de Naïm, exclusivement raconté par l'évangéliste Luc, bouleverse l'agencement narratif
et symbolique des miracles de la résurrection offerts par les prophètes
Elie et Élisée. Sa brièveté et son dépouillement formel rompent avec le
souci du détail et la prolixité hébraïques. Contrairement à Élisée qui,
imploré par son hôtesse, ne se rend qu'avec réticence au chevet de l'enfant
mort, Jésus se retrouve au terme d'un mouvement naturel et spontané
proche à toucher le cercueil[2], rencontre providentielle et impromptue
inaugurée par le regard de l'homme de Dieu sur la veuve en détresse[3].
Car ces deux-là ne se connaissent pas et l'acte de résurrection apparaît
ainsi – à l'air libre, en public et en dehors de la ville[4] – d'une absolue
gratuité, accomplissement spontané mû par un regard et une parole de
consolation. Sans prière ni rituel, Jésus ordonne au mort de se lever et
rend l'enfant à sa mère. L'absence d'action de grâce individuelle souligne
encore la radicale nouveauté du récit de résurrection néo-testamentaire
qui préfère à la louange du bénéficiaire un double mouvement de crainte
et de glorification collectives[5]. Car au contraire du miracle en chambre
d'Élisée, résurrection domestique et privée, le miracle de Jésus est appelé
par son mode de réalisation même à franchir toutes les limites en se
déployant au-delà de toutes les frontières[6]. Alors que le miracle d'Élisée

---

1   Maurice Carrez, « L'héritage de l'Ancien Testament » in *Les miracles de Jésus, op. cit.*, p. 53.
2   « Et s'approchant, il touche le cercueil » (Luc 7, 14).
3   « Le Seigneur l'ayant vue, fut touché de compassion pour elle, et lui dit : "Ne pleure
     pas." » (Luc 7, 13).
4   Le cadre spatial néo-testamentaire libère les circonstances miraculeuses de l'huis-clos où
     s'est réalisé le miracle d'Élisée.
5   Voir Luc 7, 16.
6   C'est ainsi que Luc rapporte la parole collective de glorification divine, évoquant le
     surgissement d'un double mouvement vertical, d'abord ascendant (« Un grand prophète
     s'est levé, parmi nous, [...]) puis descendant ([...] et Dieu a visité son peuple. » Luc 7, 16)
     et clôture son récit en mentionnant la postérité de cette parole, elle-même vouée à un
     irrésistible mouvement d'expansion, non plus inscrite dans une verticalité double mais
     dans une horizontalité centrifuge : « Et cette parole prononcée à son sujet se répandit
     dans toute la Judée et dans tout le pays d'alentour. » (Luc 7, 17). Le contenu de la parole
     collective évoquant la rencontre verticale du prophète qui se lève parmi le peuple et

se réalise dans l'action silencieuse et cachée, celui de Jésus se manifeste par la parole consolatrice (« Ne pleure plus ! ») et performative (« Jeune homme, je te le dis, lève-toi ») qui métamorphose le prophète médiateur de la transcendance en sujet syncrétique avec Dieu. Ce n'est plus un individu isolé que l'homme-Dieu ressuscite mais, dans le sillage du mort qui « se dressa sur son séant et se mit à parler » (Luc 7, 15), c'est tout un peuple qui conquiert le don de la parole.

La non-actualisation romanesque du miracle d'Élisée serait ainsi le résultat d'une confrontation – consciente ou latente – entre la laborieuse réanimation opérée par un prophète appliqué et le foudroyant retour à la vie d'un enfant dont le cercueil a providentiellement croisé le chemin et la parole de l'homme-Dieu.

Proposant une élucidation à la brutale rupture analogique dans le processus romanesque imitatif du schéma narratif vétéro-testamentaire, cette hypothèse engendre simultanément un nouveau problème : si le christocentrisme du romancier le détourne des modalités de résurrection vétéro-testamentaires, comment justifier la reprise serrée des trois-quarts du récit du Livre des Rois en même temps que l'absence de références identifiables au récit de résurrection rapporté par Luc ? Le paradoxe pourrait bien refléter la relation complexe qu'entretient le texte romanesque avec les deux Livres, du moins avant 1920. Car ce récit de prodige, vraisemblablement écrit aux lendemains de l'Armistice, livre au lecteur attentif un état des lieux du déchirement intérieur supporté par un soldat français à peine rentré des charniers de Verdun et qui lisait la Bible dans les tranchées[1]. Et si le romancier chrétien refuse d'orienter sa création vers une symbolique du miracle fondée sur un système rétributif dénoncé par la parole christique, il n'est cependant pas en mesure d'inscrire son écriture dans le sillage du miracle christique. Alors que le miracle chrétien dépend plus de l'amour que de la foi[2], qu'il soumet sa réalisation à la gratuité du don plutôt qu'à la liquidation d'une dette, le premier récit romanesque de Bernanos ne s'en fera pas l'écho ni n'en diffusera la Bonne Nouvelle. Retranché volontairement dans une citadelle d'amertume et de contrainte où seul le rapport de force fait loi, le curé de Lumbres, image fictionnelle de son créateur, évolue dans un

de Dieu qui se penche vers lui fait donc l'objet d'une diffusion universelle au sein de l'immanence.
1 La correspondance l'atteste. Voir en particulier les lettres adressées à Dom Besse depuis le front (Corr. I, lettres 40, 67, 69, 72, 74, 76, 77)
2 « [...], car la foi qui transporte des montagnes peut bien ressusciter un mort... Mais Dieu ne se donne qu'à l'amour. » (S, 268).

univers où l'affrontement permanent fait obstacle au jaillissement de
la grâce non forcée. C'est d'ailleurs la violente douleur éprouvée par le
prêtre au moment même de l'offrande du cadavre, douleur doublement
décrite par le narrateur et le supplicié lui-même[1] – inexistante dans les
deux récits bibliques –, qui justifie narrativement et symboliquement
l'échec de la résurrection. L'imitation des miracles christiques, tant
prônée dans les Évangiles[2], ne se réalise pas car l'imitateur – en proie
à une trop grande souffrance pour agir avec amour – se transforme en
herméneute romanesque tourmenté du miraculeux biblique. Il refuse
toute « approche dogmatique[3] » d'un récit de miracle qui serait dû à
l'homme par Dieu comme signe de sa toute-puissance, mais aussi toute
approche apologétique qui serait pourtant encouragée par un récit de
miracle gratuit donné comme réponse compassionnelle à la douleur
d'une mère. Ce double refus le mène au choix littéraire du prodige
réalisé par un héros de la question et du désespoir, surnaturel stérile qui
ne convertit pas[4] mais inspire paradoxalement la pitié, celle-là même
qu'a éprouvé Jésus face à la mère en deuil.

Tout se passe alors comme si, au delà du refus d'imiter la lettre
du miracle vétéro-testamentaire, au-delà de l'incapacité de restituer
l'esprit du miracle évangélique, le romancier compensait ce rejet et
cette impuissance par une imitation purement formelle de la lettre
évangélique synoptique, à travers le procédé de la multiplication du
point de vue intégrant l'écriture néo-testamentaire entre les lignes de
l'écriture romanesque. Le lecteur se trouve ainsi confronté à une scène
qui entrelace la reprise partielle d'un énoncé vétéro-testamentaire avec
celle, tout aussi partielle, de l'énonciation synoptique néo-testamentaire. En effet, le récit romanesque de cette tentative de résurrection

---

1   Voir S, 267 pour le récit du narrateur et S, 270 pour le récit du supplicié lui-même.
2   Voir surtout Matthieu 10, 8 : « Les malades, guérissez-les, les morts, ressuscitez-les, les
    lépreux, purifiez-les, les démons, expulsez-les. Gratuitement vous avez reçu, gratuitement
    donnez ! » Il est intéressant de noter que Marc et Luc n'évoquent pas la résurrection des
    morts, se contentant d'évoquer guérisons et exorcismes.
3   L'expression est reprise à Xavier-Léon Dufour qui distingue ainsi la plus primitive des
    quatre approches du miracle : « Dogmatiques sont les croyants qui s'intéressent avant tout
    à la rencontre de Dieu à travers le signe qui leur est ainsi adressé », p. 12, « Approches
    diverses du miracle », Les miracles de Jésus, sous la direction de Xavier-Léon Dufour, Paris,
    Éditions du Seuil, 1973.
4   Contrairement au miracle d'Élisée qui entraîne une action de grâce individuelle de la
    mère et à celui de Jésus qui convertit les foules et la terre entière, le prodige du curé de
    Lumbres plonge la mère dans la démence et l'abbé Sabiroux dans une colère confortant
    sa position scientiste en matière de miracle.

fait partiellement l'objet de trois narrations distinctes[1] – qui rappellent l'éclatement narratif évangélique à l'œuvre dans certains récits autonomes et singuliers de Matthieu, Marc et Luc –, transcription de trois regards différents portés sur un événement identique[2]. La complémentarité et le recoupement événementiel quasi parfaits des trois récits, au-delà des divergences de détail liées à la sensibilité et au style de chacun des trois narrateurs, rejoignent l'harmonie des synoptiques évangéliques, gage d'une crédibilité mesurée à l'aune de leur concorde[3]. Mais ici encore, et parallèlement à la brutale rupture analogique constatée dans la reprise du schéma narratif du miracle d'Élisée, intervient *de facto* une autre rupture analogique, non plus liée au contenu du premier hypotexte mais à la forme du second qui est la synopse évangélique. La rupture avec le signifié vétéro-testamentaire était clairement apparue à un moment-clé de la narration comme conséquence conjoncturelle d'un blocage ou d'un refus signant la fin de toute symbiose créative avec une partie du contenu de l'hypotexte. Cette autre rupture avec le signifiant évangélique se révèle au contraire structurelle voire consubstantielle à la spécificité générique distinguant récit romanesque et récit évangélique. En effet, les trois premiers Évangiles étaient le fruit de rédacteurs ancrés dans la réalité historique, témoignant de manière individuelle et autonome au sujet d'événements eux aussi ancrés dans une historicité reconnue, celle de la vie et des faits d'un homme nommé Jésus. Le récit de la tentative de résurrection du fils des maîtres de Plouy, quant à lui pure fiction, est pris en charge par une instance narrative elle-même fictionnelle accordant au sein de son acte de parole extérieur à l'histoire narrée une place comptée à deux « sous-narrateurs », personnages de l'événement narré[4]. Tous récits

---

1   Il s'agit des récits entrecroisés du narrateur, du personnage témoin et du personnage thaumaturge (S, 239-272).

2   À ce propos, il est intéressant de remarquer que le seul récit évangélique narrant la résurrection d'un enfant mort rendu à la vie et à sa mère par Jésus – la résurrection du fils de la veuve de Naïm – ne fait pas l'objet d'une narration synoptique puisqu'il n'est raconté que par Luc (Lc 7, 11-17). Ce détail renforce l'hypothèse déjà émise plus haut et selon laquelle le romancier a écrit son récit de miracle en s'inspirant, pour le contenu, d'un récit vétéro-testamentaire précis, et pour la forme, de l'écriture synoptique néo-testamentaire sans référence à un récit de miracle précis.

3   De même dans les synoptiques, la diversité des récits de miracle rapportés par les trois évangélistes appuie la réalité du fait en donnant une assurance supplémentaire de son existence, les trois récits romanesques, en se complétant et se rectifiant même parfois réciproquement, se confirment mutuellement.

4   Le narrateur extra-diététique introduit ainsi ponctuellement des extraits de lettres de l'abbé Sabiroux et de notes du curé de Lumbres, se réservant la liberté de les commenter avec parti-pris (voir S, 248 et 269). Cet aménagement hiérarchique de la narration révèle

partiels et partiaux, récits évangéliques et romanesques se différencient néanmoins radicalement par leurs statuts respectifs de témoignage d'une part, de fiction d'autre part. Et si les évangélistes synoptiques étaient trois pour témoigner de l'historicité de la révélation et des miracles de Jésus, le romancier est seul pour imaginer un univers fictionnel et pour annoncer la mauvaise nouvelle de l'unique prodige d'un disciple déficient. Car ce miracle manqué ne renvoie-t-il pas à la magie impure du genre fictionnel et plus particulièrement de la falsification romanesque ?

L'imitation vétéro-testamentaire du récit de miracle est donc apparue comme une voie empruntée puis abandonnée et l'imitation néo-testamentaire s'est révélée impossible aussi bien dans la lettre synoptique que dans l'esprit de gratuité absolue. Ces deux mouvements analogiques entrepris à travers la mise en forme romanesque exhibent paradoxalement la puissance d'une littérarité quasiment absente des deux modèles bibliques. La peinture tourmentée de l'intériorité des protagonistes épaissit et opacifie la matière textuelle en métamorphosant un support biblique composé de quelques mots(« [...] et l'enfant ouvrit les yeux. » 2 Rs 4, 35) en lancinante description dont la précision détaillée fait imploser toute prétention à un événementiel univoque :

> À ce moment, le regard du saint de Lumbres rencontra celui du mort, et s'y fixa.
> Le regard d'un seul de ces yeux morts, l'autre clos. Abaissés trop tôt, sans doute, et par une main tremblante, la rétraction du muscle a soulevé un peu la paupière, et l'on voit sous les cils tendus la prunelle bleue, déjà flétrie, mais étrangement foncée, presque noire. Du visage blême au creux de l'oreille, on ne voit qu'elle, au milieu d'un cerne élargi comme d'un trou d'ombre [...] Il n'y a plus que ce regard en arrière – un long regard d'exilé – aussi net qu'un signe de la main.
> Certes, le curé de Lumbres ne le craint pas, ce regard ; mais il l'interroge. Il essaie de l'entendre. [...]
> Il fixe cet œil entrouvert avec une attention curieuse, où la pitié s'efface à mesure, puis avec une espèce d'impatience cruelle. [...] recouvrir la prunelle qui le guette, que rien ne défend plus, quoi de plus simple ? [...] Il a vu, deux fois, les yeux s'ouvrir et se fermer pour un appel silencieux. (...) *Les deux yeux, à présent grands ouverts, le regardent aussi*[1].

Alors que le récit de résurrection vétéro-testamentaire n'effectue aucune incursion dans l'intériorité du prophète et que le récit de Luc se permet

---

ainsi la spécificité de la synopse romanesque où la pluralité des récits est toujours soumise à une instance organisatrice supérieure et plus ou moins masquée.
1   S, 265-6.

une seule et laconique plongée dans l'intériorité aimante de Jésus[1], l'intériorité dévastée du curé de Lumbres fait l'objet d'amples et multiples « psycho-récits[2] » ayant pour vocation la mise en perspective des failles affectives et spirituelles du ministre de Dieu.

Si le curé de Lumbres, prêtre fictionnel, ne parvient pas à ressusciter un enfant mort, la voix narrative, masque de l'écrivain réel, sait faire parler les morts. Le miracle littéraire de la prosopopée encadre les métamorphoses de l'œuvre romanesque, de la chute du « Saint de Lumbres » rédigée en 1918 à la chute de *Monsieur Ouine* écrite en 1940. Dans les deux textes, le narrateur se permet d'interpréter les postures corporelles de celui qui meurt foudroyé debout et de celui qui agonise à petit feu dans son lit. Cri mimé, l'interpellation du prêtre mort à l'académicien[3] se lit comme la reprise inversée des premières paroles du Christ ressuscité à ses disciples dans l'Évangile de Jean[4] : alors que l'homme-Dieu ressuscité offre sa paix au monde, le prêtre mort enfermé dans son confessionnal-tombeau ne donnera au témoin du miracle que ce que ce dernier aura eu l'audace de lui extorquer. D'un point de vue médical, le décès de Ouine coïncide avec le départ de la sage-femme[5], au début du chapitre XIX. L'ensemble du chapitre repose donc sur un échange entre le disciple Steeny et son maître mort[6]. Écho romanesque déformé de l'apparition du Christ ressuscité aux apôtres à Jérusalem, la conversation entre le disciple et son maître reprend de manière balbutiante et parodique quelques bribes du célèbre récit de Luc. Alors que le Vainqueur de la mort montrait ses mains et offrait son corps ressuscité à l'incrédulité des disciples (« Voyez mes mains […] Touchez-moi… » Lc 24, 39), Ouine propose à Steeny une expérience similaire (« Tendez-moi votre main. » MO, 1546). Mais contrairement aux disciples qui,

---

1   « Et, en la voyant, le Seigneur eut pitié d'elle… » (Lc 7, 13).

2   Voir Dorrit Cohn, *La Transparence intérieure*, Paris, Éditions du Seuil, 1981, p. 37-63

3   « Et si la bouche noire, dans l'ombre, qui ressemble à une plaie ouverte par l'explosion d'un dernier cri, ne profère aucun son, le corps tout entier mime un affreux défi : "TU VOULAIS MA PAIX, S'ÉCRIE LE SAINT, VIENS LA PRENDRE !…" » (S, 308). Au cœur du miracle littéraire, le cri non proféré est écrit en capitales d'imprimerie, hurlement silencieux de l'écriture.

4   Jésus répète à trois reprises « Paix à vous ! » (Voir Jn 20, 19-21-26).

5   « Si le décès remonte à deux heures, c'est donc vrai que le monsieur a passé quand je venais de descendre. » (MO, 1561).

6   Que ce dialogue soit le fruit de l'imagination éméchée de Steeny, comme le suppose le médecin, (« cela me rappelle le titre d'un roman lu jadis, Les morts qui parlent ou quelque chose d'approchant. En ce qui vous concerne, jeune homme, j'incline à croire que le mot de l'énigme se trouve au fond de cette bouteille de porto. », MO, 1561), importe peu. Le miracle est bien là puisque Monsieur Ouine, décédé, parle.

« saisis d'effroi et de stupeur, [ils] pensaient voir un esprit. »(Lc 24, 37), Steeny semble imperturbable (« Vous ne me faites pas peur. » MO, 1547). Le Christ leur ayant demandé à manger, les disciples lui présentaient « un morceau de poisson rôti et un rayon de miel » (Lc 24, 42). Steeny répond à la faim de Monsieur Ouine par un aussi hypothétique qu'ironique « on vous bourrera de tartines beurrées » (MO, 1551). Au contraire des disciples évangéliques dont l'offrande alimentaire marque la substitution de la joie généreuse à l'effroi devant l'apparition, Steeny le mauvais disciple ironise insolemment et n'a rien à offrir. Si le Christ, enfin, ouvrait l'esprit des disciples pour qu'ils puissent comprendre les écritures (Lc 24, 45), Ouine se présente comme le dépositaire d'un secret refusé par l'enfant rageur[1] avant même d'avoir été délivré.

DU BIBLIQUE AU ROMANESQUE

LE PSALMISTE ET LE PROPHÈTE

L'intertextualité psalmique se révèle davantage marquée par les psaumes dits de lamentation que par les poèmes d'allégresse et d'action de grâce[2]. Telle Chantal de Clergerie dont la douleur réactualisait fictionnellement l'image du psalmiste persécuté sans raison par un environnement humain hostile, « l'ironie désespérée des psaumes, ce témoignage venu du fond des âges, avec l'odeur du sépulcre, que la dévote épelle en somnolant au ronron de l'harmonium[3] » a puissamment retenu l'attention du lecteur ou de l'auditeur psalmique Bernanos, bouleversé par la violence d'une parole individuelle rendant compte à Dieu de son inexplicable souffrance.

---

1   Voir « Je me moque de vos secrets » mais aussi « Les secrets, reprend-il, peuh ! Des blagues, vous dis-je ! » (MO, 1549).

2   Un lecteur biblique aussi réceptif que Bernanos n'a pu ignorer la violence imprécative et le désespoir du psautier, quel qu'ait pu être le toilettage opéré au cours des siècles chrétiens par « les ruses de l'inconscient croyant pour éluder le tranchant du texte » et faire taire le caractère insoutenable de ses cris de douleur (voir à ce sujet Anne-Marie Pelletier, *op. cit.*, p. 147-148 et notamment : « Une tendance tenace consiste en particulier à censurer dans les textes ce par quoi ils accueillent et reflètent la part obscure du cœur humain travaillée par mille formes de violences. Ainsi toilette-t-on les psaumes quand ils portent témoignage de la détresse qui crie vengeance, oubliant que la douceur vraie est conversion, et non pas déni de la violence. »

3   J, 605.

Mais plus encore que *La Joie, Journal d'un curé de campagne*, unique roman de l'œuvre écrit à la première personne, peut être lu dans la perspective d'une réactualisation romanesque de l'écriture psalmique, elle-même déjà revivifiée par la parole néo-testamentaire[1]. Psalmiste moderne, le curé d'Ambricourt s'affirmerait ainsi comme l'héritier direct de l'antique anonyme psalmodiant en son propre nom, évoquant une situation à la fois singulière et universelle, celle de la fragilité intemporelle d'un être exposé à la maladie et à la mort, à la perte d'êtres chers, aux attaques d'autrui, hors de tout contexte historique. Comme le psaume biblique constitue une prière domestique et privée, les écrits intimes d'un obscur curé de la campagne française s'harmonisent de manière iconoclaste avec les antiques complaintes hébraïques. Loin du texte de sagesse qui théorise sur la condition humaine, loin de l'écrit mystique qui rend compte d'une expérience fusionnelle avec la transcendance, le psaume comme le journal intime reflètent une parole libre, échappant à l'alternative ruineuse entre preuves laborieuses de l'existence de Dieu et profession illuminée d'un fidéisme incommunicable. L'ingéniosité du romancier ménage à son personnage narrateur un espace de parole préservé de toute intrusion extérieure : le curé ose se confier abandonné de Dieu, libéré de tout souci apologétique grâce au genre littéraire dans lequel s'exprime la confidence intime. Ainsi déchargé de cette pesante et obligatoire théodicée ecclésiale où le prêtre se doit de prouver au pécheur ou à l'agnostique, simultanément l'existence et l'innocence de Dieu, le diariste retrouve sa liberté d'homme nu face au mystère douloureux de la transcendance. Il reconquiert par là même le droit à la plainte liée à la question originelle du pourquoi, énigme obsédante qui jalonne les psaumes bibliques de lamentation. Ce pourquoi fondateur des écritures psalmique et intime n'apparaît en aucune manière comme une quête métaphysique de la causalité universelle mais comme le cri jailli d'une souffrance individuelle jugée incompréhensible. Il ne s'agit pas ici de poser la question du mal en général mais de demander à Dieu pourquoi le Moi a mal.

À partir de cette plainte fondatrice, les trois grands mouvements du journal fictionnel épousent harmonieusement la structure canonique

---

1 La lecture messianique et christologique des psaumes remonte à Jésus lui-même qui a relié le contenu psalmique à son message et à son destin (voir Lc 24, 25 : « Il faut que s'accomplisse tout ce qui est écrit de moi dans la Loi de Moïse, les prophètes et les psaumes. »)

des psaumes de lamentation : la première partie (p. 1031-49) coïncide avec la détresse exhibée et l'accusation (« Ma paroisse est dévorée par l'ennui, voilà le mot » (1031) ; la deuxième partie (p. 1049-1227) évolue vers l'invocation suppliante (« J'ai bien prié ce matin pour ma paroisse, ma pauvre paroisse – ma première et dernière paroisse peut-être, car je souhaiterais d'y mourir. (...). Mais je voudrais que le bon Dieu m'ouvrît les yeux et les oreilles, me permît de voir son visage, d'entendre sa voix. Sans doute est-ce trop demander ? » (1052) ; la troi-sième partie (p. 1227-59) renvoie à la réponse divine qui aboutit à la délivrance et la louange confiante (« Il a prononcé alors distinctement, bien qu'avec une extrême lenteur, ces mots que je suis sûr de rapporter très exactement : "Qu'est-ce que cela fait ? Tout est grâce." Je crois qu'il est mort presque aussitôt. ») (1259). La discontinuité textuelle des cent cinquante pièces vétéro-testamentaires se retrouve dans les multiples tranches de vie – écrites sur le vif – d'une quotidienneté soumise aux contraintes d'un ministère ecclésial épuisant. À chaque psaume pour-rait ainsi coïncider symboliquement une journée de la vie du prêtre, voire plus fugacement un moment d'écriture arraché aux sollicitations extérieures, entre supplication et louange, désespoir et confiance, fidélité et sentiment d'abandon.

Dans le sillage du psalmiste biblique des lamentations, toujours pauvre[1] et isolé, le rédacteur du journal est un obscur petit prêtre sans envergure sociale ni intellectuelle, marginalisé par ses pairs et ses paroissiens. De même que l'infortune psalmique dément par sa vertu individuelle la sombre thèse vétéro-testamentaire de l'infortune confondue au châtiment divin du méchant, le malheureux curé de campagne est vertueux, droiture qui exalte encore le scandale de son malheur. Dans l'écriture psalmique biblique comme dans le journal fictionnel d'un prêtre du vingtième siècle, l'infortune individuelle de l'homme pauvre et juste ouvre le mystère transcendant à l'interprétation d'un Dieu compagnon du malheureux, « Dieu des faibles[2] » aussi démuni que celui qui, créé à son image, implore sa miséricorde. Le lien étroit entre pauvreté et persécution resserre les similitudes entre le psalmiste et le diariste souffrant tous deux des assauts de leurs persécuteurs. Identifiés

---

1   Voici comment l'exégète biblique André Lacocque identifie historiquement les orants des psaumes de lamentation : « [...] ceux qui parlent dans les lamentations individuelles sont des laïcs pieux et des ecclésiastiques recrutés dans le bas clergé. » (« La plainte comme prière », in *Penser la Bible, op. cit.*, p. 257).

2   L'expression scande comme un leitmotiv de nombreux psaumes bibliques de lamentation (voir par exemple ps. 9, 18 ; 10, 17 ; 18, 28 ; 25, 9 ; 37, 11 ; 69, 33 ; 147, 6 ; 149, 4).

dans les psaumes comme des personnages puissants et hors de portée[1] mais aussi des proches malfaisants[2], les ennemis ridiculisent leur
victime (ps.35), calomnient (ps. 10), sont des membres respectés de la
communauté (ps. 4, 3 ; 35, 10), souvent décrits comme des bêtes voraces
(ps. 22, 13-24 ; 35, 17) dépeçant une proie faible (ps. 35, 10) vulnérable,
aisément détruite (ps. 22, 25 ; 10, 2-10). Les personnages gravitant autour
du curé d'Ambricourt – tels que ce dernier les perçoit – réactualisent
ces sombres silhouettes bibliques par leur pouvoir de ridiculisation et
de calomnie, tisserands d'une méchanceté ordinaire qui enserre le curé
de ses rets malfaisants[3]. Fidèle à la lettre comme à l'esprit des psaumes,
le diariste persécuté ne cesse de prier pour ceux qui lui font du mal.

La réussite de cette réactualisation fictionnelle du psautier réside
dans le choix romanesque de la mise en scène d'un prêtre fervent,
digne héritier moderne des amoureux bibliques du Dieu unique. Car
un diariste athée ou agnostique n'aurait pu proférer dans la manière
psalmiste cris de détresse, invocations ou louanges à un Dieu qui pour
lui s'est absenté de l'histoire humaine moderne[4]. Pourquoi crier vers
un néant d'où nulle réponse ne sera renvoyée ? Seul celui qui croit peut
jeter sa plainte à une transcendance dont le silence doit être compris
comme signe d'insondabilité et non comme preuve d'inexistence. Ce
petit prêtre français – dans le sillage de ses prédécesseurs psalmistes – l'a
bien senti : cette inscrutable absence de Dieu est sans explication mais

---

1   « La plainte au sujet de l'ennemi est la partie la plus développée dans les lamentations
     individuelles. Trente-six psaumes parlent d'une atteinte à la vie de l'affligé. Parfois,
     l'accent est placé sur des actes préparatoires hostiles : les ennemis cernent, encerclent
     (ps. 22, 13.14.17) ; les ennemis sont sans Dieu (ps. 14, 1) ; ils sont puissants et riches,
     hors de portée du jugement divin (ps. 73, 3-5. 12) ; toute opposition à leurs coups semble
     impossible. » (André Lacocque, *art. cit.*, p. 261).
2   Voir entre autres les psaumes 31, 10-14 ; 38, 11-13 ; 69, 4-5.
3   La femme de ménage avare et pleine de colère (Madame Pegriot, p. 1054) ; le sacristain
     revêche qui ne croit pas en la résurrection (Arsène Miron, p. 1181-83) ; l'épicier vénal
     (Monsieur Pamyre, p. 1035), les conspirateurs qui intriguent pour faire partir le curé (le
     comte, p. 1175-81 ; Mademoiselle Louise, p. 1110-17) ; les calomniatrices qui colportent
     de fausses rumeurs (Chantal, p. 1204 ; Séraphita, p. 1207) ; le compagnon sournois qui
     par sa présence insistante au presbytère, renforce la mauvaise réputation du prêtre (Sulpice
     Mitonnet, p. 1098-2000 et p. 1124-5).
4   Voir à ce sujet l'explication proposée par Paul Ricœur pour justifier l'incapacité de
     l'athéisme moderne à expulser de son intériorité une douleur fondatrice qui ne peut plus
     être confiée à une transcendance anéantie : « ... la question se pose de l'actualité de la
     "plainte en tant que prière", à une époque comme la nôtre marquée par la sécularisation
     et la prédication nietzschéenne de la "mort de Dieu". L'homme souffrant d'aujourd'hui
     peut-il encore donner la forme d'une invocation à sa plainte ? L'*Urleiden* d'aujourd'hui ne
     consiste-t-il pas en ceci qu'il n'y a plus personne à qui se plaindre ? » (Paul Ricœur, « La
     plainte comme prière », in *Penser la Bible, op. cit.*, p. 302).

l'écho renvoyé par la puissance de la plainte doit inlassablement être écouté. Car la seule écriture qui puisse aujourd'hui se revendiquer de la lettre et de l'esprit psalmistes doit être capable, à la suite des psaumes bibliques, de porter en son sein une souffrance individuelle qui, résistant à toutes les explications humaines, est jetée comme un fardeau à la voix qui ne répond pas[1]. Herméneutique sauvage et affective du psautier, le *Journal d'un curé de campagne* concrétise la métamorphose de la prière personnelle de l'affligé antique en celle de l'affligé contemporain.

Psalmiste lourd du fardeau de son intériorité, le curé d'Ambricourt parvient-il à laisser Dieu transpercer la densité d'un chagrin intime pesant sur un corps fragile et maladif ? Les trois appels nocturnes relatés dans son journal peuvent renvoyer le lecteur à une vocation prophétique avortée, récriture ratée des trois appels divins du jeune Samuel. Car à la différence du jeune Samuel qui, guidé par le prêtre du temple, finit par comprendre et se soumettre à l'appel divin[2], le curé d'Ambricourt se lèvera deux fois de suite à trois heures du matin, à deux nuits d'intervalle, mais Dieu n'est jamais au rendez-vous[3]. « Ridicule histoire » en effet que ces levers nocturnes qui aboutissent à une église vide et une porte close. Accaparé par l'image qu'il a pu montrer de lui à un paroissien et par son obsession du ridicule, le petit prêtre ne possède pas la disponibilité transparente des prophètes bibliques qui, littéralement traversés, transpercés par Dieu, s'exhibent entièrement délestés de leur statut d'individu. Comment, en effet, cet écorché vif par les tribulations de l'immanence, qui utilise le langage comme instrument d'exhibition de son intériorité déchirée, parviendrait-il à se soumettre, corps et âme, au poids de Dieu qui, lui, utilise celui qu'il a choisi comme médiateur de sa Parole ? On retrouve ici l'opposition biblique, remise à l'honneur

---

1   Voir les dernières paroles du Christ qui constituent la reprise textuelle d'un verset du psaume 22 : « Mon Dieu, mon Dieu, pourquoi m'as-tu abandonné ? ».

2   Lire 1 S III, 1-14.

3   D'abord p. 1103 : « Mauvaise nuit. À trois heures du matin, j'ai pris ma lanterne et je suis allé jusqu'à l'église. […]. Je me suis endormi à mon banc, la tête entre mes mains et si profondément qu'à l'aube la pluie m'a réveillé. Elle passait à travers le vitrail brisé. En sortant du cimetière j'ai rencontré Arsène Miron, que je ne distinguais pas très bien, et qui m'a dit bonjour d'un ton goguenard. Je devais avoir un drôle d'air avec mes yeux encore gonflés de sommeil et ma soutane trempée. » ; ensuite p. 1104-05 : « Je ne sais pas ce qui s'est passé cette nuit, j'ai dû rêver. Vers trois heures du matin […] la porte du jardin s'est mise à battre, et si violemment que j'ai dû descendre. Je l'ai trouvée close, ce qui, d'une certaine manière, ne m'a pas autrement surpris, car j'étais sûr de l'avoir fermée la veille, ainsi que chaque soir, d'ailleurs. Vingt minutes plus tard environ, elle s'est mise encore à battre, plus violemment que la première fois (il faisait beaucoup de vent, une vraie tempête). C'est une ridicule histoire… »

par Northrop Frye, entre langages poétique et kérygmatique[1]. Car, au contraire du poète, l'essentielle authenticité du message du prophète n'est pas dans ce qu'il dit mais dans ce qui lui est dit[2].

Malgré ses propres dénégations[3] et les jugements de son entourage[4], le curé de Torcy s'affirme comme une authentique voix prophétique, de la Parole plutôt que de la vision ou de l'attitude corporelle énigmatique, qui prophétise sans en avoir l'air pour un destinataire ayant reconnu en ce maître faussement rustre l'homme capable de lui révéler la nature agonique de sa vocation[5]. Car Torcy fait retentir la parole du Christ, et à deux reprises s'efface pour mettre en scène le discours de l'homme-Dieu, non plus tel qu'il a été consigné dans le Nouveau Testament mais ainsi que sa sensibilité unique la reçoit, médiatrice originale de l'oracle transcendant. L'herméneutique prophétique s'accomplit quand, lors de cette première prosopopée, « Notre-Seigneur[6] interpelle Judas, parangon des riches de la terre et de tous ceux qui désirent s'enrichir, pour lui rappeler à travers une allusion à la prophétie de Daniel concernant Balthasar le fastueux, combien l'amoureux du gain pèse peu dans les balances de la justice divine[7]. Le prophète vétéro-testamentaire eschatologique Daniel

---

1   Northrop Frye emploie l'adjectif dans le sens de « prophétique ». Ainsi, « nous sommes proches du kerygmatique chaque fois que nous rencontrons l'affirmation, étonnamment fréquente dans les écrits contemporains, qu'il semble que ce soit le langage qui utilise l'homme, plutôt que l'homme qui utilise le langage » (Northrop Frye, *La Parole souveraine, op. cit.*, p. 137). L'intuition du critique canadien ne rejoint-elle pas ainsi la célèbre affirmation de Bernanos selon laquelle « ce n'est pas ma chanson qui est immortelle, mais ce que je chante » ?

2   FRYE, *ibid.*, p. 138.

3   « Tu me diras peut-être que je ne comprends rien aux mystiques. [...]. Moi, je n'ai pas de génie. Une supposition que l'Esprit-Saint me fasse signe un jour, je planterai là mon balai et mes torchons – tu penses ! – et j'irai faire un tour chez les séraphins pour y apprendre la musique, quitte à détonner un peu, au commencement. Mais tu me permettras de pouffer de rire au nez des gens qui chantent en chœur avant que le bon Dieu ait levé sa baguette ! » (JC, 1040).

4   « J'ai été voir hier le curé de Torcy. C'est un bon prêtre, très ponctuel, que je trouve ordinairement un peu terre à terre, un fils de paysans riches qui sait le prix de l'argent et m'en impose beaucoup par son expérience mondaine » (JC, 1036) ; voir aussi : « Il est certain aussi que Monsieur le Curé de Torcy passe auprès de certains pour assez lourd, presque vulgaire – ou, comme dit Madame la Comtesse – commun. » (JC, 1072).

5   « N'est-ce pas assez que Notre-Seigneur m'ait fait cette grâce de me révéler aujourd'hui, par la bouche de mon vieux maître, que rien ne m'arracherait à la place choisie pour moi de toute éternité, que j'étais prisonnier de la sainte agonie ? (JC, 1187).

6   C'est ainsi que Torcy désigne Jésus-Christ (voir JC, 1079).

7   Voir Dan. 5, 27 : Daniel prophétise en interprétant le message écrit sur la chaux du mur du palais royal de Balthazar, fils de Nabuchodonosor, par une main apparue après l'acte sacrilège de la cour buvant dans les vases d'or enlevés du temple de Jérusalem : « Tu as été pesé dans la balance et trouvé insuffisant. ». Le Christ de Torcy se souvient de la sentence

inspire un discours christique sauvage, parole surgie d'une intériorité
habitée par le mystère divin de la pauvreté humaine et qui se substitue
au Nouveau Testament pour annoncer la pérennité du pauvre dans les
siècles des siècles. Le Christ du curé de Torcy s'inscrit d'autant plus
dans la lignée du prophétisme vétéro-testamentaire que Daniel ne
suffit pas à son héritage. Ezéchiel est à son tour convoqué à travers la
reprise de l'épisode du signe sauveur apposé par Yahweh sur les justes
de Jérusalem[1] et mis par ce Christ iconoclaste sur le front des pauvres
pour les protéger de la haine des riches[2]. Le prophétisme romanesque
s'affirme comme l'héritier d'une tradition biblique complète qui, tout
en privilégiant le dernier des prophètes du Livre Saint, révèle la source
vétéro-testamentaire du don de prophétie. Ce processus de mise en
abyme prophétique établit donc une filiation symbolique qui relie les
oracles du Livre à ceux proférés par un prêtre fictionnel osant donner
la parole, dans son propre discours prophétique, à un Christ lui-même
prophète et herméneute de ses prédécesseurs oraculaires.

Aux antipodes du prophète docte et impérieux représenté par le
curé de Torcy, le curé de Fenouille actualise un versant plus tourmenté
du prophétisme biblique, non plus autoritaire et flamboyant mais
destructeur et dévasté. En effet, alors que les oracles délivrés par Torcy
surgissent dans une atmosphère de lucidité et de maîtrise intérieure, le
terrible sermon du prêtre de Fenouille apparaît comme une transe liée
à un état modifié de conscience. Oraculaire par ses paroles mais aussi
par des mouvements corporels à la fois énigmatiques et symboliques[3],
ce personnage fragile et balbutiant sème le désordre et la panique
dans l'assemblée des paroissiens venus entendre l'oraison funèbre
du petit vacher. Prophète bégayant et apocalyptique, il réactualise
l'intériorité tourmentée des prophètes bibliques les plus déchirés, tel
Jérémie, mais son attitude finale de crucifié agonisant[4] renvoie à un

---

qui devient : « La pauvreté pèse lourd dans les balances de mon Père céleste, et tous vos
trésors de fumée n'équilibreront pas les plateaux. » (JC, 1079).

1   Voir Ez. 9, 6.

2   « J'ai mis mon signe sur leur front, et vous n'osez plus les approcher qu'en rampant, vous
dévorez les brebis perdues, vous n'oserez plus jamais vous attaquer au troupeau. » (JC, 1080).

3   On relèvera la tension entre « le corps déjà incliné pour la fuite » et « les deux mains
maigres crispées à la table de communion ». (MO, 1488-89) précédée d'une mystérieuse
oscillation cervicale : « Il balance sa maigre tête à droite et à gauche, ainsi qu'un homme
ivre. » (MO, 1485).

4   « Il restait là, bouche ouverte, les bras tombants, la tête inclinée sur l'épaule et si stupide
que les enfants de l'école, entassés à la droite du chœur se poussaient du coude en riant. »
(MO, 1491).

autre modèle paradoxalement inimitable. Si donc ce prêtre se révèle à l'aune de l'Ancien Testament comme un prophète authentique par sa dureté verbale et son impopularité[1], il est à l'aune du message évangélique un martyr pour le témoignage de Dieu[2]. Incarnation du drame vécu par ses paroissiens, il synthétise fictionnellement la triple métaphore religieuse d'une identité sacrée entre la victime individuelle et ceux qui le rejettent : royale dans l'Ancien Testament (le roi et son peuple), anatomique dans le Nouveau Testament (le Christ est la tête dont nous sommes les membres) et dans la Tradition (l'Église est le corps du Christ). Métaphores non totalitaires mais décentralisées où le modèle de la fusion et de l'asservissement individuel n'est pas retenu, elles orientent la lecture vers l'expérience mystique de Paul dans la lettre aux Galates : vidé de son *ego* pour que seul le Christ vive en lui, pour que son être devienne avec et comme Jésus, non pas une partie de lui, mais un modèle à imiter et à accompagner[3]. Prophète du pire[4], ce prêtre est aussi visionnaire de ses sombres prédictions : « Il voyait, il touchait presque ces montagnes d'excréments, ces lacs de boue[5]. » La suspension brutale de ce portrait clérical iconoclaste[6] interrompt définitivement cette herméneutique fébrile du prophétisme biblique puisque le romancier s'empressera de faire disparaître cette figure hagarde et apocalyptique lors de sa reprise de *Monsieur Ouine* en avril 1936. Il faut dire que dans l'intervalle, les portraits croisés du prophète de Torcy et du psalmiste d'Ambricourt ont résolu, par un dédoublement identitaire, le problème de crédibilité posé par cette esquisse certes inspirée mais grosse de contradictions et d'invraisemblances.

---

1   Le curé de Fenouille illustre parfaitement la définition que donne Northrop Frye du vrai prophète qui doit être distingué de tous les faux prophètes contre lesquels l'Ancien et le Nouveau Testament mettent fréquemment en garde. (Voir par exemple Mc 13, 22) : « Le prophète du message authentique est l'homme du message impopulaire. » (Northrop Frye, *op. cit.*, p. 187).

2   Voir Matthieu 5, 12.

3   Voir Ga 2, 20.

4   Ce Cassandre clérical prédit successivement la pulvérisation de la paroisse (MO, 1486-87), l'avènement d'une liberté animale et autodestructrice (1487), la visite conditionnelle de Satan à son peuple, le péché accompli dans la solitude et clôture ses prédictions par un refus de bénir l'assemblée. Il se trouve que ces prophéties s'accompliront juste après au cimetière.

5   MO, 1488.

6   Elle coïncide avec l'interruption de la rédaction du roman en février-mars 1935 pour commencer le *Journal.*

« L'UN ET L'AUTRE TESTAMENT[1] »

Selon quelles modalités l'œuvre romanesque, au fil de ses métamorphoses, intègre-t-elle dans sa texture les deux Écritures de la transcendance ? Le constat de résonances scripturaires bibliques issues des deux
Livres s'affiche – certes inégalement mais obstinément – dans les huit
romans, marquant l'œuvre en son entier du sceau biblique. Il est entendu
qu'en ce domaine, l'Esprit transcende la Lettre et que le souffle de l'un
ou l'autre Testament peut envelopper avec davantage de puissance tel ou
tel roman pourtant pauvre en références textuelles du modèle pressenti.
L'étude des empreintes scripturaires vétéro et néo-testamentaires de
Sous le soleil de Satan à *Monsieur Ouine* révèle un puissant et implacable
mouvement de balancier oscillant entre appropriation et mise à distance
de la matière biblique[2], mais aussi la présence des deux Livres dans le
tissu romanesque[3].

L'existence de ces résonances scripturales doubles, qui parcourent
souterrainement les romans, révèle qu'au-delà des lectures restrictives et
des étiquetages séparateurs, l'œuvre romanesque assume – consciemment
ou non – l'influence des deux Livres, testaments complémentaires et
interdépendants de la fragile alliance entre l'homme et Dieu. Portant
les traces scripturales de cette double tradition du Livre Saint, la fiction
en répand aussi l'esprit duel, entre Yahvé des armées et le plus beau des
hommes, entre la Loi et la Grâce. L'exemple des crimes de sang systématiquement mis en perspective avec le miracle de la communion des
saints illustre puissamment la coexistence au sein de mêmes romans, et
du premier au dernier, entre atmosphère vétéro et néo-testamentaire[4].

---

1   L'expression est reprise au titre de l'ouvrage en deux volumes de Paul Beauchamp *L'Un
et l'autre Testament*, Paris, Éditions du Seuil, 1977 et 1990.

2   Un seul coup d'œil sur le tableau des concordances établi par Martine Hiebel suffit pour
visualiser le contraste citationnel quantitatif constaté entre des textes romanesques qui
se suivent dans l'ordre de création : c'est ainsi que les trois maigres « références berna-
nosiennes » consignées dans les 56 pages de « Histoire de Mouchette » font place aux
47 références décelées dans les 116 pages de « La Tentation du désespoir » (soit de 5 à
40 %). Pour une vue d'ensemble de ce contraste, se reporter à notre annexe 16 : « Part
des références bibliques dans les huit romans. »

3   Martine Hiebel remarque au sujet de cette double résonance biblique pour une seule
référence romanesque que « le chrétien Bernanos est même en mesure de restituer dans
leur continuité, par l'attention et par l'imaginaire qui lui sont propres, des pans entiers,
voire des liens internes, de l'Ancien Testament et du Nouveau, trop longtemps morcelés
par l'Église catholique pour les besoins du magistère. » (Martine Hiebel, *op. cit.*, p. 92).

4   Alors que Mouchette la meurtrière est prise en charge par Donissan, l'acte sanglant
de Fiodor est pleinement assumé par Chantal ; l'atroce agonie du jeune prêtre inconnu

L'intertextualité biblique dévoile sa richesse dans la capacité romanesque d'assumer et d'intégrer la totalité du numineux[1] biblique à travers un renouvellement spatio-temporel du double décor tendu par les toiles du péché et de la sainteté. L'herméneutique biblique romanesque se déploie ici sur le mode de l'actualisation sauvage et symbiotique. Il s'agit sans cesse d'entremêler ou de faire alterner les deux modes d'apparition de ce numineux biblique, entre ancienne et nouvelle Alliance, par le détour de figures qui fictionalisent la tension entre une logique éthique de réciprocité rétributive et la logique christique de l'amour gratuit surabondant.

Tel l'Esprit, les deux Testaments soufflent où ils veulent, balayant sans préméditation les zones romanesques parfois les plus improbables. Le vieux curé de Lumbres, personnage premier surgi de la création romanesque, superpose ainsi dans son épaisseur fictionnelle, dès le premier chapitre, les deux attitudes bibliques : le fatalisme désabusé de Qohelet[2] et l'amertume interrogative du juste Job inexplicablement frappé[3] aux deux premières tentations présentées par le Satan de Matthieu et Luc à Jésus affamé[4]. Cet hébraïsme christique se prolonge à travers la figure de Donissan dans « La Tentation du désespoir », mixte de Jacob et de Jésus dans son affrontement avec l'ange déchu[5], le même à emboîter le pas à l'héritier du père adoptif de Jésus[6] et à offrir sur l'autel du sacri-

---

donne un sens au suicide absurde d'Evangéline et le viol subi par Mouchette meurtrit sans l'anéantir un amour secret capable de tous les pardons. Quant au meurtre anonyme du petit vacher, il est assumé par le double suicide des amants innocents.

1   Le terme est repris à Rudolf Otto, qui désigne ainsi le religieux échappant au rationnel et à la rationalisation (voir *Le Sacré. L'élément non rationnel dans l'idée du divin et sa relation avec le rationnel*, traduction française par André Junat revue par l'auteur d'après la dix-huitième édition allemande, Paris, Éditions Payot, 1949).

2   « Qu'apprendrait-il de nouveau ce vieux prêtre ? Il a vécu mille vies, toutes pareilles. Il ne s'étonnera plus ; il peut mourir. Il y a des morales toutes neuves, mais on ne renouvellera pas le péché. » (S, 235).

3   « À cette minute, une des plus tragiques de sa vie, il se sent pressé de toutes parts, tout est remis en question. (S, 235-6). Philippe Le Touzé a étudié et fortement souligné dans son ouvrage *Le Mystère du réel*, tout ce que *Sous le Soleil de Satan* doit au *Livre de Job*.

4   Il est intéressant de noter que le passage pouvant renvoyer à la deuxième tentation, « ce délire de la connaissance qui perdit la mère des hommes, droite et pensive, au seuil du Bien et du Mal » (S, 238), renvoie d'abord explicitement à l'Ève génésique, première figure biblique à éprouver le vertige de la tentation. La paraphrase néo-testamentaire recèle donc en son sein un puissant référent vétéro-testamentaire.

5   Voir les deux épisodes bibliques du combat de Jacob avec l'homme mystérieux (Gen 32, 25-33) et du dialogue entre Jésus et Satan au désert (Mt 4, 1-11 ; Mc 1,12-13 ; Lc 4, 1-13).

6   « Était-ce possible, était-ce possible qu'à travers la foule humaine, mêlé aux plus grossiers, témoin de tant de vices que sa simplicité ne jugeait point, était-ce possible que cet ami de Dieu, ce pauvre entre les pauvres, se fût gardé dans la droiture et dans l'enfance, qu'il suscitât l'image d'un autre artisan, non moins obscur, non moins méconnu, le charpentier

fice le cadavre ensanglanté d'une jeune fille immolée[1]. Cette ultime offrande, sévèrement jugée par la hiérarchie catholique institutionnelle comme relevant des « excès (…) d'un autre âge, [qui] ne se qualifient point[2] » n'annonce-t-elle pas l'offrande faite par la comtesse du *Journal* du médaillon-relique au feu destructeur, sévèrement jugée par le curé de Torcy ?

> Forcer une mère à jeter au feu le seul souvenir qu'elle garde d'un enfant mort, cela ressemble à une histoire juive, c'est de l'Ancien Testament (JC, 1188).

C'est pourtant ce geste vétéro-testamentaire qui déleste la mère révoltée de sa haine et de son désespoir. *Journal d'un curé de campagne*, dix ans après *Sous le soleil de Satan*, conserve encore, malgré l'importance croissante des références christiques et la disparition du leitmotiv vétéro-testamentaire du crime de sang, les traces d'une fascination puissante pour les écrits de l'Ancienne Alliance. Le lecteur retrouve donc à la fois la Lettre et l'Esprit des deux Écritures dans les romans qui permettent la rencontre voire la réunion de l'Ancien et du Nouveau Testament dans le même tissu textuel.

L'intertextualité biblique telle qu'elle se révèle au fil des métamorphoses de l'œuvre romanesque ne peut être réduite à une imitation partielle, ponctuelle et fluctuante des deux Écritures. Même si le romancier partage avec le théologien l'acte double d'une herméneutique de la lecture suivie de son réinvestissement écrit, ces deux restitutions n'ont pour principale similitude que « la communauté topique[3] » de leurs auteurs respectifs

---

villageois, gardien de la reine des anges, le juste qui vit le Rédempteur face à face, et dont la main ne trembla point sur la varlope et le rabot, soucieux de contenter la clientèle et de gagner honnêtement son salaire ? » (S, 189)

1   Voir S, 231-232.

2   Voir la lettre de Monseigneur au chanoine Gerbier, p. 232. Remarquons ici le traitement ironique du mépris condescendant exprimé par l'évêque de Donissan au sujet des pratiques religieuses primitives décrites dans l'Ancien Testament. À travers l'offrande de Donissan, le romancier met en scène un prêtre qui assume l'héritage numineux vétéro-testamentaire, en rupture avec la voix catholique institutionnelle, horrifiée par le souvenir des holocaustes primitifs.

3   L'expression est reprise à Antoine Compagnon (*La seconde main ou le travail de la citation, op. cit.*, p. 188) qui l'emploie pour désigner la communauté de position supposée par le discours théologal entre le Christ et le théologien face à l'Écriture, similitude habilitant ce dernier à répéter le discours du premier. Ce rapprochement initié par Origène semble d'ailleurs un peu forcé quand on observe que l'herméneutique de la Torah pratiquée par Jésus est exclusivement orale alors que celle du théologien, sur les traces des évangélistes et de l'apôtre Paul, est écrite. Jésus n'a jamais rien écrit, abstention scripturale le distinguant de tous ses herméneutes qui, en fixant par l'écriture l'oralité christique, transposent dans

face aux deux Testaments. J'ignore si cette identité situationnelle peut engendrer chez le romancier un parti pris réceptif identique à celui du théologien ; et cette ignorance est liée au fait que, contrairement à l'herméneutique biblique théologique, dont la finalité est l'explicitation de sa méthode de lecture, l'herméneutique biblique romanesque ne fournit aucune clé de son mode d'appropriation des textes sacrés. Alors que le théologien ne cesse d'expliquer comment la Bible peut et doit être lue, le romancier de la transcendance intègre mystérieusement sa lecture biblique dans un univers fictif où le discours herméneutique biblique peut être pris occasionnellement en charge par quelques personnages proches des Écritures ou disparaître totalement du paysage fictionnel pour resurgir masqué au détour d'un commentaire narratorial ou d'un indice enfoui dans une attitude, une parole énigmatiques. Étrangère à toute logique didactique, l'écriture romanesque fonde ainsi l'originalité de sa restitution scripturaire sur un substrat imaginatif, porteur de nouveautés dans l'expression comme dans le contenu[1]. Il ne s'agit alors plus de chercher à épouser les paroles du Christ mais de créer un univers ultérieur et parallèle à l'univers biblique où peuvent évoluer des personnages en quête d'imitation christique mais aussi des personnages qui rejettent cette imitation ou ignorent même sa possibilité.

Évaluée à l'aune de son intertextualité biblique, la tentative romanesque s'apparente ainsi davantage à un prolongement sauvage des deux premiers Testaments – dont elle assume cependant sans ambiguïté les deux héritages – qu'à une double répétition actualisée des Écritures. En effet, à la différence du discours théologal dont l'objet exclusif est la Sainte Écriture, le discours romanesque met d'abord en valeur l'expérience humaine intérieure et non langagière de la transcendance. Il ne s'agit donc pas d'écrire en fonction de la Bible mais au sujet des âmes pleines ou vides de Dieu. Les métamorphoses de l'écriture romanesque ne s'articulent pas sur la transition scripturaire entre figures vétéro et néo-testamentaires mais sur l'abandon du personnage du prêtre pour celui de la jeune fille. Herméneutique créatrice et prophétique de l'Écriture Sainte, l'œuvre romanesque constituerait ainsi un témoignage moderne de la pérennité à travers les âges de l'obsession de la relation à Dieu,

---

une autre dimension ce qu'ils prétendent fidèlement imiter. Le romancier Bernanos, en choisissant de représenter la parole du Christ à travers la prosopopée du curé de Torcy est ainsi paradoxalement plus fidèle à cette oralité constitutive de l'homme-Dieu que le théologien à travers son commentaire.

1   Telle est la liberté de la littérature, qu'elle n'est pas soumise comme la théologie au précepte ecclésial : « Non nova, sed nove » (voir Antoine Compagnon, *ibid.*, p. 215).

une bribe isolée et encore méconnue d'un troisième Testament à venir qui réunirait les textes les plus inspirés de ceux qui dans le sillage des prophètes bibliques, ont avalé la parole divine[1]. Mais si la parole n'a pas varié, celui qui la reçoit doit la restituer par un truchement accessible à ses contemporains. Le genre romanesque peut-il prétendre à une part de succession des témoignages bibliques de la Vérité ? Il nous semble que la puissance de cette œuvre romanesque réside dans son dépassement réussi du conflit entre religion et littérature[2]. En effet, sa spécificité réside moins dans cette intertextualité biblique, partagée avec de nombreuses œuvres romanesques occidentales, que dans sa capacité à intégrer le religieux au littéraire sans sacrifier aucun des deux pôles à l'autre. Car l'intégrité des deux notions semble préservée, celle de la littérature à travers la liberté romanesque de la mise en intrigue de la problématique religieuse et celle de la religion à travers la ferveur mystique de l'écriture fictionnelle comme rempart à tout réductionnisme théologique ou spirituel. Roman théologique ou théologie romanesque, l'œuvre de Bernanos s'inscrit ainsi dans le sillage de l'écriture biblique, proposant un état des lieux actualisé du devenir de la relation d'alliance entre l'homme et Dieu. S'il est une herméneutique du roman de Bernanos, elle porte sur le temps présent ; et c'est à ce prix qu'elle devient un Nouveau Testament.

Si donc l'œuvre romanesque possède l'étoffe littéraire et théologique des textes bibliques[3], à un degré tel qu'elle serait susceptible d'être intégrée dans un ensemble plus vaste, une suite aux deux Écritures, un troisième Testament, elle doit être capable de supporter l'herméneutique biblique chrétienne traditionnelle qui lit dans le Nouveau Testament l'esprit de la lettre vétéro-testamentaire. Car s'il s'avère que le Christ est l'Esprit de la Lettre vétéro-testamentaire tout comme l'Église Celui de

---

1   « [...] La Bible ressemble plus à une petite bibliothèque qu'à un vrai livre : on dirait presque qu'on en est venu à la considérer comme un livre uniquement parce qu'elle est renfermée par commodité dans une seule couverture. En réalité, ce que signifie primordialement le mot "Bible", c'est *ta biblia*, les petits livres. » (Northrop Frye, *Le Grand Code. La Bible et la littérature*, traduit de l'anglais par Catherine Malamoud, Paris, Éditions du Seuil, 1984, p. 24-25).

2   Northrop Frye a développé les modalités et les enjeux de ce conflit dans le second volume du travail consacré à l'influence de la Bible sur l'imagination créatrice littéraire occidentale (*La Parole souveraine*, traduit de l'anglais par Catherine Malamoud, Paris, Éditions du Seuil, 1994, p. 9-17).

3   Cette hypothèse heurtera le théologien fondamentaliste pour qui la Bible reste l'œuvre de l'Histoire et de la doctrine, étrangère à toute littérature, mais l'Église institutionnelle reconnaît aujourd'hui le caractère éminemment littéraire des Écritures, déplaçant le véritable fondement de la religion dans les commentaires doctrinaux de la tradition de l'Église (voir encore Northrop Frye, *ibid.*, p. 11).

la Lettre néo-testamentaire, l'humanité livrée à elle-même, dessaisie de Dieu, du Christ et de l'Église, n'est-elle pas l'Esprit de la Lettre romanesque, représentée par Mouchette l'humiliée, héritière iconoclaste de Jésus-Christ, lui-même singulier successeur de Moïse et d'Elie ? Il semble en effet à la fois possible et fécond d'appréhender les métamorphoses de l'œuvre romanesque dans la perspective de l'herméneutique biblique chrétienne qui ne cesse de travailler à l'interface testamentaire pour mettre en valeur la dualité complémentaire des deux Écritures, dans leurs caractères prophétique et eschatologique. L'Ancien Testament se clôturait sur les imprécations et louanges du prophète Malachie annonçant la venue d'Élie, Lettre dont l'Esprit interprète l'avènement de l'ère messianique. Les Évangiles s'achèvent sur la crucifixion de l'homme-Jésus puis sa résurrection en Christ, Lettre dont l'Esprit comprend la disparition de l'Église temporelle au profit de l'Église invisible des saints. L'œuvre romanesque se clôt sur deux morts antithétiques, le suicide de Mouchette et l'agonie de *Monsieur Ouine*, Lettre dont l'Esprit comprend le mystère absolu lié au destin d'une humanité dessaisie de Dieu. L'œuvre romanesque s'inscrirait ainsi comme la contribution particulière et singulière d'un psalmiste-prophète-évangéliste moderne au prolongement historique, littéraire et mystique des deux Écritures. La puissance polymorphe de l'écriture romanesque lui permet de recouvrir les genres bibliques du psaume, de la prophétie et du Témoignage pour dévoiler à la contemporanéité les tribulations et les métamorphoses de l'alliance entre immanence et transcendance.

Les écrits des prophètes, relayés par l'Apocalypse de Saint Jean, prédisent clairement l'inéluctable séparation qui prévaudra au jugement dernier entre les « heureux qui lavent leurs robes, afin d'avoir droit à l'arbre de la vie » et « les chiens, les magiciens, les impudiques, les meurtriers, les idolâtres, et quiconque aime le mensonge et s'y adonne[1] ». Les romans de Bernanos, à travers leurs mises en intrigue d'agonies énigmatiques, ne cessent de retravailler ce *topos* biblique en adjoignant à la polarité antinomique des « heureux » et des « chiens » la figure moderne de la victime ignorant tout de Dieu et du salut qu'il propose[2]

---

1   Ap. 22, 14-15.
2   Telle est la tragédie de la nouvelle Mouchette qui, au contraire de sa grande sœur du *Soleil de Satan*, n'a jamais trouvé sur sa route un prêtre inspiré pour lui révéler le nom de Dieu : « Tournant le dos à la mare, elle leva les yeux vers le paysage familier avec le vague souhait d'y trouver une défense, un appui. Et déjà, elle laissait reposer son regard sur la route qui, contournant le bois, plonge brusquement dans la vallée, suspendue entre ciel et terre. [...] À mesure que s'avançait le promeneur (la courbe du chemin le rapprochant

ou de l'agonisant incapable de sortir de soi à l'instant ultime[1]. Si la nouvelle Mouchette et Monsieur Ouine ne peuvent être intégrés à la typologie apocalyptique des damnés et des justes, c'est parce qu'ils se situent dans un univers où le dilemme entre la robe lavée et l'abandon au mensonge n'a plus cours, où haine et amour de Dieu sont devenus des non-sens. L'apocalypse de l'œuvre romanesque met en scène non pas une révélation porteuse de la signification ultime comme dans le texte de Jean, mais une énigme sans réponse : que deviennent Mouchette, la victime à la robe boueuse, et Ouine, le menteur assoiffé de pureté ? Les ultimes protagonistes de ce Testament romanesque révèlent ainsi la prégnance de l'herméneutique sauvage pratiquée par le romancier sur les textes-sources. À l'eschatologie biblique duelle du salut et de la damnation, l'écriture superpose la perspective moderne d'une humanité post-biblique dessaisie de l'idée même de Dieu, livrée à la complexité de ses contradictions et déchirements.

---

d'elle), le cœur de Mouchette battait à se rompre ainsi que celui du joueur qui épie entre les doigts du donneur la carte qui va décider de sa vie. [...] Elle eût voulu crier, appeler, courir au-devant de ce grotesque sauveur. Mais il s'éloigna de son pas pesant, [...] » (NHM, 1344).

1 Monsieur Ouine a compris que sa mort se situait au delà du jugement biblique, dans l'espace moderne de l'anéantissement de soi en soi : « Je suis précisément tombé là où aucun jugement ne peut m'atteindre. Je rentre en moi-même pour toujours, (...). » (MO, 1560)

POUR UNE MYSTIQUE ROMANESQUE

> J'ai toujours mis dans mes écrits toute
> ma vie et toute ma personne. J'ignore ce
> que peuvent être des problèmes purement
> intellectuels[1].

L'œuvre romanesque de Bernanos échappe à l'imitation impuissante et désespérée de la source biblique conçue comme seule écriture officielle de la transcendance car elle ne nourrit pas une relation fétichiste au Livre. Mais l'herméneutique romanesque de la notion de transcendance n'est pas seulement récriture plus ou moins déformée de la Bible, elle s'exerce aussi sur des supports textuels moins prestigieux, tels les écrits mystiques, eux-mêmes herméneutes du Livre mais aussi d'une transcendance extra-textuelle, liée à une expérience intérieure extatique. L'écriture romanesque de la transcendance se révèle donc nourrie d'intertextualités biblique et mystique, mais aussi de l'itinéraire spirituel unique de son auteur, expérimentateur d'une transcendance non-textuelle éprouvée dans sa chair de chrétien réceptif à un mystérieux et douloureux appel. Cette écriture fictionnelle n'est pas uniquement le fruit littérarisé d'une expérience livresque – biblique et mystique – de la transcendance mais aussi l'aboutissement mis en littérature d'un itinéraire spirituel dont la source n'est pas langagière et dont l'horizon coïncide avec le silence et l'anéantissement. Il faut mettre en valeur la richesse d'une intériorité créatrice qui, au-delà des conditionnements et des héritages, possède la faculté – la grâce – de faire surgir un univers mystique singulier et irréductible à toute influence supposée et avérée, où la puissance d'un imaginaire déborde la soumission hébétée à l'Écriture.

---

1   Friedrich Nietzsche, *La Volonté de puissance* ; traduit de l'allemand par Geneviève Bianquis, tome II, III, 3, § 312, Paris, Gallimard, 1995, p. 123.

CONTAGION

MYSTIQUE DU ROMANCIER

Quand Bernanos commence à écrire « Le saint de Lumbres » dès 1918, la mystique catholique connaît un renouveau qui se situe dans l'exact prolongement des apparitions mariales de La Salette (1846) et Lourdes (1858), où révélations privées et messages apocalyptiques ont mobilisé une puissante réaction de l'apologétique chrétienne à l'incrédulité montante et à l'esprit anticlérical[1]. Ce sursaut trouve aussi sa motivation dans la nécessité de maintenir vivace une tradition fervente mais marginale, menacée au sein même de l'Église par les partisans d'un strict holisme religieux, ainsi qu'à l'extérieur par un certain modernisme scientiste et philosophique[2] lié à ce renouveau des études mystiques. La correspondance du romancier à cette époque délivre un écho assourdi mais réel[3] des débats qui divisaient les microcosmes intellectuels catholique

1   Dans son ouvrage *L'Université devant la mystique*, Émile Poulat cite la naissance de trois revues spécialisées que Bernanos connaissait : *Études carmélitaines* (1911), *La Vie spirituelle* (1919) et *Revue d'ascétique et de mystique* (1920). Il évoque également l'ouvrage du père jésuite Poulain, *Des grâces d'oraison* (1901), étude psychologique descriptive des mystiques modernes. Si l'on en croit Monique Gosselin, Bernanos était lui-même abonné à *La Vie spirituelle* (*op. cit.*, p. 79, note 25). Moins doctement, un écrivain comme Léon Bloy participe à cette réaction : « Le langage moderne, ce Bas-Empire de notre décadence intellectuelle, a trouvé le moyen de faire du mot de "mysticisme" une injure. À le croire, ce mot qui exprime l'état le plus haut de l'âme, escortée de toutes ses puissances, quand elle gravite magnifiquement vers son centre, dans les splendeurs sidérales de l'inspiration : ce mot signifierait la béate et immobile stupidité d'une contemplation imbécile. En réalité, le mysticisme est l'activité suprême et les Mystiques sont les vrais clairvoyants de l'humanité. » (Léon Bloy, *Œuvres*, textes présentés, établis et annotés par Joseph Bollery et Jacques Petit, Paris, Éditions Mercure de France, 1962-1975, volume II, p. 157.)
2   Émile Bréhier synthétise la portée de l'encyclique *Pascendi* du pape Pie X qui, dès 1907, condamne ce modernisme à deux visages : « la philosophie moderniste a sa racine selon cette encyclique, dans l'agnosticisme qui interdit à l'intelligence humaine de s'élever jusqu'à Dieu, et dans l'immanentisme, qui rattache le fait religieux au besoin vital, et voit la vérité d'un dogme non pas dans ce qu'il exprime de la réalité divine mais dans l'efficacité vitale qu'il a pour produire le sentiment religieux. » (Émile Bréhier, *Histoire de la philosophie. III*. XIXe-XXe siècles (1964), sixième édition revue et mise à jour par Lucien Jerphagnon et Pierre-Maxime Schuhl, Paris, Presses universitaires de France, 1994, p. 328).
3   L'intérêt manifesté par Bernanos au sujet de la mystique doit-il être exclusivement rattaché au contexte historique (renouveau des études mystiques, effet de mode…) ou puise-t-il son dynamisme dans des expériences personnelles ? Une piste de réponse peut être esquissée à partir de cette réflexion de Daniel Rops : « Entendue dans ce sens large, qui est le plus véritable, l'expérience mystique n'a rien qui, en essence, la différencie de l'aventure spirituelle de tout chrétien. [...]. Le chrétien ordinaire est un mystique qui

et universitaire au sujet de la mystique. C'est ainsi que dans les lettres à Dom Besse surgissent inopinément et à deux reprises deux allusions croisées à William James et Henri Bergson[1]. Le choix de réunir « James et Bergson », les spécialistes de la mystique – chacun dans leur discipline – comme emblèmes de sa « méfiance » envers « l'intellectualisme » et le « jansénisme cartésien[2] », semble révéler un même refus de voir reliées métaphysique et mystique[3] ou psychologie et mystique. Décelant chez le philosophe et le scientifique « plus de curiosité que d'amour », le verdict du chrétien tombe comme un couperet :

> Aucun ne se donne tout entier. Il le faudrait pourtant. Il faut s'ouvrir à la Vérité de haut en bas[4].

Accusés de schizophrénie méthodologique, James et Bergson représentent pour Bernanos l'aboutissement agnostique fatal auquel parviennent tous ceux qui, tentés par le grand saut mystique, refusent néanmoins de renoncer aux sécurités de la raison conceptuelle ou scientifique. Les sciences psychologique et philosophique détourneraient par essence l'esprit de la contemplation en cherchant à s'emparer de son objet par l'observation ou le raisonnement alors que la mystique se rendrait disponible pour être saisie par lui.

Si l'on a pu opposer le « panmysticisme » catholique de l'abbé Bremond à l'« oligomysticisme » idéaliste de son contemporain laïc Henri Bergson[5], l'herméneutique qu'a pu pratiquer Bernanos au sujet de la mystique s'avère malaisée à élucider. Lecteur énervé de Bremond,

---

s'ignore. Le mystique est un chrétien qui ne s'ignore pas. » (*Mystiques de France*, Paris, Éditions Corrêa, 1941, p. 14). Plus concrètement, la correspondance de Bernanos laisse échapper des bribes de confidence écrite : « (…) je me sens terriblement dans la main de Dieu. Va-t-il serrer ?… » (Corr. III, p. 238) ; juste avant sa mort, il confiera oralement à son ami Albert Béguin au sujet de son projet de *Vie de Jésus* : « Je vais pouvoir l'écrire maintenant que j'ai accepté d'être complètement dévoré. » (Albert Béguin, « Mort de Georges Bernanos », *Esprit*, août 1948, p. 219).

1 Corr. I, lettres 67 p. 144 et 84 p. 171.

2 *Ibid.*, p. 171.

3 Telle fut bien l'ambition de Bergson selon les témoignages de Jacques Maritain et Jacques Chevalier citant les propos du philosophe : « Les philosophes feraient bien de devenir un peu plus mystiques, et les mystiques un peu plus philosophes. » (Bergson in Jacques Maritain, *De Bergson à Thomas d'Aquin*, Paris, Éditions Hartmann, 1847, p. 62) ; « Je tente d'introduire la mystique en philosophie comme procédé de recherche philosophique. » (Bergson in Jacques Chevalier, *Entretiens avec Bergson*, Paris, Éditions Plon, 1959, p. 154).

4 Corr. I, p. 171.

5 Voir Émile Poulat, L'Université devant la Mystique. Expérience du Dieu sans mode. Transcendance du Dieu d'Amour, Paris, Éditions Salvator, 1999.

dont la méthode historique lui semblait inadéquate et les commentaires stylés exaspérants, Bernanos ne semblait pas apprécier davantage la lecture de Bergson[1]. Alors que Bremond présente la carrière mystique ouverte à tout individu de bonne volonté[2] – sous réserve de soumission au dogme catholique – l'indifférence de Bergson envers l'appartenance religieuse ou confessionnelle est contrebalancée par son culte du « sur-mystique » qui réserve l'expérience suprême à une poignée de mystérieux élus[3]. Les clauses restrictives de ces deux herméneutiques à première vue antinomiques n'auraient-elles pas heurté la sensibilité apophatique du romancier, pour qui le mystère mystique est obstacle essentiel à toute spéculation conceptuelle ? Toujours est-il que les mystiques fictionnels de ses huit romans évoluent à distance de ces deux écueils oxymoriques de générosité élitiste et d'ouverture sélective. Car de même qu'en ces lieux fictionnels la voie mystique n'est pas réservée au catholique pratiquant (les deux Mouchette), elle n'est pas davantage la chasse gardée de vies exceptionnelles (Chevance, Chantal, Fenouille, Ambricourt). Il semble bien ainsi que le romancier ne se satisfasse ni de la mystique tradition-nelle chrétienne où l'Église seule permet de vivre la transcendance au quotidien de manière à la fois collective et uniformisée, ni de la mystique moderne de haut vol où un individu hors du commun vit une expérience unique. Au-delà du Dieu visible et accessible du panmysticisme, au-delà du Dieu caché de l'oligomysticisme, le Dieu des romans de Bernanos ouvre la voie apophatique du mystère mystique revendiqué et préservé.

En 1936, le pamphlétaire des *Grands cimetières sous la lune* revendique une totale ignorance en matière de littérature mystique religieuse :

> Heureusement la grossièreté de mon humeur m'interdit naturellement des lectures pour moi démesurées. S'il existait un dictionnaire de mystique – il

---

1　C'est du moins ce que sa correspondance laisse supposer, au vu des deux seules allusions laconiques concernant le philosophe et adressées au même destinataire, le bénédictin et ancien maître des novices à Ligugé, Dom Besse. Respectivement datées de 1918 et de 1920, ces deux piques doivent être resituées dans leur contexte d'écriture. En effet la critique de Bergson ne pouvait que réjouir le bénédictin, ancien titulaire de la chaire du Syllabus à l'Institut d'Action française et auquel Bernanos devait la pointe de sa première formation intellectuelle et spirituelle.

2　« Au lieu de mettre les mystiques hors de l'humanité, nous serions tentés plutôt d'ouvrir la carrière mystique à l'humanité entière. » (Henri Bremond, *Prière et poésie*, Paris, Éditions Grasset, 1926, p. 90)

3　Fasciné par le haut mysticisme et son élitisme, la religion personnelle de Bergson distingue Socrate et Jésus de la masse humaine, indifférente à leurs ancrages religieux respectifs (*Les deux sources de la morale et de la religion*, Paris, Presses Universitaires de France, 1932, p. 67).

existe peut-être en somme – je me garderais de l'ouvrir, (comme je me garde d'ouvrir les dictionnaires de médecine ou d'archéologie, car je respecte trop la petite part de savoir que je possède, qui m'a coûté tant de peine à acquérir, pour y introduire des éléments douteux). De toutes les amphibologies, le coq-à-l'âne sublime me paraît le plus ridicule. À quoi bon risquer de se casser le nez en cherchant sur les cimes des évidences qui sont à portée de la main[1].

C'est ainsi qu'il accentue ironiquement sa distance d'avec un Paul Claudel habitué à puiser ses vers « dans *La Revue thomiste* » et spécialiste en « vulgarisation poétique de saint Jean de la Croix[2] ». L'agnostique auquel il cède la parole quelques pages plus loin pour un sermon imaginaire pratique avec assurance une herméneutique théologique de la pensée de sainte Thérèse de Lisieux[3] et ose résumer le message de saint François à travers une prosopopée enflammée[4]. Si les vers mystiques des émules du poète converti l'« ont dégoûté sinon de la mystique, du moins de M. Paul Claudel, car il n'est rien qu'un naïf et fervent plagiat pour faire apparaître qu'un prodigieux don verbal ne va jamais sans quelque niaiserie foncière », « la grossièreté de [son] humeur[5] » serait plutôt la cause déterminante de cette interdiction d'accès. Bernanos interdit de lectures mystiques car trop mal dégrossi pour chercher Dieu sur les cimes ? Heureuse balourdise, à l'en croire, puisque la transcendance chrétienne présente « des évidences qui sont à portée de la main[6] ». Le malheur des lectures démesurées résiderait ainsi dans leur inutilité foncière, le secret de la mystique chrétienne étant déjà déposé dans l'environnement proche de chaque être, hors de toute spéculation livresque.

Comment interpréter ce paradoxe textuellement exhibé d'un fier aveu d'ignorance suivi d'une herméneutique serrée, alors même que la critique des sources n'hésite pas à répertorier les lectures mystiques de l'écrivain en se fondant sur les références et allusions de l'œuvre[7] ? Cet

---

1 GCSL, 507-508.
2 *Ibid.*, p. 507
3 « En parlant ainsi je ne crois pas trahir la pensée de sainte Thérèse de Lisieux. Je l'interprète seulement. J'essaie de l'utiliser humainement, au règlement des affaires de ce monde. Elle a prêché l'esprit d'enfance. L'esprit d'enfance peut le bien et le mal. Ce n'est pas un esprit d'acceptation de l'injustice. N'en faites pas un esprit de révolte. Il vous balaierait du monde. » (*Ibid.* p. 518).
4 *Ibid.*, p. 519-20.
5 GCSL, p. 507.
6 *Ibid.*, p. 508.
7 Monique Gosselin a étudié de manière détaillée « les références aux mystiques » dans l'œuvre romanesque (*op. cit.*, p. 417-432), n'hésitant pas à citer Maître Eckart, Ruysbroeck, Madame Jourdain, sainte Thérèse de Lisieux, Armelle Nicolas et Jean de la Croix.

aveu de non lecture s'accompagne d'un exemple précis, celui du « dictionnaire de mystique », ouvrage encyclopédique et exhaustif rédigé par un spécialiste en la matière. Les grands mystiques chrétiens ne sont pas des encyclopédistes et même si les plus éminents d'entre eux sont élevés au prestigieux rang de Docteur de l'Église, leurs écrits s'appliquent à retracer un itinéraire personnel exceptionnel, pour l'édification spirituelle de leurs lecteurs. Si Bernanos se garde bien d'ouvrir un tel dictionnaire, ne serait-ce pas alors parce que l'objectivité exigée par ce genre d'ouvrage l'éloigne dangereusement de l'authentique et rare subjectivité mystique ? L'encyclopédiste de la mystique, à défaut de vivre les états qu'il recense, n'a pas d'autre issue que leur description répertoriée. L'encyclopédisme du savant de la mystique ne signe-t-il d'ailleurs pas l'aveu en creux de son absence de tout vécu mystique ? De même que les mystiques n'écrivent pas de dictionnaire, les encyclopédistes de la vie mystique n'éprouvent pas la présence cachée de Dieu. Dix années déjà avant *Les grands cimetières sous la lune*, soit en 1926, Bernanos ne s'était pas gêné pour cibler avec précision le type d'encyclopédiste exécré :

> À vrai dire, je ne méprise pas moins l'incrédule satisfait ou le prêtre érudit capable de raisonner sur l'amour de Dieu, en vingt volumes, avec un sang-froid de collectionneur d'espèces rares. Parlons mieux : je méprise l'un, je hais l'autre de tout le poids de ma forte vie. (Lettre à Frédéric Lefèvre, EEC I, p. 1054).

Comme l'abbé Bremond peut-être[1], ou l'abbé Cénabre avant sa crise mystique, les raisonneurs sur l'amour de Dieu en vingt volumes sont condamnés à épuiser leurs forces vives dans la périphérie des brûlures mystiques. Si le prêtre érudit collectionneur d'espèces rares est haïssable, c'est d'abord parce qu'il croit s'approcher d'une réalité qui lui échappe fatalement, d'autant plus inaccessible qu'il la recherche sans jamais

---

1   Dans une note consacrée à « Bernanos et Bremond », *Études bernanosiennes* 15, p. 124-130), Joseph Jurt souligne que « déjà en 1926 Paul Souday avait cru voir dans certains propos de la lettre de Bernanos à Frédéric Lefèvre des allusions à l'abbé Henri Bremond » (p. 124). S'appuyant sur un témoignage de Daniel Pézeril concernant l'exaspération de Bernanos à la lecture du « style exquis » de Bremond, de « ses ironies incessantes, surtout cette manière de se détacher de son sujet, de ne pas vouloir paraître compromis avec ses héros » (cité par Jurt, p. 124 ; pour la référence de la citation voir sa note 2 p. 129), Jurt estime prudemment « possible sinon sûr que Bernanos ait visé par les propos cités l'abbé Bremond » (p. 124). Si tel a vraiment été le cas, Bremond rejoindrait ainsi l'espèce à sang froid des encyclopédistes de la mystique, appartenance qui selon François Mauriac ne fait aucun doute (« Je ne sais s'il [Bremond] s'est rendu compte que l'horrible abbé Cénabre possédé du démon, dans *L'Imposture* de Bernanos, lui emprunte quelques-uns de ses traits, et en particulier cette curiosité des états mystiques qu'il lui était interdit de vivre… » Cité par Jurt, note 10, p. 130).

l'éprouver. Temps perdu donc, que ces écritures et lectures paramystiques incapables de restituer dans toute leur authenticité les enjeux de la mystique chrétienne.

Et pourtant, l'étude « à propos de quelques "sources" de *La Joie* » menée par Monique Gosselin en ouverture d'un travail consacré à « l'inscription des mystiques dans le texte[1] » met en exergue deux allusions à deux anecdotes puisées « très certainement dans l'Histoire littéraire du sentiment religieux en France de H. Bremond[2] ». Bernanos, lecteur du « mystique et poétique abbé-académicien[3] » aurait ainsi prélevé deux fragments de cette hagiographie documentaire pour nourrir la description de sa mystique fictionnelle, Mademoiselle de Clergerie. Si le premier constitue une reprise quasi-textuelle, quoique poétisée, de l'exclamation de Madame Jourdain lors du franchissement des Pyrénées : « Je ne saurais tomber qu'en Dieu », le second, beaucoup plus déformé, constitue peut-être un clin d'œil contestataire au commentaire moralisant esquissé par Brémond envers Jeanne de la Nativité, biographe de la mystique bretonne Armelle Nicolas. En effet, n'est-ce pas justement parce qu'« il est malsain de proposer de telles scènes[4] » que le romancier proposera, en contre-pied du conseil ecclésiastique, l'épisode de la mystique en extase épiée par « un domestique libertin qui lui donnait souvent sujet d'exercer sa patience[5] » ? L'énumération des déformations effectuées par le romancier[6] permet à Monique Gosselin « de montrer comment Bernanos s'emploie à inscrire l'ambiguïté là où l'hagiographe représentait sans la moindre réticence l'état mystique[7] ». Une fois mise en roman, l'anecdote hagiographique à valeur édifiante se métamorphose ainsi en scène fictionnelle que Bremond n'aurait pu s'empêcher de juger « malsaine », tant l'accent porté sur le voyeurisme exalté du chauffeur toxicomane, seul témoin des extases de Chantal, porte préjudice à l'expérience mystique suggérée.

---

1   Monique Gosselin, *op. cit.*, p. 417-432.
2   *Ibid.*, p. 423-424.
3   L'expression ironique est de Paul Souday, citée par Joseph Jurt in *art. cit.*, p. 124.
4   Telle est la formulation réprobatrice de Brémond, citée par Monique Gosselin, *op. cit.*, p. 424.
5   Fragment de la biographie d'Armelle due à Jeanne de la Nativité, reprise textuellement par Brémond dans son *Histoire littéraire* et citée par Monique Gosselin (*op. cit.*, p. 424).
6   « Si l'on voit souvent Chantal dans la cuisine, c'est dans sa chambre qu'elle est surprise en extase par Fiodor. Le réalisme du passage est aussi atténué que la dimension extraordinaire : moins de réalisme, parce que la jeune fille aristocratique a remplacé la cuisinière ; le "chapon" disparaît et du même coup, la dimension cocasse de l'évocation. L'extraordinaire est non moins atténué, puisque Chantal n'est pas affectée de lévitation. » (*Ibid.*, p. 424).
7   *Ibid.*, p. 424.

Alors que les mystiques choisis par l'abbé Bremond appartiennent
à une réalité historique révolue, prisonniers d'un récit hiérarchisant et
articulant les expériences vécues, figés et transpercés par un commentaire
hagiographique ecclésial, les mystiques fictionnels disséminés au fil de
l'œuvre romanesque de Bernanos surgissent tous alourdis par un secret
non percé, porteurs d'un mystère étroitement lié à la grâce qu'ils ont pu
recevoir et que ni leurs paroles ni le discours narratif ne sont en mesure
de restituer. Mystiques en métamorphose, ces personnages restituent
fidèlement l'étymologie de leur état, secret mystérieux d'une union qui
les traverse sans principe de causalité. Contrairement à l'historien des
mystiques qui répertorie pour donner un sens à la temporalité étudiée,
le romancier élabore une mystique des perdus en Dieu, pariant pour
une herméneutique paradoxale du non-sens et de l'atemporalité :

> Au flanc des Pyrénées, sur un sentier vertigineux, regardant par la portière du
> cocher le gouffre rose où tournent les aigles, la petite fille préférée de Sainte
> Thérèse s'écrie joyeusement : « Je ne puis tomber qu'en Dieu !… » (J, 552).

Monique Gosselin relève « que la mémoire de Bernanos déforme un peu
les faits, puisque Madame Jourdain n'était pas "la petite fille préférée
de Sainte Thérèse[1]" ». Dans le même esprit, on pourrait s'interroger sur
la juxtaposition spatiale gratuite entre le paysage normand écrasé de
chaleur et le relief accidenté pyrénéen. Mais le basculement opéré par
l'écriture romanesque dans l'univers mystique – dans le cadre spatio-
temporel des mystiques – anéantit l'apparente pertinence du questionnement. Pour restituer le mystère absolu de l'expérience mystique, le
romancier a choisi son camp. À contre-courant de l'historien, mais aussi
du psychologue, du médecin, du philosophe ou du théologien, il choisit
l'écriture romanesque mystique, c'est-à-dire une écriture mimétique de
son support expérimental, ponctuellement indifférente à l'immanence
qui la conditionne, notamment lorsqu'il s'agit de retracer le cadre spatio-temporel de la brûlure mystique, mais aussi en perpétuelle métamorphose, qui est celle de l'être incessamment travaillé par la grâce.

L'écriture romanesque ainsi conçue ouvre alors une troisième voie à cette
herméneutique paradoxale de Dieu, se singularisant par rapport à la scission
traditionnelle des écrits sur la mystique en deux courants difficilement
conciliables[2]. Les expériences mystiques narrées par le romancier sont des

---

1   *Op. cit.*, p. 423.
2   Si le plus ancien – à travers l'histoire des religions, la métaphysique et surtout la théolo-
     gie – explore le discours des mystiques sans jamais questionner son authenticité, voire en

fictions qui possèdent le privilège d'échapper aux critiques formulées à l'encontre de ces deux courants herméneutiques. En effet, qui reprochera au narrateur de *La Joie* les modalités de restitution de sa jeune fille mystique alors que cette dernière échappe, par sa fictionnalité même, au tableau des espèces rares historiques épinglées par un Bremond ou un Poulain[1]. Le pouvoir du roman réside ainsi dans sa capacité, non pas à réconcilier des herméneutiques contraires, mais à les faire se côtoyer sans ostracisme ni complaisance. Le statut de Chantal est abordé dans une perspective double, à la fois théologique et psychiatrique, aussi bien par les personnages que par le narrateur. De même, l'expérience mystique est décrite dans une perspective à la fois phénoménologique et universelle, mêlant aux symptômes physiologiques d'extase cataleptique la métamorphose existentielle d'un itinéraire entièrement soumis à l'essentialisme, une grâce mystérieuse. Le romancier est ici celui qui sait refondre le matériau des herméneutes traditionnels de la mystique en lui faisant subir l'épreuve de la fiction. Capable alors d'évoquer la mystique dans tous ses états – théiste, athée, sauvage – l'écriture romanesque se révèle ainsi libérée de l'obsession de forcer un mystère qui est l'essence même de la mystique.

MYSTIQUES DES ROMANS

Le romancier semble en mesure de proposer une herméneutique de l'énigme mystique dès *Sous le soleil de Satan*, et les propositions

---

l'idéalisant (entre idéalisation et hiérarchisation), l'interprétation moderne de la mystique comme pathologie souffre d'un réductionnisme systématique de l'expérience extatique à une phénoménologie égalisatrice de l'aliénation mentale. Ces deux voies pour tenter de comprendre la mystique ne sont-elles pas néanmoins pareillement vouées à l'échec lorsque leurs perspectives philologique, historique ou scientifique les condamnent à survoler le phénomène par une réduction systématique de la notion à leurs perspectives respectives, entre ascèse positive pour le théologien et pulsion morbide pour le psychiatre ? Ce n'est qu'en dépassant l'étude périphérique (personnalité des mystiques, circonstances de leur formation, déploiement de leur histoire individuelle, identification des forces sociales à l'œuvre autour d'eux, recensement du vocabulaire religieux de leur temps, reconstitution du contexte théologique) par un questionnement radical du noyau de l'expérience mystique qu'« une analyse phénoménologique s'efforçant de ressaisir à l'état naissant le sens vécu, immanent, de *La Joie* mystique » (Michel Hulin, *La Mystique sauvage. Aux antipodes de l'esprit*, Paris, Presses Universitaires de France, 1993, p. 192) devient possible. Le romancier Bernanos ne l'a-t-il pas d'ailleurs spontanément réalisé à travers les descriptions de *La Joie* éprouvée par son personnage Chantal de Clergerie ?

1   Plus ancienne que l'ouvrage de Bremond, l'étude descriptive du père Auguste Poulain (*Des grâces d'oraison. Traité de théologie mystique*, Paris, 1901) déploie dans une perspective apologétique une collection de stigmates, lévitations et phénomènes psychosomatiques qui aboutit à l'effet inverse de celui recherché en réduisant la mystique chrétienne à un catalogue du miraculeux.

romanesques ultérieures infléchiront les fondements de l'interprétation sans jamais remettre en cause ses présupposés imaginatifs. En effet, le premier roman présente d'emblée trois types mystiques dont la récurrence se manifestera de manières ponctuelle et anarchique au fil des sept romans ultérieurs. Le mystique catholique surgit ainsi en ouverture de l'œuvre comme condition et amorce d'un mysticisme athée et d'un mysticisme sauvage, double contrepoint fonctionnant respectivement comme rejet et alternative à la tradition mystique chrétienne. En effet, de même que la vieille mystique ecclésiale ascétique, doloriste et sacrificielle, représentée par le curé de Lumbres, enflamme par contagion perverse l'académicien athée d'un orgueilleux élan de mysticisme philosophique athéologique, le suicide de Germaine Malorthy, « sainte Brigitte du néant », signe la réponse désespérée de « cette mystique ingénue » (S, 213) et sauvage à l'appel exigeant d'une parole sacramentelle qui soumet toute authentique conversion religieuse à une sévère humiliation du Moi.

Le spectacle des « deux pauvres vieux souliers » (287) appartenant au curé motive d'abord une définition condescendante du catholicisme, « cette espèce de sagesse, un peu barbare, qui trouve dans l'élan même de l'action sa raison d'être et sa récompense » (p. 287) puis celui de la tache de sang séché sur le mur, trace des mortifications physiques du saint ayant « mis ses nerfs à nu » (289), mène Saint-Marin à une violente profession de foi nihiliste. Resté seul dans l'église, il éprouve avec orgueil la supériorité lucide de sa sensibilité athée sur la ferveur religieuse commune :

> Ce qu'ils appellent naïvement grâce de Dieu, don de l'Esprit, efficacité du Sacrement, c'est ce même répit qu'il goûte dans ce lieu solitaire. Pauvres gens dont la candeur s'embarrasse de tant d'inutiles discours ! Brave saint campagnard qui croit consommer chaque matin la Vie éternelle, et dont les sens ne connaissent pourtant qu'une illusion assez grossière, comparable à peine au rêve lucide, à l'illusion volontaire du merveilleux écrivain. (300).

Dans l'élan de cette condescendance, « sa cervelle en rumeur bourdonne de mille pensées nouvelles, hardies ; une jeune espérance, confuse encore, émeut jusqu'à ses muscles ; il ne n'est pas senti, depuis bien des jours, si souple, si vigoureux » (300). Car l'érudit athée s'estime capable de déployer une mystique autrement plus novatrice et efficiente que celle d'un catholicisme rural suranné et soumis à l'autorité ecclésiastique :

> Un paysan mystique, nourri de vieux livres et des leçons de maîtres gros-siers, dans la poudre des séminaires, peut s'élever par degrés à la sérénité du

sage, mais son expérience est courte, sa méthode naïve et parfois saugrenue, compliquée d'inutiles superstitions. Les moyens dont dispose, à la fin de sa carrière, mais dans la pleine force de son génie, un maître illustre, ont une autre efficacité. Emprunter à la sainteté ce qu'elle a d'aimable ; retrouver sans roideur la paix de l'enfance ; se faire au silence et à la solitude des champs ; s'étudier moins à ne rien regretter qu'à ne se souvenir de rien ; observer par raison, avec mesure, les vieux préceptes d'abstinence et de chasteté, assurément précieux ; [...]. (302-3).

Ce rêve de mysticisme athée et solitaire sera brutalement interrompu par la découverte du « paysan mystique » en question et dont le menaçant cadavre dissout toute perspective de déploiement extatique. Car l'imitation de la carrière mystique chrétienne ne saurait se réduire à l'emprunt intéressé d'une hygiène de vie débarrassée de l'éprouvante et perpétuelle tension vers la mort, exercice ascétique de toute une vie.

Lors de leur rencontre nocturne, l'abbé Donissan relate à Mouchette l'impasse de toute vie non inspirée par la grâce divine, et la jeune fille reçoit la révélation de sa misère intime[1], subissant l'épreuve mystique de la pulvérisation du Moi :

Et, soudain, Mouchette se vit comme elle ne s'était jamais vue, pas même à ce moment où elle avait senti se briser son orgueil : quelque chose fléchit en elle d'un plus irréparable fléchissement, puis s'enfonça d'une fuite obscure. La voix, toujours basse, mais d'un trait vif et brûlant, l'avait comme dépouillée, fibre à fibre. Elle doutait d'être, d'avoir été. (206).

Alors que « parfois, lorsque l'âme même fléchit dans son enveloppe de chair, le plus vil souhaite le miracle et, s'il ne sait prier, d'instinct au moins, comme une bouche à l'air respirable, s'ouvre à Dieu » (211), Mouchette ne répondra pas à l'appel pressant par une telle ouverture, et son ultime offrande mystique est clairement présentée comme un don inexplicablement hébété :

Aussi n'eût-elle su dire, à demi consciente, quelle offrande elle faisait d'elle-même, et à qui. Cela vint tout à coup, monta moins de son esprit que de sa pauvre chair souillée. (212).

Originellement mystique sauvage, adepte de la dépense charnelle extatique et de l'explosion des pulsions centrifuges, Mademoiselle Malorthy se métamorphose après la rencontre du prêtre en « petite servante de

---

1 « Elle ne distinguait plus la voix impitoyable de sa propre révélation intérieure, mille fois plus riche et plus ample. » (205).

Satan ». (213). Faux paradoxe que ce brutal basculement, puisque la rencontre avec Dieu a bien précédé l'offrande à l'astre livide : il se trouve que l'expérience du feu divin est apparue comme une épreuve insurmontable en termes de souffrance incomprise[1]. Et qui n'acquiesce à ce douloureux mystère offert par la grâce se condamne lui-même au refus de Dieu et donc aux cloîtres de l'enfer[2] :

> Elle se débat, l'arme éblouissante en plein cœur, et la main qui l'a poussée ne connaît pas sa cruauté. Pour la divine miséricorde, elle l'ignore et ne saurait même pas l'imaginer... Que d'autres se débattent ainsi, vainement serrés sur la poitrine de l'ange dont ils ont entrevu, puis oublié la face ! Les hommes regardent curieusement s'agiter tel d'entre eux marqué de ce signe, et s'étonnent de le voir tout à tour frénétique dans la recherche du plaisir, désespéré dans sa possession, promenant sur toutes choses un regard avide et dur, où le reflet même de ce qu'il désire s'est effacé. (211)

Ignorante de Dieu, la mystique sauvage peut se perdre dans tous les excès, sans compromettre son salut[3]. Mais que fonde sur elle la parole de la voie mystique chrétienne, l'on assiste alors à la mort de cette insouciante indifférence et à l'exigence d'un choix d'autant plus terrible à envisager que l'être tout entier, irrémédiablement affaibli dans sa vitalité relationnelle, ne possède déjà plus les moyens physiques et spirituels de l'embrasser :

> Qui justifiait sa terreur ? Au tournant de la route déserte, elle ne laissait derrière elle qu'un jeune prêtre, rencontré déjà bien des fois, inoffensif et apparence, et même un peu sot. Sans doute il a parlé. Qu'a-t-il donc dit de tellement grave ? À ce point, l'effort qu'elle fait pour se reprendre, se dominer, ne peut se poursuivre. [...]. Elle a pris peur pour un certain nombre de phrases vagues, d'allusions en apparence perfides – peut-être innocentes, maladroitement interprétées. Lesquelles encore ? Un mot dit en passant sur le crime déjà si ancien, presque oublié, un mot fait plutôt pour la rassurer : « Vous n'êtes pas devant Dieu coupable de ce meurtre... » (Elle a beau répéter ces mêmes mots, elle ne retrouve pas la rage humiliée qui alors lui travaillait si

---

1   « De la lumière qui l'a percée de part en part – pauvre petit animal obscur – il ne reste que sa douleur inconnue, dont elle mourrait sans la comprendre. » (211).

2   « Où l'enfer trouve sa meilleure aubaine, ce n'est pas dans le troupeau des agités qui étonnent le monde de forfaits retentissants. Les plus grands saints ne sont pas toujours les saints à miracles, car le contemplatif vit et meurt le plus souvent ignoré. Or l'enfer aussi a ses cloîtres. » (213).

3   Donissan l'explique à Mouchette en ouverture de leur entretien : « Jusqu'à ce jour vous avez vécu comme une enfant. Qui n'a pas pitié d'un petit enfant ? Et ce sont les pères de ce monde ! Ah ! voyez-vous, Dieu nous assiste jusque dans nos folies. Et, quand l'homme se lève pour le maudire, c'est Lui seul qui soutient cette main débile » (199-200).

puissamment le cœur). Puis quoi ? Des reproches, des exhortations à quitter la voie mauvaise… (Elle ne se souvient nettement d'aucune) et enfin… (là, sa mémoire tourne court). Certaine révélation singulière qui l'a troublée au point que, l'angoisse seule survivant à sa cause, elle ne saurait dire pourquoi elle se blottit dans l'angle du mur, le visage sur ses genoux, toute hérissée de frissons, claquant des dents. Là ! *Là est le secret.* C'est alors seulement qu'elle a fui. Ce vide affreux s'est alors creusé en elle. (209-210).

L'enjeu est tel pour celle dont l'instinct fut le seul guide dans cette aventure mystique sauvage, que le renoncement à soi exigé par l'homme de Dieu, révulse une enveloppe corporelle au paroxysme de son excitation pulsionnelle :

> Oh ! Oh ! Voilà que déjà son cœur bat et sonne, tandis que la sueur ruisselle entre ses épaules. La houle d'angoisse l'agite, l'affreuse caresse glacée la saisit durement à la gorge. Le hurlement qu'elle pousse s'entend jusqu'à l'extrémité de la place, et le mur même en a frémi. (210)

Mystique moderne, trop moderne, jusqu'à la sauvagerie de l'oubli trinitaire, Mouchette est prisonnière d'un corps dont le langage hystérique signe l'incapacité à entrer dans la nuit obscure des sens telle qu'a pu la proposer un Jean de la Croix, première étape vers la rencontre avec l'amour du Dieu créateur. Née pour son malheur à une époque déchristianisée, dans une société laïcisée, la mystique Mouchette ne possède plus que son corps pour étancher les débordements de son immanence, dernier instrument concédé par le matérialisme moderne à l'expression de l'au-delà de l'être. Comment alors, dans ce réductionnisme ambiant, la jeune fille possédée par ce nouveau langage purement psychosomatique, serait-elle encore en mesure de répondre à l'appel d'une mystique chrétienne traditionnelle fondée sur l'ascèse sensorielle et la métamorphose de l'énergie physiologique en tension spirituelle ? La rencontre fictionnelle entre l'abbé Donissan et Germaine Malorthy ne constitue-t-elle pas une herméneutique romanesque de la métamorphose problématique subie par la mystique et les mystiques, au détriment du christianisme ? En effet, alors que le prêtre, possesseur d'un vocabulaire spirituel hérité d'une longue tradition puisant ses racines dans le christianisme primitif, a la capacité de mettre en mots l'itinéraire mystique de la doctrine, la jeune fille sauvage ne dispose que de son corps pour exprimer sa soif de transcendance. Cette rencontre fictionnelle manifeste ici dans toute sa cruelle lumière le fossé qui sépare une mystique chrétienne millénaire fondée sur le renoncement sensoriel, des exigences modernes d'expression

corporelle de l'être sous toutes ses formes, y compris les plus extrêmes. La
réussite du romancier est d'avoir instinctivement compris l'importance
moderne du langage physiologique et psychosomatique. En réinvestissant
l'espace scriptural de la symbolique du corps, il revivifie une doctrine
chrétienne qui, influencée par les théologies modernes du Dieu absent,
a tendance à se cantonner de plus en plus dans l'analyse théorique ou
métaphysique des grands textes mystiques[1]. Qu'il s'agisse donc du corps
de Mouchette à travers sa sexualité anarchique et son auto-mutilation
suicidaire, de celui des autres mystiques sauvages[2], mais aussi du corps
des mystiques chrétiens soumis à de rudes flagellations (Donissan), des
catalepsies extatiques (Chantal), des visions christologiques ou mariales
(Donissan, Chantal, Ambricourt), des dérèglements physiologiques
(Ambricourt), et même du corps des mystiques athées[3], ces écritures
fournissent un langage moderne à l'expression mystique, par une intégration romanesque du discours scientifique, lui-même obsédé par la
problématique de l'hypersensibilité névrotique du corps humain. Dans
le cas de Donissan, on aboutit ainsi à un rendu à la fois intemporel et
moderne du statut mystique puisque le rude prêtre paysan adepte des
pratiques ascétiques des Pères du désert se retrouve interné à la fin de
« La Tentation du désespoir » pour « une grave intoxication des cellules
nerveuses, probablement d'origine intestinale » (231). Voici comment
l'ascétisme mystique de l'Église primitive est métamorphosé par la
magie du discours scientifique moderne en intoxication neuro-gastrique[4].

---

1 L'ouvrage de Claude Tresmontant, *La Mystique chrétienne et l'avenir de l'homme* (Éditions
   du Seuil, Paris, 1983) par exemple, en se fondant sur les textes de Saint Jean de la Croix
   et Sainte Thérèse d'Avila, ne cesse d'insister sur la médiocre valeur du phénomène psychosomatique dans l'expérience mystique, symptôme exhibé par le débutant dans les
   toutes premières étapes de son développement spirituel.

2 Le corps de Jambe-de-Laine révèle un langage mystique à travers son expressivité bizarre
   et ses blessures liées à la lapidation qu'il subit. On peut aussi évoquer, entre autres, le
   corps du maire Arsène, possédé par une soif mystique d'ablutions à fonction purificatrice.

3 Le corps athée d'Évangéline l'exprime à travers son déguisement de prêtre, celui de Simone
   à travers la toxicomanie et celui de Ouine par les bouffissures molles de son hydropisie.

4 L'algophilie ascétique de Donissan, présentée par le narrateur comme la condition de
   l'expérience mystique extatique (voir S, 131-32, où l'auto-flagellation précède la venue
   de la joie intérieure), se situe ainsi dans la droite ligne de l'ascétisme monachique du
   christianisme primitif et tranche avec les observations « scientifiques » d'un Leuba qui
   s'interrogeait sur l'ascétisme comme pratique succédant à l'expérience mystique extatique
   et ne la précédant pas : « Du moment que l'on admet que les souffrances physiques que
   l'on s'inflige à soi-même et la subjugation du corps sont des conditions au prix desquelles
   on est admis à recevoir les faveurs divines, la logique voudrait, semble-t-il, que l'ascétisme
   dût être pratiqué antérieurement à la première extase, et qu'ensuite, à supposer même
   qu'on ne voulût pas l'abandonner totalement, on s'en relâchât à tout le moins pour tout

Mystiques catholique, athée et sauvage : ces trois modalités récurrentes de l'inscription des mystiques dans l'intrigue romanesque ne cessent d'alterner ou de s'affronter, offrant, au-delà des variations liées au renouvellement fictionnel, des constantes dissipant toute ambiguïté herméneutique. En effet, si la mystique athée, par son essence dynamique de refus du religieux ecclésial institutionnel, s'inscrit fatalement dans une logique d'isolement égotiste où toute altérité est vécue comme un obstacle à franchir ou à consommer, les mystiques sauvage et catholique se révèlent avant tout relationnelles. Mais alors que l'engagement dans l'exacerbation pulsionnelle non religieuse puise dans l'horizontalité relationnelle la source de son déploiement mystique, la folie du Dieu trinitaire s'abreuve à deux puits sans fond, celui d'une relation double et indissociable, en abscisse comme en ordonnée, vers le prochain comme semblable et vers les trois personnes de la Trinité. Ce n'est donc pas un hasard si Evangéline ou Simone partagent une mystique athée transgressive fondée sur la destruction relationnelle systématique. Toutes deux familières de la religion catholique, elles savent que la seule manière de s'en libérer est de refuser l'invitation mystique et doctrinale à la participation à la vie divine des trois Personnes dans une relation authentique au prochain. Quant aux deux Mouchette, au couple Demenou ou à Jambe-de-Laine, leur mysticisme sauvage les oriente instinctivement vers le mystère de la sexualité non transcendée où la relation à l'autre n'est pas relativisée par la conscience d'une Altérité ultime. Seuls les mystiques catholiques apparaissent en mesure d'éprouver les deux modes relationnels, humain et divin. Qu'il s'agisse de Chantal ou du curé d'Ambricourt, exemplaires dans leur itinéraire mystique, ils apparaissent toujours en relation, dans leur vie intérieure par l'oraison ou l'écriture, dans leur environnement par leurs fonctions de maîtresse de maison ou de curé de campagne, et dans leur folie religieuse par l'imitation exclusive du Fils en accord avec le Père et sous le régime de l'Esprit.

Est-il alors justifié de déceler, à travers cette confrontation d'itinéraires mystiques singuliers, un processus herméneutique romanesque de hiérarchisation des expériences destiné à magnifier un type d'extase au détriment des autres ? S'il ne fait aucun doute que le traitement

---

le temps que durent les périodes de visites divines. Or, à l'ordinaire, il en va tout autrement ; c'est d'abord qu'arrive l'incendie allumé par une étreinte d'amour passionnée, et c'est ensuite seulement que commencent les extravagances de l'ascétisme. » (John Henry Leuba, *Psychologie du mysticisme religieux*, traduction française par Lucien Herr, Paris, Éditions Alcan, 1925 (2ème édition), p. 234).

romanesque du mysticisme athée est tout entier orienté vers l'exhibition critique d'une dynamique mortifère, l'écriture des expériences mystiques naturelle et surnaturelle[1] s'inscrit dans une richesse descriptive et narrative telles qu'une comparaison textuelle serrée s'impose pour éclaircir la position du romancier.

Un essai de mystique comparée appliqué à Chantal de Clergerie et à la seconde Mouchette reconnaîtrait d'emblée la distinction herméneutique traditionnelle entre une mystique de l'*agapè* et une mystique de l'*éros*. Alors que Chantal ne sait que tomber en Dieu, Mouchette tombe sur le bel Arsène. Mystique de l'Être comme Autre et mystique de l'être par l'autre conditionnent chacune une relation spécifique à autrui. Chantal observe une éthique de l'action et de la parole fondée sur l'Écriture et la Tradition : mystique du don, elle offre d'abord sa joie à Chevance, la vérité à ses proches, un baiser christique à Cénabre et enfin sa vie humaine à Fiodor. Tous ces dons sont intimement liés à la voie chrétienne de l'amour universel et du refus de la préférence affective. Mouchette, quant à elle, épouse un instinct de contemplation et de silence reposant sur une écoute de la sensation. Les catalepsies de Chantal aboutissent à plusieurs rencontres mystiques de l'âme avec Dieu trinitaire comme Père, Fils et Esprit. Les mises en relation préservent toujours l'identité de chacun des protagonistes, la jeune fille ne se dissolvant jamais dans le principe divin mais endossant au contraire un rôle actif permettant le déploiement d'une dynamique relationnelle où la participation à la vie divine prend la forme d'une coopération sans anéantissement de l'être fini dans le Dieu infini. Lors de sa transportation au jardin des

---

1   Cette typologie lexicale apparaît dès l'introduction de l'ouvrage de Louis Gardet et Olivier Lacombe, *L'Expérience du Soi : étude de mystique comparée*, Paris, Desclée de Brouwer, 1981. Elle distingue : d'une part une extase profane dédoublée, à la fois ou alternativement voie d'intériorisation (rapatriement dans le Soi des contenus de son expérience) et voie d'extériorisation (effacement des frontières du Moi et dissolution dans le Tout de la nature), « systole et diastole » (p. 31) d'un même processus ; d'autre part une extase religieuse comme « surélévation par don de grâce en union intentionnelle d'amour » (p. 12), concevable uniquement dans une théologie de l'âme créée, telle que le christianisme. Cette distinction qui contrecarre tout monisme mystique s'inspire du réalisme thomiste de Jacques Maritain. Dans cet ouvrage intitulé *Distinguer pour unir ou les degrés du savoir* (7ème édition revue et augmentée, Paris, Desclée de Brouwer, 1963), Maritain n'hésite pas à hiérarchiser différentes expériences mystiques en fonction de la distinction entre nature et grâce : « Il n'y a aucune "saisie immédiate" de Dieu d'ordre naturel ; une contemplation mystique (authentique) d'ordre naturel est une contradiction dans les termes ; une expérience authentique des profondeurs de Dieu, un contact senti avec Dieu, un *pati divina*, ne peut avoir lieu que dans l'ordre de la grâce sanctifiante et par elle. » (p. 534).

Oliviers, la jeune fille communie avec la passion christique, sans perdre son individualité sensorielle et spirituelle :

> Mais ce que veut seulement Chantal, c'est ramper doucement, sans aucun bruit, le plus près possible de la grande ombre silencieuse, la haute silhouette à peine courbée, dont elle croit voir trembler les genoux. Alors, elle se couche à ses pieds, elle s'écrase contre le sol, elle sent sur sa poitrine et sur ses joues l'âcre fraîcheur de la terre, cette terre qui vient de boire, avec une avidité furieuse, l'eau de ces yeux ineffables dont un seul regard, en créant l'univers, a contenu toutes les aurores et tous les soirs[1].

Cette expérience extatique d'union sans confusion propre à la tradition chrétienne s'oppose à celle de l'union par consommation, consumation et dévoration où le Moi se dissout et perd tout contour permettant de distinguer intériorité et extériorité. La dernière phrase clôturant la description du viol de Mouchette par Arsène fait état de cette dissolution du corps possédé, à travers les notations du bois consumé et de la mort symbolique de la jeune fille :

> Les dernières braises croulaient dans la cendre. Il n'y eut plus rien de vivant au fond de l'ombre que le souffle précipité du bel Arsène[2].

En même temps et paradoxalement, la mystique catholique qui participe à la vie divine sans perdre son identité, s'applique, par un conformisme extérieur, à passer inaperçue aux yeux d'autrui, alors que la mystique sauvage, sale et déguenillée, exhibe sa marginalité sociale et son exclusion en provoquant un sentiment de répulsion autour d'elle :

> « Vous êtes une mauvaise nature ! » s'écrie parfois Madame. Elle n'y contredit pas. Elle n'en éprouve pas plus de honte que de ses vêtements troués, car depuis longtemps sa coquetterie est justement de défier par une insouciance sauvage le jugement dédaigneux de ses compagnes et les moqueries des garçons. Que de fois, le dimanche matin, lorsque la mère l'envoie au village chercher la provision de lard pour la semaine, elle a fait exprès de marcher dans les ornières, afin d'arriver toute crottée sur la place, à l'heure où les gens sortent de la messe[3]…

Il est intéressant de relever que cette provocation vestimentaire comme exhibition de sa pauvreté s'apparente à certaines pratiques ascétiques extrêmes visant à subvertir la traditionnelle opposition dichotomique

---

1   J, 683.
2   NHM, 1296.
3   *Ibid.*, 1281.

entre valeurs positives et négatives. Après le viol cette tendance s'accentue encore :

> Tout en songeant, elle jette un regard sur ses habits, hausse les épales. Des habits çà ! Elle a oublié son caraco, n'est vêtue que de sa chemise et de son mauvais jupon troué. Le cuir de ses galoches a pris la couleur de la rouille et elles se sont, en séchant, retroussées d'une manière grotesque. De plus, elle s'est poudré les cheveux de cendre, elle la sent craquer sous ses dents. N'importe ! il lui en coûte peu d'être sale. Et ce matin, n'était la crainte de ne pouvoir aller jusqu'au bout de sa tâche, elle se roulerait volontiers exprès dans la boue, comme le bétail[1].

À moitié nue et les cheveux poudrés de cendre, gymnosophiste qui s'ignore égarée dans la forêt artésienne, Mouchette avait d'ailleurs inauguré son ascèse sauvage par la pratique dendrite du corps perclus volontairement dans le creux d'un tronc d'arbre :

> Elle s'était glissée, peu à peu, entre les deux troncs jumelés d'un pin adulte jadis oublié par les bûcherons[2].

Quand bien même les narrateurs respectifs de *La Joie* et de *Nouvelle histoire de Mouchette* cèdent volontiers leur espace d'évolution herméneutique – par le biais du discours indirect libre ou du monologue intérieur –, le statut de personnage partagé par les deux mystiques les condamne à une interprétation fractionnée, lacunaire, voire hébétée de leurs expériences. De cette vacance émerge alors une même angoisse, plénière et paralysante, impropre à l'élaboration d'une herméneutique théologique ou philosophique. Ainsi dissociées des contenus objectifs d'expérience et de celles qui les expérimentent, leurs herméneutiques chrétienne ou sauvage, surnaturelle ou naturelle ne peuvent qu'être systématiquement rattachées à l'instance romanesque, organisatrice lucide de l'opposition entre une expérience mystique intégrée à un univers catholique[3] et une expérience mystique intervenant dans un contexte complètement déchristianisé. Cette herméneutique de la scission qui oppose deux phénoménologies de l'avènement mystique ne transmet néanmoins pas d'appel à une hiérarchisation des expériences, refusant ainsi d'agiter le spectre anti-ascétique de la préférence affective. Sans

---

1   *Ibid.*, 1316.
2   *Ibid.*, 1271-1272.
3   Le père de Chantal, « catholique irréprochable » (J, 592) selon ses propres mots, a consacré une partie de sa vie d'historien érudit à l'histoire de l'Église et la jeune fille elle-même a été guidée spirituellement par l'abbé Chevance jusqu'à ce qu'il décède.

sombrer dans la dérive inverse qui proclamerait un confusionnisme de type moniste, où toutes les expériences mystiques se réduiraient à un seul contenu d'expérience, l'herméneutique romanesque révèle ici qu'au-delà des conditionnements conjoncturels permettant une classification du phénomène – chrétien ou sauvage –, l'invasion mystique présente de troublantes constantes qui relativisent toute tentative d'étiquetage et découragent toute apologétique d'une mystique chrétienne brandie comme forme supérieure à ses clones profanes dégradés. C'est d'abord le couple oxymorique douleur – joie ou encore angoisse – extase qui révèle en Chantal et Mouchette les deux dimensions universelles de l'expérience mystique, indépendantes de la subjectivité ou de l'environnement des protagonistes happés par le phénomène. Et en effet, comment le romancier parviendrait-il à soutenir un discours de hiérarchisation en ce qui concerne ces deux affects fondamentaux non mesurables qualitativement ? De même, ces trois pulsations vitales de l'avènement mystique que sont l'instase (recueillement), l'extase (sortie de soi) et l'epectase (tension en avant), marquent une similaire présence dans l'intériorité chrétienne et l'intériorité sauvage. Quant au devenir des deux héroïnes, une même mort mystérieuse et brutale emporte avec elle le secret de ces âmes déjà projetées en leur vivant au-delà des frontières humaines de l'immanence. Ces deux chutes énigmatiques, rédigées à près de dix années d'intervalle ne révèlent-elles pas ainsi la perplexité du romancier devant la perspective d'une voie royale chrétienne pour rejoindre la transcendance ? De même que le catholicisme fervent de Chantal ne conditionne pas son salut, la sauvagerie de Mouchette n'est jamais présentée comme un obstacle à sa rédemption. La puissante mystique romanesque exalte le paradoxe absolu du mystère de la grâce divine, réalité ultime découverte, nommée et adorée par un christianisme devant accepter non seulement qu'elle puisse lui échapper mais encore qu'elle comble le non-chrétien. Telle est la rude leçon de l'ascèse mystique chrétienne, à savoir que la venue de la grâce divine ne sera jamais le dû du christianisme, mais seulement le noyau de son désir. Chrétien ou sauvage, le mystique authentique semble d'abord être celui qui se propulse, mû par un élan intime détaché de toute causalité, dans un processus métamorphique continu dépassant les réflexes de l'instinct de conservation, au mépris de toute crispation identitaire, vers un but ignoré et désiré tout à la fois. Mais ce mouvement, dans une perspective mystique théiste de la grâce, ne devient fruitif que s'il est animé par le feu du Dieu trine. La mort prématurée des deux héroïnes ne donne pas le temps d'appliquer à leur mystique l'herméneutique chrétienne traditionnelle de la fécondité des œuvres (« Vous reconnaîtrez l'arbre à ses fruits »), préservant le mystère et l'indécidabilité quant à l'hypothèse de leur salut. Libérées de tout assujettissement obligatoire à une institution et de toute prévision assurée, les voies mystiques indiquées par le romancier ouvrent en grand la porte de leur énigme, préservant ainsi l'essence même de ce pour quoi elles tracent la route.

MARGES

LA TENTATION GNOSTIQUE

La mystique se révèle à la fois écharde et aiguillon de l'institution ecclésiale. Fer de lance de la foi et du dynamisme spirituel, elle peut vite se métamorphoser en tremplin de dérives gnostico-hérétiques ou mêmes athées.

Une mise au point s'impose concernant le regard qu'a pu porter Bernanos sur le gnosticisme[1]. Le mot n'apparaît pas dans ses écrits, pas plus que les noms des principaux gnostiques des premiers siècles du christianisme. Étranger à l'engouement actuel pour les écrits gnostiques, Bernanos – comme les écrivains, chrétiens ou non, de sa génération – ne pouvait accéder à cette littérature marginale que par des voies fort restreintes[2]. En cette première moitié du XXe siècle, c'est

---

1   Ce mot désigne *stricto sensu* « un mouvement religieux et philosophique qui se développa dans l'empire romain, et en Orient au-delà de cet empire, pendant les premiers siècles de notre ère ». (Simone Pétrement, *Le Dieu séparé. Les origines du gnosticisme*, Paris, Éditions du Cerf, 1984.

2   Michel Tardieu est à cet égard catégorique : « Jusqu'au XVIIIe siècle, ce gnosticisme historique fut uniquement connu par les témoignages de ceux, Pères de l'Église ou philosophes païens qui le combattirent et, à partir du XVIIIe siècle, par des documents directs arrivés en quatre vagues successives : manuscrits de Londres, d'Oxford, de Berlin et du Caire. » (Michel Tardieu, « Histoire du mot "gnostique" » in *Introduction à la littérature gnostique I*, Paris, éditions du Cerf, éditions du C. N. R. S., 1986, p. 24). Outre le fait qu'il semble difficile d'imaginer Bernanos en rat de bibliothèque écumant les départements des manuscrits des capitales anglaise, allemande et égyptienne, la correspondance de l'hiver 1945 et des mois suivants, jusqu'à sa mort, ne mentionne pas la découverte de l'importante bibliothèque de Nag-Hammadi en Haute-Égypte, alors même que l'écrivain, ayant participé à une série de conférences en Afrique du Nord organisées par l'Alliance française en avril et mai 1947, avait séjourné non loin de là, à Tunis puis à Gabès jusqu'à la fin du mois de mai 1948.

encore l'agnosticisme scientifique triomphant de la fin du XIXe siècle
qui est plutôt d'actualité. Née en partie de l'assurance et des certitudes
d'une apologétique chrétienne médiocre, cette mise en doute systématique de l'existence divine se fragilisera néanmoins d'elle-même par
son refus obstiné d'envisager un relais de la raison par la foi. C'est sur
cette crispation que l'attrait pour le gnosticisme mystique refait surface
aujourd'hui. Le mot « gnostique » étant, pour reprendre l'expression de
Michel Tardieu, « un terme commode mais piégé[1] », nous renvoyons
à sa typologie qui relève huit usages du mot. Dans notre perspective,
il s'agira de privilégier le sens psychologique (ou existentiel ou phénoménologique) qui constitue l'acception la plus moderne et la plus
littéraire. À moins donc de supposer, dans le sillage des historiens des
religions, que certaines parties du Nouveau Testament relèveraient du
gnosticisme historique[2], il s'avère hautement improbable que Bernanos
ait pu accéder à la littérature gnostique autrement que par des sources
indirectes, celles de ses détracteurs, hérésiologues chrétiens ou païens.

En l'absence de toute mention explicite, aussi bien dans l'œuvre que
dans la correspondance, l'hypothèse d'une ignorance complète de la littérature gnostique peut aussi être envisagée : deux pistes s'ouvrent alors
à la recherche. La première suppose « cette espèce de mémoire inconsciente[3] » revendiquée par Bernanos lui-même et éclairant la création
souterraine d'un écrivain-sourcier. Si la création romanesque libère une
imagerie gnostique, serait-ce donc parce que cette dernière se rattache à
des sources archétypales universelles ancrées dans l'intériorité humaine,
submergées par des couches spatio-temporelles que les créateurs sont
instinctivement en mesure d'exhumer par l'expérience littéraire[4] ? Il faut
alors supposer que le romancier exprime par la fiction, comme l'ont fait
les auteurs gnostiques avant lui par la transposition mythologique, « une

---

1   Michel Tardieu, *op. cit.*, p. 21.
2   Il s'agirait principalement de la partie non synoptique (Paul, Jean, l'épître aux hébreux).
     Voir encore à ce sujet Michel Tardieu, *op. cit.*, p. 28.
3   Corr. II, p. 114.
4   Voir Marcelle Stubbs Faccendini, *Figures mythiques dans l'œuvre romanesque de Georges
     Bernanos*, sous la direction de Philippe le Touzé, Université de Picardie – Jules Verne,
     1999. Les herméneutes à l'écoute sont eux aussi en mesure d'entendre et de restituer ces
     sources. Car si l'on en croit Hans Jonas, en conclusion de sa contribution au colloque
     international sur les origines du gnosticisme (Messine, avril 1966), lorsqu'il s'agit de déceler
     des traces du gnosticisme, « tout devient affaire de sensibilité aux formes, d'empathie et
     autres facultés subtiles, comme celle dont j'ai déjà parlé avec une liberté grande : l'oreille
     musicale ». « Le syndrome gnostique : typologie d'une pensée, d'une imagination et d'une
     sensibilité », contribution publiée en appendice de *La Religion gnostique*, 1958, traduit de
     l'anglais par Louis Evrard, Paris, éditions Flammarion, 1978, p. 463.

expérience humaine profonde et universelle de l'aliénation (Entfremdung) au sens phénoménologique et non marxiste du mot : l'homme découvre qu'il est étranger à ce monde et que son lieu originel (Dieu ?) est dans une étrangeté radicale[1] ». Le gnosticisme ne se réduirait pas ainsi à une doctrine ancrée dans un contexte historique précis mais désignerait un phénomène universel et intemporel. À tel point que Hans Jonas, inventeur et théoricien du sens psychologique du mot « gnostique », a, dans un essai devenu célèbre, éprouvé le besoin de comparer les gnostiques historiques, « nihilistes antiques », aux nihilistes modernes – dont ils seraient les « obscurs cousins du passé[2] » – ainsi que, par extension, aux existentialistes athées, malgré l'abîme qui semble séparer ces derniers des anciens gnostiques[3]. La tentation devient vite grande d'appliquer à l'œuvre romanesque de Bernanos l'explication proposée par le philosophe allemand pour justifier la naissance du gnosticisme comme anticosmisme et antinomisme. En effet, de même que la répudiation de la doctrine du « tout et des parties[4] » contemporaine de la substitution de l'Empire des premiers temps (« la partie n'avait nulle importance pour le tout, et le tout était étranger aux parties[5] ») à la *Polis* classique (le tout transcende les parties) entraînerait un effondrement de la piété envers le cosmos, le gnosticisme latent de la création romanesque ne pourrait-il être lié à la substitution de la république à la monarchie, elle-même doctrine du tout et des parties ? Le romancier monarchiste égaré dans une époque républicaine ne revit-il pas la répudiation de l'ordre cosmique envisagée par les citoyens impériaux, nostalgique de l'ontologie classique liée à la *Polis* amoureusement hiérarchisée ? Le discours du curé de Fenouille à sa paroisse morte oriente et conforte un tel questionnement, quand le prêtre file la métaphore du cœur battant hors du corps, tout organique expulsé de sa position centrale par les parties qui ne reconnaissent plus sa suprématie :

---

1   Michel Tardieu, *op. cit.*, p. 35.

2   Hans Jonas, « Gnosticisme, existentialisme et nihilisme » in *La Religion gnostique*, 1958, traduit de l'anglais par Louis Evrard, éditions Flammarion, Paris, 1978, p. 418.

3   « Il faut dire qu'ayant l'imagination métaphysique exubérante, le gnosticisme se rencontre mal avec l'existentialisme, qui met de l'austérité à se refuser toute illusion, et puis l'un est religieux, l'autre athée et "post-chrétien", comme dit Nietzsche du nihilisme moderne » (Hans Jonas, *op. cit.*, p. 424).

4   « L'ontologie classique veut que le tout précède les parties, qu'il soit meilleur qu'elles, qu'il soit ce pour quoi les parties existent et ce en quoi elles trouvent un sens à leur existence : cet axiome, respecté à longueur de siècles, a perdu la base sociale de sa validité. » (*Ibid.*, p. 430).

5   *Ibid.*, p. 430.

Que demandez-vous à votre prêtre ? [...]. Mais je ne puis rien sans vous. Je ne puis rien sans ma paroisse, et je n'ai pas de paroisse. Il n'y a plus de paroisse, mes frères... tout juste une commune et un curé, ce n'est pas une paroisse. [...]. Et c'est vrai que je souffre et prie pour vous de toutes mes forces. Beaucoup, ici ou ailleurs, diront peut-être que c'est assez, que je ne dois que prier et souffrir aussi longtemps que vous me refuserez vos âmes. Voilà du moins ce que m'ont appris mes maîtres, jadis, au séminaire. Mon Dieu, je pense peut-être comme eux. Mais cette pensée-là ne va plus en moi jusqu'au fond, c'est fini. Que suis-je parmi vous ? Un cœur qui bat hors du corps, avez-vous vu ça, vous autres ? Hé bien ! je suis ce cœur-là, mes amis. Un cœur, rappelez-vous, c'est comme une pompe qui brasse le sang. Moi je bats tant que je peux, seulement le sang ne vient plus, le cœur n'aspire et ne refoule que du vent. (MO, 1484-85)

Roi chassé de son royaume, prêtre rejeté par sa paroisse, le cœur spirituel est devenu étranger aux corps qu'il irriguait mystiquement et s'est détaché des parties qui l'environnaient. Même si l'imagerie verticale de la hiérarchie s'est horizontalisée en une nouvelle dialectique opposant un centre directeur et sa périphérie subordonnée, le discours romanesque illustre avec exactitude cette répudiation de la doctrine du tout et des parties dont les raisons seraient à chercher – si l'on continue à suivre Jonas – davantage dans le domaine social et politique que dans la science physique moderne[1]. Le rejet du monde, le pessimisme cosmique ainsi que la subversion de l'idée de *nomos* qui en découlent seraient donc les fruits vénéneux d'un *Zeitgeist* commun à l'Empire des premiers temps et à la première moitié du XXᵉ siècle européen. Dans cette perspective, la jeune Chantal de *La Joie* souffrirait tout autant de la brûlure hostile de l'astre solaire que le gnostique antique qui par sa dépréciation des sphères célestes[2] avait « démonisé[3] » l'univers[4] :

L'ombre du peuplier a tourné peu à peu, le soleil tombe d'aplomb sur ses épaules, les brûle au travers de la légère blouse de soie. Aussi loin que porte le regard, la dure lumière n'a pas un fléchissement, pas une ride ; (...). Le chaume pâli des toits, les seuils béants, une persienne encore pendue à sa charnière,

---

1   « Cette dévaluation existentialiste du concept de nature reflète la mise à nu spirituelle de cette nature aux mains de la science physique ; elle a quelque chose de commun avec le mépris gnostique de la nature. » (Hans Jonas, *op. cit.*, p. 439).

2   Celles-ci dispensent le destin cosmique oppresseur méprisé et redouté par les grecs (la *heïmarménê*) et les latins (le *fatum*). Ces planètes ou étoiles sont les « interprètes personnifiées de la loi hostile et rigide de l'univers ». (Hans Jonas, *op. cit.*, p. 429).

3   « Au cours de la période gnostique, l'univers s'est "démonisé" » (*Ibid.*, p. 429).

4   « Si les astres n'ont plus d'affinité avec l'homme, ils ont gardé leur puissance et sont devenus des tyrans, redoutés et néanmoins méprisés pour ce qu'ils sont inférieurs à l'homme. » (*Ibid.*, p. 427-428).

l'immobilité surnaturelle de ces murailles jadis vivantes, leur nudité, font un paysage de désolation qu'écrase de tout son poids l'immense azur[1]...

Et pourtant, il devient délicat de prolonger la comparaison quand Jonas, soucieux de nuancer les analogies entre gnosticisme historique et philosophie moderne, oppose alors « l'homme gnostique [...] jeté dans une nature qui lui est contraire, une nature anti-divine et donc anti-humaine » à « l'homme moderne [...] jeté dans une nature indifférente[2]. » Car la cosmologie romanesque déployée à travers l'écriture fictionnelle possède toujours une chatoyance fébrile, symptôme d'une fascination oscillant sans cesse entre peur, mépris et admiration. Même dans *Monsieur Ouine* où le personnage éponyme rappelle par quelques traits marquants le gnosticisme décadent (obsédé par le culte du secret et le retour à l'origine, célibataire stérile mais débauché amoral, étranger, exilé, élitiste, orgueilleux en quête d'un salut individuel[3]), la nature n'est jamais décrite comme une masse chosifiée et indifférente. Et c'est même dans la bouche de l'agonisant scandaleux qu'elle peut encore une ultime fois apparaître vivante :

> J'ai toujours craint l'air vif à l'aube, je ne saurais trop me défendre contre sa malignité, reprit-il après un long silence. Même en ces mois, la chaleur du jour n'en a pas aisément raison, il a mille subterfuges, mille retraites, il se glisse au fond des chemins creux, tourne au plus épais des bois, et il m'arrive de le rencontrer tout à coup, en plein midi, ainsi que ces courants glacés qui courent, dit-on, au sein des mers tropicales – de sentir son acidité... Mais, quand tombe le soir, à cette heure du crépuscule, la terre harassée dégorge une vapeur tiède et grasse, une espèce de sueur qu'il faudra toute la nuit pour dissoudre. (MO, 1528).

La sournoise malignité de l'air matinal alliée à la terre en sueur, composent un portrait hostile du cosmos de Fenouille, ensemble redoutable pour

---

1   5. J, 598.

2   Hans Jonas, *op. cit.*, p. 440-441.

3   Ouine réunit ainsi de nombreux traits spécifiques à l'individu gnostique, tel qu'a pu, par exemple, en dresser le portrait grinçant Henri-Charles Puech dans la préface du premier tome de son ouvrage *En quête de la gnose* (tome I *La Gnose et le temps*), éditions Gallimard, Paris, 1978, p. xiv-xxv). Simone Pétrement n'a pas hésité à critiquer cette image sévère du gnostique, telle qu'elle ressort de la célèbre préface : « Dans ce portrait, on ne trouve pas, me semble-t-il, la moindre trace de noblesse. On a peine à croire que tant d'hommes aient été si médiocres. On a l'impression que Puech, qui a étudié les gnostiques toute sa vie, en a été finalement si excédé qu'il les a pris en grippe et les juge souvent un peu plus mal qu'ils ne le mériteraient. » (Simone Pétrement, *Le Dieu séparé. Les origines du gnosticisme*, Paris, éditions du Cerf, 1984, p. 198). Elle encourage également à éviter les confusions entre gnosticisme originel, proche du christianisme primitif, et gnosticisme tardif ou décadent dont le syncrétisme a pu aboutir à certaines dérives (amoralisme, libertinage...).

l'organisme fragile du tuberculeux à l'agonie. Davantage anticosmique qu'acosmique, le gnostique Ouine est également à mille lieues des athéismes moderne, existentialiste ou nihiliste, lui qui nourrit une authentique espérance eschatologique :

> Quelques jours encore et, selon l'idée qu'il se forme de la vie future (car son orgueil n'a jamais accepté la grossière hypothèse de l'anéantissement) ce tourbillon d'images errantes, affolées, se fixera tout à coup, les mille notes de la symphonie éclateront en un seul accord[1]. (MO, 1530)

Théoricien improvisé d'une eschatologie personnelle et musicale, l'orgueilleux professeur de langues abandonne l'hypothèse athée à l'homme vulgaire, et son raffinement spéculatif lui permet d'élaborer un réseau d'images personnelles adaptées à sa sensibilité pour concrétiser l'attente du salut éternel. Plus gnostique que moderne, Ouine habille son nihilisme intra-mondain d'un arrière-fond métaphysique et son agonie même coïncide avec une expérience mystique sauvage où l'extase se confond avec la perte de toute individualité humaine. C'est ainsi qu'il décrit précisément à Steeny une expérience d'instase (« Je me vois maintenant jusqu'au fond, rien n'arrête ma vue, aucun obstacle » (1550) ; « Rentrer en soi-même n'est pas un jeu (…) je me suis retourné, positivement »), qui aboutit à un rire extatique n'ayant « plus aucun sens humain » (1560). Il semble bien que Ouine échappe au nihilisme de la modernité par un naturalisme moniste qui, en abolissant la réalité extérieure, abolit en même temps l'idée d'humanité.

Parallèlement à la première piste de recherche qui décelait la présence souterraine d'un gnosticisme inconscient, une seconde orientation est envisageable, qui relativise la pertinence de cette lecture gnostique du romanesque. Ainsi, le choix herméneutique effectué par Marcelle Stubbs-Faccendini qui explique le personnage de Jambe-de-Laine en recourant aux tribulations de la Pistis Sophia, figure prédominante de l'imagerie gnostique chrétienne[2], devrait être complété par d'autres références pour relativiser l'audacieuse comparaison. Récriture romanesque de l'ésotérique Sophia copte, l'itinéraire hystérique de Jambe-de-Laine s'inscrirait donc dans le sillage des fourvoiements angoissés de son ancêtre antique, modèle forcément inconscient puisque cette œuvre gnostique

---

1   Ce passage à lui seul apporte un démenti grave et cinglant aux nombreuses études consacrées à l'athéisme de Ouine, et qui l'érigent en symbole romanesque du nihilisme moderne.

2   Marcelle Stubbs-Faccendini, *thèse citée*, p. IX.

copte contemporaine du christianisme primitif n'a été accessible au
public français qu'en 1975[1]. Cette Jambe-de-Laine gnostique, si perspi-
cacement exhumée d'un inconscient créateur dont la richesse est censée
transcender les barrières spatio-temporelles et culturelles, peut tout aussi
aisément et plus naturellement renvoyer – bien que de manière moins
originale – à la double et antithétique figure chrétienne de la pécheresse et de la sainte. En effet, à la fois messagère du Malin, pécheresse
évangélique[2] et en même temps Ève à la hanche boueuse[3], Marie au
profil si pur[4], le personnage supporte une herméneutique plurielle qui
déborde même les sources imaginaires de la littérature chrétienne, bien
en-deçà de la Lettre biblique. Car le paganisme affleure aussi en Jambe-
de-Laine à travers la double polarité de l'animalité et du sacré. Bête
primitive fantastique, entre l'oiseau, l'insecte et la méduse[5], elle assume
aussi la fonction antique et magique de prostituée sacrée, de victime
sacrificielle[6] et de Nemesis[7]. Entre paganisme et christianisme, entre
orthodoxie et hérésie, les représentations polymorphes de cette féminité
fictionnelle aboutissent à un étrange syncrétisme d'où cependant émerge
irréductiblement un catholicisme échevelé et macrophage, à travers le
motif masqué mais obsessionnel de la créature de Dieu comblée de
grâces secrètes et brûlantes. Car au-delà de la femme hippomorphe, de
la bête fantastique, de l'être incompréhensible oscillant entre folie et
mystique sauvage, se lève irrésistiblement la double image littérarisée

---

1   *Pistis Sophia*, ouvrage gnostique, traduit du copte en français par E. Emelineau, éditions
    Archè, 1975.
2   N'est-il en effet pas plus naturel de rapprocher Jambe-de-Laine des pécheresses évangé-
    liques, de la Samaritaine à la femme adultère qui doit être lynchée ? Et si dans le roman,
    le lynchage a bien lieu, n'est-ce pas d'abord parce que l'homme Jésus n'est pas auprès
    d'elle pour la défendre de la foule ?
3   « Déjà elle avançait vers lui de son pas magnifique. La chute avait plaqué sur sa hanche
    une énorme tache de boue [...] » (MO, 1402).
4   « Elle incline la tête, découvre à travers la chevelure remplie d'ombre un profil d'une
    incroyable pureté. Chaque trait de son visage s'est détendu, repose, et la bouche enfantine
    a l'air de s'ouvrir à une eau mystérieuse. » (MO, 1425).
5   « Elle lui tourne le dos, se jette en avant, comme pour rattraper son équilibre. Philippe
    pense à un gigantesque oiseau blessé qui marche sur ses ailes. » (MO, 1357) ; « un insecte,
    j'te dis, voilà ce qu'elle est [...]. Jour et nuit, ils l'entendent bourdonner d'un bout à l'autre
    du pays, comme une grosse mouche ». (MO, 1412-13) ; « On voyait remuer, entre les lattes
    grises, son visage peint, verni de la pointe affaissée du menton jusqu'à ses hauts sourcils
    châtains – cette image violente, inexplicable, à cette heure, en ce lieu, parmi ces choses
    paisibles, aussi lugubre qu'une tête coupée. » (MO, 1390).
6   « Reniée par les siens, pauvre, avilie, suspecte à tous, elle semblait la victime laissée à
    l'appétit d'une classe par l'autre, un gage d'avance sacrifié. » (MO, 1498).
7   « Nul doute que l'honorable professeur Ouine ne soit demain où vous souhaitez le mettre,
    gracieuse Némésis... » (MO, 1406).

des doctrines chrétiennes de la création et de la grâce, à l'œuvre dans toute existence authentiquement métamorphique.

Si d'autre part, comme le soutient Simone Pétrement[1], le gnosticisme historique doit être relié à une dérive d'abord marginale puis hérétique du christianisme primitif[2], le gnosticisme latent de la création romanesque s'explique alors de manière fort naturelle. Plus besoin alors d'invoquer la théorie des archétypes, d'imaginer la résurgence d'un inconscient collectif ou même un état d'esprit gnostique lié à une situation socio-historique particulière pour justifier la présence insistante de l'imagerie gnostique dans une œuvre dont l'auteur ignorait probablement tout de la littérature productrice de cet imaginaire. Tout simplement imprégnée de son support biblique, l'écriture romanesque mettrait ainsi en scène, plus justement même qu'un gnosticisme latent[3], un christianisme excessif et littéraire, à l'image des « essais de littérature religieuse » conçus par ces chrétiens marginaux des premiers siècles :

> Sans doute, ce christianisme sans règle et pour ainsi dire sauvage était sujet à s'égarer. Mais s'il avait plus de liberté pour l'extravagance, il en avait plus aussi pour la création, la poésie. (…) Même les écrits gnostiques en prose, ou du moins la plupart d'entre eux, doivent probablement être regardés comme une sorte de poésie. Car ce ne sont pas des écrits où l'on s'efforce d'argumenter. La part des mythes et des images y est très grande, et l'on ne peut penser que tous ces mythes, tous ces symboles, aient été objets de croyance[4].

Digne héritier naturel du mythologique, le romanesque impose une écriture non conceptuelle et non doctrinale de la transcendance chrétienne, substituant, dans le sillage de la littérature gnostique des tout premiers siècles, l'image à l'argument, la fiction à l'abstraction, le déploiement de l'imaginaire mystique au processus de rationalisation théologique. Gnostique car littéraire, tel serait le diagnostic herméneutique le plus vraisemblable pour justifier la présence dans l'œuvre romanesque d'une imagerie chrétienne marginale dont la puissance émotionnelle universalise

---

1 La première partie de son ouvrage constitue une démonstration selon laquelle il serait difficile de comprendre les principaux mythes et caractères des doctrines gnostiques sans invoquer le christianisme (Simone Pétrement, *Le Dieu séparé. Les origines du gnosticisme*, éditions du Cerf, Paris, 1984).

2 [...] le gnosticisme chrétien semble avoir été au début bien moins syncrétiste et bien moins étrange qu'il ne l'a été dans la suite. En général, le caractère syncrétiste est allé en croissant, les caractères manifestement chrétiens en décroissant. » (*Ibid.*, p. 33).

3 Voir encore Simone Pétrement, *op. cit.*, p. 17 : « [...] On a tendance à voir du gnosticisme partout. »

4 *Ibid.*, p. 44.

418   LES ROMANS DE BERNANOS

en la rendant accessible une doctrine exigeante fondée sur un irréductible dualisme entre immanence et transcendance.

C'est ainsi que le mystère gnostique du renversement des valeurs ainsi que de celui du sens de la création trouve une nouvelle réponse à travers l'événement-limite de la crucifixion, suivi de son herméneutique, la théologie paulinienne de la croix. Il y aurait donc bien un anticosmisme[1], un antijudaïsme[2], un mépris du corps originellement et authentiquement chrétiens que le gnosticisme se serait contenté de dramatiser avec délectation. Ces positions de rejet coïncident avec le processus d'insatisfaction décrit par Puech mais Simone Pétrement refuse de les relier à une oppression du monde ou à une révolte fondée sur une affirmation prométhéenne de l'individu. Ce sont le scandale de la croix et l'idolâtrie du monde sous-tendue par cet événement-limite qui motiveraient d'abord les excès de l'anticosmisme, « qu'il vaudrait mieux appeler le dualisme transcendantal ou, mieux encore un sentiment de la transcendance poussé à l'extrême[3] ». L'œuvre romanesque, dans ses métamorphoses même, épouse cette proposition herméneutique, qui assimile le gnosticisme originel à un christocentrisme intégral sans compromis ni dispersion. Car les huit intrigues ne cessent de justifier cosmologie, théologie, anthropologie et eschatologie mises en œuvre romanesquement par le scandale de la croix. « Nous ne sommes pas au monde[4] » écrit le jeune curé d'Ambricourt, porte-parole des autres prêtres du roman mais aussi de toutes les figures fictionnelles de la marginalité mystique. Ainsi le drame cosmique de l'être exilé sur la terre, éprouvé par les personnages, se confond avec le drame humain du chrétien qui se doit au paradoxe déchirant d'accomplir le royaume de Dieu dans un monde idolâtre crucificateur du Fils de l'Homme et dévoré par le péché. La mystique Chantal coordonne consciemment un

---

1   « Bien que l'anticosmisme chrétien soit moins prononcé d'ordinaire que l'anticosmisme gnostique, il serait faux de dire qu'il n'y a pas du tout d'anticosmisme chrétien, il suffit de lire le Nouveau Testament. » (Simone Pétrement, *op. cit.*, p. 24).

2   « … L'antijudaïsme va croissant de Paul à Jean. » (*Ibid.*, p. 24). Paul critique la prétention sotériologique de la Loi juive et Jean alimente les polémiques antijudaïques, orientant leurs premiers lecteurs vers une critique du Dieu de l'Ancien Testament confondu dans l'élaboration de la doctrine gnostique avec le démiurge créateur du cosmos (Jonas évoque à ce sujet un « antisémitisme métaphysique », *op. cit.*, p. 460). Ces deux fondateurs de la théologie chrétienne seraient donc les principaux inspirateurs du gnosticisme : « Quelle que soit l'étrangeté de certains écrits gnostiques, on y retrouve toujours, au fond, le paulinisme et le johannisme. Ce sont d'ailleurs les seules doctrines qui puissent leur donner un sens. » (*Ibid.*, p. 30).

3   Simone Pétrement, *op. cit.*, p. 45.

4   JC, 1143.

puissant sentiment d'étrangeté au monde et le constat d'une terre livrée au péché humain :

> Mais aujourd'hui, à cet instant, il semblait, comme un oiseau au creux de l'orage, qu'elle eût perdu le sens même du vol. De quelle hauteur était-elle donc retombée pour qu'elle se sentît peser d'un tel poids sur la terre qu'elle étreignait de ses mains et de ses genoux ? Dans son étonnement, elle n'osait se lever, quitter ce lieu désert, intolérable. Elle osait à peine ouvrir les yeux, fixer son regard sur les lignes nettes et dures des collines, qu'elle craignait tout à coup voir se refermer sur elle. [...]. Mais cette terre même n'était pas moins puissante, avide, formée aux désirs de l'homme, pétrie et repétrie par le péché, terre de péché[1].

Quant à l'encratisme apparent révélé par des manifestations de haine ou de dégoût envers une enveloppe corporelle désignée comme définitivement répugnante ou nuisible, il s'agit le plus souvent d'un ascétisme à l'œuvre comme *imitatio Christi* et crainte du péché. Ainsi, l'humilité de Donissan est telle qu'après l'auto-flagellation sanglante, « pas une minute cet homme incomparable n'osa d'ailleurs songer, pour sa défense, à ceux des serviteurs de Dieu qu'une même terreur sacrée arma parfois contre leur propre chair... » (S, 152). Et sa diatribe à l'encontre du cycle aveugle et obstiné de la reproduction humaine ne doit pas être rapprochée de la haine gnostique envers la reproduction. Elle semble être davantage motivée par une horreur métaphysique du péché inhérent à la fatalité générationnelle que par un rejet névrotique de la sexualité reproductrice entretenant la captivité de l'homme dans un monde hostile[2]. Si l'on se reporte à la rencontre satanique du premier roman[3], le gnosticisme inconscient ou latent décelé dans la création romanesque fusionne avec un christianisme fictionnalisé voire mythologisé. Le processus progressif

---

1   J, 604.
2   Lire S, 204-206 et en particulier : « Partout le péché crevait son enveloppe, laissait voir le mystère de sa génération : des dizaines d'hommes et de femmes liés dans les fibres du même cancer, et les affreux liens se rétractant, pareils aux bras coupés d'un poulpe, jusqu'au noyau du monstre même, la faute initiale, ignorée de tous, dans un cœur d'enfant... » (S, 206).
3   Dans son ouvrage intitulé *Savoir et Salut* (éditions du Cerf, Paris, 1992), Guy Stroumsa affirme que le gnosticisme fut surtout séduit par les aspects mythologisants de la doctrine chrétienne : « Gnosticisme et christianisme sont tous deux liés de par leurs origines, aux mêmes courants remythologisants du judaïsme apocalyptique. Le personnage de Satan, par exemple, acquit une stature nouvelle dans les textes du christianisme ancien (déjà dans les évangiles synoptiques). La mythologisation chrétienne de Satan ouvrit la voie à la démonisation du démiurge : la pensée gnostique fondamentalement mythologisante pouvait ainsi paraître comme le prolongement logique d'un élément central de la doctrine chrétienne. » (p. 174).

d'intériorisation du mythe au fil de l'écriture romanesque aboutit à une mysticisation du contact transcendant, à l'œuvre non plus à travers des signes ou des visions mais dans le secret des cœurs et des corps[1]. Cette démythologisation mysticisante brise peu à peu les aspects les plus échevelés, outranciers, excessifs du christianisme paulinien et johannique pour s'achever dans l'ordre des péripéties romanesques par la description désenchantée du cadavre pétrifié d'un professeur de langues à la retraite[2].

L'HÉRÉSIE VOLÉE À L'ENFER

Alors que le mot « gnostique » est étranger au vocabulaire de l'écrivain Bernanos, le terme d'hérésie revient à plusieurs reprises sous sa plume. Mais le jugement de valeur induit par cet emploi même s'accompagne le plus souvent du souci de nuancer le sens péjoratif qu'a pu lui attribuer le christianisme primitif. C'est en 1943, soit trois années après avoir définitivement abandonné la création romanesque, et à propos de Martin Luther, que Bernanos développe en son nom propre une herméneutique iconoclaste et mystique de l'horizon hérétique :

> J'ai toujours cru – sans prétendre forcer personne à le croire avec moi – que les grands hérésiarques qui ont ravagé l'Église auraient pu aussi bien en devenir la gloire, qu'ils avaient été choisis, séparés, marqués pour un destin extraordinaire, une merveilleuse aventure. Je suis donc logiquement forcé de croire aussi qu'ils avaient reçu des grâces sans prix, qu'ils les ont dissipées, qu'ils ont jeté au vent, perdu en vaines disputes, des richesses spirituelles immenses, incalculables, qui eussent peut-être suffi à rassasier pendant des siècles l'innocente chrétienté… On est parfaitement libre d'imaginer que si ce petit juif nommé Saül n'avait pas roulé un soir, dans la poussière de la route de Damas, son visage ruisselant de honte, de remords, d'amour et de larmes, il aurait fini sa vie dans quelque obscure synagogue de village. Mais on est libre également de rêver qu'il eût été l'hérésiarque des hérésiarques, plus redoutable à lui seul que Nestorius, Arius et Luther tout ensemble, car il était comme le feu même, qui réchauffe et dévore, purifie et détruit[3].

---

1   Cette mysticisation s'observe par exemple dans la métamorphose de mode de relation à la transcendance, du saint de Lumbres au curé d'Ambricourt.

2   L'évolution de la création romanesque illustre la thèse défendue par Stroumsa pour justifier l'effacement progressif du gnosticisme historique : « Je prétends que la victoire du christianisme sur le gnosticisme (de même que sur la pensée païenne) reflète ce qu'on peut appeler la première phase du "désenchantement chrétien du monde" – un processus dont l'*Entzauberung* moderne si magistralement identifiée et analysée par Weber représente le sommet, mais qui commença avec les Pères de l'Église. » (*op. cit.*, p. 167).

3   Georges Bernanos, « Frère Martin », *Esprit*, n° 183, octobre 1951, p. 442. Repris sous le titre « Martin Luther » dans EEC I, p. 909-916. Pour les derniers mots cités, le texte de la Pléiade donne : « réchauffe ou dévore, purifie ou détruit. »

Êtres de feu, saints et hérétiques de la Grande Église ne seraient ainsi séparés les uns des autres que par une barrière transparente[1], celle de l'usage que chacun des deux partis a pu faire de la surabondance des grâces divines offertes. La « merveilleuse aventure » des hérésiarques chrétiens s'inscrirait donc bien dans le dynamisme divin du devenir ecclésial et sa redoutable marginalité ne serait que le fruit d'une mystérieuse marque, voire d'une élection céleste alliée au déploiement imprévisible de la liberté humaine. Bernanos désapprouve l'exhibition cruelle de la déchéance du Réformateur :

> Dans un de ses livres, Jacques Maritain s'est donné le cruel plaisir de reproduire, à quelques pages de distance, deux portraits du chef de la Réforme. Le second nous montre un Luther vieilli, le visage endolori par une sorte de bouffissure, analogue à celle de la décomposition, les traits méconnaissables et presque entièrement animalisés[2] [...]

car « cette horrible métamorphose » ne s'achève pas à la mort de Luther mais connaît de nouveaux avatars, au-delà de celle-ci :

> J'aime mieux essayer de comprendre quelque chose aux épisodes d'un drame dont le vrai dénouement nous restera toujours inconnu en ce monde, et peut-être dans l'autre – qui peut savoir, en effet, où la douce pitié de Dieu cachera ceux qu'elle a volés à l'enfer, par quelque stratagème irrésistible, pour l'éternelle confusion des justes et des sages. (« Frère Martin », p. 439)

Comment, en effet, localiser la miséricordieuse cachette et identifier ses mystérieux reclus, sinon en rêvant – docile en cela aux conseils de l'écrivain[3] – à cette romanesque hypothèse ? Mais le rêve mystique peut-il suffire au chrétien éprouvé par le mystère double de la damnation et du rachat ?

Dans une brève « note sur Bernanos, Luther et Judas[4] », Pietro Copiz rectifie, lettre de la fille de l'écrivain à l'appui, la déclaration faite par

---

1   La théorie intuitive de Bernanos annonce les convictions des spécialistes actuels du gnosticisme considérant, tel Michel Tardieu, cette hérésie primitive comme un mouvement qui reste essentiellement chrétien dans son questionnement et ses réponses même s'il est rejeté par le courant dominant. Michel Tardieu souligne ainsi, dans le sillage d'A. Orbe (*Estudios valentinos*, Rome, 1958-1966) que le gnosticisme de Valentin met en place la première théologie chrétienne de la Trinité dont toute la tradition théologique orthodoxe ultérieure sera tributaire. (Jean-Dominique Dubois et Michel Tardieu, *Histoire du mot « gnostique »*, Paris, Éditions du Cerf – C. N. R. S., 1986).

2   Frère Martin, *op. cit.*, p. 438.

3   « [...] je crois qu'il y a [...] là de quoi nous faire rêver aux mystérieux desseins de la toute-puissante miséricorde sur cet homme étrange. » (*Ibid.*, 438).

4   Pietro Copiz, in Études bernanosiennes 16, *Revue des Lettres modernes*, n° 504-509, 1977, p. 161-163.

Hans Urs von Balthasar au sujet de la prière quotidienne du chrétien Bernanos en faveur de Luther[1]. Claude Bernanos ignorait donc si son père priait chaque jour pour Luther mais « je sais qu'il priait chaque jour pour Judas ; et c'est ce que je fais aussi[2]. » De Luther à Judas, la parenté spirituelle s'établit naturellement par l'entremise d'un témoignage filial de première importance où la fille de sang réunit dans la même lignée spirituelle et par association libre les deux figures les plus controversées du christianisme, suivant le fil inconscient de sa restitution mémorielle et scripturale. Bernanos écrit donc son rêve du rapt divin de Luther et prie quotidiennement en faveur de Judas. Il est possible, dans ces conditions, de rêver à notre tour qu'écriture et prière unissent, dans l'imaginaire de Bernanos, Judas et Luther comme secrets enjeux d'un même stratagème divin où l'infinie miséricorde retire de l'enfer ceux qui s'y seraient précipités – à leur insu ? C'est ainsi que le rêve de l'écrivain se confondrait avec la prière de l'homme dans une même tentative d'intercession et de rachat. Suivre la trace de ce rêve-prière à travers les métamorphoses de l'écriture romanesque de Judas et de Luther nous entraîne sur les chemins de l'hérésie fictionnalisée où les frontières théologiques du dogme deviennent floues tandis que se déploie un imaginaire mystique brûlant et douloureux.

Le déséquilibre est flagrant dans la représentativité romanesque de ces deux figures historiques. En effet, alors que Martin Luther n'apparaît nommément qu'une seule fois dans la totalité du corpus, le prénom de Judas revient à plusieurs reprises au fil de l'œuvre et dans des romans différents. Il s'avère difficile, dans ces conditions, de travailler sur les métamorphoses de l'écriture romanesque de l'homme Luther, figé dans

---

1   Il faut restituer ci-dessous le contexte de cette déclaration, lié aux relations complexes entre ministère et sainteté dans l'Église : « On peut dire que, pour Bernanos, le drame de l'Église se joue entre le prêtre et le saint, ces deux pôles, également puissants, également importants de la sacralité objective (consécration, pleins pouvoirs, sacrements) et de la sainteté subjective, qui s'appuie toujours sur l'autre et ne peut s'en éloigner un seul instant. Mais l'image d'une telle polarité, si elle n'est pas fausse, laisse échapper l'essentiel : le mouvement même qui anime le saint lorsqu'il subjectivise la sacralité objective. C'est à l'intérieur de l'Église, et sans l'abandonner le moins du monde, qu'il dépasse la sphère de l'objectivité, le plan simplement fonctionnel. Ce dépassement, c'est la liberté chrétienne, c'est-à-dire toujours un événement immense, un risque couru en Dieu, une sorte d'explosion. Dans le cas de Luther, à l'égard de qui Bernanos nourrissait un intérêt passionné et douloureux, et en faveur de qui il priait chaque jour, l'explosion a été si forte que le moine augustin est sorti de l'Église ; il a eu tort, c'est à l'intérieur de l'Église qu'il fallait explose, il eût été sans doute alors un saint ». (Hans Urs von Balthasar, *Le Chrétien Bernanos, op. cit.*, p. 227).

2   Extrait de la lettre à Pietro Copiz, citée par lui in *ibid.*, p. 161.

un unique portrait monolithique. Étrangement – conformément à notre intuition ? – c'est l'une à la suite de l'autre que le curé de Torcy évoque les deux figures : Luther d'abord, dans une prise de parole annoncée par une confidence à Ambricourt au sujet de ses « embêtements » passés[1], Judas juste après, lors d'une ultime « tirade » dédiée au commentaire d'une parole de Jésus et clôturée par une prosopopée christique adressée à l'apôtre en question[2]. Le portrait bref et empathique de Luther, brossé à la diable et dans le feu de la conversation fictionnelle, annonce par la lettre et par l'esprit l'herméneutique davantage peaufinée de *Frère Martin*. Il peut ainsi sans ambiguïté être identifié comme la matrice romanesque de l'essai ultérieur qui développera, tout en leur restant fidèle, les traits attribués par Torcy au Réformateur : le « tempérament », « la faim et la soif de justice », « le portrait qu'on a fait de lui sur son lit de mort[3] ». La longue évocation de Judas, quant à elle, fatalement tributaire du support évangélique, nourrit une tension interne révélatrice des difficultés éprouvées par le romancier à traiter le mystère de l'apôtre maudit. En effet, à la différence de Luther, Judas a côtoyé le Fils de Dieu. Son histoire a été consignée dans le Nouveau Testament. La liberté d'interprétation est donc, sinon amputée, du moins bridée par l'impossibilité d'ignorer la nature explosive des contenus évangéliques le concernant. Cette impossibilité est d'autant plus contraignante que la parole sur Judas émane d'une bouche sacerdotale, celle d'un prêtre catholique dont l'apôtre en question, « l'un des Douze » (Mc 14,10), a appartenu au groupe de ceux que la grande Église a considérés comme les premiers évêques du christianisme. La référence initiale à Luc révèle d'emblée l'inexactitude du sordide souvenir néo-testamentaire[4], d'ailleurs immédiatement désamorcé par l'anachronisme humoristique des nécessités afférentes à la profession de banquier et par l'évocation de son piètre

---

1   JC, 1076.
2   *Ibid.*, 1078-1080.
3   *Ibid.*, 1076.
4   « Saint Luc nous rapporte qu'il tenait les comptes et que sa comptabilité n'était pas très nette, soit ! » (JC, 1078). Torcy (Bernanos) attribue à Luc la double information johannique – support stable à une herméneutique anti-judaïque – de l'apôtre responsable malhonnête de la caisse commune, à la fois cupide et voleur (Jn 12, 6-7). En fait, la totalité du passage renvoie à la version johannique du récit de l'onction de Jésus à Béthanie (Jn, 12, 1-8), la seule parmi les quatre récits à faire de Judas l'objecteur de Jésus (chez Marc, les objections sont faites par des convives indéterminés ; chez Luc, il s'agit du pharisien Simon ; chez Matthieu, ce sont les disciples) auquel Jésus rétorquera la célèbre parole dont Torcy ne retient qu'une partie, support de son extrapolation : « c'est la parole la plus triste de l'Évangile, la plus chargée de tristesse. Et d'abord, elle est adressée à Judas. Judas ! » (JC, 1078).

sens de la négociation financière. La question est complexe et dérangeante.
Le romancier aurait-il sciemment introduit la confusion : premièrement
pour discréditer la parole autoritaire de Torcy ? Deuxièmement pour
discréditer le récit évangélique lui-même en dénonçant implicitement
les contradictions à l'œuvre dans les quatre portraits évangéliques de
Judas ? En l'absence d'éléments objectifs facilitant son élucidation, il
est en effet plus confortable de penser que Bernanos maîtrisait mal son
Nouveau Testament... Cette double prise de distance avec la source
évangélique, d'abord par la confusion – voulue[1] ? – entre Luc et Jean
ainsi que par la dédramatisation insolente du portrait-charge originel,
pose délibérément un premier obstacle à la simple et fidèle actualisation de la position johannique dans la description et le décryptage
du cas Judas. La prosopopée qui suit, où Torcy se substitue à « Notre
Seigneur » (1079) pour traduire dans son langage de curé affranchi du
style ecclésial l'énigmatique : « il y aura toujours des pauvres parmi
vous » (1079), constitue un affranchissement supplémentaire de la source
néo-testamentaire puisque le nouveau propos ne se superpose à aucune
traduction originelle, christique ou narrative, de la mystérieuse parole.
Dans la consignation néo-testamentaire, ni Jésus ni les évangélistes
n'ont tenté de l'expliquer, laissant alors le champ libre, vingt siècles plus
tard, à l'émergence d'une parole ventriloque qui, émanant pourtant de
la bouche de Torcy, submerge soudain sa théorie conciliante d'un Judas
banquier incompétent et philanthrope :

---

1   « Mais enfin, c'était le banquier des Douze, et qui a jamais vu en règle la comptabilité
     d'une banque ? Probable qu'il forçait un peu sur la commission, comme tout le monde.
     À en juger par sa dernière opération, il n'aurait pas fait un brillant commis d'agent de
     change, Judas ! » (JC, 1078). Cette dernière phrase fait voler en éclats le préjugé anti-
     judaïque selon lequel le juif est habile en affaires. Torcy soulève ici la contradiction
     souterraine qui travaille le discours johannique sur Judas : si ce dernier était cupide et
     voleur, comment a-t-il pu si mal négocier l'ultime transaction de sa carrière d'escroc
     professionnel ? Kierkegaard s'était déjà posé la question qui distille le poison du doute
     concernant la vérité historique et psychologique du portrait johannique : « ... l'histoire
     de Judas est presque ridicule, et l'on serait tenté, pour des raisons de tempérament, de
     mettre en doute la vérité historique : comment un juif, et Judas était juif, comment un
     juif a-t-il pu être aussi piètre financier pour céder au prix de trente sicles, si l'on veut,
     l'extraordinaire valeur marchande représentée par Jésus-Christ. » (Sören Kierkegaard,
     L'Instant (1854-1855) in Œuvres complètes, t. XIX, Paris, 1982, p. 47). Contrairement à
     Kierkegaard, Bernanos évite l'allusion aussi stéréotypée que fâcheuse au topos anti-judaïque
     du sens juif de la finance, en se limitant au cas Judas. C'est ainsi que le portrait dressé
     par Torcy du banquier incompétent et cependant philanthrope (« Après tout si l'affaire
     avait marché, Judas aurait probablement subventionné des sanatoria, des hôpitaux, des
     bibliothèques ou des laboratoires. » JC, 1079) n'a plus grand rapport avec le grinçant et
     tendancieux portrait johannique.

[...] il y aura toujours des pauvres parmi vous, pour cette raison qu'il y aura toujours des riches, c'est-à-dire des hommes avides et durs qui recherchent moins la possession que la puissance. De ces hommes, il en est parmi les pauvres comme parmi les riches et le misérable qui cuve au ruisseau son ivresse est peut-être plein des mêmes rêves que César endormi sous ses courtines de pourpre. Riches ou pauvres, regardez-vous donc plutôt dans la pauvreté comme dans un miroir car elle est l'image de votre déception fondamentale, elle garde ici-bas la place du Paradis perdu, elle est le vide de vos cœurs, de vos mains. (JC, 1080).

Libéré du carcan anti-judaïque dans lequel l'a enfermé une certaine herméneutique johannique, le Judas de la prosopopée n'est pas voleur par atavisme, avarice ou désir d'enrichissement personnel. La prospective optimiste de Torcy assimile ainsi Judas au précurseur malchanceux du capitalisme, investisseur et mécène philanthrope :

Bref, Notre-Seigneur savait très bien le pouvoir de l'argent, il a fait près de lui une petite place au capitalisme, il lui a laissé sa chance, et même il a fait la première mise de fonds ; je trouve ça prodigieux, que veux-tu ! Tellement beau ! Dieu ne méprise rien. Après tout, si l'affaire avait marché, Judas aurait probablement subventionné des sanatoria, des hôpitaux, des bibliothèques ou des laboratoires. Tu remarqueras qu'il s'intéressait déjà au problème du paupérisme, comme n'importe quel millionnaire[1].

Judas vole donc son maître[2] par volonté non de possession mais de puissance. L'herméneutique fonctionne ici à plein régime, puisque « le vieux Nietzsche[3] » se dessine en filigrane pour éclairer – sinon justifier – d'un regard moderne la mystérieuse noirceur évangélique de l'apôtre Judas, aussi pauvre matériellement que les autres apôtres mais riche de ses pulsions d'autonomie dominatrice.

Quelques pages seulement après la mise en scène par Torcy de la prosopopée de Jésus à Judas, le curé d'Ambricourt[4] prend le relais dans

---

1   JC, 1078-79.
2   « Tu ferais mieux de me rendre l'argent que tu m'as volé (...) (JC, 1079). Torcy ne conteste pas la parole johannique mais refuse d'entrer dans la logique anti-judaïque de ses effets.
3   C'est par cette expression que Bernanos désigne le philosophe dans la seule allusion explicite de toute la correspondance : « Le vieux Nietzsche l'a dit juste comme il faut : "La vie est quelque chose qui doit être surmontée" » (Lettre à son neveu Guy Hattu, Corr. I, p. 468). Quasi hypocoristique, l'adjectif « vieux » devant un nom propre est souvent valorisant sous la plume de l'écrivain (voir le « vieux camarade Rimbaud » *ibid.*, p. 251).
4   Auditeur médusé de cette performance scénique où Torcy s'est comme substitué aux acteurs de mystères médiévaux, le diariste rapporte à la suite de cette « tirade » mystique l'état respectif des deux protagonistes : « Sa grosse main tremblait sur mon bras, et les larmes que je croyais voir dans ses yeux semblaient y être dévorées à mesure par ce regard qu'il

l'entreprise romanesque de décryptage du cas Judas, relais dissocié en deux instants d'un laconisme croissant. Le premier se révèle dans une digression concernant l'idée de monstruosité, qui anéantit en quelques lignes l'énergie déployée par Torcy avant la prosopopée pour humaniser, sinon réhabiliter la figure si malmenée par les évangélistes et la Tradition. Judas redevenu monstre coïncide avec l'hypothèse d'une énigme absolue dont Dieu seul a la clé :

> La monstruosité échappe à toute commune mesure. Qui peut savoir les desseins de Dieu sur un monstre ? À quoi sert-il ? Quelle est la signification surnaturelle d'une si étonnante disgrâce ? J'ai beau faire, je ne puis croire, par exemple, que Judas appartienne au monde – à ce monde pour lequel Jésus a mystérieusement refusé sa prière... – Judas n'est pas de ce monde-là[1]...

Cette nouvelle qualification libère paradoxalement l'apôtre du dilemme théologique entre damnation éternelle et rachat puisque sa non-appartenance au monde le soustrait au jugement divin. Créature instrumentalisée par les insondables desseins de Dieu, Judas échappe au monde qui le condamne, monstre non du Mal mais de la Transcendance à l'œuvre dans le monde[2]. L'herméneutique du curé d'Ambricourt s'est totalement affranchie des pistes ouvertes par les récits évangéliques consacrés à Judas et rejoint en cela le rêve mystique formulé par Bernanos (Frère Martin) des inconnus volés à l'enfer par la miséricorde divine. L'image du monstre étranger au monde cède inexplicablement la place dans le second instant à celle de l'homme entier qui se pose en ennemi lucide de Dieu. Le curé d'Ambricourt oppose ainsi fermement la révolte caïnite[3] de Judas à la fuite peureuse de ceux qui passent leur vie à éviter

---

tenait toujours fixé sur le mien. Je ne pouvais pas pleurer. La nuit était venue sans que je m'en doutasse et je ne distinguais plus qu'à peine son visage maintenant immobile, aussi noble, aussi pur, aussi paisible que celui d'un mort. Et juste à ce moment, le premier coup de l'angélus éclata, venu de je ne sais quel point vertigineux du ciel, comme de la cime du soir. » (JC, 1080).

1   JC, 1089-90.

2   Cette théorie pousse dans ses derniers retranchements l'opposition abrupte déployée dans les synoptiques, qui fait coexister sans les justifier la culpabilité de l'ami traître et le dessein meurtrier de Dieu sur son Fils sacrificiel. Il s'agit de l'annonce par Jésus de sa livraison prochaine (Mc 14, 17-21 ; Mt 26, 20-25 ; Lc 22, 21-23) : Malheur à celui par qui le Fils de l'Homme est livré même si cette livraison accomplit les Écritures... « Mieux eût valu pour lui qu'il ne fût pas né cet homme-là ! » Déformant la déploration christique, Ambricourt refuse de croire à l'existence effective de l'homme Judas, instrument non-humain du dessein divin.

3   La référence implicite à Caïn est déjà présente dans *La Joie* : « Le seul ainsi qui pût défier la miséricorde, [...], se couvrir du désespoir ainsi que le premier meurtrier s'était couvert

le rayonnement divin. Cette opposition est mise en valeur à partir d'un commentaire sur les visites pastorales effectuées par le prêtre :

> Quelque précaution que je prenne, et quand j'éviterais même de le prononcer des lèvres, le nom de Dieu semble rayonner tout à coup dans cet air épais, étouffant, et des visages qui s'ouvraient déjà, se ferment. Il serait plus juste de dire qu'ils s'obscurcissent, s'enténèbrent.
> Oh, la révolte qui s'épuise d'elle-même en injures, en blasphèmes, cela n'est rien, peut-être ?... La haine de Dieu me fait toujours penser à la possession, à la folie. Au lieu qu'une certaine crainte sournoise du divin, cette fuite oblique le long de la Vie, comme à l'ombre étroite d'un mur, tandis que la lumière ruisselle de toutes parts... Je pense aux bêtes misérables qui se traînent jusqu'à leur trou après avoir servi aux jeux cruels des enfants. La curiosité féroce des démons, leur épouvantable sollicitude pour l'homme est tellement plus mystérieuse... Ah ! Si nous pouvions voir, avec les yeux de l'Ange, ces créatures mutilées[1].

Entre « cette fuite oblique le long de la Vie » et la folle révolte contre Elle s'élève le fossé métaphorique de la mutilation. Judas le fou, le possédé, reste entier dans son inexplicable rejet, et malgré l'horreur de son acte, se singularise des hommes-bêtes misérables, jouets mutilés des démons-enfants. La reprise approximative des citations lucanienne et johannique[2] constitue ainsi le support évangélique d'une interprétation éminemment moderne de la possession satanique conçue comme l'instant imagé de la formation dans le cœur humain du rejet de Dieu[3]. L'explication

---

de la nuit. » (J, 684)

1   J, 1105.

2   Luc et Jean sont en effet les seuls à relater explicitement la possession satanique de Judas. Voici la traduction Crampon pour les deux passages respectifs : « Or, Satan entra dans Judas, surnommé Iscariote, du nombre des Douze » (Lc, 22, 3) et « ... Satan entra en lui » (Jn 13, 27). Chez Luc, la possession intervient avant la cène et conditionne le complot fomenté par Judas avec les princes des prêtres et les magistrats ; chez Jean, elle intervient pendant le dernier repas.

3   Encore récemment, la synthèse du dernier ouvrage de Hans-Joseph Klauck plaide avec ferveur pour une lecture vraiment « chrétienne » de la figure historique de Judas : « On devrait reconnaître à Judas, comme à tout être humain, le droit de se décider contre Jésus. Si nous n'inscrivons pas aussitôt un tel choix – qui est à coup sûr un acte qui blesse l'observateur croyant – dans le schéma mythologique du combat entre Dieu et Satan, il cessera de susciter une terreur numineuse. Nous pourrons le comprendre plus facilement, nous y confronter plus ouvertement, et chercher à reprendre de façon fondée la problématique d'ensemble. Quoi qu'il se soit réellement passé, ce n'est pas un monstre démoniaque qui a agi, mais un homme dont le propre est de chercher et de se tromper – de se tromper même lorsqu'il pense juger en toute lucidité et conscience. Le comportement des hommes nous paraît souvent incompréhensible parce que nous ne pouvons pas sonder les cœurs (ou, en termes modernes, l'inconscient). Dieu seul sonde le cœur. Il plane certainement au-dessus de l'acte de Judas un voile de mystère que nous ne pouvons et ne voulons pas

mythologisante de la possession démoniaque est dépassée au profit d'une réponse intériorisée et mystique au mystère Judas. La dédiabolisation coïncide ici avec une humanisation, au sens premier, de la figure problématique telle qu'avait pu l'amorcer la prosopopée de Jésus à Judas dans sa détection de la volonté de puissance propre à certains individus. Insurgé humain, trop humain[1], Judas est le porteur du flambeau historique de la haine de Dieu qui, allumé par Caïn, s'est transmis de génération en génération jusqu'aux contemporains nietzschéens du romancier. Rendu à l'humanité par l'exorcisme de l'herméneutique mystique, c'est-à-dire littéralement délivré de ses démons, Judas peut enfin être comparé à ses frères humains et le résultat est surprenant puisque cette confrontation ne se solde pas à son désavantage. Comparé aux « créatures mutilées » qui fuient Dieu, Judas échappe par un double paradoxe à la « curiosité féroce des démons » et au mystère qui entraîne « leur épouvantable sollicitude pour l'homme[2] ». Le mystère du mal en l'homme serait donc davantage à l'œuvre dans « la crainte sournoise du divin » que dans « la révolte qui s'épuise d'elle-même en injures, en blasphèmes[3] ». Perdant brutalement son mystère et son accointance avec Satan, le Judas du curé d'Ambricourt reconquiert la liberté humaine de ses actes, ainsi que le droit d'être jugé – volé ? – par Dieu[4]. Il ne s'agit pas de lire à

---

lever. Mais il s'agit du mystère personnel d'un homme qui se tient devant son Dieu ». (Hans-Joseph Klauck, *Judas, un disciple de Jésus. Exégèse et répercussions historiques*, traduit de l'allemand par Joseph Hoffmann, Paris, Éditions du Cerf, 2006, p. 165). Preuve supplémentaire, s'il en est besoin, que le curé d'Ambricourt pratiquait sans le savoir, une exégèse en avance sur son époque.

1   Humain et non surhumain au sens où l'a proclamé Nietzsche. L'habileté du polémiste souterrain Bernanos, tapi à l'ombre de ses personnages, réside dans le choix de contrer l'adversaire en lui retournant ses propres armes en plein cœur : la volonté de puissance n'est pas le signe d'élection du surhomme mais bien le sceau de notre humanité rebelle à l'amour de Dieu. Rien de nouveau donc, sous le soleil de Nietzsche, si l'on en croit cette herméneutique romanesque de Judas.

2   JC, 1105.

3   *Ibid.*, 1105. Le blasphème nietzschéen, dans toute sa violence, n'intéresse pas le principe mystique du Mal. Car si Bernanos s'élève contre l'orgueilleux principe du jubilatoire « surhomme », il reconnaît cependant que l'homme nietzschéen appartient, comme Delbende, Torcy et Ambricourt, à la race de ceux qui tiennent debout (voir JC, 1092) devant Dieu, mains jointes ou poing levé. Ainsi Judas – le plus anachronique des nietzschéens selon l'herméneutique du curé d'Ambricourt – tient debout devant Dieu, avant, pendant et après sa trahison.

4   Si l'on en croit le curé de Torcy qui répond à la question angoissée d'Ambricourt au sujet de la portée eschatologique du suicide de Delbende : « Dieu seul est juge, fit-il de sa voix calme. Et Maxence (c'est la première fois que je l'entendais appeler ainsi son vieil ami) était un homme juste. Dieu juge les justes. Ce ne sont pas les idiots ou les simples canailles qui me donnent beaucoup de souci, tu penses ! À quoi serviraient les saints ?

travers les quelques lignes de ce journal fictif une tentative hérétique de réhabilitation de l'iscariote[1] mais plus simplement la trace écrite d'un approfondissement mystique du mystère eschatologique qu'il désigne.

Alors que les deux prêtres de *Journal d'un curé de campagne* se débattent dans le conflit des interprétations, contraints par leur vocation sacerdotale de se soumettre à la Parole néo-testamentaire ostracisante mais aussi appelés par leur christianisme mystique à intégrer celui qui fut l'un des Douze dans l'humanité pécheresse susceptible d'être rachetée, Chantal de Clergerie n'a pas connu ce dilemme théologico-ecclésial. Est-ce paradoxalement son statut de laïque qui lui a permis d'approcher si facilement le mystère Judas ? Toujours est-il que le transport extatique à l'origine de cette proximité lui épargne toute présentation orale (Torcy) ou écrite (Ambricourt) de l'expérience engagée. Car *La Joie* (1928), écrite huit années avant *Journal d'un curé de campagne* (1936), révèle que dans le choix romanesque de la mise en scène de Judas le récit a précédé le discours. Cette narration de la silencieuse rencontre mystique Chantal-Judas n'annonçait en rien les atermoiements discursifs auxquels Torcy et Ambricourt semblent en proie dans leurs évocations respectives du mystère Judas. Audacieusement confrontée par la voix narrative à un face à face iconoclaste entre le « Dieu Trahi » en pleurs « sous les noirs oliviers » et « la créature étrange, incompréhensible, qui a renoncé à l'espoir, vendu l'espoir de l'homme pour trente deniers comptant » (J, 685) après sa pendaison, la jeune fille est le seul personnage de toute l'œuvre romanesque à être mise en présence des deux figures historiques centrales symétriques et complémentaires du Nouveau Testament, Jésus et Judas. Ce « nouveau prodige » (J, 683) est d'emblée soumis à l'exigence réaliste du roman par le thème du transport extatique :

Ils paient pour racheter ça, ils sont solides. Tandis que... » (JC, 1122). Appartenant, comme Delbende, à la race qui tient debout, Judas ne serait-il pas, en approfondissant cette herméneutique mystique, lui aussi un juste dans sa partie ? L'horreur de son acte ne pouvant être racheté par aucun saint, même le plus solide, c'est donc à Dieu seul que Judas rendra ses comptes...

1   Hans-Joseph Klauck justifie ainsi son refus « d'absoudre Judas de toute faute. Il me semble qu'une telle tentative, quel que soit le caractère honorable de ses motifs, est le fruit d'un faux romantisme, qui ne résiste pas à un examen réfléchi des textes ». (*Judas, un disciple de Jésus, op. cit.*, p. 165). Le célèbre professeur de Nouveau Testament et de littérature chrétienne maintient cette position après avoir pris connaissance à Pâques 2006 de la traduction anglaise du codex copte titré « L'Evangile de Judas ». Bernanos n'a pu avoir accès à ce papyrus gnostique explosif, trouvé vers 1978 en Moyenne Égypte. Aurait-il conservé le même sang-froid après sa lecture, alors même que cet évangile gnostique dissipe dans l'allégresse (voir notamment les rires de Jésus) l'épouvantable mystère de la trahison par une réinterprétation radicale de la vente de Jésus par Judas ?

> Car, ô merveille ! Ce ne fut pas l'élan de l'extase qui lui fit franchir le der-
> nier pas, mais au contraire l'effort à peine conscient qu'elle tenta pour s'en
> arracher, se reprendre. Qu'importe ? Elle était allée désormais trop loin dans
> la Présence que rien ne limite, elle ne put que se laisser glisser ainsi qu'un
> coureur au bout de sa course, et tandis qu'elle croyait refuser encore le don
> sublime dont elle se jugeait indigne, l'Agonie divine venait de fondre sur son
> cœur mortel et l'emportait dans ses serres[1].

Habile à imiter la réalité, la fiction montre la condition de rencontre
effective : l'expérience mystique. Cette dernière est la voie royale permettant à l'héroïne fictionnelle de rejoindre dans un cadre spatio-temporel
aménagé par le narrateur les protagonistes historiques de la naissance
du christianisme. À la différence de Chantal qui ose à peine « distinguer
ce nouveau prodige de la simple oraison », le narrateur comprend que
cette extase est, davantage qu'un transport « par la pensée auprès du
Dieu solitaire [...] sous les noirs oliviers », une expérience physique où
la jeune fille « se couche à ses pieds », « s'écrase contre le sol, [...] sent
sur sa poitrine et sur ses joues l'âcre fraîcheur de la terre[2] ». Expression
corporelle et non prière immobile, le transport mystique permet à celui
qui l'éprouve d'effectuer réellement les gestes d'adoration, tout en restant
cantonné dans son lieu physique de prière.

La scène romanesque du transport mystique a osé insérer des figures
fictionnelles étrangères au texte biblique. N'est-ce pas justement ce
qu'imagine le romancier, emportant Chantal dans ses serres scripturales[3] jusque « sous les noirs oliviers » (J, 683) pour partager à la fois
l'abattement physique de Jésus à Gethsémani mais aussi son intériorité,
occupée dans la version romanesque par « l'exécrable idée de la Trahison »
(J, 684). Si en effet les textes-sources de Matthieu et Marc mentionnent
au discours direct une parole de Jésus anticipant l'arrivée de Judas[4],
aucun des deux narrateurs n'évoque précisément une introspection
consacrée à la Trahison, insistant plutôt sur son effroi, sa tristesse, son
angoisse[5]. Deux éléments romanesques s'imposent donc d'emblée, dans
cette récriture, comme totalement étrangers aux sources textuelles évangéliques : la présence d'une jeune fille aux pieds de Jésus, qui, la poitrine

---

1   J, 683.
2   J, 683.
3   La métaphore des serres de l'aigle est choisie par le romancier lui-même pour raconter
    le processus de transport mystique vécu par Chantal : « [...], l'Agonie divine venait de
    fondre sur son cœur mortel et l'emportait dans ses serres. » (J, 683).
4   « Levez-vous, allons, celui me trahit est près d'ici. » (Mt 26, 46 ; Mc 14, 42).
5   Voir Mt 26, 37 ; Mc 14, 33.

et les joues en contact avec une terre imprégnée des larmes divines[1], communie avec lui en pensée dans une même horreur de la Trahison de Judas. Cette récriture fictionnelle de Gethsémani où une jeune extatique moderne se substitue aux apôtres défaits pour accompagner, dans une totale communion d'adoration et de souffrance, la dernière nuit du Fils, métamorphose le récit évangélique originel par l'audacieuse insertion narrative au cœur de la solitude christique, d'une féminité virginale et mystique ainsi que par l'extrapolation, d'abord discursive[2] puis elle aussi narrative[3], autour du cas Judas. Il ne s'agit donc pas ici de ressusciter l'évangile de Gethsémani, qui était avant tout figuration de la déréliction absolue, mais d'anéantir la solitude du Condamné en lui adjoignant deux figures antithétiques et complémentaires. L'une est fictionnelle (la jeune « disciple » qui veille aux pieds du Maître), l'autre originellement néo-testamentaire mais complètement fictionnalisée (Judas pendu) n'a plus rien de commun avec son avatar évangélique uniquement mis en scène de son vivant ; toujours est-il que ces deux figures surprenantes Lui tiennent littéralement compagnie[4]. Comment lire cet autre transport – sinon mystique du moins fort mystérieux –, celui de l'arbre de Judas, soudainement transplanté[5] « sous les noirs oliviers » (J, 683) de Gethsémani ? Car la vision de Chantal intègre « à quelques pas, face au Dieu Trahi, à l'amour méprisé, dont elle entendait le halètement solennel, la créature étrange, incompréhensible, qui a renoncé à l'espoir, vendu l'espoir de l'homme pour trente deniers comptant, puis s'est pendue[6] ».

---

1   « [...] elle sent sur sa poitrine et sur ses joues l'âcre fraîcheur de la terre, cette terre qui vient de boire, avec une avidité furieuse, l'eau de ses yeux ineffables dont un seul regard, en créant l'univers, a contenu toutes les aurores et tous les soirs » (J, 683). Au sujet des larmes de Jésus, aucun des quatre évangélistes ne les évoque. Luc, cependant décrit sa sueur qui, comme des gouttes de sang, tombe sur le sol (Lc 22, 43).

2   J, 684 : de « Il l'offrit une fois... éternellement. »

3   J, 685-686.

4   Le terme se rencontre chez Pascal dans sa pensée sur Gethsémani : « Jésus cherche de la compagnie et du soulagement de la part des hommes. Cela est unique en toute sa vie, ce me semble, mais il n'en reçoit point, car ses disciples dorment. » (*Pensées*, Br.424, Laf. 610, T. A. 562).

5   Dans le seul récit évangélique du suicide de Judas, celui de Matthieu, le lieu de la pendaison n'est pas mentionné (voir Mt 27, 3-10). Il existe un autre récit néo-testamentaire de la mort de Judas (Ac 1, 15-20) qui localise le lieu fatal comme « champ du sang » ; mais c'est une chute accidentelle mortelle sur ce terrain acquis par Judas lui-même avec l'argent de la trahison, et non un suicide par pendaison dans un lieu indéterminé (Matthieu), qui est alors narrée. (Pour plus de détails concernant ces deux récits, lire Hans-Joseph Klauck, *Judas, un disciple de Jésus. Exégèse et répercussions historiques*, traduit de l'allemand par Joseph Hoffmann, Paris, éditions du Cerf, 2006, p. 101-122). Le romancier quant à lui, s'est inspiré uniquement du récit de Matthieu.

6   J, 685.

Dans ce face à face Jésus vivant – Judas pendu dont témoigne la jeune fille, apôtre fictionnelle qui assiste à la stupéfiante confrontation, les repères spatio-temporels évangéliques sont définitivement pulvérisés. Car le récit du transport mystique est formel : entre Chantal couchée aux pieds du Maître et ce dernier confronté à son dénonciateur pendu, il n'y a eu aucun changement de lieu, ni aucune rupture temporelle. Quand Chantal se couche aux pieds de Jésus, « la brise se lève sur la misérable petite colline » ; puis quand elle se dirige vers Judas, « la brise [est] tombée ». Judas pendu à Gethsémani ? Mais alors, Judas pendu avant le baiser de Trahison, impossibilité historique ? Ou Jésus dans la tristesse de l'agonie encore après la pendaison de Judas, perspective mystique ? La vision du personnage réunit en un même lieu, celui de la Trahison, le Traître et le Trahi, non pas dans l'instant évangélique du fatal baiser mais dans l'instant fictionnel d'une confrontation qui n'a historiquement jamais eu lieu. Clairement situé spatialement, cet instant peut alors plutôt renvoyer à deux scènes mystiques distinctes, l'une concernant l'hypotexte de Gethsémani comme support d'extrapolation narrative et l'autre s'imposant comme herméneutique romanesque moderne du mystère évangélique de la damnation de Judas.

La première lecture décèle à travers la vision mystique de Chantal le dépassement d'une impossibilité logique, celle d'une mise en présence de la victime innocente dans ses ultimes moments de liberté et de son délateur déjà suicidé du remords de l'avoir livrée. Pour surmonter cette impossibilité et rester dans l'hypothèse d'un transport mystique du personnage à Gethsémani la veille de la pendaison et de la crucifixion[1], il faut imaginer que Chantal partage la vision anticipatrice de son Maître en pleurs, celle de Judas pendu. Dans cette lecture, la tristesse de Jésus (rapportée par les évangélistes qui n'en notifient pas la cause) apparaît essentiellement liée à cette horrible vision et non plus, comme le sous-tendent les paroles du Nouveau-Testament[2], à la perspective de sa propre mort. L'agonie spirituelle de Jésus devient alors un calvaire vécu comme souffrance pour autrui ainsi que l'anticipation visionnaire du destin post-mortem de Judas, « sentinelle exacte, incorruptible, que la miséricorde

---

1   Si l'on suit la chronologie évangélique, Judas s'est pendu le lendemain matin de son baiser de trahison et Jésus a été crucifié la même après-midi (*cf.* Mt 27, 1-5 pour la pendaison et Mt 27, 45 pour la crucifixion).

2   Marc est le plus prolixe et le plus formel à ce sujet, introduisant la demande d'évitement de la coupe au discours direct par la retranscription narrative du contenu de la prière : « (…) il tombait sur le sol et il priait pour que, si c'était possible, l'heure passât loin de lui » (Mc 14, 35).

assiège en vain, qui ne laissera passer aucun pardon, pour que l'enfer consomme en sûreté sa paix horrible[1] ». Et si le narrateur de *La Joie* est en mesure de livrer cette vision absente de la source évangélique, c'est par l'entremise de son personnage, extatique admise à partager l'intériorité de Jésus à Gethsémani en pensée et en vision. Voici donc un nouveau « Christ aux oliviers[2] », davantage occupé par le destin de l'ami perdu que par sa propre disparition et dont « le halètement solennel » (*J*, 685) figure la présence de larmes versées sur l'ami perdu[3].

Cette scène mystique qui confronte deux figures évangéliques dans un même espace néo-testamentaire, ainsi que dans un moment sylleptique fusionnant la nuit de Gethsémani et l'après-pendaison de Judas, peut du fait même de cette audacieuse syllepse accueillir une seconde lecture. Il est en effet possible d'envisager que le transport mystique de Chantal la dépose sous les noirs oliviers à l'heure où Judas a déjà « accompli son destin » (685), déjà pendu et assiégé en vain par la miséricorde d'un Christ lui aussi déjà mort mais ressuscité et donc simultanément toujours en agonie à Gethsémani, et ce « jusqu'à la fin du monde[4] ». Chantal, qui a bien compris qu'« il ne faut pas dormir pendant ce temps-là[5] », est transportée mystiquement aux pieds de ce Christ ressuscité et en perpétuelle agonie à Gethsémani, face à celui dont il attend en vain la conversion, refusant de le laisser seul jusqu'à la fin du monde. La vision mystique de Chantal devient ainsi celle d'un Christ ressuscité mais toujours à Gethsémani, en pleurs perpétuels devant le hideux cadavre immobile de Judas.

Qu'elle renvoie directement à l'hypotexte évangélique de Gethsémani avec insertion dans la récriture d'une figure fictionnelle partageant l'intériorité de Jésus la nuit précédant sa crucifixion, ou qu'elle se situe

---

1 *J*, 685.
2 Le poème de Gérard de Nerval qui consacre une grande partie de ses vingt strophes au monologue crié de Jésus abandonné par ses apôtres, réserve deux quatrains à Judas, appelé en vain par le Maître trahi : « Judas ! lui cria-t-il, tu sais ce qu'on m'estime, / Hâte-toi de me vendre, et finis ce marché : / Je suis souffrant, ami ! sur la terre couché... / Viens ! ô toi qui, du moins, as la force du crime ! » / Mais Judas s'en allait, mécontent et pensif, / Se trouvant mal payé, plein d'un remords si vif / Qu'il lisait ses noirceurs sur tous les murs écrites...
3 « Toutes les larmes qu'elle écoute maintenant tomber sur la pierre ne rendraient pas une goutte de sève à ce gibet colossal » (*J*, 686). Pascal pensait aussi qu'à Gethsémani, « Jésus ne regarde pas dans Judas son inimitié, mais l'ordre de Dieu qu'il aime, et la voit si peu qu'il l'appelle ami » (*Pensées*, Br 424, Laf. 610, T. A. 562, L. G. 717) sans toutefois imaginer Jésus pleurant [à cause] de la vision proleptique de l'ami perdu.
4 Blaise Pascal, *Pensées*, Br. 424, Laf. 610, T. A. 562, L. G. 717.
5 *Ibid.*

dans un instant absent des récits néo-testamentaires par la projection du personnage auprès d'un Christ ressuscité mais toujours en souffrance, la scène romanesque du transport et de la vision mystiques du personnage révèle dans les deux herméneutiques l'extrême focalisation opérée par le récit romanesque sur la figure de Judas. Dans les deux lectures Jésus pleure sur Judas : avant sa mort, à travers la vision anticipatrice du cadavre de l'apôtre ; après sa mort, à travers l'agonie perpétuelle soufferte par lui face au « seul homme entre les hommes qui possédât réellement quelque chose, fût pourvu, n'ayant plus rien désormais à recevoir de personne, éternellement[1] ». Mais la première se contente de mettre en œuvre une herméneutique romanesque extrapolatrice d'un épisode paroxystique des Évangiles conservé comme support stable de récriture, alors que la seconde révèle une récriture romanesque plus autonome, moins tributaire imaginativement de la source évangélique. Toujours est-il que cette mystique flamboyante et eschatologique[2] se métamorphose avec les années en *disputatio* théologique et mystique autour de la figure néo-testamentaire de Judas, lors de deux épisodes marquants de sa vie terrestre, à savoir l'onction de Jésus à Béthanie et la possession satanique. On note ainsi une évolution – sinon un apaisement – dans l'obsession tourmentée que nourrissait l'homme Bernanos pour la figure de Judas et qui transparaît dans les métamorphoses de son traitement romanesque. Dans *La Joie* où il cumulait de son vivant les tares détestables dont l'avaient terrassé les évangélistes[3] et se voyait transformé après sa mort en « fruit noir d'un arbre noir » (*J*, 685), « tête monstrueuse » (686), avatar non plus évangélique mais issu de l'imagination mystique du romancier, il mobilise les pages les plus

---

1 J, 684.

2 La question en effet qui hante ces pages flamboyantes de *La Joie* ne se résume-t-elle pas à une interrogation angoissée : qu'est devenu Judas après sa mort ?

3 La ruse (« s'étant emparé de lui par ruse », J, 684), est surtout mise en scène chez Matthieu à travers l'ignorance feinte de Judas concernant la trahison prochaine (Mt 26, 20-25). La cupidité (« la créature étrange [...] qui a [...] vendu l'espoir de l'homme pour trente deniers comptant », J, 685) apparaît sans équivoque à nouveau dans l'Évangile selon Matthieu (Mt 26, 15), ainsi que le désespoir précédant la pendaison (« Le seul ainsi qui pût [...] entrer de plain-pied dans le désespoir, faire du désespoir sa demeure, se couvrir du désespoir » J, 684 ; voir Mt 27, 3-5). Quant à l'incise explicitement antijudaïque (« alors qu'elle [la créature] n'était encore qu'un petit juif famélique et malicieux, qui éprouve les pièces d'argent au fond de ses poches, du bout de ses ongles crasseux, tremblant dans sa peau malsaine, à chaque tintement de l'épée du centurion » J, 685), sa tonalité polémique rappelle l'extrême violence qui parcourt l'évangile johannique au sujet de Judas et des juifs (voir en particulier Jn 8, 44 où Jésus reproche aux juifs : « Le père dont vous êtes issus, c'est le diable, et vous voulez accomplir les désirs de votre père. »).

fiévreuses de la fin du roman. Dans *Journal d'un curé de campagne* il se retrouve désigné par son prénom mis entre parenthèses en clôture d'une citation évangélique et prétexte à une réflexion sur le mystère du Mal dont il est rapidement exclu. En 1928, Judas est le fruit romanesque d'une lecture hallucinée et angoissée des Évangiles. En 1936, il n'est plus que l'amorce d'une focalisation sur les incrédules qui n'ont pas le courage de rejoindre les rangs de Judas dans son refus sans condition de la transcendance proposée par Jésus-Christ.

LE CHOIX DE L'APOPHATISME

ATHÉISMES AU PIED DU MUR

L'intelligence romanesque de l'athéisme se distingue par sa stabilité obsessionnelle, mais la puissance de ses ressources lui ouvre l'horizon de métamorphoses, en lien étroit avec l'urgence spirituelle propre à chaque instant d'écriture[1]. Sources paradoxales d'un approfondissement fécond de l'écriture de la transcendance, les représentations fictionnelles de la négation ou de l'absence de Dieu permettent de situer dans un cadre en mouvement les enjeux philosophiques, théologiques et mystiques de la rencontre entre Révélation et athéisme. Car il ne s'agit que de rencontres[2] dans ces univers dévorés par la Croix, où la figure romanesque de l'athée se dresse inlassablement, et dont les traits métamorphiques créent à chaque nouvelle apparition le choc d'une altérité sans concession. De l'athéisme dogmatique professé par l'académicien Saint-Marin (1918) à l'athéisme d'ignorance qui isole la nouvelle Mouchette hors de toute communauté croyante (1936), l'écriture n'a cessé d'arpenter les territoires de la privation de Dieu, en quête d'une herméneutique qui désignerait, à défaut de la percer, l'impasse revendiquée ou subie.

---

1 La spécificité de cette intelligence en regard de l'interprétation livrée dans les essais et écrits de combat, réside ainsi dans sa capacité dialogique. Le traitement pamphlétaire de l'athéisme, beaucoup plus réducteur, le désigne comme origine du totalitarisme assimilé au mal politique (voir à ce sujet Éric Benoît, *De la crise du sens à la quête du sens, op. cit.*, p. 77).

2 Bernanos s'est-il souvenu en ces occasions du dialogue entre le croyant et le libertin dans les *Pensées* de Pascal ? Toujours est-il que le dialogue, forme langagière antinomique du prêche, est incompatible avec l'affirmation dogmatique de l'existence ou de la non-existence de Dieu. La question ontologique n'intéresse par les interlocuteurs des romans de Bernanos, focalisés davantage sur le mystère mystique de l'expérience intérieure de Dieu.

Dès *Sous le soleil de Satan*, la problématique athée occupe l'espace romanesque, aussi bien en amont qu'en aval de l'édifice fictionnel. Car l'athéisme de l'écrivain décrépi (« Le Saint de Lumbres ») rejoint celui de la jeune fille (« La Tentation du désespoir ») dans une même horreur instinctive de la soutane révélant crûment la puissance de l'athéisme moderne, libéré de tout clivage générationnel, présent aussi bien au cœur de l'extrême jeunesse que dans celui du plus grand âge. Et qu'importe alors si la jeunesse athée ignore même jusqu'au nom de ce qu'elle revendique alors que son pendant plus âgé est présenté par le narrateur comme le fruit gâté de deux siècles de pilonnage anticlérical. L'athéisme est dans la place, d'emblée et solidement amarré à l'intrigue par ces deux protagonistes à première vue si inconciliables et cependant liés l'un à l'autre par la même religion de l'immanence, aussi impitoyable que l'autre dans ses exigences. Fidèles et pénitents du monde, Antoine de Saint-Marin et Germaine Malorthy sont rivés à lui par toutes les fibres de leur être, ignorant tout pour l'une, ricanant pour l'autre, au sujet des *Hinterwelten* dénoncés par Nietzsche. Et pourtant ces deux dévots de l'univers sensible seront pareillement happés par l'appel foudroyant des arrière-mondes respectivement ignorés ou rejetés. Dans les deux cas, les souliers et la soutane du prêtre apparaissent comme les supports kénotiques du basculement :

> La crainte, ou la honte, de surprendre un secret mal défendu, lui fait un instant baisser les yeux ; mais déjà le reflet de la lampe sur les dalles a trouvé l'ouverture béante ; s'y glisse, monte lentement… Son regard monte avec lui… S'arrête… À quoi bon ? On ne recouvre plus ce que la lumière découvre une fois, pour toujours….Deux gros souliers, pareils à ceux trouvés là-haut ; le pli d'une soutane bizarrement troussée[1]…

À la découverte visuelle de Saint-Marin se substitue l'appréhension auditive des souliers par Mouchette (« […] elle entendit derrière elle piétiner les gros souliers ferrés. » S, 195) et la recherche du contact avec la soutane (« Et elle serrait machinalement le pan de sa soutane » […] S, 197). De l'ouverture du confessionnal aux « cinq petites griffes sur la manche noire » (*S*, 194), la mise en contact, visuelle pour l'académicien, auditive et tactile pour Mouchette avec les deux attributs actualisés[2] de la figure christique de l'apôtre, introduit chacun des deux protagonistes

---

1 S, 306.
2 Comment en effet ne pas rapprocher soutane et souliers ecclésiaux de la tunique et des sandales portées par Jésus et ses disciples ?

dans une dimension étrangère à leur structure mentale. Si la soutane et les souliers recouvrent le corps du ministre de Dieu, ils symbolisent aussi le voile protecteur du mystère de l'incarnation, Dieu fait homme, Verbe fait chair, opération kénotique de l'abandon de toute puissance dans la fragilité d'une enveloppe charnelle humaine. Les deux athées, corps avides d'assouvissement sensoriel[1], se heurtent par inadvertance au corps caché de celui qui l'a consacré à l'imitation du corps christique, offert sans restriction à la vue et au contact de tous ceux qui l'approchent. Vivant et puissant face à Mouchette, foudroyé et cadavérique aux yeux de Saint-Marin, ce corps de prêtre constitue l'obstacle incarné à l'exigence de liberté athée par l'exhibition de sa souffrance[2] et de sa finitude[3]. Leçon magistrale adressée au dogmatisme et à la pratique athées, la présence d'un corps sacrificiel mimétique du corps du Christ révèle à la première jeunesse comme à l'extrême vieillesse la double polarité et la prétention paradoxale de la Révélation chrétienne, incarnation vitale vouée à la mort du monde. Cette confrontation brutale au paradoxe charnel de l'homme offert à l'horizon transcendant, bouleverse les représentations mentales de l'individu sans Dieu, mais son issue échappe à toute herméneutique assurée. Toujours est-il que dans les deux scènes, l'explosion à visée apologétique de la violence ecclésiale – prolixe chez Donissan, muette pour le saint de Lumbres – terrasse l'affirmation vitale athée, sans lui accorder la moindre possibilité de riposte. Est-ce alors un hasard si cette riposte, tuée dans l'œuf par les deux chutes respectives de « La Tentation du désespoir » et du « Saint de Lumbres », réussit à percer dès la première partie de *L'Imposture* au cœur même de l'instance qui la terrassait un roman plus tôt ? L'athéisme resurgit en effet dans le noyau même de l'essence du christianisme historique : la personne du prêtre ; l'abbé Cénabre porte en son sein le fruit de la négation de la Révélation qu'il est censé incarner. Prêtre qui ne croit plus, ce nouveau personnage

---

1   Voir par exemple pour Mouchette : « Elle s'épanouissait seulement dans le silence complice... Une fois de plus, un jeune animal féminin, au seuil d'une belle nuit, essaie timidement puis avec ivresse, ses muscles adultes, ses dents et ses griffes » (S, 76). Pour Saint-Marin : « Mais hélas ! Cette morne débauche l'épuise sans le rassasier. (...). Au désir, jamais plus âcre et plus pressant, succède un trop court plaisir, furtif, instable. L'heure est venue où le besoin survit à l'appétit, dernière énigme du sphinx charnel... » (S, 282).

2   « Dans le gris de l'aube, elle reconnut le visage du vicaire de Campagne. Il exprimait une lassitude infinie. (...) "EPARGNEZ-MOI, MA FILLE !" Sa pâleur était effrayante. La main qu'il levait vers elle retomba gauchement, et son regard se détourna. » (S, 201-202).

3   « Dressé contre la paroi, les reins soutenus par l'étroit siège sur lequel il s'est renversé au dernier moment, arc-bouté de ses jambes roides contre la mince planchette de bois qui barre le seuil, le misérable corps du saint de Lumbres garde dans une immobilité grotesque, l'attitude d'un homme que la surprise met debout. (S, 306).

synthétise en une individualité le conflit millénaire entre athéisme et christianisme. La menace athée n'épargne plus rien ni personne puisque le ver est dans le fruit, la négation sous les plis de la soutane. Le corps du prêtre s'est brutalement métamorphosé : gardien obstiné et tenace du mystère de l'incarnation dans *Sous le soleil de Satan*, il s'est vidé de toute sa densité spirituelle, baudruche dégonflée, enveloppe dévastée :

> « Je ne crois plus », s'écria-t-il d'une voix sinistre. La tentation nous exerce, le doute est un supplice sagace, mais l'abbé Cénabre ne doutait point, et il n'était pas tenté. De ces épreuves à la morne évidence exprimée par son dernier cri, il y avait justement ce qui distingue l'absence du néant. La place n'est pas vide, il n'y a pas de place du tout ; il n'y a rien. (I, 334)

Puissant camouflet à la représentation romanesque initiale d'un athéisme étranger à l'univers chrétien[1], l'athéisme du prêtre de *L'Imposture* s'impose comme un coup de maître dans l'écriture évolutive du phénomène de l'incroyance. Non plus exogène mais infiltré, l'objet conventionnel de scandale pour le christianisme est maintenant dans les murs de la forteresse assiégée. La leçon d'humilité tombe néanmoins encore trop tard pour le prêtre du *Soleil* et son narrateur, tous deux persuadés que le fléau de l'incroyance est par nature cantonné à l'extérieur de l'Église[2]. Caché dans un cœur de prêtre, l'athéisme dogmatique est à présent au centre de la citadelle, aussi exposée – sinon plus ? – que le reste du monde à l'irrésistible contamination nihiliste. Prêtre érudit, puis prêtre athée et enfin prêtre fou, le cheminement de l'abbé Cénabre ne renvoie-t-il pas, tel un miroir déformant, le reflet à peine grimé d'un certain fils de pasteur allemand, ancien étudiant en théologie qui après avoir proclamé dans l'allégresse l'événement pleinement assumé de la mort de Dieu, sombre aussi inexplicablement que malencontreusement dans la folie[3] ?

---

1   Alors que Saint-Marin ne jure que par « la sagesse antique », Germaine Malorthy n'a reçu aucune éducation religieuse chrétienne.

2   Voici une des dernières phrases de la prosopopée du saint de Lumbres, orgueilleuse déclaration adressée à Satan : « Qu'importe ! Qu'importe ! Dépouille-moi ! Ne me laisse rien ! Après moi un autre et puis un autre encore, d'âge en âge, élevant le même cri, tenant embrassée la Croix… » (S, 308). Quant à la chute de « La tentation du désespoir », elle est prise en charge par le narrateur qui élève Donissan, pourfendeur de l'athéisme de Mouchette, au rang de successeur de Jean-Marie Vianney : « Ses œuvres y sont connues de tous. La gloire, auprès de laquelle toute gloire humaine pâlit, alla chercher dans ce lieu désert le nouveau curé d'Ars. » (S, 232)

3   Éric Benoît se plaît ainsi à supposer dans une note de son chapitre intitulé « La crise théologique » (*De la Crise du sens à la quête du sens (Mallarmé, Bernanos, Jabès)*, Paris, éditions du Cerf, 2001, note 1 p. 43) que la folie dans laquelle sombre Nietzsche quelques années après sa proclamation triomphante, pourrait révéler le caractère non assumé de

Un Nietzsche français et catholique, clerc de surcroît, tel pourrait bien ainsi s'affirmer l'imposteur modelé par Bernanos. Son mode de vie reclus et savant, sa fugue en Allemagne, les rumeurs concernant une hypothétique laryngite tuberculeuse, et surtout la retraite ensoleillée et contemplative dans le sud de la France, autant de détails qui résonnent en écho des errances de l'universitaire malade en rupture de ban :

> Les rares intimes dont il se laisse approcher l'ont plaint d'abord, et ils finissent par être tentés de le haïr, tant est dur, compact, intolérable, le silence qui tombe autour d'un tel homme. D'ailleurs, il a prolongé trois mois son séjour en Allemagne, puis a quitté son appartement de la rue de Seine, vendu une partie de ses livres. À son retour de Carlsbad, tout le monde a pu noter l'amaigrissement du visage, auquel la saillie des os et des muscles donne un singulier caractère de force brutale, presque aveugle. La voix surtout a changé ; elle est rauque, courte, s'altère vite. On chuchote que la fatigue a fini par avoir raison de cette puissante nature, qu'il est atteint de laryngite grave, probablement tuberculeuse. Et comme pour donner raison à ces augures, il a quitté Paris, fait l'achat, près de Draguignan, d'une bicoque aux tuiles vernies, cachée dans les palmes, à l'entrée d'un hameau de six feux. Par les premiers beaux jours du printemps, il allait s'asseoir sur le talus poussiéreux, en plein soleil, et revenait au soir tombant[1].

Les premières pages de *L'Imposture* introduisent d'emblée le lecteur dans la critique nietzschéenne de la psychologie du christianisme, religion interprétée du point de vue de la morale, et non en fonction d'une théologie de la révélation. Et c'est le prêtre lui-même qui porte la parole destructrice, secondant le narrateur dans sa transposition romanesque de la doctrine du ressentiment. Alors que Pernichon apparaît d'emblée comme la synthèse fictionalisée de l'homme du ressentiment, exacte antithèse de « l'Homme de la grande santé[2] », Cénabre se pose comme le successeur de l'implacable herméneute qui perça le hideux secret des adeptes de la morale chrétienne :

> La curiosité n'a pas ce feu sombre, le mépris cette tristesse, la haine une telle amertume. Le blême Pernichon, comme pris dans l'étau, se sentit soudain ouvert, sondé jusqu'aux reins. Incapable de surmonter et fixer ce regard incompréhensible, il y chercha une seconde, il désira de toute son âme glacée y découvrir l'imperceptible déviation de la démence, sa flamme

---

cette surhumaine annonce. Avant lui, Gabriel Marcel avait taxé cette folie de « naufrage final » (*L'Homme problématique*, Paris, éditions Aubier, 1955, p. 36), traitant cette déchirure comme l'indice d'une aventure mystique incommunicable.

1   J, 634.
2   Friedrich Nietzsche, *Le gai savoir*, aphorisme 382.

oblique. Mais ce regard tombait d'aplomb sur ses épaules. Littéralement, il en sentit la forme et le poids comme si, dédaigneux de traverser la misérable conscience, le regard la modelait, la pétrissait avec dégoût, faisait jouer dessus la lumière. De ressentir l'effraction d'une clairvoyance supérieure est déjà une humiliation trop vive, mais la honte atteint son point de perfection quand la lucidité d'autrui nous découvre en plein notre propre avilissement. D'ailleurs, ce regard si dépouillé de toute cupidité vaine exprimait une sorte d'attention, plus outrageante encore, bien que concertée ; celle qu'on porte sur les choses dont la bassesse purement matérielle reste au-dessous d'un jugement particulier n'est qu'un point de comparaison, une mesure commune aux formes supérieures et spirituelles de la honte. (I, 316-17)

Le narrateur ne se contente pas d'insister sur la disgrâce physique de Pernichon. La leçon de Cénabre reprend sans vergogne le vocabulaire élitiste du surhomme pour signifier à Pernichon son appartenance au parti des esclaves :

Entendez néanmoins cette parole : le monde est plein de gens qui vous ressemblent, qui étouffent les meilleurs sous leur nombre. Qu'êtes-vous venu faire dans notre bataille d'idées ? Vous la quitterez sans regret, avec un petit profit...
Le visage de Pernichon, en dépit de sa vulgarité, eut une expression vraiment humaine, presque noble :
« Je n'ai pourtant pas choisi le parti des vainqueurs, dit-il.
– C'est que le parti des vainqueurs est le parti des maîtres, et vous sentez cruellement que vous n'êtes pas né un maître. Mais vous vivez dans leur ombre, et leur caresse vous fait du bien[1]. »

Zarathoustra en soutane, il devient généalogiste de la morale pour mettre à nu le vivier de petits hommes fourni par la spécificité structurelle du catholicisme au contact du monde moderne :

– Mon enfant, dit l'abbé Cénabre, ne vous fâchez pas si dans cet entretien tout intime, j'utilise une connaissance particulière de vos ressources, de votre capacité morale. Vous êtes un intermédiaire-né. D'où vient que le parti – ou pour parler leur langage – le milieu catholique est si favorable à la multiplication de cette espèce ? Parce que dans une société politique de plus en plus étroitement solidaire, si fortement constituée en groupes dont la discipline est exacte et l'individualisme exclu, il est le suprême refuge d'un opportunisme démodé. Du radicalisme au socialisme, théoriquement, le passage semble aisé. Pratiquement, il n'en est pas de même, car c'est proprement changer de clientèle. Mais croire en Dieu,

---

1 I, 321. On peut rapprocher ce passage d'un des discours de Zarathoustra intitulé « Des mouches de la place publique » où le prophète conseille à l'ami de fuir les « innombrables (...) petits et pitoyables » qui le meurtrissent de « leur vengeance invisible » (p. 48) et voudraient sucer son sang (*Ainsi parlait Zarathoustra*, traduit par Henri Albert, Paris, éditions Mercure de France, 1898, 1958, p. 46-49).

et vivre dans l'indulgente obédience de l'Église est une position si commode !
On est d'un parti sans en être. En cette matière, rien de moins étroit que le
dogme : il semble même à certains proposer l'indifférence politique comme une
règle. Aussi que de distinctions, de nuances, que de choix pour l'amateur, quel
inventaire ! De concession en concession, de surenchère en surenchère, un jeune
ambitieux qui n'aime pas le bruit et travaille avec méthode peut aller aussi loin
qu'il lui plaît, sans perdre le précieux avantage d'être moins un partisan qu'un
allié – un ami du dehors, toujours à contrôler, jamais sûr – comme ces pauvres
dames qui gardent dans le saint état du mariage, pour quoi elles n'étaient pas
faites, l'odeur et le ragoût du passé[1].

L'herméneutique que Zarathoustra applique au meurtre de Dieu
par « le plus laid des hommes[2] » ne pourrait-elle encore s'appliquer à
la néantisation de Dieu opérée par Cénabre lors de sa crise d'athéisme
nocturne ? De l'affrontement visuel avec « la croix nue pendue au mur »
(I, 324) qui entraîne le geste de briser la lampe sur les dalles de la pièce
à la vision détestable renvoyée par la glace, « image intolérable d'un
visage transformé par la peur, d'un misérable corps en déroute » (I,
334), le cheminement intérieur de Cénabre reproduit celui du plus laid
des hommes nietzschéen justifiant ainsi son crime :

> Cependant – il fallut qu'il mourût : il voyait avec des yeux qui voyaient
> tout, – il voyait les profondeurs et les abîmes de l'homme, toutes ses hontes
> et ses laideurs cachées.
> Sa pitié ne connaissait pas de pudeur : il fouillait les replis les plus immondes
> de mon être. Il fallut que mourût ce curieux entre tous les curieux, cet indis-
> cret, ce miséricordieux.
> Il me voyait sans cesse moi, il fallut me venger d'un pareil témoin – sinon
> cesser de vivre moi-même.
> Le Dieu qui voyait tout, même l'homme : ce Dieu devait mourir ! L'homme
> ne supporte pas qu'un pareil témoin vive[3].

Les trois tentatives de suicide ayant échoué, le prêtre se retrouve allongé
sur le sol, toujours offert à une insupportable source lumineuse éclairant
« toutes ses hontes et ses laideurs cachées » :

> Un mouvement convulsif le mit un instant sur le dos, et pour échapper
> aussitôt à la lumière intolérable il roula sur lui-même en rugissant. (I, 374).

---

1 I, 321-22.
2 Tu n'as pas supporté celui qui te voyait – qui te voyait constamment, dans toute ton
   horreur, toi, le plus laid des hommes ! Tu t'es vengé de ce témoin ! » (Friedrich Nietzsche,
   Ainsi parlait Zarathoustra, op. cit., p. 243).
3 *Ibid.*, p. 246.

N'étant parvenu à « cesser de vivre », il ne reste plus à Cénabre que l'exécution du premier terme de l'alternative nietzschéenne pour exterminer cette miséricordieuse omniprésence à la racine de toute humiliation :

> Il se méprisait, se haïssait dans sa détresse et dans sa honte, mais il ne pouvait, non ! Il ne pouvait se prendre en pitié. À ce mépris de lui-même, il se rattachait comme au seul point fixe dans l'universel naufrage. L'orgueil, dont la stratégie ténébreuse est la plus subtile et la plus forte, un moment menacé, faisait ainsi la part du feu, semblait abandonner quelque chose de lui-même, alors qu'il n'offrait à la misérable âme à l'agonie qu'une fausse et sacrilège image de la divine humilité. Car une puissante nature, jetée hors de la grâce, cherche son équilibre bien au-delà de ce contentement de soi qui est la seule sérénité du sot. Et dans la rage en apparence insensée, qui la tourne ainsi contre elle-même, il ne faut sans doute voir que le premier vertige de la redoutable ivresse dont la perfection même est l'enfer, dans son silence absolu. (I, 376).

La clausule du « plus laid des hommes », où Zarathoustra livre au lecteur son ultime impression concernant le meurtrier de Dieu, annonçait déjà ce mépris qui fonde l'intériorité du prêtre de Bernanos :

> Je n'ai jamais rencontré personne qui se méprisât plus profondément : cela aussi est de la hauteur. Hélas ! celui-là était-il peut-être l'homme supérieur, dont j'ai entendu le cri de détresse ?
> J'aime les hommes du grand mépris. L'homme cependant est quelque chose qui doit être surmonté[1].

Homme du grand mépris s'il en est, l'abbé Cénabre reste bien dans l'exact sillage du plus laid des hommes, en ne réservant pas ce puissant sentiment à sa propre personne mais en l'étendant au prochain. C'est ainsi que la rencontre avec le clochard Ambroise concrétise l'attitude du meurtrier de Dieu confronté à la populace marécageuse[2]. Devant de

---

1   *Ibid.*, p. 247. Il est intéressant de relever que la dernière phrase de l'extrait leitmotiv jalonnant *Ainsi parlait Zarathoustra* (voir, entre autres, p. 12 et p. 34), est reprise par Bernanos dans l'unique allusion de sa correspondance à l'œuvre de Nietzsche, avec néanmoins une déformation de taille qui substitue au mot « l'homme » un nouveau sujet, féminin celui là : « le vieux Nietzsche l'a dit juste comme il faut : "la vie est quelque chose qui doit être surmontée" » (Lettre à son neveu Guy Hattu Corr. I, p. 468). L'épistolier christianise – sciemment ? – la parole de Zarathoustra en substituant à l'orgueilleuse prétention du surhomme, la reconnaissance de la dureté de la vie (« La vie n'est pas drôle ni facile » *Ibid.*, p. 468) et la nécessité de l'effort humain pour transcender les conditions naturelles de son mode d'existence terrestre vers l'horizon de la vie en Christ.

2   « Comme un héron qui, la tête rejetée en arrière, fait planer avec mépris son regard sur de plats marécages : ainsi je jette un coup d'œil dédaigneux sur le gris fourmillement des petites vagues, des petites volontés et des petites âmes. » (Friedrich Nietzsche, *Ainsi parlait Zarathoustra, op. cit.*, p. 245)

telles âmes, « – que ce soit la pitié d'un Dieu ou la pitié des hommes :
la compassion est une offense à la pudeur. Et le refus d'aider peut être
plus noble que cette vertu trop empressée à secourir[1] ». Le prêtre a
compris la leçon de son maître en athéisme et la loque geignarde qu'il
abandonnera au poste de police se révèle bien comme le fruit anéanti
de son zèle anti-apostolique.

Athée caché sous le prêtre, le cas Cénabre met en pleine lumière le
phénomène paradoxal d'un christianisme terreau de l'athéisme[2]. Car
si le narrateur révèle son incapacité à livrer les causes objectives d'un
tel désastre fictionnel, il se pourrait bien que la deuxième partie du
roman entièrement dédiée au microcosme catholique gravitant autour
de l'abbé Cénabre, constitue à elle seule l'herméneutique magistrale de
cette mystérieuse désertion intérieure. Au-delà du règlement de compte
entre le romancier et le catholicisme de son époque, ces soixante-dix
pages assassines illustrent avec quarante années d'avance la reconnaissance par l'institution ecclésiale du terrible lien pouvant exister entre
certains événements de la vie spirituelle de l'Église et l'épanouissement
de l'athéisme[3]. Si la fiction du salon Guérou propose ainsi le modèle d'un
catholicisme mondain aboutissant au néant évangélique de l'athéisme
pratique, la crise de Cénabre peut alors être comprise comme la riposte
fulgurante de l'athéisme absolu[4]. Athée absolu en soutane, Cénabre

---

1   *Ibid.*, p. 245.
2   Le roman devance ainsi le quatrième élément de la typologie mise en place par Étienne
    Gilson concernant les principales formes de l'athéisme : 1. athéisme politique des idéo-
    logies modernes, 2. athéisme métaphysique allemand, 3. athéisme mystique du révolté,
    4. athéisme né du christianisme (Étienne Gilson, *L'athéisme difficile*, Paris, édition Vrin,
    1979).
3   « Dans cette genèse de l'athéisme, les croyants peuvent avoir une part qui n'est pas mince,
    dans la mesure où, par la négligence dans l'éducation de leur foi, par des représentations
    trompeuses de la doctrine et aussi par des défaillances de leur vie religieuse, morale et
    sociale, on peut dire d'eux qu'ils voilent l'authentique visage de Dieu et de la religion
    plus qu'ils ne le révèlent » (Concile de Vatican Ii, Gaudium et spes (Constitution pastorale
    sur l'Église dans le monde de ce temps, 7 décembre 1965) n° 19-1, dans *Concile œcuménique
    Vatican II*, Paris, Éditions du Centurion, 1967, p. 230).
4   Ici encore le romancier se pose en précurseur, non plus de la théologie ecclésiale institu-
    tionnelle, mais de la philosophie néo-thomiste de Jacques Maritain qui, en 1949, dégagera
    les liens étroits unissant les deux notions : « L'athéisme absolu signifie une traduction en
    termes brutaux et impossibles à éluder, une contrepartie impitoyable, un miroir vengeur
    de l'athéisme pratique de trop de croyants qui mentent à leur croyance. Il est premièrement
    le fruit et la condamnation de l'athéisme pratique, et son image réfléchie dans le miroir
    de la colère divine. Si ce diagnostic est exact, alors il faut dire que le seul moyen de se
    débarrasser de l'athéisme absolu est de se débarrasser de l'athéisme pratique. » (Jacques
    et Raïssa Maritain, *Œuvres complètes*, Volume IX, 1947-1951, Paris, Éditions Saint-Paul,
    1990, 2ème édition 2000, « La signification de l'athéisme contemporain. » [1949], p. 446)

serait cependant plus proche de Dieu que ses « amis », si tant est que
l'aphorisme de Simone Weil puisse lui être appliqué[1]. La foudroyante
chute mystique à l'origine de son internement définitif, enfermement
psychiatrique dont les modalités peuvent renvoyer symboliquement à
la réclusion monacale ou érémitique, illustre là encore une potentialité
entrevue par la spéculation philosophique chrétienne[2]. L'athéisme absolu
de Cénabre agirait ainsi, du début de *L'Imposture* jusqu'à l'ultime page
de *La Joie*, comme une « purification infernale » ouvrant l'horizon d'une
authentique conversion.

Mais la leçon romanesque de l'utilité d'un athéisme de transition[3]
entre un catholicisme purement extérieur et l'avènement d'une expérience
intérieure se révèle comme une simple étape, elle-même transitoire,
dans les métamorphoses de l'écriture romanesque de l'athéisme. Car,
si d'une certaine manière *L'Imposture* pouvait conforter le lecteur athée
dans son athéisme, *La Joie* compense cette tendance par la mise en scène
d'une distinction sans équivoque entre la voie négatrice de l'athéisme
et la voie négative de la mystique. La confrontation entre Chantal et La
Pérouse met en relief le fossé séparant le jugement de réalité de celui
qui nie l'existence de Dieu et le jugement de valeur de celle qui en nie
toute possibilité de détermination ou de représentation. Le psychiatre
est atteint en plein cœur par le charisme d'une voix herméneute d'une
intériorité visitée par la plénitude :

---

1   « Entre deux humains qui n'ont pas l'expérience de Dieu, celui qui le nie en est peut-être
le plus près. » (Simone Weil, *La Pesanteur et la grâce*, Paris, Éditions 10/18, 1966). Si l'on
confronte les destins fictionnels de l'évêque de Paumiers, Monseigneur Espelette et de
l'abbé Cénabre – jamais mis en présence dans le roman – à l'aune de cette réflexion, il
semble bien en effet que l'athéisme pratique éloigne davantage de la préoccupation de la
Présence que l'athéisme absolu.

2   « Les athées absolus ont remplacé dans leur propre existence la vie supra-temporelle de
l'âme par le dynamisme cosmique de la nature. Du point de vue spirituel ils sont des morts
en mouvement, agitant des mains puissantes. Du moins ils apparaissent pour ce qu'ils
sont. Chez certains d'entre eux, d'ailleurs, le processus de mort n'est pas achevé, il reste
un germe caché de vie, une soif vivante ; et ce germe qui subsiste, menacé, isolé, privé de
tout support rationnel, est d'autant plus authentique et d'autant plus vivant qu'il résiste
à la destruction et aux ravages que l'athéisme a portés, de tous les autres côtés, dans la
substance spirituelle de l'homme. De tels athées, s'ils reçoivent la grâce de la conversion,
deviendront des chrétiens pour qui rien ne compte, excepté Dieu et l'Evangile. Pour
eux, l'athéisme aura été comme une sorte de purification infernale. » (Jacques et Raïssa
Maritain, *op. cit.*, « une nouvelle approche de Dieu », [1948], p. 372.)

3   Simone Weil a estimé cette transition impérative pour évoluer d'une religion totalitaire
à une connaissance surnaturelle : « la religion en tant que source de consolation est un
obstacle à la véritable foi : en ce sens l'athéisme est une purification. » (Simone Weil, *La
Pesanteur et la grâce, op. cit.*, p. 116).

La voix de Chantal le cloua au seuil, stupéfait […] Ce qui l'avait mis un instant hors de lui-même, c'était la tristesse comme augurale de cette voix, tristesse comparable à nulle autre, parce que l'observateur le plus subtil n'y eût rien décelé qui ressemblât au dépit, à la contrariété de l'amour déçu qui aigrit toute tristesse humaine. Tristesse désintéressée, surnaturelle, pareille au reproche des anges. Et si simple à la fois, si claire, d'un tel frémissement d'innocence et de suavité, qu'elle venait d'atteindre en la Pérouse la part réservée, la part intacte de l'âme, et qu'il ne la distinguait plus qu'à peine du brusque et délicieux déchirement de son propre cœur[1].

Le négateur et contempteur de toute religiosité obsessionnelle liée aux religions établies succombe au dépouillement mystique d'une jeune fille esseulée et libérée de toute accointance avec l'institutionnalité ecclésiale. L'événement intérieur est-il donc seul capable de fissurer le mur compact de l'athéisme moderne ? Toujours est-il qu'*Un crime* et *Un mauvais rêve* engagent l'écriture romanesque sur la voie de la prolifération athée. Livré à lui-même, délivré de la contrainte religieuse, l'athéisme sans le christianisme succède à celui qui se nourrissait de sa substance et se réduit à une anthropologie fermée.

Il faut attendre *Journal d'un curé de campagne* et *Monsieur Ouine* pour que la confrontation reprenne et acquière une densité toute particulière dans l'écriture romanesque entre mai 1934 et avril 1936. C'est en effet à cette période que sont composés les deux affrontements du curé et du médecin de Fenouille[2] ainsi que la consultation du curé d'Ambricourt chez le docteur Laville[3]. On note d'emblée un contraste tonal entre les scènes respectives des deux romans. Alors que le curé de Fenouille aborde et conclut la confrontation dans une attitude d'opposition frontale, le curé d'Ambricourt n'oppose à son contradicteur athée que bredouillement, silence et larmes. Comment comprendre ce dédoublement de l'écriture romanesque fervente aux prises avec la présence athée dans une période où *Monsieur Ouine* est abandonné pour l'élaboration de *Journal d'un curé de campagne* ? Cette oscillation entre opposition véhémente et silence terrassé reflète assez fidèlement le dilemme qui déchire l'homme de foi dans sa confrontation avec l'athéisme moderne. C'est ainsi que le curé de Fenouille n'hésite pas à regretter ouvertement la disparition d'un athéisme dogmatique ennemi mais aussi interlocuteur à part entière, voire aiguillon du christianisme.

---

1   J, 658-659.
2   La première passe d'armes est rédigée en mai 1934 (MO, 1505-1511) et la seconde en avril 1936 (MO, 1522-1527).
3   Située aux dernières pages du *Journal d'un curé de campagne*, cette scène dialoguée est rédigée en 1935, entre les deux passes d'armes opposant le curé et le médecin de Fenouille.

Alors que le docteur se pose en moderne, ayant dépassé le « temps révolu du combisme », le prêtre conteste la positivité d'un tel dépassement :

> Mieux eût valu pour nous tous cette guerre ridicule. Elle détournait vers le prêtre seul des rancunes anciennes et parfois justifiées. Elle entretenait l'idée du divin, elle était, à notre insu, comme un appel à Dieu de l'injustice, de l'hypocrisie, de la médiocrité des meilleurs. Le blasphème, Monsieur, engage dangereusement l'âme, mais il l'engage. L'expérience même prouve que la révolte de l'homme reste un acte mystérieux dont le démon n'a peut-être pas tout le secret. Au lieu que le silence[1]...

Accusé d'avoir substitué au langage religieux le jargon scientifique, l'athéisme post-chrétien des hommes de science[2] a écrasé de son mépris élitiste la voix simple du christianisme millénaire[3] en le réduisant au silence du non-événement, de l'illusion éradiquée. Car, alors que « la science elle-même reconnaît certains besoins religieux de l'homme » comme le rappelle le curé aussitôt interrompu par son interlocuteur féru de « psychiatrie moderne » (MO, 1509), elle retire en même temps à son cobaye – par la critique impitoyable des religions établies – la possibilité de satisfaire cette religiosité pulsionnelle. L'ombre du docteur Freud ne rôde-t-elle pas aux confins du texte romanesque, quand *L'Avenir d'une illusion* – exact contemporain de *Sous le soleil de Satan*[4] – décelait à travers le dénuement initial du petit enfant (la fameuse *Hilflosigkeit*) la racine affective du besoin religieux, tout en dénonçant de manière impitoyable les tentatives humaines pour combler ce manque originel par la croyance et la pratique religieuse ? Le curé de Fenouille dénonce la morgue de l'athéisme scientifique qui, en bâillonnant le langage religieux, l'a recouvert d'un jargon hermétique au non-initié[5].

---

1   MO, 1509.

2   Cet athéisme prétend dépasser la conscience chrétienne et, en elle, toute autre conscience religieuse en récupérant son contenu dans la forme supérieure qu'est la conscience humaniste. Il est le produit d'une option métaphysique à la fois matérialiste et idéaliste qui nie le non-sensible et le non-maîtrisable théoriquement : « L'homme sait enfin qu'il est seul dans l'immensité indifférente de l'univers d'où il a émergé par hasard. » (Jacques Monod, *Le Hasard et la Nécessité*, Paris, éditions du Seuil, 1970, p. 225).

3   « J'aurais voulu seulement expliquer que le pauvre n'a désormais plus de mots pour nommer ce qui lui manque, et si ces mots lui font défaut, c'est que vous les avez volés. » Voir aussi « Vous avez scellé le nom de Dieu au cœur du pauvre. » (MO, 1509).

4   L'essai et le roman ont tous deux paru pour la première fois en 1926. Paru en traduction française en 1948, année de la mort de Bernanos, l'ouvrage de Freud n'a pu être consulté par l'écrivain mais ce dernier a découvert la psychanalyse par l'entremise de l'ouvrage de Léon Daudet, *Heredo*.

5   Les brouillons de Monsieur Ouine éclairent cette dénonciation : le curé de Fenouille y assimile la psychiatrie à une discipline pour « malades millionnaires » et reproche au

Abandonné dans son désir de Dieu devenu informulable, le « pauvre diable[1] » se retrouve seul avec sa religiosité en friche, dépouillé par ses frères affranchis d'un exutoire certes aliénant mais vital pour étancher sa soif de transcendance. Plus catholique que démagogue, dans son souci de l'universel, le romancier ne pointe-t-il pas ici l'extrême élitisme et l'inconsciente cruauté de ces sciences modernes qui, voulant libérer l'humanité de l'aliénation religieuse, dépouille les êtres simples d'une thérapie millénairement éprouvée et entièrement gratuite pour supporter le dur principe de réalité ? L'ange psychanalytique ferait donc ici la bête, ange exterminateur d'une religion qui n'excluait aucun désir singulier de sa proposition collective unificatrice. Et qu'importe si cette religion se manifeste sous les traits ponctuels d'un délire collectif, puisque le délire est en l'homme, racine inexpugnable d'un désir mystérieux qui doit pouvoir trouver un exutoire.

> Oui, Monsieur, l'heure vient (peut-être est-elle déjà venue ?) où le désir qu'on croit avoir muré au fond de la conscience et qui y a perdu jusqu'à son nom va faire éclater son sépulcre. Et, si toute autre issue lui est fermée, il en trouvera une dans la chair et le sang – oui, Monsieur – vous le verrez paraître sous des formes inattendues et, j'ose le dire, hideuses, horribles. Il emprisonnera les intelligences, il pervertira les instincts et... qui sait ? Pourquoi le corps, notre misérable corps sans défense, ne paierait-il pas une fois de plus la rançon de l'â...de l'autre ? Une nouvelle rançon ? (MO, 1509-1510).

Désir non plus confié à la religion mais retourné à l'état sauvage par faute d'accès aux théories sophistiquées de la science moderne, la pulsion affective inemployée se retourne contre la source dont elle jaillit et qui ne trouve plus d'objet vers lequel l'orienter. Le mot fatal éclairant ce mystérieux retournement de la pulsion sera prononcé quelques pages plus loin lors de la seconde conversation entre le curé et le docteur. Mais le romancier aura mis près de deux ans à le trouver puisque cette seconde conversation ne sera rédigée qu'en avril 1936 après une interruption mise à profit pour écrire *Journal d'un curé de campagne*. Il s'agit du suicide, ultime issue pour l'homme meurtri et amputé par la contagion athée de la part la plus mystérieuse de son intimité :

> Supposons qu'un jour soit consommée l'espèce de révolution qu'appellent de leurs vœux les ingénieurs et les biologistes, que soit abolie toute hiérarchie des

---

docteur et à « ses semblables » d'avoir essayé de « transcrire en lang. Dans votre langage ce que les mots. Mots. Religieux exprimaient. Mais d'une. Exprimaient simplement d'une autre manière, accessible à tous. » (*Cahiers de Monsieur Ouine, op. cit.*, « cahier 19 », p. 629).

1   *Ibid.*, p. 629.

besoins, que la luxure apparaisse ainsi qu'un appétit des entrailles analogue aux autres et dont une stricte hygiène règle seule l'assouvissement, vous verrez ! – oui, vous verrez ! – surgir de toutes parts des maires de Fenouille qui tourneront contre eux, contre leur propre chair, une haine désormais aveugle, car les causes en resteront enfouies au plus obscur, au plus profond de la mémoire héréditaire. Alors que vous vous flatterez d'avoir résolu cette contradiction fondamentale, assuré la paix intérieure de vos misérables esclaves, réconcilié notre espèce avec ce qui fait aujourd'hui son tourment et sa honte, je vous annonce une rage de suicides contre laquelle vous ne pourrez rien. Plus que l'obsession de l'impur, craignez donc la nostalgie de la pureté. Il vous plaît de reconnaître dans la sourde révolte contre le désir, la crainte entretenue depuis tant de siècles par les religions, servantes sournoises du législateur et du juge.

Prise en tenaille dans l'ordre de création romanesque entre les deux affrontements du ministre de Dieu et du médecin athée de *Monsieur Ouine*, la rencontre entre le curé d'Ambricourt et le docteur Laville résonne comme un insolite et dissonant contrepoint dans le concert de la confrontation fictionnelle entre foi et athéisme. Le romancier a choisi comme héritier de tempérament à son curé de Fenouille tout en nerfs, non pas le curé d'Ambricourt, comme l'on aurait pu s'y attendre[1], mais le jeune docteur Laville, pugnace et agressif, tandis que le curé d'Ambricourt hérite de la surprise non réactive dont fait preuve le médecin de Fenouille devant son contradicteur en soutane. Et le lecteur oscille entre deux schémas psychologiques contradictoires : celui du croyant belliqueux en croisade contre l'athée flegmatique et celui inverse de l'athée agressif malmenant un croyant abattu. Ce brouillage des pistes a pour principal effet d'accentuer la complexité et la richesse de la représentation romanesque des deux polarités dont les modes d'expression respectifs présentent une intéressante réversibilité.

Alors que l'élégante prestance du médecin de Fenouille contrastait avec la maladresse empruntée du curé en soutane, Laville et le curé d'Ambricourt se fondent dans une étonnante gémellité physique immédiatement relevée par le prêtre diariste :

Il a tiré les rideaux, et je l'ai vu en pleine lumière. Je ne l'imaginais pas si jeune. Son visage est aussi maigre que le mien, et d'une couleur si bizarre que j'ai cru d'abord à un jeu de lumière. [...] Sa figure était juste au-dessus de la mienne et la longue mèche de cheveux noirs m'effleurait le front. Je voyais son cou décharné, serré dans un mauvais faux col de celluloïd, tout

1   Le curé de Fenouille est considéré par l'ensemble des critiques comme la source d'inspiration et le modèle du curé d'Ambricourt. Voir en particulier William Bush et Michel Estève.

jauni, et le sang qui affleurait peu à peu à ses joues leur donnait maintenant une teinte de cuivre[1].

Ambricourt n'est pas le jouet d'une illusion puisque son interlocuteur éprouve le même sentiment de gémellité :

> C'est que j'appartiens moi-même à une famille… une famille dans le genre de la vôtre, je suppose. En vous voyant tout à l'heure, j'ai eu l'impression désagréable de me trouver devant… devant mon double[2].

Cette superposition des deux visages, jusqu'au col romain, annonce la mise en présence ultérieure des deux maux incurables qui rongent les deux corps fraternels car la « lymphogranulomatose maligne » (1238) du docteur fait écho au « cancer de l'estomac » (1240) du prêtre. Mais elle accompagne d'abord une répulsion réciproque et mystérieuse où chacun des deux protagonistes s'éprouve otage impuissant de l'autre. C'est d'abord l'oppression du curé d'Ambricourt qui est restituée à travers la comparaison de la forteresse assiégée : « la fenêtre s'ouvrait sur une courette et j'apercevais à travers les vitres une muraille noire de suie percée d'ouvertures si étroites qu'elles ressemblaient à des meurtrières. » (JC, 1232). Ensuite vient le désir de s'enfuir (« Je l'entendais à peine, j'avais hâte de me retrouver dans la rue, libre. ») précipité par la brusquerie du docteur (« Il m'a presque poussé hors de la chambre. »). Mais l'oubli de l'ordonnance oblige à une nouvelle confrontation où l'athée, par un revirement soudain, cherche à retenir le jeune prêtre : « Il s'est placé entre moi et la porte, je me demandais si je sortirais jamais de cette chambre, je me sentais comme pris au piège, au fond d'une trappe. » (1235). L'entretien crée une tension qui enchaîne les deux interlocuteurs à leur bouleversement émotif : « Et si ému que je fusse moi-même, je sentais que ma présence – pour quelle raison, je l'ignore – le bouleversait, qu'elle lui était plus intolérable à chaque seconde, qu'il se sentait néanmoins hors d'état de me laisser. » (1237). Car au piège de l'athéisme répond celui de la foi et lorsque l'athée en sursis souligne l'étrangeté de ce face-à-face[3], il ne se doute pas encore que le visage du jeune prêtre étourdi et sans répartie lui renverra, comme ultime réplique

---

1   JC, 1232.
2   JC, 1236.
3   « Je dois vous avouer, a-t-il repris, que je me trouve pour la première fois en tête à tête avec l'un de vous, enfin avec un prêtre, un jeune prêtre. Cela vous étonne ? J'avoue que le fait est assez étrange. » (JC, 1235).

à leur dialogue de condamnés, le reflet de la Sainte Face voilée par les larmes de la Passion :

> Oui, je pleurais. Je pleurais sans un sanglot, je crois même sans un soupir. Je pleurais les yeux grands ouverts, je pleurais comme j'ai vu pleurer les moribonds, c'était encore la vie qui sortait de moi. Je me suis essuyé avec la manche de la soutane, j'ai distingué de nouveau le visage du docteur. Il avait une expression indéfinissable de surprise, de compassion[1].

Car l'implacable acuité du médecin a beau démasquer en un regard les tares héréditaires et nerveuses du ministre de Dieu :

> «Les anxieux de votre espèce ne prient pas, ou prient mal. Avouez donc plutôt que vous n'aimez dans la prière que l'effort, la contrainte, c'est une violence que vous exercez contre vous même, à votre insu. Le grand nerveux est toujours son propre bourreau!». Lorsque j'y réfléchis, je ne m'explique guère l'espèce de honte dans laquelle ces paroles m'ont jeté. Je n'osais plus lever les yeux[2].

Le curé ainsi piégé deviendra à son insu piège redoutable pour l'athée moribond confronté à la superposition du masque mortuaire du Crucifié sur la figure livide du curé cancéreux. La démystification opérée par le docteur, au sujet des liens malsains entre masochisme et prière, réduit l'élan transcendant à un symptôme relevant de l'immanence névrotique humaine. Mais la kénose vécue par le prêtre à l'annonce de sa mort prochaine intègre à l'immanence de l'enveloppe charnelle malade le Tout Autre comme extériorité absolue. L'opposition entre foi et athéisme perd alors sa signification première pour être dépassée par une aporie conciliant mystérieusement immanence et transcendance. Puisque la prière du prêtre nerveux est symptôme pathologique, mais que son visage en larmes – aussi marqué soit-il par une pesante hérédité – peut devenir support de la transcendance kénotique, toute altercation entre le fervent et l'agnostique[3] perd son sens. Les deux présences se révèlent ainsi aussi intolérables qu'essentielles l'une pour l'autre. Et qu'importe si l'athée

---

1 JC, 1242.
2 JC, 1236.
3 L'athéisme revendiqué par le docteur Laville s'apparente en effet davantage à une suspension volontaire et raisonnée de jugement qu'à une négation : «Je respecte toutes les opinions, même religieuses. Je n'en ai d'ailleurs aucune. Il n'y a pas d'opinions pour un médecin, il n'y a que des hypothèses.» (JC, 1235). Ce scientisme moderne reconnaît d'ailleurs, dans le sillage de Freud, l'existence objective d'une religiosité instinctive inhérente à la nature humaine : «N'allez pas me prendre pour un matérialiste à l'ancienne mode. L'instinct de la prière existe au fond de chacun de nous, et il n'est pas moins inexplicable que les

n'est pas en mesure – par son athéisme même – de déceler sur le visage
en larmes du petit prêtre le reflet du Crucifié perçu par le romancier
catholique et son lecteur averti ? Ce qu'il y décèle provoque en lui « une
expression indéfinissable de surprise, de compassion[1] ». L'altérité de ce
visage ouvre à celui qui le contemple un espace mystérieux et affectif
comme horizon d'un inconnu bouleversant[2]. Cet autrui singulier et
souffrant devient ainsi, pour l'athée étranger à toute religion établie une
voie d'accès à la compassion nue, dépouillée de tout référent religieux et
rejoignant paradoxalement le mystère de l'amour prôné par le Christ[3].

LA SOURCE ET L'HORIZON

L'athéisme subi par la seconde Mouchette n'a pas été évoqué dans le
cadre du développement précédent car l'ouverture de sa portée anthropologique le rapproche plus de l'abandon à la kénose christique que de
la puissante aspiration prométhéenne à l'autonomie de l'immanence. Il

---

autres. » (JC, 1236). Athéisme sophistiqué donc, qui accepte la thèse de l'homme comme
animal religieux et le mystère qu'elle recouvre.

1 JC, 1242.

2 Ce bouleversement, qui ne s'enracine pas dans une ferveur religieuse préalable, a été
exploré en profondeur par Emmanuel Levinas. Sans reconnaître l'incarnation chrétienne,
le philosophe voit dans la contemplation du visage humain la possibilité suprême pour
tout individu de sortir de son immanence pour appréhender – sinon embrasser – la trace
de ce qui lui échappe et qui suscite son aspiration vers l'inaccessible Infini : « Le visage
est précisément l'unique ouverture où la signifiance du Transcendant n'annule pas la
transcendance pour la faire entrer dans un ordre immanent, mais où, au contraire, la
transcendance se refuse à l'immanence précisément en tant que transcendance toujours
révolue du Transcendant. » (Emmanuel Lévinas, *Humanisme de l'autre homme*, Montpellier,
éditions Fata Morgana, 1972 ; Paris, Éditions le Livre de poche, 1987, p. 64).

3 Dans une étude inachevée sur le rapport de l'homme à Dieu, qui peut être considérée
comme une introduction à l'anthropologie de Kojève, ce dernier confronte le théiste et
l'athée en accentuant leur préoccupation commune de « l'en-dehors » (c'est-à-dire ce qui
n'est ni l'homme ni le monde), née de l'angoisse et du mystère de la mort. L'en-dehors peut
être compris comme un rien (l'athée) ou comme quelque chose (le théiste) mais l'angoisse
de cet extérieur est une manière de l'affirmer dans les deux cas. Car si pour le théiste,
« c'est seulement dans la finitude de l'homme que Dieu peut lui être donné » (Alexandre
Kojève, *L'Athéisme*, traduction de N. Ivanoff, révision de L. Bibard, Paris, Éditions
Gallimard, 1998, p. 183), « pour l'athée le donné de sa finitude est aussi le chemin vers
Dieu au sens où il est une sortie du monde », même si « ce chemin ne mène nulle part »
(*Ibid.*, p. 184). Kojève en conclut à la nature profondément religieuse de l'homme, même
chez ceux qui se présentent comme athées, du fait de la finitude commune à l'ensemble
de l'humanité : « Dans le donné de sa mort, dans le tonus de la terreur, l'homme peut
devenir théiste, mais il peut aussi de ce fait même devenir athée : dans ce donné l'homme
se pose la question de Dieu et y répond d'une façon ou d'une autre » (*Ibid.*, p. 186). Dans
les deux cas, l'homme ne forge son identité que dans la conscience de la mort, appelée
« voie de Dieu », qu'elle débouche sur le néant ou sur l'Être.

existerait donc un athéisme kénotique, fruit de l'abandon par l'Église et par les élites modernes athées de la misère à elle-même, et qui rejoint mystérieusement dans ses modalités phénoménologiques l'itinéraire kénotique de Jésus-Christ. Exacte illustration de la prophétie entrevue par le curé de Fenouille, concernant le dénuement des misérables auxquels la modernité savante a volé le nom de Dieu, ce personnage apparaît doublement écrasé par l'atavisme de la misère et par un amour humain sans issue. Prise à la gorge par une nostalgie de la pureté qui lui est incompréhensible, Mouchette ne dispose ni en amont du secours de la consolation religieuse offerte par l'institution ecclésiale, ni en aval de la maturité spéculative –à la fois intellectuelle et spirituelle –lui permettant de contempler dans le visage du prochain la trace d'un amour transcendant inaccessible mais suffisant pour apaiser cette nostalgie mystérieuse et originelle. Le suicide, issue de la misère moderne au double scellement de la source religieuse et de l'horizon anthropologique[1], révèle de manière violente la crise existentielle née du refus du désir religieux ou de sa tentative de dépassement. Car le rationalisme moderne qui substitue au Dieu incarné de l'orthodoxie chrétienne l'homme divinisé de son projet anthropologique, se heurte à une réalité non négociable, celle de l'être démuni, impuissant, par essence kénotique. Et les personnages de l'œuvre romanesque sont tous – sans aucune exception – porteurs de cette faille mystérieuse qui, tout en réduisant à néant l'horizon du surhomme, ménage une ouverture propre à accueillir une transcendance totalement extérieure. L'irréductibilité de cette faiblesse présentée comme brèche dans laquelle peut en un éclair s'immiscer la grâce de Dieu décime la prétention d'une transcendance totalement immanentisée. L'athéisme du misérable moderne[2] n'a pas les moyens de reconnaître – dans le sillage de son inspirateur plus sophistiqué, l'athéisme mystique – l'horizon d'une transcendance en aval de la revendication négatrice[3]. Mais le romancier

---

1   1. Ces deux scellements adviennent selon des modalités bien différentes : alors que la transcendance religieuse a été contrainte au retrait et s'est dissoute dans l'indifférence des masses déchristianisées, la transcendance par autrui reste inaccessible au plus grand nombre par l'exigence ascétique intérieure et le renoncement à soi qu'elle suppose.

2   1. Outre la seconde Mouchette, le maire de Fenouille s'impose comme une variante masculine de la modernité misérable : considérant la religion catholique comme une croyance obsolète, il n'a cependant pas les moyens intellectuels et spirituels d'investir sa soif de religiosité dans un athéisme mystique qui pourrait le sauver du désespoir.

3   2. C'est ainsi que Jean-Michel Hirt synthétise les découvertes de Nietzsche et de Freud qui ont su instrumentaliser leurs athéismes respectifs comme révélateurs de la toute-puissance du désir nu : « ... il devient possible de passer de l'athéisme comme dégagement de la religiosité à l'athéisme comme issue pour la raison : là où le premier impliquerait un

avait, dès *Sous le soleil de Satan*, pris toute la mesure de cette oscillation entre la source et l'horizon. L'ensemble de l'œuvre se singularise ainsi comme la retranscription fiévreuse des deux voies s'offrant à l'ouverture des impasses nihilistes auxquelles aboutit un athéisme retranché dans son refus obstiné de toute transcendance.

Les deux voies sont aussi incertaines et périlleuses l'une que l'autre. Et si leur aboutissement ne coïncide pas avec les impasses de l'athéisme nihiliste, il côtoie néanmoins les apories d'un apophatisme mystérieusement indépassable. Qu'il s'agisse en effet d'une approche de type descendant où le croyant reçoit de la source transcendante qu'il a élue et reconnue la grâce lui permettant d'intégrer dans sa finitude l'Altérité absolue, ou au contraire d'une approche de type ascendant par laquelle la relation positive à autrui permet une sortie de soi vers un horizon de dépassement, les deux trajectoires partagent le risque de la rencontre-révélation bouleversant l'identité de celui qui la vit. Le mouvement l'emporte alors sur la clôture et l'élan vers l'altérité submerge l'identité autarcique. Le misérable bernanosien a-t-il cependant les moyens de s'engager sur l'une ou l'autre voie ? Il se révèle ainsi hermétique à l'événement du Crucifié comme à celui de l'homme engagé dans un processus de divinisation, étranger par son ignorance au mystère théologique de la Création *ex nihilo*, et par le poids de son malheur individuel à la conversion mystique que pourrait provoquer le visage d'autrui. Il ne semble en mesure ni de soutenir un acte de foi ni de manifester une révélation épiphanique le haussant du prochain à Dieu. Si la transcendance se situe en amont du théologien suspendu à la source divine et en aval du phénoménologue éprouvant le dépassement spatial de l'horizon[1], elle reste inaccessible au malheureux moderne.

---

renoncement au désir de croire, le second soutiendrait ce désir mais renoncerait à l'objet de ce désir, au dieu forgé par la croyance ». (Jean-Michel Hirt, Vestiges *de dieu : athéisme et religiosité*, Paris, Éditions Grasset, 1998, p. 11).

1   Alors que la tâche de la théologie est de scruter l'être du phénomène qui apparaît, celle de la phénoménologie se concentre sur l'acte d'apparaître lui-même. Un philosophe comme Michel Henry sort ainsi de l'analyse phénoménologique en faisant le saut d'une vie reçue dans la chair, contingente et finie, à la Vie, divine et infinie, donnée à cette chair. Ce basculement de la description phénoménologique (la vie) à la Révélation (la Vie) postulant un acte de foi, resitue la transcendance en amont et non plus en aval. Car c'est la foi seule qui peut adhérer à l'Incarnation perçue comme volonté divine de communiquer sa propre vie interne en la manifestant dans la chair. Ainsi, de même que l'Incarnation échappe à toute nécessité logique, la vérité de foi qu'elle sous-tend est impossible à déduire philosophiquement. Le basculement se produit aussi quand le phénoménologue happé par le mystère de l'Homme-Dieu, crée une aporie philosophique en distinguant dans l'immanence pure Celui qui donne la vie et celui qui la reçoit tout en les conciliant.

Les représentations romanesques de la transcendance ne cessent
d'osciller entre l'île, la Terre Promise et le désert[1], c'est-à-dire le mythe
païen, le mystère chrétien et « la messianité sans messianisme[2] ». La
liberté et la puissance fictionnelle du genre romanesque autorisent
l'alternance et parfois la confrontation, voire la superposition entre
réminiscences mythologiques, actualisation de la Révélation christologique et athéisme mystique. Le personnage de l' « ancienne servante du
marquis de Clampains[3] » qui traverse fugacement le récit de *Nouvelle
histoire de Mouchette* dans les dernières pages précédant l'épilogue,
constitue une mise en œuvre de cette puissance fictionnelle capable
de superposer en une même évocation des strates temporelles et
symboliques que l'histoire, la philosophie et la théologie ont toujours
distinguées. Alors que Marcelle Stubbs-Faccendini étaye la thèse de
l'imprégnation mythique en développant les intuitions stylistiques
de Monique Gosselin concernant Philomène « la prêtresse du faux
sacré qui prolifère dès que régresse le christianisme[4] », il semble
nécessaire d'établir un lien souterrain mais indéfectible entre la source
mythique du personnage – certes très présente – et les sources à la fois
chrétiennes et modernes qui enrichissent son portrait. En effet, si « la
vieille fileuse » joue le rôle mythique de « la Parque de la mort[5] » mais
aussi celui de la déesse-chien couplée à la plus implacable des Erinyes[6],
elle est aussi sacristine occasionnelle et bénévole de la paroisse, celle
qui porte le prénom de la sainte préférée du curé d'Ars, qui « visite
les malades et surtout veille les morts[7] », sonneuse du glas funèbre,

---

1   Cette triade est empruntée à la typologie proposée par Jacques Derrida pour localiser
    ce qu'il nomme la Religion. Il met en place trois hypothèses topographiques : l'île que
    désigne la religiosité antique, la Terre Promise qui renvoie à la Révélation chrétienne,
    et le désert, « non le désert de la révélation, mais un désert [dans] le désert, celui qui
    rend possible, ouvre, creuse ou infinitise l'autre ». (Jacques Derrida, « Foi et savoir » in
    La Religion, sous la direction de Jacques Derrida et Gianni Vattimo, Paris, Éditions du
    Seuil, 1996, p. 26).
2   *Ibid.*, p. 27. Derrida évoque aussi une « messianicité abstraite » (p. 28).
3   NHM, 1327.
4   L'expression de Monique Gosselin (*op. cit.*, p. 400) est citée par Marcelle Stubbs-Faccendini
    dans le quatrième épisode du chapitre VI de sa thèse (thèse citée, p. 88), consacré au
    contenu mythique de *Nouvelle histoire de Mouchette*.
5   Monique Gosselin, *op. cit.*, p. 399.
6   « (…) la sacristine développe le rôle discret mais essentiel dans le mythe, de Hécate. Elle
    assume, par conséquent, les doubles fonctions de cette déesse, tendue vers les mystères de
    la mort et de la renaissance ». (Marcelle Stubbs-Faccendini, *thèse citée*, p. 78). Cette Hécate
    romanesque est « à la fois vampire, sous les traits de l'Empuse, Mère, et enfin, prêtresse
    de la mort ». (*Ibid.*, p. 89).
7   NHM, 1327.

familière du catholique signe de croix. Car il serait injuste, en regard de la richesse archéologique liée à ce personnage construit par strates, de réduire sa signification à une source mythique plurielle (Hécate, Empuse, Héra, Alecto…) sans adjoindre au portrait l'empreinte d'un catholicisme rural millénaire que la modernité elle-même, endossant le rôle jadis porté par le christianisme envers le paganisme, n'a pas réussi à soumettre entièrement. Le narrateur prend ainsi la peine de souligner que la rencontre entre Mouchette et la vieille se produit un dimanche matin, espace spatio-temporel réservé du catholicisme rural traditionnel :

> L'heure qui précède la grand-messe est, comme jadis, une heure de recueillement. Il faut des siècles pour changer le rythme de la vie dans un village français. « Les gens se préparent », dit-on, pour expliquer la solitude de la grande rue, son silence[1].

Philomène mythique et insulaire donc, mais aussi, voire tout autant Philomène catholique en Terre Promise, c'est ainsi que le narrateur de *Nouvelle histoire de Mouchette* superpose – sans cependant les confondre – paganisme antique et christianisme à travers cette figure syncrétique. Mais ce syncrétisme échappe au regard de Mouchette, sauvage moderne dénuée de toute culture religieuse qui ne décèle en Philomène qu'une « vieille femme[2] », altérité imprévue et envoûtante mise sur son chemin. Alors que Mouchette comptait ne rester qu'un instant chez la vieille, cette dernière la persuade de l'écouter.

La rencontre ainsi faite s'apparente, dans la perspective de Mouchette, à celle du désert décrit par Jacques Derrida, celui de « la messianicité sans messianisme[3] » :

> La venue de l'autre ne peut surgir comme un événement singulier que là où aucune anticipation ne voit venir, là où l'autre et la mort – et le mal radical – peuvent surprendre à tout instant[4].

---

1 NHM, 1326-1327.
2 NHM, 1333.
3 Jacques Derrida, *art. cit.*, p. 27.
4 *Ibid.*, p. 27. Voir aussi : « Le messianique s'expose à la surprise absolue et, même si c'est toujours sous la forme phénoménale de la paix ou de la justice, il doit, s'exposant aussi abstraitement, s'attendre (attendre sans s'attendre) au meilleur comme au pire, l'un n'allant jamais sans la possibilité ouverte de l'autre(…). Cette dimension messianique ne dépend d'aucun messianisme, elle ne suit aucune révélation déterminée, elle n'appartient en propre à aucune religion abrahamique. » (p. 28).

Ce désert qui vient à la rencontre de Mouchette sous les traits d'une mystérieuse vieille surprend donc l'héroïne à l'improviste, inattendue messianicité dépouillée de toute prophétie autre que celle de l'imprévisible altérité qui extirpe par son action – bienfaisante ou malfaisante – l'identité hors de son solipsisme :

> D'un mouvement inattendu, qui prévient toute défense de Mouchette, elle s'approche de la jeune fille, pose la main sur sa poitrine, à la place du cœur[1].

Qu'il s'agisse donc d'une puissance mythologique insulaire, d'une obscure servante de la Trinité chrétienne ou d'une incarnation décharnée de la modernité désertique, cette vieille femme rétablit par son geste une union authentiquement et étymologiquement religieuse au centre de la rencontre humaine. Le contact de la main sur le cœur instaure un lien entre extériorité charnelle et intériorité mystique, c'est-à-dire entre la source immanente et l'horizon transcendant. Dans l'univers dépouillé de Mouchette où la source a disparu, enfouie sous des siècles de déviations du christianisme mais aussi de refus de la Révélation, l'horizon reste encore discernable à travers la présence insistante de l'altérité humaine. En l'absence de toute transcendance extérieure fondatrice, les êtres se retrouvent livrés les uns aux autres, délivrés de tout souci individualiste de salut ou de sainteté, voire de toute instrumentalisation du bien fait à autrui comme moyen de sanctification personnelle, mais aussi prisonniers d'une souffrance devenue abominablement injustifiable. L'aporie apparemment ultime du désert, telle que le romancier Bernanos a pu la fictionaliser bien avant que le philosophe Derrida ne la formule, confrontée à ce mystère de la souffrance, est alors réorientée vers le paradoxe indépassable de la Croix. Impuissance comprise comme prétention, l'événement de la croix réalise l'abandon salvifique d'une transcendance qui assure la rédemption par son retrait et sa vulnérabilité en ce monde. Dieu abandonné par Dieu, le Christ en croix constitue par le don gracieux et aimant de son corps l'ultime justification de toute souffrance humaine[2]. Mouchette rejoint alors l'aporétique du désert

---

1   NHM, 1337.
2   Le théologien réformé Jürgen Moltmann met ainsi en valeur la spécificité de l'interdépendance entre transcendance chrétienne, souffrance et amour : « Dieu et la souffrance ne sont plus des contradictions comme dans le théisme et l'athéisme, mais l'être de Dieu est dans la souffrance et la souffrance est dans l'être de Dieu même, parce que Dieu est amour » (*Le Dieu crucifié. La croix du Christ, fondement et critique de la théologie chrétienne*, traduit de l'allemand par B. Fraigneau-Julien, Paris, Éditions du Cerf, collection « Cogitatio Fidei », n° 80, 1999, troisième édition, p. 260-1)

confronté au mystère d'une souffrance qui lui est infligée par une altérité menaçante et indéchiffrable. Son drame réside dans l'ignorance de cette scandaleuse bonne nouvelle : la transcendance trinitaire abandonne, laisse vivre dans le monde devenu espace désertique, et l'homme doit apprendre à vivre sans elle, à se tenir devant son absence. Car c'est dans l'expérience du retrait de Dieu que l'homme se laisse rejoindre par Lui. Il ne s'agit donc pas de ramener le christianisme à l'athéisme et réciproquement mais c'est l'expérience de l'athéisme du monde devenu majeur qui rejoindrait la Révélation chrétienne. C'est par la voie de l'imitation christique que le christianisme, jamais obsolète par essence[1], montrerait la voie du surhomme paradoxal et indépassable, à la fois temporel et éternel, chair offerte à chacun, pont tendu entre la source et l'horizon, transcendance enfin accessible.

---

1   L'apophatisme de Gianni Vattimo reconnaît ainsi la capacité possédée par le christianisme, et qui lui est spécifique, à métamorphoser la philosophie en herméneutique de la modernité : « Il semble que ce soit seulement à la lumière de la doctrine chrétienne de l'Incarnation du fils de Dieu que la philosophie puisse se concevoir comme une lecture des signes des temps, sans se réduire à un pur enregistrement passif du cours du temps. "À la lumière de l'Incarnation" constitue ainsi de nouveau une expression qui tente de saisir un rapport dont la dimension problématique irrésolue constitue le noyau même de l'expérience de l'éventualité : l'Incarnation de Dieu dont il s'agit ici n'est pas une manière d'exprimer de façon mythique ce que la philosophie découvre finalement comme résultat d'une recherche rationnelle. L'Incarnation n'est pas non plus la vérité ultime des énoncés philosophiques, démystifiée et ramenée à son sens propre. Comme nous l'avons déjà constaté de différentes façons dans les développements précédents, ce rapport problématique entre philosophie et Révélation religieuse est le sens même de l'Incarnation. Autrement dit, Dieu s'incarne, il se révèle d'abord dans l'annonce biblique qui, à la fin, "donne lieu" à la pensée postmétaphysique de l'éventualité de l'être. C'est seulement en tant qu'elle retrouve sa propre provenance néotestamentaire que cette pensée postmétaphysique peut se représenter comme une pensée de l'éventualité de l'être qui ne se réduit pas à la pure acceptation de l'existant, au pur relativisme historique et culturel. En d'autres termes, c'est l'Incarnation qui confère à l'histoire le sens d'une révélation rédemptrice et pas seulement d'une accumulation confuse d'événements qui troublent le caractère purement structurel du véritable être. Que l'histoire ait aussi, ou justement un sens rédempteur (ou en langage philosophique émancipateur) tout en étant l'histoire d'annonces et de réponses, d'interprétations et non de "découvertes" ou de présences "vraies" qui s'imposent, cela ne devient pensable qu'à la lumière de la doctrine de l'Incarnation. » (Gianni Vattimo, « La trace de la trace » in *La Religion*, sous la direction de Jacques Derrida et Gianni Vattimo, Paris, Éditions du Seuil, 1996, p. 102-3).

CONCLUSION

De même que l'écriture fictionnelle s'est imposée comme une nécessité intérieure dans la vie et la création du romancier Bernanos, elle coïncide avec une quête aussi vitale qu'intime dans ses aspects les plus mystiques, d'un dépassement de son immanence et de ses limites humaines. Cette transcendance est obsessionnellement récrite au fil des huit romans, par le biais d'une médiation de type christique, inscrivant l'ensemble du trajet scriptural dans la perspective chrétienne eschatologique du salut obtenu par l'intercession et l'offrande gracieuse de l'Homme-Dieu. L'étude de la conversion du romancier Bernanos, à partir de l'église pleureuse du Saint de Lumbres jusqu'à la description désespérée du nez malfaisant du cadavre de Monsieur Ouine, s'est à son tour imposée d'elle-même. Ce terme de conversion pourra heurter ceux qui connaissent bien le parcours religieux de Bernanos[1], mais il faut cependant le maintenir, tant les métamorphoses de l'écriture romanesque de la transcendance constituent le reflet fictionnel, paradoxalement fidèle et déformé, d'une *métanoïa* secrète et cependant éclatante, celle d'un catholique de naissance, d'éducation et de tradition en disciple brûlant d'un Christ rencontré au fil de l'écriture. Il ne s'agissait pas dans une telle perspective d'étude de chercher à dater l'instant fulgurant de la rencontre ou de jalonner les repères mystiques révélant le travail de la conversion à l'œuvre dans un cœur d'homme et de romancier. Plus modestement et sans prosélytisme, nous avons tenté de localiser et de mettre en valeur les instants et les espaces d'écriture où s'opèrent un basculement de perspective, un renversement des valeurs, la reformulation littéraire d'un dogme théologique, d'un concept métaphysique ou d'une émotion mystique. Car le romancier a sans cesse conscience d'avancer sur un terrain miné. Avec sa plume imaginative comme seule arme, il lui faut avancer à la suite, dans le sillage ou à l'écart de la somme biblique

---

1   L'édition de la correspondance de Bernanos reproduit une fiche remplie par l'écrivain chez son éditeur le 11 janvier 1926, dans laquelle il se signale « catholique depuis son baptême, pas même converti » (Corr. I, p. 203), allusion ironique à la conversion retentissante de Paul Claudel ou encore celle de Jacques Maritain.

ainsi que de deux millénaires de théologie et de mystique chrétiennes.
Un romancier français de l'entre deux guerres mondiales est-il capable
de rivaliser avec le Livre et la Tradition ? Il semble que Bernanos ait
dépassé impulsivement et comme malgré lui, voire à son insu, l'obstacle
du poids des prédécesseurs ; personnages, décors et intrigues viennent
à lui et s'imposent à l'écriture, sans que le romancier les ait anticipés
intellectuellement et rationnellement. Il se place ainsi dans le sillage
des prophètes de l'Ancien Testament souffrant dans leur chair de l'appel
divin, mais aussi dans celui des disciples du Nouveau Testament victimes
consentantes et hébétées du rapt opéré par l'Homme-Dieu, bouleversant leur vie quotidienne et leurs habitudes, ou encore sur les traces de
certains mystiques de l'histoire du christianisme, de Saint-Dominique
à Thérèse de Lisieux, sans oublier Jeanne d'Arc ni Frère Martin. Tout
se passe alors comme si l'activité littéraire fictionnelle, originellement
défi à la médiocrité et à la démission spirituelle de l'époque, se muait au
fil de la construction de la cathédrale romanesque en épreuve mystique
de dépouillement intérieur, jusqu'au tuf obscur de l'être, à la racine de
la vie affective.

À partir d'une œuvre romanesque élaborée sur plus de vingt années,
cette étude a choisi de combiner trois approches, destinées à dégager la
pertinence d'une confrontation entre écriture fictionnelle narrative et
notion de transcendance. La première, générique, a privilégié l'étude
fictionnelle et narratologique, pour montrer la spécificité d'une écriture
puisant l'originalité de sa restitution dans le creuset d'une imagination
créatrice et d'une liberté narrative, tout en relevant le défi de fictionnaliser la notion de transcendance sans la réduire. La deuxième, plus
spécifiquement génétique et donc diachronique, a révélé que cette écriture
romanesque subissait, à chaque stade de la création, de précieuses et
mystérieuses métamorphoses qui infléchissaient le traitement fictionnel
imposé aux différentes acceptions traditionnelles de la transcendance.
La troisième enfin, entièrement herméneutique, a exhumé les deux
supports stables— textualité biblique et aventure mystique – fondant
le déploiement de cette écriture singulière ; cette ultime approche a
mis en abyme sa propre méthodologie en découvrant chez le romancier
Bernanos un herméneute à l'écoute des modèles textuels de la transcendance mais aussi de sa propre expérience de chrétien, dont le modèle est
l'homme-Dieu, transcendance incarnée dans une immanence humaine.

L'étude initiale du défi représenté par la mise en roman d'une notion
aussi impressionnante que celle de transcendance, historiquement et

sémantiquement lourde d'un passé à la fois théologique, métaphysique et mystique, a mis en valeur la puissance fictionnelle et narrative d'une œuvre capable de repousser les limites des exigences et interdits génériques qui la contraignent. Cet exercice est mené jusqu'au point exact au-delà duquel le roman serait susceptible d'implosion ou de dissolution dans l'essai théologique ou l'autoportrait mystique. Symétriquement à ce délicat exercice d'équilibre, le romancier a réussi le tour de force de représenter fictionnellement la notion de transcendance, sans la galvauder ni la réduire à un objet fictif où le Dieu trinitaire chrétien aurait été métamorphosé en personnage de roman. La littérature fictionnelle n'a donc pas à rougir de ses potentialités d'expression concernant une notion étrangère à ses domaines d'investigation privilégiés. Si le genre romanesque ne s'affirme pas d'emblée comme le véhicule le mieux adapté à la mise en forme d'une notion excluant par essence l'immanence, ses ressources et son génie propres lui permettent de relever un défi dont la barre a millénairement été placée fort haut, d'abord par la bibliothèque biblique, puis par *l'hermeneutica sacra*, les spéculations théologiques, méditations métaphysiques et autres confessions mystiques.

Le refus d'assimiler ce défi relevé à une prouesse technique et intellectuelle, ou encore à une maîtrise de concepts théologico-métaphysiques pointus, trouve sa motivation dans l'étude génétique et textuelle serrée des modes d'élaboration des huit romans composés entre 1918 et 1940. Chaque fois qu'elle a été possible, elle a permis de visualiser cette conversion à l'œuvre dans les différentes strates romanesques : du mot hasardé, raturé avant même d'exister complètement à l'expression balbutiée, obsessionnelle, recopiée à plusieurs reprises dans un piétinement scriptural, jusqu'à la page mutilée, devenue illisible à force de ratures et de surcharges. Parallèlement à la genèse langagière qui se déploie page après page, la genèse structurelle, mise en place de masses textuelles en mouvement, révèle les véritables nuits mystiques traversées par le romancier dans l'élaboration de certains ensembles romanesques. Soumises à une authentique conversion, écriture et structure romanesques concrétisent dans l'ordre de la création langagière les épreuves intérieures traversées par le romancier au travail. Le fil conducteur de la *métanoïa*, prise en compte fulgurante ou progressive, soudaine ou laborieuse de la transcendance comme dimension vitale, essentielle de toute vie humaine, contamine ainsi toutes les strates fictionnelles. Ce sont d'abord les personnages qui vivent ces métamorphoses de conversion au sein d'un même roman mais aussi d'un roman à l'autre : l'avènement d'un nouveau personnage accomplit ou couronne ainsi la conversion amorcée ou entrevue par son prédécesseur dans l'œuvre précédente. Ce sont ensuite les intrigues elles-mêmes qui dans le dévidement de leur trame miment des situations et des événements facteurs de bouleversements intérieurs dans l'ordre spirituel voire métaphysique. Enfin, la *métanoïa* est à l'œuvre dans le processus scriptural romanesque qui libère de manière laborieuse mais irréversible la voix de l'homme intérieur, un homme nouveau dépouillé des oripeaux du pharisaïsme ou de la révolte haineuse et stérile. Écriture de moins en moins politique et de plus en plus mystique où le romancier, au terme de l'épreuve née du défi, s'abreuve à une grâce non pas conquise mais reçue comme une offrande, survenant juste au moment où elle n'était plus attendue. La conversion du romancier apparaît bien comme un événement nécessaire à celle du lecteur, qu'il se proclame athée, agnostique ou chrétien. Car le frémissement fervent de l'écriture gagne le plus rationnel alors même qu'il arrache tout chrétien, même le plus solide, à la tentation de s'enfermer dans un confort spirituel dogmatique ou pastoral.

La reconstitution de ce parcours créateur extrêmement heurté révèle la prégnance d'une souffrance créatrice permanente et interprétée par le romancier lui-même comme un calvaire mystique. L'analyse critique a localisé trois strates textuelles où l'écriture de la transcendance subit de puissantes métamorphoses sous l'impulsion de cette créativité écorchée modifiant sur les axes topographique et chronographique les représentations fictionnelles du mystère trinitaire chrétien. Cadre textuel d'une spatio-temporalité réduite au déroulement d'une journée d'écriture jalonnée de ratures, de suspensions et de reprises en surcharge, la page manuscrite noircie quotidiennement fournit de précieux renseignements concernant la genèse scripturale de la transcendance. L'élaboration plus longue de l'objet-roman, qui combine mise en écriture et agencement structurel, a été suivie dans une perspective de compréhension des processus internes et externes permettant l'unification de blocs scripturaux initialement séparés par leur hétérogénéité génésique. La reconstitution de l'itinéraire romanesque dans son déploiement diachronique, notamment à travers une tentative de restitution de l'évolution de l'ecclésiologie du romancier, a enfin permis de mesurer l'ampleur des métamorphoses subies par la fictionalisation de la transcendance mais aussi certaines constantes qui résistent à tous les bouleversements topographiques et chronographiques.

Instrument précieux d'investigation dans les mystères des mouvements souterrains animant l'intériorité créatrice littéraire, les manuscrits

constituent aussi les précieuses traces scripturales d'une aventure
spirituelle unique où un romancier a dépensé ses forces les plus vives
pour exprimer langagièrement le mystère du dépassement absolu personnifié dans la relation trinitaire. Les analyses langagières servent de
révélateurs et ouvrent le cercle herméneutique quand l'étude formelle
cède le pas à l'interprétation. Le critique suit ainsi le chemin emprunté
par le romancier : exploiter les techniques et les ressources du langage
pour transmettre une vision qui se déploie à partir de l'acte d'écriture.
L'œuvre tout entière se présente ainsi à la lecture comme le fruit mystique d'une épreuve crucifiante mais féconde, rendue possible par un
subtil mélange entre influences bibliques et expérience intérieure non
langagière. L'écriture de la transcendance dans l'œuvre romanesque de
Bernanos doit donc son existence aux modèles biblique et herméneutique, mais elle ne s'y installe ni ne s'y réduit tant l'herméneutique
biblique sauvage pratiquée par le romancier au travail aboutit, sinon à
une théologie négative, du moins à un apophatisme dont l'authenticité
et la profondeur sont le fruit de son empirisme mystique. Érigeant le
mystère en clé de son herméneutique, le romancier se rapproche d'une
tradition chrétienne théologique et mystique discrète sinon marginale,
reconnaissant les limites de la raison et les obscurités de la Révélation.
Métamorphosant les maîtres du soupçon – exhumateurs implacables
des profondeurs mystérieuses de l'homme – en maîtres d'humilité, il
dompte en la révélant la part obscure, insupportable aux chrétiens épris
d'assurance et affolés par les interrogations. Car comment pourrait-on
prétendre connaître mieux la transcendance que l'immanence humaine,
elle-même devenue inconnaissable ? Cette humilité permet d'échapper
à la tentation de l'agnosticisme comme à la fascination des gnoses.
Elle ne cesse de rappeler que la prière est la voie privilégiée d'accès à
la transcendance trinitaire, prière comme tête à tête silencieux avec
l'hôte intérieur et non conversation sous forme d'un dialogue sujet au
risque de l'illusion. À la fois prophétisme apophatique et apophatisme
prophétique l'œuvre romanesque s'affirme d'une part comme désir sans
objet et d'autre part comme renoncement fruitif. Elle se dévoile sur
un double registre : celui de l'annonce comme vision et anticipation
du mystère chrétien, prophétisant l'ignorance des desseins du Dieu
trine ; celui de l'incertitude, de l'effacement, du silence comme kénose
annonciatrice de la kénose ecclésiale. Cinquième évangile, évangile de
la Passion de l'Église et de sa résurrection sous une forme nouvelle
et encore inconnue, cette œuvre de fiction permet l'épanouissement

du paradoxe relationnel entre immanence humaine et transcendance chrétienne[1].

Les résultats de l'étude sont observables à partir de trois perspectives distinctes et complémentaires. La première qui se proposait d'examiner le pouvoir et les limites de l'écriture romanesque confrontée à une notion originellement captive des discours théologique, métaphysique ou/et mystique aboutit à un constat mitigé. Si le défi que s'est lancé le romancier à lui-même, en choisissant de parcourir avec ses propres armes les chasses gardées du théologien, du métaphysicien et du mystique patenté, peut être considéré comme en partie relevé grâce à l'exercice d'une puissance imaginative féconde et jamais démentie, l'étude textuelle purement interne ne permet pas de prendre toute la mesure des sacrifices endurés par le créateur de ces fictions de la transcendance. Seule l'étude génétique, perspective archéologique et philologique du travail textuel autorise une saisie, sinon exhaustive, du moins objective de l'ampleur des difficultés stylistiques, littéraires et métaphysiques qu'a dû affronter le romancier pour faire naître, croître et mûrir une écriture porteuse d'une vision à la fois paradoxalement personnelle et conforme au dogme de sa confession de la transcendance trinitaire chrétienne. Car seule l'étude du mouvement de création, de la mise en écriture page après page à la mise en structure romanesque, ouvre la voie à une restitution des mouvements intérieurs ayant conditionné et permis le déploiement d'un univers fictionnel hanté par l'obsession de la transcendance. Figurée à travers la double polarité de la conversion et du désespoir, cette obsession transparaît à la fois comme dépassement divin présent autour, au-delà mais aussi au cœur de l'immanence humaine et à la fois comme illusion névrotique source de multiples aliénations physiques, mentales et spirituelles. La troisième perspective, plus spécifiquement herméneutique, a orienté les découvertes sur la puissance des liens unissant l'écriture romanesque de Bernanos à la source biblique, vétéro et néotestamentaire mais aussi sur la capacité littéraire d'actualisation voire de prolongement

---

1　Dom Pierre Miquel rappelle ainsi dans son ouvrage *Mystique et discernement* (*op. cit.*, p. 56) la parfaite orthodoxie de la définition apophatique de la transcendance chrétienne : « Il est bien notable que le dernier grand Concile christologique de Chalcédoine en 451 ait formulé sa doctrine en termes apophatiques : la relation des deux natures, divine et humaine, dans l'unique personne du Christ, est définie par quatre adverbes avec en préfixe un alpha privatif : -asugkutos=sans mélange ; -atreptos=sans changement ; -adiai-rétos= sans division ; -achoristos= sans séparation. Le Concile a condamné les hérésies qui confondaient les deux natures, les séparaient ou absorbaient l'une par l'autre, mais n'a pas voulu préciser le caractère de l'union des deux natures : respect du mystère et impuissance de la raison. »

que possède la figuration de la transcendance fictionnelle par rapport à cette transcendance textuelle originelle. Dans le cas du romancier Bernanos, la mise en fiction de la notion de transcendance repose sur le fondement biblique de la transcendance divine hébraïque puis chrétienne, mais l'apport singulier d'une imagination créative particulière, nourrie d'expériences mystiques souterraines, métamorphose le terreau biblique en une matière textuelle hybride où le recueillement méditatif voire contemplatif le dispute au prosélytisme le plus acharné, à la frontière entre spiritualité et religiosité. À la fois politiques et mystiques, ces romans ne cessent ainsi de croiser l'axe horizontal de l'immanence et l'axe vertical de la transcendance.

Ces conclusions – en particulier concernant le lien de causalité christologique établi entre la prégnance d'un calvaire créateur et la vision de l'œuvre romanesque comme fruit concret d'une grâce mystique – sont-elles spécifiques à l'itinéraire de Bernanos ? Le roman du vingtième siècle a éprouvé des difficultés à intégrer, comme a pu le faire Bernanos, la richesse et la diversité paradoxale des acceptions de la transcendance. Entre la mystique sauvage et agnostique des romans de Georges Bataille[1] et la mystique catholique apologiste de ceux de François Mauriac, l'œuvre romanesque de Bernanos impose une mystique chrétienne intemporelle et apophatique. Sans concession, elle est cependant transpercée par une générosité capable de pardonner tous les excès de la démesure humaine et de formuler les mots pour briser le silence de la transcendance jusqu'à provoquer une réponse. L'œuvre romanesque de Bernanos est tout entière déchirée par une tension intérieure liée à la situation de son auteur, à la fois romancier et catholique au siècle de la mort consommée de Dieu. Alors que la liberté littéraire l'oriente vers le paradoxe artistique de la conquête de la vérité par la fiction, la soumission à sa religion lui indique le chemin de la vérité par la doctrine. Dans le sillage de Paul Ricœur récusant l'étiquette de « philosophe chrétien[2] » qui lui était imposée,

---

1   « Ne peut-on dégager de ses antécédents religieux la possibilité demeurée ouverte, quoi qu'il semble, à l'incroyant, de l'expérience mystique ? La dégager de l'ascèse du dogme et de l'atmosphère des religions ? La dégager en un mot du mysticisme – au point de la lier à la nudité de l'ignorance ? » (« Prière d'insérer » de l'édition de 1943 de *L'Expérience intérieure*, *Œuvres complètes V*, éditions Gallimard, Paris, p. 422.)

2   « Je ne suis pas un philosophe chrétien, comme la rumeur en court, en un sens volontiers péjoratif, voire discriminatoire. Je suis, d'un côté, un philosophe tout court [...]. Et de l'autre, un chrétien d'expression philosophique, comme Rembrandt est un peintre tout court et un chrétien d'expression picturale et Bach un musicien tout court et un chrétien d'expression musicale. Dire "philosophe chrétien", c'est énoncer un syntagme, un bloc conceptuel ; en revanche, distinguer le philosophe professionnel du chrétien philosophant,

il faut refuser à Bernanos celle de « romancier chrétien » mais plutôt l'imaginer évoluant dans un « christianisme de romancier[1] » qui n'est ni littérature chrétienne ni son substitut. Car son œuvre romanesque témoigne d'un double tour de force lié à la capacité de provoquer la rencontre entre immanence et transcendance tout en préservant la spécificité de chacun des deux pôles. Ainsi, alors que la fiction est devenue capable d'orienter ses intrigues et ses personnages vers une dynamique de dépassement menant au Dieu personnel trinitaire chrétien à la fois Verbe, Chair et Esprit, le christianisme apporte au roman la possibilité de figurer la transcendance par la révélation en Dieu fait homme d'un Verbe fait Chair, c'est-à-dire d'une transcendance faite immanence. L'écriture fictionnelle, quant à elle, actualise la théologie christologique par une incarnation du discours dogmatique. Elle insuffle à la mystique chrétienne un décloisonnement ainsi qu'un élargissement d'horizon par sa mise en scène de figures ferventes iconoclastes, chercheurs de transcendance marginalisés par rapport à la Tradition ou de rencontres explosives qui font voler en éclats certaines catégories normatives, notamment celle selon laquelle il n'y aurait point de salut hors de l'Église. Il ne s'agit pas, pour terminer, d'opposer christianisme de romancier et christianisme de théologien mais de montrer que les deux versants constituent les deux faces, antinomiques et complémentaires, de la même médaille mystique. Pendant que le chrétien qui écrit la théologie s'applique à disparaître derrière une nouvelle version actualisée de la Parole de Dieu, celui qui écrit des romans offre les métamorphoses mystiques de son intériorité charnelle, spirituelle et créatrice à l'épreuve de la tentation et du désespoir. Répudiant la restitution mimétique de la Parole divine, le romancier privilégie la mise en scène de la parole humaine aux prises avec l'exigence discursive biblique et l'aventure intérieure mystique.

---

c'est assumer une situation schizoïde qui a sa dynamique, ses souffrances et ses petits bonheurs. » Paul Ricœur, *Vivant jusqu'à la mort* suivi de *Fragments*, Paris, Éditions du Seuil, 2007, p. 107-108. Bernanos lui aussi s'est insurgé contre l'étiquette réductrice dont on a pu l'affubler : « j'ai déjà écrit (…) que je refusais le nom de romancier catholique, que j'étais un catholique qui écrit des romans, rien de plus, rien de moins. Quel prix aurait demain, auprès des incrédules, notre faible témoignage s'il était prouvé qu'un chrétien n'est jamais assez chrétien pour l'être naturellement, et comme malgré lui dans son œuvre ? Si vous ne pouvez accorder sans effort et sans grimaces votre foi et votre art, n'insistez pas, taisez-vous. » (Georges Bernanos « Jorge de Lima », *EEC I*, p. 1316).

1   « S'il refuse l'étiquette de "philosophe chrétien", Ricœur n'hésite pas à parler de son "christianisme de philosophe" selon une expression de Léon Brunschvicg héritée via Jean Nabert […] » (Paul Ricœur, *L'herméneutique biblique*, présentation et traduction par François-Xavier Amherdt, Paris, Éditions du Cerf, 2001, « Introduction » p. 14).

BIBLIOGRAPHIE

DE BERNANOS

Œuvres romanesques, suivies de *Dialogues des Carmélites*, sous la direction de Michel Estève, Paris, Gallimard, « Bibliothèque de la Pléiade », 1991.
Les Prédestinés, textes présentés et rassemblés par Jean-Loup Bernanos, préface de Monseigneur Pézeril, Paris, Seuil, 1983.
Combat pour la vérité, Paris, Plon, 1971.
Combat pour la liberté, Paris, Plon, 1971.
Lettres retrouvées, Paris, Plon, 1983.
Français si vous saviez…, Paris, Gallimard, 1961.

SUR BERNANOS

BALTHASAR, Hans Urs von, *Le Chrétien Bernanos*, trad. Maurice de Gandillac, Paris, Seuil, 1956.
BAUDELLE, Yves, *Sous le soleil de Satan. Le rayonnement de l'invisible*, Paris, P. U. F., 2008.
BÉGUIN, Albert, *Bernanos par lui-même*, Paris, Seuil, 1954.
BUSH, William, *Genèse et structure de* Sous le soleil de Satan *d'après le manuscrit Bodmer. Scrupules de Maritain et autocensure de Bernanos*, Paris, Minard, Lettres Modernes, « Archives des Lettres Modernes », n° 236, 1988.
GUISE, René et GILLE, Pierre, *Sous le soleil de Satan*. Sur un manuscrit de Georges Bernanos, Nancy, imprimerie Humblot et Cie, 1973.
GILLE, Pierre, *Bernanos et l'angoisse. Étude de l'œuvre romanesque*, préface de Max Milner, Presses Universitaires de Nancy, 1984.
GOSSELIN-NOAT, Monique, *Bernanos. Sous le soleil de Satan*, éditions Atlante, 2008.
GOSSELIN, Monique, *L'Écriture du surnaturel dans l'œuvre romanesque de Georges Bernanos*, Paris, Aux amateurs de livres, 1989.

LAGADEC-SADOULET, Élisabeth, *Temps et récit dans l'œuvre romanesque de Bernanos*, Paris, Méridiens/Klincksieck, « Bibliothèque du XXᵉ siècle », n° 21. 1988.

LE TOUZÉ, Philippe, *Le Mystère du réel dans les romans de Bernanos*, Paris, Nizet 1979.

MILNER, Max, *Bernanos*, Paris, Plon, « Les colloques de Cerisy-La-Salle », 1972.

INDEX DES NOMS

TABLE DES MATIÈRES

PREMIÈRE PARTIE

LE DÉFI

TROISIÈME PARTIE

LA GRÂCE